K. Rumstich
199

8

Christoffer H. Grundmann

Gesandt zu heilen!
Aufkommen und Entwicklung
der ärztlichen Mission
im neunzehnten Jahrhundert

Gütersloher Verlagshaus Gerd Mohn
(1992)

Missionswissenschaftliche Forschungen
Herausgegeben von der Deutschen Gesellschaft für Missionswissenschaft
Band 26

Die Deutsche Bibliothek – CIP-Einheitsaufnahme

Grundmann, Christoffer H.:
Gesandt zu heilen! : Aufkommen und Entwicklung der
ärztlichen Mission im neunzehnten Jahrhundert / Christoffer
H. Grundmann. – Gütersloh : Gütersloher Verl.-Haus Mohn,
1992
    (Missionswissenschaftliche Forschungen ; Bd. 26)
    ISBN 3-579-00246-5
NE: GT

ISBN 3-579-00246-5
© Gütersloher Verlagshaus Gerd Mohn, Gütersloh 1992

Das Werk einschließlich aller seiner Teile ist urheberrechtlich geschützt. Jede Verwertung außerhalb der engen Grenzen des Urheberrechtsgesetzes ist ohne Zustimmung des Verlages unzulässig und strafbar. Das gilt insbesondere für Vervielfältigungen, Übersetzungen, Mikroverfilmungen und die Einspeicherung und Verarbeitung in elektronischen Systemen.

Gedruckt mit Unterstützung der »Deutschen Gesellschaft für Missionswissenschaft«
Gesamtherstellung: Weserdruckerei Rolf Oesselmann GmbH, Stolzenau
Umschlagentwurf: Dieter Rehder, B-Kelmis
Printed in Germany

Meiner Frau

*Ingrid Grundmann, geb. Callies,
zum Zeichen des Dankes
für die kritische Begleitung der Arbeit*

Inhaltsverzeichnis

Einleitung: Gesandt zu heilen! 13
Zur Methode 17

I. Literatur- und Forschungsbericht 19
    A. Allgemeines 19
    B. Die Literatur im einzelnen 21
        1. Gesamtdarstellungen 21
        2. Einzeldarstellungen 32
            a) grundsätzlich-allgemeiner Art 32
            b) Darstellungen einzelner Aspekte und Probleme
                der ›ärztlichen Mission‹ 38
            c) Historische Einzeldarstellungen 50
                α) zur missionsärztlichen Tätigkeit amerikanischer
                Gesellschaften – 51; β) zur missionsärztlichen Tätigkeit
                europäischer Gesellschaften 52
            d) Biographische und autobiographische Literatur 55
            e) (Fach-)Zeitschriften und Jahrbücher 69

II. Zur terminologischen Problematik 76
    A. Begriffsgeschichtliches 76
    B. Definitorisches 88

III. Vorläufer missionsärztlicher Arbeit
in den Missionsunternehmungen der Neuzeit 96
    A. Die caritativ-medizinische Arbeit in den Patronatsmissionen 97
    B. Protestantische missionsärztliche Initiativen 107

IV. Das Aufkommen des missionsärztlichen Gedankens im neunzehnten
Jahrhundert 120
    A. Zum medizin- und standesgeschichtlichen Hintergrund
    dieser Epoche 120

B. *Die Anfänge der ärztlichen Mission in Siam und China bis zur Gründung der ›Medical Missionary Society‹ 1838* 130

  1. Karl Gützlaff als Wegbereiter missionsärztlicher Methoden und Gedanken 130

  2. Die Mediziner der englischen Handelsniederlassungen in China, Thomas R.Colledge und das Aufkommen von medical missions 138

  3. Rev. Peter Parker, M.D., und das Hospital in Canton 143

  4. Die Gründung der Medical Missionary Society in China 158

V. Die Entfaltung der ärztlichen Mission bis zum Ende des neunzehnten Jahrhunderts 169

  A. *Die Ausbreitung des missionsärztlichen Gedankens im 19. Jahrhundert* 172

    1. Propagandaarbeit für die Medical Missionary Society 172

    2. Das ›medicinische Missions-Institut‹ in Tübingen 177

    3. Die Edinburgh Medical Missionary Society (E.M.M.S.) 180

    4. Die Ladies' Medical Missionary Society in Philadelphia 188

    5. Andere missionsärztliche Gesellschaften 192

      a) Missionsärztliche Gesellschaften und Vereine in Europa 193
      b) Missionsärztliche Gesellschaften und Vereine in Amerika ... 208

    6. Das medizinisch-katechetische Missionsseminar für Afrikaner auf Malta 224

  B. *Entwicklung und Diversifikation des missionsärztlichen Dienstes* ... 231

    1. Die missionsärztlich tätigen Kräfte 231

      a) Herausragende Missionsärzte des neunzehnten Jahrhunderts   233
      b) Women Medical Missionaries 239
        α) *Missionsärztliche Tätigkeit von Schwestern* 241 –
        β) *Ärztinnen im missionsärztlichen Dienst* 244
      c) Einheimische Medical Missionaries 249

    2. Geographische Zentren missionsärztlicher Arbeit 253

      a) Missionsärztliche Arbeit in Asien 254
        α) *China* 254 – β) *Indien und Ceylon* 258 – γ) *Übrige asiatische Länder* 260

      b) Missionsärztliche Arbeit in Afrika und Madagaskar 262
      c) Missionsärztliche Arbeit im Vorderen Orient, in Mittel-
         und Südamerika, Ozeanien und Alaska 266
   3. Die Diversifikation des missionsärztlichen Dienstes 268
      a) Arbeitsteilung zwischen medizinischen und
         missionarischen Aufgaben 268
      b) Missionsärztliche Wirkungsfelder 274
         α) Hospital und Poliklinik 274 – β) Dispensarien,
         Hausbesuche und Itineration 279 – γ) Öffentliches
         Gesundheitswesen, medizinische Ausbildung,
         Standesorganisation 283

VI. Zur (missions-)theologischen Problematik
    der ärztlichen Mission 287

   A. Die missionsstrategische und missionsmethodische Begründung
      der ärztlichen Mission 290

   B. Die caritativ-katechetische Begründung der ärztlichen Mission 294

   C. Die Sorge um die Gesundheit des Missionspersonals als
      Rechtfertigung missionsärztlichen Dienstes 298

   D. Missionsärztlicher Dienst als Imitatio Christi 301

Schluß: Den Auftrag erfüllt? –
   Zusammenfassende Übersicht der Untersuchungsergebnisse 305

Bibliographie 313
   I   Archive 313
   II Standard-Referenzwerke 314
   III Allgemeine Literatur 316

Register   375
Ortsregister 375
Personenregister 380
Sachregister 386

Vorwort und Dank

Die vorliegende Arbeit ist der erweiterte Abdruck einer unter dem gleichen Titel im November 1991 von dem Fachbereich Evangelische Theologie der Universität Hamburg angenommenen missionswissenschaftlichen Dissertation. Sie ist das Ergebnis mehrjähriger Forschungsarbeit in europäischen und amerikanischen Archiven bzw. Bibliotheken und wäre ohne die großzügige Unterstützung seitens des Deutschen Instituts für ärztliche Mission in Tübingen, besonders seines Direktors, Dr. R. Bastian, nicht möglich gewesen. Ihm, wie auch den Mitgliedern des Verwaltungsrates des Instituts, mit denen manch anregendes Gespräch hatte geführt werden können, sei sehr herzlich gedankt. Ebenso – und vor allem – möchte ich meinem Freund, Herrn Dr. Aart van Soest, langjähriger Missionsarzt auf Sumatra, in Ghana und Nigeria, jetzt Oberarzt an der Tropenklinik – Paul Lechler Krankenhaus, Tübingen, für den ständigen kritischen Dialog über den Gegenstand an dieser Stelle danken. Ohne seine verständnisvolle Begleitung und seinen Ansporn wäre es wohl kaum zu dieser Arbeit gekommen.
Viel Anregungen und Anstöße empfing ich auch durch den Austausch mit Herrn Professor H.W. Gensichen und Herrn Professor Th. Sundermeier in Heidelberg, mit Herrn Professor D. Rössler und Herrn Professor G. Fichtner in Tübingen sowie mit den beiden Gutachtern der Arbeit in Hamburg, Herrn Professor Th. Ahrens und Herrn Professor M. Kroeger. Ebenso möchte ich neben dem Bayrischen Verein für ärztliche Mission meiner Landeskirche in Braunschweig, besonders Herrn Oberkirchenrat H. Becker und Herrn Bischof Professor G. Müller für die Ermutigung zum Abfassen einer solchen Arbeit und für die Gewährung eines Zuschusses zur Erstellung der druckfertigen Vorlage danken.
Darüber hinaus bin ich auch der Deutschen Gesellschaft für Missionswissenschaft sowohl für die Gewährung eines Reisestipendiums als auch für die Aufnahme der Untersuchung in die von ihr edierte Reihe ›Missionswissenschaftliche Forschungen‹ zu großem Dank verpflichtet; kann doch dadurch dieser Band im Gütersloher Verlagshaus erscheinen, jenem Verlag, dessen Vorgänger seinerzeit die maßgeblichen deutschsprachigen Publikationen zur ärztlichen Mission betreute.

Tübingen, den 3. Dezember 1991 *Christoffer Grundmann*

Einleitung: Gesandt zu heilen!

Eines der wohl interessantesten Phänomene der neueren Geistes- und Kulturgeschichte, insbesondere der Missionsgeschichte, ist die ›ärztliche Mission‹. Die ›medical mission‹, die erst gegen Ende des 19.Jahrhunderts als ›ärztliche Mission‹ auch im deutschsprachigen Bereich auf breiteres Echo und allgemeinere Akzeptanz stieß, war im südchinesischen Canton (heute: Guangzhou) als der Schlüssel zum Reich der Mitte von Missionaren und Medizinern verschiedener Nationalitäten gemeinsam konzipiert worden, bevor sie sich zu einem ganz eigenständigen Arbeitszweig christlicher Missionsarbeit entwickelte. Sie repräsentiert das In- und Miteinander von medizinischer und theologischer Anthropologie in jeweils konfessionsspezifischer Akzentuierung und dokumentiert die gegenseitige Beeinflussung von Missions- und Medizingeschichte mit dezidiert sozialem, kulturellem und kolonialem Engagement. Wie viele andere Missionsunternehmungen des vorigen Jahrhunderts, so ist auch die ›ärztliche Mission‹ vor allem in ihren Anfängen von einem unorthodoxen Interdenominationalismus sowie einem unkritischen kultur- und zivilisationspropagandistischen Optimismus gekennzeichnet.[1] Im Unterschied zu anderen zeitgenössischen Missionsaktivitäten aber fand sie ihres Gegenstandes wegen Eingang bei den aufgeklärtliberalen Kreisen des Groß- und Bildungsbürgertums, denen ausdrücklich religiös motivierte Missionsarbeit suspekt war, aber philanthropisches Bemühen jedweder Art um so sympathischer. Das führte zwangsläufig zu Konflikten mit denjenigen, die ein ausschließlich religiöses Anliegen aller Mission gewahrt wissen wollten, gleich, ob sie nun protestantischer oder katholischer Tradition verpflichtet waren; denn alle verständliche Sorge um den letztlich ja doch vergänglichen, weil zeitlichen Leib schien ihnen das eigentliche Missionsanliegen, die Sorge um die Seele, zu gefährden.[2] Dennoch wollten manche von ihnen, aus vorwiegend

1. Ausdrücklich betont H.O.Stölten in der Einleitung zu 'Der Arzt als Bahnbrecher christlicher Kultur oder die Mission des Arztes in China', Jena 1890, S.1: »Ich lasse ihn [sc. den überarbeiteten Vortrag] jetzt in Broschürenform erscheinen, um die für Missionsvorträge so schwer zugänglichen Kreise, nicht bloß die medizinischen ... zu überzeugen, **wie hohe Kulturaufgaben gerade die Aerzte können lösen helfen**, wenn sie der Abneigung gegen christliche Bestrebungen Abschied geben und ... unsere studierten und hochgebildeten Kreise ... kräftiger dafür eintreten, daß die Gaben und Leistungen unseres Volkes mehr als bisher in den Dienst einer die Welt umspannenden Liebe und Humanität gestellt werden.“; Hervorhebung im Original. – Zum ganzen missionsgeschichtlichen Komplex vgl. H.W.Gensichen, Missionsgeschichte der neueren Zeit, in: Die Kirche in ihrer Geschichte, hg. v. K.D.Schmidt / B.Moeller, Bd.4, Lieferung T, Göttingen 1976³, bes. S.30ff.
2. »The concern for the body is genuine and sincere; so much so that the medical

missionsstrategischen Überlegungen, nicht auf die ›ärztliche Mission‹ als Mittel zum Zweck verzichten.

Spiegelt sich in der Entstehungsgeschichte der ›ärztlichen Mission‹ dieses Ringen um das Proprium christlicher Missionsarbeit, so stellt ihre Wirkungsgeschichte einen nicht unbedeutenden Beitrag zur Senkung der Morbidität und Mortalität der Bevölkerungen vieler Länder in Übersee dar. In vorbildlicher Weise bemühten sich Missionsärzte und -ärztinnen, von Schwestern und einheimischem Personal dabei kräftig unterstützt, um das öffentliche Gesundheitswesen sowie um die Heranbildung von Fach- und Pflegepersonal auf allen Ebenen, einschließlich des akademischen Medizinstudiums. Durch die engagierte Förderung der Ausbildung weiblicher Kräfte in medizinischen Berufen und durch deren Arbeit in den Zenanas und Harems leisteten die missionsärztlichen Kräfte dabei einen nicht unwesentlichen Beitrag zur interkulturellen, globalen Frauenemanzipation.

Erstaunlich, daß ein derart interessanter, facettenreicher Gegenstand der neueren Missionsgeschichte, der sich wie kaum ein anderer internationaler, gegenseitiger Anregung und interdisziplinärer Kooperation verdankt, missionswissenschaftlich bislang kaum zur Kenntnis genommen worden ist, während er, unter dem Aspekt seiner Wirkungsgeschichte betrachtet, zunehmend vor allem medizinhistorisches Interesse findet.[3] Die vorliegende Arbeit soll als ein erster Schritt zur längst überfälligen missionswissenschaftlichen Aufarbeitung dieses komplexen

---

missionary will seek to help with utter abandon and without conditions just as if the healing of the body were an end in itself. But the soul is more precious than the body, and the concern for the soul is the surpreme concern." Th.Cochrane, The Basic Principle of Medical Missions, in: World Dominion Press, Vol.VI No.4 (Oct.1928), London, S.343-347, zitiert nach Abdruck in: Basic Principles in Educational and Medical Missionary Work, by Fl.E.Hamilton / Th.Cochrane, S.13-17, Indigenous Church Series, London 1928; Zitat S.13f.

3. Von den 934 an amerikanischen Hochschulen in den Jahren 1945-1981 eingereichten missionswissenschaftlichen Dissertationen behandelte keine das Thema; vgl. International Bulletin of Missionary Research (IBMR), Vol.7 No.3 (July 1983), S.106ff. – An verschiedenen medizingeschichtlichen Instituten im deutschen Sprachraum (München/Hannover/Münster/Zürich) sind augenblicklich mehrere Dissertationen zu Partialaspekten der ärztlichen Mission in Arbeit; vgl. Index wissenschaftshistorischer Dissertationen (IWD). Verzeichnis abgeschlossener Dissertationen auf dem Gebiet der Geschichte der Medizin, der Pharmazie, der Naturwissenschaften und der Technik, Teil I, Nr.1 (1970-1980), bearb. von G.Fichtner, Tübingen 1981; Laufende wissenschaftliche Dissertationen (LWD), Verzeichnis der in Bearbeitung befindlichen Dissertationen auf dem Gebiet der Geschichte der Medizin, der Pharmazie, der Naturwissenschaften und der Technik, Teil I, Nr.1 (1970-1980), bearb. von G.Fichtner, Tübingen 1981; Teil II, IWD Nr.2 (1981-1986) /LWD Nr.2, bearb. von G.Fichtner, Tübingen 1987.

Phänomens dienen. Im Sinne des - durchaus berechtigten - Selbstverständnisses der Missionsmediziner, das zumindest ab Mitte des neunzehnten Jahrhunderts vollauf ihren tatsächlichen Möglichkeiten entsprach[4], sowohl als auch im Sinne des Interesses der sie aussendenden Missionsorgane, wurde dafür das Thema »Gesandt zu heilen!« gewählt.
Um der stofflichen und sachlichen Konzentration willen wurden angesichts des sich im Verlauf der Untersuchungen auftürmenden Materials allerdings Einschränkungen notwendig, Einschränkungen, die in dieser Weise zunächst nicht antizipiert worden waren. Das bedingte zum einen die im Untertitel angegebene zeitliche Begrenzung auf das 19.Jahrhundert: ›Aufkommen und Entwicklung der ärztlichen Mission im Neunzehnten Jahrhundert‹, was zur bedauerlichen Folge hat, daß kaum von katholischer missionsärztlicher Arbeit die Rede sein kann, ist doch diese infolge der erst verhältnismäßig spät einer Klärung zugeführten kirchen- und ordensrechtlichen Fragen bezüglich des Studiums und der Ausübung der Medizin durch Ordensleute und Priester ein Phänomen des 20. Jahrhunderts.[5] Gerechtfertigt ist solche zeitliche Beschränkung aber dadurch, daß sich die ›ärztliche Mission‹ am Ende des letzten Jahrhunderts bereits so vollständig etabliert hatte, daß an prominenter Stelle, nämlich auf der Ecumenical Missionary Conference in New York (21.April - 1.Mai 1900), gesagt werden konnte: »No mission can be considered fully equipped that has not its medical branch.«[6]

4. »HEAL THE SICK' is our motto, – constituting alike the injunction under which we act, and the object at which we aim, and which, with the blessing of God, we hope to accomplish, by means of scientific practice, in the exercise of an unbought and untiring kindness.« Address, in: The Medical Missionary Society in China, Address with Minutes of Proceedings, Canton 1838, S.13 (Hervorhebung im Original). – »Our Savior's command was to h e a l the sick. Some of our Missionary friends – I am speaking from experience, and not from hearsay – appear to have been or to be of the opinion that Medical Missionary work is to treat the sick. I wish to protest against that position being taken up by the Medical Missionary. If the Medical Missionary goes out at all he should go out prepared to do his best, not only to treat, but to complete the treatment of those with whom he is brought in contact." Andrew Jukes anläßlich der Centenary Conference 1888 in London, vgl. Report of the Centenary Conference on the Protestant Missions of the World, held in Exeter Hall (June 9th – 19th), London 1888, J.Johnston (Ed.), Vol. II, London 1888, S.115; Hervorhebung im Original.
5. Vgl. F.Keeler, Catholic Medical Missions, New York 1925; Th.Ohm, Die ärztliche Fürsorge der katholischen Missionen – Idee und Wirklichkeit, St.Ottilien 1935; A.Dengel, Mission for Samaritans, Milwaukee 1945; Ch.Grundmann, Heilsverkündigung und Heilung in der Mission, in: Ordenskorrespondenz, 32.Jg., Köln 1991, S.17-35.
6. So Rev. E.Cousins von der London Missionary Society vor dem Hintergrund seiner Erfahrungen in Madagaskar; vgl. Ecumenical Missionary Conference New York, 1900, Report of the Ecumenical Missionary Conference on Foreign Missions, held in

Im Interesse sachlicher wie begrifflicher und stofflicher Konzentration mußten zum anderen auch die nur begrenzt medizinischen Tätigkeiten - Lepra-, Blinden-, Taubstummen- und Geistigbehindertenarbeit -, die in ihrer Bedeutung für das Missionswerk allesamt einer Einzelwürdigung bedürfen, unberücksichtigt bleiben, was allerdings die internationale Sprachregelung mit ihrer Unterscheidung zwischen ›medical‹ und ›philanthropic‹ hinreichend legitimiert.[7] Und schließlich mußte sich der Verfasser auch hinsichtlich der systematisch-theologischen Behandlung des Gegenstandes Zurückhaltung auferlegen, da erst beim Schreiben vorliegender Studie je länger desto unabweislicher deutlich wurde, wie viel historische Vorarbeit zunächst noch dafür zu leisten ist. Das anfangs gar nicht so umfangreiche Material wuchs aufgrund systematisch durchgeführter Forschungsreisen innerhalb Europas und Amerikas stark an. Dabei zeigte sich die dringende Notwendigkeit, viele Quellen, nachdem sie einmal aufgespürt waren, auch zu sichern; denn in den Bibliotheken und Archiven in Rom und London, in Yale und Harvard, in Basel und Berlin sind die sachbezogenen Bestände oft gar nicht als solche ausgewiesen, und die in manchen Katalogen aufgeführten Titel sind oft nicht mehr vorhanden bzw. unzugänglich ausgelagert. Das bedingte in Absehung der zeitlichen Beschränkung dieser Arbeit auf das 19. Jahrhundert zunächst einmal die Erstellung eines umfangreicheren Literatur- und For-

    Carnegie Hall and neighboring Churches, April 21 to May 1, In two volumes, Vol.II, New York/London o.J., S.199. – Auf keiner der vergleichbaren früheren Konferenzen wurde der Gegenstand der medical missions so umfassend und im Detail behandelt wie auf dieser. – In die gleiche Zeit fällt auch R.W.McAll's, freilich überzeichnete, Aussage:»The power of medical missions is now universally recognized." (Art. ›Medical Missions‹, in: H.O.Dwight / H.A.Tupper / E.M.Bliss <Ed.>, The Encyclopedia of Missions, New York/London 1904, S.445).
7. So schon J.S.Dennis im 'Centennial Survey of Foreign Missions', New York 1902, in bezug auf die Auswertung des statistischen Materials. Auch die späteren Statistiker haben diese Differenzierung übernommen, vgl. Statistical Atlas of Christian Missions, Edinburgh 1910; H.P.Beach / Ch.H.Fahs <Hrsg.>: 'World Missionary Atlas', London 1925. Zugleich ist damit auch die Kompatibilität der Zahlenwerte gewährleistet. – »Refuges for the blind ... have as a rule been connected with the general work of the missions rather than with the medical branch of the enterprise. The same is true of special institutions for the deaf and dumb ..." H.Balme, China and Modern Medicine, London 1921, S.96. – H.G.Anderson wies aber schon 1952 in 'The Changing Pattern Of Medical Missions', OBMRL, Vol.V. No.11 (Oct.12 1954), S.9, darauf hin, daß dank neuer Medikamente und Behandlungsmethoden die Asyle mehr und mehr zu wirklichen Hospitälern würden. Zum ganzen Komplex vgl. die Beiträge von Stanley G.Browne (Leprosy/Tuberculosis), J.Bavington (Mental Health) und P.Brand (Rehabilitaion of the Disabled) in: Heralds of Health – The Saga of Christian Medical Initiatives, S.G.Browne, F.Davey, W.A.R.Thomson (Ed.), London 1985.

schungsberichtes, um auf diese Weise das entsprechende Material, das bislang nicht systematisch erfaßt worden ist, vorzustellen und für weitere Forschungen wieder zugänglich zu machen.

Zur Methode

Aufgrund der geschilderten Umstände und der oft nur schwer zugänglichen Quellen erschien es empfehlenswert, viele der Texte auch ausführlicher im ursprünglichen Wortlaut zu zitieren und anderes wichtige, weiterführende Material in die Fußnoten aufzunehmen. Da die Literatur voll ist von historischen und sachlichen Ungenauigkeiten unterschiedlichster Relevanz, deren ausführliche Diskussion den Haupttext aber überlastet hätte, finden sich außerdem gelegentlich entsprechende Hinweise zur Korrektur in den Anmerkungen, was deren manchmal vielleicht zu üppig erscheinenden Gebrauch und Umfang bedingte. Das wurde aber um der Sache willen bewußt in Kauf genommen. Die Texte wurden diplomatisch wiedergegeben und, wo Ergänzungen des Verfassers notwendig waren, wurden diese in eckige Klammern - [ ] - gesetzt.
Die Orthographie, vor allem die englischer Buchtitel, folgte strikt den Vorlagen, was an mehreren Stellen unweigerlich zu Inkonsistenzen bezüglich der Groß- und Kleinschreibung führte. Ebenso bestanden gewisse Probleme bei der Transkription von Orts- und Personennamen, vor allem aus dem chinesischen und indischen Bereich. Daher wurde für die geographischen Angaben die Schreibweise des ›World Missionary Atlas‹ (H.P.Beach / C.H.Fahs <Ed.>, London 1925), übernommen; für die von Personen die jeweils aus der Literatur geläufigsten. Um die Anmerkungen nicht zu umfangreich werden zu lassen, wurden neben den von S.Schwertner zusammengestellten und standardisierten Abkürzungen (Theologische Realenzyklopädie, hg.v. G.Krause u. G.Müller, Abkürzungsverzeichnis, Berlin 1976) Titel bei ihrem erstmaligen Auftauchen in der Arbeit ausführlicher angegeben, bei wiederholtem nur mit auf Eindeutigkeit bedachtem Kurztitel. Jedoch ließ sich dieses Prinzip nicht ohne Kompromiß durchführen; denn viele der missionsärztlichen Fachzeitschriften z.B., die es gegeben hat, sind von S.Schwertner gar nicht erfaßt, und da deren Titel oft ähnlich, wenn nicht identisch sind, war zur Vermeidung von Verwechslungen deren jeweilige ausführliche Zitation unumgänglich; gleiches gilt für manche Buchtitel.
Dem bereits oben erwähnten ausführlicheren Literatur- und Forschungsbericht schließt sich die Erörterung der terminologischen Problematik des Gegenstandes in seinem begriffsgeschichtlichen und definitorischen Aspekt an, um eine klarere Vorstellung von dem gewinnen zu können, was denn eigentlich ›ärztliche Mission‹ bzw. ›medical mission‹ sei, weshalb bis dahin diese termini mit Anführungszeichen versehen sind. Der Hauptteil der Studie, dem eine Skizze über Vorläufer missionsärztlicher Arbeit vorangestellt ist, ist dann dem Werden und Wirken der

›ärztlichen Mission‹ im neunzehnten Jahrhundert gewidmet, gefolgt von einer Analyse der unterschiedlichen (missions-)theologischen Begründungen. In dem diese Arbeit abschließenden Kapitel sollen die im Laufe der Darstellung gewonnenen Erkenntnisse zur ›ärztlichen Mission‹ zusammengefaßt, einige ihrer Entwicklungen im 20. Jahrhundert skizziert und aufgeworfene, weiterreichende missionstheologische Fragen zumindest angedeutet werden. Um die Materialfülle dieser Arbeit für Referenzzwecke leichter zu erschließen, wurde je ein Personen-, Orts- und Sachregister angefügt.

I. Literatur- und Forschungsbericht

A. Allgemeines

Obwohl Thomas Ohm schon 1935 auf das Fehlen einer »umfassenden Geschichte« der ›ärztlichen Mission‹ hingewiesen hatte[1], besteht dieses Desiderat nach wie vor.[2] Das erstaunt um so mehr in Anbetracht der reichlich vorhandenen und noch stetig wachsenden Literatur zum Thema. Die umfangreichste, aber keineswegs vollständige diesbezügliche Bibliographie bietet der Katalog der Missionary Research Library[3] mit etwa 800 Titeln[4], von denen zweimal, 1959 und 1964, eine repräsentative Auswahl im ›Occasional Bulletin‹ dem missionswissenschaftlich interessierten Publikum vorgestellt wurde.[5] Glücklicherweise können

1. Die ärztliche Fürsorge der katholischen Missionen, Idee und Wirklichkeit, St.Ottilien 1935, S.19; vgl. auch S. 31, A.16 : »Eine Geschichte der protestantischen und katholischen ä.M.[!] im engeren Sinne liegt bis heute nicht vor, wenigstens keine wissenschaftliche und größere.«
2. »The subject of medical missions is vast, and no one has yet attempted to write its history in a comprehensive way.« David E.Van Reken: Mission and Ministry – Christian Medical Practice in Today's Changing World Cultures, o.O. (Wheaton, Il.), 1987, S.14.
3. Dictionary Catalog of the Missionary Research Library, New York, Boston 1968, 17 Vols. – Zur Missionary Research Library, seit 1929 im Brown Memorial Tower des Union Theological Seminary, New York, vgl. neben dem von M.H.Harrison geschriebenen Vorwort im 1.Bd. vor allem R.Pierce Beaver, The Missionary Research Library, A Sketch of its History, in: OBMRL, Vol. XIX No.2, New York, Feb. 1968, S.1-8; ders.: The Missionary Research Library and the Occasional Bulletin, IBMR, Vol.I No.1, Jan. 1977, S.2-4. — Über diese Bibliothek bemerkt C.Irvine: » ... this collection of material cannot be equalled anywhere in the world.« in: The Documentation of Mission in the 19 th and 20 th Century, in: Missiology, Vol. IV, 1976, S.189-204.
4. Vgl. Dictionary Catalog (wie A 3), Vol.10, S.421-460. – Die nicht präzise Angabe erklärt sich aus dem Umstand, daß im Katalog einige Titel unter verschiedenen Stichworten mehrfach aufgeführt sind und einige Sammelbände in die jeweils einzelnen Beiträge aufgegliedert wurden.
5. Vgl. OBMRL, Vol X, No.2, April 14,1959, S.11-19 mit 149 Titeln; ebd., Vol.XV No.4, April 1964, S.26-47 mit 338 Einträgen und zusätzlich 14 missionsärztlichen Zeitschriften, die ergänzt wurden durch eine von M.Scheel zusammengestellte Liste ›German Literature on Medical Missions‹ von 23 Titeln (ebd. 1964, No.5-6) sowie durch eine ›Selected Bibliography on Leprosy Missions‹ mit 32 Titeln, die ebenfalls dort, 1964, im Oktober (No.10), erschien.

einige der empfindlichsten Lücken, vor allem im Blick auf die Beachtung der katholischer Provenienz entstammenden älteren Literatur sowie die Registrierung der Neuerscheinungen mit Hilfe der ›Bibliotheca Missionum‹[6] und der ›Bibliographia Missionaria‹[7] geschlossen werden, was einen nicht unerheblichen Zuwachs an entsprechenden Veröffentlichungen bedeutet.[8] Teilweise sich mit den bereits genannten überschneidend, teilweise aber auch von jenen Bibliographien übersehene deutschsprachige Publikationen der Jahrhundertwende listet G.Olpp in ›Die ärztliche Mission und ihr größtes Arbeitsfeld‹, Barmen 1909, S.97ff;[9] spätere unter den Rubriken ›(Deutsche) Missionsärztliche Literatur‹ in den Veröffentlichungen des Verbandes der (deutschen) Vereine für ärztliche Mission.[10] Das derart bekannt gemachte, aus Büchern, Broschüren, flugblattartigen Aufrufen, Prospekten, Aufsätzen und (Fach)Zeitschriften bestehende, oft schwer zugängliche Material wird durch beachtenswerte Privatveröffentlichungen er-

6. R.P.Beaver, von 1948 bis 1955 Direktor der Missionary Research Library, gestand diese Lücke unumwunden ein, indem er bemerkte: »The acquisition of Roman Catholic material had to be cut back drastically.« (OBMRL, Feb.1968, S.3). – R.Streit, Bibliotheca Missionum, Veröffentlichungen des Internationalen Instituts für Missionswissenschaftliche Forschung, Münster/Aachen 1916 ff; ab Bd.VII als ›Streit/Dindinger‹; im vorliegenden Zusammenhang sind vor allem die ersten Bände von besonderem Interesse: Bd.I, Münster 1916; Bd.II, Aachen 1924; Bd.III, Aachen 1927, obwohl in diesen die Rubrik ›ärztliche Mission‹ bzw. ›missionsärztliche Fürsorge‹ nicht auftaucht; dieses geschieht erst ab Bd.XXII, Freiburg 1963, S.637. – P.Louis machte einen Anfang zur Auswertung der ersten Bände unter der hier interessierenden Fragestellung in seinem Artikel: Missionsärztliche Bestrebungen in früheren Jahrhunderten, in: Katholische Missionsärztliche Fürsorge, Jahrbuch 1926 (3.Jg.), S.87-94. Über das bei Streit angeführte Material hinaus geht, teilweise dieses korrigierend: P.Maarschalkerweerd OFM, Uit de Geschiedenis van de Medische Missie, Medische handboeken van en voor Missionarissen 16e-19e eeuw, in: Medisch Missie Maandblad, 3.Jg.(1931), S.234-242; ebd., 4.Jg. (1932), S.205-210, 303-309; ebd., 5.Jg.(1932), S.135-141, 156-158, 170-172.
7. G.Rommerskirchen/J.Dindinger, Rom, seit 1934; z.Zt. fortgeführt von W.Henkel und J.Metzler, Pontifical Urban University, Vatican.
8. Bisher konnten auf diesem Wege gut 200 weitere Titel ausfindig gemacht werden.
9. Diese mehrbändig angelegte Studie blieb Fragment. Der Untertitel des ersten (und einzigen) Bandes: Die Ärztliche Mission, ihre Begründung, Arbeitsmethode und Erfolge, erschien als Schrift des ›Rheinischen Vereins für Ärztliche Mission‹ im Verlag des Missionshauses (Barmen) mit einem Umfang von 109 Seiten.
10. Jahrbuch der Ärztlichen Mission 1914, hrsg. vom Verband der deutschen Vereine für ärztliche Mission, Gütersloh, S.157ff; Die Deutsche Evangelische Aerztliche Mission nach dem Stande des Jahres 1928, im Auftrag des Verbandes der Vereine für ärztliche Mission herausgegeben vom Deutschen Institut für ärztliche Mission in Tübingen, Stuttgart 1928, S.216ff; Ruf und Dienst der ärztlichen Mission, hrsg. vom Verband der Vereine für ärztliche Mission, Stuttgart 1935, S.270ff.

gänzt, die nur in Ausnahmefällen auch bibliographisch nachgewiesen sind, sowie durch wertvolle, umfangreiche Archivalien – hauptsächlich Buch- bzw. Vortragsmanuskripte, Protokolle und Korrespondenzen. Überwiegend handelt es sich dabei um englischsprachiges und deutsches Gut, zu dem sich Texte in fast sämtlichen (west) europäischen Sprachen gesellen.[11]

B. Die Literatur im einzelnen[12]

1. Gesamtdarstellungen

Als erste umfassende Darstellung von Begründung, Anliegen, Aufgaben, Aufkommen und Methoden der ›ärztlichen Mission‹ haben die 1849 erschienenen ›Lectures on Medical Missions‹ zu gelten[13], obwohl sie aus verständlichen Gründen den historischen Aspekt der noch in den Kinderschuhen steckenden missionsärztlichen Bewegung kaum artikulieren.[14] Diese auf Betreiben der

11. Unberücksichtigt bleiben mußten chinesische und japanische Texte, deren Existenz bekannt ist und von denen einzelne wie z.B. ›The Memoirs Of A British Medical Missionary In China – Rev.Dr. Stephen Douglas Sturton‹ by Henry Wu, Lakewood, NJ, 1971, nur auf Grund ihres englischen Impressums sinnvoll sind, hier erwähnt zu werden. – Bei der Übersetzung französicher, holländischer, spanischer, italienischer und schwedischer Texte standen mir kompetente Übersetzer, denen ich sehr zu Dank verpflichtet bin, zur Seite.
12. Bereits die im ›Occasional Bulletin‹ veröffentlichten Bibliographien versuchten, durch eine Strukturierung der Materialfülle Herr zu werden, indem sie diese unterteilten in: 1.Theory and Principles; 2.Conference Statements and Surveys; 3.Medical Missions at Work (Reports, Descriptive Accounts); 4.Biographies of Medical Missionaries; 5.Leprosy Missions; 6.Roman Catholic Medical Missions und 7.Periodicals (OBMRL Vol.X No.2, S.18) bzw. Miscellaneous (OBMRL, Vol. XV No.4, S.42). Dieses Gliederungsschema ist problematisch, da es mit formalen und inhaltlichen Kategorien unterschiedlicher Qualität arbeitet und dem unspezifischen Charakter des Großteils der Publikationen nicht ganz gerecht wird.
13. Delivered at the Instance of the Edinburgh Medical Missionary Society, Edinburgh / London 1849; 320 S. Von diesem Buch wurden insgesamt 500 Kopien gedruckt. »Written in the ›large utterance‹ of a more formal and leisurely age, they would hardly command a ready audicence to-day; but the earnestness and devotion of the authors are manifest on every page.« (H.F.L.Taylor, A Century of Service 1841-1941, Edinburgh 1941, S.3).
14. Ein Ansatz zu historischer Betrachtung ist allerdings schon in dem Beitrag von J.Coldstream: On the Responsibilities attaching to the Profession of Medicine, ebd., S.267ff, bes. S.290ff zu entdecken.

Edinburgh Medical Missionary Society zunächst vor Medizinstudenten der dortigen Universität gehaltenen und dann später mit der Absicht, Interesse und Engagement für die Sache in einer breiteren Öffentlichkeit zu wecken, von ihr auch publizierten sechs ›Lectures‹[15] dokumentieren die Geisteshaltung der die ärztliche Mission tragenden Kreise der ersten Generation. Darin vor allem liegt ihre heutige Bedeutung. Der auf die gleiche Weise zustande gekommene Nachfolgeband ›*Addresses to Medical Students*‹, Edinburgh 1856, jedoch ist darüberhinaus mit dem über hundertseitigen Beitrag von John Coldstream »Historical sketch of the employment of the art of healing in connection with the spread of the Gospel« (S.157-266) eine außerordentlich wichtige Quelle für die Anfänge der ärztlichen Mission im neunzehnten Jahrhundert.[16]

Von ähnlicher Wichtigkeit in historischer wie grundsätzlicher Hinsicht für diese Anfangszeit ist die 1861 von William Lockhart nach zwanzigjähriger Tätigkeit als Arzt der London Missionary Society in China veröffentlichte Abhandlung: ›*The Medical Missionary in China*‹[17], deren Übersetzung als erster deutschsprachiger Beleg zur ›ärztlichen Mission‹ unter dem Titel ›Der Ärztliche Missionär in China‹ 1863 in Würzburg erschien[18]. Fünfundzwanzig Jahre später, 1886, schrieb

15. Die einzelnen Beiträge und ihre Autoren: I) Introductory, J.Miller (S.1-86); II) The Importance of Medical Missions, W.Swan (S.87-134); III) On the Qualifications of a Medical Missionary, W.Brown (S.135-186); IV) On the Duties of a Medical Missionary, J.Watson (S.187-218; V) On the Sacredness of Medicine as a Profession, G.Wilson (S.219-266); VI) On the Responsibilities attaching to the Profession of Medicine, J.Coldstream (S.267-320). Dem Ganzen wurde ein ›Prefatory Essay‹ von W.P.Alison (S.V – XXVIII) vorangestellt.
16. Delivered at the instance of the Edinburgh Medical Missionary Society, 1855-56. Edinburgh, Adam & Charles Black; 266 S. – Die einzelnen Beiträge und ihre Autoren: Prefatory Essay, (wie schon in den ›Lectures‹) William P. Alison, S.1-23; Lecture 1: On the character of God, as inferred from the study of human anatomy, George Wilson, MD, S.25-99; Lecture 2: An Address to Students of Medicine – by Andrew Wood, President of the Royal College of Surgeons of Edinburgh, S.101-123; Lecture 3: An Address to Students of Medicine – by Benjamin Bell, F.R.C.S.E., S.125-155; Lecture 4: History of Medical Missions – by John Coldstream, MD, F.R.C.S.E., S.157-266. – Das grundsätzliche Problem mit diesem wichtigen Dokument besteht darin, daß es kaum mehr einsehbar ist. Die einzige mir bekannte Kopie befindet sich in nicht sehr gutem Zustand in der British Library, London. – »These Addresses were all delivered, in the course of the Session 1855-56, at evenig meetings of the Edinburgh Medical Missionary Society, held monthly in the Lectureroom attached to the Royal College of Surgeons, to which meetings, Students of Medicine were specially invited.« (ebd., Note [vor dem Inhaltsverzeichnis], o.S.).
17. A Narrative of Twenty Years' Experience, London 1861, 404 S. – Zu Lockhart vgl. Medical Missionary Record, New York, Vol. VI, 1891, S.198ff.
18. Mitteilungen nach zwanzigjähriger Erfahrung von Wilhelm Lockhart, ins Deutsche übersetzt von Hermann Bauer, Med. Dr., Würzburg 1863, 246 S.

dann der ehemalige Missionsarzt und langjährige Sekretär der Edinburgh Medical Missionary Society, der Arzt und Theologe John Lowe[19], das für lange Zeit als Standardwerk geltende ›*Medical Missions, Their Place and Their Power*‹. Es ist für die geschichtliche Entwicklung des missionsärztlichen Gedankens in England, besonders Schottland, sehr aufschlußreich; sein heutiger Wert wird aber leider durch unzureichende Quellenangaben geschmälert[20]. Anders Theodor Christliebs quellenmäßig gut aufgeschlüsseltes Buch ›*Ärztliche Missionen*‹ von 1889[21], jener »Appell an die deutschen evang. Missionsgesellschaften, wie an unsere Kandidaten der Medizin«,[22] durch den die systematische Förderung der deutschen missionsärztlichen Bemühungen initiiert wurde. Kaum ein anderer war besser geeignet, den deutschsprachigen Missionsfreunden dieses Anliegen zu vermitteln, als der international anerkannte Allianzmann Christlieb, der die ›ärztliche Mission‹ nicht nur während seiner Tätigkeit in London (1858-1865) kennengelernt hatte, sondern der ihr auch durch persönliche Beziehungen verbunden war.[23]

19. Vgl. ›In Memoriam – Rev.John Lowe, F.R.C.S.E., Secretary and Superintendent, Edinburgh Medical Missionary Society‹ printed for the Society by Scott & Ferguson, Edinburgh 1892. – Dieses Memoir enthält nicht nur die ausführliche Biographie, sondern auch die Nekrologe, die seinerzeit in ›The Lancet‹, ›The Medical Missionary Record‹ u.a. erschienen.
20. With an Introduction by Sir William Muir, ... Late Lieutenant – Governor North West Provinces of India and Principal of the University of Edinburgh, London, 292 S. – Bereits im 3.Band (1879-1883) der ›Quarterly Papers‹ der Edinburgh Medical Missionary Society erschien vom gleichen Verfasser eine Aufsatzfolge über die ›Medical Missions‹, S.25-28 (I), 1-5 (II), 97-100 (III), 121-124 (IV), 145-149 (V), 171-174 (VI), 193-196 (VII), 241-247 (VIII), 289-293 (IX), 313-315 (X) usw. Im Unterschied zu der Buchveröffentlichung, die Abschnitte aus diesen Beiträgen teils wörtlich übernimmt, enthalten die ›Papers‹ einige historische Einzelheiten, die sich im späteren Werk nicht mehr finden. – Aus den Ausführungen ist zu ersehen, daß hauptsächlich Material aus dem Archiv und den Veröffentlichungen der Edinburgh Medical Missionary Society verwendet wurde.
21. Neuer, vielfach ergänzter Abdruck (aus der Allgem. Missions-Zeitschrift, Jan.-Mai 1888), Gütersloh, 108 S. – Als einzelne Beiträge erschienen in AMZ Bd.15 (1888) S. 9-25; 49-79; 176-192; 234-248.
22. Ebd., S.III.
23. Nämlich durch einen seiner Schwiegersöhne, Dr.H.M.Sutton, der im Auftrag der Church Missionary Society als Missionsarzt von 1885-1903 in Bagdad arbeitete (vgl. Ärztliche Missionen, wie A 21, S.108; Die Ärztliche Mission, 23.Jg.Nr.3, Jul. 1933, S.65-67). – Zu Christlieb vgl. G.Warneck, Zur Erinnerung an Th.Christlieb, in AMZ, 1889, S.445-448; E.Sachsse, Artikel ›Christlieb, Theodor‹, in: RE 3, Bd,IV, S.1-4; H.Kasdorf, Gustav Warnecks missiologisches Erbe – Eine biographisch-historische Untersuchung, Giessen/Basel 1990, S.84-88; populärwissenschaftlich:

Unmittelbar vor der Jahrhundertwende, 1899, publizierte der Reisesekretär des amerikanischen und kanadischen Studentenmissionsbundes, J.Rutter Williamson, seine in Zusammenarbeit mit James S. Dennis entstandene kleine Abhandlung ›*The Healing of the Nations*‹.[24] In der Überzeugung, daß es mit Ausnahme der Evangelien »... no classic on Medical Missions« gibt, und in der Erkenntnis der Notwendigkeit »the fast accumulating material on Medical Missions in periodical literature« sowie ihre »principles and practices into a harmonious whole« zusammenzustellen, sieht er sich dazu veranlaßt, dieses »text-book« für akademische Missionsstudienkreise zu verfassen.[25] Obwohl es nach seinem eigenen Dafürhalten »necessarily but a mere outline of the subject«[26] ist, stellt Williamsons Buch doch eine wichtige, weil die erste klassisch kulturpropagandistische Gesamtskizze zur ›ärztlichen Mission‹ dar, bezeichnenderweise ohne exegetische und historische Beschäftigung mit dem Thema.[27]

1904 folgte die, wohl auf Anregung des Basler Missionsinspektors Oehler[28]

     A.Pagel, Prof. Theodor Christlieb, Pastor Alfred Christlieb – Die Lebensgeschichte zweier Männer, die Christus und die Brüder liebten, Bad Liebenzell 1983, bes. S.8-75. – Über das Buch vgl. Medical Missions at Home and Abroad, NS Vol.II, S.83.

24. A Treatise on Medical Missions – Statement and Appeal. New York / London, 99 S.; beide Ausgaben weichen in Seitenzählung und Kapitelüberschriften voneinander ab. Die hier zugrundegelegte Ausgabe ist die amerikanische. – Der Verfasser war zuvor auch der Vorsitzende der British Student Volunteer Missionary Union.
25. Ebd., Preface, S.5. Allerdings schränkt er dieses Urteil dahingehend ein, daß er in einer Anmerkung hinzufügt: »The nearest approximation to a classic is, possibly, ›Medical Missions : Their Place and Power,‹ by Dr.John Lowe.«
26. Ebd., S.6.
27. Vgl. die durchaus kritische Besprechung dieses Buches in: Medical Missions at Home and Abroad, NS, Vol.VIII (Oct.1889-Sept.1901), S.106. Hauptgrund der Kritik ist der bewußte Verzicht Williamsons auf die biblische Begründung der medical mission, der er sich mit dem Argument zu entledigen sucht: »The argument from Scripture we have taken for granted throughout. It is a topic which has received generous treatment at the hands of other writers, and therefore did not seem to demand the emphasis that has been laid on other less frequently noticed aspects.« (ebd. S.6)
28. H.Feldmann, Brief vom 5.Juli 1903 an Inspektor Würz, in: Archiv der Basler Mission, Briefe, Q-5-5, A-G 1903: »... vielleicht hätte Herr Inspektor Oehler die freundliche Absicht, ein kleines Vorwort zu schreiben, da ja die Anregung zu dieser Arbeit von Ihnen [sc. Basel] ausging.« – Würz lernte Feldmann erst 1903 in Herrnhut persönlich kennen; cf. seinen Brief an Feldmann vom 7.7.1903: »Es freut mich, daß Sie zur Missionswoche nach Herrnhut kommen, und ich hoffe, dort Ihre persönliche Bekanntschaft zu machen.« (Archiv der Basler Mission, Copie des Lettres, 22.April 1903 – 24. Sept. 1903. Q-3-1,49) Würz war seit 1891 erster theologischer Sekretär der Missionsanstalt und ab 1898 Inspektor für heimatliche Angelegenhei-

entstandene Studie ›*Die ärztliche Mission unter Heiden und Mohammedanern*‹ von Hermann Feldmann.[29] Die Bedeutung dieser ganz im Stil erwecklicher Frömmigkeit gehaltenen Arbeit, die fast durchgängig auf Quellenangaben verzichtet[30], liegt in der gewissenhaften Bestandsaufnahme medizinischer Aktivitäten der einzelnen Missionsgesellschaften zu Beginn des Jahrhunderts sowie in dem von F.v.Bodelschwingh geschriebenen Vorwort.[31] Eine nach geographi-

ten; vgl. W.Schlatter, Geschichte der Basler Mission 1815 – 1915, I.Bd., Die Heimatgeschichte der Basler Mission, Basel 1916, S.320 u.ö.; dort auch zu Oehler S. 317 ff.

29. Herausgegeben mit Unterstützung des Vereins für ärztliche Mission, Basler Missions-Studien, Heft 25, 176 S. Der ursprüngliche Titel sollte lauten ›Die aerztliche Missionsarbeit der evangelischen Kirche unter Heiden und Mohammedanern‹, wie der Verfasser in einem Brief vom 13.Sept.1903 nach Basel schrieb; vgl. Archiv der Basler Mission, Briefe, Q-5-5, A-G 1903. – Der am 1.10.1873 in London als ältester Sohn eines Herrnhuters geborene H.Feldmann war bis 1914 als Oberarzt in Bethel, Außenstation Eckardtsheim, tätig, bevor er dann als 2. Direktor an das Deutsche Institut für Ärztliche Mission berufen wurde; vgl. Hauptarchiv der von Bodelschwinghschen Anstalten Bethel, Bestand 1/C 13 (Personal-Akte) und ebd. Personal-Chronik. Über sein Elternhaus vgl. ›Lebenslauf des verheirateten Bruders Karl Heinrich Feldmann, geboren am 16. März 1843 in Elberfeld, entschlafen am 15. Juni 1920 in Herrnhut‹, in: Mitteilungen aus der Brüdergemeine zur Förderung christlicher Gemeinschaft, Herrnhut 1920, S.221-256.

30. Feldmann wollte sich besser ausweisen, wurde aber von Würz gebeten »so zu verfahren, daß in erster Linie das statistische Material vermindert, das Anschauungsmaterial dagegen geschont wird. Die wissenschaftliche Vollständigkeit muß also leider der Popularität geopfert werden.« (Brief an Feldmann vom 18.1.1904, in: Archiv der Basler Mission, Copie des Lettres 5.Dez. 1902 – 22.April 1903, Q-3-1,51). – Auch wurde der Verfasser entmutigt, sich mit G.Warneck über die Arbeit zu verständigen: »Herr Pfr. Würz und Herr Hoch wären Ihnen dankbar, wenn Sie von einer Besprechung mit Prof. Warneck absehen würden. Sollte es Ihnen erwünscht sein, daß das Manuskript durchgelesen würde, so ist man in Basel gerne dazu bereit.« (Brief vom 23.12.1902, ebd.) – Aus einem Brief Feldmanns an Würz vom 29.3.1903 ist allerdings einiges über die benutzten Quellen zu erfahren: »... die Bearbeitung des mir immer lieber werdenden Themas nahm meine freie Zeit ganz in Anspruch. Die übersandte Literatur ist mir recht wertvoll und fördernd, ich benütze auch Dennis' Survey [sc. Christian Missions and Social Progress – A sociological Study of Foreign Missions, New York , Bd.I 1897; Bd.II 1899] und die Allg. Missionszeitschrift, die ziemlich verstreut Angaben über die ärztliche Mission bringt. ... Es scheint mir, als würde meine Arbeit umfangreicher als die Christliebsche, die Schilderung der ausgedehnten ärztlichen Missionsarbeit der großen englischen Gesellschaften nimmt viel Raum in Anspruch.« (Archiv der Basler Mission, Briefe, Q-5-5, A-G, 1903).

31. Feldmann hatte als Verfasser für das Vorwort v.Bodelschwingh »oder Missionsdi-

schen Gesichtspunkten erstellte Übersicht über ›Die gegenwärtige Ausbreitung der ärztlichen Mission‹ erschien im gleichen Jahr von demselben Verfasser in der Allgemeinen Missions-Zeitschrift.[32]

Die Arbeiten Christliebs und Feldmanns wurden durch N.A.De Gaay Fortman in ›*De Geschiedenis der Medische Zending*‹ 1908 aktualisiert.[33] Das zeitgenössische missionsärztliche Panorama wird in dieser Darstellung zwar in erschöpfender Weise wiedergegeben, aber, abgesehen von einigen wenigen Elementen zur calvinistisch geprägten theologischen Diskussion um die ›ärztliche Mission‹ sowie von Einzelheiten zur geschichtlichen Entwicklung in Holland, führt Fortmans ›Geschiedenis‹ nicht über bereits Bekanntes hinaus. Im darauffolgenden Jahr, 1909, erschien in Barmen Gottlieb Olpps ›*Die Ärztliche Mission und ihr größtes Arbeitsfeld, I.Teil. – Die Ärztliche Mission, ihre Begründung, Arbeitsmethode und Erfolge*‹[34], eine historische Erstlingsarbeit des damals gerade aus China zurückgekehrten Missionsarztes, der sich später als Direktor des Deutschen Instituts für ärztliche Mission in Tübingen um die systematische Aufarbeitung der Geschichte der ›ärztlichen Mission‹ sehr verdient gemacht hat. In der hier zu besprechenden, gut belegten Arbeit versucht Olpp u.a. eine Antwort auf die Frage zu geben: »Kann oder soll der Missionsarzt auch Missionar sein?«. Von v. Bodelschwinghs Vorwort zu Feldmanns Buch beeinflußt[35], stellt er dabei einen vermeintlich typisch deutschen Standpunkt – der Missionsarzt sei vornehmlich Arzt – dem vermeintlich typisch anglo-amerikanischen – der Missionsarzt sei vornehmlich Missionar bzw. Evangelist – gegenüber.[36] Wegen vie-

rektor Buchner [von Herrnhut], der mir persönlich näher steht und mit meinem Vater befreundet ist« (Brief vom 5.7.1903, Archiv der Basler Mission, Briefe Q-5-5, A-G, 1903), vorgeschlagen, wurde aber von Würz gebeten, auf v.Bodelschwingh zuzugehen (vgl. Brief Würz an Feldmann vom 7.7.1903, in: Archiv der Basler Mission, Copie des Lettres 5.Dez.1902 -22.April 1903, Q-3-1,49). Offensichtlich hat das Vorwort Feldmann nicht ganz zugesagt; denn in einem Brief vom 20.März 1904 an Würz bemerkt er: »Das Vorwort von Herrn Pastor von Bodelschwingh lege ich ... bei und stelle es Ihnen anheim, ob Sie es verwenden wollen oder nicht. Die Erscheinungsweise der Arbeit in der Reihe der Missionsstudien scheint mir beinahe dagegen zu sprechen, daß sie ein Vorwort bekommt.« (Archiv der Basler Mision, Briefe, Q-5-7, A-H, 1904).
32. AMZ, 31.Bd., 1904, S.209-221, 271-288, 338-343.
33. Met een Inleidend Woord van J.G.Scheurer, Miss.-Arts, Nijkerk, 415 S.
34. s.o. A 9.
35. Die ärztliche Mission unter Heiden und Mohammedanern (wie A 29), S.5.; vgl. G.Olpp, Die Ärztliche Mission (wie A 9) S.65.
36. Vgl. ebd. S.54-71; »Zum Schluß dieser Ausführung weise ich darauf hin, daß das verschiedene missionsärztliche Ideal des englischen und deutschen Volkes schon in den von ihnen angewandten Bezeichnungen zum Ausdruck kommt, dort medical *Missionary*, hier Missions*arzt*. Jeder nach seiner Weise; laßt uns aber miteinander

ler wertvoller Details ist diesem Büchlein, trotz mancher historischen Ungenauigkeiten, sowie aufgrund des bereits erwähnten bibliographischen Anhangs Aufmerksamkeit zu schenken.

›Medical Missions: The Twofold Task‹ ist der Titel einer wieder umfangreicheren Gesamtdarstellung der ›ärztlichen Mission‹, die 1920 in den Vereinigten Staaten erschien,[37] verfaßt von dem Methodisten-Bischof Walter Lambuth, MD, der selbst vierzehn Jahre als Missionsarzt in China und Japan tätig gewesen war. Wie schon Williamson vor ihm, so ist auch Lambuth ganz von der Christlichkeit westlicher Zivilisation überzeugt und bestimmt »the function of Christian missions« als: »to introduce a new order of society among the peoples to whom they go.«[38] Bedeutung kommt dieser Arbeit nicht nur wegen der ausführlichen Behandlung des kulturoptimistisch-propagandistischen Aspektes des Gegenstandes zu, sondern ebenso aufgrund manch wertvoller Anhänge[39].

Als Mitglied des Verwaltungsrates des Deutschen Instituts für Ärztliche Mission und zugleich als erster Inhaber des missionswissenschaftlichen Lehrstuhls an der Universität Tübingen hielt M.Schlunk eine 1930 zum ersten Male gehaltene »Vorlesung für Hörer aller Fakultäten« über die ›Ärztliche Mission‹, deren Manuskript ein nicht unwichtiges Dokument zur damals zeitgenössischen, durch das Wirken Albert Schweitzers stimulierten Diskussion um den Gegenstand im deutschsprachigen Bereich darstellt.[40] Die mehrfach korrigierte Gliederung der

    wetteifern und mit dem Pfunde wuchern, das einem jeden verliehen ist, nicht zur eigenen Ehre, nein soli Deo gloria!« ebd., S.71. – Hervorhebungen im Original.

37. Nashville, Board of Missions, Methodist Episcopal Church South, 257 S.
38. Ebd., S.65. – »Our Christ is imperial in personality, in faith, in authority and in power. An imperial Christ must be represented by an imperial Gospel which lays its claims upon every man, upon all that is in man and upon all mankind. ... In the Christian civilization which we would build, it is Jesus Christ who must be made preeminent. ... There is no civilization worth speaking of without Christianity.« ebd. S.213 f.
39. Dazu zählen: ›World Statistics of Medical Missions‹ von 1916 (S.225ff); ›Findings of the Medical Conference of the World Missionary Conference (Edinburgh 1910)‹ (S.229ff); ›Important Recommendations from the Mission Field Regarding Medical Work‹ (S.236ff) sowie die Bibliographie (S.253ff).
40. Dieses, erst im Zusammenhang vorliegender Arbeit vom Verfasser entdeckte und gesicherte Manuskript (jetzt im Universitätsarchiv Tübingen, Bestand 552) einer einstündigen Vorlesung besteht aus 92 numerierten Blättern und einigen Anlagen. Es ist mehrfach korrigiert und überarbeitet worden, da Schlunk diese Vorlesung in den Jahren 1935 (SS), 1940 (2.Trim.) und 1943 (SS) wiederholte; vgl., in Ergänzung zu seinen eigenen Notizen, auch die entsprechenden Vorlesungsverzeichnisse. – Schlunks katholischer Kollege Thomas Ohm, damals noch in Würzburg, erwähnt diese Vorlesung in: Die ärztliche Fürsorge, S. 38. – Über Schlunk vgl. W.Freytag, Martin Schlunk, in: EMZ, 1958, S.48-50.

Vorlesung wie auch eine sich im Manuskript befindliche zweite, ganz andersartige Gliederung unter dem Thema ›Die ärztliche Mission im Dienste der missionarischen Botschaft‹ zeigen, wie sehr Schlunk um die angemessene Darstellung gerungen hat.[41]
Ebenfalls auf Vorlesungen beruht die 1935 veröffentlichte Studie ›Die ärztliche Fürsorge der katholischen Missionen – Idee und Wirklichkeit‹[42] von Thomas Ohm, die bislang einzige missionswissenschaftliche Monographie zum Thema. Der Stoff wird in sieben Kapiteln entfaltet: 1) Jesus Christus und die ärztliche Fürsorge, 2) Geschichte, 3) Begriff und Begründung, 4) Träger und Objekt, 5) Methode, 6) Finanzierung, 7) Leben und Lebensgestaltung des missionsärztlichen Personals. Bedauerlicherweise hat diese Arbeit, die unter oftmals unpräzisen Angaben und Quellenverweisen leidet[43], nicht das ihr gebührende Echo finden können, auch nicht in den katholischen missionsärztlichen Kreisen.[44]

41. Gliederung der Vorlesung: I) Begründung, II) Geschichte, III) Hauptprobleme, IV) Heimatliche Brennpunkte der Arbeit, V) Bilder aus der Arbeit, VI) Tropenmedizin, VII) Krankenfürsorge für Missionsangehörige und VIII) Erfolg der ärztlichen Mission. Der achte Hauptteil ist im Zusammenhang einer späteren Vorlesung von ihm gestrichen worden; vgl. Manuskript S.82. – Schema der zweiten Gliederung: I) Nur so können wir sie biblisch recht begründen; II) Nur so können wir ihren großen Dienst recht würdigen; III) Nur so können wir ihre Probleme recht lösen; IV) Nur so gewinnen wir Weisung und Kraft, ihren Dienst mit allen Mitteln zu fördern.
42. In Ergänzung der bibliographischen Angaben in A 1: 270 S. – »Die folgenden Darlegungen, die aus Vorlesungen bezw. Vorträgen an der Universität und am missionsärztlichen Institut Würzburg hervorgegangen sind, beruhen nicht nur auf Kenntnis der einschlägigen Literatur sondern auch und vor allem auf Erfahrungen, welche der Verfasser im genannten Institut (1932 bis 1934) und auf drei großen Reisen ... sammeln konnte.« Einleitung, S.V.
43. Als Beispiele dafür mögen die Hinweise auf das durch Doppelungen verwirrende Literaturverzeichnis, besonders der missionsärztlichen Zeitschriften (S.XV f.), die Erwähnung der Gründung des ›Catholic Medical Board‹ statt des ›Catholic Medical Mission Board‹ 1924 (vgl. S.46), die Gleichsetzung der von A.Dengel 1925 in Washington D.C. gegründeten ›Society of Catholic Medical Missionaries‹ als »Parallelgründung zum Würzburger Institut« (S.45), die falsche Jahreszahl für die Gründung des ›Livingstone Memorial‹ in Edinburgh – 1858 statt 1877 (dieser Fehler, der die Eröffnung der Cowgate Dispensary in Edinburgh mit der Grundsteinlegung zum Livingstone Memorial verwechselt, schon bei G.Olpp, Die ärztliche Mission, S.14) – und die fehlerhafte Zitation der Arbeit Harnacks ›Medizinisches aus der ältesten Kirchengeschichte‹ in A 1, S.20 genügen.
44. Vgl. die Rezension von Boßlet OP in: Missionsärztliche Fürsorge, Jahrbuch 1936, S.138f: »Bei der Behandlung der mehr praktischen Fragen fehlte freilich dem Verfasser die notwendige Voraussetzung, die missionarische Praxis. Darunter leiden ja so viele missionswissenschaftliche Arbeiten. Zwei, drei längere oder kürzere

Gleichzeitig mit vorgenannter Arbeit erschien unter dem von der Propaganda Fidei für 1935/36 bestimmten Jahresthema von Ludwig Berg ›*Christliche Liebestätigkeit in den Missionsländern*‹, das in Ergänzung zu Ohms Arbeit zu lesen ist, weil es »bisher nicht veröffentlichte Missionsnachrichten an die Propaganda Kongregation zu Rom« berücksichtigt.[45] Die ›ärztliche Mission‹ erscheint hier zwar nur als ein, wenn auch wesentlicher, Teil der Caritas, dafür aber an einer ihr theologisch zugewiesenen Stelle.[46]

Stimuliert durch entsprechende Überlegungen auf der Weltmissionskonferenz in Tambaram (1938) interpretierte die Anglikanerin Phyllis Garlick in ihren 1943 in Oxford vorgetragenen James Long Lectures die ›ärztliche Mission‹ als Ausdruck des expliziten Bemühens um die ›Ganzheit‹ des Menschen. ›*The Wholeness of Man*‹ lautet der Titel ihres ersten Buches zum Thema[47], in dem sie das Aufkommen und die Entwicklung der ›ärztlichen Mission‹ unter medizin-, religions- und kulturgeschichtlichen Gesichtspunkten betrachtete. Von den damals profiliertesten Vertretern der medical missions – H.G.Anderson, Cl.Chesterman, H.Balme, L.Rogers, E.Hume – beraten, spannte sie, ausgehend von ›The Evolution of Medical Science‹(I), den Bogen über ›Christian and Non-Christian Motives for Healing‹(II) bis zu ›The Church's Ministry of Healing‹(III). 1952 folgte ihr noch umfangreicheres Werk ›*Man's Search for Health*‹[48], von dem

---

Studienreisen, eine Besuchstour durch einzelne Missionen, kurze Unterredungen mit den Missionspraktikern, hier mit Missionsärzten, aus denen man mit Vorliebe heraushört, was zu den eigenen Theorien zu passen scheint – und bekannte, vielgerühmte Missionsbücher sind im wesentlichen fertig. Über die erschreckende Unwissenheit und die oft grundfalschen Vorstellungen vom wirklichen Leben und Arbeiten in den Missionen braucht man sich dann nicht zu wundern.« Dieses Urteil wiegt um so schwerer, weil es der damalige Direktor des katholischen missionsärztlichen Instituts in Würzburg, Ohms zeitweiliger Wirkungsstätte, fällte.

45. Freiburg 1935, 215 S.; das Zitat entstammt dem ausführlichen Untertitel. – Berg hatte schon früher über ›Mission und Caritas‹ geschrieben: Die katholische Heidenmission als Kulturträger, III. Bd., IX.(-X.) Teil, Aachen 1926². – Unter dem Titel ›La Carità in terra di Missione‹ erschien gleichzeitig die von V.Bartoccetti verfaßte italienische Behandlung des Themas in Rom. Vgl. dazu auch noch: J.Schmidlin, Missionscaritas einst und jetzt, in: Zeitschrift für Missionswissenschaft (ZM), 26.Jg. (1936), S.193-199, für weitere Einzelheiten.
46. In der deutschen sowohl als auch in der italienischen Ausgabe entfallen gut Dreiviertel des Umfangs (ca. 150 S.) auf die ›ärztliche Mission‹.
47. The Wholeness of Man – A Study in the History of Healing, London 1943$^{1/2}$; expliziter Bezug auf Tambaram S.179ff. – Eine von der Autorin selbst verfaßte achtzigseitige Kurzfassung dieser Lectures erschien 1948 in London unter dem Titel ›Health and Healing – A Christian Interpretation‹.
48. A Study in the Inter-Relation of Religion and Medicine, London, 344 S. – Auch hier finden sich explizite Bezüge zur Tambaram-Konferenz, vgl. z.B. S.269 u. 273.

H.G.Anderson, der kenntnisreiche CMS Medical Secretary, sagte, daß es ein Buch sei »which ... is destined to become the textbook of the rationale of medical missions«.[49] Dieser große, äußerst modern erscheinende Wurf ist allerdings durch eine bestimmte Einseitigkeit in der Auswahl des Quellenmaterials – und damit auch durch historische Einseitigkeit – gefährdet[50], verdient aber viel mehr Aufmerksamkeit, als ihm bisher zuteil geworden ist.

Anna Dengel, die Begründerin der Society of Catholic Medical Missionaries (SCMM), gibt in ihrem Buch ›Mission for Samaritans‹, Milwaukee 1945, nach knappen, grundsätzlichen und historischen Skizzen eine gute, geographisch gegliederte ausführliche Übersicht über den Stand bis dato geleisteter katholischer missionsärztlicher Arbeit, um diese als dringend notwendig für ihre Zeit aufzuweisen.[51] Missionsärztliche Arbeit entspringe nicht allein dem Mitleid oder dem Gehorsam gegenüber dem biblischen Heilungsauftrag. Sie wurzele auch in der stellvertretenden Wiedergutmachung für die Schuld der weißen Rasse an den Völkern der Welt: »It is the tremendous debt which we, the white race, owe to the peoples subjected and exploited by our forefathers.«[52]

Ist im deutschsprachigen Bereich eine Rezeption der Gedanken Ph.Garlicks nicht aufweisbar[53], so doch im angelsächsisch-nordamerikanischen Raum, wie z.B. in Edward M.Dodd's Arbeit ›The Gift of the Healer – The Story of Men and Medicine in the Overseas Mission of the Church‹, der nächsten hier zu besprechenden Gesamtdarstellung, die 1964 erschien.[54] »The wholeness of man ... is a basic idea in our medical ministry. ... This concept of the wholeness of man in the ministry of healing, at least in its articulate form, has been an evolving idea. The early pioneers, in their splendid launching of the enterprise, thought of it in

49. Vgl. OBMRL, Vol. V No.11, Oct.12, 1954, S.13.
50. Das hauptsächlich in der Veröffentlichung von 1943 beigebrachte, quellenmäßig aber unzureichend ausgewiesene historische Material zur ärztlichen Mission entstammt fast ausschließlich dem Archiv der Church Missionary Society, London.
51. A Survey of Achievements and Opportunities in the Field of Catholic Medical Missions; Foreword by the Rt.Rev.John M. Cooper; 126 S.
52. Ebd., S.5. – Im Vorwort (S.VII) faßt John M. Cooper das Anliegen des Buches folgendermaßen zusammen: »The challenge presented is obviously one of charity – of heroic charity. It is also one of justice, of simple restitution in part for the centuries of exploitation, by Occidentals, of the world's peoples in the tens of millions.«
53. Samuel Müller, ehemals als Arzt im Auftrag der Bethel Mission in Ostafrika tätig und von 1936-1961 Direktor des Deutschen Instituts für Ärztliche Mission, bezeichnet in seinem Buch ›Im Kampf um Leben und Tod‹, Stuttgart 1960, das Konzept »Wholeness of Man« als » das immer wieder betonte und vielfach behandelte Thema der Mission der ›Kirche von England‹«. (ebd. S.28f)
54. Das in New York erschienene, 224 Seiten umfassende Buch entstand nicht zuletzt auf Anregung des damaligen Direktors der Missionary Research Library, F.Price; vgl. ebd. S.8.

simpler terms. They were healing disease and preaching the gospel«.[55] Darüberhinaus verrät die Gliederung dieses Buches, das ausdrücklich keine »complete and definitive history« der ärztliche Mission sein will und – leider – den historischen Fakten nur flüchtige Beachtung schenkt[56], wie sehr sich die ärztliche Mission in ihrer Funktion und in ihrem Selbstverständnis mittlerweile gewandelt hat.[57]
Gegenwärtig liegen zwei repräsentative Gesamtdarstellungen zur ›ärztlichen Mission‹ vor, die zugleich beeindruckende Selbstzeugnissse sind; die eine, englischer Herkunft, bietet der von Stanley G. Browne 1985 herausgegebene Sammelband ›*Heralds of Health – The Saga of Christian Medical Initiatives*‹[58], die andere, weniger umfangreiche mit internationaler Autorenschaft, ist betitelt ›*A New Agenda for Medical Missions*‹.[59]

---

55. Ebd. S.220 mit explizitem Bezug auf Ph.Garlick.
56. Zitat ebd. S.9. – Folgenschwer ist die Fehldatierung des Beitrags von F.Moeller auf der Weltmissionskonferenz in Jerusalem 1928 um zehn Jahre (vgl.S.221), wodurch das Bild der missionstheologischen Auseinandersetzung mit dem missionsärztlichen Gedanken völlig verzerrt wird. – Wichtige geschichtliche Einzelheiten über die Entwicklung der missionsärztlichen Organisationen in den USA im 20. Jahrhundert enthält Kap.14 ›Supporting Organizations‹, S.138ff.
57. Im Rahmen der vier Hauptteile: The Background And Origins of Medical Missions(I), Expansion and Diversification(II), The Education of Nationals(III) und Partnership and Ecumenicity(IV) kommen neben den aus früheren Arbeiten bekannten :›The Early Pioneers‹ (Kap.1) und ›Hospitals‹ (Kap.5) Themen wie ›Early Preventive Medicine and Public Health‹ (Kap.11), ›Medicine's Nonmedical Problems‹ (Kap.12) genauso zur Sprache wie: ›World Revolution and Its Implications‹ (Kap.20), ›The National Comes into His Own‹ (Kap.21) und ›Pioneering in Ecumenicity‹ (Kap.22), Themen, die früher jenseits der allgemeinen Aufmerksamkeit lagen.
58. Published for the Medical Committee of the Conference for World Mission by the Christian Medical Fellowship, London, 382 S. – Der Herausgeber will dieses Buch als Ergänzung zu dem ein Jahr zuvor im gleichen Verlag erschienenen, geschichtlich orientierten Werk ›The Influence of Christians in Medicine‹, hrsg. v. J.T.Aitken, H.W.C.Fuller, D.Johnson, London, verstanden wissen; vgl. S.VIII. – In den insgesamt 20 Kapiteln behandeln namhafte Fachleute das ganze Spektrum missionsärztlicher Tätigkeit in grundsätzlicher, historischer, praktischer und vor allem medizinischer Hinsicht unter ständigem Rekurs auf die sozialen Implikationen. Der Wert der einzelnen, qualitativ unterschiedlichen Beiträge wird durch jeweils angefügte Kurzbibliographien erhöht.
59. A MAP International Monograph, Brunswick, GA, 1990, 136 S. Dieser Band, von Merrill Ewert ediert, enthält insgesamt 15 Beiträge von Autoren verschiedener Nationalitäten grundsätzlicher und praktischer Art und ist in seinen ›Case -Studies‹ (S.49-118) besonders wertvoll.

2. Einzeldarstellungen

Konnten die Gesamtdarstellungen vollständig angeführt werden, so ist dies nicht mehr möglich – allein schon in Anbetracht des zahlenmäßigen Umfangs – bei den zu Einzelaspekten der ›ärztlichen Mission‹ vorliegenden Arbeiten, von denen nur ein geringer Teil auch als selbständige Publikation erschien. Daher seien im Folgenden nur die wichtigsten vorgestellt.

a) grundsätzlich-allgemeiner Art

Das Bemühen um die Gewinnung von Kräften für den Einsatz im Werk der ›ärztlichen Mission‹ bot mehr als einmal den Anlaß, sich der Behandlung entsprechender Fragen grundsätzlich zu widmen. Dies gilt vor allem für die Buchveröffentlichungen des Arztes R.Fletcher Moorshead, Sekretär der Medical Mission Auxiliary der britischen baptistischen Missionsgesellschaft und der Baptist Zenana Mission, ›*The Appeal of Medical Missions*‹ (1913)[60] und ›*The Way of the Doctor*‹ (1926)[61], in denen er sich in Abgrenzung zur Philanthropie um ein authentisches Selbstverständnis der ›ärztlichen Mission‹ bemüht. Gleiches gilt von dem während des ersten Weltkriegs erschienenen, ebenfalls von einem Mediziner, dem Quäker Henry T. Hodgkin verfaßten Aufruf ›*The Way of the Good Physician*‹, der damit das Ziel verfolgte: »to supply that moral equivalent for war which is so sorely needed if the world is ever to turn into the path of peace«.[62]

---

60. With an Introduction by Sir Andrew Fraser, London, 224 S. – In der Rezension von Maxwell bezeichnet dieser diese Arbeit als »the fullest and most practical volume on medical missions that has yet been published.« in: Medical Missions at Home and Abroad, Vol.VIII, (1913-1915), S.40f. Eine Vorstufe dieser Arbeit ist in der 1903 im Baptist Missionary Herald, London, erschienenen Artikelserie (What is a Medical Mission?/Why are Medical Missions needed in the Missionary Enterprise?/Triumphant Results of Medical Missions/How Medical Missions are carried on in the Mission Field) zu finden, die im gleichen Jahr auch in dem ›Quarterly Paper‹ der Edinburgh Medical Missionary Society abgedruckt wurden. (Vol.X, S.339-341/369-372/421-424 u. Vol XI, S.16-19/36-38).
61. With a Foreword by Sir Leonard Rogers, London, 242 S. – Es ist dieses Buch, in dem sich ein Kapitel findet ›Where there is no Doctor‹ (Kap.3, S.23ff), das zum Titel des gegenwärtigen Standardwerkes von David Werner zum Basisgesundheitsdienst gewählt worden ist: Where there is no Doctor, a village health care handbook, London 1977^1, als ›first English Edition, revised from the Spanish edition ¿Donde No Hay Doctor?‹.
62. London, 1915$^{1/2}$; 1916^3; 1919^4. – Zitat S.1. Diese Arbeit ist sorgfältig belegt, enthält drei aufschlußreiche praktische Anhänge zu Ausbildungsfragen und eine kurze Bibliographie.

Gute Belege für die Stellung der amerikanischen Presbyterianer zur ›ärztlichen Mission‹ sind ›*The Medical Mission – Its Place, Power and Appeal*‹ von W.J.Wanless,MD,[63] und, darauf aufbauend, ›*Opportunities in the Path of the Good Physician*‹ von V.F.Penrose[64]; letzterer, dem es vor allem um die Förderung und Unterstützung des Werkes in der aussendenden Kirche geht, bringt eine gute Übersicht über die seitens der amerikanischen Presbyterianer zur Zeit der Jahrhundertwende geleistete missionsärztliche Arbeit.

›*The Claim of Suffering – A Plea for Medical Missions*‹ ist der Titel eines im Auftrage der Society for the Propagation of the Gospel (SPG) von E.K. Paget verfaßten Aufrufs apologetischen Charakters, der 1912 erschien[65], in demselben Jahr, in dem auch eine kleine Darstellung publiziert wurde, die die damals in England aktuelle Diskussion um ›Faith-Healing‹ wiederspiegelte: ›*Principles and Practice of Medical Missions*‹ aus der Feder Ch.F.Harfords, Secretary to the Medical Committee der Church Missionary Society (CMS).[66] Ihr folgte, ebenfalls von der CMS verlegt, das ›*Manual on Medical Missions*‹ von H.G.Harding, eine kurze Begründung des Anliegens und eine Beschreibung der Arbeit ›ärztlicher Mission‹.[67]

Grundlegend und durchaus kritisch in Reaktion auf die Erklärung ›*The Place of Medical Missions in the Work of the Church*‹[68] der Weltmissionskonferenz zu

63. Philadelphia 1889[1], 1906[2], 96 S. In diesem, aus an 90 (von damals insgesamt 118) amerikanischen medizinischen Hochschulen in den Jahren 1895/96 gehaltenen Vorträgen erwachsenen Band konzentriert sein Verfasser, selbst Missionsarzt, den Aufruf zur Mitarbeit auf die ›imitatio Christi‹: »It is fraternally acknowledged that he is not the greatest physician who makes the greatest name or secures the largest wealth in the practice of his profession, but he who, content with necessary comforts for himself, seeks to carry to the largest number of physical sufferers, the largest number of physical blessings.« (ebd. S.85; zur Imitation vgl. S.84f.)
64. Philadelphia 1902, 264 S. mit einem Kartenanhang.
65. Westminster, 125 S.
66. In: Mercy and Truth, Vol. XVI, S.24f; 48f; 84-87; 112f; 154f; 184-186; 280-282; 312-314; 346f; 376-378; 406f. – Bereits einige Jahre zuvor finden sich Elemente dieser auch die missionsärztlichen Kreise offensichtlich sehr erregende Auseinandersetzung, vgl. den Art. ›Faith-Healing‹ von B.Thomson in: Medical Missions at Home and Abroad, Vol. II (1887-1889), S.325-330; ›Faith-Healing‹, by the Editor, ebd. Vol. VIII (1899-1901), S.132-135. Zur damaligen Diskussion um ›Faith-Healing‹ in England vgl. S.Mews, The Revival of Spiritual Healing in the Church of England 1920-26, in: The Church and Healing, Oxford 1982, S.299ff.
67. London 1922[2], 50 S.
68. Das Dokument findet sich in: Report of the International Missionary Council, Jerusalem, March 24 to April 8, 1928, Vol.VIII, Addresses and other Records, London 1928, S.197ff. – Aufschlußreich für die Rezeption dieses Grundsatzpapiers im deutschsprachigen Bereich ist G.Olpp, Gegenwartsfragen der ärztlichen Mission,

Jerusalem von 1928, griff Th.Cochrane das Thema der ›ärztlichen Mission‹ in ›*The Basic Principle of Medical Missions*‹ auf[69]; ein gleiches tat R.Allen mit ›*The Place of Medical Missions*‹[70], allerdings in Auseinandersetzung mit dem ebenfalls 1928 erschienenen ›Survey of Medical Missions in India‹.[71] In seinem Vortrag über ›*Medical Missionary Enterprise – The Outlook To-day*‹ urteilte John Mott 1930 grundsätzlich: »medical missionary work is the climax of the integrity of this all-inclusive Gospel. It gives us the most vivid apprehension of the real meaning of the incarnation and likewise the life of our Lord and Saviour.«[72]
Während des zweiten Weltkrieges, 1940, erschien, wieder von der Hand eines erfahrenen Missionsarztes, die originelle Studie ›*In the Service of Suffering – Phases of Medical Missionary Enterprise*‹, in der die einzelnen Entwicklungsstufen der ›medical missions‹ in Analogie zu den Lebensphasen als organischnatürliche Prozesse gedeutet werden.[73] In nicht zu verkennender Verwandtschaft mit seinem Vorgänger Moorshead bestimmt Clement C.Chesterman darin die Aufgabe der ›ärztlichen Mission‹ als »a constant corrective to the type of religion which is apt to think only of ›precious souls‹ and forget the medium by which alone those souls can express themselves and so become precious.«[74] Auch von katholischer Seite wurde seit den zwanziger Jahren zur Mitarbeit am Werk in größerem Stil aufgerufen; zuerst durch Zeitungsartikel und die Schriften ›*Indian Catholic Medical Missions and Women Doctors*‹[75] und ›*Twenty Years Medical*

    in: NAMZ, 7.Jg.(1930), S.161-168 u. 193-201; auch als neunzehnseitiger Sonderdruck vorhanden.
69. Ursprünglich in World Dominion Press, London, Vol. VI, No.4 (Oct.1928), S.343-347 erschienen, dann auch als Sonderdruck der Indigenous Church Series, London 1928, in: Basic Principles in Educational and Medical Missionary Work, by Fl.E.Hamilton and Th.Cochrane, S.13-17.
70. In: World Dominion Press, London, Vol.VIII, No.1 (Jan.1930), S.34-42 , mit dem vom Herausgeber, Th.Cochrane, verfaßten Anhang ›Wrong Principles Produce Wrong Policies‹ (ebd. S.42-45), in dem dieser zu der Feststellung gelangt: »A satisfactory policy does not at present exist [sc. in medical missions] and fundamental principles are not clearly perceived.« (S.44)
71. A Survey of Medical Missions in India, prepared by the Committee on Survey, Efficiency, and Co-operation of the Christian Medical Association of India in conjunction with the National Christian Council of India, Burma and Ceylon, Poona 1928.
72. In: Edinburgh Medical Missionary Society, Quarterly Paper 1930, S.564 – 570; deutsche Übersetzung in: Die Ärztliche Mission, 1930, 20.Jg., S.95ff.
73. Clement C.Chesterman, London, 160 S.
74. Ebd. S.99. – Chesterman war ebenfalls Medical Officer und Secretary der Baptist Missionary Society und zugleich Honorary Secretary des British Advisory Board on Medical Missions, nachdem er zuvor als Missionsarzt der Baptist Missionary Society in Yakusu, damals Belgisch Kongo, gearbeitet hatte.
75. Also Some Notes on School Hygiene, Trichinopoly (India) 1919, 44 S.

Work in Mission Countries‹[76], verfaßt von der Konvertitin und (Missions-)Ärztin Margaret Lamont[77], dann durch Christopherus Becker SDS, der mit seiner Broschüre ›*Aerztliche Fürsorge in Missionsländern*‹, Aachen 1921, zum Wortführer dieses Anliegens im deutschsprachigen katholischen Bereich wurde. Ihm folgte bald, 1925, Floyd Keeler mit der ersten groß angelegten Studie zu ›*Catholic Medical Missions*‹[78], die wichtiges Material zur geschichtlichen Entwicklung sowohl als auch zur entsprechenden grundsätzlichen Diskussion im Katholizismus enthält. Daß die Hierarchie ernsthaft um die Lösung der missionsärztlichen Fragen bemüht war, zeigt die Abhandlung ›*Pie XI et la médecine au service des Missions*‹ aus der Feder des Sekretärs der Propagandakongregation, U.Bertini, die 1929 erschien.[79] 1939 erging an die katholische Studentenschaft in den USA der Aufruf ›*Medicine in the Service of Foreign Missions*‹, von M.Laetitia und M.F.Patrick, zwei Missionsärztlichen Schwestern[80], deren Mitschwester M.Fidelis Hoefsmit Jahre später die Arbeit ›*An Approach to the Meaning of Medical Mis-*

---

76. Shanghai 1917, 97 S. – In dem sich in der Bibliothek der Society of Catholic Medical Missionaries in Philadelphia befindlichen Exemplar steht in M.Lamonts Handschrift auf der Innenseite des Deckblatts: »Some 1600 copies were printed in all and widely distributed to Europe America Asia and Africa. – Written 1916 first brought out (private circulation) 1917, reprinted 1918 and 1919.« – Über dieses Buch findet sich bei B.Arens, Handbuch der katholischen Missionen, Freiburg 1925 2 , S.142 die Anmerkung (A 1):»Dr.Margaret Lamont hat ebenfalls eine Schrift verfaßt: ›Twenty Years Medical Mission [!] Work in Mission Country [!]‹, die aber nur in Privatkreisen zirkuliert.«
77. Frau Dr.Lamont hat nie im Dienste eines Missionsordens oder -werkes gestanden, sondern sich immer freiwillig und bereitwillig an den verschiedenen Arbeitsplätzen ihres Mannes für einen solchen Dienst in Anspruch nehmen lassen. Vgl. dazu die ausführliche Biographie von A.Butavand-Barbebuot, ›La Vie de Margaret Lamont, Femme – Médecin – Missionnaire‹ Avant-propos de Mgr.Lavarenne, Paris o.J. (1940), 253 S.
78. New York, 215 S. – Zuvor hatte auch F.Keeler bereits mehrere Artikel zur ›ärztlichen Mission‹ in der weitverbreiteten katholischen Wochenzeitung ›America – A Catholic Review of the Week‹, New York City, veröffentlicht, so z.B. ›A New Chapter In Catholic Missions‹ (in: Vol.XXVIII, Feb.17, 1923, S.413f), ›Organizing the Missions Medically‹ (in: Vol.XXIX, May 17, 1924, S.107-109) und ›A New Problem in Medical Missions‹ (in: Vol. XXXII, Feb.28, 1925, s.461f).
79. Paris, 154 S. – Dieses Buch, das auch wegen seiner dokumentarischen Anhänge bedeutungsvoll ist, ist die ausführliche Erweiterung eines 1928 unter gleichem Thema am Institut Catholique de Paris im Rahmen einer Konferenz zu ›La Médecine Dans Les Missions‹ gehaltenen Vortrags; vgl. La Médecine dans les Missions, Conférence données a l'Institut Catholique de Paris, 1928-1929, Paris 1929, S.9-48.
80. Written for and Published by Catholic Students' Mission Crudsade U.S.A., National Center, Cincinnati, Ohio, 45 S.

sions‹ vorlegte.[81] Mit der Schrift ›*Medical Missions – The Necessity for Medical Missions, Their History, Development and the Many Obstacles to Be Overcome in Their Fulfillment*‹, die 1949 in New York erschien, versuchte Pierre Charles SJ, der Begründer und aktive Förderer katholischer Missionswissenschaft in Belgien, in kritischer Aufarbeitung der die Entwicklung katholischer missionsärztlicher Arbeit hindernden Theologie die ›medical missions‹ nicht anthropologisch aus der Caritas, sondern ekklesiologisch, nämlich aus dem »motherly character of the Church«, zu bestimmen.[82]

Eine von der Dialektischen Theologie geprägte Ortsbestimmung, derzufolge ›ärztliche Mission‹ Zeugnis zum Lobe Gottes ist, trug 1942 der holländische Missionsarzt J.A.Verdoorn auf der Medische Zendingsconferentie in Doorn, der ersten ihrer Art in Holland, vor.[83] Ähnlich wie in Doorn, ging es auch auf der Ende 1959 abgehaltenen International Convention on Missionary Medicine in Wheaton, Illinois, die annähernd achthundert missionsärztliche Kräfte aus 43 Nationen zusammenführte, um »critical self analysis« und um »constructive thinking in the overall picture of medical missions«.[84] Auf dieser Konferenz hielt der Nestor der englischen missionsärztlichen Arbeit, der Leprologe und damalige Präsident der Christian Medical Fellowship of Great Britain, Robert G.Cochrane, ein beachtenswertes Grundsatzreferat über ›*Changing Functions of Medical Missions*‹, in dem er provozierend-kritisch bekannte:

81. A dissertation submitted to the faculty of the Graduate School of Arts and Sciences of the Catholic University of America in partial fulfillment of the requirements for the degree of Master of Arts, June 1956, Washington D.C., 72 S. – Die Verfasserin kommt darin zu einer mystischen Interpretation (missions-)ärztlicher Arbeit; denn wie in dem jeweils Leidenden der leidende Christus zu sehen ist, so in dem sich des Leidenden Erbarmenden der erbarmende Christus: »Medical Missions, motivated by Christ's redeeming love for suffering humanity ignorant of its Redeemer, make it possible for ›Christ Healing‹ to meet ›Christ Suffering‹, that in and by this apostolate Christ may be brought to love Christ. ›Erit unus Christus amans seipsum« (S.63).
82. A Missionary Academia Study Published by The Society for The Propagation of the Faith and The Missionary Union of the Clergy, 33 S.; Zitat S.31, vgl. auch S.11ff Kap.3 (Church A Mother) – Zu P.Charles SJ vgl. R.Hoffman, Art. ›History of Missiology‹ in: New Catholic Encyclopedia, Vol.9, S.900 – 904, bes. S.902 b.
83. ›De Medische Zending en haar Probleem in dezen Tijd‹, in: Referaten Medische Zendingsconferentie, 's Gravenhage, o.J. (1942), S.1-27. – »De groote Zwitsersche theoloog Karl Barth heeft de geheele Christelijke ethiek, waaronder de medische zending een zoo belangrijke plaats inneemt, samengevat onder den titel: ›das Lob Gottes‹. Dát is, wat de medische zending vóór al het andere wil sijn en dáárin vervult zij haar essentieele functie.« ebd. S.25; Hervorhebung im Original.
84. International Convention on Missionary Medicine in Review, Christian Medical Society, Oak Park 1960; Zitat S.1.

»I feel that the situation at the present time is urgent and that the *raison d'être* for medical missions needs to be reviewed in the light of present and forthcoming events.« -»Only too often is the ministry of healing equated with modern medical missions, and this is what is frequently understood by the statement that the ministry of healing is an integral part of the Christian Church. But I suggest that *even without a mission hospital, the ministry of healing, in the New Testament sense, could still be used by the Church as a powerful factor in the restoration of health.* In other words, I suggest that the basis on which our medical work has developed has been unscriptural ...«. -»Let us, therefore ... [be aware that] our appeal is largely vitiated, by allowing ourselves to be drawn to too great an extent into works of compassion and into activities which are meritorious and praiseworthy but which in the end create *a dependent Church.*«[85]

Aber erst der Bericht ›The Healing Church‹ einer anderen, viel bescheideneren Konferenz, die 1964 in Tübingen auf gemeinsame Einladung der Kommission für Weltmission des Lutherischen Weltbundes und der Abteilung für Weltmission und Evangelisation des Ökumenischen Rates der Kirchen stattfand, verhalf solchem Umdenkungsprozeß zum Durchbruch auf breiter Basis.[86] Hier wird ›ärztliche Mission‹ verstanden als eine besondere Äußerung des einzigartigen »healing ministry« der christlichen Kirche, welches jeweils im konkreten »heilenden Handeln« der Gemeinden vor Ort wahrzunehmen ist.[87] Zwar wurde solcher Interpretation, wenn auch spät, aufgrund unpräziser, im Blick auf qualifizierte medizinische Arbeit geradezu gefährlicher Terminologie und der »somewhat patronising attitude to medically trained people« von berufener Seite widersprochen[88], aber sie stimulierte dennoch ein neues Verständnis (missions-)ärztlicher

---

85. In: International Convention on Missionary Medicine in Review, S.11-27; Zitate S.11, S.14 u. S.25; Hervorhebungen im Original.
86. World Council Studies No.3, Geneva 1965[1/2]; deutsch: Auftrag zu heilen, Genf 1966; französisch: Eglise et guérison, 1965. – Zur Wirkungsgeschichte vgl. ›Preface‹, ebd. S.5.; zu den insgesamt nur 19 Teilnehmern vgl. ebd. S.54f.
87. The Healing Church, S.34ff (Findings). – Es muß allerdings bemerkt werden, daß mit der konkreten Gemeinde vor Ort »the corporate fellowship of the People of God wherever it manifests itself«, nicht notwendigerweise die Konfessionsgemeinde gemeint ist; ebd., S.35, A 1; deutsches Zitat, Auftrag zu heilen, S.40. Im englischen Text findet sich dafür »the healing ministry« (The Healing Church, S.37)
88. S.G.Browne, The Healing Church, an ambiguous and misleading concept, Christian Medical Fellowship, London 1970, 11 S.; Zitat S.8. – Leider unterläuft dem Verfasser die Verwechslung, daß er die besagte Tübinger Konsultation auf das Jahr 1967 datiert (vgl. ebd. S.3). 1967 fand lediglich die schon 1964 in Aussicht gestellte Folgekonsultation (vgl. The Healing Church, S.43) unter dem Thema »Health and Salvation« in Tübingen statt; vgl. IRM, Vol. LVIII, No. 226, 1968, April, S.151-216. Der Bericht dieser Tagung liegt als Typoskript ›Health, Medical-Theological Perspectives‹, Tübingen 1967, 74 S. vor. Vgl. auch G.Hoffmann, ›Heilung und Heil‹ in: Ärztlicher Dienst weltweit, 25 Beiträge über Heil und Heilung in unserer Zeit, Hrsg. W.Erk u. M.Scheel, Stuttgart 1974, S.144ff.

Arbeit, wie es vor allem in James McGilvray's ›*The Quest for Health and Wholeness*‹[89] zum Ausdruck kommt, und im deutschsprachigen Bereich durch die Rezeption dieser Erkenntnisse in missionstheologischen Gesamtentwürfen von H.W.Gensichen[90] und H.Bürkle[91] z.B. sowie in dem Sammelband ›*Ärztlicher Dienst im Umbruch der Zeit*‹[92] und durch die Veröffentlichungen von M.Scheel[93], J.H.Hellberg[94] und A.van Soest[95] belegt ist.

b) Darstellungen einzelner Aspekte und Probleme der ›ärztlichen Mission‹

Der missionsärztlichen *Arbeit unter Frauen und Kindern* vor allem in den für fremde Männer unzugänglichen Frauengemächern der gehobeneren hinduistischen und islamischen Stände, den Zenanas und Harems in Indien und den arabischen Ländern, aber auch der entsprechenden Tätigkeit in China, sind viele Einzeldarstellungen gewidmet. Die erste größere Arbeit dieser Art, wichtige Details damaliger sozialer Wirklichkeit enthaltend und damit für die Diskussion um den Prozeß interkultureller Hermeneutik sehr aufschlußreich, ist ›Within The Purdha‹, verfaßt von der methodistischen Missionsärztin S.Armstrong-Hopkins, 1898

89. Tübingen 1981, mit einem prinzipiellen »Foreword on being concerned both about medicine and about something more« von D.Jenkins; deutsch: Die verlorene Gesundheit – Das verheißene Heil; Mit einem Vorwort von J.R.Bierich und D.Rössler, Stuttgart 1982.
90. Glaube für die Welt – Theologische Aspekte der Mission, Gütersloh 1971, bes. S.211ff »Heilendes Handeln«.
91. Missionstheologie, Stuttgart u.a. 1979, bes. S.131ff »Heilendes Handeln«.
92. Hg. v. M.Scheel, Stuttgart 1967, 269 S.
93. Z.B. ›Das Bild der ärztlichen Mission heute‹ in: Nachrichten aus der ärztlichen Mission, 20.Jg, Nr. 2, April 1969, S.2-5; und ›Ärztliche Mission im Umbruch der Zeit‹ in: Gelbe Beilage zu den Nachrichten aus der ärztlichen Mission, Tübingen, Januar 1983, S.1-6; vor allem ›Partnerschaftliches Heilen – Die Sozialmedizin in ökumenisch-diakonischer Sicht‹, Stuttgart 1986; 1987 2 , 140 S.
94. ›Ärztliche Mission aus ökumenischer Sicht‹, in: Nachrichten aus der ärztlichen Mission, 21.Jg. Nr. 4, August 1970, S.3-5; ›Christliche Mission im Weltmaßstab – Überblick neuer Ansätze christlichen Heilens als Teil der Mission und der Ärztlichen Mission der Kirche‹, in: ebd., 25.Jg.Nr.3, Oktober 1974, S.4-6.
95. ›Fragen an die Ärztliche Mission‹, in: Beilage zu den Nachrichten aus der ärztlichen Mission, Juni 1966, o.S.; ›Ärztliche Mission – Heute‹, in: Nachrichten aus der ärztlichen Mission, 19. Jg. Nr.4, August 1968, S.2-5; ›Der Fortschritt der Medizin und die Hoffnung der Christen‹, ebd., 20.Jg. Nr.1, Feb. 1969, S.2-5 (auch in EMZ 1969, S.24-32); ›Wandlungen in der ärztlichen Mission‹, ebd., 20.Jg. Nr. 3, Juni 1969, S.6-9; ›Von der Theorie zur Praxis im Amt der Heilung der Kirche‹, ebd. 21.Jg. Nr.2, April 1970, S.2-4.

erschienen, ein leidenschaftlicher Aufruf zum entsprechenden missionsärztlichen Engagement.[96] Weniger anschaulich, dafür aber prinzipieller reflektierte der Missionsarzt A.Lankester die damit verbundenen Fragen in seinem 1917 in der International Review of Missions veröffentlichten Aufsatz ›Medical Missions and the Purdah System‹.[97] Diesem folgte bald, 1919, die große, von B.J.Allen zusammengestellte und von C.A. Mason edierte Studie des Central Committee on the United Study of Foreign Missions ›A Crusade of Compassion for the Healing of the Nations – A Study of Medical Missions for Women and Children‹.[98] Diese umfassende Übersicht über den Stand der damaligen Aktivitäten benutzte die Französin A.Butavand als Quelle bei der Abfassung ihres Buches ›Les Femmes Médecins-Missionnaires‹, der einzigen größeren katholischen Arbeit zum Thema, die 1930 in erster Auflage in Lyon erschien.[99] In R.Pierce Beavers ›American Protestant Women in World Mission‹[100] und in dem Aufsatz ›A Mission of Gentility: The Role of Women Missionaries in the American Arcot Mission, 1839-1938‹ von S.Immanuel David[101] findet sich aufschlußreiches Material zur amerikanischen missionsärztlichen Tätigkeit von Frauen in Übersee. An bemerkenswerten deutschsprachigen Veröffentlichungen zur Sache ist vornehmlich der entsprechende Abschnitt in Th. Christliebs ›Ärztliche Missionen‹

96. Dieses Buch ist eine Gesamtausgabe dreier Schriften derselben Verfasserin, wie der Untertitel verrät: ›Within the Purdha, also – In the Zenana Homes of Indian Princes, and – Heroes and Heroines of Zion, being the personal observations of a medical missionary in India‹, New York/Cincinnati 1898, 248 S. – »... I have chosen to tell you these more unpleasant facts. I have done it deliberately ... Why? ... Because I believe in the chivalry of my own countrymen. Because I believe in my countrywomen and in the children of my native land. Because I am convinced that the religion of Jesus Christ, as professed and lived by the people of this blessed country [sc. England], is not a farce; ... I believe that you who profess to love the Lord Jesus Christ ... do partake of his nature ... – the great Medical Missionary – to help, and to heal, and to save his people. When I was in India ... I resolved that, if God spared my life and permitted me again to visit my own native land, I would raise the purdha of these zenana homes; I would acquaint the people of this country with the real condition of the women and children of that dark continent.« (S.8f) Vgl. auch R.H.Western, Some Women of Sindh in Home and Hospital, London o.J., 156 S.
97. IRM, Vol.VI, 1917, S.295-304.
98. West Medford, 240 S. – Vor ihr hatte schon I.H.Barnes 1901 mit ›Between Life and Death‹ die Geschichte der missionsärztlichen Tätigkeit der Church of England Zenana Missionary Society dargestellt.
99. 1933 erschien eine weitere Auflage in Louvain, Belgien, mit einer anderen Seitenzählung.
100. History of the First Feminist Movement in North America, Grand Rapids, 1980 (zunächst 1968 unter dem Titel publiziert: ›All Loves Excelling‹), bes. S.130ff.
101. In: Indian Church History Review (ICHR), ed. by the Church History Association of India, Calcutta, Vol. XX, No. 2 (Dec.1986), S.143-152, bes. S.148ff.

zu nennen[102], sodann die Arbeit von Sr.Sixta Kasbauer SSpS: ›Die Teilnahme der Frauenwelt am Missionswerk – Eine missionstheoretische Studie‹[103], in der ausführlich das Problem der Missionsärztin gemäß damals geltendem Kirchenrecht und der opinio communis abgehandelt wird; ein zum Verständnis möglicher innerer Schwierigkeiten von Ordensleuten dem medizinisch-ärztlichen Dienst gegenüber höchst bedeutsamer Beitrag.[104] ›Der Anteil der Frauen an der Ärztlichen Mission‹ ist der Titel einer kleinen, 1930 erschienenen Broschüre der Arbeitsgemeinschaft für Frauenmission gewesen, die sachbezogene Abhandlungen von Karl Hartenstein, Julius Richter und Gottlieb Olpp enthielt.[105] 1940 legte in Halle M.Burgwitz mit seiner Dissertation ›Missionsdiakonie – Eine Studie über den Diakonissendienst in der Aeußeren Mission unter besonderer Berücksichtigung der Kaiserswerther Generalkonferenz zum 100-jährigen Bestehen der Arbeit‹ ein wichtiges Grundlagenwerk zum Verständnis dieses Arbeitszweiges vor.

Verständlicherweise haben die Fragen nach *Idee, Gestalt und Aufgaben des Missionsarztes bzw. der Missionsärztin und der Missionskrankenschwester* viel Aufmerksamkeit gefunden. Schon das verhältnismäßig begrenzte Material in deutscher Sprache läßt das weite Spektrum des Interesses daran erkennen: F.Würz schrieb unter der praktisch-organisatorischen Fragestellung einer Missionsleitung den Aufsatz ›Der Missionsarzt‹[106]; W.Holsten steuerte seinen missionstheologischer Grundlagenreflektion erwachsenen Beitrag ›Der Dienst des Arztes in der Mission‹ 1949 bei[107], J.Bettray SVD, äußerte sich von katholischer Seite zu ›Arzt

102. S.20-55 – G.Warneck weist in seinem Nekrolog ›Zur Erinnerung an Th.Christlieb‹ in der AMZ, 1889, S.445ff darauf hin, daß Christlieb eine größere Abhandlung ›Der Dienst der Frauen in der Mission‹ zur Veröffentlichung in der AMZ vorbereitete, deren Ausführung aber durch den Tod nicht mehr zustande kam; (vgl. ebd. S.447).
103. Missionswissenschaftliche Abhandlungen und Texte (MWAT) Nr.11, Hrsg. von J.Schmidlin, Münster, 1928.
104. »Dem Gegenstand nach ist es die erste Studie, die ex professo sich theoretisch mit dem Frauenanteil am katholischen Weltapostolat befaßt, gleichsam also eine Missionslehre oder -theorie ins Weibliche übertragen. ... Ja ich glaubte sagen zu dürfen, daß diese [sc. als Diplomarbeit eingereichte] Monographie mit jeder Doktordissertation den Vergleich aufnehmen kann«; so die Einschätzung und das Urteil Schmidlins, ebd., Vorwort S. Vf. – Über die Missionsärztin wird ab S.131 gehandelt.
105. Reihe: Brennende Fragen der Frauenmission, Heft 3, Leipzig, 24 S. – Hartenstein behandelte ›Die biblische Begründung der ärztlichen Mission‹ (S. 3-6), Richter die ›Geschichte der weiblichen Diakonie in der deutschen Mission‹ (S.6-8) und Olpp ›Aufgaben und Ausbildung der Missionsärztin‹ (S.9-13). Die übrigen Seiten füllen Erfahrungsberichte aus der Arbeit sowie eine kleine Bibliographie.
106. in: EMM, 51. Jg. NF, 1907, S.225-240
107. In: Evangelische Theologie (EvTh), 1947, NF 2, 1947/48, S.367ff; auch aufgenommen in: W.Holsten, Das Kerygma und der Mensch, Theologische Bücherei 1, München 1953, S.188-201.

und Mission‹[108]; zu Clara Zawischs, ebenfalls katholischer Traditon verpflichteten Persönlichkeitsstudie ›Werden des christlichen Arztes‹, gehört wie selbstverständlich auch ein Kapitel ›Der Missionsarzt‹[109], und in der erbaulichen Erzählung ›Ein Missionsarzt‹ von B.v.Winterfeld, hat dieses Persönlichkeits- bzw. Berufsbild novellistischen Ausdruck gefunden.[110] Die ganz praktischen Fragen nach Ausbildung, Vorbereitung und Tätigkeit missionsärztlichen Personals wurden im deutschen Bereich hauptsächlich von G.Olpp[111], im amerikanischen vom Board of Missionary Preparation[112] und von der Student Volunteer Movement behandelt.[113]

›Der Dienst der Frau in der Mission‹ war das Thema eines Beitrags der dänischen Missionsärztin A.Bramsen in F.Heilers ›Eine heilige Kirche‹[114], und ergänzend

108. In: Arzt und Christ (ArztChr), Vierteljahresschrift für medizinisch-ethische Grundsatzfragen, Wien, 12. Jg. (1966), S.65-74.
109. Einsiedeln / Köln 1937; S.156ff
110. Bamberg 1930, 24 S. – Ob an den Stellen, an denen hier Tübingen erwähnt ist (S.14 u.16), auf das Deutsche Institut für Ärztliche Mission angespielt ist, ist zwar nicht eindeutig, aber doch sehr wahrscheinlich. – Ebenso begegnet das Motiv des Missionsarztes in der Novelle ›Devadaasi‹ des indischen Autors K.Sreenivasan, Madras 1976, bes. S.80ff, und in dem vieraktigen Schauspiel ›Okinava Naval Mission‹ von I.H. Rubenstein, Chikago 1976.
111. G.Olpp, Ärztliche Tätigkeit in der Mission, in: Aus der Werkstatt des Missionars, Berlin 1913, S.155-172; ders: Tätigkeit und Aufgaben eines deutschen Missionsarztes, in: Medizinische Klinik, Wochenschrift für praktische Aerzte, Berlin, siebenseitiger Sonderdruck aus Jg. 1914 Nr.16; ders.: Aufgaben und Ausbildung der Missionsärztin, in: Der Anteil der Frau an der Ärztlichen Mission, Leipzig 1930, S.9ff; ders.: Praxis deutscher Missionsärzte in den Tropen, in: Festschrift für Bernhard Nocht zum 80. Geburtstag (4.Nov. 1937), von seinen Freunden und Schülern, Hrsg. vom Institut für Schiffs- und Tropenkrankheiten in Hamburg, Hamburg 1937, S.425-432. Vgl. auch H.Feldmann, Über die Ausbildung, Tätigkeit und Ziele des Missionsarztes; in: Zeitschrift für ärztliche Fortbildung, Organ für praktische Medizin, Berlin, sechsseitiger Sonderdruck des 11. Jahrgangs, 1914, Nr.7. – E.Bengtsson schrieb erst 1978 zur gleichen Thematik aus skandinavischer Sicht ›Missionslärkarens Uitbildning och Behovet av Medicinsk Forskning i U-Länderna‹ in: Svensk Missionstidskrift (SMT), Bd.66, No.4, S.282-289 (u.319f).
112. The Report of a Conference on the Preparation of Medical Missionaries held by the Board of Missionary Preparation with the Representatives of the Foreign Mission Boards and of Medical Interests in North America, New York City, April 5-6, 1916, ed. by. Frank K.Sanders, New York o.J. (1916), 107 S.; The Qualifications and Preparation of Medical Missionaries and Nurses – The Report of a Committee appointed by the Board of Missionary Preparation, presented at the Third Annual Meeting in Kansas City, Mo., Jan. 1914; reprinted March 1918, New York, 20 S.
113. Vgl. M.R.Edwards, The Work of the Medical Missionary – Eight Outline Studies, New York 1909; E.M.Dodd, A Medical Question-Box, New York 1942.
114. Zeitschrift für Kirchenkunde und Religionswissenschaft, 21. Jg., Heft 1/5, 1939,

zu den, 1916 im Evangelischen Missionsmagazin erschienenen Ausführungen E.Lempps ›Die Arbeit der ärztlichen Missionsschwester und ihrer Gehilfinnen in Indien‹[115], ist für die veränderte Situation um 1967 der von M.Keding verfaßte Beitrag ›Missionsschwesterndienst heute‹ zu lesen.[116] Am Ende dieses Spektrums stehen die Berichte und Untersuchungen zur medizinischen Tätigkeit von Missionaren. P.Kupfernagel, damals leitender Arzt im Kaiserswerther Diakonissenkrankenhaus, veröffentlichte in zwei Folgen im Missionsmagazin die wohl bedeutendste dieser Studien unter dem Titel: ›Der Missionar als Arzt‹, die auf einer großangelegten empirischen Untersuchung basierte.[117]

›Doctors Courageous‹ ist der Titel einer im Auftrag des Christian Medical Council for Overseas Work der Foreign Missions Conference of North America von E.H.Hume unternommenen Studie, die anhand biographischer Schilderungen einer Anzahl von Medical Missionaries in den verschiedenen Erdteilen »something of the lasting social significance of the impact made in Africa and in Asia by Christian doctors and nurses« aufzuzeigen versucht, in der Regel aber über die bloße Schilderung nicht hinauskommt.[118] Eine Interpretation des Missionsarztes

     S.116-120. Interessant an diesem kurzen Aufsatz ist die hochkirchliche Tendenz, aus der heraus es der Verfasserin möglich ist, zu selten gehörten kritischen Fragen zu kommen, z.B. S.20: »Es kann sein, daß unsere protestantischen Kirchen in diesen Tagen der Neubesinnung ihr Haupt beugen müssen, wenn sie sich vergegenwärtigen, daß sie sich nicht immer erinnerten oder verstanden, wieviel liberalistische und weltliche Zivilisation ihre Gedanken und Handlungen und daher auch die Töchter, die sie unter die nichtchristlichen Völker aussandten, beeinflußt hatten; ... Und es kann sein, daß die, welche ausgingen, um zu lehren, sich zeitweise mehr fühlten, als säßen sie zu den Füßen der Frauen des Osten, auf daß sie einige der großen dynamischen Kräfte, die ihnen über zu viel Weisheit und Einsicht verloren gegangen waren, zurückempfangen könnten«.

115. EMM, NF 60. Jg., Basel 1916, S.31-37.
116. In: Ärztlicher Dienst im Umbruch der Zeit, hg. v. M.Scheel, Stuttgart 1967, S.170-183.
117. EMM, NF, 45.Jg., 1911, S.193-208; 251-261. Vgl. dazu auch E.Oberndörffer, Ueber ärztliche Mission, in: Deutsche Medizinische Wochenschrift, Leipzig 1908, 34.Jg., S.1899f. – Auch im Medisch Missie Maandblad, dem Organ des (katholischen) Nederlandsch Medisch Missie Comité, 11. Jg. Nr. 3 (Sept. 1938) und No. 7 (Jan.1939), erschien ein sachlich verwandter Artikel des Herausgebers E.H.Hermans ›Moet de Missionaris »doktertje« spelen?‹. – Eine deutschnational bestimmte autobiographische Darstellung eines ärztlichen Missionars in Kamerun ist Heinrich Nordens (beredtes Pseudonym des Basler Missionars Nikolaus Wöll) ›Als Urwald-Doktor in Kamerun; Ein Arzt Missionar erlebt Afrika‹, Elmshorn, 2.A., o.J.(1940?), 335 S. Motto des Buches: »Afrika stirbt und möchte leben! – Deutschland kehrt wieder!«
118. New York 1950; Zitat S.XI. – Zum durch die Intervention missionsärztlicher Arbeit hervorgerufenen sozialen Wandel finden sich kurze Andeutungen lediglich auf den Seiten 57,136,154,176.

vor dem Hintergrund der Missions-Enzykliken Pius XII ›Evangelii Praecones‹ (1951) und ›Fidei Donum‹ (1957) bietet F.Canova in seinem Beitrag ›La Figura Del Medico Missionario‹.[119] Die Frage ›The Medical Missionary – A Good Samaritan?‹ wurde 1952 auf der Medical Conferene der damaligen Christian Medical Association of India, Pakistan, Burma and Ceylon im südindischen Ootacamund behandelt, zu der der dänische Missionsarzt I.F.Bache das gleichnamige, sehr selbstkritische, auf S.Kierkegaards Definition von Barmherzigkeit rekurrierende Hauptreferat hielt.[120] Um kritische Selbstreflektion missionsärztlicher Tätigkeit geht es auch Stanley G.Browne mit ›Some Ethical Dilemmas Of A Jungle Doctor‹[121], Ronald B.Dietrick mit ›Modern Medicine and the Missions Mandate‹[122] und Gerrit Ter Haar mit ›Power and Powerlessness in Medical Missions‹[123], vor allem aber dem Holländer Joh.Lodder (alias: Dr.N.Vermeer) mit seinem Buch ›Tropendoktor‹[124], dessen älterer Kollege H.S.Pruys (auch: Pruijs) schon zu Beginn des Jahrhunderts mit einer Aufsatz-Reihe zum Thema ›Missionnaire Artsen‹ an die Öffentlichkeit getreten war.[125] Ein Beleg für das überwiegend unkritische Selbstverständnis einiger zeitgenössischer Missionsärzte ist der von Mayberry/Mann herausgegebene Sammelband ›God's Doctors Abroad‹[126], dem aber das Büchlein ›Challenge and Crisis in Missionary Medicine‹ von David S.Seel als sensible Hinterfragung des eigenen Tuns gegenübersteht.[127]

In seinem Beitrag ›De Zendeling-Arts in zijn Contact met de inheemsche We-

---

119. In: La Missione, Laicato Missionario Segretariato Di Cooperazione Missionaria, Nr.24, Rom, April 1958, S.25-35. – Der Vortrag wurde am 12. Sept. 1957 anläßlich der 3. medizinisch-missionarischen Konferenz in Padua gehalten.
120. In: The Journal of the Christian Medical Association of India, Pakistan, Burma, Ceylon, Vol. XXVII, No. 6 (Nov.1952), S.295-299. – Hauptquelle dafür ist ihm ›Taten der Liebe‹, 1847, woraus er ausführlich zitiert; vgl. bes. S.297f.
121. The Christian Medical Fellowship, London 1962, 15 S.
122. Thoughts on Christian Medical Missions, Woodville, Texas – o.J. (1988?), 213 S. – Dietrick war langjähriger Missionsarzt im presbyterianischen Kwangju Christian Hospital in Süd-Korea.
123. In: Missionalia, Vol.18 Nr.1 (April 1990) Mission in creative tension – A dialogue with David Bosch, S.51-60.
124. Skizzen aus einem Missionsspital auf Java, Basel 1940, 174 S.
125. Die Aufsätze waren ursprünglich als Briefe für ›De Amsterdamsche Kerkbode‹ geschrieben, erschienen dann zunächst 1909 in der in Groningen herausgegebenen Missionszeitschrift ›De Macedonier‹, wurden aber 1911 unter dem Titel ›De Medische Zending‹, vom Verfasser gesammelt, in Djojakarta Java erneut herausgegeben.
126. East Wittering 1989. – Beachtenswert ist die von P.Brand geschriebene, kurze Einleitung, in der er seine Verlegenheit gegenüber den in diesem Buch zusammengestellten autobiographischen Berichten durchaus nicht verhehlt.
127. Pasadena 1979, 150 S.

reld‹ wandte sich P.de Jong Aspekten interkultureller Begegnung im missionsärztlichen Handeln zu[128], ein Thema, das vor allem im Gegenüber zum *Islam* besonders häufig thematisiert wurde[129], aber auch von anderen, wie z.B. von M.Singleton unter der Problemstellung des Verhältnisses von ›Medicine Men and the Medical Missionary‹ aufgegriffen wurde.[130]

Zahlreich sind auch die stärker *medizinisch bzw. medizingeschichtlich ausgerichteten Beiträge* zur ›ärztlichen Mission‹. Dazu zählen z.B. L.Aschoffs in Verbindung mit dem Allgemeinen Evangelisch-Protestantischen Missionsverein in Berlin entstandener Vortrag ›Medizin und Mission im Fernen Osten‹[131], L.Krehls ›Arzt und Ärztliche Mission‹[132], H.Koenigs ›Aerztliche Mission und Tropenhygiene‹[133] und G.Olpps ›Mission und Medizin‹[134]. Einen repräsentativen Überblick

128. Referaten – Medische Zendingsconferentie, 's-Gravenhage o.J.(1942), S.67-73.
129. Neben den Beiträgen, die sich dazu in ›The Muslim World‹ (MW), Hartford, Con. (seit 1911) finden – z.B. John C.Young, Medical Missions in Yemen, XII.Jg (1922), S.62-65; F.O.Lasbery, Evangelistic Work in the Old Cairo Hospital, XIV.Jg. (1924), S.279-285; H.A.Lichtwardt, Does Iran need more Medical Missionaries?, XXXV.Jg. (1945), S.337-341; E.M.Dodd, Medical Missions, XXII.Jg. (1932), S.52-60; – auch: ›Methods of Mission Work Among Moslems – Being the Papers read at the First Missionary Conference on behalf of the Mohammedan World held at Cairo April 4th-9th, 1906, London, S.101ff ›Medical Missions‹; vor allem aber (Auto)Biographien wie z.B. R.Kerr, Pioneering in Morocco – A Record of seven years Medical Mission Work in the Palace and the Hut, London o.J. (1894); J.M.Rasooli/C.H.Allen, Dr. Sa'eed of Iran – The Life Story of Dr. Sa'eed of Iran, Kurdish Physician to Princes and Peasants, Nobles and Nomads, Pasadena 1983.
130. In: Cultures et développement; Revue Internationale des Sciences du Développement, Louvain 1975, Tom.7, S.33-52. – Andere Darstellungen dieses Problemkomplexes: M.Rothschuh, Witchdoctor in Afrika und Missionsarzt, in: ArztChr., Wien, 12. Jg. (1966), S.95-99; F.Schimlek, CMM, Medicine versus Witchcraft, Mariannhill 1950; R.Mikulencak, Science and magic collide in African medicine – Our cultural biases block total healing, in: Evangelical Missions Quarterly (EMQ), Washington, Vol. 23 No.4, Oct. 1987, S.358-363; W.D.Reyburn, Out of the African Night, New York/London 1968; M.H.Morrill, Fighting Africa's Black Magic – The fight of E.G.Marcus M.D. against disease and superstition in East Africa, Mountain View 1938; N.Macvicar, Side-Lights upon Superstition, o.O. 1939, bes. S.53ff.
131. Berlin 1926.
132. In: Deutsches Ärzteblatt, 60. Jg. Nr.36 (Dez. 1931), S.482f. – L.Krehl gehörte um diese Zeit zum Verwaltungsrat des Deutschen Instituts für ärztliche Mission, vgl. Die Deutsche Evangelische Aerztliche Mission, Tübingen 1928, S.205; Ruf und Dienst der ärztlichen Mission, Tübingen 1935, S.258.
133. Vortrag, gehalten auf der ersten Tagung der deutschen tropenmedizinischen Gesellschaft in Hamburg, 14.-16. April 1908, in: Deutsche Medizinische Wochenschrift, Leipzig 1908, 34. Jg. Nr.20 (4.Mai), S.878f.
134. Dieser mehrfach abgdruckte, 1934 in Weimar gehaltene Vortrag wird hier zitiert

über den ›Anteil der Deutschen ärztlichen Mission an der Entwicklung der Tropenheilkunde‹ stellte H.Soeder in seiner Dissertation von 1937 zusammen,[135] ein Thema, an dem bereits G.Olpp 1934 gearbeitet hatte.[136] An wichtigen fremdsprachigen Quellen seien die Konferenzberichte ›La Médicine dans les Missions‹[137], ›Églises et Santé dans le Tiers Monde – Hier et Aujourd'hui‹ und ›Health in Tropical Africa during the Colonial Period‹[138] genannt neben H.Balme: ›China and Modern Medicine – A Study in Medical Missionary Development‹[139], R.Schram: ›Britain's contribution to health and medicine in tropical countries through medical missions‹[140], Yuet-wah Cheung: ›Missionary Medicine in China‹[141], P.Piccinini ›Storia della Medicina Missionaria‹[142], R.L.Popp: ›American Missionaries and the Introduction of Western Science and Medicine

nach der ZMR, 1935, S.97ff.
135. Es ist eine 83-seitige, medizinische Inaugural-Dissertation, die am Deutschen Institut für ärztliche Mission in Tübingen unter Gottlieb Olpps Leitung entstand. Das Literaturverzeichnis dieser Arbeit führt im 1.Teil (S.63-65) die 34 bis zum damaligen Zeitpunkt aus dem Deutschen Institut für ärztliche Mission hervorgegangenen Dissertationen auf und bringt dann eine ziemlich umfangreiche Liste der ›Arbeiten aus der missionsärztlichen Praxis‹ (S.65ff), die 281 Titel zusammenstellt. – Das 1948 von S.Müller angelegte ›Verzeichnis der im Tropengenesungsheim erschienenen Dissertationen aus dem Gebiet der Tropenmedizin und Tropenhygiene, Auslandsmedizin und deren Grenzgebiete‹ für den Zeitraum 1941 – 1948, Tübingen 1948, führt insgesamt 94 Titel auf.
136. Der Beitrag der deutschen ärztlichen Mission zur Tropenmedizin, in: Die Tat der Barmherzigkeit, Basel 1934, S.8-12.
137. Paris 1929, 265 S. Churches and Health Care in the Third World – Past and Present, J.Pirotte / H.Derroitte Hg., Leiden 1991. – Dieser Band enthält die anläßlich eines gleichnamigen Symposium des Centre Vincent Lebbe in Louvain-la-Neuve, Belgien, vom 19-21.10.1989 gehaltenen Beiträge sowie einige Sonderartikel. Vor allem die im ersten Teil des Bandes enthaltenen historischen Beiträge (É.Dufourcq, Les religieuses européennes au service de la santé et du développement 1639-1989, S.17-25; F.Renault, Principes missionnaires et action sanitaire des Pères blancs et Soeurs blanches du cardinal Lavigerie <1868-1969>, S.27-48 u.a.) sind von Wichtigkeit, da sie neues Archivmaterial zur katholischen missionsärztlichen Arbeit zugänglich machen.
138. Based on the proceedings of a symposium held at New College, Oxford, 21-23 March 1977, ed. by E.E.Sabben-Clare, D.J.Bradley, and K.Kirkwood, Oxford 1980.
139. With a Preface by Sir Donald MacAlister, London 1921, 224 S.
140. In: Transactions of the Royal Society of Tropical Medicine and Hygiene, London, Vol.75 (Supplement) 1981, S.56-58.
141. A Study of Two Canadian Protestant Missions in China Before 1937, Lanham/New York/London 1988, 179 S.
142. Zwanzigseitiger Sonderdruck aus: Acta Medica Italica, Anno VIII, Fasc.I, Giugno 1942-XX, Milano.

in Thailand, 1830-1900‹[143] und R.Keupper Valle ›The Cesarean operation in Alta California during the Franciscan mission period‹.[144] ›The Role of Medical Women in Exotic Countries‹ von Margaret Balfour, dem die Studie ›The Work of Medical Women in India‹ voranging,[145] vermittelt einen guten systematischen Überblick über die gesundheitliche Situation von Frauen und Kindern sowie über den Stand der Geburtshilfe in den überseeischen Ländern um 1931 und verweist auf die speziellen Aufgaben der Missionsärztinnen in den einzelnen Ländern.[146] Während A.Dengel ›Medicine and Catholic Missions‹ in einem kleinen Aufsatz von 1928 behandelte[147], untersuchte der ordinierte Missionsarzt L.A.Almquist die Beziehungen zwischen ›Medicine and Religion‹ unter einer ›Missionary Perspective‹[148], und der Psychiater Earl A.Loomis die ›Fundamental Relationships between Religion and Medicine for Medical Missionaries‹.[149]

Das Verhältnis von ›ärztlicher Mission‹ zum *Kolonialismus* läßt sich vor allem

143. In: Missiology (Miss.), Vol. XIII, 1985, S.147-157
144. In: Bulletin of the History of Medicine, Organ of the American Association of the History of Medicine, Baltimore, Vol.48 (1974), S.265-275.
145. Margaret I. Balfour/Ruth Young, with a foreword by Dame Mary Scharlieb, Oxford 1929.
146. Report on ›The role of Medical women in Exotic Countries‹ by Dr.Margaret I. Balfour C.B.E.,M.B., Rapporteur Général (India); Réunion du Conseil de l'Association Internationale des Femmes Médecins, Vienne – 15-20 Septembre 1931, Paris; 27 S.
147. Veröffentlicht in dem Themenheft ›Healing the Pagans‹, Vol. XXVI, No.16 (Aug. 22, 1928) der Zeitschrift ›The Catholic Mind‹ (CMind), New York, S.314-318. Diesem Artikel steht ein anderer von Dorothy J.Willmann, der Sekretärin des Catholic Medical Mission Boards, unter dem Titel ›Medical Missions: a Social Problem‹ voran (S.301-314).
148. Medicine and Religion – A Missionary Perspective, in: OBMRL, Vol.XVIII No.4 (April 1967), S.1-11; auch abgedruckt in: Practical Anthropology (PracAnth), Charles E.Taber (Ed.), Tarrytown, N.Y., Vol.15 (1968), S.217-227. – Almquist schreibt vor dem Hintergrund seiner Erfahrungen im Kongo und reflektiert ausführlich über das Amt des Missionsarztes.
149. In: The Journal of the Christian Medical Association of India, Burma and Ceylon, Calcutta, Vol. XXV (1950), S.270-275; unter dem Titel: ›The Relation of Religion and Medicine for Medical Missionaries‹ (auch in: Pastoral Psychology, Great Neck, N.Y., Vol.2 No.11 <Feb.1951>, S.15-20). – Zwei bedeutende englischsprachige Beiträge seien hier noch ergänzend erwähnt, nämlich P.Manson's ›Tropical Research in its Relation to the Missionary Enterprise‹ (Festvortrag anläßlich des Jahresfestes des Livingstone College, London, Juni 1908; in: The China Medical Journal, Vol. 23 No.1, Jan. 1909, S.24-30), und R.Ross, ›Missionaries and the Campaign against Malaria‹ (Festrede anläßlich des Jahresfestes des Livingstone College, London, vom 11.6.1910; als 14seitiger Sonderdruck den Delegierten der Weltmissionskonferenz von Edinburgh 1910 ausgehändigt; ein Exemplar ist vorhanden in dem Vestry House Museum, Walthamstow, London)

im deutschen Sprachraum mit einer nicht zu geringen Anzahl an dieses Thema explizit aufgreifenden Abhandlungen ablesen, wie z.b. an ›Stellung und Tätigkeit der Missionsärzte in unseren Kolonien‹[150], ›Die ärztliche Mission in den deutschen Kolonien‹[151], ›Die Bedeutung der ärztlichen Mission in den deutschen Kolonien‹[152] und ›Die ärztliche Mission und ihre Bedeutung für die kulturelle Entwicklung unserer Schutzgebiete‹.[153]

Als wichtige *empirische Untersuchungen und statistische Werke* müssen ›The Health and Turnover of Missionaries‹ von W.G.Lennox[154], ›La Mortalità dei Missionari‹ von M.Boldrini und A.Uggé[155] und ›Medicine and Missions – A Survey of Medical Missions‹[156] genauso genannt werden wie J.S.Dennis' ›Centennial Survey‹[157] und die großen statistischen Atlanten von 1910 und 1925[158]: ›A Di-

150. Vortrag im Verein der Aerzte des Regierungsbezirks Magdeburg am 14. Dez.1909 von K.Axenfeld, in: Deutsche Medizinische Wochenschrift, 36. Jg. 1910, Berlin, S.1234-1236.
151. C.Paul, in: EMM, NF, 52.Jg, 1908, S.97-104 u. 158-167.
152. Vortrag auf dem Deutschen Kolonialkongress 1910 von G.Haussleiter, in: Verhandlungen des Deutschen Kolonialkongresses 1910 zu Berlin am 6., 7. und 8.Oktober 1910, Berlin 1910, S.746-757.
153. Vortrag gehalten im Reichskanzlerpalais zu Berlin am 2. Dezember 1910 von Dr.Paul Lechler, Berlin, 24 S. – G.Olpp veröffentlichte anläßlich des ›Kolonial-Gedenkjahrs‹ 1934 in der Münchener Medizinischen Wochenschrift (81.Jg., S.1818-1827) den Artikel ›Verdienste deutscher Kolonial-Aerzte‹. Ein von ihm verfaßtes, undatiertes Flugblatt des Rheinischen Vereins für ärztliche Mission (1910?) ist mit: ›Aerztliche Mission, ein neuer Kulturfaktor‹ betitelt.
154. New York 1933, 217 S. – Vgl. auch ›Report of the Medical Committee appointed August 1825 by the General Committee of the Church Missionary Society to examine into the nature and extend of the mortality that has for many years prevailed amongst their residents at the western coast of Africa, and to consider of the best means of diminishing its progress in future, London 1825; V.C.Rambo, Mortality in the Disciples of Christ Mission [sc. in India], in: The Journal of the Christian Medical Association of India, Vol.8 No.4, July 1933, S.255-258.
155. Pubblicazioni della Università Cattolica del Sacro Cuore, Serie ottava: Statistica, Vol.II, Milano 1926; 62 S.
156. Edward R.Dayton (Ed.), Wheaton, Ill., 1969
157. Centennial Survey of Foreign Missions – A statistical supplement to ›Christian Missions and Social Progress‹, being a conspectus of the achievements and results of evangelical missions in all lands at the close of the nineteenth century, New York/Chicago/Toronto 1902. – Ergänzend dazu: H.P.Beach, Geography and Atlas of Protestant Missions, their environment, forces, distribution, methods, problems, results and prospects at the opening of the twentieth century, Vol.I, Geography, New York 1901; Vol.II, Atlas, New York 1903.
158. Statistical Atlas of Christian Missions, containing a Directory of Missionary Societies, a classified Summary of Statistics, an Index of Mission Stations, and a Series of

rectory of Medical Missions, Head Stations and Foreign Staff‹[159], die in den ›Supplementary Series‹ zu ›Re-Thinking Missions‹ veröffentlichten statistischen Daten[160], ›Directory of Protestant Church-Related Hospitals Outside Europe and North America‹[161] und das 1986 vom Vatikan herausgegebene voluminöse Werk ›Ecclesiae Instituta Valetudini Fovendae Toto Orbe Terrarum Index‹.[162]

Die Besprechung von Einzeldarstellungen zu Fragen der ›ärztlichen Mission‹ kann nicht abgeschlossen werden, ohne auf einige Publikationen zum Themenkomplex *Theologie missionsärztlichen Handelns bzw. Theologie des missionsärztlichen Apostolates* hinzuweisen. Dazu gehören neben dem Klassiker ›The Ministry of Healing in India‹[163] z.B. der dem Missio-Dei Konzept verpflichtete Beitrag ›Zur Theologie der ärztlichen Mission‹ von W.Andersen[164], H.Kjær Nielsens ›Lægemissiones teologiske begrundelse, kritisk belyst udfra nyere eksegese af de nytestamentlige helbredelsesberetninger‹[165], und von John Wilkin-

specially prepared Maps of Mission Fields, compiled by Sub-Committees of Commission I, ›On Carrying the Gospel to All the Non-Christian World‹, as an integral part of its Report to the World Missionary Conference, Edinburgh, June 14-23, 1910, Edinburgh 1910; H.P.Beach/Ch.H.Fahs: World Missionary Atlas, containing a Directory of Missionary Societies, Classified Summaries of Statistics, Maps showing the Location of Mission Stations throughout the World, a Descriptive Account of the Principal Mission Lands, and Comprehensive Indices, London 1925.

159. Compiled by Henry Fowler, World Dominion Press, London 1929.
160. Im einzelnen handelt es sich hierbei um: Laymen's Foreign Missions Inquiry, Regional Reports of the Commission of Appraisal, India – Burma, Supplementary Series Part One, Vol.I, Orville A.Petty (Ed.), New York / London 1933, S.176-211; Vol.II (China), S.157-177; Vol.IV (Supplementary Series Part Two, Fact Finders Reports, India-Burma), S.415-459 u. 683-699; Vol.V (Fact Finders Reports, China), S.IX-XXVIII u. S.425-501.
161. Missionary Research Library, New York, N.Y., Directory Series No.13, 1963, 159 S. – Diesem Verzeichnis war bereits 1959 ein von A.W.March zusammengestelltes ›Directory of Protestant Medical Missions‹ vorangegangen, ebenfalls von der Missionary Research Library herausgegeben; vgl. OBMRL, Vol.X, No.4 (April 1959), S.1-8, wo eine aufschlußreiche Auswertung des statistischen Materials jenes Verzeichnisses unter dem Thema: ›Protestant Medical Missions Today‹ vorgenommen worden ist.
162. Pontificia Commissio de Apostolatu pro Valetudinis Administris, Civitate Vaticana 1986, 1156 S.
163. Handbook of the Christian Medical Association of India, prepared by a Committee of the Christian Medical Association, which serves as the Medical Committee of the National Christian Council, Mysore 1932.
164. In: Ärztlicher Dienst weltweit – 25 Beiträge über Heil und Heilung in unserer Zeit, hrsg. von W.Erk u. M.Scheel, Stuttgart 1974, S.132-143.
165. (Die theologische Begründung der ärztlichen Mission, eine kritische Beurteilung

son neben ›The Mission Charge to the Twelve and Modern Medical Missions‹[166] jetzt auch ›Making Men Whole – The Theology of Medical Missions‹.[167] ›Healing and Evangelism: The Place of Medicine in Later Victorian Protestant Missionary Thinking‹ untersuchte P.Williams[168]; der Lutheraner M.H.Scharlemann bemühte sich in seinem Buch ›Healing and Redemption‹ um eine »Theology of Human Wholeness for Doctors, Nurses, Missionaries and Pastors«[169] und D.E. Van Reken bestimmte 1987 in ›Mission and Ministry – Christian Medical Practice in Today's Changing World Cultures‹[170] die Aufgabe der ›medical mission‹ mittels des Basisgesundheitsdienstes als wesentlich gemeindebildend.

Der biblisch-exegetischen Studie ›The Re-Discovery of the Original Christian Mission Method‹ des katholischen Neutestamentlers H.Schumacher von 1936, eine begeisterte, biblisch begründete Rechtfertigung missionsärztlicher Tätig-

> aufgrund neuerer Exegese der neutestamentlichen Heilungsberichte); 123-seitiges Typoskript einer theologischen Examensarbeit, o.O. (Aarhus), 1966. – Die sich ebenfalls im Archiv des Deutschen Institutes für ärztliche Mission in Tübingen befindliche englische Übersetzung (91 S.) trägt leider nur den Unter-, nicht den Haupttitel. Jener lautet: Der onskes en redegorese for de vigtigste former for stillingtagen til lægemission efter Willingenkonferencen i 1952 from til idag med hevedvægten lagt på Tübingen-konferencen i 1964 og dens argumentation, kritisk vurderet udfra nyere eksegetisk forsknings syn på helbredelsesberetningerne i Det nye Testamente, und ist wiedergegeben mit: ›An account of the most important attitudes towards medical mission after the Willingen conference in 1952 till to-day, with main emphasis on the Tübingen conference in 1964 and its argumentation judged on the basis of the view of newer exegetical research on the accounts of healing in the New Testament.‹ Als Dokument für und Referat über die entsprechende damalige Diskussion in den skandinavischen Ländern wichtig. – Vom gleichen Verfasser jetzt auch ›Heilung und Verkündigung – Das Verständnis der Heilung und ihres Verhältnisses zur Verkündigung bei Jesus und in der ältesten Kirche‹, Leiden 1987, in der die Linien weiter ausgezogen werden; Bezug auf die Tübinger Konferenz von 1964 ebd. S.265.

166. In: Scottish Journal of Theology (SJTh), Vol.27 (1974), S.313-328, London.
167. The Maxwell Memorial Lecture for 1989, London 1990. – In diesen sehr grundsätzlichen Überlegungen kommt der ordinierte und theologisch qualifizierte Missionsarzt (BD, MD, F.R.C.P.) zu dem Ergebnis: »The justification of medical missions does not ... require a separate and specific theology. Their theological basis is already provided in the theology of the mission of the Church, which includes evangelism and service whether the Church is expatriate or indigenous.« (S.12) Und: »... from a historical point of view medical missions represent but a phase in the history of the Church which is now coming to an end.« (S.15)
168. In: The Church and Healing, S.271-285.
169. So der Untertitel. Das Buch erschien 1965 in St.Louis und verarbeitet im »Postscript – Application to Medical Missions« (S.107ff) die Ergebnisse der Tübinger Konsultation von 1964.
170. A Billy Graham Center Monograph, Wheaton, Il. 1987.

keit[171], ist der Aufsatz ›Das missionsärztliche Apostolat – Zur Theologie des heilenden Handelns‹ von U.Rapp, OSB, als nachkonziliares Dokument an die Seite zu stellen[172]. Schließlich bringt B. Häring, CSSR, in expliziter Aufnahme der im Deutschen Institut für ärztliche Mission in Tübingen geführten Diskussion, die entsprechende katholische theologische Reflexion mit ›The Healing Mission [sic!] of the Church in the Coming Decades‹ zu einem gewissen Abschluß.[173]

c) Historische Einzeldarstellungen

Unter dieser, noch vieler solider Forschungen harrenden Rubrik[174] sind die nennenswertesten Studien zur Geschichte missionsärztlicher Tätigkeit der einzelnen Gesellschaften bzw. Organisationen aufzuführen sowie diejenigen, die die Entwicklung einzelner Institutionen und Arbeitszweige zum Gegenstand haben. Auf die folgenden gebietsbezogenen Darstellungen ›Christian Doctor & Nurse – The History of Medical Missions in South Africa‹ von M.Gelfand[175], ›Het Medische Werk van de Zending in Nederlands-Indië‹ von W.J.L.Dake[176] und ›9 Doctors & God‹, über die Entwicklung der ›ärztlichen Mission‹ auf Hawaii von F.J.Halford[177] sei wenigstens hingewiesen.

171. In: The Medical Missionary, Washington D.C., Vol. XI, S.98ff.
172. In: Laeta Dies, Festgabe zum 50-jährigen Bestehen des Studienkollegs St.Benedikts in Würzburg, Hrsg. von S.Amon et al., Münsterschwarzach 1968, S.195-205.
173. Center for Applied Research in the Apostolate, Washington D.C. 1982, 23 S. – NB: Obwohl der Umschlag den Titel trägt ›The Healing Ministry of the Church‹ etc. lautet der eigentliche Titel dem Deckblatt und den Vorworten zufolge wie oben angegeben. – Der Verfasser führte einige der darin enthaltenen Ansätze später in dem Buch ›Vom Glauben, der gesund macht‹, Freiburg 1984, und in ›Die Heilkraft der Gewaltfreiheit‹, Düsseldorf 1986, weiter.
174. Daß dieses Desiderat erkannt ist, zeigt der Umstand, daß an verschiedenen Instituten für Geschichte der Medizin im deutschen Sprachraum wie Aachen, München, Münster, Hannover und Zürich z.B. augenblicklich mehrere Dissertationen zu Partialaspekten der ärztlichen Mission in Arbeit bzw. erst jüngst zum Abschluß gebracht worden sind, wie aus dem ›Index wissenschaftshistorischer Dissertationen (IWD), Verzeichnis abgeschlossener Dissertationen auf dem Gebiet der Geschichte der Medizin, der Pharmazie, der Naturwissenschaften und der Technik, Teil I, Nr.1 (1970-1980)‹, bearb. v. G.Fichtner, Tübingen 1981, und ›Laufende wissenschaftliche Dissertationen‹ (LWD), Verzeichnis der in Bearbeitung befindlichen Dissertationen auf dem Gebiete der Medizin ... der Technik, Teil I, Nr.1 (1970-1980), bearb. v.G.Fichtner, Tübingen 1982; Teil II, IWD Nr.2 (1981-1986) / LWD Nr.2, bearb. v. G.Fichtner, Tübingen 1987, hervorgeht.
175. Atholl – Sandton, R.S.A. 1984, 347 S.
176. Von dieser durch den Nederlandse Zendingsraad herausgegebenen Arbeit ist bisher nur der 1.Teil (Kampen 1972, 235 S.) erschienen.
177. Honolulu 1954, 300 S.

a) zur missionsärztlichen Tätigkeit amerikanischer Gesellschaften

Über ›The Medical Arm of the Missionary Service‹ des *American Board of Commissioners for Foreign Missions* (ABCFM) gegen Ende des vorigen Jahrhunderts gibt eine von E.K.Alden zusammengestellte Broschüre Auskunft[178], deren Aktualisierung durch James L.Barton erfolgte.[179] Mit dem Zitat »Go and Tell John« aus Mt.11,4 ist die Skizze der medizinisch-philanthropischen Arbeit des Board of Foreign Missions der *Presbyterianer* von A.W.Halsey betitelt[180], die durch das von E.M.Dodd zusammengestellte Kompendium ›Our Medical Force At Work‹ ergänzt wird.[181] Für die Aufarbeitung der missionsärztlichen Bemühungen der *Baptisten* haben W.B.Lipphard mit ›The Ministry of Healing – A Study of Medical Missionary Endeavor on Baptist Foreign Mission Fields‹[182] und F.T.Fowler mit ›The History of Southern Baptist Medical Missions‹[183] wichtiges Material zusammengetragen. Für die *Mennoniten* leistete dies J.E.Reedy mit ›A History of the Mennonite Medical Work in the Muria Mountain Area of Java, Indonesia, 1894-1971‹.[184] Eine gute Übersicht über die medizinischen Aktivitäten der *Methodisten* in den Missionsgebieten bieten D.D.Brewester und H.N.Brewester in ›The Church and Medical Missions‹[185], J.T.Gracey mit ›Medical Work of the Woman's Foreign Missionary Society, Methodist Episcopal Church‹[186] und der umfangreiche Abschnitt zu ›Medical Missions‹ in F.J.Baker's ›The Story of the Woman's Foreign Missionary Society of the Methodist Episcopal Church 1869-1895‹.[187] Den Anfang zur Geschichtsschreibung der verhältnismäßig erst spät einsetzenden ›ärztlichen Mission‹ der *Lutheraner* machte M.C.Lang, der erste Missionsarzt der Evangelical Synod of North America, mit ›The Healing Touch

---

178. Testimonies from the Field, Boston 1898, 57 S.
179. The Medical Missionary – Some Account of his Task, Equipment and Experiences in the Work of the American Board, Boston, o.J., 43 S.
180. A Sketch of the Medical and Philanthropic Work of the Board of Foreign Missions of the Presbyterian Church in the U.S.A., New York, 1914, 125 S.
181. New York 1926, 56 S.
182. Philadelphia 1920, 125 S.
183. In: Baptist History and Heritage (BHHe), A Southern Baptist Journal, Vol.10 No.4, Nashville Oct. 1975, S.194-203.
184. In: The Mennonite Quarterly Review (MennQR), A Journal devoted to Anabaptist-Mennonite History, Thought, Life, and Affairs, John S.Oyler (Ed.), The Mennonite Historical Society, Goshen, Vol. XLVII No.1, Jan. 1973, S.31-53. – In Ergänzung dazu ist die Broschüre ›Fiftieth Anniversary Souvenir Booklet – Mennonite Board of Missions and Charities 1906-1956‹ von C.W.Esch/L.C.Harzler, Elkhart, Ind., 1956, 65 S., zu lesen.
185. New York 1959, 121 S.
186. With Supplement, Boston 1888.
187. Cincinnati / New York 1896; Kap. VIII, S.117-176 behandelt die ›Medical Missions‹

in Mission Lands‹[188], dem 1976 durch die Kompilation der relevanten geschichtlichen und administrativen Dokumente der Missouri-Synode durch Herman H.Koppelmann eine wertvolle Ergänzung folgte.[189] Bleiben noch die *Adventisten* zu nennen, deren ›Year Book of the International Medical Missionary and Benevolent Association‹ Aufschluß gibt über ›Origin and Development of Medical Missionary and Other Philanthropic Work among Seventh-Day Adventists‹, wie dessen Untertitel besagt.[190]

β) zur missionsärztlichen Tätigkeit europäischer Gesellschaften

Die umfangreichste missionsärztliche Tätigkeit entfaltete die *Church Missionary Society* (CMS), deren Geschichte in einem voluminösen, unbetitelten Skript von H.G.Anderson 1960 aufgearbeitet worden ist.[191] Mary I.M.Causton stellte den Werdegang der medical misssions der *britischen Baptisten* in ›For the Healing of the Nations‹ dar[192] und R.F.Moorshead den der Medical Mission Auxiliary of the Baptist Missionary Society.[193] Der Stand des medizinischen Engagements der *London Missionary Society* (LMS) um 1908 ist aus dem Handbuch ›Medical Missions of the Society‹ von G.Cousins in Erfahrung zu bringen[194], dem etwas später E.A.Prestons ›The Healing Hand – The Story of the Medical Missions of the L.M.S.‹[195] und E.H.Jeffs' ›The Doctor Abroad‹[196] folgten. Unter dem Titel

188. St.Louis 1932, 143 S. – Im Vorwort heißt es: » ›The Healing Touch in Mission Lands‹ does not aim to present a complete survey of medical missions. The earlier chapters, however, form a foundation on which the study of the medical missionary work of the Evangelical Synod of North America can be based.«
189. ›LC-MS Medical Missions – History to 1958, Administration, Synod Actions‹, 60-seitiges Typoskript im Archiv der Lutheran Church – Missouri Synod, St.Louis.
190. Battle Creek, Mich. – 1896. Dieses ist das erste und einzige Jahrbuch, vgl. Seventh-Day Adventist Encyclopedia, revsd. Ed., Washington 1976, S.667.
191. Das sich im Archiv der CMS befindliche, hektographierte Dokument, im Folgenden als ›Typoskript‹ zitiert, zählt 663 Seiten und enthält die beachtenswerte Vorbemerkung seines Verfassers:»This is n o t the history of the C.M.S. Medical Missions, but merely the serialised information from which the history will be written.« (Hervorhebung im Original). – Zur Darstellung der Geschichte vor ihm vgl. Samuel W.W.Witty, Medical Missions in Africa and The East, London 1922; Harding, H.G., The Story of C.M.S. Medical Missions, London o.J.; Anderson, Eleanor Macneil, Healing Hands – The Story of CMS Medical Work, London 1950.
192. The Story of British Baptist Medical Missions 1792-1951, London 1951, 183 S. Vor ihr schon Clement C.Chesterman, Saving Health through Medical Missions of the Baptist Missionary Society, London 1942.
193. ›Heal the Sick‹ – The Story of the Medical Auxiliary of the Baptist Missionary Society, London 1929, 224 S.
194. Handbooks to our Mission Fields, London 1908.
195. London o.J.(1916?).
196. Westminster o.J. (1933?).

›They do Likewise‹ erschien 1951 ein Überblick über die *Methodist* Medical Mission in Africa.[197] Miriam Richards hat mit ›It began with Andrews – The Saga of a Medical Mission‹, London 1971, die Geschichte missionsärztlicher Arbeit der *Heilsarmee* geschrieben, Kathleen Withrington mit ›From Huts to Hospitals‹ die der *Society for the Propagation of the Gospel in Foreign Parts* (SPG)[198] und Irene H.Barnes mit ›Between Life and Death‹ die der *Church of England Zenana Missionary Society*.[199]

›200 Jahre ärztlicher Missionsarbeit der *Herrnhuter Brüdergemeinde*‹ von Th.Bechler[200] ist die größte Arbeit dieser Art im deutschen Sprachraum, die durch ihr Erscheinen weitere historische Forschungen stimulierte[201], nicht zuletzt auch G.Olpps ›200 Jahre deutscher ärztlicher Mission‹.[202] Unter Olpps Leitung schrieb M.Behr 1950 ihre medizinische Dissertation zur ›Geschichte der deutschen evangelischen ärztlichen Mission‹, die allerdings keine neuen Erkenntnisse bringt und, da ohne kritische Quellen-Dokumentation, hochgesteckte Erwartungen nicht befriedigt.[203] Während der großformatige Sammelband ›Die Tat der Barmherzigkeit‹ über die ›Arbeit der *Basler* Ärztlichen Mission‹ informiert[204], gab H.Witte mit ›Hilfe für die Not der Kranken in China‹ einen Überblick über Werden und Wirken der ärztlichen Mission des *Allg. Ev.-Prot. Missionsvereins* Berlin[205] und M. Weishaupt mit ›Krankendienst in Afrika‹ eine Zusammenfassung über die Arbeit der *Evang.-luth. Mission zu Leipzig*.[206] – Weiteres Material zur

197. London; von Donald S.Ching herausgegeben.
198. Westminster 1951.
199. The Story of C.E.Z.M.S. Medical Missions in India, China and Ceylon, London 1901, 303 S.
200. Herrnhut 1932. – Vgl. vom gleichen Verfasser in EMM, 67.Jg. NF, 1933, S.105-144 ›Zinzendorf und die anfängliche ärztliche Tätigkeit der Herrnhuter‹.
201. Die zustimmende Auswertung dieser Arbeit durch G.Olpp in: ›Festgruß zur 200-Jahrfeier der Herrnhuter Mission‹, in: Die Ärztliche Mission, 22.Jg. Nr.3, 1932, S.66ff, veranlaßte A.Nebe aus Halle zum Widerspruch, indem dieser nachwies, daß nicht die Herrnhuter, sondern die Dänisch-Hallesche Mission es war, durch die der erste deutsche Missionsarzt ausgesandt wurde; vgl. A.Nebe, Die Missionsärzte der Dänisch-Halle'schen Mission, in: Die Ärztliche Mission, 22.Jg. Nr.3, S.98-101; ders.: Wer hat den ersten Missionsarzt ausgesandt?, in: Die Ärztliche Mission, 23. Jg. Nr.4, 1933, S.101f.
202. In: Ruf und Dienst der ärztlichen Mission, Tübingen 1935, S.55-83, bes. S.55ff. – Vgl. auch A.Lehmann, Hallesche Mediziner und Medizinen am Anfang deutsch-indischer Beziehungen, in: Wissenschaftliche Zeitschrift der Martin Luther Universität Halle-Wittenberg, Jg.V., Heft 2, Halle (Saale), Dez.1955, S.117-132.
203. Med.Diss. Erlangen 1950, Typoskript, 76 S.
204. Basel / Stuttgart 1934
205. Berlin-Schöneberg 1911
206. Aus Vergangenheit und Gegenwart der Leipziger Mission, Heft 10, Leipzig o.J.(1934?).

Geschichte des missionsärztlichen Dienstes dieser und vieler anderer Missionsgesellschaften ist in den unten (S. 69ff) ausführlicher vorgestellten Zeitschriften bzw. Jahrbüchern zu finden, die zugleich auch, neben den jeweiligen Archiven, hohen dokumentarischen Wert für die Geschichte der einzelnen missionsärztlichen Vereinigungen, Gesellschaften und Institutionen haben.[207]

207. Über die älteste dieser Gesellschaften, die China Medical Missionary Society, Canton, z.B. findet sich neben den Ausführungen bei W.Lockhart eine kleine historische Studie im 3.Jg.(1888) des Medical Missionary Record, New York (S.123f, 213f, 261f). Der Werde- und Entwicklungsgang der Edinburgh Medical Missionary Society ist zusätzlich zu den allgemeinen Artikeln vor allem anläßlich der nunmehr drei großen Jubiläen verschiedentlich dargestellt worden, nämlich zum 50. von John Lowe (Jubilee Memorial – Historical Sketch of the Edinburgh Medical Missionary Society, Edinburgh o.J. [1891]), zum 100. von H.F.L.Taylor (A Century of Service 1841-1941 – A Sketch of the Contribution made by the Edinburgh Medical Missionary Society to the Extension of the Kingdom of God at Home and Abroad, Edinburgh 1941) und zum 150. von John Wilkinson (The Coogate Doctors, Edinburgh 1991); die Entwicklung der Medical Missionary Association, London, wurde aus gleichem Anlaß 1978, von Phyllis Thompson beschrieben (Sent to Heal – The Story of the first hundred years of The Medical Missionary Association of London, founded March 2nd, 1878 London 1978). – Zur Geschichte missionsärztlicher Institutionen neben deren Jahresberichten vgl. z.B. D.Schilling, OFM, Das Schulwesen der Jesuiten in Japan (1551-1614), Münster 1931, S.40ff (Kap. III), Das Ärztliche Institut in Otia; ders.: Hospitäler der Franziskaner in Miyako (1594-1597), Schriftenreihe der Neuen Zeitschrift für Missionswissenschaft IX, Schöneck/Beckenried 1950; Chr.Grundmann, Die erste Einrichtung ihrer Art – verkannt! Das »medicinische Missions-Institut zu Tübingen« 1841-1848, in: Bausteine zur Tübinger Universitätsgeschichte Folge 4, Werkschriften des Universitätsarchivs Tübingen, hrsg. v. V.Schäfer, Tübingen, Reihe 1, Heft 14, 1989, S.35-90; H.M.Sampath, Livingstone College and the Medical Education of British Missionaries, Paper presented at the Annual Meeting of the Canadian Society for the History of Medicine, Windsor, 1988; C.Becker SDS, Missionsärztliche Kulturarbeit, Grundsätzliches und Geschichtliches, Würzburg 1928, U.Rapp OSB, Geschichte des Missionsärztlichen Instituts, In: Heilung und Heil, Missionsärztliches Institut, Würzburg 1922-1972, Münsterschwarzach 1972, S.9-49, und neuerdings auch: L.Essen, Katholische Ärztliche Mission in Deutschland 1922-1945 – Das Würzburger missionsärztliche Institut, seine Absolventinnen und Absolventen, die Arbeitsfelder, Tecklenburg 1991. – Zur Geschichte einzelner Hospitäler und missionsärztlicher Unternehmungen neben den jeweiligen Jahresberichten auch: W.W.Cadbury/M.H. Jones, At the Point of A Lancet – One Hundred Years of the Canton Hospital 1835-1935, Shanghai 1935; G.Riedl, Tungkun – Das erste deutsche Missionshospital in China, Witten o.J.(1984); J.Winkler, Im Dienst der Liebe – Das Missionshospital in Pearadja 1900-1928, Barmen 1928; F.French, Miss Brown's Hospital – The Story of the Ludhiana Medical College and Dame Edith Brown, D.B.E., its Founder, London 1955²; O.Prakash, St.Martha's Hospital – A Tribute, Bangalore 1986; H.Borutta, Das

Als mit Beginn der achtziger Jahre auch im Bereich der Missionsgeschichtsschreibung eine stärker sozial-anthropologisch ausgerichtete Betrachtungsweise sich durchzusetzen begann, befruchtete das ebenfalls die historische Beschäftigung mit der ›ärztlichen Mission‹, wie unschwer zu erkennen ist an den Arbeiten von T.Ranger über die Auswirkungen missionsärztlicher Tätigkeit der Universities' Mission to Central Africa ›Medical Science and Pentecost: The Dilemma of Anglicanism in Africa‹[208] und ›Godly Medicine: The Ambiguities of Medical Mission in Southeast Tanzania, 1900-1945‹[209], aber auch an James A.Boutilier ›Missions, Medicine and Administration in the British Solomon Islands Protectorate 1893-1942‹[210] und Ch.M.Good ›Pioneer Medical Missions In Colonial Africa‹[211]. Die Studie des Muslim C.N.Ubah ›Christian Missionary Penetration of the Nigerian Emirates, with special Reference to the Medical Missions Approach‹[212] belegt dies ebenso wie F.Raison-Jourdes ›Les Interrogations Malgaches devant l'action des missions sur les Hauts-Plateaux lors des épidémies de 1875-1881‹.[213]

d) Biographische und autobiographische Literatur

Die biographischen und autobiographischen Schriften, zu denen auch die narrativen Schilderungen über den Alltag von Arzt bzw. Ärztin, Schwester und Hospital zu rechnen sind, bilden das umfangreichste, quellenwertmäßig aber problematischste Kontingent missionsärztlicher Literatur. Oft in der Absicht geschrieben, durch das leuchtende Vorbild zur Nachahmung anzuregen oder durch authentische Berichte aus der Arbeit Herausforderungen, Möglichkeiten und Genugtuungen eines solchen Dienstes zur Gewinnung der stets dringend benötigten Mitarbeiter aufzuzeigen[214], genügen sie nur in den seltensten Fällen historisch-kritischen Ansprüchen.

Hospital in Amgaon, Provinz Orissa, Indien, o.O., o.J. (1988?); E.Widmer, Zur Geschichte der schweizerischen ärztlichen Mission in Afrika unter besonderer Berücksichtigung des medizinischen Zentrums von Ifakara, Tanganyika, Basler Veröffentlichungen zur Geschichte der Medizin und der Biologie, hrsg. v. H.Buess, Fasc. XVI, Basel 1963.

208. In: The Church and Healing, Oxford 1982, S.333-365.
209. In: Social Science and Medicine, Life Sciences and Medicine, Ed. P.McEwan, Oxford, Vol. 15 B, 1981, S.261-277.
210. Paper presented at the Third Annual Symposium in the Humanities, Columbus, Ohio, 11-14 May 1983; Typoskript.
211. In: Social Science and Medicine, McEwan, P. (Ed.), Oxford 1991, Vol.32, No.1, S.1-10
212. In: MW Vol. LXXVII, 1987, S.16-27.
213. In: Pirotte, J. / Derroitte,H. (Hg.), Églises et santé, S.89ff.
214. »The student of medical missions must indeed go straight to the sources if he is to breath the true spirit of this great enterprise. As he reads the lives of medical

Die hundertste Wiederkehr der Ausreise des ersten von Amerika ausgesandten Missionsarztes nach Indien, Dr. John Scudder, 1919, veranlasste die Publikation einer der ersten *Anthologien* ›Ministers of Mercy‹, in der J.H.Franklin die Lebensbilder von zehn Missionsärzten bzw. -ärztinnen nachzeichnete.[215] Gleichzeitig mit der bereits oben erwähnten Studie von E.H.Hume ›Doctors Courageous‹ erschien mit K.Chimin Wongs ›Lancet and Cross – Biographical Sketches of Fifty Pioneer Medical Missionaries in China‹ das umfangreichste Kompendium missionsärztlicher Biographien.[216]

Aus verständlichen Gründen sind die meisten Lebensbeschreibungen Ärzten/ Ärztinnen und Schwestern gewidmet bzw. die Selbstdarstellungen von solchen verfaßt, die in *China*, dem bis etwa 1950 an Mitarbeiterzahl und Aktionsradius größten aller Arbeitsgebiete der ›ärztlichen Mission‹, tätig gewesen waren. Über Peter Parker, dessen Briefe und Tagebuchaufzeichnungen bereits 1896 durch Stevens/Markwick ediert worden waren[217], erschien erst 1973 eine Biographie, die, von dem Historiker E.V.Gulick verfaßt, in jeder Hinsicht vorbildlich ist.[218]

> missionaries there will come to him a sense of the greatness of the calling, and of the men – made great indeed in many cases through their calling. He will catch some insight into what they were by understanding what they did. No textbook can take the place of such a study ...«, H.T.Hodgkin, The Way of the Good Physician, S.4. Das war auch der Grund dafür, daß die missionsärztlichen Zeitschriften, wie z.B. ›Medical Missionary Record‹ und ›Medical Missions at Home and Abroad‹ in beinahe jeder Ausgabe das Lebensbild eines Missionsarztes bzw. einer Missionsärztin oder -schwester brachten. – Bezüglich der auffallend geringen theologischen Reflektion in diesen Publikationen bemerkt John Wilkinson, selbst 29 Jahre medical missionary in Kenya: »The late arrival of medical missions on the missionary scene has had the effect of excluding them from theological consideration and reflection. The result is that by far the greatest bulk of literature on medical missions consists of biographies of medical missionaries or accounts of their work written by themselves or by others. This literature reflects little conciousness of need for theological discussion of medical missions or of any justification of their place and role in the missionary enterprise.« (Making Men Whole – The Theology of Medical Missions, S.2)

215. New York 1919.
216. o.O.(Shanghai) 1950, 157 S.
217. The Life, Letters, And Journals of the Rev. and Hon. Peter Parker, M.D., Missionary, Physician, and Diplomatist, The Father of Medical Missions and Founder of the Ophthalmic Hospital in Canton, Boston; Reprint: Wilmington 1972.
218. Peter Parker and the Opening of China, Cambridge, MA, 1973. Da der Verfasser des Chinesischen mächtig ist, ist es ihm möglich, auch die chinesischen Quellen zu Parker auszuwerten, wodurch ihm eine echte historisch-kritische Darstellung Parkers gelingt. – R.Schram macht in: Initial Medical Services, in: Heralds of Health, S.75, darauf aufmerksam, daß seit 1985 im englischen Cambridge eine Dissertation über Parker in Arbeit ist, die allerdings bis jetzt (1991) noch nicht abgeschlossen und

Die anonym publizierten ›Memorials of James Henderson‹[219] geben Aufschluß über die Tätigkeit eines 1859 von der London Missionary Society nach Shanghai entsandten Arztes, die ›Memorials of R.Harold A.Schofield‹ von 1898 berichten über das Wirken eines der ersten Missionsärzte der China Inland Mission.[220] Ebenfalls missionsärztliche Arbeit vor der Jahrhundertwende schildern ›Fred C.Roberts of Tientsin‹ von Bryson[221], D.Christies ›Ten Years in Manchuria‹[222] und das von seiner Frau, Mrs. Dougald Christie, über die aufopferungsvolle, kurze Mitarbeit des Kollegen A.Jackson geschriebene Lebensbild.[223] Weitere bedeutsame neuere Literatur von bzw. zu *Missionsärzten* in China: K.De Gruchè ›Dr.Duncan Main of Hangchow‹[224], G.Poteat ›A Greatheart of the South – John T.Anderson, Medical Missionary‹[225] C.C.Skinsnes ›Scalpel and Cross in Honan‹[226], E.H.Hume ›Doctors East – Doctors West‹[227], H.T.Raley ›Doctor in an old World – The Story of Robert Earl Beddoe, Medical Missionary to China‹[228], R.S.Moore ›China Doctor – The Life Story of Harry Willis Miller‹[229], H.E. Ha-

erschienen ist; vgl. den halbjährlich von Geoffery M.Paterson publizierten ›Index to Theses with Abstracts accepted for higher Degrees by the Universities of Great Britain and Ireland and the Council for National Academic Awards‹, London. Auch eine direkte Nachfrage brachte kein positives Ergebnis.
219. London 18758, 230 S.
220. Memorials of R.Harold A.Schofield (Late of the China Inland Mission), First Medical Missionary to Shan-Si, China, chiefly compiled from his letters and diaries by his brother A.T.Schofield, MD; with an Introduction by Rev.J.Hudson Taylor; New Edition, with Portrait, London 1898, 257 S.
221. Untertitel: ›For Christ and China‹, London 1845, 222 S.
222. A Story of Medical Mission Work in Moukden 1883-1893, London o.J. – Christie war Missionsarzt der United Free Church of Scotland.
223. Jackson of Moukden, New York o.J., 155 S.; vgl. auch A.Costain, The Life of Dr.Arthur Jackson of Manchuria, with a Preface by the Rev.William Watson, London 1911. – Dr.Jackson starb infolge einer Pestinfektion, die er sich bei der Behandlung von Pestkranken zugezogen hatte.
224. Who is known in China as Dr.Apricot of Heaven Below, London o.J.(1927?), 243 S.; vom selben Verfasser auch: Doctor Apricot of »Heaven Below« – The Story of the Hangchow Medical Mission (CMS), London o.J.
225. New York 1920; John T.Anderson war als Missionsarzt der Southern Baptist Convention in Yang Chow tätig.
226. Autobiographie eines norwegischen Missionsarztes; Minneapolis 1952.
227. An American Physician's Life in China, London 1949.
228. Biographie eines baptistischen Missionsarztes, Waco, Texas / London 1969.
229. Biographie über einen adventistischen Missionsarzt auf Formosa, New York 1961, 215 S. Die Biographie eines anderen auf Formosa arbeitenden Arztes schrieb M.Landsborough mit: ›Dr.Lau – A short biography of Dr.David Landsborough, medical missionary of the Presbyterian Church of England in Formosa 1895-1936‹, o.O. (London), 1957, 95 S.

milton ›China two Generations ago‹[230], J.C.Pollock ›A Foreign Devil in China – The Story of Dr.L.Nelson Bell – An American Surgeon in China‹[231], C.A.Powell ›Bound Feet‹[232], J.Peill ›The Beloved Physician of Tsang Chou‹[233], W.R. & M.M.Williams ›Me and my house‹[234], H.B.Taylor ›My Cup Runneth Over‹[235], W.E.Smith ›A Canadian Doctor in West China‹[236], P.E.Adolph ›Surgery speaks to China – the experiences of a medical missionary to China in peace and war‹[237], F.French ›Thomas Cochrane‹[238] und schließlich O.Hueck ›Zwischen Kaiserreich und Kommunismus – Als Missionsarzt in China‹[239]. An Literatur zu *Missionsärztinnen und Missionskrankenschwestern* ist zu nennen: A.W.Fearn ›My Days of Strength – An American Woman Doctor's Fourty Years in China‹[240], N.Holmann ›My most unforgettable Patients‹[241], L.Ballantyne ›Dr.Jessie MacBean and the work of Hackett Medical College, Canton, China‹[242], F.W.S.O'Neill ›Dr.Isabel

230. A family sketch of Guy and Pauline Ernst Hamilton – Presbyterian Medical Missionaries in the interior of North China, Denver 1957, 102 S.
231. Minneapolis 1971, 251 S. – N.Bell, der Schwiegervater Billy Grahams und Begründer der Zeitschrift ›Christianity Today‹, arbeitete 25 Jahre als Missionsarzt der Presbyterianer in China.
232. Boston 1938; enthält neben der Autobiographie viel kulturgeschichtliches Material und ist damit der Arbeit von W.Lockhart ›The Medical Missionary in China‹, 1861, verwandt.
233. Life-Work and Letters of Dr.Arthur D.Peill, F.R.C.S.E., ed. by his father, London o.J., 293 S.
234. Grand Rapids 1957; über die missionsärztliche Tätigkeit der Quaker-Familie DeVol in Nanking.
235. Ambler, Pa. 1968, 255 S. Taylor war Missionsarzt der Episcopal Church of America in Anking.
236. Fourty Years under three Flags; Foreword by E.W.Wallace; Introduction by F.C.Stephenson, Toronto 1938, 278 S. – Als weitere Literatur zu kanadischen Missionsärzten in China: ›Life's Waking Part – being the autobiography of Reverend James Frazer Smith – Pioneer Medical Missionary to Honan, China, and Missionary to Central India, Toronto 1937, 345 S.
237. Philadelphia/Toronto 1945. Hier werden die Erfahrungen eines Arztes der China Inland Mission während des sino-japanischen Krieges von 1937-1945 mitgeteilt. Aus der gleichen Zeit stammt auch der autobiographische Bericht des in China arbeitenden CMS medical missionary und Mitglied der Oxford Bewegung S.D.Sturton ›From Mission Hospital to Concentration Camp‹, London/Edinburgh o.J.(1946?), 128 S.
238. Pioneer and Missionary Statesman, London 1956. Th.Cochrane arbeitete als Missionsarzt der LMS in China und war der Organisator und erste Direktor des Peking Union Medical College.
239. Wuppertal (Selbstverlag) 1977, 288 S.
240. New York/London 1939, 297 S. – Die Verfasserin arbeitete hauptsächlich in Shanghai.
241. New York 1953; die Verfasserin ist eine lutherische Missionsärztin.
242. Toronto 1934.

Mitchel of Manchuria‹[243], F.W.King-Salomon ›House of a thousand Babies‹[244], R.V.Hemenway ›A Memoir of Revolutionary China, 1924-1941‹[245], E.Lawrence ›She loved a wicked City‹[246], G.Gleason ›Joy to my heart‹[247], L.Watson ›Grace McBride – Missionary Nurse‹[248], H.Caterer ›Foreigner in Kweilin – The Story of Rhoda Watkins – South Australian Nursing Missionary‹[249] und C.E.Fisher ›A Nun in Taiwan – Sister Mary Paul‹.[250] Mit dem Bericht ›A Joy Ride Through China for the N.A.C.‹ von Cora E.Simpson liegt die Geschichte und Entwicklung des chinesischen Krankenschwesternverbandes bis 1926 vor.[251]

Das erste größere autobiographische Opus eines in *Indien* arbeitenden Missionsarztes dürfte ›Medical Missions; as illustrated by some letters and notices of the late Dr.Elmslie‹ sein.[252] In vielerlei Hinsicht, besonders aber für das Verständnis von missionsärztlicher Tätigkeit unter islamischen Indern und Afghanen z.Zt. der Jahrhundertwende wichtig sind T.L.Pennells Aufzeichnungen ›Among the wild tribes of the Afghan Frontier‹.[253] Angesichts der Fülle des auch hier reichlich

---

243. With a preface by the right Rev. John Irwin, Moderator of the Irish Presbyterian Church, London 19182.
244. Experiences of an American Woman Physician in China (1922-1940), New York 1968.
245. Edited with an introduction by Fred W.Drake, Amherst 1977.
246. The Story of Mary Bell, Missionary, New York 1962; die Dargestellte arbeitete als Missionsärztin in Tatung, Nord China.
247. Über die Arbeit einer norwegischen Missionsschwester in Hongkong; erschien 1966 in New York und London.
248. Nashville, Ten. 1958, 131 S.; erzählt über die Arbeit einer baptistischen Schwester in Nord China.
249. London 1966.
250. London 1967, 192 S. Die Dargestellte ist Mitglied der chinesischen Ordensgemeinschaft ›Sisters of Our Lady of China‹.
251. Shanghai o.J. (1926?).
252. Hrsg. von der Edinburgh Medical Missionary Society, 1874; zusammengestellt von deren Sekretär John Lowe, vgl. ebd. S.VIII. – Vgl. auch W.B.Thomson, A Memoir of William Jackson Elmslie, late Medical Missionary, C.M.S. Kashmir, London 1891[4]. (Die erste Ausgabe erschien 1875 unter dem Titel: Seedtime in Kashmir. A Memoir ...). Ein kurzes Lebensbild in Deutsch schrieb I.Kammerer: ›Dr.William Elmslie, Missionsarzt in Kaschmir‹, Basel 1903, nachdem schon zuvor, 1875, im EMM, NF 19.Jg., S.353-367 u.385-400, ein solches erschienen war.
253. With an Introduction by Field-Marshal Earl Roberts, London 1913[5]. – Über diesen äußerst begabten und interessanten Arzt vgl. auch die kleine Biographie seines Kollegen A(rthur) L(ancester) ›Pennell of Bannu‹, London 1912, und Wurster, ›Dr.Pennell, Missionsarzt und Missionspionier an der Nordwestgrenze Indiens‹, in: EMM, NF 56.Jg., 1912, S.465-481. Seit 1978 gibt es eine in Lahore erschienene pakistanische Ausgabe, in der die Lebensbeschreibung ›Pennell of the Afghan Frontier: The life of Theodore Leighton Pennell, by Alice M.Pennell, with an

vorhandenen literarischen Materials sollen nur einige der größeren (Auto-)Biographien zu *Missionsärzten* genannt werden: J.B.Waterbury ›Memoir of the Rev. John Scudder, M.D., Thirty Six Years Missionary in India‹[254], G.E.Miller ›In the Land of Sweepers and Kings‹[255], E.F.Neve ›Beyond The Pir Panjal‹[256], L.E.Wanless ›Wanless of India – Lancet of the Lord‹[257], H.Holland ›Frontier Doctor – An Autobiography‹[258], J.S.Corman ›Rats, Plague, and Religion – Stories of Medical Mission Work in India‹[259], V.Elwin ›Leaves from the Jungle – Life in a Gond Village‹[260], M.V.Linn ›Dr.Hugh H.Linn, Medical Missionary‹[261], L.E.Hansen ›The Double Yoke‹[262], G.M.Down ›No Forty-Hour Week‹[263], T.H.Somervell ›Knife and Life in India – The Story of a Surgical Missionary at Neyyoor, Travancore‹[264],

introduction by Earl Roberts‹ mit ›Among the Wild Tribes‹ als ›two volumes in one‹ herausgegeben wurde.
254. New York 1870.
255. Medical Missionary Work in India, Cincinnati, Ohio 1922.
256. Life among the mountains and valleys of Kashmir, London / Leipzig 1912. – Vom gleichen Verfasser stammt auch die Biographie über seinen Bruder A.Neve: ›A Crusader in Kashmir – Being the life of Dr.Arthur Neve, with an account of the medical missionary work of two brothers and its later developments down to the present day‹, London 1928. Ernest F.Neve war es auch, der den zunächst von seinem Bruder verfaßten ›The Tourist's guide to Kashmir, Ladakh, Skardo ...; ed. by the late Major Arthur Neve, Surgeon to The Kashmir Medical Mission, revised by Dr.E.F.Neve‹, 1942 in Lahore wieder herausgab.
257. Boston 1944, 366 S. – Vgl. dazu auch den autobiographischen Bericht des dargestellten presbyterianischen Arztes in Miraj und späteren Sekretärs des Board of Foreign Missions of the Presbyterian Church in the USA, W.Wanless: ›An American Doctor at Work in India‹, New York 1932, 200 S.
258. London 1958; 1959³.
259. Philadelphia 1936, 246 S.; von baptistischem Hintergrund aus geschrieben.
260. London 1936; mit einem Vorwort von Romain Rolland, in dem es heißt: »At a stage when the civilized barbarism of the white races is triumphing, it is good and reassuring to think of this European and his friend whose thought and action are worthy of the humane and Christian ideals which they revere. In Africa, Albert Schweitzer, the philosopher: in India, Verrier Elwin, the poet.« ebd. S.7.
261. Mangalore 1950. – Dr.Linn verfasste bereits 1928 das kleine Handbuch für Dorfgesundheitshelfer: ›Diagnosis and Treatment of Common Diseases for Village Workers‹, Madras 1928, und begründete eine ortsansässige Medikamentenproduktion.
262. The Story of William Alexander Noble M.D., Fellow of the American College of Surgeons, Fellow of the International College of Surgeons, Doctor of Humanities, Medical Missionary Extraordinary to India, His adopted Land, New York 1968.
263. Nashville, Ten. 1978; berichtet über missionsärztliche Tätigkeit in einem adventistischen Hospital in Ranchi.
264. London 1940; revised 1955, 208 S. – Vom gleichen Verfasser erschien 1947, ebenfalls in London, die autobiographische Skizze ›India Calling‹.

C.G.Cutting ›Hot Surgery‹[265] und R.Fridmot-Møller ›Pioneren Christian Frimodt-Møller – Hans Liv og Gerning‹.[266] Namhafte *Missionsärztinnen*, die in Indien gearbeitet haben, sind Clara A.Swain, die erste Missionsärztin überhaupt,[267] Edith Brown, die Begründerin des Ludhiana Medical College[268] und Dr.Ida Scudder, die Initiatorin und erste Präsidentin von Vellore, dem heutzutage berühmtesten christlichen medizinischen Zentrum in Indien.[269] Berichte über die Arbeit anderer Missionsärztinnen sind ›Ethel Ambrose – Pioneer Medical Missionary – Poona and Indian Village Mission, Bombay Presidency‹[270], ›Fanny Jane Butler‹[271], E.J.Hiscox ›To and from Nuzvind‹[272], ›A Woman Doctor on the Frontier‹ und ›Indian Medical Sketches‹ von C.S.Vines[273] sowie ›Aloes and Palms‹

265. London 1962. Bericht über die Arbeit eines mit der LMS im dörflichen Indien arbeitenden Arztes.
266. Fortalt af hans hustru, Skjern 1956.
267. Eine Zusammenstellung ihrer Briefe erschien 1909 in New York unter dem Titel ›A Glimpse of India‹. Über sie: D.C.Wilson, Palace of Healing – The Story of Dr.Clara Swain, first Woman Missionary Doctor, and the Hospital she founded, London 1968; P.S.Ward, Swain, Clara A., in: Notable American Women 1607-1950, A Biographical Directory, E.T.James (Ed.), Cambridge, Ma. 1971, Voll.III, S.411-413 (mit Bibliographie!).
268. C.Reynolds, Punjab Pioneer – The unique world of Edith Brown, pioneer surgeon of the women of India, founder of Ludhiana Christian Medical College, Foreword by Bishop James Mathews, Waco/London 1968; F.French, Miss Brown's Hospital – The Story of the Ludhiana Medical College and Dame Edith Brown, D.B.E., its Founder, London 19552; C.I.Tinling, India's Womenhood – Fourty Years' Work at Ludhiana, with a Foreword by Mildred Cable, London 1935; über die Schwesternausbildung in Ludhiana (vom katholischen Hintergrund): M.E.Craske, Sister India – one solution of the Problems of »Mother India«, London 1930; über eine weitere ärztliche Mitarbeiterin dort: S.Pollock/M.Pitchard, Christ's Servant – India's Friend, A Memoir of Dr.Aileen Pollock of Ludhiana, with an Epilogue by her friend and successeor, Dr.Eileen Barter Snow, London o.J..
269. M.P.Jeffery, Dr.Ida, India: The Life Story of Ida S.Scudder, President, Medical College for Women Vellore, India, New York 1930; dies.: Ida S.Scudder of Vellore – An Appreciation of Fourty Years of Service in India, Mysore City o.J.; S.Smith, Doctor Ida (Ida Scudder of India), New York 1953; D.C.Wilson, Dr.Ida – The Story of Dr.Ida Scudder of Vellore, New York/Toronto/London 1959; dies.: The Legacy of Ida S.Scudder, in: IBMR, Vol.11, 1987, No.1, S.26-30.
270. London/Edinburgh o.J., 255 S.
271. E.M.Tonge, Fanny Jane Butler – Pioneer Medical Missionary; with a foreword by Dame Mary Scharlieb, London o.J. (1932?).
272. Boise 1989; über die vierzigjährige Arbeit einer adventistischen Missionsärztin in Indien.
273. London 1925; London o.J.; beides Schriften der Church of England Zenana Missionary Society.

von J.Haworth.[274] In M.R.Peacocks ›A Nurse's Indian Log-Book‹[275] liegt der erste größere Bericht über die missionsärztliche Tätigkeit einer *Schwester* in Indien vor, gefolgt von A.Carmichael's ›Kohila – The Shaping of an Indian Nurse‹[276] und F.Giffords ›The Gates of Hope‹.[277] Die ganze Spannweite und der Stand missionsärztlicher Arbeit vor dem II.Weltkrieg in Indien ist aus dem von der Christian Medical Association of India, Burma and Ceylon 1942 in Nagpur herausgegebenen Buch ›Tales from the Inns of Healing‹ zu ersehen.

A.L.Shelton berichtete 1921 von seinen missionsärztlichen Erfahrungen in *Tibet*[278], V.Olsen von den seinigen in *Bangladesh*[279], während ihr Kollege, der Chirurg Gordon S.Seagrave, gleich mehrmals von seiner Tätigkeit in *Burma* in umfangreichen Büchern erzählte.[280] George E.McCracken gab 1958 die Biographie Dr.McFarlands heraus, der in *Thailand* (Siam) gearbeitet hatte[281], D.C.Lord schrieb die von D.B. Bradley[282], und V.Anderson die der Missionsschwester Joan Killila[283]; G.N.Fletcher beschrieb die Tätigkeit des Arztehepaars Flemming in Kath-

---

274. Sketches of Village Life in South India, London o.J. Dieses ist der Bericht über den Aufenthalt in einem dörflichen südindischen Missionskrankenhaus für Frauen.
275. Being actual Incidents in the Life of a missionary Nurse, Westminster 1925, 122 S..
276. London 1939; als Dokument für die Anfänge der indischen Schwesternausbildung wichtig.
277. London 1949.
278. Pioneering in Tibet; a personal record of life and experience in mission fields, New York/Chicago 1921. – Vgl. auch K.Anderson, Arzt am Himalaya, Wuppertal 1969 (über den in Tibet arbeitenden Dr.G.Lehmann).
279. (with Jeanette Lockerbie): Doktor – Diplomat in Bangladesh, London 1973; vom evangelikalen Hintergrund her geschrieben.
280. Tales of a Waste-Basket Surgeon, Philadelphia 1938, 1944⁴; Burma Surgeon, Chicago 1944; Burma Surgeon Returns, New York 1946; My Hospital in the Hills, New York 1955; The Life of a Burma Surgeon, New York 1961; A Doctor among the Northern Shans, in: World Dominion, London, Vol. VII, No.2, April 1929, S.130-135. – Über die Arbeit der beiden Ärzte Albert und Cora Henderson im gleichen Gebiet erschien 1961 das Buch ›Bamboo Hospital – The Story of a Missionary Family in Burma‹ von K.L.Reed u. R.O.Ballou in London.
281. McFarland of Siam – The Life of George Bradley McFarland M.D. ... afterwards Phra Ach Vidyagama by Bertha Blunt McFarland, ed. by ..., New York 1958. Vgl.auch B.B.McFarland, Our Garden was so fair – The Story of a mission in Thailand, Philadelphia 1943.
282. Mo Bradley and Thailand, Grand Rapids 1969; Bd.1 der von R.Pierce Beaver herausgegebenen ›Missions Studies‹. Diese gut dokumentierte Arbeit ist eine der ganz wenigen missionswissenschaftlich-biographischen Studien zum Themenbereich.
283. Restless Readhead, London 1970. – An weiteren größeren Publikationen über missionsärztlichen Dienst in Thailand seien noch F.B.Crooks ›Tales of Thailand‹, o.O. 1942, erwähnt und das sich im Presbyterian Office of History, Philadelphia, befindliche stattliche Typoskript einer Autobiographie von E.C.Cort, Yankee Thai (MS –

mandu[284], *Nepal*, J.W.Turpin stellte zusammen mit A.Hirshberg eine missionsärztliche Arbeit in *Vietnam* vor[285], und in P.Gouldsburys ›Jungle Nurse‹ wird ausführlich über die Arbeit einer Missionsschwester in *Malaysia* berichtet.[286] ›Dr.Rudolf Bolling Tensler – An Adventure in Christianity‹ ist die Biographie eines amerikanischen Missionsarztes in *Japan*[287], über dessen älteren Landsmann und Kollegen John C.Berry, der ebenfalls in Japan gearbeitet hatte, eine Lebensbeschreibung aus der Feder seiner Tochter vorliegt.[288] ›The Life of Rev. William James Hall, M.D.‹, des ersten Missionsarztes in *Korea*, wird erzählt von seiner Ehefrau[289], deren Sohn, S.Hall, Jahre später über seine eigenen Erfahrungen als Missionsarzt berichtet.[290] Die katholische Missionsärztin Dr.Elizabeth Hirshboeck MM, deren Biographie den Titel trägt ›Her Name is Mercy‹[291], war auch in Korea tätig. J.G.Scheurer, den J.H.Kuyper biographisch porträtierte,[292] arbeitete in *Indonesien*, auf Java. Herausforderungen, Probleme und Methoden missionsärztlicher Arbeit im *Vorderen Orient* treten nicht nur in den Autobiographien von P.W.Harrison[293], Ele-

    C 759 y), um dessen Veröffentlichung man sich mehrfach – erfolglos – mühte, trotz des von der Mutter des Königs, Princess Mahidol, geschriebenen empfehlenden Vorwortes.

284. The Fabulous Flemmings of Kathmandu – The Story of two doctors in Nepal, London 1965. – Über eine neuere, unabhängige missionsärztliche Tätigkeit im British Military Hospital in Nepal gibt Auskunft: Pitt, Peter, Surgeon in Nepal, London 1970.
285. Vietnam Doctor – The Story of Project Concern, New York et al. 1966. – Vgl. auch Hasselblad, Marva / Brandon, Dorothy, Lucky-Lucky, New York 1966, in dem autobiographisch über ärztliche Arbeit in Vietnam nach 1962 berichtet wird, und M.F.Bennett, ›Help! What Do I Do Now?‹ – The adventures of a young missionary nurse in Vietnam, Nashville o.J. (1967?).
286. London 1960, 206 S.
287. With a Preface by Joseph C.Grew, New York 1942.
288. K.F.Berry, A Pioneer Doctor in old Japan – The Story of John C.Berry, M.D., New York / London / Edinburgh o.J.(1916?), 247 S. – Vgl. auch John Z.Bowers, Western Medical Pioneers in Feudal Japan, Baltimore / London 1970.
289. Rosetta Sherwood Hall, MD, ›The Life of Rev.William James Hall, M.D. – Medical Missionary to the Slums of New York – Pioneer Missionary to Pyong Yong, Korea‹; Introduction by Williard F.Malliece, Bishop of the Methodist Episcopal Church, New York o.J.(1897?), 421 S.
290. With Stethoscope in Asia: Korea, McLean 1978, 619 S. – Vor ihm, nämlich schon 1938, schrieb W.H.Crisholm über: ›Vivid Experiences in Korea – by a missionary Doctor‹, Chicago. Vgl. auch S.P.Peterson ›It came in Handy – The Story of Riley Russell, M.D. – Physician Extraordinary to the People of Korea, Washington 1969.
291. M.Del Rey, New York 1957.
292. J.G.Scheurer – Missionair-Arts; De Man van het Rotsvaste Geloof; Met een voorrede van Z.Exc.A.W.F.Idenburg, Den Haag 1933.
293. Doctor in Arabia, New York 19402. – Zu Harrison vgl. auch C.M.Hallock, Desert Doctor (Paul Harrison of Arabia), New York 1950.

anor T.Calverly[294], W.B. Thomson[295] und J.Künzler[296] besonders plastisch hervor, sondern auch in den Biographien zu J.P.Cochran[297], W.S.Dodd[298] und G.E.Dodson.[299]

Über seine missionsärztliche Arbeit in *Nord-Afrika* berichtet R.Kerr in ›Pioneering in Morocco‹[300]; über eine solche in *West-Afrika* geben Aufschluß H.Vortisch in ›Hin und Her auf der Goldküste‹[301], die ›Letters from Ghana by Richard and Gertrude Braun‹[302], J.Debagre in ›La Mission Médicale Au Caméroun‹[303], N.Wöll (alias Heinrich Norden) in ›Als Urwald-Doktor in Kamerun‹[304], F.u.K.Davey in ›Compassionate Years – A Medical Te Deum‹[305], ›Stirrett of the Sudan‹[306],

294. My Arabian Days and Nights, New York 1958.
295. Reminiscences of Medical Missionary Work; with a biographical chapter by J.C.D. and preface by James L. Maxwell, London 1895.
296. Köbi – Vater der Armenier; Selbstbiographie des Dr.med.h.c. Jakob Künzler für die Herausgabe bearbeitet von Paul Schütz, Kassel 1967³. Bericht über die Tätigkeit eines originellen schweizerischen Missionsdiakons.
297. R.E.Speer.»The Hakim Sahib« – The Foreign Doctor – A biography of Joseph Plumb Cochran, M.D. of Persia, New York 1911, 384 S.
298. The Beloved Physician – An intimate Life of William Schauffer Dodd M.D., F.A.C.S. by his son; Selbstverlag U.S.A. 1931.
299. »Dawdson« The Doctor – G.E.Dodson of Iran, by a friend of Iran, London 1940.
300. A Record of seven Years' Medical Mission Work in the Palace and the Hut, London o.J.(1894?). Interessant ist dieses Buch auch deswegen, weil es Einblick in die missionsärztliche Arbeit unter Juden gibt.
301. Tagebuchblätter eines Missionsarztes, Basel 1908². Vgl. auch A.Eckhardt ›Land, Leute und ärztliche Mission auf der Goldküste‹, Basel 1901².
302. Philadelphia 1959.
303. Paris 1934; über die missionsärztliche Arbeit der Société des Missions Evangeliques.
304. Ein Arzt-Missionar erlebt Afrika, Elmshorn o.J.(1941; s.o. A 117). – Wöll war Missionar der Basler Gesellschaft und schrieb mehrere Bücher über seine Arbeit, die bis zum Ende des Dritten Reiches sehr deutsch-national geprägt waren. Weitere Titel von ihm: Der Neffe des Zauberers, eine Erzählung aus Kamerun, Basel 1912; Der Urwaldschulmeister von Kamerun. Eine Erzählung aus dem Leben der Kamerun-Neger, Stuttgart 1923; Zwischen Schwarz und Weiß. Ein Deutscher im Kampf um Kamerun, Dresden 1939; Durch Urwald und Grasland – Erlebnisse eines Missionars in Kamerun, Lahr-Dilingen, 1956.
305. London o.J.(1964); über missionsärztliche Arbeit in Nigeria.
306. By Douglas C.Percy, Chicago 1948. – Der Titel ist insofern irreführend, als Stirrett, Missionsarzt der Sudan Interior Mission, in Nigeria unter den Hausa gearbeitet hatte. – Im Vorwort ist zu lesen:»Our estimate is that he preached not less than 20,000 times sermons that were heard by not less than 1,500,000 people! The few who have approached this number since the days of John Wesley have possessed rare gifts. Dr.Stirrett was a rare character. Two thousand such men could have evangelized the world in any generation.« (S.9)

W.Miller mit ›Yesterday and To-Morrow in Northern Nigeria‹[307], die Bücher R.Flachsmeiers[308] und ›To Africa With Love‹ von M.Purcell.[309] Neben seinen autobiographischen Aufzeichnungen ›Zwischen Wasser und Urwald‹[310] und ›Aus meinem Leben und Denken‹[311] ist Albert Schweitzers Arbeit im heutigen Gabun schon längst mehrfach dargestellt worden[312], während die von R.Fisch in Ghana erst neuerdings in einer ansehnlichen Dissertation gewürdigt wurde.[313] Einblicke in die Arbeit von Missionsärzten in *Zentral-Afrika* sind zu gewinnen aus W.E.Davis ›Congo Doctor‹[314], A.Andersson ›Med Bibel Och Medicinlåda I Kongo‹[315], A.L.Ashmore ›The Call of the Congo‹[316], W.E. Davis ›Ten Years in the Congo‹[317], L.Carlson ›Arzt im Kongo‹[318], E.Burr ›Kalene Memories – Annals of the Old Hill‹[319], W.J.Petersen ›Another Hand on Mine‹[320], S.u.P.Duncan ›Bonganga – Experiences of a Missionary Doctor‹[321], D.M.Davies ›The Captivity and Triumph

307. With a foreword by Sir Charles Orr, London 1938
308. Nigerianisches Tagebuch, Gießen und Basel 1964; Ärztlicher Alltag in Afrika, Stuttgart 1964; Missionsarzt im afrikanischen Busch, Gießen 1966.
309. The Biography of Mother Mary Martin, Dublin 1987. – Die Dargestellte, die Begründerin der Medical Missionaries of Mary, hatte als Missionsschwester in Nigerien gearbeitet und wollte mit ihrer Gründung die katholische missionsärztliche Arbeit in West-Afrika fördern.
310. Erlebnisse und Beobachtungen eines Arztes im Urwalde Äquatorialafrikas, München 1926 (95.000 – 100.000)
311. Leipzig 1931.
312. Autobiographische Schriften zur missionsärztlichen Tätigkeit: Zwischen Wasser und Urwald, Bern 1921; Mitteilungen aus Lambarene 1924-1927, München 1928; Briefe aus dem Lambarene Spital 1930-1954, in: Sammelband »Albert Schweitzer Lambarene – Freundeskreis 1930/51«, hrsg. von R.Kik, Heidenheim 1951, im Selbstverlag. – H.Gross, Albert Schweitzer, Größe und Grenzen – Eine kritische Würdigung des Forschers und Denkers, München / Basel 1974; H.Steffahn, Du aber folge mir nach – Albert Schweitzers Werk und Wirkung, Bern / Stuttgart 1974.
313. F.H.Fischer, Der Missionsarzt Rudolf Fisch und die Anfänge medizinischer Arbeit der Basler Mission an der Goldküste (Ghana), med.Dissertation Aachen, 1988, 586 S.; jetzt auch seitenidentisch als Bd. 27 der Studien zur Medizin-, Kunst- und Literaturgeschichte, A.H.Murken (Hg.), Herzogenrath 1991.
314. London o.J.(1938?), 286 S. Vom gleichen Verfasser erschien 1938 in New York ›Ten Years in the Congo‹, das 1940 eine zweite Auflage erlebte.
315. Stockholm 1935, 241 S.
316. Nashville 1958².
317. New York 1938;1940².
318. Die Missionstätigkeit und das Martyrium des Dr. Paul Carlson, Freiburg 1967. (Titel der amerikanischen Originalausgabe: ›Monganga Paul‹, New York 1966).
319. London 1956.
320. The Story of Dr.Carl K.Becker of the Africa Inland Mission, New York 1967, 228 S.
321. London 1958, 240 S.; hauptsächlich über Lepraarbeit in Yakusu.

of Winnie Davies‹[322] und der stattlichen Anzahl von Veröffentlichungen der Missionsärztin Helen Roseveare.[323] Gute biographische Studien existieren zu Albert Cook, dem Begründer des Mengo-Hospitals in Uganda.[324]
M.Gelfand ist der Verfasser zweier wichtiger Lebensbilder zum missionsärztlichen Dienst im *südlichen Afrika*, nämlich zu Livingstone[325] und zu ›Mother Patric and her Nursing Sisters‹[326], R.H.W.Shepherd schrieb über Neil Macvicar ›A South African Medical Pioneer‹[327]; an größeren autobiographischen Werken seien genannt: A.Barker ›The Man Next To Me – An Adventure in African Medical Practice‹[328], A.M.Merriweather ›Desert Doctor‹[329], E.W.Doell ›Hospital in the Bush‹ und ›Doctor against Witchdoctor‹[330], J.W.Christie ›Medical Missionary to Africa‹[331], E.Fischer-Lindner ›Im Dienst verzehrt‹[332], I.Muske ›Nirgends

322. London 1968, 143 S.; Lebensbeschreibung einer Missionsschwester, die am Nebobongo Medical Center gearbeitet hatte und 1967 bei Ausübung ihres Berufes ermordet wurde.
323. ›Doctor Among Congo Rebels‹, with a Foreword by Norman Grubb, London 1965; ›Doctor returns to Congo‹ London 1967; ›Give me this Mountain – An Autobiography‹, London 1966; ›He gave us a Valley‹, Leicester 1976; ›Living Sacrifice‹, London 1979; weniger missionsärztlich: ›Living Faith‹, London 1980. Über H.Roseveare: A.Burgess, Daylight Must Come – The Story of Dr.Helen Roseveare, London 1975.
324. W.D.Foster ›The Church Missionary Society And Modern Medicine in Uganda – The Life of Sir Albert Cook, K.C.M.G. 1870-1951‹, Privatveröffentlichung 1978, 234 S.; ders.: ›Doctor Albert Cook and the Early Days of the Church Missionary Society's Medical Mission to Uganda‹, in: Medical History – The Official Journal of the British Society for the History of Medicine, Vol. XII, 1968, London, S.325-343; B. o'Brian, That Good Physician – The Life and Work of Albert and Katherine Cook of Uganda, London 1962.
325. Livingstone the Doctor – His Life and Travels – A Study in Medical History; with a foreword by C.Hely-Hutchinson, Oxford 1957.
326. Based on extracts of letters and journals in Rhodesia of the Dominican Sisterhood – 1890-1901, Cape Town 1964.
327. o.O. 1952, 249 S. Der Dargestellte verfasste die bereits oben S. 44 A 130 erwähnte Schrift ›Side-Lights on Superstition‹, die 1939 erschien.
328. New York 1959. Die englische Ausgabe, die im gleichen Jahr in London herauskam, trägt den Titel ›Giving and Receiving – An Adventure in African Medical Practice‹; das Deckblatt zitiert den Untertitel mit ›An Adventure in African Medical Service‹. – Das Buch berichtet von der Arbeit in einem Missionskrankenhaus im Zululand.
329. Medicine and Evangelism in the Kalahari Desert, London 1969.
330. Hospital in the Bush, New York o.J.; Doctor against Witchdoctor, London 1955. Weniger autobiographisch, dafür grundsätzlicher sein jüngstes Buch: A Mission Doctor sees the Wind of Change, London 1960.
331. New York / Washington / Hollywood 1966; Autobiographie eines katholischen Missionsarztes im damaligen Rhodesien.
332. Aus dem Leben eines Urwalddoktors nach Briefen und Tagebuchblättern, Gießen

krähen die Hähne so laut‹[333] und J.C.Kjome ›Back of Beyond – Bush Nurse in South Africa.[334] Nach *Ost-Afrika* gehören nicht nur die gut dreißig, in viele Sprachen übersetzten autobiographischen ›Jungle Doctor‹ Erzählungen von Paul White aus Tansania[335], sondern auch die Bücher von L.Stirling[336], die Biographien zu Adrien Atiman[337] und Ian Hulme-Moir[338] sowie die autobiographischen Aufzeichnungen F.Koebers ›Der Doktor am Viktoriasee – 40 Jahre als Missionsarzt in Ostafrika‹[339] und J.B.Dibbles.[340] Über ›God and the African in Kenya‹, einem Land, aus dem noch zwei weitere größere Lebensbilder vorliegen[341], berichtet der Missionsarzt H.R.H.Philip[342], und über die Geschichte des East African Flying Doctor Service B.Wynne.[343] Thomas A.Lambie erzählt in ›Boot and

1948. – Über Dr.W.Fischer (1862-1895), der als deutscher Arzt mit der United Presbyterian Church of Scotland in West- und Südafrika gearbeitet hatte, vgl. Die Ärztliche Mission, 22.Jg. (1932), S.42f.

333. Erzählungen aus Afrika, Stuttgart 1965.
334. Minneapolis, Min., 1963; über Schwesternarbeit im Zululand (Hlabisa Hospital) nach 1945.
335. Laut Verzeichnis S.255 in: P.White, Alias Jungle Doctor – An Autobiography, London 1977. In Ergänzung dazu der Bildband von P.White: ›Jungle Doctor Panorama‹, London 1960.
336. Bush Doctor, being letters from Dr.Leader Stirling Tanganyika Territory, Westminster 1947; Tanzanian Doctor, London 1977 (deutsch: Missionsarzt in Afrika – Ein Lebensbericht, Berlin 1986); Africa, my surgery, Worthing 1987. – L.Stirling reiste zunächst mit der Universities' Mission to Central Africa aus, konvertierte zur Katholischen Kirche, wurde 1975 Tansanischer Gesundheitsminster (bis 1980).
337. R.P.Fouquer, Le Docteur Adrien Atiman Médecin-Catéchiste au Tanganyika sur les traces de Vincent de Paul, Condé-sur-Escaut 1964.
338. D.Hulme-Moir, The dawn has broken – The Life of Ian Hulme-Moir, Homebush West (Australia) 1982.
339. Stuttgart 1950. – Vgl. dazu auch S.Müller, In Afrika als deutscher Missionsarzt, Bethel 1932.
340. In This Land of Eve, New York / Nashville 1965; The Plains Brood Alone – Tribesmen of the Serengeti, Grand Rapids, Mich. 1973. – Beide Bücher reflektieren die missionsärztliche Arbeit in einem von der lutherischen Kirche getragenen Hospital in Tansania.
341. E.M.Crawford, By the Equator's Snowy Peak – A Record of Medical Missionary Work and Travel in British East Africa, with a preface by the Rt.Rev. the Bishop of Mombasa and a Foreword by Eugene Stock, London 1914^2; J.R.Gregory, Under the Sun – A Memoir of Dr.R.W.Burkitt of Kenya, o.O. o.J., 119 S.
342. London / Edinburgh o.J., 189 S.
343. Angels on Runway Zero 7 – The Story of the East African Flying Doctor Service, London 1968, 256 S. Vgl. auch M.Wood, Go an extra Mile – Adventures and Reflections of a Flying Doctor, with a Foreword by Lawens van der Post, London 1978, 160 S.; ders.: Different Drums – A Doctor's Forty Years in Eastern Africa, New York 1987 (ein großzügig ausgestatteter Bildband).

Saddle in Africa‹ und in ›A Doctor carries on‹ von seinen Erfahrungen im missionsärztlichen Dienst in Äthiopien vor bzw. während des II.Weltkrieges[344], E.Knoche in ›Mais lacht noch auf dem Feuer‹ von dreißigjähriger Arbeit als Missionsärztin ebendort[345] und die Schweizerin M.Haseneder in ›A white nurse in Africa‹ von ihren Erlebnissen in Addis Abeba.[346]

Über missionsärztliche Arbeit in *Süd-Amerika* berichten L.B.Halliwell in ›Light in the Jungle‹[347], R.Riou ›The Island of My Life‹[348] und L.C.E.Joers in ›Mercy rides on Wings‹[349]; an Biographien gibt es die von O.Floyd zur Missionsärztin Katherine Neel-Dale ›Doctora in Mexico‹[350], von James C.Hefley über H.Shoemake ›Intrigue in Santo Domingo‹[351] und von A.Canclini über ›Jorge A.Humble – Médico y misionero patagónico‹[352]; über missionsärztliche Arbeit auf *Hawaii* ist etliches aus der Biographie zu Gerrit P.Judd zu entnehmen[353], über eine solche in *Haiti* der erzählenden Darstellung R.W.Neighbours ›A Voice from Heaven‹[354] und über eine entsprechende in *Papua Neuguinea* dem Bericht von V.Berkeley.[355] C.H.Burke beschrieb das Leben ihres als Missionsarzt der bischöflichen Methodisten in *Alaska*, Fort Yukon, arbeitenden Mannes[356], während der Engländer Wilfred T. Grenfell, der auch selbst zum Gegenstand von Darstellungen und Berichten wurde, ausführlich über sein Wirken unter den Eskimos in *Neufundland* und *Labrador* berichtete.[357]

344. Beide Bücher ohne Jahresangabe; ›Boot and Saddle‹ erschien in New York und London, ›A Doctor‹ in London und Edinburgh.
345. Als Ärztin 1954-1984 in Äthiopien, Erlangen 1985, 428 S.
346. Mountain View 1951; adventistischer Hintergrund.
347. The thirty Years' Mission of Leo and Jessie Halliwell along the Amazon; ed. and with a Foreword by Will Oursler, New York 1959, 269 S. – Bericht über freie missionsärztliche Arbeit von einem Flußboot aus.
348. From petty crime to priestly mission; translated from the French by M.Sokolinsky, New York 1975; autobiographisch über die missionsärztliche Arbeit eines Montfort-Priesters in Haiti und Tortuga seit 1938.
349. Nashville 1960, 156 S.; über baptistische missionsärztliche Arbeit in Ecuador.
350. The Life of Dr.Katherine Neel-Dale, New York 1940, 270 S.
351. The Story of Howard Shoemake, Missionary to Revolution, Waco, Tx./London 1968, 184 S.
352. Buenos Aires 1980.
353. Gerrit P.Judd IV. 'Dr.Judd – Hawaii's Friend – A Biography of Gerrit Pramele Judd (1803-1873), Honolulu 1960, 300 S.
354. Grand Rapids 1958.
355. Doctor in Papua, Edinburgh 1974, 180 S. – Vgl. auch C.Fairhall, Where two tides meet – Letters from Gemo, New Guinea, London 1945.
356. Doctor Hap, as told to Adele Comandini, New York 1961.
357. W.Grenfell, Off the Rocks – Stories of the Deep-Sea Fisherfolk of Labrador, with an Introduction by Henry van Dyke, London 1906, 248 S.; A Labrador Doctor – The Autobiography of Sir Wilfred Grenfell, London 1948, 350 S. – Über Grenfell:

Neben dem in Übersee arbeitenden missionsärztlichen Personal gab es von Anfang an immer auch sogenannte ›Home Medical Missionaries‹[358], von denen einige sich ebenfalls literarisch über ihre Tätigkeit äußerten, wie der Schwede E.Wallquist[359], oder mit einer eigenen Biographie gewürdigt wurden wie z.B. John Flynn in Australien[360], W.Th.Crabbe in Birmingham[361] und John Harvey Kellogg.[362]

e) (Fach-)Zeitschriften und Jahrbücher

Eine wahre Fundgrube von sehr hohem Quellenwert, quasi eine »kleine Enzyklopädie unseres Wissens von der ärztlichen Mission«[363], sind die Zeitschriften und Jahrbücher missionsärztlicher Gesellschaften und Hilfsvereine. Dienten das ›China Medical Journal‹ (ab 1932 ›Chinese Medical Journal‹)[364] und ›The

N.Duncan, Dr.Grenfell's Parish – The Deep-Sea Fishermen, London 1905, 155 S.; A.R.Evans, Wilfred Grenfell, London / Edinburgh 1954; J.L.Kerr, Wilfred Grenfell, His Life and Work, with a Foreword by Lord Grenfell of Kilvey, London 1959; E.Wallroth, George Grenfell – Entdecker, Menschenfreund, Missionar, in: AMZ, 36.Bd., 1909, S.305-314, 349-361; Chr.Kober, Wilfred T.Grenfell (1865-1940), Portrait of a medical missionary and his work in Newfoundland and Labrador, masch. med.Dissertation, Freiburg 1979. – Über die Arbeit in der ›Grenfell Mission‹: B.J.Banfill, Labrador Nurse, Philadelphia 1953, 256 S.; L.Diack, Labrador Nurse – Three Years with the Grenfell Mission in one of the most sparsely populated areas in the World, Foreword by Aleck Bourne, London 1964, 159 S.
358. Vgl. John Lowe, Medical Missions, S.231-261; Medical Missions at Home and Abroad, NS Vol IX, Oct.1901-Sept. 1903, S.244-246.
359. Can the Doctor Come?, London 1936, 221 S.; über missionsärztliche Arbeit in Lappland.
360. W.Scott McPheat, John Flynn – Apostle to the Inland, London 1963, 286 S.
361. A.R.Butler, W.Thomson Crabbe F.R.C.S.E., Medical Missionary, London 1899, 80 S.
362. R.W.Schwarz, John Harvey Kellogg: American Health Reformer, Ph.D.Thesis, University of Michigan, 1964, 504 S.; ders. (populärwissenschaftlich): John Harvey Kellogg M.D. – Father of the Health Food Industry, Nashville 1970.
363. M.Schlunk, Vorlesungsmanuskript: Ärztliche Mission, S.3; dort im Blick auf die vom Verband der deutschen Vereine für ärztliche Mission herausgegebenen Sammelwerke ›Jahrbuch der Ärztlichen Mission 1914‹, Gütersloh 1914, und ›Die Deutsche Evangelische Aerztliche Mission nach dem Stande des Jahres 1928‹, Stuttgart 1928.
364. Vorläufer war das ›China Medical Missionary Journal‹, das von 1887 bis Okt.1909 (Vol.1-21, No.2) in Peiping / Shanghai erschien; von Nov.1909 bis Dec.1931 (Vol.21, Nr.3 – 45, Nr.12) als ›China Medical Journal‹; ab Jan. 1932 (Vol.46, No.1) als ›Chinese Medical Journal‹, das in der Zeit von Okt.1942 bis Oct. 1945 auch in

Journal of the Christian Medical Association of India[365] hauptsächlich dem fachlichen Austausch der Missionsärzte in den jeweiligen Ländern, so war die allgemeine und besondere Information über ›ärztliche Mission‹ zur Weckung des Interesses und der finanziellen Unterstützung das erklärte Anliegen der übrigen Periodika. Seit 1854 wurden in Edinburgh von der dortigen Gesellschaft die ›*Occasional Papers*‹ herausgegeben, die von 1871 an in regelmäßigen Abständen als ›*Quarterly Paper(s)*‹ erschienen.[366] Ab 1865 edierte parallel dazu der Superintendent der Cowgate Mission Dispensary und der Medical Missionary Training Institution der Gesellschaft, Dr. W.B.Thomson, über elf Jahre das ›*Medical Missionary Journal*‹.[367] Einer ihrer ehemaligen Studenten, der nach

    Chengtu in Chinesisch unter dem Titel ›Chung wah i – hsüeh hui Ying Wên bu chil‹ (vgl. E.Brown Titus, Union List of Serials in Libraries of the United States and Canada, 3rd Ed., S.1025) herausgegeben wurde. Die Namensänderung war das Ergebnis der Fusion mit der englischsprachigen Sektion des ›National Medical Journal‹, das ab Vol. XVIII die Bandzählung des China Medical Journal übernommen hatte; vgl. The China Medical Journal, Vol.45, No.10, Oct. 1931, S.1005f. Gleichzeitig publizierte dann der Council on Medical Missions der Chinese Medical Association in den Jahren 1932 – 1940(?) ein ›Occasional Leaflet‹, dem ab 1941 ein regelmäßiges ›Medical Mission Bulletin‹ folgen sollte, dessen Erscheinen aber bereits im Dezember 1941 eingestellt werden mußte und erst im Aug. 1947 unter dem Titel ›China Medical Missionary Association Bulletin‹ in veränderter Form wieder aufgenommen werden konnte (vgl. E.Brown-Titus, wie oben, S.1021).

365. Vorläufer dieser Fachzeitschrift war ›Medical Missions in India‹, von 1895 bis 1926 als Vierteljahrschrift in Ajmore herausgegeben (Vol 1, Apr.1895 – Vol 30, Jan.1925; von Feb.1925 – 1926 zweimonatlich; von Apr. 1923 bis Jan. 1926 als ›The Journal of Medical Missions in India‹); von März 1926 – Dez. 1935 als ›The Journal of the Christian Medical Association of India‹; ab 1936 ›The Journal of the Christian Medical Association of India, Burma and Ceylon‹, nach 1947 ›The Journal of the Christian Medical Association of India, Pakistan, Burma and Ceylon‹; 1954 – 1985 ›The Journal of the Christian Medical Association of India‹; seitdem als vierteljährliche Publikation mit neuer Bandzählung: ›Christian Medical Journal of India‹, Nagpur.

366. Edinburgh Medical Missionary Society – Occasional Papers, 1854-1861 (No.1-26); New Series ab 1871 bis 1966 als ›Quarterly Paper(s)‹ (Titel variiert zwischen Singular und Plural); seit 1967 gibt die Gesellschaft die halbjährlich erscheinende Schrift ›The Healing Hand‹ heraus, in der auch die jeweiligen ›Annual Reports‹, die bis dahin separat erschienen waren, veröffentlicht werden. Leider haben sich auch in der jüngsten Darstellung zur Edinburger Gesellschaft, nämlich in J.Wilkinsons ›The Coogate Doctors‹ (1991) hinsichtlich der Jahresangaben für das erste Erscheinen von ›The Healing Hand‹ mit »in May 1966« Fehler eingeschlichen (ebd. S.66). – Zeitweilig gab es gedruckte, rundbriefähnliche Mitteilungen, die dem Austausch der Studenten der Gesellschaft dienten, wie z.B. ›Our Students' Magazine‹ in den achtziger und neunziger Jahren des 19. Jahrhunderts und ab Dezember 1925 ›The E.M.M.S. Students' Magazine‹.

367. Vol.I – XI,No.12, Edinburgh 1865-1876. – »The object of this Journal is to promote

Amerika ausgewanderte George Dowkontt, setzte sich unter anderem auch mittels ›*The Medical Missionary Record*‹, von ihm ab 1886 auf eigene Kosten in New York ediert, für die Sache der ›ärztlichen Mission‹ in den Vereinigten Staaten ein.[368] Sehr große Verbreitung fand die seit 1879 von der Medical Missionary Association in London herausgegebene Zeitschrift ›*Medical Missions at Home and Abroad*‹.[369] ›*The Medical Missionary Journal*‹, das Organ der American Medical Missionary Society in Chicago[370], war genauso kurzlebig wie ›*The Medical Missionary*‹, ein in Toronto, Kanada, erscheinendes Blatt.[371] Von 1891 bis 1914 gab John Harvey Kellogg in Battle Creek, Michigan, den zunächst ganz der adventistischen Tradition verpflichteten ›*The Medical Missionary*‹ heraus, an dem

  the cause of Medical Missions. It is proposed to issue it about the 19th of each month ... The Journal has *no official* character, and for its contents I shall be personally responsable.« (Prefatory Note, [Vol. 1] No.1, Oct.1865; Hervorhebung im Original). Über die Zeitschrift allgemein: W.B.Thomson, Reminiscences, S.187ff, wo allerdings die Jahreszahl des Erscheinens der ersten Nummer fälschlich mit 1864 angegeben ist.

368. Von der Zeitschrift erschienen neun Jahrgänge (1886-1894) unter dem oben angegebenen Titel, der ab 1895 in ›The Double Cross and Medical Missionary Record‹ geändert wurde, bis sie schließlich im Oktober 1900 (Vol.15, No.7) eingestellt werden mußte. – J.C.Thomson spricht in seinem Artikel ›Rev. Peter Parker ... and Dr. Kwan A-to‹ (The China Medical Missionary Journal, Vo.II, 1888, S.169-172) von »Dr. G.D.Dowkontt, editor of that world-wide medical-mission news-journal, the *N.-Y. Medical Missionary Record*.« (ebd. S.172; Hervorhebung im Original.)

369. 1879 bis Feb. 1924 (Vol. 1-20 Nr.2; dabei Vol. 17 u. 18 als New Series 17 bzw, NS 18; auch mit unterschiedlicher Regelmäßigkeit; oft bilden drei Jahrgänge einen Band, bei durchlaufender Seitennumerierung); 1924 durch ›Conquest by Healing‹ abgelöst und diese wiederum 1962 von der bis heute erscheinenden vierteljährlichen Publikation ›Saving Health‹. – Einige der Gründe für die weite Verbreitung erwähnt I.Kammerer in ›Referat über Missionsärztliche Institute und Samariterschulen‹, S.6: »Endlich gibt er [sc. der missionsärztliche Verein in London] unter dem Titel ›Medical Missions at Home and Abroad‹ eine monatlich erscheinende, illustrierte Zeitschrift heraus, die über den Stand der ärztlichen Mission fortlaufend berichtet, zunächst allerdings der englischen, aber auch der ausländischen. Diesem mit bemerkenswertem Geschick geschriebenen Organ, das unter anderem sämtlichen englischen und schottischen Missionsärzten unentgeltlich zugesandt wird, ist wohl zu einem gutem Teil der Aufschwung der ärztlichen Mission in England zu danken.«

370. Chicago, Vol. 1, No.1 – 2, No.6 (Aug.1887 – Nov.1888); vgl. E.Brown-Titus, S.2581. – Mitherausgeber dieser Publikation war der Enkel von John Scudder, Sohn des in Japan als Missionsarzt arbeitenden Rev. Henry Marty Scudder M.D., Dr.H.M.Scudder. – Diese Veröffentlichung ist nicht zu verwechseln mit der von W.Burns Thomson 1865ff herausgegebenen Zeitschrift s.o.A 367).

371. 1891 – 1892 (Vol.1 u. 2), ging dann auf in ›Canadian College Missionary – Canadian Colleges Mission‹; cf. E.Brown-Titus, S.905. Diese Zeitschrift konnte nicht beschafft und eingesehen werden.

aber von 1908 an bis zu seinem Tode (1909) George Dowkontt mitarbeitete[372]. 1906 kam es im Zusammenhang mit dem Studentenbund für Mission durch H. Feldmann im deutschsprachigen Bereich zur Herausgabe einer ersten missionsärztlichen Zeitschrift, ›Die ärztliche Mission‹, die bald zum offiziellen Organ dieser Bewegung wurde[373], ergänzt durch die wichtigen Veröffentlichungen des Verbandes der (deutschen) Vereine für ärztliche Mission.[374] Anstelle der für 1921 projektierten ›Zeitschrift für Missionsärztliche Fürsorge‹, die nie er-

372. Vol. 1-23; erst als monatliches Organ der adventistischen ›Medical Missionary and Benevolent Association‹, dann aber, nach einer Zeit wöchentlichen Erscheinens, zur Propagierung der Prinzipien des vom Herausgeber vertretenen ›biological living‹, allgemein und interdenominationell, wie die bereits erwähnte Mitarbeit G.Dowkontts deutlich macht; 1899 – 1901 als ›The Medical Missionary and the Gospel of Health‹; Juli 1901 aufgegangen in ›Missionary Magazine‹; ab 1903 wieder als ›The Medical Missionary‹ bis zum Einstellen der Publikation zu Beginn des 1.Weltkrieges 1914 aus finanziellen Gründen. Vgl. R.W.Schwarz, John Harvey Kellogg: American Health Reformer, S.244f; Artikel ›Medical Missionary‹ in: Seventh-Day Adventist Encyclopedia, revised Ed., Washington 1976, S.866. Anläßlich der dritten missionsärztlichen Konferenz in Battle Creek (5.-8. Januar 1911) wurde beschlossen: »That we hereby give expression to our cordial sympathy with the publication of the MEDICAL MISSIONARY, which seeks to supply a recognized need in presenting the special subject of worldwide medical missions, and that we would be in hearty sympathy with a fuller co-operation on the part of medical missionaries at large in contributing to it and aiding further in its effectiveness, and in accordance with the suggestion made of the present management, recommend appointment annually from our number an advisory and contributing editorial board whose regular and scientific contributions would be a recognized feature of the publication.« (The Medical Missionary, Vol. XX, No.2, Feb. 1911, S.36ff; Hervorhebung im Original.) – Häufig wird diese Publikation ohne den Artikel als ›Medical Missionary‹ zitiert.
373. Blätter zur Förderung der deutschen missionsärztlichen Bestrebungen, Gütersloh; ab 2.Jg. auch ›Organ des Deutschen Instituts für ärztliche Mission‹; ab 3.Jg. auch Organ des Berliner Vereins für ärztliche Mission; erschien wegen Kriegsdienst des Herausgebers bis zum 9. Jg. (1914); als 10. Jg. wird dann die Wiederaufnahme der Herausgabe im Okt. 1919 gezählt; im gleichen Jahr übernahm G.Olpp die Schriftleitung dieser Zeitschrift, die nunmehr als Organ des ›Deutschen Instituts für ärztliche Mission und der deutschen Vereine für ärztliche Mission‹ in Stuttgart bis zum 31. Jg. Nr.2 (April 1941) erschien; Olpp brachte auch zwei ›Beihefte‹ zur Zeitschrift ausschließlich monographisch-tropenmedizinischen Inhalts heraus (›Malaria‹, 1912, und ›Schwarzwasserfieber‹, 1913). – Nachfolgeorgan sind die ›Nachrichten aus der ärztlichen Mission‹, die ab Feb. 1950 zunächst als ›Beilage‹ zu den ›Allgemeinen Missionsnachrichten der Deutschen Evangelischen Missionshilfe‹ (später ›Das Wort in der Welt‹), seit 1964 selbständig vertrieben werden.
374. Diese sind: 1) Jahrbuch der Ärztlichen Mission 1914, Gütersloh; 2) Die Deutsche Evangelische Aerztliche Mission nach dem Stande des Jahres 1928, Stuttgart 1928 (wurde von K.Wm.Braun ins Englische übersetzt und erschien 1932 in Burlington,

schien[375], wurden seit 1924 durch den Direktor des missionsärztlichen Instituts die Jahreshefte bzw. -bücher ›*Katholische Missionsärztliche Fürsorge*‹ publiziert[376], denen von 1935 an der Schweizerische katholische Verein für missionsärztliche Fürsorge seine unscheinbaren, aber dank der Mitarbeit namhafter Missionswissenschaftler zeitweilig sehr bedeutsamen Jahresberichte ›*Missionsärztliche Caritas*‹ an die Seite stellte.[377] In Holland gab das katholische missions-

Iowa, unter dem Titel: Modern Medical Missions – A Series of Papers Published by Order of the Federation of Societies for Medical Missions); 3) Ruf und Dienst der ärztlichen Mission – Zum 25jährigen Bestehen des Deutschen Instituts für ärztliche Mission Tübingen, Stuttgart / Tübingen 1935. – Eine Fortsetzung dieser Tradition ist zu finden in: ›Ärzte helfen in aller Welt – Das Buch der ärztlichen Mission‹, hrsg. von S.Müller, Wuppertal-Barmen 1960; ›Ärztlicher Dienst im Umbruch der Zeit‹, hrsg. von M.Scheel, Stuttgart 1967, und ›Ärztlicher Dienst weltweit‹, hrsg. von W.Erk und M.Scheel, Frankfurt 1974.

375. Vgl. Anzeige in: C.Becker, Aerztliche Fürsorge in Missionsländern, Aachen 1921: »Zeitschrift für missionsärztliche Fürsorge, in Verbindung mit Ärzten und Missionaren, hrsg. von Chefarzt Dr.Gatersleben und Sanitätsrat Dr. Winands. – Erscheint zwanglos, aber mindestens zweimal im Jahre, Aachen, Xaveriusverlag. Diese Zeitschrift unterrichtet über die Heilkunde in den Missionen, über Forschungsergebnisse, über Missionskrankenhäuser, über Aussätzigen- und Irrenasyle, sie gibt Belehrungen über tropische Erkrankungen und Heilerfolge, sie berichtet über ausländische Arzneimittel. Für Ärzte und Pflegerinnen, die ins Ausland gehen wollen, bringt sie ein überaus reiches Material. Die Zeitschrift soll im Herbst 1921 zum ersten Mal erscheinen und wird mit Abbildungen versehen sein.«

376. Teils im Selbstverlag des Instituts, teils in Kommission, teils in Aachen, teils in Mönchengladbach und Würzburg erschienen. 1924 als ›Jahresheft‹, 1925-1937 als ›Jahrbuch‹, 1938 u. 1939 als ›Jahresbericht‹, 1940 als ›Jahresgabe‹; 1941 als ›Katholische Missionsärztliche Fürsorge‹; dann bis 1951 nicht mehr erschienen; während dieser Zeit aber edierte der damalige Direktor des Instituts, K.M.Boßlet OP, die beiden Sammelbände ›Missionsärztliche Fragen und Aufgaben‹ (Reihe: Weltmission und Abendland, Bd.1, hg.v. K.Mund), Augsburg 1947, und ›Der Arzt und die Not der Zeit – Missionsärztliche Gedanken zum Laienapostolat‹ (Reihe: Weltmission und Abendland, Bd.2, hg. v.K.Mund) Augsburg 1949. 1951 erschien wieder eine ›Jahresgabe‹, 1964 ›Missionsärztliches Institut Würzburg – Jahrbuch‹, hrsg. von E.Prucker OSA; 1965 ein ›Jahresbericht‹ hrsg. von U.Rapp OSB. Mit dem ebenfalls von U.Rapp herausgegebenen Jubiläumsband ›Heil und Heilung – 50 Jahre Missionsärztliches Institut Würzburg, 1922-1972‹, Münsterschwarzach 1972, kommt die Reihe der ›Jahrbücher‹ zum Erliegen. Seitdem aber gibt es die regelmäßig erscheinenden Mitteilungen und Berichte über die Arbeit des Würzburger Instituts ›Heil und Heilung‹.

377. Im Selbstverlag mit nur sehr begrenzter Verbreitung erschienen. – 1935 und 1938 bis 1965; zur Lücke vgl. Jahresbericht 1938, S.11; ab 1969 nur noch ›Jahresbericht‹; ab 1987/88 heißt der Verein ›Solidar Med‹.

ärztliche Komitee das monatliche ›*Medisch Missie-Maandblad*‹[378] heraus und in den USA seit 1931 der Catholic Medical Mission Board in New York seine bis heute erscheinenden ›*Medical Mission News*‹[379]. Die Zeitschrift ›*The Medical Missionary*‹, seit 1927 von den Medical Mission Sisters (SCMM) herausgegeben[380], informiert hauptsächlich über deren weltweite Aktivitäten, ähnlich wie ›*The Medical Missionary of Mary*‹ über die der Medical Missionaries of Mary aus Drogheda, Irland, seit 1940.[381]

Mit ›*Mercy and Truth*‹ war die (erste) regelmäßige Publikation der Medical Mission Auxiliary der Church Missionary Society betitelt[382], wiederum mit ›*The Medical Missionary*‹ die des baptistischen missionsärztlichen Hilfsvereins in England.[382] Der ehemalige Medical Mission Council der Lutheran Church Missouri Synod begründete 1954 das bis heute vierteljährlich erscheinende Blatt ›*Cross and Caduceus*‹, jetzt allerdings von der Nachfolgeorganisation ›Health and Healing Ministries – The Lutheran Church Missouri Synod‹ verantwortet und redigiert.

Aus der unübersehbaren Zahl der werbenden Informationsblätter zu einzelnen missionsärztlichen Aktivitäten und zu Hospitälern[384] seien stellvertretend für an-

378. Officiëel Orgaan van het (Nederlandsch) Medisch Missie-Comité, zunächst in Breda, dann in Rotterdam, von Juli 1928 bis zum Juni 1953 erschienen; Publikation suspendiert Juli 1940 – Juli 1941.
379. Erscheinungsweise zunächst fünfmal jährlich, dann vierteljährlich.
380. Washington D.C., dann Philadelphia; ab 1947 erschien eine eigene Ausgabe unter dem gleichen Titel in England; ab 1949 eine in Holland und ab 1966 eine solche in Deutschland; vgl. M.L.Major, The Central Archives of the Society of Catholic Medical Missionaries, in: Catholic Archives 1988, No.8, The Journal of The Catholic Archives Societies, Newcastle-upon-Tyne, S.73-81, bes. S.78. Fortgeführt zunächst durch SMM-I (Society of Medical Missionaries – International), dann bis heute unter dem Titel ›Intercontinent‹.
381. Zweimonatlich; zur Gründung dieser Zeitschrift vgl. M.Purcell, To Africa with Love, S.95.
382. A Record of C.M.S. Medical Missions, 1897-1921 (Vol. 1-15); dann: The Mission Hospital, 1922-1939 (Vol.18-35); dann kurz: The Way of Healing (Jan.-Jun. 1940), bevor es mit einging in ›The Church Missionary Gleaner‹; vgl. British Union Catalogue of Periodicals, hrsg. v. Steward/Hammond/Saenger, London 1957, Vol. III, S.186.
383. Organ of the Medical Missionary Auxiliary of the Baptist Missionary and Baptist Zenana Mission, London; erschien von 1908 bis 1911 (Vol. 1-4); diese Publikation hatte immerhin 15 ooo Abonnenten; R.F.Moorshead, »Heal the Sick«, S. 70f.
384. Weitere sind zu finden in: P.A.Byrnes, Periodicals in the Missionary Research Library, A Subject List, New York 1972, S.14f; Die Deutsche Evangelische Aerztliche Mission nach dem Stande des Jahres 1928, S.240; Ruf und Dienst der ärztlichen Mission, S. 272. Etliche von den in diesen Bibliographien erwähnten Zeitschriften sind heute nicht mehr zu erreichen; das gilt auch für einige der bei Th.Ohm, Die ärztliche Fürsorge, S.XVf aufgeführten Titel.

dere genannt: Albert Schweitzers ›Mitteilungen aus Lambarene‹[385], ›Nachrichten aus der ärztlichen Mission in Tsingtau und Tsiningrhow‹[386], ›L'Aide Médicale aux Missions‹[387] und ›Nouvelles de nos Missions Médicales‹ der Mission Suisse Dans L'Afrique du Sud.[388]
Damit sind die wichtigsten Quellen genannt und systematisch zugeordnet worden. Zugleich dürfte das fast völlige Fehlen einer durchgehenden Problemdiskussion deutlich geworden sein, zu der es zwar Ansätze gibt – wie z.B. die Studien von A.Nebe, G.Olpp, H.G.Anderson, T.Ranger im historischen Bereich, die von E.V.Gulick, F.H.Fischer, M.Gelfand, Chr.Kober, D.C.Lord unter biographischem Blickwinkel und die prinzipiell grundsätzlichen Abhandlungen von Th.Christlieb, F.R.Moorshead, H.T.Hodgkin, Th.Ohm, R.Allen, P.Charles, Cl.Chestermann, P.Garlick, E.Dodd, R.Cochrane und H.Balme. Sie alle aber sind bislang nicht entsprechend ausgewertet und fruchtbar gemacht worden; auch nach beinahe sechzig Jahren noch eine beeindruckende Bestätigung der einleitend zitierten Beobachtung Theodor Ohms.[389] Der Grund dafür liegt wohl in der Vielfältigkeit der Probleme, dem interdisziplinären und interkonfessionellen In-, ja Durcheinander, sowie in der weiten Streuung des bisher kaum beachteten Materials unterschiedlichster Qualität, nicht zuletzt aber auch in der unpräzisen, schillernden Terminologie.

385. Bern/Straßburg 1924-1927; Briefe aus dem Lambarene Spital (Pfingsten 1931 – bis März 1938).
386. Eine missionsärztliche Arbeit der Ostasienmission; ab März 1927 (Nr.1), unregelmäßig; letzte Ausgabe Feb. 1972; vgl. Prot. Landeskirchenarchiv der Pfalz, Speyer, Bestand 180: Deutsche Ostasien-Mission, Findbuch, S.127.
387. Organe Trimestriel d'Information et de Documentation publié par le Comité de l'OEuvre, Bruxelles, seit 1929, Jan.; Nachfolgeorganisation: Assistance Medicale à L'Afrique Centrale, Bruxelles.
388. Lausanne, zweimal jährlich mit fortlaufender Numerierung; seit 1936 (?) bis 1954 (?).
389. Dennoch schrieb ein engagierter Missionsarzt, R.B.Dietrick, in offensichtlicher Unkenntnis über den tatsächlichen Sachverhalt vor nicht allzu langer Zeit: »Christian Medical Missions has not received much attention in writings about Christian Missions generally. ... The literature in the field is small.« (Modern Medicine and the Missions Mandate, Woodville, Texas, o.J. (1988?)

II. Zur terminologischen Problematik

Erschien es anfangs nicht unbedingt notwendig, die Begriffe ›medical mission(s)‹ bzw. ›ärztliche Mission‹ zu definieren, so läßt doch G.Olpps lapidare Feststellung: »Der Name ›Ärztliche Mission‹ hat zu Mißdeutungen Anlaß gegeben«[1], das Vorhandensein einer dem darzustellenden Phänomen inhärenten, erst allmählich bewußt werdenden terminologischen Problematik erkennen, welcher, knapp fünfundzwanzig Jahre später, sogar »größte Bedeutung für die Einführung in die ä.M. und in die missionsärztliche Praxis« zugemessen wurde.[2] Auch der Terminus ›Missionsarzt‹ wurde von verschiedener Seite kritisch hinterfragt: »Im Namen Missionsarzt werden zwei Größen zueinander in Beziehung gesetzt. ... Was ist das für eine Beziehung, die da gesetzt wird? Was ist das eigentlich: Missionsarzt?«[3]; bzw.: »Who are these hyphenated hybrids – medical–missionaries? Why cannot they be content to be either medicals or missionaries? Why mix up the practitioner and the parson, the cure of the body and the cure of souls?«[4]

Zur Gewinnung einer sachgemäßen Antwort ist die Erhebung der Begriffsgeschichte aufschlußreich, da sich die Fachterminologie parallel zur geschichtlichen Entwicklung der ›ärztlichen Mission‹ herausbildete.

A. Begriffsgeschichtliches

Obwohl sich schon unter den jesuitischen und franziskanischen Missionaren einige Ärzte und Apotheker befanden (s.u. S.96f.), wurden diese nicht mit einem besonderen, sondern lediglich mit dem allgemeinen Terminus ›Missionär‹ bzw.

---

1. Die Ärztliche Mission und ihr größtes Arbeitsfeld, S.3.; Hervorhebungen im Original. – Vgl. G.Warneck, Evangelische Missionslehre, ein missionstheoretischer Versuch, 2.Abteilung: Die Organe der Sendung, Gotha 1897², S.239ff.
2. Th.Ohm, Die ärztliche Fürsorge der katholischen Missionen, S.57. Abkürzung im Original. Th.Ohm spielt bei seiner Bemerkung auf die zwischenzeitlich entstandene katholische missionsärztliche Fürsorge an.
3. W.Holsten, Der Dienst des Arztes in der Mission, in: EvTh NF 2, 1947/48, S.367.
4. Cl.Chesterman, In the Service of Suffering, S.7. Obwohl der nähere Zusammenhang zeigt, daß es sich hierbei um rhetorische Fragen handelt, dürfte sich in diesen doch auch aktuell vorgebrachte Kritik spiegeln. Ders.: The Medical Missionary, in: Transactions of the Royal Society of Tropical Medicine and Hygiene, London, Vol.73, S.360f.

›missionarius‹ bezeichnet, die als solche eben auch als ›medicus‹, ›chirurgicus‹ oder ›apothecarius‹ tätig waren.[5] Von einem ›Missions–Medicus‹ ist erstmals in der Korrespondenz der in Südost–Indien, in Tranquebar, arbeitenden Missionare der Dänisch–Halleschen Mission mit ihrer Heimatleitung 1733 die Rede.[6] Wie der erhaltene, auf drei Jahre lautende Vertrag des ersten dieser ›Missions–Medici‹ erkennen läßt, bestanden dessen Aufgaben wesentlich in der medizinischen Betreuung der Missionare und,

»so viel nur die Umstände zulaßen und in seinem Vermögen stehet, auch anderen und denen Heyden daselbst sich nicht entziehen, sondern auch denselben ohne Unterschied mit Rath und That, auch sonder Belohnung an Hand gehen«.[7]

Daß trotz dieser Ermunterung der Hallesche ›Missions–Medicus‹ ausschließlich als Arzt für die Mission, nicht aber als Missionar angesehen wurde, machen der Zeitvertrag und der Anstellungsmodus – Halle hatte die Aufwendungen für den Arzt (Seereise, Gehalt, Medikamente) selbst zu bestreiten, während bei den übrigen Missionaren die Kosten vom dänischen König getragen wurden[8] – ge-

5. F.F.X.Lebzelter, Katholische Missionäre als Naturforscher und Ärzte, Wien 1902, passim; A.Huonder, Deutsche Jesuitenmissionäre des 17. und 18. Jahrhunderts, Freiburg 1899, passim. Auch in der ›Historia Studii Linguae Arabicae et Collegii Missionum Ordinis Fratrum Minorum‹ von A.Kleinhans, Florenz 1930, taucht kein terminus technicus für die studierten Mediziner im Missionsdienst auf. Es wird von der »scientia medicinae« gesprochen, die sich einige angeeignet hatten (S.22f), bzw. von dem »studium scientiae chirurgicae et medicae« (S.232) und von der »ars chirurgicae«, die sie ausübten (S.234).
6. »Bericht wegen des Missions–Medici, an Herrn Profess. Francken« vom 27.12.1733 (Stück 1 B 11 No.18 im Archiv der Franckeschen Stiftungen, Halle, zitiert bei A.Lehmann, Hallesche Mediziner und Medizinen, S.128ff). – In einer der Nachrichten über den Tod des vierten von Halle ausgesandten Arztes, Dr.David Martini, am 31.12.1791 heißt es: »Er starb wirklich im Dienste der Mission als Missionsmedicus; ...«.; s. A.Nebe, Die Missionsärzte im Dienst der Dänisch–Halleschen Mission, in: Die Ärztliche Mission, 1932, S.98ff, Zitat S.100.
7. Vertrag zwischen K.G.Schlegelmilch und der Mission vom 28.12.1729 (Aktenstück 1 K 2 in Abteilung I des Archivs zu Halle; zitiert bei A.Lehmann, Hallesche Mediziner, S.127; vollständiger bei G.Olpp, 200 Jahre deutscher ärztlicher Mission, in: Ruf und Dienst der ärztlichen Mission, S.57); vgl. auch A.Nebe, Wer hat den ersten Missionsarzt ausgesandt?, in: Die Ärztliche Mission, 1933, S.101f. – In diesem Vertrag, der nicht im Original hatte eingesehen werden können, wird, den genannten Quellen zufolge, nicht vom ›Missions–Medicus‹, sondern lediglich von ›medicus‹ gesprochen.
8. »... wenigstens im ersten Jahr, oder auch länger«, so der Wortlaut nach G.Olpp, 200 Jahre deutscher ärztlicher Mission, S.56; vgl. A.Lehmann, Hallesche Mediziner und Medizinen am Anfang deutsch–indischer Beziehungen, S.127. Zur Finanzie-

nauso unzweifelhaft deutlich, wie das Fehlen der Namen der insgesamt fünf Missionsmediziner der Tranquebar Mission in der Liste der Missionare.[9] Das gleiche Verständnis herrschte auch bei den Herrnhutern vor, deren ›Gemeinärzte‹ als solche ab 1735 auch in der Mission tätig wurden, weshalb hier das Nichtvorhandensein einer weiteren besonderen Berufsbezeichnung nicht zu verwundern braucht.[10]

Der erste Beleg für den Ausdruck ›medical missionary‹ findet sich in einem Brief von Samuel Marsden[11] aus Neuseeland vom Juli 1819 an den Sekretär der Church Missionary Society in London. Um den Schiffs–Chirurgen Reid[12], mit dem man während der Reise gute Erfahrungen gemacht hatte, für den Dienst in der Mission zu gewinnen, schrieb der verantwortliche Missionar:

»You are well acquainted with the peculiar nature of New Zealand superstition, and must be convinced of the necessity of our striking at once at the root of it. You must also be aware that much depends under God on the skill as well as the disposition which your first

rung der Mission überhaupt: A.Nørgaard, Mission und Obrigkeit, passim, bes. S.54ff.

9. A.Nørgaard, Mission und Obrigkeit, S.307. – Der Arzt am Waisenhaus wurde als ›Medicus Orphanotrophei‹ bezeichnet bzw. als ›Waysen–Medici‹; vgl. J.Junker, ›Entwurf zu einer Instruction eines Medici ordinarii‹, 1753 (Archiv der Franckeschen Stiftungen, Verw.Abt. XIX/II/1: Acta die beym Waisenhause eingerichtete Krancken Pflege, Generalia Vol.I 1718, Bl.78–83, zitiert bei W.Piechocki, Gesundheitsfürsorge und Krankenpflege in den Franckeschen Stiftungen in Halle/Saale, in: Acta Historica Leopoldina, Nr. 2, Leipzig 1965, S.52–56). – Auch in K.Caroe, Den Danske Lægestand doctor og Licentiater 1479 – 1788, (I), Kobenhavn og Kristiana 1909, taucht der Begriff ›Missionsmedicus‹ als Fachausdruck für die mit der Mission in Tranquebar arbeitenden Ärzte in deren jeweiligen Kurzbiographien auf.

10. »›Gemeinärzte‹ waren ja nun die ›Missionsärzte‹ auch.« Th.Bechler, 200 Jahre ärztlicher Missionsarbeit der Herrnhuter Brüdergemeine, S.26 (Hervorhebung im Original). Da die Brüdergemeine viele ihrer Missionare auch über Kopenhagen sandte, und da man mit Halle in Verbindung stand (vgl. Th.Bechler, ebd. S.59f; A.Nørgaard, Mission und Obrigkeit, S.178ff), zeigt das völlige Fehlen der Rede vom ›Missions–Medicus‹, wie sehr diese Berufsbezeichnung (wenn man denn überhaupt davon sprechen kann) nur auf den Bereich der Dänisch–Halleschen Mission beschränkt gewesen ist und wie wenig eine allgemeine Idee damit verbunden war.

11. Zur Rolle Marsdens, des Initiators der ersten CMS Neuseeland–Mission unter den Maori: S.Stock, The History of the Church Missionary Society, Vol.I, London 1899, S.204ff.

12. Hierbei handelt es sich wahrscheinlich um John Reid (1794–1840), der in New South Wales, Australien, dort wo auch S.Marsden seine Station hatte, seine letzen Lebensjahre zubrachte; vgl. Peterkin/Johnston, Commissioned Officers in the Medical Services of the British Army, 1660–1960, Vol.I, London 1968, S.247 (Nr. 3699).

›medical missionary‹ [sic!] must possess in order to attract the notice and secure the confidence of the New Zealanders. I am persuaded that a College of Physicians would completely destroy the most impregnable ›Hedge of the Taboo‹.«[13]
Die Anführungszeichen geben nicht nur zu erkennen, wie neu und ungewohnt eine derartige Formulierung anmutete. Sie sind ein überraschendes Zeugnis für die in diesem Fall bewußt gewollte Doppeldeutigkeit; denn wie durch den unmittelbaren Kontext belegt, verband sich damit die Überzeugung, daß die rational–säkulare Medizin, besonders die Chirurgie, im Gegenüber zu abergläubischen Praktiken eine echte Mission habe. War solches Verständnis von ›ärztlicher Mission‹ zu jener Zeit ein bemerkenswerter Einzelfall[14] – der American Board of Commissioners for Foreign Missions sprach gleichzeitig und auch in der Folgezeit konsequent nur von ›missionary and physician‹ bzw. von ›missionary physician‹[15] –, so schwingt es doch auch im ›Proposal of the London Missionary

13. Zitiert bei H.G.Anderson, Typoskript, S.13. – Während Anderson das Datum des Briefes mit dem 26.Juli angibt, verzeichnet das im Archiv der CMS befindliche ›Committee of Corr. 10 July 1820‹ (G/C1 S. 569) den 24. Juli 1819.– Der Beschluß des Komitees entspricht diesem Anliegen nicht; auch wird der Begriff ›medical missionary‹ nicht aufgenommen, sondern stattdessen von ›medical man‹ gesprochen.
14. »What unheard of new ideas are those suddenly appearing right of the blue when medical missions had hardly been conceived!?« H.G.Anderson, Typoskript, S.13f. Im Blick auf Marsdens Missionstheorie allerdings war das gar nicht so verwunderlich, vertrat er doch die Ansicht, daß es die praktischen Wissenschaften der christlichen Welt sein müssen, die dem Evangelium den Weg zu den Maoris bahnen sollten: »Nothing in my opinion can pave the way for the introduction of the Gospel but civilization, – and that can only be accomplished among the Heathen by the arts. ... The arts and religion should go together. The attention of the Heathen can be gained and their vagrant habits corrected, only by the arts. Till their attention is gained, and moral and industrious habits are induced, little or no progress can be made in teaching them the Gospel. ... To preach the Gospel without the aid of the arts will never succeed among the Heathen for any time.« (als undatierter Briefauszug zitiert in: S.Stock, The History of the Church Missionary Society, Vol.I, London 1899, S.206).
15. Der durch ein Bekehrungserlebnis ganz dem ›Second Awakening‹ verbundene New Yorker Arzt Dr.John Scudder reiste 1819 als erster ›missionary and physician‹ des A.B.C.F.M. nach Indien / Ceylon aus (vgl. N.Young, Medical Missionary Pioneers 2. Dr.John Scudder, 1793–1855, in: Journal of the Christian Medical Association of India, Vol.XIII, No.2, March 1938, S.81–87) und kam auch selbst nicht auf den Gedanken, sich ›medical missionary‹ zu nennen. In seinen Aufrufen und Briefen verwendet er, wie auch seine Missionars–Kollegen auf Hawaii, stets nur Bergriffe wie ›medical men‹, ›physician‹ oder ›pious physician‹ (vgl. ›Appeal of Dr.Scudder to pious physicians in the United States‹ in: The Missionary Herald, Vol. XXIX, 1833, S.269–271; Letters from the East, Boston 1833; ›The Duty of the Present

Association [!] to introduce Christianity into China, by the Agency of English Surgeons‹ mit, der 1837 im ›Lancet‹ erschien, ohne allerdings einen eigenen Begriff dafür zu verwenden.[16] Nach seinem erneuten kurzen Auftauchen im Jahre 1836[17] wird der Begriff ›medical missionary‹ erst durch die in Canton vollzogene

> Generation to Evangelize the World: An Appeal from the Missionaries at the Sandwich Islands to their friends in the United States‹, Buffalo 1842). – In dem ›Manual for Missionary Candidates of the American Board of Commissioners for Foreign Missions‹ (Boston 1845) heißt es (S.3): »I) The various Descriptions of Missionary Laborers – 1) Ordained ministers of the Gospel. These are called <u>missionaries</u>. All others, whether licensed preachers, physicians, teachers, printers, etc. are <u>assistant missionaries</u>, but, in the Reports of the Board, are generally designated by their specific occupations.« (Unterstreichungen im Original). Über die Ärzte heißt es ebd. S.7: »*A missionary physician* should have what would in this country be esteemed a competent medical education; and he should be prepared to make his professional knowledge and skill all *directly subservient to the furtherance of the Gospel*. It is important that he should be well acquainted with the natural sciences, and specially that he should be well read on the great leading topics of christian theology.« (Hervorhebungen im Original. In der Ausgabe von 1840 dieses ›Manual‹ erscheinen die kursiv gesetzten Worte allerdings noch im normalen Schriftbild.) Erst 1897 avancierten die Ärzte in der Sprachregelung des A.B.C.F.M. von ›assistant‹ zum ›missionary‹; vgl.R.P.Beaver, American Protestant Women in World Mission, Grand Rapids 1980, S.131. – Während im »Survey of the Work of the Board, delivered at the Annual Meeting at Manchester, N.H., October 14, 1903‹, Boston o.J., unbekümmert von »medical missions« die Rede ist (ebd. S. 13), listet die ›Statistical View of the Officers, Missions, and Missionaries of the American Board of Commissioners for Foreign Missions‹ von 1939 wieder ausschließlich »missionary physicians« (passim).

16. The Lancet for 1836 – 37, in two Volumes; Vol.II, Th.Wakley (Ed.), London, S.520f, bes. S.521. Bereits im Mai wurde dieser Aufruf angekündigt, dort allerdings richtig als Aufruf der ›London Missionary Society‹; ebd. S.490. »But, rational as the scheme of influencing such a people [sc. the Chinese] by means of medical science may be, what prospect have those who put forth this project that the policy of the Chinese will be relaxed in favour of medical men ...? We reply, that ›the first departure from the letter of their exclusive laws, will be more likely to take place in favour of the dispensers of health than of any others, simply because the Chinese can have ocular and immediate demonstration of the advantages offered by the former‹, benefits which they urgently and constantly cry out for.« (ebd.S.520).

17. Nämlich in den ›Suggestions‹ zur Gründung einer ›Medical Missionary Society in China‹ von Okt. 1836 (vgl. ›Appendix‹ in: The Medical Missionary Society in China, Address, with Minutes of Proceedings, Canton 1838, S.24ff). Dort lautet zwar der 1.§ »That those, who shall come out as medical missionaries to China may find here [sc. in the Medical Missionary Society] those to whom they can apply for assistance and information, on their first arrival in the country«, jedoch ist in den weiteren Abschnitten nur von »medical men« bzw. »medical person(s)« die Rede. –

Gründung der ›Medical Missionary Society in China‹ am 21.Februar 1838 zur programmatischen Leitidee erhoben:

»The object of this Society is ... to encourage the practice of Medicine among the Chinese, to extend to them some of those benefits, which science, patient investigation, and the ever–kindling light of discovery, have conferred upon ourselves. ... ›Heal the Sick‹ is our motto, – constituting alike the injunction under which we act, and the object at which we aim, and which, with the blessing of God, we hope to accomplish, by means of scientific practice, in the exercise of an unbought and untiring kindness. We have called ours a Missionary Society, because we trust it will advance the cause of missions, and because we want men to fill our institutions, who to requisite skill and experience add the self–denial and the high moral qualities which are usually looked for in a missionary.«[18]

Der institutionelle Rahmen einer Gesellschaft und das intensive Bemühen ihrer Mitglieder, vor allem Peter Parkers, um finanzielle und idelle Unterstützung in Amerika und England[19], aber auch die gelegentlichen Nachrichten in medizinischen Fachblättern über die in den Hospitälern zu Canton und Macao geleistete Arbeit[20], bewirkten die rasche Verbreitung des missionsärztlichen Gedankens, was bereits 1841 in Edinburgh zur Gründung einer Hilfsgesellschaft führte (s.u. S. 180ff). Anhand der Protokolle, Jahresberichte und Druckschriften dieser Gesellschaft läßt sich auch die Entwicklungsgeschichte der Begriffe ›medical missions‹ und ›medical mission‹ nachzeichnen. Im Gründungsprotokoll sowie in der ›Constitution‹ von 1841 fehlen sie ganz[21]; erst im Protokoll vom 31.3.1842 taucht im Rahmen eines Beschlusses die Formulierung auf:

K.Gützlaff spricht in seinem mit ›Philosinensis‹ gezeichneten Beitrag ›Christian Missions in China: remarks on the means and measures for extending and establishing Christianity; namely, the preaching of the Gospel, schools, publication of books, charities, &c‹ im ›Chinese Repository‹, Canton 1834/35, S.559ff nur von »physicians« (ebd. S.568). Auch die im Dez. 1835 im ›Chinese Repository‹ (Vol. IV S.386ff) veröffentlichten ›Suggestions with regard to employing medical practitioners as missionaries to China, by T.R.Colledge, Esq.‹ meiden die Begriffe ›medical missions‹ oder ›medical missionaries‹. (Dazu s.u.S.140f).

18. The Medical Missionary Society in China, Address, with Minutes of Proceedings, Canton 1838, S.11 u. 13; Hervorhebung im Original.
19. Da Colledge auch hier (wie schon zuvor in seinem Aufruf von 1835, s.o. Anm. 17) durchgängig den Gebrauch des Begriffes ›medical missionary‹ verweigert, ist offensichtlich, daß es Parker war, der den Begriff einführte und gewahrt wissen wollte.
20. Zu nennen ist hier vor allem ›The Lancet‹ (z.B. 1836/37, Vol.II, S.608; 1837/38, Vol.I, S.481f; 1839/40, Vol.II, S.814f u. 877f). Vgl. auch ›Medical Missions‹, in: The British and Foreign Medico–Chirurgical Review, London 1875, Vol.XVI, July–Oct., S.307–326.
21. Vgl. Records of the Edinburgh Association of sending Medical Aid to Foreign Countries, now The Edinburgh Medical Missionary Society (DM 1, im Archiv der Edinburgh Medical Missionary Society, Edinburgh), wo es im §1 der ›Constitution‹

»It was agreed to prepare an address to the Medical Students of Scotland on Medical Missions«.[22]

Im folgenden Jahresbericht, der ausführlich verschiedene missionsärztliche Tätigkeiten referiert, sucht man nach dem Ausdruck ›medical missions‹ vergebens; in den ›Lectures on Medical Missions‹ von 1849 erscheint er wieder, und 1852 heißt es immer noch:

»We feel satisfied that the subject of Medical Missions is gradually becoming more familiar to the public mind, that there is a growing interest in its favour, and that, at no distant period, its importance will be universally seen and acknowledged.«[23]

Von daher erschließt sich der Sinn der pluralischen Bezeichnung als ›missionsärztliche Tätigkeit(en)‹ bzw. »medical missionary effort«.[24] Der ab Ende der fünfziger Jahre in Gebrauch kommende Singular diente dann zunächst zur Kennzeichnung der einzelnen Örtlichkeit, an der missionsärztlich gearbeitet wurde, also der ›missionsärztliche(n) Station‹, die entweder aus einem Hospital, einer einfachen Krankenstation, einer Armen–Apotheke oder aus einer Kombination von diesen (Dispensary) bestand,[25] bevor er in einem noch späteren

    (S.3) heißt: » The object ... shall be, to circulate information on the subject, to aid other institutions engaged in the same work, and to render assistance at Missionary stations to as many professional agents as the funds placed at its disposal shall admit of.« In einer späteren gedruckten Fassung, die wohl von 1843 stammt und im Protokollbuch eingeklebt ist, lautet die hier interessierende Stelle des Paragraphen: »to circulate information on the subject of Medical Missions«. – Ein ebenfalls im Protokollbuch eingeklebter Zeitungsausschnitt berichtet allerdings schon am 1.12.1841 über die Gründung der Gesellschaft unter der Überschrift ›Medical Missions‹. – In Parkers ›Statements respecting Hospitals in China‹ fehlt das Begriffspaar.
22. Ebd. S.7. Der Aufruf wurde Ende des Jahres dann als ›Address to Students of Medicine‹ in einer Auflage von 2000 Stück gedruckt (vgl. Protokoll vom 21.12.1842 im Protokollbuch DM 1 im Archiv der Edinburgh Medical Missionary Society, Edinburgh). In dem 12-seitigen Appell, der als gedrucktes Dokument den Titel trägt: ›Address to Students of Medicine at the Scottish Universities by the Edinburgh Association for sending Medical Aid to Foreign Countries‹, Edinburgh 1842, findet sich nur einmal der Begriff ›medical missions‹ (vgl. ebd. S.9).
23. Zitiert bei J.Lowe, Medical Missions – Their Place and Power, London 1886, S.204f.
24. J.Lowe, Medical Missions – Their Place and Power, London 1886, S.205, ohne dort allerdings das terminologische Problem aufzugreifen.
25. Diese Redeweise scheint im Zusammenhang mit der ersten ›Home Medical Mission‹ in Edinburgh aufgekommen zu sein, s. J.Lowe (wie oben), S.207ff; vgl. Year Book of the International Medical Missionary and Benevolent Association, Battle Creek 1896, passim. – Hier sei auf die definitorischen Empfehlungen der Medical Mission Conference von 1888 (s.u.S.90) hingewiesen.

Stadium Synonym für ›das missionsmedizinische bzw. -ärztliche Konzept‹ wurde.[26]

Die kontinuierliche Werbearbeit der Edinburgh Medical Missionary Society in Schrift und Rede und die Thematisierung entsprechender Fragen auf den großen Missionskonferenzen[27] taten das Ihrige, um die Begriffe ›medical missionary‹ und ›medical mission(s)‹ im angelsächsischen Sprachraum zu popularisieren.[28] Weil im deutschsprachigen Bereich eine entsprechende Propaganda lange Zeit fehlte, wurde trotz der nicht zuletzt auch zu diesem Zweck 1898 erfolgten

26. So taucht es zum ersten Mal 1898 in dem Buchtitel: ›The Medical Mission – Its Place, Power and Appeal‹ von W.J.Wanless auf. – »Mission (singular) ... refers to the total task of the church in witness. Missions (plural) connotes the agencies and operations by which mission is implemented« R.P.Beaver, Foreword in: American Missions in Bicentennial Perspective, South Pasadena 1977.

27. So z.B. schon auf der ›Conference on Missions‹ in Liverpool 1860, auf der W.Lockhart und D.J.Macgowan ausführlich über ihre Tätigkeiten sprachen (vgl. Conference on Missions held in 1860 at Liverpool: Including the Papers read, the Deliberations, and the Conclusions reached; ed. by the Secretaries to the Conference, London 1860, S.100ff u.275ff), auf der allgemeinen Missionskonferenz in Allahabad, Indien, im Dez. 1872 (vgl. den Bericht von J.Hesse in EMM, NF, 18.Jg. S.70–93, 150–173, 177–195 und 271–289, bes. S.286ff), auf der General Conference of the Protestant Missionaries of China, Shanghai 1877 (vgl. Records of the General Conference of the Protestant Missionaries of China, Shanghai 1877, S.114–132), auf der General Conference on Foreign Missions, London 1878, (vgl. ›Proceedings‹, London 1879 S.76ff), auf der Konferenz javanischer Missionare 1883 (vgl. v.Wyk, Die zweite Konferenz javanischer Missionare‹ in: AMZ, 10.Bd., 1883, S.128–135, bes. S.133), der ›Centenary Conference on the Protestant Missions of the World‹ in London, 1888 (vgl. ›Report‹, Vol.I, S.379ff; Vol. II, S.101ff), und der Ecumenical Missionary Conference New York, 1900, New York / London, Vol.II, o.J., S.188ff.

28. »Happily, arguments are not now needed to enforce the claim of this agency [sc. medical missions]. In our home and foreign Missionary organisations, the principle of Medical Missions is recognised as of fundamental importance.« (J.Lowe zu Beginn seines Vortrags auf der ›General Conference on Foreign Missions‹, London 1878, vgl. Proceedings, London 1879, S.76). Ähnlich J.L.Maxwell zehn Jahre später: »Happily the time is past when a Paper on Medical Missions requires to be introduced by a statement of the principles on which such Missions rest. Neither is it necessary to plead for their adoption, the Churches without exception having recognised their necessity.« (Einleitung seines Vortrags ›The relative value for Mission purposes of Hospital, Dispensary, and Itinerant Medical Mission work‹ auf der Centenary Conference on the Protestant Missions of the World, London 1888; vgl. ›Report‹, Vol.II, S.120.) – In dem wohl ersten Lexikon–Artikel über ›Medical Missions‹, der 1904 erschien, konnte gesagt werden: »The power of medical missions is now universally recognized.« (The Encyclopedia of Missions, Dwight/Tupper/Bliss (Ed.), New York/London 1904², S.445–447, Zitat S.445).

Gründung des ›Deutschen Vereins für ärztliche Mission‹ (später: ›Verein für ärztliche Mission in Stuttgart‹)[29], auf dem Kolonialkongreß in Berlin 1902 von kompetenter Seite konstatiert:
»Die ärztliche Mission ist in weiten Kreisen Deutschlands noch ein unbekannter Begriff.«[30]
Dabei war schon, wenn auch sehr begrenzt, in Verbindung mit dem ›medicinischen Missions–Institut zu Tübingen‹ seit den Jahren 1841/42 der Terminus ›Missions–Arzt‹ existent, und zwar mit deutlich missionsstrategischem Akzent: mittels ärztlicher Kunst sollten die Missionare »in einzelnen heidnischen Ländern leichter Eingang und in ihrer Wirksamkeit als Boten des Evangeliums bedeutende Erleichterung« finden.[31] In diesem Sinne erscheint auch bereits 1857, wenn auch nur vorübergehend, der Begriff ›ärztliche Mission‹ als Übersetzung des englischen ›medical missions‹.[32] Auf breiterer Basis allerdings begannen sich deut-

29. Zur Entstehungsgeschichte s.u. S. 206ff und ›Ein deutscher Verein für ärztliche Mission‹ in: AMZ, 26.Bd., 1899 S.220–222. Zur Datierung der Gründung vgl. I.Kammerer, Dr.Paul von Lechler, ein Bahnbrecher der deutschen ärztlichen Mission, in: Die Deutsche Evangelische Aerztliche Mission, S.7–12, bes. S.8. – Dieser Verein hatte das ausdrückliche Mandat, »die Bekanntschaft mit der ärztlichen Mission in weite Kreise zu tragen«. (vgl. § 1 der ›Satzungen des Vereins für ärztliche Mission‹ wie abgedruckt in: Verein für ärztliche Mission; Bericht über das 1. Geschäftsjahr 1899, S.23.) Im gleichen Bericht ist auch zu lesen (S.1.): »Durch die Herausgabe von drei Flugblättern, welche in Auflagen von je 15–20 000 Exemplaren erschienen sind, war die Geschäftsleitung bemüht, Mitglieder und Freunde für unseren Verein zu werben.«
30. So der Präsident des Allgemeinen evang.–protestantischen Missionsvereins, Aug.Kind, in seinem Vortrag: ›Ausdehnung und erziehliche Bedeutung der ärztlichen Mission‹, in: Verhandlungen des Deutschen Kolonialkongresses 1902 zu Berlin am 10. und 11. Oktober 1902, Berlin 1903, S.459ff; Zitat S. 459; (auch abgedruckt in ZMR Bd.XVIII, Jg.1903, S.12–17).
31. Vgl. Brief von G.F.Müller, Tübingen, an Inspektor Hoffmann, Basel vom 25.1.1841: »... wie nothwendig u(nd) zweckmäßig es wäre, **e(in) eigenes medicinisches Missions–Institut zu haben,** worinnen (christ)lich gesinnte Jünglinge zu Missions–Ärzten herangebildet würden« (Archiv der Basler Mission, Basel, Q–3–4,21, Gemischte Briefe 1836–40, J–O; Hervorhebung im Original; Einklammerungen stehen für im Brief verwendete Kürzel; s.u.S. 177ff). Vgl. auch EMM, NF 45.Jg, Okt. 1910, S.448–450, bes. 448f; als Faksimile in: Chr.Grundmann, Die erste Einrichtung ihrer Art, S.39f; dort weitere Belege (auch für den singularischen Sprachgebrauch) S.75. Es fällt auf, daß der Begriff ›Missions–Arzt‹ nach 1842 in den entsprechenden Quellen nicht mehr erscheint, sondern nur noch von den ›Zöglingen‹ des Instituts die Rede ist.
32. Nämlich in der Wiedergabe des nur schriftlich vorliegenden Berichtes von Dr.John Coldstream aus Edinburgh auf der Allianz Konferenz in Berlin; vgl. K.E.Reineck (Hg.), Verhandlungen der Versammlung evangelischer Christen Deutschlands und

sche Fachausdrücke erst seit der fünften Kontinentalen Missionskonferenz in Bremen 1880 durchzusetzen. Angeregt von einem Vortrag über ›Die Pflicht der kontinentalen Missionsgesellschaften, die Aufgaben der medizinischen Mission in die Hand zu nehmen‹,
»wünschte man den englischen Namen der medical missions für das deutsche Unternehmen womöglich vermieden. Der Vorteile, die ein Missionsarzt hat und gewährt, wurde mehrseitig gedacht, aber auch mit Nachdruck darauf hingewiesen, daß es sich in erster Linie um eine That der Humanität handle, und daß die englische Praxis der direkten Verbindung der Predigt mit dem ärztlichen Berufe vielfach auch etwas Gesuchtes und Gemachtes an sich trage.«[33]
Während im ›offiziellen‹ Bericht in der Allgemeinen Missions–Zeitschrift konsequenterweise jegliche Fachterminologie sorgsam vermieden wurde, ist in dem entsprechenden Beitrag im Basler Missionsmagazin fast durchgängig von ›ärztlicher Mission‹ die Rede, die, in unverkennbarer Aufnahme pietistisch–erwecklicher Anliegen, dann folgendermaßen definiert wird:
»Die ärztliche Mission bezweckt nicht bloß leibliche Heilung, sondern will den Heiden zugleich auch das Evangelium nahe bringen. ... Ihr Zweck ist also kein wissenschaftlicher oder philanthropischer, sondern ein religiöser, ein Missionszweck. Die medicinische Wissenschaft soll mit Wort und That der Mission dienen. ... Vielleicht darf man sogar die sanguinische Hoffnung hegen, daß die Mission den Beruf hat, auch auf die medicinische Wissenschaft einen belebenden und korrigierenden Einfluß zu üben.«[34]
Zu einer allgemeinen Sprachregelung verhalf dieser schillernde Definitionsversuch allerdings nicht, wie es die pluralische Verwendung des Begriffes, die sich nicht hat durchsetzen können, im Titel des neun Jahre später erschienenen und

anderer Länder vom 9. bis 17. September 1857 in Berlin, Authentische Ausgabe, Im Auftrage des Comité's des evangelischen Bundes besorgt und mit einem Anhange herausgegeben, Berlin 1857, S.329. Aber statt von ›Missionsärzten‹ wird hier von ›ärztlichen Missionaren‹ (ebd. S.330) gesprochen.

33. Vortrag von Missionsinspektor O.Schott, Basel, vgl.(A.W.) Schreiber, Die kontinentale Missions–Konferenz zu Bremen (4.–7. Mai 1880), in: AMZ, 7.Bd. (1880), S.328-336. »Dieses Referat wird auf Beschluß der Konferenz unter Zugrundelegung des Protokolls veröffentlicht.« (ebd., S.328) – Auch: Die fünfte kontinentale Missionskonferenz in Bremen, in: EMM, NF 24.Jg., S.243-250 u. 264-273. In diesem Bericht fehlt allerdings der explizite Hinweis auf das Übersetzungsproblem. – Weder konnte bislang das Protokoll noch der Vortrag von O.Schott aufgefunden werden; es könnte allerdings sein, daß Schotts »knapp gehaltene(r) Vortrag« (Schreiber in AMZ, wie oben, S.333), in dem Bericht des Missionsmagazins S.264–266 wiedergegeben ist. Zu O.Schott, der von 1879 bis 1884 Inspektor in Basel war, vgl. W.Schlatter, Geschichte der Basler Mission, Bd.I, S.303ff; F.H.Fischer, Der Missionsarzt Rudolf Fisch, S.119ff. – Zu den ›Kontinentalen Missionskonferenzen‹ vgl. EMM, NF 28.Jg., 1884, S.17ff.

34. EMM, NF 24.Jg., 1880, S.264f. – Neben dem Begriff ›ärztliche Mission‹ wird auch gelegentlich von ›medicinischer Mission‹ gesprochen (ebd. S.264).

für die Förderung des missionsärztlichen Gedankens in Deutschland so wichtigen Buches von Th.Christlieb ›Ärztliche Missionen‹[35] zeigt. Erst nach der Jahrhundertwende ist die Etablierung des Begriffes ›ärztliche Mission‹ als terminus technicus im deutschen Sprachraum festzustellen[36], vornehmlich bewirkt durch den ›Verein für ärztliche Mission‹ in Stuttgart[37], die Publikationen von H.Feldmann[38] und die Öffentlichkeitsarbeit des inzwischen zustande gekommenen ›Deutschen Instituts für ärztliche Mission‹.[39] Das wiederum stimulierte dann auch die terminologische Entwicklung im deutschen Katholizismus[40], was mit Beginn der zwanziger Jahre in Formulierungen wie ›missionsärztliche Fürsorge‹ und ›ärztliche Fürsorge in den Missionen‹ seinen Niederschlag fand.[41]

35. Gütersloh 1889. – In Christliebs Text findet sich auch vereinzelt der Singular ›ärztliche Mission‹, vgl. z.B.S.84f.
36. Der Berliner Medizingeschichtler J.Pagel, Grundriss eines Systems der Medizinischen Kulturgeschichte, Berlin 1905, sprach damals von »Missionarmedizin« folgendermaßen: »Sie hat ein Doppelgesicht. Auf der einen Seite bahnen medizinische Kenntnisse dem Missionar auch für seine eigentliche Berufstätigkeit einen Weg, andererseits sind die Missionare in der Lage, uns die medizinischen Anschauungen der fremden Völker zu vermitteln und damit zur Bereicherung der Literaturgeschichte beizutragen.« (ebd. S.49) In diesem Zusammenhang erwähnt er dann neben dem Hinweis auf Lebzelters Arbeit ›Katholische Missionäre als Naturforscher und Ärzte‹, Wien 1902, Gründlers ›Malabarischen Medicus‹ und auch Gützlaffs Bemühungen.
37. S.u. S. 206ff.
38. Vgl. H.Feldmann ›Die ärztliche Mission unter Heiden und Mohammedanern‹, Basel 1904, und ›Die gegenwärtige Ausbreitung der ärztlichen Mission‹, in AMZ, 31. Bd., 1904, S.209–221, 271–288 u. 338–343. Vor allem aber war Feldmann der erste Herausgeber der Zeitschrift ›Die Ärztliche Mission‹ (seit 1906), die dann bald (ab 2.Jg.) zum Organ des Deutschen Instituts für ärztliche Mission wurde. Die Ärztliche Mission (s.o. S. 72).
39. Hierzu gehören neben weitgestreuten Flugblättern und vielen Aufrufen in verschiedensten Zeitschriften auch die systematische Korrespondenz mit den evangelischen Missionsgesellschaften und die Zeitschrift ›Die Ärztliche Mission‹. Allgemein dazu vgl. P.Lechler (Sohn), Die Entstehungsgeschichte des Deutschen Instituts für ärztliche Mission, in: Ruf und Dienst der ärztlichen Mission, S.8–15; s.u. S.193ff.
40. Vgl. dazu die Kontroverse zwischen A.Mayer OSB und H.Linckens MSC in ZMW, 1.Jg. (1911), S.293ff (Ärztliche Mission bei den Katholiken, speziell unter den Naturvölkern) und 2.Jg. (1912), S.282–293 (Ärztliche Fürsorge der katholischen Missionen unter den Naturvölkern); vgl. auch H.Linckens, Die Missionstätigkeit und die ärztliche Fürsorge, in: Hiltruper Monatshefte 27 (1910), S.261–264.
41. Dafür steht seit 1922 das ›Missionsärztliche Institut‹ in Würzburg als programmatisches Zentrum der entsprechenden Bemühungen. Programmatisch war auch der Name des seit 1924 herausgegebenen Jahrbuches ›Katholische Missionsärztliche Fürsorge‹; vgl. Förster, Missionsärztliche Fürsorge, in: Katholische Missionsärztli-

Sprachliche Äquivalente gibt es im Schwedischen mit ›Läkarmissionen‹ (wörtl.: Arzt–Missionen)[42], im protestantischen Holland mit ›Medische Zending‹[43] und im katholischen Holland mit ›Medisch Missie‹.[44] Während sich auch für das Französische relativ früh entsprechende Übersetzungen wie ›médecins missionnaire(s)‹ und ›oeuvre médicale missionnaire‹, die später allerdings sich nicht haben behaupten können, finden lassen[45], so haben solche, abgesehen von einem einzigen späten Beleg im Italienischen, in den übrigen Sprachen der romanischen Sprachfamilie nicht gefunden werden können.[46]

    che Fürsorge, Jahresheft 1924, S.3ff. – Der schweizerische Verein nannte sich: ›Katholischer Verein für missionsärztliche Fürsorge‹, vgl. (ab 1935) die Jahreshefte ›Missionsärztliche Caritas‹. – M.Schlunk beantwortete das terminologische Problem pragmatisch (Manuskript, S.38):»Der längere Ausdruck ›Ärztliche Fürsorge in der Mission‹ wäre besser. Allein er hat sich nicht eingebürgert. ... In der englisch–amerikanischen Welt würde man auf jeden Fall nach wie vor von Medical Mission sprechen und schon bei der Übersetzung dieses Namens würde sich das Wort ›Ärztliche Mission‹ unwillkürlich wieder von selbst einstellen. Dazu kommt, daß der Widerspruch gegen diese Bezeichnung sowohl im katholischen wie erst recht im evangelischen Lager vereinzelt geblieben ist, und so wird man mit dem Ausdruck als einem fest gegebenen rechnen müssen.«

42. F.Ysander, Läkarmissionens 4:de Period, in: SMT, 46. Bd., 1958, S.65–73, bes. S.66f, wo das terminologische Problem expressis verbis behandelt wird. Dänisch: Lægemissionen; vgl. H.K.Nielsen, Lægemissionens Theologiske Begrundelse, (Aarhus) 1966, passim.
43. Vgl. z.B. N.A.Fortmann, De Geschiedenis der Medische Zending, Nijkerk 1908.
44. Vgl. z.B. den Titel des Organs des Medisch Missie Comite in Breda »Medisch Missie Maandblad«.
45. Vgl. ›Bulletin Mensuel‹ in: L'Afrique Explorée et Civilisée, 10.Jg., Genf 1889, S.225. Ein einheitlicher Sprachgebrauch hat sich nicht durchgesetzt; als sonst gebräuchliche Ausdrücke finden sich: ›Aide Médicale aux Missions‹, ›Assistance Médicale‹, ›Activités médicales charitables dans les Missions‹, ›médecine au service des missions‹, ›médecine dans les missions‹ und ›femmes–médecin missionnaires‹.
46. Der einzige Beleg im Italienischen, die wörtliche Übersetzung des Plural mit ›missioni mediche‹ fand sich in der Enciclopedia Italiana, Rom 1929–36, Bd. XXIII, S.444 im Artikel ›Storia delle missioni Christiane‹ von E.Goulet S.J. (im Art.: ›Missione‹, übrigens in explizitem Bezug auf die Übersetzung des englisch–protestantischen ›medical missions‹); geläufiger sind neben ›medicina missionaria‹ bzw. ›medicus–missionarius‹ auch Umschreibungen wie ›medicina e missioni‹, ›attività medico–missionaria‹, ›carità in terra di missione‹; im Spanischen konnte bisher nur der Name einer missionsärztlichen Ausbildungsstätte in Barcelona ausfindig gemacht werden, nämlich die ›Escuela Internacional de Medicina y Cirugía de Urgencia para Misioneros‹ des Malteser – Ordens, die ihre Aufgabe lt. Prospekt für 1950/51 mit »La formación médica del personal misionero« beschrieb.

B. Definitorisches

Schon bald nachdem die Idee des ›medical missionary‹ geboren worden war, wurde es erforderlich, das Eigentliche eines solchen Berufes genauer zu bestimmen. Als P.Parker 1845 vom American Board gebeten wurde »to seek his support from the Medical Missionary Society in China«, da seine Arbeit mehr medizinisch als missionarisch ausgerichtet sei,[47] schrieb jemand an Rufus Anderson, den Sekretär in Boston:

»In your letter you write, ›... that we should aim to send preachers now to China, rather than medical men.‹ If the idea is merely medical men, I would ask who has ever advocated such? But if the term ›medical men‹ is the same as ›medical missionary‹, a technical term by which those are designated who endeavor, in their imperfect manner, to follow the example of Him who healed all manner of diseases while laboring to save men's souls; if this be the sense in which the term is used, permit me to ask if, in sending such to China, you are not, in the most successful manner sending ›preachers‹?«[48]

Die Imitatio Christi als Proprium des ›medical missionary‹ diente keineswegs nur in diesem Einzelfall zur Rechtfertigung. Sie war das religiöse Leitmotiv vieler Missionsärzte, wie es in ihrer biographischen bzw. autobiographischen Literatur nachzulesen ist[49] und wie es in dem, in diesem Zusammenhang oft verkürzt und entstellt zitierten Bekenntnis von David Livingstone geradezu klassisch zum Ausdruck gekommen ist:

»I am a missionary heart and soul. God had an only Son, and He was a missionary and a physician. A poor, poor imitation of Him I am, or wish to be. In this service I hope to live, in it I wish to die.«[50]

---

47. Zitat der Resolution im Schreiben Parkers an das Prudential Committee vom 1.1.1846 in der Historical Library, School of Medicine, Yale University; vgl. auch Stevens/Markwick, The Life, Letters, S.258ff.
48. Fragment einer unsignierten Briefkopie vom 31.1.1846, in der Historical Library, School of Medicine, Yale University; vgl. auch Stevens/Markwick, The Life, Letters, S.266; Anführungszeichen im Original.
49. Anstelle vieler Einzelzeugnisse sei hingewiesen auf summarische Bemerkungen bei W.J.Wanless, The Medical Mission – Its Place, Power and Appeal, Philadelphia 1906², S.84f; F.Moorshead, The Appeal of Medical Missions, Edinburgh/London 1913, S.33; W.R.Lambuth, Medical Missions: The Twofold Task, Nashville 1920, S.41ff u. 163; H.Balme, China and Modern Medicine, London 1921, S.33ff; F.Keeler, Catholic Medical Missions, New York 1925, S.18; A.Dengel, Missions for Samaritans, Milwaukee 1945, S.5 u. 18; Cl.Chesterman, In the Service of Suffering, London 1940, S.58ff u. 135.
50. Brief vom 5.2.1850, in: W.G.Blaikie, The Life of David Livingstone, London

Der solch idealistischem Selbstverständnis implizite hohe Anspruch, der nur wenigen zu Bewußtsein kam[51], läßt einerseits die Euphorie, mit der viele sich der ›ärztlichen Mission‹ zur Verfügung stellten, verständlich werden, andererseits ist er aber auch für das Scheitern so mancher Idealisten verantwortlich.[52] Anläßlich der Centenary Conference on the Protestant Missions of the World in London

1908[12], S.104. – Für gewöhnlich wird nur der Satz ›God had an only son. And He was a missionary and a physician.‹ zitiert; vgl. Art. Medical Missions, in: The Encyclopedia of Missions, New York/London 1904[2], S.447 (dort mit der bezeichnenden Veränderung ›... and He gave Him to be a medical missionary‹); ›God had one Son and He was a medical missionary.‹ so in: David E.Van Reken, Medical Missions and the Development of Health, in: A New Agenda for Medical Missions, Brunswick 1990, S.19.

51. Weil Bemerkungen wie die folgende äußerst selten sind, sei hier ein Abschnitt aus einer Rede des dänischen Missionsarztes I.F.Bache anläßlich der Medical Conference der Christian Medical Association of India in Ootacamund vom 19. Mai 1952 mitgeteilt: »Disregarding all theories about the justification of medical missions, their future policy and so on, I had tried for myself to picture the life and work of the medical missionary, but while my theories have changed only a little, I have found, that the conditions under which we have to do our work is very far from what I imagined. Although the good Samaritan never figured in my address in the deputation work, I had the idea that I as a medical missionary would have to live my life on the same line. It would mean personal sacrifices and hard work, but whatever modifications of the story necessary in a mission hospital, I felt sure that the good Samaritan had to be our prototype. But I found ... we were able to produce but a very poor copy of him and his work, and little by little I could find no application whatsoever of this parable to our activities.« (in: The Journal of the Christian Medical Association of India, Vol. XXVII No.6, Nov. 1952, S.295–299, Zitat S.295.) Ähnlich F.Lake, The Realignment of Medical Missions, in: IRM, Vol. XXXVIII, Apr. 1949, S.211–219; N.Vermeer (alias: J.Lodder), Tropendoktor, Basel 1940, passim; D.J.Seel, Challenge and Crisis, Pasadena 1979, passim. Vgl. auch J.Wilkinsons Bemerkung im Blick auf die biographische Literatur s.o. S.55 Anm.214.

52. Zur Idealisierung des ›medical missionary‹ vgl. schon W.Brown, On the Qualifications of a Medical Missionary, in: Lectures on Medical Missions, Edinburgh 1849, S.135–186; J.Watson, On the Duties of a Medical Missionary, ebd. S.187–218. Besonders deutlich tritt eine solche in Buchtiteln wie ›God's Doctors Abroad‹ (Mayberry/Mann, East Wittering 1989), ›The Gift of the Healer‹ (E.M.Dodd, New York 1964), ›The Way of the Good Physician‹ (H.T.Hodgkin, London 1915) und ›The Healing of the Nations‹ (R.Williamson, London 1899) hervor. – Auf das Scheitern vieler Idealisten verweist die Bemerkung des »excessive turnover of missionary physicians« in ›Re-Thinking Missions‹, New York/London 1932, S.206.

1888 wurde einer mehr formal–praktischen Definition des ›medical missionary‹ das Wort geredet und beschlossen:

»That in the opinion of this Conference of medical missionaries gathered from many lands, and representing the various forms of medical misson work, it is most desirable that definite ideas be henceforth attached to the terms, ›Medical Missionary‹ and ›Medical Mission‹, and it is further urged, that the following be accepted as expressing the meaning of these terms:–

(a) A medical missionary is a legally–qualified medical practitioner, called of God, and wholly set apart to seek the advancement of Christ's Kingdom by the twofold work of healing the sick and making known the Gospel.

(b) A medical mission is the agency worked by one qualified as above.«[53]

Nicht viel später führte die gleiche Frage, veranlaßt durch die Praxis des Zenana Medical College und des Livingstone College (beide in London), ihre Kandidaten bzw. Kandidatinnen nach einer medizinischen Kurzausbildung mit einem Diplom als ›medical missionaries‹ auszusenden, zu einer im British Medical Journal 1893/1894 ausgetragenen Kontroverse[54], die in dem scharfsinnig–entlarvenden Urteil gipfelte:

»The excuse for this sort of thing [sc. die medizinische Halbbildung] is that the field is so vast and that the women of the East are so utterly neglected, that any sort of help is better than none; and we would not deny that the plea would have some force if there were no other alternative, although it is clear that there is no finality in the argument, which is as good in favour of a training of one year as of two. But at the present moment, in England and even in India itself, women are being properly educated for the medical profession; and if the missionary societies wish to undertake medical work, they should surely at least

---

53. Medical Missions at Home and Abroad, NS Vol II (1887–1889), S.148. Es muß bemerkt werden, daß sich dieser Text nicht in dem zweibändigen offiziellen ›Report‹ (London 1888) findet, da dies eine kurzfristig einberufene Konferenz von insgesamt 24 Personen war, die sich am 16.6.1888 im Mildmay Conference Center versammelte. Laut ›Report‹, Vol.II, S.135 wird allerdings von R.A.Macfie der Wunsch nach einer solchen Versammlung ausgesprochen. – Mehrfach wurde auch auf der Konferenz selbst die Notwendigkeit klarer Begrifflichkeit angesprochen, vgl. ebd. S.33, 107, 115 u.ö.

54. Vgl. The British Medical Journal, London, Sept.6, 1893, S.645 ›Unqualified Medical Missionaries‹; Sept.23, 1893, S.707, ›Medical Missionaries‹; Sept. 30, 1893, S.755, ›Medical Training of Missionaries‹; Nov.4, 1893, S.1010f, ›Unqualified medical Missionaries‹; ebd. S.1026, ›Medical Missionaries‹; Nov.18, 1893, S.1129f, ›Unqualified Medical Missionaries‹; Jan.13, 1894, S.96f, ›Medical Missionaries‹; ebd. S.103f, ›Medical Missionaries‹; Jan.20, 1894, S.159f, ›Medical Missionaries‹; Jan. 27, 1894, S.219, ›Medical Missionaries‹ und Feb.3, 1894, S.263, ›So–Called Medical Missionaries‹.

be honest and provide persons legally qualified to practice. ... For, after all, that is what it comes to; unqualified workers are cheaper than those who are qualified, and, moreover, are not so apt to desert, since they cannot set up for themselves. Not only is this ethically wrong, but it is bad as mere policy.«[55]

Vor dem Hintergrund solcher Kontroversen, denen schon zu Anfang der achtziger Jahre interne Differenzen vorausgegangen waren[56], ist es verständlich, warum bei den Definitionsbemühungen um die ›medical missionaries‹ die fachliche Qualifikation so stark betont wurde.[57] Das läßt letztlich auch die berufsstandesmäßig einengenden deutschen und schwedischen Übersetzungen verständlich werden.

Die Gewinnung einer klaren Begrifflichkeit wird weiter erschwert durch den spezifischen Sinn, den die Begriffe ›medical mission(s)‹, ›medical missionary‹ und auch ›Ministry of Healing‹ bei den Adventisten gewonnen haben. Von George Dowkontt und damit von der allgemeinen missionsärztlichen Bewegung relativ spät durch J.H.Kellogg in die adventistische Tradition eingeführt[58], dienen

---

55. The British Medical Journal, Nov. 4, 1893, S.1011.
56. Vgl. z.B. Edinburgh Medical Missionary Society Quarterly Paper, Vol. III, 1879–1883, S.328ff (Zenana Medical Missionaries); auch schon ebd. S.275ff (Zenana Medical Missions).
57. Vgl. C.F.Harford, Principles and Practice of Medical Missions, A Definition, in: Mercy and Truth, Vol. XVI (1912), S.48f; H.G.Harding, Manual on Medical Missions, London 1922², S.4; vgl. auch: Re–Thinking Missions, New York/London 1932, S.205ff; F.Keppler, Art. ›Ärztliche Mission‹, in: Calwer Kirchenlexikon, 1.Bd., S.114; I.Kammerer, Art.: ›Ärztliche Mission‹, in: RGG², Tübingen 1927, Sp.116f; N.B.Young, Art. ›Medical Missions‹, in: New Catholic Encyclopedia, Vol.IX, New York 1967, S.575. – E.V.Gulick, Peter Parker and the Opening of China, Cambridge, MA, 1973, definiert S.60 einen medical missionary als »possessor of a medical degree who spends at least half of his time on medical work among the indigenous population«.
58. »Although the term ›medical missionary work‹ did not come into denominational use until the following decade [i.e. 1890], some among the ministry had been led to see in this dual service a means of removing prejudice and of coming close to people.« D.E.Robinson, The Story of Our Health Message, Nashville 1965, S.242. – Vgl. J.H.Kellogg ›Doctor Dowkontt‹ in: The Medical Missionary, Battle Creek, Vol. XVIII, 1909, S.531:»It was this work of Dr. Dowkontt's in New York which encouraged us to organize the Medical Missions in Chicago and the American Medical Missionary College.« Bereits 1890 heißt es im ›Adventist Review and Herald‹, Battle Creek, Vol.67, No.41 (Oct.), S.646, unter der Schlagzeile ›The Need of Medical Missionaries‹:»There is one institute in New York wholly devoted to educating men and women for the work of medical missions. At our good Sanitarium, also, in Battle Creek, there is at present a large class of students, most of whom have given in their names as those desirous of going as missionaries to foreign lands.

sie hier zur Bezeichnung des religiös motivierten Engagements für einen ganz bestimmten, konkreten Lebensstil.[59]

Zwar wurde des öfteren versucht, die im Englischen wie im Deutschen diffizile terminologische Problematik durch Begriffsbildungen wie z.B. ›medical evangelism‹[60] und ›Missionsdiakonie‹[61] zu umgehen, die aber, statt Klärung zu bewir-

> Why is not the training of medical missionaries a work that all our Sanitariums in America can engage in, and receive the favour of Heaven in so doing? May the day soon dawn when our people shall take larger and more comprehensive views of missionary labor than their past efforts indicate they have hitherto held.« – Aufschlußreich ist in diesem Zusammenhang auch das umfangreiche ›Editorial‹ in der ersten Nummer der Zeitschrift ›The Medical Missionary‹, Battle Creek, Jan. 1891, S.8ff.

59. Ihre besondere Prägung erhalten diese Begriffe, zu denen auch ›medical missionary work‹, ›medical evangelist‹ und ›medical evangelism‹ gehören, dadurch, daß sie eine ›mission‹ hinsichtlich konkreter Lebensstilfragen (Vegetarismus, Anti-Alkohol, Anti-Tabak, Kleidung etc.) implizieren, zu denen Ellen G.White etliche ›Counsels‹ gegeben hatte; vgl. Counsels on Health and Instruction to Medical Missionary Workers, Mountain View 1923; R.L.Numbers, Prophetess of Health, A Study of Ellen G.White, New York/London 1976; R.W.Schwarz, John Harvey Kellogg: American Health Reformer, masch.Dissertation University of Michigan 1964, passim. Kelloggs Mission bestand in der Vermittlung des ›biological living‹! – Den Begriff ›healing ministry‹ betreffend vgl. Ellen G.White, The Ministry of Healing, Mountain View 1905.

60. So nicht erst im Bericht von Tambaram 1938 (The Madras Series, New York/London 1939, Vol.III, S.291), sondern schon im ›Quarterly Paper‹ der Edinburgh Medical Missionary Society, Vol. XVIII (1934), S.364ff; vgl. auch die Aufsätze zu ›Medical Evangelism‹ in: ›The China Medical Journal‹, Vol. 29 (1915), S.87–91; Vol. 30 (1916), S.33–36; 255f; Vol. 36 (1922), S.359–364). In der ›Lutheran Cyclopedia‹ (Erwin L.Lueker, Ed.), St.Louis 1975, wird S.526 von »med–evangelistic work« gesprochen. – Als man das Zentrum adventistischer medizinischer Arbeit nach Loma Linda in Californien verlegte, wurde sogleich nicht nur das ›College of Medical Evangelists‹ begründet, der Vorläufer der heutigen ›Loma Linda School of Medicine‹, sondern man publizierte auch von Juni 1908 an in Abgrenzung zu ›The Medical Missionary‹ die Zeitschrift ›The Medical Evangelist‹ (vgl. R.Schaefer, Legacy – The heritage of a unique international medical outreach, Mountain View, Cal. 1977). – Hierher gehört auch die programmatisch–medizinkritische Formulierung ›mission–in–medicine‹ R.K.M.Sanders (Mission–In–Medicine, Christian Medical Fellowship Guidelines No.79, London o.J.), mit der jener Autor das dezidierte Bemühen um den Basisgesundheitsdienst meint.

61. M.Burgwitz, Missionsdiakonie – Eine Studie über den Diakonissendienst in der ärztlichen Mission, Diss. Halle 1940, bes. S. 20ff, Die Missionsdiakonie in der theoretischen Diskussion; G.Propach (Hrsg.), Predigt und Heilt – Beiträge zum missionsdiakonischen Dienst, Giessen 1985. Auch der Begriff ›Missionsdiakon‹ ist geläufig, vgl. J.Baumann, Was ist ein Missionsdiakon?, in: Hand in Hand, Monats-

ken, nur zu weiteren »Mißdeutungen Anlaß« geben. Dennoch läßt sich trotz fehlender begrifflicher Prägnanz, die sich übrigens auch in den Emblemen der missionsärztlichen Vereinigungen und in den Titelvignetten ihrer publizistischen Organe widerspiegelt[62], mit der gängigen Terminologie ›ärztliche Mission‹ bzw.

zeitschrift der Evangelischen Jugend in Bayern, Nürnberg, Sept. 1951, Heft 9, S.14–17. Ebenso wäre an J.Künzeler, ›Köbi – Der Vater der Armenier‹, Kassel 1967[3], zu denken. – Das Hauptproblem liegt darin, daß, im Gegensatz zu dem Selbstverständnis vieler Missionsärzte und –ärztinnen, aber auch Missionskrankenschwestern und –pfleger solcher Dienst zum ›Hilfsdienst‹ reduziert, nicht aber als eigenständiger Missionsdienst angesehen wird. G.Olpp, unter Berufung auf G.Warneck, versteht: »unter Ärztlicher Mission die in den m i s s i o n a r i s c h e n O r g a n i s m u s eingegliederte, durch c h r i s t l i c h e B e r u f s ä r z t e geübte m e d i z i n i s c h e T ä t i g k e i t , die durch die in der Krankenheilung veranschaulichte Barmherzigkeit d e r V e r b r e i t u n g d e s C h r i s t e n t u m s d i e W e g e b a h n e n helfen soll.« (Die ärztliche Mission und ihr größtes Arbeitsfeld, Barmen 1909, S.3; Hervorhebungen im Orginal); Aug.Bettin, Die Evangelisationskraft der ärztlichen Mission, Barmen 1910; P.Williams, Healing and Evangelism: The Place of Medicine in later Victorian Protestant Missionary Thinking, in: The Church and Healing, Oxford 1982, S.271–285; vgl. auch Art. ›Heidenmission, Evangelische‹, in: RGG[1], Tübingen 1910, Bd.2, Sp.1968; Th.Ohm, Machet zu Jüngern alle Völker, Freiburg 1962, S.644ff; M.Scheel, Art. ›Ärztliche Mission‹, in: EKL[3], Göttingen 1986, Sp.276. – Zu Mißverständnissen gibt neuerdings die Verwendung des Begriffes ›Ökumenische Diakonie‹ Anlaß. Während der Untertitel von M.Scheels Buch ›Partnerschaftliches Heilen‹, Stuttgart 1986, das die Wandlungen im Selbstverständnis der ärztlichen Mission zum Gegenstand hat, ›Die Sozialmedizin in ökumenisch–diakonischer Sicht‹ lautet, meint der Begriff in dem von K.Raiser edierten Buch ›Ökumenische Diakonie – Eine Option für das Leben‹, Frankfurt 1988, das engagierte christliche Handeln »in dem Kampf, in dem der Gott des Lebens gegen die Kräfte des Todes und der Zerstörung in unserer Welt streitet.« (Einleitung S.7) Der medizinisch–ärztliche Aspekt ist dabei völlig ausgeblendet.

62. Seit 1887 bestand das Emblem des ›China Medical Journal‹ in einem bei dem Heilungsbefehl ›Heilet die Kranken‹ aufgeschlagenen, stilisierten griechischen NT, aus dem sich das von einer Schlange nach oben umwundene Kreuz erhebt: das Wort der Schrift und der – leicht modifizierte, durch den Querstrich ›getaufte‹ – Äskulapstab. – Das Symbol der Edinburgh Medical Missionary Society zeigt in einem von dem Schriftzug der Gesellschaft umgebenen Kreis zwei x–förmig gekreuzte Äskulapstäbe, am Kreuzungspunkt von einer von einer Hand gehaltenen Fackel (die Fackel des Glaubens? Erkenntnis? Aufklärung?) senkrecht erneut gekreuzt, so, daß durchaus das Christusmonogramm XP darin erkannt werden kann. – Die von der Medical Missionary Association (London) herausgegebene Zeitschrift ›Medical Missions at Home and Abroad‹ zierte ein Stich, der Num. 21,4–9 (eherne Schlange) zum Gegenstand hatte, wobei aus dem Fahnenstab ein Kreuz geworden war. Zur Erhöhung der Eindeutigkeit wurden drei neutestamentliche Zitate als Rahmen beigegeben, nämlich Act.10,38, Mk.1,34 und Lk.10,9. – Der von G.Dowkontt edierte ›The

›medical mission(s)‹ gut arbeiten, wenn damit, wie im folgenden, das historisch präzis faßbare Phänomen gemeint sein soll, das mit der Gründung der ›Medical Missionary Society in China‹ 1838 begann, in den folgenden Jahrzehnten zur »planmäßige(n) Einordnung ärztlicher Hilfe und Fürsorge in den Gesamtbetrieb der Mission«[63] führte und schließlich infolge des sich vom ›medizinisch–ärztlichen Auftrag‹ zum ›Auftrag zu heilen‹ wandelnden Selbstverständnisses als eigenständige Bewegung ausmündete in die 1968 erfolgte Gründung der ›Christian Medical Commission‹ beim Ökumenischen Rat der Kirchen.[64] Begriffe wie ›ärztliche Mission‹ und ›missionsärztliche Fürsorge‹, ›medical missionary‹ und ›medical mission(s)‹ sind heutzutage trotz mancher Rettungsversuche[65] im all-

Medical Missionary Record‹ zeigte neben dem Titel einen an die eherne Schlange erinnernden Äskulapstab, mit dem sich ein Kreuz lateinischer Form x–förmig kreuzte. (Vgl. dazu The Medical Missionary Record, Vol.I, 1886, S.39: ›The Cross and the Pole«). – Die deutsche ärztliche Mission ist, wie übrigens auch die Gesellschaft in Edinburgh, längere Zeit ohne eigentliches Symbol ausgekommen. Auch die Zeitschrift ›Die Ärztliche Mission‹ hatte keinen bildlichen Titel. Erst 1913 taucht das Kreuz mit der sich nach oben windenden Schlange in Bauplänen zum ›Tropengenesungsheim‹ in Tübingen (jetzt: Tropenklinik – Paul Lechler Krankenhaus) auf. Von da gelangte das Emblem ab 1920 auch in das schmale Titelbild der Zeitschrift, das Menschen verschiedener Völker und Kulturen darstellt, die ihre Kranken mit erwartungsvollen Blicken und Gesten zu dem Kreuz mit der Schlange, das sich vor einem Strahlenhintergrund in der Mitte erhebt, bringen. In dem Jahrbuch ›Die Deutsche Evangelische Aerztliche Mission nach dem Stande des Jahres 1928‹ ist diesem Symbol des Kreuzes mit der Schlange dann der Untertitel »Wappen der ärztlichen Mission« (von Olpp?) beigegeben worden. In der Zeit von 1937–1973 ist das Symbol so gut wie verschwunden und erst mit Beginn des 25. Jahrganges der ›Nachrichten aus der ärztlichen Mission‹ in grundlegender Umgestaltung wiederbelebt worden: die Schlange windet sich nicht mehr am Kreuz empor, sondern das Kreuz steht auf dem Kopf der Schlange! Aus dem medizinisch–akademischen Zeichen und den erbaulichen Bildern war damit ein Bekenntnis zur Interpretation des ›Auftrags zu heilen‹ im Sinne von der Überwindung des Bösen in der Welt geworden. – Vgl. auch D.Yates, The Serpent as a Symbol of Christ?, in: Christian Medical and Dental Society Journal, Richardsen,Tx. Summer 1989, Vol.XX No.2, S.10f.

63. So die Definition der ›ärztlichen Mission‹ durch M.Schlunk, Manuskript, S.4. – Ähnlich, in Revozierung seiner eigenen früheren Definition, auch Th.Ohm, Die ärztliche Fürsorge der katholischen Missionen, St.Ottilien 1935, S.59: »Am besten bestimmt man die ä.M. wohl als die in Verbindung mit der Mission und im Sinn der Mission betätigte Sorge für das natürliche leiblich–seelische Wohl der Menschen.« (Abkürzung im Original)
64. Vgl. J.McGilvray, The Quest for Health and Wholeness, Tübingen 1981; ›Auftrag zu heilen‹, Studien des Ökumenischen Rates Nr.3, Genf 1966.
65. Vgl. Browne, Stanley G., Medical Missions – Regaining the Initiative, London 1978; Ewert, Merrill (Ed.), A New Agenda for Medical Missions, Brunswick 1990. –

gemeinen Sprachgebrauch obsolet geworden. Die damit bezeichnete geschichtliche Größe aber und das sich darin aussprechende bzw. in diesem geschichtlichen Prozeß geformte Berufsethos und Selbstverständnis stellen Fragen an Theologie und Medizin, an Kirche und Mission, die auch missionstheologisch gewissenhaft gewürdigt werden müssen.

»... from a historical point of view medical missions represent but a phase in the history of the Church which is now coming to an end. ... The situation, the organisation and even the terminology may change, but the need remains and God is still calling dedicated Christian doctors, nurses and health care professionals to serve him in the mission of the Church at home and overseas. Former generations responded to that call to evangelism and service in medical missions.« J.Wilkinson, Making Men Whole – The Theology of Medical Missions, London 1990, S.15f. – Einen ganz eigenen Weg geht R.B.Dietrick in ›Modern Medicine and the Missions Mandate – Thoughts on Christian Medical Missions‹, Woodville o.J.(1988?), indem er eine ausführliche Diskussion der neueren Probleme missionsärztlicher Arbeit mit einer engagierten persönlichen Frömmigkeit verbindet und den Begriff ›medical missions‹ um ›Christian‹ erweitert, Ergebnis seines sich über sechzig, allerdings kleinformatige Seiten (S.12–73) erstreckenden, sehr aufschlußreichen Definitionsversuches. Wenn er einleitend (S.1) bemerkt: »The literature in the field [sc. medical missions] is small.«, dann zeigt das zwar einerseits seine Unkenntnis der tatsächlichen Quellenlage und seine Isolation im Gespräch, andererseits befruchtet er gerade mit seiner Eigenständigkeit in seinen Anschauungen und bemerkenswerten Reflexionen das allgemeine Sachgespräch.

III. Vorläufer missionsärztlicher Arbeit in den Missionsunternehmungen der Neuzeit

Die Missionsgeschichte beginnt sicherlich nicht erst mit der Entdeckung Amerikas durch Columbus 1492; mit diesem Datum aber beginnt zweifelsohne die ›Missionsgeschichte der neueren Zeit‹.[1] Sie ist gekennzeichnet durch eine globale Perspektive[2] und durch die ›divisio mundi‹, derzufolge Papst Alexander VI. 1493 mit der Verleihung des Patronatsrechts für alle westlich der Azoren gelegenen überseeischen Gebiete – für die amerikanischen Kontinente also – an Spanien, und für alle östlich davon gelegenen – für Afrika, Indien und Fernost – an Portugal[3], diesen Kolonialmächten auch die Christianisierung ihrer neuen Hoheitsgebiete zur Pflicht machte und damit die Patronatsmission begründete, in deren Zusammenhang sich überhaupt erst der Begriff der ›Mission‹ herausbildete.[4] So sind in den portugiesischen und spanischen Missionen auch die Anfänge

1. Vgl. H.W.Gensichen, Missionsgeschichte der neueren Zeit, in: Die Kirche in ihrer Geschichte. Ein Handbuch hrsg. von K.D.Schmidt u.E.Wolf, Bd.4, Lieferung T, Göttingen 1976³; J.Glazik, Der Beginn der neuzeitlichen Mission auf seinem zeit- und geistesgeschichtlichen Hintergund, in: Warum Mission?, Kirche und Religionen – Begegnung und Dialog, Bd. III,1, St.Ottilien 1984, S.11-25. – H.Frohnes u.a. unternehmen den Versuch, die ganze ‹Kirchengeschichte als Missionsgeschichte› darzustellen. Die bisher erschienenen Bände sind: Die alte Kirche (Bd.I), München 1974, u. Die Kirche des frühen Mittelalters (Bd.II,1), München 1978.
2. »Seit den Tagen eines heiligen **Augustinus** ... war man doch der Meinung, der Auftrag Jesu, das Evangelium aller Kreatur zu verkündigen (Mk 16,15), sei im wesentlichen erfüllt. – Auch **Thomas von Aquin** ... war dieser Ansicht [lt. De veritate XIV,11 ad 1.]. Er meinte, wenn irgendein Mensch in einer entlegenen Wüste oder in einem undurchdringlichen Urwald von dieser Botschaft noch nicht erreicht worden sei, werde Gott ihm eine Privatoffenbarung zuteil werden lassen oder ihm einen Boten senden, der ihm Kunde davon gibt. Was Wunder, daß die Christenheit geradezu einen Schock erlitt, als sie erfuhr, daß fast 1500 Jahre nach Christus noch Millionen Menschen lebten, die nicht wußten, was Gott zum Heil der Welt getan hat, und die, weil nicht getauft, des ewigen Heils verlustig gehen müßten.« J.Glazik, Der Beginn, S.12; Hervorhebungen im Original.
3. E.Staedler, Die ›donatio Alexandrina‹ und die ›divisio mundi‹ von 1493, in: Archiv für katholisches Kirchenrecht (AkathKR), Mainz u.a., Bd.117 (1937), S.363-402; ders.: Die westindischen Lehnsedikte Alexander VI (1493), ebd. Bd.118, S.377-417. – Brasilien kam bereits 1494 im Vertrag von Tordesilla aufgrund einer Westverschiebung der ursprünglichen Demarkationslinie an Portugal. Zu den Ursachen vgl. J.Glazik, Der Beginn, S.15.
4. »Die iberischen Könige ... kamen sehr bald zur Erkenntnis, daß sie das Geschehen in

systematischer, missionscaritativer Arbeit anzutreffen, und das in einem bislang in seinem Umfang und in seiner Mannigfaltigkeit allgemein unbekannten Ausmaß.[5]

A. Die caritativ-medizinische Arbeit in den Patronatsmissionen

Das Vorbild für die caritative Tätigkeit in den *portugiesischen Kolonien* bildete die Lissaboner ›Misericórdia‹, eine humanistisch geprägte Laienvereinigung freier Bürger zur Pflege der verdienstvollen leiblichen und geistlichen Werke der Barmherzigkeit, zu denen selbstverständlich die Krankenpflege gehörte.[6] Der

    den Überseegebieten nur dann beeinflussen konnten, wenn sie das zusätzliche Recht erhielten, die Glaubensboten für ihre Tätigkeit eigens zu bevollmächtigen. ... Deshalb bemühten Spanien und Portugal sich um das Recht, den ausreisewilligen Priestern und Mönchen die ›missio canonica‹ oder ›apostolica‹ erteilen zu dürfen. Dieses Recht wurde *Karl V.* von *Papst Hadrian VI.* 1522 erteilt ... Im Verlauf weniger Jahrzehnte ging das Wort ›Missio‹, das den Akt der Bevollmächtigung bezeichnet hatte, auf die ganze Tätigkeit der so bestellten Glaubensboten über und wurde schließlich sogar auf die Gebiete, in denen diese Tätigkeit ausgeübt wurde, übertragen. Aus den Glaubensboten wurden folgerichtig ›Missionare‹; man sprach von ihrer ›Missions‹arbeit, von Afrika- und Asien›Mission‹, von Jesuiten- und Franziskaner – ›Missionen‹.« J.Glazik, Der Beginn, S.19f.; Hervorhebungen im Original.

5.   So bemerkt z.B. J.Beckmann SMB, Die medizinische Vorbildung der Franziskanermissionare in alter Zeit, in: Missionsärztliche Caritas, 1947, S.88: »Eine Geschichte der missionsärztlichen Tätigkeit ist noch nicht geschrieben worden. Sie würde manche Ueberraschung zu Tage fördern, unter anderem auch die Erkenntnis, dass Errungenschaften, welche wir für die moderne Zeit des Apostolats zu beanspruchen gewohnt sind, schon frühzeitig ganz oder zum Teil verwirklicht wurden.« In diesem kurzen Aufsatz, eine Auswertung von A.Kleinhans ›Historia linguae arabicae et Collegii Missionum S.Petri in Urbe‹, Florenz 1930, unter missionsärztlicher Fragestellung, vermerkt er auch (S.90): »Aber da der Verfasser nur so nebenbei auf die medizinische Vorbildung zu sprechen kommt ... darf angenommen werden, dass weitere Akten diese notdürftigen Angaben erhellen können.« – Als grundlegendes Quellenwerk dazu vgl. G.Schurhammer SJ, Gesammelte Studien, hrsg. zum 80. Geburtstag des Verfassers, Bd.I, Die zeitgenössischen Quellen zur Geschichte Portugiesisch-Asiens und seiner Nachbarländer zur Zeit des Hl. Franz Xaver, Rom 1962.

6.   Vgl., auch wegen wertvoller Literaturangaben zu diesem bislang wenig erforschten Gegenstand, J.Wicki SJ, Die Bruderschaft der ›Misericordia‹ in Portugiesisch Indien, in: Das Laienapostolat in den Missionen, Festschrift Prof.Dr.J.Beckmann SMB zum 60. Geburtstag, Neue Zeitschrift für Missionswissenschaft Supplementa (NZM.S)

Dienst galt vornehmlich den ›pobres enfermos‹, den Pilgern, Armen und Alten, aber auch den verlassenen körperlich und/oder geistig Kranken. Sie kamen in ›Hospitälern‹ unter,[7] vergleichsweise kleinen Einrichtungen[8] unterschiedlichsten Charakters, die in der Tradition der Xenodochien standen.[9] Die aufgenommenen Kranken »wurden ... jedoch keiner Behandlung unterzogen, man suchte sie lediglich von den übrigen Menschen [sc. der Stadt] zu entfernen.«[10] Mediziner oder Chirurgen gehörten, wenn überhaupt, äußerst selten zu den ständigen Spitalmitarbeitern.[11]

Nach dem Lissaboner Vorbild erfolgten entsprechende ›Misericórdia‹-Gründungen in Angola, Mozambique, Indien, Malakka (Malaysia), Macao, auf den Molukken, in Japan und in Brasilien.[12] Ursprünglich ganz der Wohlfahrt sowie der Pflege

     X, Schöneck-Beckenried 1961, S.79-97. – Zur historischen Entstehung des Misericordia Gedankens vgl. H.Cieslik SJ, Laienarbeit in der alten Japan-Mission, ebd., S.99-129, bes. S.113f.

7. Zu dem Komplex der Geschichte des Hospitals vgl. H.Wolter, Das abendländische Spital im Mittelalter, in: Handbuch zur Kirchengeschichte (Hrsg. H.Jedin), Bd.III,2, Freiburg 1985, S.230ff (Lit.!); J.v.Steynitz, Mittelalterliche Hospitäler der Orden und Städte als Einrichtungen der sozialen Sicherung, Sozialpolitische Schriften Heft 26, Berlin 1970; D.Jetter, Geschichte des Hospitals Bd.4, Spanien von den Anfängen bis um 1500, Wiesbaden 1980. – Es legt sich der Gedanke nahe, den Begriff ›Hospital‹ als Euphemismus ähnlich dem des ›Guteleutehaus(es)‹ zu verstehen.

8. »Die durchschnittliche Bettenzahl betrug bis ins Hochmittelalter hinein zwölf [Anspielung auf die Zahl der Apostel], selten waren es achtzehn Betten«; v.Steynitz, Mittelalterliche Hospitäler, S.20.

9. »Einmal wurde das Spital reines Pfründnerhaus, ein andermal Armenhaus. Aber auch regelrechte Krankenhäuser für Aussätzige kommen vor. Krankenhäuser im heutigen Sinne sind dabei wohl in der Minderzahl gewesen und kamen gegenüber den Pfründneranstalten zahlenmäßig wenig in Betracht« R.Goldhahn, Spital und Arzt von einst bis jetzt, Stuttgart 1940, S.62, zitiert bei J.v.Steynitz, Mittelalterliche Hospitäler, S.18.

10. J.v.Steynitz, Mittelalterliche Hospitäler, S. 19.

11. »Erst nach 1800 sind Ärzte in spanischen Hospitälern selbstverständlich.« (D.Jetter, Geschichte des Hospitals Bd.4, Spanien, S.19). – Über die bei Wicki, Die Bruderschaft der ›Misericordia‹ in Portugiesisch Indien, genannte Literatur hinaus vgl. für den deutschsprachigen Bereich S.Reicke, Das deutsche Spital und sein Recht im Mittelalter, 2 Teile, Kirchenrechtliche Abhandlungen, Hefte 111-114, Stuttgart 1932; D.Jetter, Geschichte des Hospitals, Bd.1, Westdeutschland von den Anfängen bis 1850, Wiesbaden 1966; ders. Das europäische Hospital von der Spätantike bis 1800, Köln 1986.

12. Zur ›Misericórdia‹ in Goa (Indien) und Salvador (Brasilien) vgl. R.Watermann, Goa und Salvador medizinhistorisch, in: Medizinische Monatsschrift, Zeitschrift für allgemeine Medizin und Therapie, Stuttgart 1967 (21.Jg.), S.500-505; ders., »Das vortrefflichste Hospital der Welt« in Goa, ebd. 18.Jg. Heft 3, März 1964, S.112-117; J.Wicki, Die gesundheitlichen Zustände in der indischen Provinz der Gesellschaft

erkrankter Militärs und Entepreneurs gewidmet, weiteten manche dieser Misericórdia-Vereinigungen ihre Tätigkeit auch auf die notleidende einheimische Bevölkerung aus, indem sie für diese eigene Einrichtungen schufen[13]; missionarisch bedeutsam wurden allerdings nur die in Japan, infolge der Integration in das Missionswerk durch die Jesuiten.[14] Ihre nach europäischem Muster 1557 und 1559 erfolgten Hospitalgründungen in Otia (im Nordosten der Insel Kyûshû), zu deren Versorgung eine eigene Misericórdia-Bruderschaft gegründet wurde, vor allem aber die ärztliche Tätigkeit von Louis de Almeyda SJ[15], die neben klinischer und ambulanter Arbeit auch, zumindest in den Anfangsjahren, praktischen Unterricht für angehende (japanische) Ärzte umfasste, hätten fraglos zu einer systematischen Begründung ärztlicher Mission führen können, wenn dieses nicht infolge kirchlicher Rechtsbestimmungen verhindert worden wäre;[16] denn Prie-

Jesu im 16. Jahrhundert, in: NZM, 35. Jg., 1979, S.277-293, bes. S.289f. Zu den Anfängen der ›Misericórdia‹ in Afrika vgl. L.Kilger OSB, Heilkunde und Heilmittel in den zentralafrikanischen Missionen des 16. bis 18. Jahrhunderts, in: Katholische missionsärztliche Fürsorge, Jahrbuch 1933, 10.Jg., S.93-119, bes. S.97f u.116. Zu Macao vgl. K.Ch.Wong / W.Lien-The, History of Chinese Medicine, Tientsin 1932, S.130ff; J.C.Soares, Macau e a Assistência (Panorama médico-social), Lisboa 1950, bes. S.9ff; J.C.Thomson, Historical Landmarks of Macao, in: The Chinese Recorder and Missionary Herald, Shanghai, Vol.XVIII, 1887, S.213 u. 217. Zu Malakka und Ceylon R.Watermann, Der Mensch im ultramarinen Hospital (1494-1832), in: Die Medizinische Welt, 17.Jg. NF, Stuttgart 1966, S.1629-1634 u. 1674-1678.

13. Vgl. R.Watermann, Der Mensch im ultramarinen Hospital, passim.
14. Vgl. H.Cieslik SJ, Laienarbeit in der alten Japan-Mission, in: Das Laienapostolat in den Missionen, S.99-129, bes. S.113ff. – Ansätze zu einer solchen Integration gab es allerdings auch bei den Kapuzinern in ihrer damaligen Kongomission; vgl. L.Kilger OSB, Heilkunde und Heilmittel, S.102.
15. Der Portugiese Almeyda / Almeida (1525? – 1583), der als wohlhabender Arzt und Kaufmann in Japan sein Glück versuchen wollte, lernte während der Überfahrt jesuitische Missionare kennen und trat 1555 der Gesellschaft Jesu bei. Im gleichen Jahr gründete er mit eigenem Vermögen ein Findelhaus; 1557 das Armenspital und 1559 das Krankenhaus für wohlhabende Japaner in Otia, das erste seiner Art in Japan. 1578 wurde er als 55jähriger in Macao zum Priester geweiht; vgl. K.Sommervogel SJ, Bibliothèque de la Compagnie de Jésus, Bd.I, Brüssel/Paris 1890, Sp. 195f, Almeyda, Louis de; (L.Koch, Jesuiten-Lexikon – Die Gesellschaft Jesu einst und jetzt, Paderborn 1934, gibt Sp.43 das Todesjahr fälschlicherweise mit 1586 an).
16. Vgl. D.Schilling OFM, Das Schulwesen der Jesuiten in Japan (1551-1614), 3.Kap.: Das Ärztliche Institut in Otia, Münster 1931, S.40ff. Damals wurde in den Konstitutionen (von 1555) ausdrücklich festgestellt ›Medicinae, & Legum studium, ut à Nostro Instituto magis remotum, in Universitatibus Societatis vel non tractabitur, vel saltèm ipsa Societas per se id onus non suscipiet.« (ebd. S.63, A 6) »Einzelne Ordensmitglieder und Katechisten scheinen jedoch noch praktiziert und studiert zu

stern und Ordensleuten wurde die Ausübung der Chirurgie und Medizin, später dann auch schon das Studium dieser Fächer, untersagt. Die Pflege der Kranken aber war als Werk der Barmherzigkeit geradezu geboten. Daher konnten die Franziskaner, als sie aufgrund ihrer geschätzten caritativen Tätigkeit im St.Anna Hospital zu Manila 1593 nach Japan hinübergerufen wurden, in Miyako, dem heutigen Kyôto, guten Gewissens die beiden Hospitäler St.Anna und St.Joseph für Arme, Kranke und Aussätzige erbauen (1594), deren medizinische Leitung in den Händen eines japanischen Arztes und Apothekers lag, während sie selbst, zusammen mit weltlichen Kräften, das Pflegepersonal stellten.[17] Auch dieses, unter ausdrücklich missionsstrategischen Gesichtspunkten in Angriff genommene Projekt, fand ein rasches Ende durch den Tod der ›26 Märtyrer von Nagasaki‹ am 5.Feb.1597.[18] Der Hinweis, daß bei der Vertreibung der Missionare aus Japan im November 1614 neben Kirchen und Kollegien auch »Spitäler ... zerstört« wurden[19], läßt auf einen gewissen Fortbestand von caritativen Einrichtungen über jenes Datum hinaus schließen; Genaueres ist darüber aber z.Zt. nicht bekannt.

In den durch den ›Consejo de las Indias‹ (Indienrat) zentralistisch verwalteten *spanischen Kolonien* bestand durch königliche und kirchliche Erlasse die Pflicht, »in jedem Dorfe zur Aufnahme der Armen und Kranken neben der Kirche ein Spital zu bauen«.[20] Diese und ähnliche Bestimmungen führten zur Entwicklung des ethnisch geprägten Indianer Hospitals, das in Süd-Amerika weite Verbreitung fand.[21] Solche Hospitäler waren von den jeweiligen Gemeinden in Eigenarbeit zu

> haben; denn 1612 verbot der Visitator Francisco Pasio beides; und zwar wurde die Ausübung der Medizin auch jenen verboten, die in dieser Kunst bewandert waren.« (ebd. S.65). Das Spital in Otia wird noch bis zum Jahre 1586 erwähnt und ist wahrscheinlich 1587 bei der Eroberung der Stadt durch die Truppen Shimazu Yoshihisas zerstört worden.
> 17. Ausführlich dazu D.Schilling OFM, Hospitäler der Franziskaner in Miyako (1594-1597), Schöneck/Beckenried 1950; als Einzelbeiträge erschienen in NZM, V.Jg., 1949, s.1-18, 98-110, 189-202, 258-275 und VI.Jg., 1950, S.35-47.
> 18. Vgl. D.Schilling, Hospitäler der Franziskaner in Miyako, S.72ff.
> 19. J.F.Schütte, Art.: Japan, II. Missionsgeschichte, in: LThK, Bd.5, Sp.876. In dem Beitrag über ›Die Gesandtschaft Date Masamune's – Ein Bild aus der japanischen Auslandspolitik des 17. Jahrhunderts‹ des Jesuiten Roggen in: Katholische Missionsärztliche Fürsorge, Jahrbuch 1941, S.106-111, wird ein Hospital erwähnt, ebd. S.108.
> 20. So die Entscheidung des 1.Konzils von Mexiko (C.70), zitiert bei J.Specker SMB, Die kirchlichen Vorschriften über die ärztliche Fürsorge in den alten spanisch-amerikanischen Missionen, in: Missionsärztliche Caritas, Jahresheft 1948, S.16-23, Zitat S.16.»Schließlich bestimmte der Erlaß [sc. Philipp II. von 1573], daß alle öffentlichen Gebäude, das Rathaus, das Zollhaus, das Arsenal und ... das Hospital am Platz in der Mitte der Stadt zu erbauen sind.« (D.Jetter, Geschichte des Hospitals Bd.3, Nordamerika <1600-1776> <Kolonialzeit>, Wiesbaden 1972, S.12)
> 21. Vgl. D.Jetter, Geschichte des Hospitals Bd.3, Nordamerika, S.7ff (Hospitäler der

errichten, zu unterhalten und auch krankenpflegerisch zu betreuen. In den mexikanischen Hospitälern der Augustiner z.b. wurden die Männer und Frauen des betreffenden Dorfes zu einer Woche Krankendienst jährlich verpflichtet, während es in einigen franziskanischen Spitalgründungen, wie in Tlaxcala und Michoacán, eigens dafür gegründete Spitalbruderschaften gab.[22] Damit war nicht nur die Volksnähe einer der indianischen Kultur fremden Institution gewährleistet, sondern zugleich war damit den Neubekehrten ein praktisches Betätigungsfeld zur Einübung in das Christentum gewiesen, wie solches ja bekanntlich auch das erklärte Anliegen der Reduktionen war.[23] Zu den Motiven dieses stark institutio-

spanischen Kolonien). Jetter gibt für das Gebiet des heutigen Mexiko die Zahlen der Hospitalgründungen für die Zeit 1500-1600 mit 70, für die von 1600-1700 mit 25 und für die von 1700 – 1800 mit 20 an.»Überträgt man diese Ergebnisse mit aller Vorsicht auf die anderen Länder Mittel- und Südamerikas, so ergibt sich, daß die Forschung mindestens 300, vielleicht aber auch 600 spanische Kolonialspitäler in diesen Gebieten zu untersuchen hätte.« (ebd. S.10) – Zur medizinisch-caritativen Tätigkeit in diesem Gebiet allgemein: Th.Respondek RMM, Missionsärztliche Praxis des 16. und 17. Jahrhunderts (unter besonderer Berücksichtigung der spanischamerikanischen Kolonien), in: Katholische Missionsärztliche Fürsorge, Jahrbuch 1931 (8.Jg.), S.139-155.

22. Vgl. L.Kilger, Spitäler und Aerzte in der alten Mexiko-Mission, in: Missionsärztliche Caritas, Jahresheft 1945, S.3-6; J.Specker SMB, Die missionsärztliche Praxis in der Paraguaymission, in: Missionsärztliche Caritas, Jahresheft 1946, S.16-27, bes. S.23. – Im 17.Jahrhundert entstand als Gründung des Spaniers Pedro de San José Betancur (1626 – 1667) ein größerer lateinamerikanischer Krankenpflegeorden, der der ›Bethlehemiten‹, der sich trotz der starken Präsenz der ›Barmherzigen Brüder‹ in Mittel- und Südamerika verbreiten konnte, weil er sich besonders den Rekonvaleszenten und deren geistlichem Wohle widmete. 1710 als Orden mit feierlichen Gelübden bestätigt, mußten die Bethlehemiten jedoch 1820, im Morgengrauen des missionsärztlichen Zeitalters, aufgehoben werden, obwohl sie damals noch zwei Provinzen mit insgesamt 32 Hospitälern besaßen (Peru mit 22 / Mexiko mit 10), vgl. J.Specker SMB, Der Spital-Orden der Bethlehemiten in Lateinamerika (1667-1820), in: Das Laienapostolat in den Missionen, S.181-199.

23. »Die Krankenfürsorge in der Mexiko-Mission des 16. Jahrhunderts verstand es in vorbildlicher Weise, die Neubekehrten selbst zum Unterhalt und zur persönlichen Mitarbeit in den Spitälern heranzuziehen. Die Bruderschaften verbanden den Liebesdienst für die Kranken mit religiöser Weiterbildung und aszetischer Schulung der Mitglieder. Die Dienstwoche war für Pfleger und Pflegerinnen gleichzeitig eine Art Jahresexertizien, freilich ohne Vorträge, aber mit um so mehr Uebungen christlicher Liebe und frommem Gebet. Wenn es die Franziskaner als Grundsatz aussprachen: die Eingeborenen sollen angehalten werden, Kranke aufzusuchen und ins Spital zu bringen, ›damit die Indianer dadurch den Dienst der Liebe lernen und die Werke der Barmherzigkeit, die gegen den Nächsten geübt werden sollen‹, – so ist damit die seelsorgerliche Absicht ausgesprochen, den Kranken zu helfen und die gesunden Indianer zu echter, werktätiger Charitas zu erziehen.« (L.Kilger OSB, Spitäler und

nellen caritativen Engagements in den Missionen zählten neben kolonialen Interessen und der Sorge um das eigene wie fremde Seelenheil[24] auch, wie hinsichtlich der ersten franziskanischen Missionsunternehmung in Japan bereits angedeutet, missionsstrategische Überlegungen. Zum einen bot das Krankenlager, das oft zum Sterbelager wurde, den Missionaren die manchmal einzige Möglichkeit zu taufen[25]; zum anderen sollten Vorurteile gegenüber dem Christentum abgebaut werden. Schon 1532 schrieb Peter von Gent, OFM, aus Mexiko, das Spital sei »eine große Hilfe für die Armen und Notleidenden und fördert die Bekehrung. Denn so lernen sie die Liebestätigkeit kennen, die unter Christen Brauch ist; dadurch werden sie eingeladen, sich dem neuen Glauben zu nähern und gewinnen Vertrauen zu uns.«[26] Gleiches ist aus anderen Missionen zu hören[27] und dient in bestimmten Kreisen bis in die Gegenwart hinein zur Rechtfertigung missionsärztlicher Hospitalarbeit.

Wohin solche Institutionalisierung und Instrumentalisierung vorbehaltlos sich hingebender Liebe führen kann, wird deutlich an den Bestimmungen zweier mexikanischer Konzile, deren erstes (1555) bestimmte, daß der Arzt einen Kranken so lange nicht besuchen, geschweige denn behandeln dürfe, bis dieser gebeichtet und kommuniziert habe, und deren III. (1585) verfügte, daß alle armen Kranken, bevor ihnen im Hospital ein Bett zugeteilt werde, beichten müßten, spätestens aber innerhalb der ersten drei Tage ihres Aufenthaltes. Geschehe das nicht, so dürfe sie der Arzt weder besuchen noch ihnen Medikamente verabreichen, wofür der Spitalleiter unter Strafandrohung Sorge zu tragen habe.[28]

      Aerzte in der alten Mexiko-Mission, S.6.) – Reduktionen bezeichnen die »im kolonialen Hispanoamerika unter der Leitung von Missionaren stehende geschlossene Siedlungen bekehrter Indianer, die ›ad ecclesiam et vitam civilem essent reducti.« (G.Kahle, Art. ›Reduktionen‹ in LThK, Bd.8, Sp.1066f, Zitat Sp.1066.)

24. »Das Interesse an der Bekehrung zum rechten Glauben und der Wille, die hier brachliegenden Arbeitskräfte in Bergwerken und landwirtschaftlichen Großbetrieben aus ›unersättlicher Habgier‹ zum Vorteil des Mutterlandes ›für Gott und den König‹ auszubeuten, waren viel zu groß.« (D.Jetter, Geschichte des Hospitals Bd.3, Nordamerika, S.11).

25. Vgl. D.Schilling, Hospitäler der Franziskaner in Miyako, S.74ff; J.Wicki, Die ältere katholische Mission in der Begegnung mit Indien, in: Saeculum, Jahrbuch für Universalgeschichte (Saec.), Bd.6, Jg.1955, Freiburg / München, S. 345-367, bes. S. 357.

26. Brief an Karl V., zitiert von L.Kilger in: Spitäler und Aerzte in der alten Mexiko-Mission, S.3.

27. Missionsstrategisches Denken leitete auch die Jesuiten in Japan, vgl. D.Schilling, Das Schulwesen der Jesuiten in Japan, S.62.

28. Vgl. J.Specker, Die kirchlichen Vorschriften über die ärztliche Fürsorge in den alten spanisch-amerikanischen Missionen, in: Missionsärztliche Caritas, Jahresheft 1948, S.19f. – Auch wurde bestimmt, daß in Krankenzimmern und Kapellen die christli-

Derartige Regelungen, die aus der Zeit der klerikalen Medizin stammen und bereits seit dem IV. Lateranum (1215) kirchenrechtlich verbindlich gemacht worden waren,[29] wären sicherlich nicht nötig gewesen, wenn es keine entsprechenden Mißstände gegeben hätte. Die ebenfalls von den Konzilien erstellten ›Ärzte-Beichtspiegel‹ lassen darauf schließen, daß nicht nur die Kooperation mit den hauptsächlich aus ›Neuchristen‹ sich rekrutierenden Ärzten[30] erheblich gestört gewesen sein muß, sondern auch, daß sich über die Heilkunde heidnischer Aberglaube in Gestalt ›unchristlicher‹ Heilpraktiken eingeschlichen haben muß.[31] Solche Zustände hätten durchaus zur Idee des christlichen Missionsarztes führen können. Aber auch hier standen der Weiterentwicklung einer entsprechenden Konzeption die schon bekannten kirchen- und ordensrechtlichen Vorschriften

    chen Glaubenswahrheiten in geschriebener Form sichtbar angebracht sein müßten, etwas, das auch in manchen Missionshospitälern des 19./20. Jahrhunderts zu finden war bzw. ist.

29. Vgl. dazu P.Diepgen, Über den Einfluß der autoritativen Theologie auf die Medizin des Mittelalters, Akademie der Wissenschaften und der Literatur, Abhandlungen der geistes- und sozialwissenschaftlichen Klasse, Jg. 1958, Nr.1, Wiesbaden 1958, bes. S.18f.
30. Darunter fallen zunächst jüdische und muslimische Konvertiten, dann aber auch die Neophyten der jeweiligen Völker, denen gegenüber man hinsichtlich orthodoxer christlicher Heilpraxis nicht ganz sicher war; vgl. J.Wicki, Die gesundheitlichen Zustände der indischen Provinz der Gesellschaft Jesu im 16. Jahrhundert, S.285ff.
31. Vgl. J.Specker, Die kirchlichen Vorschriften über die ärztliche Fürsorge in den alten spanisch-amerikanischen Missionen, S.4.; J.Wicki SJ, Die ältere katholische Mission in der Begegnung mit Indien, S.357. – Diese Vermutung wird auch durch folgenden Umstand bestätigt: 1628 wurde in Rom der Vorschlag gemacht, »that two students from each Pontifical College should be trained in medicine after completing their studies for the priesthood, in order to obviate the harm being done to the Catholic Religion by the influence exerted by Jewish doctors while treating Catholic patients. But the Cardinals voted against the proposal because the colleges had been erected to provide priests for the parishes, because people needed spiritual more than bodily medicines, because the graduates ›after having learned the art of medicine will not readily return to their fatherland‹, and finally because this would be too great a financial burden on the colleges, since such students ›would have to be kept in the colleges for another three years at least after completing their theological studies in order to be able to acquire the science and practice of medicine.« (R.M.Wiltgen, Propaganda is placed in Charge of the Pontifical Colleges, in: Sacrae Congregationis de Propaganda Fidei Memoria Rerum, Hrsg. J.Metzler OMI, Bd.I,1, Freiburg/Rom 1971, S.494f). – Einen weiteren wichtigen Beleg dafür, nämlich die 1737 in Rom erschienene ›Epitome Manualis Missionariorium Orientalium‹ des C.Francesco da Breno, bespricht ausführlich L.Correnti in ›Istruzioni di Carattere Medico per i Missionari del XVIII Secolo, in: Medicina Nei Secoli, Periodico fondato da Luigi Stroppiana, A Cura dell'Institutio di Storia della Medicina dell'Universita di Roma, Anno VII, N.2 (April-Juni) 1970, Rom, S.45-49.

(Irregularität) entgegen.³² Von der Möglichkeit, um päpstliches Indult nachzusuchen, wurde zwar häufiger Gebrauch gemacht³³, jedoch läßt sich bei dessen für die jeweiligen Einzelfälle zeitlich begrenzter Gewährung kein einheitliches Prinzip erkennen; mal waren es kirchenpolitische Erwägungen³⁴, mal, wie betreffs der China-³⁵ und Islam-Mission³⁶, missionstaktische Überlegungen, und schließlich, wenn die gedruckten medizinischen Ratgeber nicht weiter halfen³⁷,

32. Es handelt sich dabei vor allem um Entscheidungen des 4.Lateranums von 1215. – Zum Problemkomplex vgl. S.van der Lee, Clerus en Medicijnen in de Geschiedenis van het Kerkelijk Recht, Utrecht / Nijmegen 1951; J.H.Visser, Genees- en Heelkunde door Priesters en Religieuzen volgens Kerkelijk Recht, in: Medisch Missie Maandblad, Breda 1928 (1.Jg.), S.104ff (I) u. S.125 (II); P.Fritschy, Medische Missie en Kerkelijke Recht, ebd. (5.Jg.) 1932, S.65-70; J.Brunini, The Clerical Obligations of Canons 139 and 142, A historical synopsis and commentary, Washington D.C. 1937, bes. S.8-19; J.B.Sägmüller, Lehrbuch des katholischen Kirchenrechts, Freiburg 1909², S.184ff.
33. Schon allein in A.Huonder SJ, Deutsche Jesuitenmissionäre des 17. und 18. Jahrhunderts, Freiburg 1899, finden sich unter den ca. 800 aufgeführten Personen 26 Mediziner bzw. Apotheker, Patres sowohl als auch Fratres. (Von Huonder abhängig: F.F.X.Lebzelter, Katholische Missionäre als Naturforscher und Ärzte, Wien 1902). Für die Franziskaner finden sich bei A.Kleinhans OFM, Historia Studii Linguae Arabicae, insgesamt sechs Mediziner.
34. Deutlich z.B. an dem diesbezüglichen Hin und Her für die Kapuziner-Mission in Georgien; vgl. A.Eszer, Missionen in den Randzonen der Weltgeschichte: Krim, Kaukasien und Georgien, in: Sacrae Congregationis de Propaganda Fidei Memoria Rerum, Hrsg.J.Metzler, Bd. I,1, Freiburg/Rom 1971, S.671; J.B.Brunini, The Clerical Obligations of Canons 132 and 142, S.16f.
35. Vgl. J.Beckmann, Missionsärztliche Tätigkeit in der alten Chinamission (17. und 18. Jahrhundert), passim.
36. So wurde beispielsweise Pater Remigius Giarollo de Valle Solis OFM von der Propaganda ausdrücklich gebeten, sich im Blick auf seinen späteren Dienst mit der Krankenpflege und ärztlichen Kunst vertraut zu machen, um dort eingesetzt werden zu können, wo diese Kenntnisse von Nutzen wären; er kam nach Laodicäa und Kairo. (Vgl. A.Kleinhans OFM, Historia Linguae Arabicae, S.277f). Gleiches gilt für Theodor Krump OFM; vgl. ebd. S.232f; und: ›Im Reiche des Negus vor 200 Jahren – Missionsreise der Franziskaner nach Abessinien von 1700-1704. Nach dem Tagebuch des Missionars P.Theodor Krump OFM dargestellt‹, Trier 1914, sowie B.Lins OFM, Geschichte der bayerischen Franziskanerprovinz zum hl. Antonius von Padua von ihrer Gründung bis zur Säkularisation 1620-1802, München 1926 (Bd.I), S.287-289.
37. Die Zahl der bisher bekannten in Druck erschienenen Gesundheitsratgeber für die Missionare der älteren katholischen Missionen ist beachtlich. Als einige der wichtigsten seien genannt: ›Tractado breve de Medicina‹ (1592), erstes medizinisches Handbuch für Missionare, zusammengestellt von Augustin Farfán; ›Tesoro de Medicina para diversuas enfermedades‹ von Gregorio Lopez, das, obwohl schon 1583

waren es auch einmal die gesundheitlichen Nöte der Missionare[38]. Unter den so in den Missionen tätigen Medizinern und Chirurgen sind hervorzuheben: der erste, der seine medizinischen Kenntnisse in den Dienst der Mission überhaupt stellte, Pedro Alfonso SJ, seit 1556 in Goa als Laienbruder tätig[39]; der geniale und hochbegabte Johannes Terrentius SJ (1576-1630) in China[40], Sigismund Aperger

geschrieben, erst 1672 erschien; ›Libro de medicinas caseras para consuelo de religiosos y alivio de los enfermos‹ von Blas de la Madre de Dios OFM, 1611 geschrieben; ›Manuale di Medicina prattica per i Missionari‹ des Kapuziners Filippo Penesse da Sequi, der in Chile arbeitete, verfaßt im 19. Jhdt. (Erscheinungsort und -jahr unbekannt); ›Materia médica misionera‹ von Pedro Montenegro SJ, 1888 veröffentlicht. – Vgl. die Auswertung des von J.Streit in der ›Bibliotheca Missionum‹ zusammengestellten bibliographischen Materials durch P.Louis in dessen Beitrag: ›Missionsärztliche Bestrebungen in früheren Jahrhunderten‹, in: Katholische Missionsärztliche Fürsorge, Jahrbuch 1926 (3.Jg.), S.87-94; P.Maarschalkerweerd OFM, Uit de Geschiedenis van de Medische Missie, Medische handboeken van en voor Missionarissen 16e – 19e eeuw, in: Medisch Missie Maandblad, Breda, 3.Jg. (1931), S.234-242; 4.Jg. (1932), S.205-210, 303-309; 5.Jg. (1933), S.135-141, 156-158, 170-172. (Leider blieb diese wichtige Arbeit in dieser Form Fragment). – J.Specker SMB, Ein medizinisches Handbuch aus dem Jahre 1592, in: Missionsärztliche Caritas, Jahresheft 1949, S.3-12 (zu A.Farfáns ›Tractado‹); ders. auch kurz zum Buche von Pedro Montenegro in ›Die missionsärztliche Praxis in der Paraguaymission‹, in: Missionsärztliche Caritas, Jahresheft 1946, S.21f.
38. Vgl. J.Wicki SJ, Die gesundheitlichen Zustände in der indischen Provinz der Gesellschaft Jesu im 16. Jahrhundert, S.288f; J.Specker, Die missionsärztliche Praxis in der Paraguaymission, S.20ff; L.Kilger OSB, Heilkunde und Heilmittel, S.108f.
39. »Br. Pedro Alfonso, 1556 in Indien Jesuit geworden, war der erste bekannte Missionsbruder, der seine ärztlichen Kenntnisse ... in den Dienst der eigentlichen Mission stellte, worin er in Zukunft bei Katholiken und Protestanten Nachfolger bis in die Gegenwart fand; dieses indirekte Apostolat christlicher Nächstenliebe hat denn auch bei den Nichtchristen hohe Anerkennung gefunden. Durch eine dem jeweiligen Stand der ärztlichen wissenschaftlichen Kenntnisse entsprechende Behandlung wirkte er aller Art Zauberei und Aberglauben entgegen.« (J.Wicki SJ, Die ältere katholische Mission in der Begegnung mit Indien, S.366.)
40. Er, der Mediziner, Philosoph und Mathematiker war, stand mit Galilei und Kepler in Kontakt, wurde 1603, noch bevor er den Jesuiten 1611 beitrat, als eines der ersten Glieder in die päpstliche Akademie der Wissenschaften aufgenommen. 1617 reiste er in die Chinamission aus, wo er der erste Missionsarzt für dieses Land wurde. Er schrieb für die Chinesen zwei anatomische Bücher über den ›Aufbau des menschlichen Körpers‹, die aber erst nach seinem Tode (1830 in Peking) in chinesischer Übersetzung im Druck erschienen, vgl. J.Beckmann SMB, Missionsärztliche Tätigkeit in der alten Chinamission (17. und 18. Jahrhundert), in: Missionsärztliche Caritas, Jahresheft 1941, S.3-10; A.Huonder, Deutsche Jesuitenmissionäre, S.195.

SJ in Paraguay (1687-1738)[41], Johann Siebert SJ (1708-1745) in Cochin-China (Süd-Vietnam)[42], Bernhard Rhodes SJ (1644-1750) in Indien und China[43], Stefano da Romano OCap (17.Jhdt.), Feliaciano da Besozzo OCap (17./18.Jhdt.) und Adam da Chiozza OCap (17./18.Jhdt.) in der Angola- bzw. Kongomission.[44] Sie alle waren bezeichnenderweise schon Mediziner, bevor sie sich entschlossen, in den Missionsdienst zu treten![45]

Doch auch Missionare wurden ärztlich-medizinisch tätig. So schreibt der Jesuitenpater Dominikus Maier (1689-1767) über seine Arbeit in Paraguay:

»Auch wir Missionarien selbstens müssen uns zuweilen aus Not und Liebe gegen diese Völker als Aerzte gebrauchen lassen, ja die Noth[!] lehret uns vielmahl zur Ader zu lassen und die Zähne auszuziehen, wiewohl wir diese Kunst nicht erlernet haben. Ich habe selbsten schon öfter mit göttlicher Hilfe Beinbrüche, den Krebs und andere dergleichen schwere Zufälle und Krankheiten geheilet.«[46]

Die Nottaufe war es schließlich, die die Missionare zu auch größeren chirurgischen Eingriffen, vor allem dem Kaiserschnitt, veranlaßte, wie es die Parochialbücher der franziskanischen Missionen im südlichen Kalifornien, damals zu Mexiko gehörend, belegen.[47] Der Umfang solcher Tätigkeit ist sicherlich größer,

---

41. A.Huonder SJ, Deutsche Jesuitenmissionäre, S.140; J.Specker, Die missionsärztliche Praxis in der Paraguaymission, S.25f.
42. »... einer der bedeutendsten Missionäre von Cochin-China – 1738 von Macao nach Cochinchina gesandt, dessen König einen in der Mathematik und Arzneikunde bewanderten Europäer gewünscht hatte.« (A.Huonder SJ, Deutsche Jesuitenmissionaäre, S.183).
43. Vgl. Bernhard Rhodes, Medical Missionary, 1644-1715, in: The East and The West, A Quarterly Review for the Study of Missionary Problems, Vol IX, 1911, Society for the Propagation of the Gospel in Foreign Parts, Westminster, S.75-81 (deutsch in: Die Ärztliche Mission. 6.Jg., 1911, S.53-59).
44. Vgl.L.Kilger OSB, Heilkunde und Heilmittel, S.110 u. 115f.
45. Lediglich bei Joh.Siebert ist das aus den mir zugänglichen Quellen nicht mit Sicherheit zu eruieren, trägt aber hohe Wahrscheinlichkeit für sich. – Es gab auch Ärzte, die den Jesuiten oder anderen Orden beitraten, mit ihnen in den Missionen wirkten, ohne allerdings ihre ärztliche Kunst auszuüben, wie z.B. Mauritz Thomans SJ; vgl. Priester und Arzt, in: Katholische missionsärztliche Fürsorge, Jahrbuch 1929 (6.Jg.), S.142-145.
46. Zitiert von J.Specker SMB, in: Die missionsärztliche Praxis in der Paraguaymission, S.25. Einschränkend ist allerdings zu bemerken, daß D.Meier / Mayr wenn nicht selbst Arzt, so doch Apotheker war, bevor er 1729 zum Priester geweiht wurde; vgl. A.Huonder, Deutsche Jesuitenmissionäre, S.120.
47. Vgl. R.Keupper Valle, The Cesarean Operation in Alta California during the Franciscan Mission Period (1769-1833), in: Bulletin of the History of Medicine, Organ of the American Association of the History of Medicine and of the Johns Hopkins

als er zur Zeit mit Dokumenten zu belegen ist; denn sonst wäre es weder verständlich, warum entsprechende Manualia für Priester publiziert wurden[48], noch warum ein solcher Eingriff von den Kanonisten nicht als Verstoß gegen bestehende Vorschriften gewertet wurde.[49]

Den wenigen Frauenorden jener Zeit, die Häuser in den Patronatsmissionen hatten, wurden weder missionarische noch medizinische, sondern nur erzieherische Aufgaben im Rahmen der Kolonialgemeinden zugewiesen.[50] Einzig die französischen Augustiner-Hospitaliterinnen von Dieppe (Moniales Augustines hospitalières de la miséricordie de Jésus, gegr. 1630), die als Krankenpflegerinnen für die Arbeit des 1639 gegründeten Hospitals zu Quebec, Kanada, eingesetzt wurden, könnten als Vorläuferinnen der medizinisch tätigen Missionsschwestern des 19. und vor allem des 20. Jahrhunderts angesehen werden (s.u. S. 239ff).[51]

B. Protestantische missionsärztliche Initiativen

Die zeitweiligen Unklarheiten über die ersten Vorläufer protestantischer missionsärztlicher Arbeit, die hinsichtlich der Personen Justus Heurnius (1587?-1647?)[52]

Institute of the History of Medicine, Vol 48, Baltimore 1974, S.265-275. – Zu den franziskanischen Missionen in Alta California vgl. D.Jetter, Geschichte des Hospitals Bd.3, Nordamerika, S.19ff.

48. Zu nennen ist hier das auch in mehrere Sprachen (Latein, Französisch, Spanisch) übersetzte vierbändige Werk des Msgr. Francesco Emanuello Cangiamila ›Embrilogia Sacra, ovvero del »Uffizio de' Sacerdoti, Medici, e Superiori, circa l'Eterna Salute de' Bambini Racchiusi nell« utero‹, Palermo 1745. Ausführlich dazu R.Keupper Valle (wie A 47), S.269f.

49. »A person performing a cesarean operation on a women certainly dead, in order to baptize the offspring, does not exercise surgery.« J.B.Brunini, The Clerical Obligations, S.14.

50. Vgl. A.Väth SJ, Die Frauenorden in den Missionen, Aachen 1920, bes. S.1-11 (Die Frauenorden im spanischen und portugiesischen Kolonialreich des 16., 17. und 18. Jahrhunderts).

51. Vgl. M.Heimbucher, Die Orden und Kongregationen der katholischen Kirche, 3., großenteils neubearb. A., 1.Bd., München/Paderborn/Wien 1965, S.652; A.Väth SJ, Die Frauenorden in den Missionen, S.12ff.

52. Während bei Th.Christlieb Heurnius keinerlei Erwähnung erfährt, so taucht dieser Hinweis zum ersten Mal bei H.Feldmann (Die ärztliche Mission, S.22) auf, von wo er durch J.Richter (Indische Missionsgeschichte, 1908, 1924², S.468) übernommen wurde. (M.Schlunk, Manuskript, S.23, verweist auf H.Gundert, Die evangelische Mission, ihre Länder, Völker und Arbeitsgebiete, Calw 1903⁴, S.40, als der ersten

und Justinian v.Welz (1621?-1668?)⁵³ bestanden, sind inzwischen genauso be-

> Quelle für diese Annahme, was aber nicht hat belegt werden können). Von Feldmann und Richter dann abhängig: Fortman, De Geschiedenis der Medische Zending, Nijkerk 1908, S.51f; G.Olpp, Die ärztliche Mission und ihr größtes Arbeitsfeld, S.11; ders.: ›Die internationale ärztliche Mission‹ in: Die Deutsche Evangelische Aerztliche Mission, Stuttgart 1928, S.152ff, was er allerdings später korrigiert hat (vgl. 200 Jahre deutscher ärztlicher Mission, in: Ruf und Dienst der ärztlichen Mission, S.55ff), im Gegensatz zu Th.Ohm, für den dies nicht gesichert zu sein scheint (Die ärztliche Fürsorge der katholischen Missionen, S.32); jüngst (1987) wieder von David E.Van Reken in ›Mission and Ministry‹, S.9 (in Abhängigkeit von den früheren Arbeiten G.Olpps) vertreten, wie überhaupt der historische Teil dieser Arbeit der vielen Ungenauigkeiten wegen sehr unbefriedigend ist. – Zu Heurnius vgl. den Personalartikel in G.A.Lindeboom, Dutch Medical Biography – A biographical Dictionary of Dutch Physicians and Surgeons 1475-1975, Amsterdam 1984, Sp. 858f; A.Nebe, War Justus Heurnius Missionsarzt?, in: Die Ärztliche Mission, 23.Jg., 1933, S.98-101; vor allem aber die große Biographie von J.R.Callenbach, Justus Heurnius, eene bijdrage tot de geschiedenis des Christendoms in Nederlandsch Oost-Indië, Callenbach 1897. – Heurnius, Sohn des Medizinprofessors Johannes van Heurne in Leiden, hatte, bevor er das Theologiestudium in Groningen aufnahm und in den Missionsdienst ging, wie sein Bruder Otto Medizin studiert, wurde deswegen für die Überfahrt von der holländischen Ostindischen Kompanie »als predikant en genesheer« angestellt. Daß er sich aber auch in Ost-Indien (Batavia, Indonesien) als Arzt betätigt habe, ist nicht belegt. Er verfasste ein Holländisch-Malaiisches Wörterbuch (Vocabularium ofte Woordenboeck in't Duitsch en Maleisch, Amsterdam 1650) und war »more a clergyman than a medical man«. (A.Lindeboom, Dutch Medical Biography, Sp.859) »Die Legende von ihm als dem ersten Missionsarzt ist zerstört, aber geblieben ist das anziehende Bild eines Mannes, der in der Freiheit der evangelischen Mission für sie in Theorie und Praxis kraftvoll eintrat.« (A.Nebe, War Justus Heurnius, S.101)

53. Aus der vorsichtigen Formulierung G.Olpps: »Wohl richtete *Freiherr von Weltz* [!] in Ulm 1644 auch an die studiosi medicinae der Augsburgischen Konfession eine ›christliche und treuherzige Vermahnung betreffend eine sonderbare Gesellschaft, durch welche nächst göttlicher Hilfe unsere evangelische Religion möchte ausgebreitet werden« (Die ärztliche Mission und ihr größtes Arbeitsfeld, S.11, Hervorhebung im Original), wird bei Th.Ohm schon verengend: »Als Freiherr von Weltz [!] 1644 die Studenten der Medizin zur Missionsarbeit einlud, hatte er wenig oder keinen Erfolg.« (Ärztliche Fürsorge der katholischen Missionen, S.32). Von Welz betitelte seinen Aufruf in der Ausgabe von 1664 mit: Eine christliche und treuherzige Vermahnung an alle rechtgläubigen Christen der Augspurgischen Confession betreffend eine sonderbare Gesellschaft, durch welche nechst Göttlicher Hülffe unsere Evangelische Religion möchte ausgebreitet werden, von Justiniano in den Druck verfertigt zu einer Nachrichtung 1. allen Evangelischen Obrigkeiten. 2. Baronen, und Adeln. 3. Doctorn, Professorn und Predigern. 4. Studiosi Theologiæ am meisten. 5. Auch Stud. Juris und Medicinæ. 6. Kauffleuten, und allen Jesus-liebenden Hertzen. (So in

seitigt wie diejenigen im Blick auf die ersten, systematisch organisierten Bemühungen seitens einer Gesellschaft[54], die bei der Herrnhuter Brüdergemeine vermutet wurden.[55]
Frühe Spuren missionsärztlicher Gedanken in nicht-katholischen Kreisen lassen sich schon 1645 in einem Schreiben an die Oud-Hollandsche Zending in Leiden erkennen[56], dann 1712 im Testament eines englischen Kolonial-Offiziers auf

Faber's Missionsbibliothek Nr. 1, Leipzig 1890). Es ging ihm also um die akademisch Gebildeteten, nicht um die Ärzte im Besonderen, die auch im Text nur hin und wieder erwähnt werden, am ausgeprägtesten im Rahmen des 4. Kap., S.36: »Hier ist zu mercken, daß nicht nur allein die Studiosi Theologiæ zu diesem Werck der Bekehrung unglaubiger Völcker zu gebrauchen sind, sondern auch die Studiosi Juris und medicinæ, wann sie u n v e r h e y r a t e t sind, absonderlichen aber, wann es ihnen in der Praxi nicht recht vonstatten gehen will. Diese beede Arten der Studenten dörffen nur das einige in acht nehmen, daß sie sich recht informiren lassen in Theologischen Sachen, damit sie auch andere Leut unterrichten können... (S.37) ... Eben dieses Trostes deß zukünftigen ewigen Gnaden-Lohns kan sich auch anmassen ein unverheyrather Studiosus Medicinæ, wo er darnach trachtet, wie er möge unglaubigen Menschen in fernen Ländern an der Seelen curiren, und gesund machen.« (Hervorhebung im Original) – Zu v.Welz vgl. E.Geldbach, Justinian von Welz und die Reformation des Einsiedlerideals, in: ZMiss, Jg. I, (1975), S.142-154); F.Laubach, Justinian von Welz und sein Plan einer Missionsgesellschaft innerhalb der deutschen und englischen Sozietäts- und Missionsbestrebungen des 17. Jahrhunderts, masch. Dissertation, Tübingen 1955; J.A.Scherer, Justinian Welz: Essays by an Early Prophet of Mission, Grand Rapids, Michigan 1969.

54. Dies dank der Studien von A.Nebe: Wer hat den ersten Missionsarzt ausgesandt?, in: Die Ärztliche Mission, 23.Jg., 1933, S.101f; Die Missionsärzte der Dänisch-Halleschen Mission, ebd., 22.Jg., 1932, S.98-101. – Zu den Problemen vgl. auch A.Lehmann, Hallesche Mediziner und Medizinen, S.127; ders.: Es begann in Tranquebar, Berlin 1956², S.175.
55. Zuerst bei G.Olpp, Quellenstudien über deutsche Missionsärzte, in: Die Ärztliche Mission, 9.Jg., 1914, S.49-54 u. 73-79; ders. Festgruß zur 200-Jahrfeier der Herrnhuter Mission, ebd., 22.Jg., 1932, S.66ff; revoziert in: G.Olpp, 200 Jahre deutscher ärztlicher Mission, in: Ruf und Dienst der ärztlichen Mission, S.55.
56. N.A.de Gaay Fortman, De Geschiedenis der medische Zending, teilt S.52 mit, daß im Archiv der Oud-Hollandsche Zending ein Schreiben von Jacobus Vertrecht an de Classis in Amsterdam vom 4.Sept.1645 liege »waarin de predikant noemt onder de voorwaarden, waarop hij wil uitgaan naar Indië, om ook het Evangelie te prediken onder de heidenen, wonende in eenige versch gevonden eilanden, niet veel boven de 60 mijlen om de Oost en Zuid van Banda gelegen: ›Dat eerstens twee krankbezoekers met hem gaan, om de taal te leeren, waartoe zich wil verbinden Jacob de Boever, krankbezoeker op Lontoir, een bekwaam man, ervaren in het Maleisch, zeer genegen tot dit werk; maar dan diende zijn gage verbeterd te worden. *Bovendien biedt zich aan Simon Jacobsen, krankbezoeker op het schip de Snoek. Hij zoude tot dit werk zeer geschikt zijn, hij verstaat de chirurgie, is gewend met zwarten om te gaan, maar*

Barbados[57] und in der ebenfalls 1712 erfolgten Anstellung eines ›Malabarischen Medicus‹ durch die Missionare in Tranquebar.[58] Zur ersten Aussendung eines

diende dan ook van medicamenten uit den winkel in het kasteel Batavia voorzien te zijn, om hem in ongelegenheid te dienen.‹ (Hervorhebung im Original).

57. Das von P.Garlick (Man's Search for Health, S.228) mitgeteilte Dokument lautet: »General Codrington gives and bequeaths his two plantations in the island of Barbados ... to the Society for the Propagation of the Christian Religion in Foreign Parts [sc. the SPG] ... and desires that the plantations should continue entire and three hundred negroes at least be always kept thereon, and a convenient number of professors and scholars maintained there, who are to be obliged to study and practice physic and chirurgery as well as divinity, that by the apparent usefulness of the former to all mankind they may both endear themselves to the people and have the better opportunity of doing good to men's souls while they are taking care of their bodies«. Dieser Plan kam nicht zustande, führte aber zur Gründung des Codrington College in Barbados. – 1719 tauchte ein ähnlicher Gedanke in den Kreisen der etwas älteren ›Society for Promoting Christian Knowledge‹ auf vgl. H.W.Schomerus, Eine missionsärztliche Bitte aus dem Jahre 1719, in: Die Ärztliche Mission, 26.Jg., 1936, S.127.

58. Dieser sollte vornehmlich »Schul-Kinder und Gemeine bey zustoßenden Kranckheiten mit nöthiger, fürnehmlich mit hiesiger Landes-Medicin versehe[n]; auch wo es für nöthig gefunden wird, ihnen die Europäische Medicin applizere[n]« (aus dem Tagebuch der Dänisch-Halleschen Missionare in Tranquebar vom 27.Jan. 1712, vgl. H.Schomerus, Missionsärztliche Urkunden, I, Der erste indische Missions-Medicus, in: Die Ärztliche Mission, 26.Jg., 1936, S.126f); vgl. auch A.Lehmann, Hallesche Mediziner und Medizinen, S.124. – Dieser namentlich nicht genannte indische Heilkundige hatte zuvor J.E.Gründler beim Übersetzen medizinischer Texte und Bücher aus dem Tamil geholfen und war auch angelernt worden, die aus Halle von den Missionaren mitgebrachte Medizin zu verabreichen. Darüberhinaus bestand seine Aufgabe im Schul-Unterricht (Erklärung der tamilischen medizinischen Hauptschriften, Biologie und Heil-Kräuterkunde) und im systematischen Sammeln der »medicinischen Bücher der Malabaren«. Dahinter ist unschwer das Modell der gesundheitsbewußten Erziehung im Halleschen Waisenhause zu erkennen; vgl. W.Piechocki, Gesundheitsfürsorge und Krankenpflege in den Franckeschen Stiftungen in Halle/Saale, in: Acta Historica Leopoldina, Nr. 2, Leipzig 1965, S.29-66. – Es ist überhaupt auffällig, wie stark sich auch die theologischen Missionsmitarbeiter der dänisch-halleschen Mission medizinischen und hygienischen Fragen zuwandten. 1709 verfasste B.Ziegenbalg eine in Fragen und Antworten gehaltene Abhandlung ›Von den Kranckheiten und der Medicin der Malabaren‹ (vgl. Das erste Dokument der evang. Mission über Eingeborenen-Medizin‹, in: Die Ärztliche Mission, 26.Jg., 1936, S.95f; A.Lehmann, Hallesche Mediziner und Medizinen, S.118-120; J.E.Gründler übersetzte medizinische Texte aus dem Tamil »daß ... auch einigen in Europa möchte gedienet seyn« im, jetzt nur noch als stark beschädigtes Manuskript erhaltenen ›Malabarische[n] Medicus‹; vgl. A.Lehmann, ebd., S.124ff. – Eine besondere Bedeutung kam, wie die Briefe immer wieder erkennen lassen, von Anfang an der seit 1698 bestehenden

protestantischen Arztes nach Übersee, des lic.med. Caspar Gottlieb Schlegelmilch, kam es 1729/30 durch die *Dänisch-Hallesche Mission*.[59] Zwar vereitelte dessen früher Tod den praktischen Erfolg dieser Initiative[60]; die an diese Aussendung geknüpften Erwartungen aber hatten prinzipiell-programmatischen Charakter von weiterreichender Bedeutung. Laut dem zwischen Schlegelmilch und Halle am 28.12.1729 geschlossenen Vertrag sollte jener neben der medizinischen Betreuung der Missionare:

»soviel nur die Umstände zulassen und in seinem Vermögen stehet, auch anderen und denen Heyden daselbst sich nicht entziehen, sondern auch denselben ohne Unterschied mit Rath und That, auch sonder Belohnung an Hand gehen;«[61]

    Waisenhaus-Apotheke und ihren geschätzten Medikamenten zu, die nicht nur in Indien, sondern auch unter den Auswanderern in Nordamerika (vgl. H.Melchior Mühlenberg, Notebook of a Colonial Clergyman, trans. & ed. by Th.Tappert/John W.Doberstein, Philadelphia 1975, bes. S.26, 169f) begehrt waren. Zur Apotheke und deren verhältnismäßig wenigen (11 – 13) Medikamenten: E.Altmann, Christian Friedrich Richter (1676-1711), Witten 1972, S.41-95. Als ›Beipackzettel‹, der jeder Reiseapotheke beigelegt wurde, verfaßte C.F.Richter bereits 1702 die 84 seitige Gebrauchsanleitung ›Selectus medicamentorum‹, aus dem dann 1705 (1791[18]!) der umfangreiche, 544 Seiten starke Band erwuchs: ›Kurtzer und deutlicher Unterricht von dem Leibe und natürlichen Leben des Menschen: Woraus ein jeglicher, auch Ungelehrter erkennen kan, was die Gesundheit ist, und wie sie zu erhalten: auch welches die menschlichen Kranckheiten, deren Ursachen und Kennzeichen sind, und wie sie von einem jeden zu verhüten, oder auch bey Ermangelung eines Medici, ohne Gefahr und mit gutem Succeß zu curiren: Nebst einem Selectu Medicamentorum oder XIII. der sichersten und besten Artzneyen, zu einer kleinen, auff alle gewöhnliche Kranckheiten eingerichteten Haus- Reise- und Feld-Apothecken, mit genugsamen Bericht von deren Eigenschafften und rechten Gebrauch‹ ein Text, der sicherlich auch den Missionaren mitgegeben worden war; vgl.E.Altmann, ebd. S.66ff.

59. Vgl. zum Folgenden neben der bereits in diesem Zusammenhange angeführten Literatur noch A.Nebe, Die Missionsärzte der Dänisch-Halleschen Mission, in: Die Ärztliche Mission, 22.Jg., 1932, S.98ff; E.Beyreuther, Die Anfänge ärztlicher Mission, in: G.Propach (Hrsg.), Predigt und heilt, Gießen 1985, S.29-44 u. 122f. Beyreuthers Feststellung »Die ärztliche Mission setzte also – entgegen manchen anderen Darstellungen – bereits im 18. Jahrhundert ein.« (ebd. S.43) ist eingedenk des oben zur Begriffsgeschichte Ausgeführten sowie der historischen Sachlage nur bedingt zutreffend.
60. Schlegelmilch machte sich am 12.1.1730 auf die Reise, traf am 12.7. in Madras ein, ging von da über Land nach Tranquebar, welches er am 11. August erreichte und verstarb dort bereits am 30.8. an Dysentrie (wahrscheinlich Tropen-Ruhr), vgl. A.Nebe, Die Missionsärzte, S.98. Unzutreffend A.Nørgaard, Mission und Obrigkeit, S.158: »Schlegelmilch ... starb jedoch knapp zwei Jahre nach seiner Ankunft in der Kolonie«, was aber auch Übersetzungsfehler sein könnte.
61. Zitiert nach A.Nebe, Die Missionsärzte, S.98 u. A.Lehmann, Hallesche Mediziner und Medizinen, S.127.

und von Zeit zu Zeit naturwissenschaftliche und medizinische Beobachtungen nach Halle berichten.

Ganz wie der Arzt am Waisenhaus, so sollte auch der Hallesche Missions-Medikus hauptsächlich für die eigenen Mitarbeiter und für die unentgeltliche ärztliche Hilfe der Armen, besonders der Kinder in den Anstalten, zuständig sein. In seiner Verpflichtung zu gelegentlichen naturwissenschaftlichen Mitteilungen spiegelt sich nicht nur die pietistische Gewißheit, daß
»aus allen Werken Gottes und ihrer überaus künstlichen Einrichtung ... das Bild des Schöpfers hervor [leuchtet] und seine unendliche Vollkommenheit«[62];
sondern darin wird auch die beginnende Aufklärung mit ihrem Bedürfnis nach exakter Beobachtung deutlich, einem Konzept, das ja gerade von Johann Juncker (1679-1759), dem Waisenhaus-Arzt und Lehrer Schlegelmilchs, als Ordinarius der jungen Universität (1694) durch sein seit 1717 an der ›Krancken Pflege‹ des Waisenhauses gehaltenes ›Collegium Clinicum Halense‹ erstmals in die medizinische Ausbildung an einer deutschen Universität eingeführt wurde.[63]

62. E.Altmann, Christian Friedrich Richter, S.72
63. Zur medizingeschichtlichen Bedeutung Junckers vgl. W.Kaiser, In memoriam Johann Juncker (1679-1759), in: Johann Juncker (1679-1759) und seine Zeit (1), Hallesches Juncker Symposium 1979, Hrsg. W.Kaiser u. H.Hübner, Halle 1979, S.7-28; A.Völker, Das populärwissenschaftliche Schrifttum von Johann Juncker, ebd. (2), S.41-54; W.Piechocki, Gesundheitsfürsorge und Krankenpflege in den Franckeschen Stiftungen, S.38ff. – Kurz zuvor hatte Hermann Boerhaave (1668-1738) in Leiden den klinischen Unterricht als *das* Mittel der Medizinerausbildung erkannt und eingesetzt. (vgl.W.Kaiser / H.Krosch, Leiden und Halle als medizinische Zentren des frühen 18.Jahrhunderts, in: Zeitschrift für die gesamte Innere Medizin und ihre Grenzgebiete, 23.Jg., Leipzig 1968, S.330-338). – Zu der von Georg Ernst Stahl (1659-1734) bestimmten Halleschen Medizinschule vgl. C.Habrich, Therapeutische Grundsätze pietistischer Ärzte des 18. Jahrhunderts, in: Beiträge zur Geschichte der Pharmazie, Beilage der Deutschen Apotheker Zeitung, Bd.31 Nr.16, Stuttgart 1982; dies.: Zur Ethik des pietistischen Arztes im 18.Jahrhundert, in: W.Kaiser / A.Völker (Hrsg.), Ethik in der Geschichte von Medizin und Naturwissenschaften, Halle 1985, S.69-83; (Die in beiden Aufsätzen erwähnte Habilitationsschrift der Verfasserin ›Untersuchungen zur pietistischen Medizin und ihrer Ausprägung bei Johann Samuel Carl (1677-1757) und seinem Kreis, München 1982, war nicht einzusehen.) – Für die missionsärztliche Fragestellung dürfte vor allem die Beobachtung von Interesse sein, daß gemäß der von Stahl, C.F.Richter und auch J.Juncker vertretenen medizinisch-philosophischen Grundkonzeption Fieber und Schmerzen nicht durch Anwendung von Chinin und Opium zu dämpfen seien, da sie den in diesen Reaktionen zum Ausdruck kommenden natürlichen Heilungsablauf stören; eine für die Malaria-Behandlung der Missionare z.B. fatale Konsequenz!

Gotthilf A.Francke verband darüber hinaus mit dieser Aussendung laut seines tags darauf an die Missionare in Tranquebar geschriebenen Briefes die Erwartung:

»er [sc. Schlegelmilch] werde ihnen nicht nur vor ihre Personen und Anstalten gar gute Dienste thun können, sondern ihnen vielleicht auch einen mehreren Eingang bey den Heyden zu wege bringen, da ... die Heyden selbst manchmal auch einen medico gefragt haben. Und vielleicht könte ein und anderer von ihnen selbst mit etwas von der medicin faßen und dasselbe hinkünftig nützlich gebrauchen.«[64]

Ganz ohne missionsstrategisches Kalkül ist dieses Engagement also nicht gewesen.

Die baldige Aussendung von Dr.S.B.Cnoll, der bereits am 30.8.1732 in Tranquebar als Nachfolger für Schlegelmilch eintraf, ist eine Bestätigung des verbindlichprogrammatischen Charakters der dargelegten Grundsätze für die Dänisch-Hallesche Mission. Cnoll, ebenfalls Juncker-Schüler, konnte über 34 Jahre in Tranquebar wirken.[65] Er wurde allseits geschätzt, bot aber den Missionaren auch Anlaß zur Klage:

»Es wäre wohl sehr zu wünschen, wenn ein Medicus bey der Mission sein vornehmstes Augenmerk und Bemühung dahin richtete, daß er sich mit uns den schwartzen gäntzlich widmete zur Beförderung ihres leiblichen und geistlichen Wolseyns. Allein hier liegt ein schwerer Stein des Anstoßes im Wege. Außer dem gewöhnlichen jährlichen Salario, ist bey den schwartzen gar kein praemium laboris zu gewarten. Bey den blanken aber sind doch manche accidentien noch mit zu nehmen: dergleichen wir ihm wol noch mehrer von Hertzen gönnen möchten; wenn nur das Hauptwerk dabei keinen Abbruch litte.«[66]

Der durch die eigentümlich gespannte Stellung der Missionare zur dänischen Kolonie mitbedingte Konflikt[67] verschärfte sich bei Cnolls dänischem Nachfolger Køníg (1728-1785), der zu alledem weder mit den Halleschen Medikamenten noch mit den in Halle üblichen Behandlungsweisen zurechtkam, weil er dort nicht studiert hatte.

64. Brief vom 29.12.1729, zitiert bei A.Nebe, Wer hat den ersten Missionsarzt ausgesandt?, S.101f (Nebe gibt als Quelle die Signatur des Halleschen Archivs mit O.M.B.I,C 1 an).
65. Da auch Cnolls Korrespondenz mit Halle erhalten geblieben ist, eignet er sich vorbildlich zum Studium des Missions-Medikus. Als er am 26.2.1767 starb, vermachte er seinem Nachfolger aus seinem Vermögen einen jährlichen Gehaltszuschuß von 100 Talern zur Aufbesserung des mageren Missionsgehaltes.
66. Bericht wegen des Missions-Medici, an Herrn Profess.Francken, vom 27.Dez.1733, gemeinsames Schreiben der in Tranquebar lebenden 6 Missionare, abgedruckt in: A.Lehmann, Hallesche Mediziner und Medizinen, S.128ff, Zitat S.129. – Beyreuther, Die Anfänge ärztlicher Mission, irrt, wenn er ebd. S.38 meint, Cnoll habe diesen Brief mitverfaßt.
67. Vgl. A.Nørgaard, Mission und Obrigkeit, S.34ff.

Als er 1775 den Missionsdienst verließ, um für den Nawab von Tanjore zur Verfügung zu stehen, kam im Juni 1777 Dr.J.D.Martini als vierter, nach dessen Tod 1792 J.G.Klein als fünfter und letzter Missions-Medikus – die Mission wurde im Mai 1825 auf königliche Verordnung aufgelöst[68] – nach Tranquebar.[69]

Nicht missionstaktische Überlegungen, sondern der Tod von zehn der insgesamt neunundzwanzig 1734 nach St.Croix, Westindien, ausgesandten Missionare binnen nur eines Jahres gaben für die *Herrnhuter Brüdergemeine* den Ausschlag, mit Dr.Th.W.Grothaus 1735 ihren ersten Arzt in den Missionsdienst zu schicken.[70] Grothaus, ebenfalls ein J.Juncker-Schüler, wollte die »ungesunde Luft« und die übrigen klimatischen Verhältnisse in St.Croix untersuchen, um ähnliche Katastrophen in Zukunft vermeiden zu helfen. Er wurde aber sofort selbst Opfer der Malaria.[71] Ihm folgten noch im 18. Jahrhundert 27 weitere Ärzte auf die verschiedenen Missionsstationen der Herrnhuter.[72] Einige erlitten das gleiche Schicksal

68. Vgl. A.Nørgaard, Mission und Obrigkeit, S.227ff.
69. A.Nebe, Die Missionsärzte der Dänisch-Halleschen Mission, S.100f. Genauere Lebensdaten über Klein liegen lt. Nebe (und A.Lehmann) nicht vor. Jedoch ist es medizingeschichtlich aufschlußreich zu wissen, daß Klein um die Einführung neuer Therapiemethoden wie z.B. mittels einer Elektrisiermaschine bemüht war und ab 1803 die Kuhpocken-Impfung in Tranquebar einführte, in deren Handhabung er auch die tamilischen Katecheten unterwies. Seine umfangreiche Vogel- und Insektensammlung verschaffte ihm die Mitgliedschaft in verschiedenen gelehrten Gesellschaften. – Kurzbiographien dieser Missionsmedici (diese Berufsbezeichnung ist hier durchgängig) unter medizingeschichtlicher Fragestellung finden sich in Kristian Carøe: Den Danske Lægestand (I) S. 110 (zu Schlegelmilch), S.26f (zu Cnoll), S.S.84 (zu Martini) und S.75 (zu Kønig); (II, 1786 – 1838) S.110 (zu Klein).
70. Vgl., auch zum folgenden, Th.Bechler, 200 Jahre ärztlicher Missionsarbeit der Herrnhuter Brüdergemeine, Herrnhut 1932. – Zu Grothaus und seinem nicht unproblematischen Verhältnis zu Herrnhut, ebd. S.36ff. – Zur allgemeinen Bedeutung ärztlicher Tätigkeit bei den Herrnhutern vgl. Th.Bechler, Zinzendorf und die anfängliche ärztliche Tätigkeit der Herrnhuter, in: EMM, NF 67. Jg., 1933, S.105-114; H.C.Hahn / H.Reichel, Zinzendorf und die Herrnhuter Brüder, Quellen zur Geschichte der Brüder-Unität von 1722 bis 1760, Hamburg 1977, S.268-275; zu den Anfängen der Mission ebd. S.350ff; S.Baudert, Auf der Hut des Herrn, Rückblick auf zweihundert Jahre Herrnhuter Missionsgeschichte, Herrnhut 1931.
71. Grothaus, der zuvor Staatsphysikus in Kopenhagen war, brach mit 2 anderen Brüdern am 2.12.1735 von Amsterdam aus auf, erreichte sein Ziel erst am 23.3.1736 und verstarb in hohem Fieber bereits am 28.3.1736. Die Erwähnung, daß er an Fieber erkrankte und in Fieberphantasien darniederlag, läßt auf eine Malaria schließen; ein tragisches Opfer der Ablehung der Behandlung mit Chinin in der Halleschen Therapeutik (s.o. A 63). – Eine Kurzbiographie Grothaus ist in Kristian Carøe, Den Danske Lægestand, I, S.49f zu finden.
72. Nach Westindien, den heutigen Karibischen Inseln, reisten neben Grothaus 6 weitere Ärzte aus, von denen einige nur kurz, wie z.B. John Wood, im Dienst blieben, andere

wie Grothaus⁷³, andere waren nur kurz für die Mission tätig⁷⁴, und wieder andere konnten langjährigen Dienst tun.⁷⁵ In der Regel war ihnen, die ja bekanntlich ›Gemein-Ärzte‹ waren, die Gesundheitsbetreuung der Gemeine-Kolonie anvertraut; die darüber hinausgehende, ihnen gestattete Ausübung ärztlicher Privat-Praxis trug zur finanziellen Unterstützung der Gemeine-Kolonie bei, ja, war manchmal für deren Unterhalt geradezu notwendig.⁷⁶ Missionarische Bedeutung haben die Herrnhuter Mediziner aber nicht gewonnen, wenngleich einige von ihnen die »Missionsversuche«⁷⁷ unter den buddhistischen Kalmücken (Wolga-Oiroten) und unter den islamischen Völkern des Vorderen Orients (Persien, Ägypten) entscheidend getragen haben.⁷⁸

aber, wie z.B.P.J.Planta auf Jamaika, über 20 Jahre tätig sein konnten. – Auf die Station Sarepta an der Wolga wurden insgesamt fünf Ärzte bzw. Chirurgen ausgesandt. – Nach Ostindien (Tranquebar, Bengalen, Nikobaren) reisten neun Ärzte aus, nach Suriname zwei, nach Ceylon, Persien und Ägypten fünf, nach Labrador bzw. an die Nordküste Nordamerikas zwei.

73. So z.B. der Chirurg Gypper in Tranquebar und der Schiffsmedikus und Chirurg Gottlieb Kretschmer, »der dem Sterben in St.Croix schon aus dem Grunde machtlos gegenüberstand, weil er nur mangelhaft mit Arzneien ausgerüstet war. Er schrieb: ›Medikamente habe ich nicht, aber ein Fünckchen Glauben, daß der Heiland mir helfen wird.« (Th.Bechler, 200 Jahre ärztlicher Missionsarbeit, S.43f). – Die Herrnhutischen Missionsunternehmungen in Ostindien beurteilt ders. Verf. ebd. S.73 folgendermaßen:»Wie die ganze fast 40jährige Ostindien-Mission der Brüdergemeine eine Geduldsschule sondergleichen war, die kaum nennenswerte Erfolge aufzuweisen hatte, mit unendlichem Widerstand von Weißen und Schwarzen und mit den schlimmsten klimatischen, wirtschaftlichen und Verkehrs-Verhältnissen zu kämpfen hatte und in der Hauptsache nur aufgrund von Losentscheidungen aufrechterhalten wurde, so war auch diese ärztliche Missionsarbeit eine Geschichte voll Leid und Trübsal. Die Ärzte hätten erst die gesundheitlichen Verhältnisse studieren sollen und daraus ihre Schlüsse für die zu beobachtende Hygiene und Diät ziehen müssen. Stattdessen mußten sie mit zum Unterhalt des Werkes beizutragen suchen.«
74. So blieb John Wood nur für 2 Jahre im Dienst der Herrnhuter auf Barbados; Ch.H.G.Gräfe nur drei Jahre in Tranquebar, und B.Heine gar nur wenige Monate.
75. Dr.G.H.Thumhardt arbeitete 15 Jahre lang in Nisky auf St.Thomas; P.J.Planta 21 Jahre auf Jamaika; J.A.Betschler sogar 22 Jahre in Tranquebar.
76. So z.B. ausdrücklich bei dem Arzt Carl F.Schmidt in Serampore, und bei J.A.Betschler in Tranquebar, durch dessen ärztliche Praxis es auch zu – positiven – Berührungen mit den Halleschen Tranquebar Missionaren kam (vgl. Th.Bechler, 200 Jahre ärztlicher Missionsarbeit, S.58ff; zu den Beziehungen auch A.Nørgaard, Mission und Obrigkeit, S.178ff.) – Demgegenüber konnte sich der Arzt Reynier in Suriname von seiner ärztlichen Tätigkeit nicht nähren, so daß er das Schuhmacherhandwerk erlernte; vgl. Th.Bechler (wie oben), S.73ff.
77. So bezeichnet S.Baudert, Auf der Hut des Herrn, Herrnhut 1931, S.37ff die Missionsaktivitäten, die nur kurzzeitig bestanden.
78. »Wie in der Mohammedaner-Mission, so kam man auch bei diesen Buddhisten an

Außerhalb Halles und Herrnhuts tritt, soweit bekannt, erst gegen Ende des 18.Jahrhunderts in *Dr.John Thomas* (1757-1801) ein weiterer Arzt im Zusammenhang protestantischer Missionsunternehmungen in Erscheinung.[79] Nach einem Bekehrungserlebnis als Schiffschirurg der East India Company nach Kalkutta gekommen, begann Dr.Thomas neben dem Bengali-Studium mit eigenständiger, auch medizinischer Missionsarbeit, kehrte 1792 nach England zurück, um schon im darauffolgenden Jahr als erster Missionar der gerade gegründeten Baptistischen Missionsgesellschaft erneut nach Serampore – mit W.Carey als »assistant« – auszureisen.[80] Der Widerstand der englischen Behörden bedingte aber die Verzögerung des Beginns der Missionsarbeit bis 1800, und da Thomas bereits im Oktober 1801 verstarb, konnte er nur beschränkt dezidiert missionsärztlich tätig werden.[81]

Zwar ist auch der Holländer *Dr.J.Th.van der Kemp* (1747-1811), der 1798 als Missionar der London Missionary Society nach Süd-Afrika gesandt wurde, Arzt gewesen, aber als solcher im Missionsdienst nicht tätig geworden.[82]

    die Herzen nur durch die Liebesarbeit der **ärztlichen** Tätigkeit heran. Daher war man in der Wahl der Missionare beschränkt: man konnte nur solche anstellen, die neben sprachlicher Fähigkeit gute **medizinische** Kenntnisse besaßen.« (Th.Bechler, 200 Jahre ärztlicher Missionsarbeit, S.56; Hervorhebungen im Original). – Zur medizinschen Arbeit unter den Kalmücken vgl. ebd. S.48ff; zur Arbeit im vorderen Orient (Iran, Ägypten) ebd. S.81ff.

79. R.F.Moorshead, Heal the Sick – The Story of the Medical Mission Auxiliary of the Baptist Missionary Society, London o.J. (1929?), S.15ff; N.Young, Medical Missionary Pioneers, I. Dr.John Thomas, in: The Journal of the Christian Medical Association of India, Burma and Ceylon, Vol.XIII, No.1, Jan.1938, S.1-6; M.I.M.Causton, For the Healing of the Nations – The Story of British Baptist Medical Missions 1792-1951, London 1951, bes. S.16ff. Das umfangreiche Lebensbild ›The Life of John Thomas‹, London(?) 1875 von C.B.Lewis, das die Verfasserin des öfteren erwähnt, hat nicht eingesehen werden können.

80. »So effective an account was given by Thomas of the need of India for the gospel that Carey and the other pioneers of the young society decided that Bengal must be their field, and that this traveller, practitioner and evangelist must be their ambassador. So it came about that a doctor was accepted as the first B.M.S. missionary, with Carey as his colleague.¹ (¹ – *That Thomas was actually appointed before Carey is proved by a letter of Fuller:- »We resolved ... that if Mr.Thomas concur with this proposal, the Society will endeavour to procure him an assistant ... Mr.Thomas accepted the invitation of the Committee ... Brother Carey then voluntarily offered to go with him if agreeable to the Committee.«* quoted by C.B.Lewis in ›The Life of John Thomas‹, p.219); M.Causton, For the Healing of the Nations, S.20; Hervorhebung im Original.

81. Immerhin kam es infolge seiner ärztlichen Tätigkeit zur Bekehrung und Taufe des ersten Bengali dieser Mission, Krishna Pal, am 18.12.1800. (vgl. R.F.Moorshead, Heal the Sick, S.18f und M.Causton, For the Healing of the Nations, S.22ff).

82. »... we still do not know anything about actual medical assistance. Although perfectly qualified for the job, he is certainly not, like his great L.M.S. successor David

An der Schwelle zum Übergang in die Zeit der beginnenden systematischen missionsärztlichen Arbeit steht neben den ersten beiden Ärzten der Basler Mission, Dr.R.F.Hohenacker und Dr.Fr.Heinze[83], und den beiden in der Judenmissionsarbeit tätigen Dr.Clark (auf Gibraltar, 1823) und Dr.Dalton (in Jerusalem, 1824)[84] vor allem *Dr.John Scudder* (1793-1855), der Stammvater einer nicht nur missionsärztlichen Dynastie.[85] Er, der 1819 im Auftrag des American Board of

> Livingstone, to be reckoned among the typical missionary doctors. ... Van der Kemp does say, however, that he took measures for general inoculation against smallpox; after having received a little parcel of serum from London in 1810 ... He also wrote a textbook on practical obstetrics. ... In books on medical history, Van der Kemp is often credited as having written the first South African book on midwifery. As this book has also been lost, it has always been added: ›but this has never been authenticiated‹.« (I.H.Enklaar, Life and Work of Dr.J.Th. Van der Kemp, Cape Town/ Rotterdam 1988, S.174.) Auch E.H.Jeffs, der Verfasser der Geschichte missionsärztlicher Arbeit der L.M.S. ›The Doctor Abroad‹, Westminster o.J.(1933?), weiß nichts von einer ärztlichen Tätigkeit van der Kemps, so daß er diesen in seiner Darstellung gar nicht erwähnt. – N.Bitton, Medical Work of the London Missionary Society, in: Edinburgh Medical Missionary Society, Quarterly Paper, Vol.XVIII, 1935, S.462, bemerkt zu den Anfängen:»The Medical Missions of the London Missionary Society began with the first company of missionaries sent out in 1836, ... for a surgeon was among their number. The care of his fellow missionaries was probably his prime function, and in the two decades following he had no successor.«

83. Rudolf Friedrich Hohenacker stammte aus Zürich und war von 1822-1831 in der Kaukasus-Mission tätig; der Sachse Chr.Fr.Heinze reiste 1832 nach Ghana aus, verstarb aber innerhalb der ersten zwei Wochen an Malaria (vgl. W.Schlatter, Geschichte der Basler Mission 1815-1915, Bd.1, S.372ff; jetzt vor allem F.H.Fischer, Der Missionsarzt Rudolf Fisch und die Anfänge medizinischer Arbeit der Basler Mission an der Goldküste (Ghana), Herzogenrath 1991, S.27ff; zur Korrektur Schlatters in Bezug auf Hohenacker ebd. S. 27 A 1).

84. Vgl. I.Kammerer, An der Wiege der ärztlichen Mission, in: Die Deutsche Evangelische Aerztliche Mission, S.13ff.

85. Scudder ergriff auf elterliches Verlangen das Studium der Medizin, obwohl er eigentlich in das Pfarramt wollte. Als erfolgreicher New Yorker Arzt zog er Jahre später mit seiner jungen Familie nach Übersee; vgl. J.B.Waterbury, Memoir of the Rev.John Scudder, M.D. – Thirty six Years Missionary in India, New York 1870; (davon abhängig das Lebensbild in: The Medical Missionary Record, Vol.I, 1886, S.29ff u.61ff); N.Young, Medical Missionary Pioneers, 2. Dr.John Scudder, 1793-1855, in: The Journal of the Christian Medical Association of India, Burma and Ceylon, Vol.XIII, No.2, March 1938, S.81-87. Diesem Artikel ist eine genealogische Karte der Scudders beigefügt, derzufolge bis 1938 insgesamt 50 (!) Familienmitglieder im Missionsdienst tätig waren, 13 davon als Missionsärzte. – Anläßlich der sechsten missionsärztlichen Konferenz in Battle Creek, 1914, sprach Scudders Enkelin Ida Scudder über ihren Großvater, vgl. The Medical Missionary, Battle Creek, Vol.XXIII, 1914, S.438ff.

Commissioners for Foreign Missions als ›missionary physician‹ nach Indien und Ceylon gesandt wurde, repräsentiert in seiner Biographie den Übergang von einer mehr zufälligen zur planmäßigen ärztlichen Missionsarbeit. Als der klassische Vertreter des ›Second Awakening‹ (s.u.S.145 A 74)[86], der er war, richtete er nicht nur Aufrufe zur Mitarbeit am Reich Gottes an die Theologen und frommen Laien in der Heimat[87], sondern ausdrücklich auch einen an die ›pious physicians‹, in dem zu lesen war:

»The only legitimate ground of your leaving your present situation for one in the heathen land, will be the persuasion that your means of doing good will be increased.
... In the first place ... you will be instrumental in removing an immense deal of bodily suffering. This obtains especially in regard to operative surgery. ... [and] to obstetrics. ...
In the second place ... you will have a much more abundant opportunity of communicating religious information than at home. ...
In the third place ... you may be instrumental in doing a great deal of good by teaching the medical and surgical arts to native young men.
... no mission, if possible, should be sent out without one who, like his adorable Master, will go about ›preaching the gospel of the Kingdom, and healing all manner of sickness and all manner of disease among the people.‹«[88]

Dieser, alle entscheidende Kennzeichen ärztlicher Mission enthaltende Aufruf – medizinische Kompetenz, Philanthropie und Imitatio-Motiv – hätte ohne Schwierigkeiten zu einem Programm weiterentwickelt werden können. Es unterblieb aber, wohl weil vor Ort ein Kreis von Kollegen zur fachlichen und von Freunden zur ideellen, personellen und finanziellen Unterstützung solchen Anliegens fehlte, etwas, das dann glücklicherweise kurz darauf sein Landsmann Peter Parker in Canton vorfand.

In der neuzeitlichen Missionsgeschichte hat es also eine nicht unerhebliche Anzahl von medizinisch-ärztlichen Kräften gegeben, die aus den verschiedensten Anliegen und Motiven heraus nach Übersee gingen bzw. dorthin gesandt wurden. Neben der Sorge um die Gesundheits- und Lebenserhaltung der Missionsmitarbeiter waren es, vor allem in Ländern mit Hochreligionen, missionstaktische Überlegungen, die durch Jahrhunderte hindurch ärztliches Engagement in Missionsunternehmungen bestimmten. Daß in dem sich darin äußernden Eingeständnis der Überlegenheit

---

86. Vgl. dazu P.Kawerau, Amerika und die Orientalischen Kirchen, Berlin 1958, S.90ff; H.W.Gensichen, Missionsgeschichte der neueren Zeit, S.32f.
87. John Scudder, M.D., Letters from the East, Boston 1833; enthält 3 umfangreiche ›Briefe‹, nämlich an »pious men« (S.9-29), an »ministers of the Gospel« (S.30-52) und an »lay Christians« (S.52-71), die in die Mahnung ausmünden: »While you delay, the heathen perish, and you rob your Saviour of the joy and praise of receiving the heathen for his inheritance.« (ebd. S.70)
88. Appeal of Dr.Scudder to pious physicians in the United States, in: The Missionary Herald, Boston, Vol. XXIX, 1833, S.269-271, Zitate S.269ff.

leibhaftig-konkreter Heilungserfahrungen über den religiösen Dialog in praxi missionis auch die Frage nach dem Proprium christlicher Missionstätigkeit impliziert war, kam, soweit es die vorliegenden Quellen erkennen lassen, zu dieser Zeit noch nicht zu Bewußtsein. Ärztlich-medizinische Arbeit in den Missionsgebieten wurde entweder aufgrund kolonialpolitischer Entscheidungen oder aufgrund charakteristischer Eigentümlichkeiten bestimmter Orden und Kreise oder aber auch durch die Initiativen von Einzelpersönlichkeiten geleistet, eine Arbeit, die in den Augen der medizinisch gebildeten Welt, und sicherlich nicht nur in deren Augen, allgemein nicht besonders attraktiv war. Wie eine solche Arbeit am Ende des achtzehnten Jahrhunderts in medizinischen Fachkreisen beurteilt wurde, ist aus dem im Zusammenhang mit der Promotion des im Dienste der Dänisch-Halleschen Tranquebar Mission stehenden J.G.Kleins 1792 eingeholten Gutachten der Kopenhagener medizinischen Fakultät zu ersehen. Darin heißt es:

»... das Geschäft in Tranquebar ist kein beneidenswertes Amt; es ist wie hier eine Pönitenz-Pfarre. Man muß entweder ein eifriger Pietist sein, um einen höheren Platz im Elysium zu verdienen, oder ein enthusiastischer Linneaner«.[89]

Nur teilweise, vor allem im Zusammenhang mit der sich später etablierenden Tropenmedizin, wurde solche Einschätzung missionsärztlicher Arbeit revidiert; teilweise hat sie sich mit ihrem abschätzigen Urteil als Ausdruck eines medizinischen Klassendenkens von den frühesten Zeiten an bis in die Gegenwart hinein erhalten.[90]

---

89. So die Antwort Prof. Kratzensteins vom 13.10.1792 lt. A.Nebe, Die Missionsärzte der Dänisch-Halleschen Mission, S.100; davon abhängig A.Lehmann, Hallesche Mediziner und Medizinen, S.131. – Trotz wiederholter Bemühungen gelang es bislang nicht, dieses Gutachten im Original einzusehen.
90. Das verraten z.B. Bemerkungen, die im Zusammenhang mit in der Standespresse selten publizierten Informationsartikeln über den Gegenstand zu lesen sind: »Es hat sich nun in letzter Zeit [sc. um 1908] eine lebhafte Bewegung für die Berufung von Missionsärzten ins Leben gesetzt, und diese Bewegung bedarf meines Erachtens des Interesses und der Unterstützung aller beteiligten Kollegen.« (H.Koenig, Aerztliche Mission und Tropenhygiene, in: Deutsche Medizinische Wochenschrift, 34. Jg., Leipzig 1908, S.878); »Vielmehr – worauf es mir hier ankommt – möchte ich diese Form ärztlicher Tätigkeit, die mir in ärztlichen Kreisen viel zu wenig bekannt zu sein scheint, dem warmen Interesse aller Ärzte empfehlen.« (L.Krehl, Arzt und ärztliche Mission, in: Deutsches Ärzteblatt, 60. Jg. Nr.36, 21.Dez.1931, S.482). Auch Aufrufe, die hin und wieder in den verschiedenen medizinischen Blättern erschienen, von denen beispielhaft nur einige deutschsprachige wie: ›Anzeige und Bitte‹, in: Medicinisches Correspondenz-Blatt des württembergischen [!] Ärztlichen Vereins, hg.v. den DD. J.F.Blumhardt, G.Duvernoy, A.Seeger, Bd.XII, Stuttgart 1842, S.312, und ›Aufruf an die deutsche Ärzteschaft‹ in: Deutsches Ärzteblatt, 59.Jg., Potsdam 1932, S.202, genannt seien, lassen erkennen, wie schwer sich der ärztliche Berufsstand mit ihren in der Mission tätigen Kollegen und Kolleginnen tat.

IV. Das Aufkommen des missionsärztlichen Gedankens im neunzehnten Jahrhundert

Der Gedanke, durch medizinische Hilfe nicht nur Leiden zu lindern, sondern damit auch Zugang zu den sonst christlicher Missionsarbeit verschlossenen Völkern und Kulturen zu gewinnen, entsprang vornehmlich missionspraktischer Erfahrung und fand in der Gründung der ›Medical Missionary Society in China‹ im Februar 1838 ihren ersten bewußten und programmatischen Ausdruck. Diese Gründung mit ihren deutlich erkennbaren Vorstufen verdankt sich neben dem Missionseifer hauptsächlich den allgemeinen standes- und medizingeschichtlichen Gegebenheiten; denn:
»The history of medical missions is an epiphenomenon of the history of the medical profession. On the one hand they can be seen as a late growth in the missionary movement, and throughout the nineteenth century they required explanation and apology; on the other they can be seen as present from the movements earliest days.«[1]

Das erklärt auch die verhältnismäßige Homogenität und Stetigkeit der phänomenalen Entwicklung, die die ärztliche Mission im neunzehnten Jahrhundert und darüberhinaus hatte nehmen können. Deshalb soll nun im folgenden zunächst der medizin- und standesgeschichtliche Hintergrund dieser Epoche – wenigstens in groben Linien – skizziert werden, bevor die Darstellung der einzelnen Entwicklungsphasen des missionsärztlichen Gedankens fortgeführt wird.

A. Zum medizin- und standesgeschichtlichen Hintergrund dieser Epoche

Die in die zweite Hälfte des vorigen Jahrhunderts fallenden bahnbrechenden chirurgischen, medizinischen, hygienischen und pharmazeutischen Entdeckungen der »zweite[n] naturwissenschaftliche[n] Periode der modernen Medizin«[2] waren

---

1. A.F.Walls, ›The heavy artillery of the missionary army‹; the domestic importance of the nineteenth-century medical missionary, in: The Church and Healing, Studies in Church History, Vol 19, ed. by W.Sheils, Oxford 1982, S.287.
2. Aschoff/Diepgen/Goerke:Kurze Übersichtstabelle zur Geschichte der Medizin, 7., neubearb. Aufl., Berlin/Göttingen/Heidelberg 1960, S.34ff. – Dieser ›zweiten natur-

es, die das rasche Aufblühen der ärztlichen Mission vornehmlich begünstigten: 1846 wurde zum ersten Mal erfolgreich unter Anästhesie operiert, was den gewaltigen Aufschwung der Chirurgie ermöglichte[3]; 1847 entdeckte I.P.Semmelweis die Bedeutung der Antisepsis für die Entbindung[4], was, 1867/1869 von J.Lister in verbesserter und veränderter Form auf das gesamte Gebiet der Chirurgie angewandt, sowohl unzählige Mütter und Kinder vor unzeitigem Tod bewahrte, als auch die gefürchteten Operationsinfektionen zu verhindern verhalf[5]; in den Jahren 1854-1859 begründete M.Pettenkofer die Hygiene durch den Nachweis der Abhängigkeit der Seuchen von Bodenbeschaffenheit, Grundwasser und Klima, was die sozialpolitische Dimension der Gesundheitsfürsorge und Prävention bewußt machte und die Errichtung des öffentlichen Gesundheitswesens zur Folge hatte[6]; die in den fünfziger Jahren von R.Virchow systematisch entwickelte

wissenschaftlichen Periode der modernen Medizin‹ ging eine ›erste‹, die von 1500-1700 angesetzt wird, voraus (Begründung des modernen anatomischen Denkens durch Vesal und Harvey / Begründung des modernen physiologischen Denkens).

3. Vgl. Keys, Thomas E.: The History of Surgical Anesthesia, New York 1945, bes. ab S.103; Wangensteen, Owen H/Wangensteen, Sarah D.: The Rise of Surgery – From Empiric Craft to Scientific Discipline, Folkestone 1978, bes. S. 42ff und S.275ff; Bouchet, Alain: Geschichte der Chirurgie vom Ende des 18. Jahrhunderts bis zur Gegenwart, in: R.Toellner, Illustrierte Geschichte der Medizin, Salzburg 1986, S.2471ff, bes. 2493 ff. – Wie überraschend plötzlich auch für die Chirurgen die Entdeckung der Schmerzstillung war, zeigt die noch 1839 von einem renommierten französischen Chirurgen geäußerte Überzeugung:»Schmerzen bei der Operation zu vermeiden ist eine Schimäre, die man heute nicht mehr weiterverfolgen darf.« (ebd. S.2493)
4. 1847 teilte I.P.Semmelweis seine ›Höchstwichtige[n] Erfahrungen über die Ätiologie der in Gebäranstalten epidemischen Puerperalfieber‹ in der Zeitschrift der k.u.k. Gesellschaft der Ärzte in Wien mit, fand aber nicht die nötige Anerkennung, sondern sah sich Angriffen von Kollegen ausgesetzt, so daß er nach einer Zeit längeren Schweigens 1861 in ›Die Ätiologie, der Begriff und die Prophylaxe des Kindbettfiebers‹ seine Erkenntnisse systematisch zusammenfaßte und sich in ›Offene[n] Briefe[n]‹ an seine Gegner wandte, vgl. Grosse, Joh. (Hrsg.): Die offenen Briefe an Professoren der Geburtshilfe von Ignatz Philipp Semmelweis nebst einem Vorwort und Mittheilungen über Ed.v.Siebold, v.Scanzoni und Spaeth, Dresden 1899; H.Schadewaldt: Aus der Geschichte der medizinischen Desinfektion, in: Kuckei, H./ Rödger, Joh. (Hrsg.): Die medizinische Desinfektion – mit Beiträgen von H.Schadewaldt, R.Schubert, B.Wille, H.Kuckei hrsg. von ... anläßlich des 75jährigen Jubiläums des Hauses Lysoform Dr.Hans Rosemann, Frankfurt 1975, S.7-19.
5. Listers Veröffentlichungen über seine neue Art der Wundbehandlung erschienen im ›Lancet‹ in den Jahren 1867-1869, vgl. Fisher, Richard B.:Joseph Lister – 1827-1912, New York 1977, bes. S.121ff; H.Schadewaldt: Aus der Geschichte der medizinischen Desinfektion, S.12f.; Aschoff/Diepgen/Goerke: Kurze Übersichtstabelle, S.50f.
6. Vgl. Kisskalt, Karl: Max von Pettenkofer, Darmstadt 1948. – Pettenkofer erhielt

Zellularpathologie[7] sowie das Aufkommen der Bakteriologie ab 1863 (L.Pasteur, F.J.Cohn, R.Koch)[8] führten in rascher Folge zu den Entdeckungen der Erreger der häufigsten Infektionskrankheiten und versetzten die Menschheit erstmals in den Stand, alle großen Epidemien – auch die der Tropen – ursächlich zu bekämpfen[9]: 1873 entdeckte A.Hansen den Lepra-Bazillus (Mycobacterium leprae); 1880 A.Laveran die (Malaria) Plasmodien und K.Eberth (gefolgt von R.Koch und G.Gaffky) die den Typhus hervorrufende Salmonella typhi; 1882 fand R.Koch das Mycobacterium tuberculosis und 1883 das die Cholera verursachende Vibrio comma; 1884 isolierte F.Loeffler das Corynebacterium diphtheriae und zehn Jahre später entdeckten A.J.E.Yersin / Sh.Kitasato den Pestbazillus Pasteurella pestis (1894); 1881 erkannte C.J.Finlay den Übertragungsweg des Gelbfiebers, 1895 entdeckte der Physiker C.W.Röntgen die nach ihm benannten Strahlen, die ganz neue medizinisch-diagnostische Möglichkeiten eröffneten[10], und 1897

     1865 den ersten ordentlichen Lehrstuhl für Hygiene (in München); 1876 erfolgte die Gründung des kaiserlichen Gesundheitsamtes in Berlin.

7. 1858 erschien Virchows ›Die Cellular-Pathologie in ihrer Begründung auf physiologische und pathologische Gewebelehre‹ in Berlin; vgl. Ackerknecht, Erwin H.: Rudolf Virchow, Arzt – Politiker – Anthropologe, Stuttgart 1957, bes. S.58ff; vgl. auch Winter, Kurt: Rudolf Virchow, Biographien hervorragender Naturwissenschaftler, Techniker und Mediziner, Bd.24, Leipzig 1977².

8. Vgl. Baldry, Peter: The Battle Against Bacteria – A fresh look – A history of man's fight against bacterial disease with special reference to the development of antibacterial drugs, Cambridge 1965; Aschoff/ Diepgen/Goerke: Kurze Übersichtstabelle, S.42 u. 47f; R.Müller, Medizinische Mikrobiologie – Parasiten, Bakterien, Immunität, München 1950⁴. – Zu R.Koch vgl. Möllers, Bernhard: Robert Koch – Persönlichkeit und Lebenswerk 1843-1910, Hannover o.J.(1950)?, bes. S.477ff u. im Blick auf die Tropenkrankheiten, S.657-720; Heymann, Bruno: Robert Koch, I.Teil, 1843-1882, Leipzig 1932.

9. »Die Fruchtbarkeit dieser neuen Disciplin ist, so darf man sagen, ohnegleichen! In den 30 Jahren seit ihrer Begründung hat sie [sc. die Bakteriologie] die Ursachen, das lange gesuchte Contagium vivum vieler Krankheiten ... aufgedeckt. ... Die Serumtherapie, die schon heute [sc. 1900] einen erstaunlichen Wirkungskreis gewonnen hat und eine fast unabsehbare Perspektive in weitere praktische Erfolge eröffnet, steht einzig da durch die Sicherheit und Unaufhaltsamkeit, mit der hier das Wissen sich zur Macht entfaltet hat: stellt doch dieses Heilverfahren in der That nichts anderes dar, als die praktisch gewordene Immunitätslehre.« So B.Naunyn in seinem Festvortrag anläßlich der 72. Naturforscher-Versammlung am 17.9.1900 in Aachen, vgl. B.Naunyn, Die Entwickelung der Inneren Medizin mit Hygiene und Bakteriologie im 19. Jahrhundert, Jena 1900, S. 15f.

10. Vgl. dazu Zehnder, Ludwig: W.C.Röntgen Briefe an L.Zehnder, mit den Beiträgen ›Geschichte seiner Entdeckung der Röntgenstrahlen‹ und ›Röntgens Einstellung zur Renaissance der klassischen Physik‹, Zürich 1935; ders.: Röntgen, Wilhelm Conrad, Professor der Physik 1845-1923, in: A.Chroust (Hg.), Lebensläufe aus Franken, Bd.IV, S. 319-340, Würzburg 1930.

schließlich gelang R.Ross der Nachweis der Malaria-Übertragung durch die Anopheles-Mücke, womit auch der Weg zu einer angemessenen Prophylaxe gewiesen war.[11]

Weil dieser hier mit einigen wenigen Beispielen belegte, binnen nur eines halben Jahrhunderts in nach streng rationalen Kriterien durchgeführten Laborexperimenten und in nüchtern-kritischer Arbeit mit dem Mikroskop gewonnene Erkenntniszuwachs die Richtigkeit der angewandten naturwissenschaftlichen Methode eindrücklich bestätigte[12], wurde von der ›Gesellschaft deutscher Naturforscher und Ärzte‹, vor allem von deren exponiertem Vertreter Rudolf Virchow gefordert, diese Methode gegenüber allen anderen religiösen und staatlichen Autoritäten fortan als einzige »allgemein anerkannte Grundlage des Denkens« zu akzeptieren.[13] Virchow war es auch, der 1865 vor jener Gesellschaft bekannte: »Ich scheue mich nicht zu sagen, es ist die Wissenschaft für uns Religion geworden.«[14];

---

11. Vgl. Grumbach A./Kikuth, W.: Die Infektionskrankheiten des Menschen und ihre Erreger, Stuttgart 1958, passim; teilweise sind die dort in den einzelnen Abschnitten gegebenen Daten nicht übereinstimmend mit denen, die sich bei Aschoff/Diepgen/Goerke: Kurze Übersichtstabelle, S.47f finden. – Zu den infektiösen Tropenkrankheiten vgl. F.Blanc/F.-P.Blanc/B.Blanc, Geschichte der Tropenkrankheiten, in: R.Toellner, Illustrierte Geschichte der Medizin, S.2539ff.

12. »Die Forschung über Krankheit und Heilung« muß »einen dreifachen Weg gehen ... . Der erste ist der der Klinik: Die Untersuchung des Kranken mit allen Hülfsmitteln der Physik und Chemie unter oberster Leitung der Physiologie und Anatomie. Der zweite ist der des Experiments: die Erzeugung der Krankheit und die Erforschung der Wirkung eines Arzneimittels am Thier. Der dritte endlich ist der der Mikroskopie: das Studium des Leichnams und seiner einzelnen Theile mit dem Skalpell, dem Mikroskop und dem Reagens.« (R.Virchow, Rede am 3.ten Mai 1845, in: R.Virchow, Medizin und Naturwissenschaft, Zwei Reden 1845 – Mit einer Einführung von Werner Scheler, Berlin 1986, S.61).

13. So R.Virchow in seiner Rede ›Die Aufgabe der Naturwissenschaft in dem neuen nationalen Leben Deutschlands‹, Rostock 1871, zitiert bei E.Wasmann, 100 Jahre deutscher Naturforscherversammlungen – Ein Stück deutscher Kulturgeschichte, in: Stimmen der Zeit, Monatsschrift für das Geistesleben der Gegenwart, 53. Jg., 3.Heft, 104. Bd. (Dez.1922), München, S.189. – Auf der Wiesbadener Naturforscherversammlung (1873) sprach Virchow die Forderung aus, »daß die Naturwissenschaft in der Tat wie eine **Ecclesia militans** immer auf dem Platze sein müsse, um die wirkliche innere Einigung der Nation herbeizuführen.« (ebd. S.188, Hervorhebung im Original). Die Darstellung der politischen Implikationen der rigoros angewandten naturwissenschaftlichen Methode in der damaligen Zeit und ihre Funktion im Kulturkampf ist besonderes Anliegen Wasmanns in diesem Aufsatz. – Zu diesem Komplex allgemein: H.Schipperges, Weltbild und Wissenschaft, Eröffnungsreden zu den Naturforscherversammlungen 1822 bis 1972, Hildesheim 1976.

14. Zitiert aus Virchows Rede ›Über die nationale Entwicklung und Bedeutung der

und vor dem gleichen Gremium 1873 in Wiesbaden forderte:

»dass man von allen Seiten anerkennt, dass die Erfahrungen, welche sich aus dem Studium der menschlichen Natur ergeben, zu Grunde zu legen sind sowohl der moralischen Theorie als der moralischen Praxis.

Wenn es sodann nöthig ist, ... , für die Moral-Theorie eine allgemeine Unterlage zu haben, einen Grundgedanken, von dem aus sich alle weiteren Betrachtungen über den Menschen ergeben, so kann dies nur der Grundgedanke der fortschreitenden Entwickelung sein. Der Gedanke, dass der Existenz und der Weiterbildung der Menschheit ein allgemeines Entwickelungsgesetz zu Grunde liege, ist doch ungleich mehr befriedigend, als irgend eine theologische Construction, die wir bisher kennen. Ich behaupte, dass die Mehrzahl aller Kirchen sich gerade die höchsten Probleme des Menschengeistes ... in ihrer mystischen Erklärung zu leicht machen; ... Für uns ist die Anschauung der Wahrheit das höchste Glück; ... Das Lernen, meine Herren, das Fortschreiten in der Wahrheit ist unser Glück; unser höchstes Glück wird es sein, recht viel zu lernen und recht viel Fortschritte zu machen in der Wahrheit. ...

Einen Glauben haben auch wir: den Glauben an den Fortschritt in der Erkenntnis der Wahrheit. Und ein Zeichen haben wir, an dem man den wahren Naturforscher immer erkennen kann und soll: dass er nie müde wird in dem Streben nach Wahrheit und nie feige in dem Bekennen der Wahrheit. Halten wir daran immer fest; dann werden wir den Namen verdienen, den der alte Linné dem Menschen gegeben hat: *Homo sapiens*. Sonst müssten wir von ihm sagen: *Homo credulus*«.[15]

Der so verfochtene, im Monismus bzw. in der Gründung des Deutschen Monistenbundes gipfelnde Universalitätsanspruch der naturwissenschaftlichen Methode als erkenntnistheoretisches, moralisches und religiöses Prinzip[16] mußte zwangs-

---

Naturwissenschaften‹ bei H.Schipperges, Entwicklung moderner Medizin – Probleme, Prognosen, Tendenzen, Stuttgart 1968², S.35.

15. ›Die Naturwissenschaften in ihrer Bedeutung für die sittliche Erziehung der Menschheit‹, Vortrag am 22.9.1873, in: Tageblatt der 46. Versammlung Deutscher Naturforscher und Aerzte in Wiesbaden 1873, S.213, Hervorhebungen im Original; vgl. auch H.Schipperges, Entwicklung moderner Medizin, S.42f. – Überhaupt findet sich in dieser Arbeit Schipperges viel Material zum semireligiösen Selbstverständnis der in der Naturforscherversammlung zusammengeschlossenen Gelehrten: man spricht von ›Priestern der Wissenschaft‹, die als ›treue Arbeiter‹ gerufen sind, um an der ›Offenbarung der Natur‹ zu wirken (S.37); von den Naturwissenschaftlern als den ›Aposteln des Friedens und der Versöhnung‹ und als ›Wanderprediger der auf Wissenschaft basierten Weltanschauung‹ (S.44), usw. – Aufschlußreich in diesem Zusammenhang ist auch das Editorial ›Moral Principle of Medical Men‹, das im August 1842 im ›Lancet‹ (S.728-731) erschien, in dem es u.a. heißt (S.728) «... we have no hesitation in declaring that in the practical sense medical men are eminently religious...» und (S.730) «... the practice of medicine, so far from being adverse to religion, directly implies, or leads to the fundamental principles of Christianity...«.

16. Programmatisch Ernst Haeckels Vortrag »Der Monismus als Band zwischen Reli-

läufig zu Kontroversen führen und läßt, wie zu zeigen sein wird, die auffällige Zurückhaltung mancher Kirchen und Konfessionen der ärztlichen Mission gegenüber verständlich werden. Auf die praktischen Mediziner hingegen wirkte es beflügelnd zu wissen, daß es nun in ihren Händen und an ihrem Können lag, all jenen Krankheiten erfolgreich zu wehren, denen die Menschheit bislang hilflos ausgeliefert war und die als ›Schicksal‹ bzw. ›Gericht‹ oder gar ›Strafe‹ hatten hingenommen werden müssen. Dieses Wissen verlieh ihnen ein Pathos, welches sie sehr rasch soziale und auch politische Aufgaben bewußt in Angriff nehmen ließ.

»Die Ärzte sind die natürlichen Anwälte der Armen und die soziale Frage fällt zu einem erheblichen Teil in ihre Jurisdiktion.«[17]

Wieder ist es Virchow, der dies unüberhörbar deutlich ausformulierte und zu dem folgerichtigen Schluß kam:

»Die Medizin ist eine soziale Wissenschaft, und die Politik ist weiter nichts als Medizin im Großen.«[18]

    gion und Wissenschaft« auf der Naturforscherversammlung 1892 in Nürnberg, aus dem H.Schipperges, Entwicklung moderner Medizin, S.52 zitiert. – 1906 gründete Haeckel mit dem Bremer Pfarrer A.Kalthoff (nach dessen raschem Tod -1906- mit W.Ostwald) als 1.Vorsitzendem in Jena, den ›Deutschen Monistenbund‹, vgl. R.Lorenz: Monistenbund, in: RGG³, Bd.IV, Sp.1102; H.Hillermann/A.Hügli: Monismus, in: Historisches Wörterbuch der Philosophie, Bd.6, Sp.132-136, dort auch weitere Literatur.

17. R.Virchow, Gesammelte Abhandlungen, I, S.4, zitiert bei E.Ackerknecht. Rudolf Virchow, S.36. – In seiner Anmerkung verweist Ackerknecht darauf, daß es eine Broschüre eines englischen Arztes Chamberlen (wohl aus jener Zeit) unter dem Titel ›The Poor Man's Advocate‹ gegeben habe. (ebd. A 27).

18. So R.Virchow in: Gesammelte Abhandlungen aus dem Gebiet der öffentlichen Medizin und der Seuchenlehre, Bd. I, Berlin 1879, S.34, zitiert bei E.Ackerknecht, Rudolf Virchow, S.36. Virchow wurde, nachdem er bereits 1859 Berliner Stadtrat geworden war und seit 1861 dem Landtag angehörte, 1880 Reichstagsabgeordneter; zu seiner Tätigkeit als Politiker vgl. Ackerknecht ebd., S.134ff und H.Schipperges, Homo Patiens – Zur Geschichte des kranken Menschen, München/Zürich 1985, S.165. Auch als Herausgeber der Wochenzeitschrift ›Die medicinische Reform‹, Berlin 1848f, trat er zusammen mit R.Leubuscher engagiert für die politisch-soziale Verantwortung der Medizin ein.»Die Medizinische Reform, die wir gemeint haben, war eine Reform der Wissenschaft und Gesellschaft.« (in: Gesammelte Abhandlungen, I, S.78). – Vgl. auch B.Naunyn, Die Entwickelung der Inneren Medizin, S.18: »Die praktische Medizin ist längst vielmehr als eine Heilkunde. Die zahlreichen Unternehmungen für Volkswohlfahrt, von den Wasserleitungen bis zu den Kinderheilstätten und den Volksheilstätten für Lungenkranke, und von der Schulhygiene

Solcher Art war auch das Selbstverständnis der ersten Promotoren der medical missions. Es unterschied sich, wenn überhaupt, nicht wesentlich von dem der übrigen zeitgenössischen Kollegen:

»Nothing can be plainer than that we are doing men unquestionable good in restoring to them health, strength, sight, hearing, the use of their limbs and of their senses. We offer no bounty idleness – no encouragement to beggary; we rob no man of his independence; our charity brings no degradation to the recipient of it; it fosters no vice, and represses no right or virtuous feeling. These are high recommendations, to say nothing of the spiritual blessings that follow in the train of the temporal benefits our Missions are intended to confer.«[19]

Das fachliche Selbstverständnis erfuhr in diesen Kreisen durch die unkritisch beanspruchte Imitatio (s.u. S. 301ff) noch eine religiöse Überhöhung, die starke Motivationskraft besaß und in Aufrufen zur aktiven Mitarbeit im missionsärztlichen Dienst unbekümmert verbreitet wurde.[20] In einem der ersten solcher Aufrufe, einer Vorlesung über ›Sacredness of Medicine as a Profession‹, 1849 im Auftrag und zur Förderung der Edinburgh Medical Missionary Society vor Medizinstudenten daselbst gehalten, wurde ausgeführt:

»The ›Materia Medica‹ has, of necessity, a moral as well as a physical department – a religious as well as a chemical or botanical storehouse, from which to draw remedies. Layman though the physician is, he is invested with some of the clerical functions, and though he does not share in clerical dignities or honours, he does in responsibility, and cannot throw it upon the clergyman's shoulders. He must serve at some altar, though it be that of atheism, and be the minister of a known, an unknown, or a no God. ... Every medical practitioner has, in truth, whether he desires to have it or not, a cure of souls, as well as of bodies. He is literally an inheritor of some of the duties of the very Apostles, and called to be an imitator of the Lord Jesus Christ.« – » History shows, however, that this

---

      bis zur Unfall- und Invalidengesetzgebung, sie alle sind zu einem Teile durch Aerzte ins Leben gerufen, zum anderen Teile an deren eifrige und sachkennerische Mitwirkung gebunden; dabei aber kommt das Heilen nicht zu kurz.« Daß es auch gegenwärtig innerhalb der Ärzteschaft solches Bewußtsein gibt, zeigt die kleine Veröffentlichung von H.Kater (Hrsaß): Sozialpolitiker und Ärzte – 100 Kurzbiographien und Porträts, o.O. (Hannover) 1960.

19. W.Swan: The Importance of Medical Missions, in: Lectures on Medical Missions, S.128.
20. Aufschlußreich ist in diesem Zusammenhang auch ›The Physician's Hymn‹ von W.Brown am Ende seiner Vorlesung über ›On the Qualifications of a Medical Missionary‹ (in: Lectures on Medical Missions, Edinburgh 1849, S.184ff). Ein dem Tenor dieses Gedichtes verwandtes ist mit einzelnen Strophen zitiert bei J.R. Williamson, The Healing of the Nations, London 1899, S.36f u. S.96.

essential benevolence has put forth its full blossom and fruit only when nurtured by Christianity.«

»We are the Ministers of Life. He is the Prince of Life. We fight against death, and are all defeated. Death assailed him, and he vanquished death. ... This great physician! this great sufferer! this vanquisher of death! this possessor and granter of an endless life! this sinless son of man, and only begotten Son of God, the Lord Jesus Christ, God over all, is the true head of our profession.«[21]

Auch wurde die Entwicklung der neueren naturwissenschaftlichen Medizin unbefangen als Ausdruck von ›God's Hand in Medical Missions‹ gedeutet[22] und das Aufkommen der ärztlichen Mission als Gottes ureigenstes Werk:

»The great mission work to the world had begun, but it was progressing very slowly. It needed, what the medical art in service to Christ could alone give. But mark this: – *If the medical and surgical art had remained as it stood* [sc. 1840] ... *the assistance rendered by it to the mission work of the world would have been comparatively very limited.* ... The first necessity for a great enlargement of medical mission work was the power to operate without inflicting the terrible pain of the knife. ... The second essential to a yet wider scope of usefulness for medical missions was the power to operate without fear of the disastrous effects of extensive suppuration and blood poisoning following large operations. ... to-day the medical missionary has in his hands a marvellously increased knowledge of the pathology and treatment of a great variety of diseases, as cholera, dysentery, plague, typhoid, beri-beri, and a host of others. This constantly increasing knowledge has made the position of the medical missionary one of singular value for the propagation of the Gospel.«[23]

Im Lichte solcher Erkenntnis wurde die »Not der Heiden in Krankheitszeiten«[24]

---

21. George Wilson: The Sacredness of Medicine, in: Lectures on Medical Missions, S.225f; 230 u. 265f.
22. So der Titel eines Editorials (von James L. Maxwell) in ›Medical Missions at Home and Abroad‹ im Feb. 1914 (NS Vol.XV, No.5), S.67-69 (deutsch: Gottes Leitung in der Ärztlichen Mission, in: Die Ärztliche Mission, 9.Jg., 1914, S.54ff).
23. Ebd. S.68f, Hervorhebung im Original. – In einem früheren Editorial (vom gleichen Autor) derselben Zeitschrift (Vol.VIII, S.84-86) war die neuere Medizingeschichte unter dem Titel ›Gifts of Healings: 1800 – 1900‹ bereits ähnlich gedeutet worden. Der Abschnitt, der die Anti- und Asepsis behandelte, war überschrieben mit: ›The Gospel of Cleanliness‹. Noch im Jahresbericht für 1908 der Edinburger missionsärztlichen Gesellschaft konnte von der medical mission gesagt werden: »this is VERILY A WORK OF GOD, begun for his glory, maintained in his strength, richly blessed by his hands; ... this work, because it is from God, demands our most strenous effort, our willing sacrifice, our continual prayer.« (zitiert nach dem Abdruck in: The Medical Missionary, Battle Creek, Vol. XVIII, 1909, S.509; Hervorhebung im Original).
24. H.Feldmann, Die ärztliche Mission unter Heiden und Mohammedanern, Basel 1904, S.11.

zur Aufgabe bzw. deren Linderung zur Pflicht für die, die das entsprechende Können und Wissen hatten. Denn Gott hatte dem christlichen Abendland die wirkmächtige naturwissenschaftliche Medizin dazu geschenkt, um durch deren Inanspruchnahme seitens der Mission den Heiden leiblichen Segen zukommen zu lassen. Damit war je länger desto deutlicher eine gewaltige Aufgabe – ›The Claim of Suffering‹[25] – erkannt und mußte in Angriff genommen werden. Wer sich ihr verschloß, aus Gleichgültigkeit oder aus vermeintlich wichtigeren missionstheoretischen Überlegungen, wurde mitschuldig an den ›Murdered Millions‹[26] dieser Zeit.

»... while people discuss and question regarding the future of the heathen, they would do well, yes, better, to interrogate concerning the future prospects of those who, having the Gospel for their spiritual needs, and medical science for their physical ills, enjoy the blessings of the same, but fail to send or give them to their needy fellow creatures. ... Thus do they perish by our neglect. ... who is responsible for these lives if not those who could help them, but do not? Surely such are the murderers of these millions.« – »To merely talk piously and tell suffering people of a future state, while neglecting to relieve their present needs, when in our power to do so, must be nauseating both to God and man, and certainly is a libel upon the Christianity Christ both taught and practiced, in which He combined care for the whole being of man, body and soul.«[27]

Was ursprünglich nur als Missionsmethode gepriesen wurde, führte im Laufe der Zeit zur Entdeckung einer ganz neuen Dimension bzw. eines neuen Anspruchs des Missionsauftrages. Standen am Anfang dieser Epoche die Missionsärzte mit ihrer Arbeit unter ständigem Legitimations- und Rechtfertigungszwang den Missionsleitungen gegenüber, so müssen sich am Ende des Jahrhunderts die Verantwortlichen – auch in Deutschland – fragen lassen, warum sie nicht entschiedener das Werk der ärztlichen Mission förderten.

»Warum haben wir denn in den deutschen Missionen noch keine Missionsärzte und noch keine medicinische Missionsgesellschaft wie die englischen und amerikanischen Missionen?«[28]

25. So der Titel eines Aufrufes in Buchform (mit dem erklärenden Untertitel: ›A Plea for Medical Missions‹) zur Mitarbeit am Werk der ärztlichen Mission der Society for the Propagation of the Gospel in Foreign Parts (SPG) von Elma K. Paget, Westminster 1912.
26. Titel des vielgelesenen und weit verbreiteten Aufrufes von George D.Dowkontt, dem engagierten Promotor des missionsärztlichen Anliegens in Amerika. Das 1894 zum ersten Mal publizierte Büchlein erlebte bis 1897 fünf Auflagen. Es ist zwar durch das Copyright seines Verfassers geschützt, aber der Autor bemerkt ausdrücklich: »Permission will readily be granted to reproduce.« (ebd., unpaginierte Titelinnenseite).
27. G.D.Dowkontt: Murdered Millions, 5.A., S.17f u. S.24.
28. Th.Christlieb: Der gegenwärtige Stand der evangelischen Heidenmission, in: AMZ,

fragte Theodor Christlieb auf der Evangelischen Allianz-Konferenz in Basel 1879 und unterstrich diese Anfrage durch einen Appell in seiner Studie ›Ärztliche Missionen‹ von 1888/1889 folgendermaßen:
»Wir Christen haben durch Gottes Gnade gar viele Linderungsmittel auch ihres [sc. der Heiden] leiblichen Elends in der Hand, und – an dem endlich begonnenen Werk der Abhilfe hat der deutsche Protestantismus noch immer so verschwindend kleinen Anteil! Überall, wohin wir bei diesen Anfängen blicken, derselbe handgreifliche Nutzen für das Missionswerk, unschätzbarer moralischer Gewinn, ja viele direkte Früchte durch Verbreitung des Evangeliums, und unsere deutschen Missionsgesellschaften können bei dem besten Willen noch so wenig in der Sache thun, teils, weil *christliche Mediziner*, teils weil die *Mittel* zu solchen Unternehmungen fehlen, da unsere wohlhabenden Kreise, unsere Finanzaristokratie noch immer fast gar nicht sich an der Missionssache beteiligen will.«[29]

Abgesehen von einem schon vor Christliebs Appell 1841-1848 in Tübingen unternommenen, allerdings gescheiterten Versuch dauerte es trotzdem noch ein weiteres gutes Vierteljahrhundert, bis man sich auch im deutschen Sprachraum zu einem solchen Schritt (Deutsches Institut für Ärztliche Mission, Frankfurt 1906) entschloß. Also blieb es zwangsläufig Amerikanern und Briten überlassen, während dieser Periode das Bild der ärztlichen Mission in Übersee wie in der Heimat zu prägen, obwohl entscheidende Anregungen dazu von einem deutschen Missionar lutherischer Herkunft, Karl Gützlaff, gegeben worden waren.

    6.Jg., 1879, S.512. (Zum Hintergrund dieses Appells s. H.Fischer, Der Missionsarzt Rudolf Fisch, S.118) – Vor Christlieb ist schon in einem Brief Hermann Gunderts vom 13.Juni 1876 zu lesen: »Ich meine doch, es sei eine Schmach, daß wir noch keine ärztlichen Missionare auftreiben können. ... Gottlob, daß sich die Gaben verteilen und die Engländer auch etwas extra haben noch außer dem Geld.« in: Aus dem Briefnachlaß von Dr.H.Gundert, Calw / Stuttgart 1907, S.550.

29. Ärztliche Missionen, Gütersloh 1889, S.107f; Hervorhebungen im Original. – Der Aufruf führte unmittelbar zur Begründung der ärztlichen Mission im deutschen Sprachraum; denn nach jenem Vortrag wurden der Basler Mission 5000,- Franken für die Bildung einer »medizinischen Mission« von R.Sarasin, einem wohlhabenden Förderer der Sache, auf drei Jahre zur Verfügung gestellt. Auf diese Weise konnten 1880 Rudolf Fisch und Alfred Eckhardt und 1883 Eugen Liebendörfer ein entsprechendes Stipendium erhalten; vgl. ausführlich dazu: F.H.Fischer: Der Missionsarzt Rudolf Fisch, S.118ff; H.Huppenbauer, Wie es auf der Goldküste zu einer ärztlichen Mission kam, in: Die Tat der Barmherzigkeit, Basel 1934, S.24ff; G.Olpp, 200 Jahre deutscher ärztlicher Mission, S.68f.

B. Die Anfänge der ärztlichen Mission in Siam und China bis zur Gründung der ›Medical Missionary Society‹ 1838

1. Karl Gützlaff als Wegbereiter missionsärztlicher Methoden und Gedanken

Daß Karl F.A.Gützlaff (1803-1851)[30] auch für das Aufkommen der ärztlichen Mission prinzipielle Bedeutung hatte, ist bislang weder erkannt noch gewürdigt worden.[31] Zwar weiß sein Biograph sehr wohl um die medizinische Tätigkeit Gützlaffs in Bintang, Siam und auf den großen China-Reisen.[32] Es entgeht aber

30. Herman Schlyter: Karl Gützlaff als Missionar in China, Lund 1946.
31. Während sich bei Th.Christlieb und, von ihm abhängig, bei H.Feldmann und De Gaay Fortman noch ein Wissen um Gützlaffs medizinische Tätigkeit findet (der kurze Hinweis bei Christlieb, Ärztliche Missionen, S. 8 – von H.Feldmann, Die ärztliche Mission, S.23, und De Gaay Fortman, De Geschiedenis, S.56 sinngemäß übernommen – lautet:»Auch ein Deutscher, der bekannte *Gützlaff*, früher im Dienst der niederländischen Missionsgesellschaft, dann ganz unabhängig, verschaffte sich seit 1827 durch seine ärztliche Kunst in China viele Gelegenheit zur Arbeit an den Seelen. In Tien-tsin machten seine glücklichen Kuren viel Aufsehen, freilich ohne dem Evangelium trotz aller Schriftenverteilung schon tiefer Bahn brechen zu können.«; Hervorhebung im Original), und während auch in neuerer Zeit ein solches Wissen, wenn auch verzerrt, bei M.Gelfand und R.Schram / W.A.R.Thomson vorhanden ist (M.Gelfand: »... Karl Gützlaff, an Austrian missionary and doctor who attended the sick in China.« in: Livingstone The Doctor, Oxford 1957, S.7; R.Schram / W.A.R.Thomson: »... Karl Friedrich August Gutzlaff. After training with the Moravian Missionary Institute in Berlin ... he was adopted by the Netherlands Missionary Society, trained as a doctor, ordained, and sent to Batavia«, in: Initial Medical Services, in: Heralds of Health, London 1985, S.52), so erstaunt doch die Tatsache, daß die große Mehrzahl der Darstellungen zur ärztlichen Mission, angefangen von den verschiedenen Lexikon-Artikeln über die Arbeiten von John Lowe, G.Olpp, H.Balme, Thomas Ohm, Martin Schlunk bis hin zu E.Gulick von Gützlaff in diesem Zusammenhang nichts zu sagen wissen. E.Gulick: Peter Parker and the Opening of China, Cambridge, Ma., 1973, kommt zwar auf S.36f ausführlicher auf Gützlaff zu sprechen, erwähnt aber mit keinem Wort dessen auch medizinische Aktivität. – Die ausschließliche Konzentration der verschiedenen Autoren auf die Darstellung der Entwicklung missionsärztlicher Institutionen und Programme mag zu dieser Ausblendung geführt haben.
32. H.Schlyter: Karl Gützlaff, S.43, 49, 54, 65, 68 u.ö. – Ein kurzer Abschnitt über Gützlaff im Zusammenhang medizinischer Tätigkeit findet sich auch in K.Chimin Wong / Wu Lien-The, History of Chinese Medicine, Tientsin 1932, S.191 und bei J.L.Maxwell, A Century of Mission Hospitals, in: Occasional Leaflet, Council on Medical Missions Chinese Medical Association, Vol.4 No.16, Shanghai, Jan.1936,

auch ihm, wie sehr Gützlaff vor allem durch die Veröffentlichungen seiner Reisetagebücher und Aufrufe, die in Europa und Amerika, wie Schlyter selbst eruiert hat, auf ein außergewöhnliches Echo stießen[33], zum Wegbereiter des missionsärztlichen Gedankens wurde. Der Nichtmediziner Gützlaff hatte sich in Bintang eine offensichtlich beachtliche praktische medizinische Fähigkeit erworben[34], an der er aufgrund eigener

S.4: »Then it were well to remember the name of the Rev. Karl Gutzlaff who, though not a qualified physician himself, had considerable knowledge of medicine which he used freely in his series of visits to the coast ports. Gutzlaff's claim to a place in our role of honour [sc. der Missionsärzte] does not however depend entirely on his medical work but still more on the fact the [!, sc. that] he stirred the western world to the need of modern medicine in China and inspired that prince of medical missionaries Dr.David Livingstone to seek his life-work here.«

33. Herman Schlyter: Der China-Missionar Karl Gützlaff und seine Heimatbasis – Studien über das Interesse des Abendlandes an der Mission des China-Pioniers Karl Gützlaff und über seinen Einsatz als Missionserwecker, Studia Missionalia Upsaliensis XXX, Lund 1976, bes. S.20-101.

34. Vgl. H.Schlyter: Karl Gützlaff, S.43, unter Bezugnahme auf das in den ›Maandberigt van het Nederlandsch-Zendeling-Genootschap‹ (Oegstgeest) 1829, No.10, veröffentlichte Tagebuch von Gützlaffs Mitbruder H.Wenting, bes. S.158ff. Daß es aber H.Wenting in viel höherem Maße war, der sich dem Erlernen praktischer medizinischer Kenntnisse widmete als es Gützlaff tat, geht hervor aus dem in der ersten Nummer des gleichen Jahrgangs derselben Zeitschrift abgedruckten ersten Teils jenes Tagebuchs, in dem zu lesen ist(S.3f): »Daar ik nog eenige Geneesmiddelen had, ondernam ik, onder afsmeeking van Gods hulp, eenige armen, voornamelijk de zulke, die verwaarloosde wonden hadden, te helpen... Terwijl ik aan de genezing des ligchaams arbeidde, werkte Broeder Gutzlaff, die hunne Taal spreekt, op de onreine ziel, en dat dit niet geheel onvruchtbaar was, bleek mij uit een briefje van een dier ongelukkige Chinezen, hetwelk ik in November ontving, inhoudende, dat hij te arm was om mij te beloonen, doch dat hij den God des Hemels, en JESUS CHRISTUS daarvoor wilde danken, die mij in het harte gegeven had hem te helpen. ... Gedurende dezen tijd bood mij de Geneesheer te dezer plaatse aan, om mij onderrigt te geven in de Geneeskunde, hetwelk ik te gretiger aannam, dewijl de hulp, die men in dit opzigt bewijzen kan, van zoo veel belang is, om toegang te krijgen tot de harten. Hierdoor kreeg ik ook gelegenheid om dagelijks de zieken in het Hospitaal te bezoeken, en als Zendeling het belang hunner onsterfelijke zielen, zoo veel in mij is, te behartigen.« (Hervorhebung im Original). – Im ›Missionary Herald‹, Boston, Vol.26, 1830, ist S.218 zu lesen:»Mr.Gutzlaff is also studying the language [i.e. das Siamesische], and has, in addition acquired much eminence in the practice of medicine among the natives.« -Gützlaffs Referat über ›The Medical Art amongst the Chinese‹, das am 18.2.1837 in der Royal Asiatic Society of Great Britain and Ireland in London vorgelesen wurde, war durch einen an ihn vom Vorsitzenden des Committee of Correspondence gesandten Fragebogen, nicht auf eigene Veranlassung hin, initiiert worden. Den Anlaß dazu bot Gützlaffs Bericht über den chinesischen medizinischen

Krankheitserfahrungen ein durchaus auch persönliches Interesse gehabt haben dürfte.[35] Dieses unsystematisch angeeignete praktisch medizinische Wissen erwies sich ihm zunächst während seines Aufenthaltes in Thailand (1828-1831) von großer missionsmethodischer Bedeutung[36]; dann aber vor allem während der drei großen Reisen entlang der Küste Chinas, auf deren zweiter (1832) und dritter (1832/33) er als Schiffschirurg fuhr.[37] Von seiner damaligen laienmedizinischen

    Klassiker ›Yi She‹ (1836); vgl. The Journal of the Royal Asiatic Society of Great Britain and Ireland, Vol. 4, London 1837, S.154-171.

35. Es war Krankheit, die Gützlaff zum Abbruch seiner Studien an der Berliner Universität zwang und ihn auch nötigte, seinen Aufenthalt in Siam abzubrechen; vgl. H.Schlyter, Karl Gützlaff, S.20, 22 u. 58; Ch.Gützlaff, Journal of Three Voyages along the Coast of China in 1831, 1832, & 1833 with Notices of Siam, Corea, And the Loo-Choo Islands, London 1834, S.70: »When I embarked, though in a very feeble state of body, I cherished the hope, that God, in his mercy, would restore me again to health, if it were his good pleasure to employ in his service a being so unworthy as myself...« – Wohl im Zusammenhang mit einer Malaria schrieb Gützlaff ein anderes Mal: »Such was my debility, that I could scarcely walk; I could swallow no food; and for some time river-water alone served to keep me alive. During the night ... I seemed to be near my end ...« (ebd. S.71f; ähnlich S.24). – Vgl. auch ›Der Missionar Gützlaff‹, in: Allgemeine Kirchenzeitung, Darmstadt, 26.Aug. 1832, Sp.1097-1103, bes. Sp.1097: »Die Vorsehung hatte ihm [sc.Gützlaff] in den Jahren seiner Kindheit das Glück eines gesunden und kräftigen Körpers versagt, aber dagegen sehr viele Geistesfähigkeit [!] gegeben.«

36. Vgl. Königreich Siam – Auszug aus dem Tagebuch der beyden Missionarien Tomlin und Gützlaff, vom August bis Oktober 1828, in: EMM 1830, S.187-202; Mission of the London and Netherlands Missionary Societies in Siam, in: The Missionary Herald, Boston, Vol 26, 1830, S.216ff. – Während dieser Zeit erhoffte sich Gützlaff auch eine Reise nach China als Leibarzt eines siamesischen Botschafters: »...unexpectedly, the Siamese ambassador, who had to go to Peking this year, promised to take me gratis to the capital, in the character of his physician. He had great reason to desire the latter stipulation, because several of his predecessors had died for want of medical assistance.« (Ch.Gützlaff, Journal of Three Voyages, S.66). – Wie sehr groß der Zulauf gewesen sein mußte, ist aus dem Tagebuch-Eintrag vom 23. Oktober zu entnehmen: »Man hat uns heute gesagt, daß die Sin Say (Doktoren des Landes) Klagen gegen uns führen, daß wir ihnen ihre ganze Kundschaft hinwegnehmen, so daß sie keine Arzneymittel mehr verkaufen können.« (in: EMM, 1830, S.200)

37. »I was charged with the office of interpreter and surgeon.« (Ch.Gützlaff, Journal of a second Voyage along the Coast of China, in: Journal of Three Voyages, S.159). – »They [sc. the British Factory in China] ... fitted out an expedition, to which the writer was appointed surgeon and interpreter. The Lord Amherst, (this was the name of the ship sent on this enterprise), went up the coast in March 1832.« (An Appeal in Behalf of China, in: The Missionary Herald, 1834 (Vol.XXX), S.423. – In bezug auf seine dritte Reise ist daraus (S.242) zu erfahren: »... I embarked, and entered the service of a great commercial house, as surgeon and interpreter.« (Allgemein zur

Tätigkeit – später, nach seiner Ernennung zum ›Chinese Secretary and Interpreter‹ der britischen Handelsvertretung, 1834, hat er sie offensichtlich nicht mehr in dem früheren Maße ausgeübt – schrieb er recht selbstbewußt:
»My skill as physician was soon put in requisition. ... Some captains and pilots afflicted either with diseased eyes or with rheumatism, were my first patients. ... The success of my first practice gained me esteem and friendship of a whole clan or tribe of the Chinese, who never ceased to importune me to cure their natural or imaginary physical defects.« – »Yet all ... objections were soon silenced, when I opened my medicine chest, and with a liberal hand supplied every applicant. ... My patients had now become so numerous as to engross all my attention.«[38]

In dieser Zeit (1833) trug er sich mit dem Gedanken, ein Hospital in »Flangchoo, the capital of Chekeong« zu gründen[39], und auch während der Dauer seines Aufenthaltes in Macao (1833-1839) wird davon berichtet, daß er »commended himself to the natives by the practice of medicine among them«.[40] Kein Wunder

---

Verbindung Gützlaffs mit der britischen East India Company vgl. H.B.Morse: The Chronicles of the East India Company trading to China 1635-1834, Oxford 1926, z.B. S.332f.) – Im Archiv des American Board of Commissioners for Foreign Missions (A.B.C.F.M.), Houghton Library, Cambridge MA, findet sich ein Aufruf Gützlaffs vom Sept./Oct. 1832 zur Ausrüstung einer Handelsexpedition christlicher Kaufleute, um den Zugang zum Innern Chinas zu gewinnen. Darin schreibt er (S.6): »Send out at the same time a good assortment of medicine and appoint me the Surgeon.« (ABC.14 – Miscellaneous Foreign Letters, Vol.1 – 1831-1837).

38. Ch.Gützlaff, Journal of Three Voyages, S.142f u. S.145. – »I went from Siam to the Canton, Fuh Keën, Shantung and Pechele provinces, ... in the quality of Missionary, physician and eventually of a navigator.« (K.Gützlaff, Brief vom 14.1.1832 an R.Anderson, A.B.C.F.M. Boston, in: Houghton Library, ABC 14, Miscellaneous Foreign Letters, Vol.1 – 1831-1837).

39. Brief vom 21. Mai 1833, veröffentlicht in: New York Observer, Dec.7, 1833, (Vol.XI, No.49, S.194): »It is now my intention to establish a hospital at Flangchoo, the capital of Chekeong. I have neither funds nor friends except well-wishers. At the same time it will be necessary to counteract the anti-national feelings of government by the press, and to impart science by the same means.« – Verf. konnte den Ort geographisch nicht lokalisieren. Der Grund dafür ist in der unterschiedlichen Transkription des Chinesischen zu sehen. Mit Chekeong könnte die Provinz Che-Kiang gemeint sein, deren Hauptstadt Hangchow ist; immerhin ergibt das eine erkennbare phonetische Ähnlichkeit; bei H.Schlyter, der hier die gleiche Quelle zitiert, ist – sachlich identisch – zu lesen: »Er [sc.Gützlaff] erwog, ein Krankenhaus in Tschekiangs Hauptstadt zu gründen.« (Der China-Missionar, S.25). – Dieses Vorhaben kam allerdings nicht zustande.

40. J.C.Thomson, Historical Landmarks of Macao, in: The Chinese Recorder and Missionary Journal, Vol. XVIII, S.478.

also, daß man ihn wiederholt als ›physician‹ titulierte[41] und aufgrund seiner positiven Erfahrungen mit medizinischer Praxis in Siam die Schlagzeile formulieren konnte: ›Advantages of administering Medicine to the Sick‹[42]. Der große Wert medizinischer Praxis für die Ermöglichung christlicher Missionsarbeit in bislang solcher Tätigkeit verschlossenen Gebieten schien durch Gützlaffs Erfahrungen als praktisch erwiesen. Von ihm wurde sie jedenfalls als solche bewußt anerkannt und planmäßig eingesetzt:

»Medical Practice ... has always been combined with the preaching of the gospel and the distribution of tracts. Often I have been suffocated by the numerous applicants...«[43]

In verschiedenen Aufrufen und Briefen, in denen er unter anderem auch durch ausdrücklichen Rekurs auf die alte katholische China-Mission um die Aussendung von (mathematisch und) medizinisch gebildeten Missionaren bzw. »the flower of ... missionaries« bat[44], propagierte er dieses Anliegen entsprechend. Darin liegt

41. »Exercising his skill as a physician while he performed his duty as a minister of the gospel, Mr. G[ützlaff] had free access to all classes of people.« (New York Observer, Feb. 12th 1832, S.25, in einem Referat über einen Brief von E.Bridgman vom 13.6.1831). – »He is a physician, and by his skill makes his way every where, among the natives of China. I have just been procuring a quantity of medicine, to be put up for him in the best manner. ... He gains access to the towns and cities on the seaboard by the coasting junks, on board of which he often pays his way by his medical skill, or by acting as interpreter for the owners.« (New York Observer vom 16.Feb.1833, S.26).
42. So im ›Missionary Herald‹, 1830 (Vol.26), S.217 (Juli). – Die dann folgenden Auszüge aus dem Gützlaff / Tomlin Tagebuch werden mit der Bemerkung eingeleitet: »From many paragraphs of a similar character, the following are selected, as illustrating how a missionary may alleviate the bodily distresses, to which the vices and ignorance of the heathen subject them, and thereby gain access to them, secure their confidence and good will, and prepare the way for his instructions to be favorably received.« – Drei Jahre später erschien im gleichen Organ ein Tagebuchauszug von Tomlin unter dem Titel: ›Advantages of Medical Knowledge to a Missionary‹ (1833, S.103). – Ähnlich wurde auch im Zusammenhang mit der Mission in Syrien von ›Prospects of Usefulness for a Physician‹ gesprochen; (ebd., 1832, S.287).
43. Undatierter Brief aus Fokien an einen unbekannten Empfänger in: Houghton Library, ABC 14. Vol.1; auch abgedruckt in: Missionary Herald, 1834, (Vol.XXX), S.309f.
44. Im Brief vom 14.1.1832 an den Secretary des A.B.C.F.M. in Boston: »Let them [sc. die nach China zu sendenden Missionare] be duely[!] accquainted with some useful art, mathematics and medicine in preference, may they possess a talent for languages and they may brave jesuitical strategems, armed with faith in their Saviour and recommended by simplicity in their proceedings.« (Houghton Library, ABC.14 – Miscellaneous Foreign Letters, Vol.1 – 1831-1837). »Let us not be surpassed by the wily Jesuits, who sent the flower of their body to conquer China for the Pope, we

sein durchaus eigenständiger Beitrag zur ärztlichen Mission[45], deren Funktion er, ohne freilich den Begriff zu haben, mit erstaunlichem Gespür für kommende Entwicklungen schon 1835 folgendermaßen skizzierte:
»A missionary station ought to have a hospital and a physician; – this is apostolical. If the bodily misery which prevails throughout China is taken into consideration, this is perhaps a *sine qua non* of a station; ... But it should not be deemed sufficient to afford medical help merely, for which there will be many applicants; a lively interest in the welfare of individuals, kind assistance in the hour of need, or a friendly word under sufferings, open the heart for the reception of truth. By imitating our Savior and his apostles in well-doing, we shall prove our claim to be called his disciples. It is a matter of joy that some physicians are on the point of joining in the good work. But it should never be forgotten, that it is the most sacred duty of all to alleviate sufferings, and thus to show that the gospel is indeed a message of mercy. ... It is by the irresistable power of this noble quality that we hope to gain ground.«[46]

fight for a mightier prince and ought to be more zealous.« (Brief vom 24.11.1833 an den gleichen Empfänger, Fundort: ebd.). »It also gives me great satisfaction to know that you are persuaded of the necessity of sending out the flower of your missionaries to this country.« (Brief vom 20.12.1834 an den gleichen Empfänger; Fundort: ebd.); vgl. auch Brief vom 23.5.1833 an den gleichen Empfänger und den undatierten Brief, der im ›Missionary Herald‹, Boston, 1834 (Vol.XXX), S.309f abgedruckt ist. »Und sollte die Hand des HE.[rrn] Ihnen schon 2 Brüder zugeführt haben, die nebest den äußren Erfordernissen auch die iñern Erfordernisse besitzen – Sie sollten nehmlich mit der Heilkunde des Leibes wie des Geistes bekañt sein ..« (Brief Gützlaffs an das Basler Kommittee vom 10.10.1838, durch C.Krückeberg geschrieben, in: Archiv der Basler Mission, Basel, BV 88, Pf Krückeberg; Abkürzungen im Original). – Zum katholischen Vorbild für die China Mission vgl. auch ›An Appeal in Behalf of China‹, in: Missionary Herald, 1834 (Vol.XXX), S.422ff, bes. 422f.

45. Eine indirekte Bestätigung dafür ist H.Schlyters Bemerkung zu entnehmen: »Medhurst gab ihm [sc. Gützlaff] nicht nur den ersten Unterricht im Chinesischen und ein erweitertes Interesse für die Chinesen. Unter der Leitung seines Lehrmeisters wurde Gützlaff auch in die Vorraussetzungen und Methoden der Ultragangesmission eingeführt. Diese beabsichtigte Mission in allen chinesischen Kolonien Südostasiens, während man die Gelegenheit abwartete, die Arbeit im eigentlichen China anzufangen. Zu nicht geringem Teil bestand diese aus Besuchsreisen und der Verteilung christlicher Schriften.« (Karl Gützlaff, S.36) Besuchsreisen und Schriftverteilung waren also die etablierten und angewandten Methoden, die eben erst durch Gützlaff eine Erweiterung in medizinischer Richtung erfuhren.

46. Christian Missions in China: remarks on the means and measures for extending and establishing Christianity; namely the preaching of the gospel, schools, publication of books, charities, &. By Philosinensis [sc.Gützlaff], in: The Chinese Repository, 1835, Vol.III, S.559-568, Zitat S.568; Hervorhebung im Original. Kurz zuvor hatte sich der Schwede A.Ljungstedt in seinem anonym mit ›A Philanthropist‹ gezeichneten Aufruf and die britische Bevölkerung ›A Brief Account Of An Ophthalmic

Gützlaffs Vorbild und seine unermüdliche Werbearbeit verfehlten ihre Wirkung nicht; nicht von ungefähr wird sein Name wie selbstverständlich in der ersten Liste der ›Medical Missionaries to the Chinese‹ als einer der ihren geführt.[47] Einer seiner Aufrufe bewirkte bei David Livingstone die Entscheidung, sich als Missionsarzt für China ausbilden zu lassen.[48] In Württemberg stimulierten seine Berichte die Gründung eines ›Medicinischen Missions-Instituts‹ für die Zurü-

47. Institution ... At Macao‹ (Canton 1834) folgendermaßen vernehmen lassen: »It appears to me ... that if ever a lever is to be placed to overcome the existing hatred and prejudices of the Chinese with regard to Europeans ... the fulcrum of that lever must be such men as those above alluded to [sc. Dr.Pearson and Dr.Colledge z.B.]; such could, and would win their way over the frontiers of this close and benighted nation; and pass into its centre, into the very court of the palace at Peking; by their Samaritan practice, patience, gentleness, and, above all, their usefulness; while diplomats and merchants would be repelled from the borders of the country. ... England, in her munificence, sends forth millions of wealth for religious and other charities; where, and in what manner, would a moiety of her benevolence be so well, so usefully, and profitably bestowed in national and philanthropic points of view, as upon this portion of the human race by medical men? They would shortly clear the way for religion, the arts and sciences, and their attendant train of blessings.« (S.63f)

47. The Medical Missionary Record, Vol.II, 1887, S.76. Diese Liste ist für die Geschichte der Entwicklung der ärztlichen Mission in China von größter Bedeutung, da sie sämtliche protestantische missionsärztliche Kräfte bis 1887 in chronologischer Reihenfolge zu erfassen versucht. Zwei Jahre später erschien eine Fortschreibung dieser Liste im gleichen Organ, diesmal alphabetisch geordnet (Vol.IV, 1889, S.139-144), in der Gützlaff unter der neu hinzugekommenen Rubrik ›Missionary Adjutors (not ›Legally Qualified‹)‹ (S.144) geführt wird.

48. »I had not entertained the idea of personally engaging in it [sc. den Missionsdienst], till I read an appeal to the churches of Britain and America in behalf of China, by Mr.Gutzlaff.« (Antwort auf Frage 10 des LMS-Fragebogens für Missionskandidaten; in: LMS Archive, Africa Odds, Box 10; vgl. auch W.G.Blaikie, The Life of David Livingstone, London 1908; G.Seaver, David Livingstone: His Life and Letters, London / New York 1959, S.21f; M.Gelfand, Livingstone the Doctor, Oxford 1957, S.7f; T.Jeal, Livingstone, London 1973, S.14; A.F.Walls, The Legacy of David Livingstone, in: IBMR, July 1987, S.125; H.Schlyter, Der China-Missionar, S.33f.). Da Livingstone bemerkt, daß dies »between three and four years« vom Zeitpunkt des Schreibens der Antworten geschehen sei, kann es sich dabei nur um Gützlaffs ›An Appeal on Behalf of China‹ von 1833, publ. 1834, gehandelt haben. – Später, in seinen ›Missionary Travels and Researches in South Africa‹, London 1857, S.5, bemerkt er darüber: »In the glow of love which Christianity inspires, I soon resolved to devote my life to the alleviation of human suffering. Turning this idea over in my mind, I felt that to be a pioneer of Christianity in China might lead to the material benefit of some portions of that immense empire; and therefore set myself to obtain a medical education in order to be qualified for that enterprise.«

stung von Missionsärzten[49], und in Amerika veranlaßten sie nicht nur den A.B.C.F.M. dazu, die Mission in Siam und China in der von ihm vorgegebenen Weise aufzunehmen und durchzuführen[50]; schließlich muß in diesem Zusammenhang auch an den Arzt Hudson Taylor und die China Inland Mission erinnert werden, für die Gützlaff »in a very real sense the father of the [sc. their] work« ist.[51]

49. S.u.S.177ff; vgl. Chr.Grundmann: Die erste Einrichtung ihrer Art – verkannt! Das ›Medicinische Missions-Institut zu Tübingen‹ 1841-1848, in: Bausteine zur Tübinger Universitätsgeschichte Folge 4, Werkschriften des Universitätsarchivs Tübingen, Reihe 1, Heft 14, hrsg. von V.Schäfer, Tübingen 1989, S.35-90, bes. S.47 A 34.
50. Vgl. New York Observer, Feb. 18, 1832, S.25; Missionary Herald, 1833, S.16f u. S.103ff; vgl. auch H.Schlyter: Der China-Missionar, S.41. – Zur Fortführung der Arbeit in Siam vgl. Missionary Herald, 1833 (Vol.XXIX), S.16f u. S.103ff, und C.J.Phillips, Protestant America and the Pagan World: The First Half Century of the American Board of Commissioners for Foreign Missions, 1810-1860, Harvard University, Cambridge, MA, 1969, S.138ff. – »Es ist deutlich, dass das große Interesse der Gesellschaft an der Chinamission und das Aussenden neuer Missionare Ergebnisse von G[ützlaff]'s Heimatarbeit waren.« (H.Schlyter, Der China-Missionar, S.42.) Die meisten A.B.C.F.M.-Quellen wie z.B. J.A.Vinton u.a., Missionaries of the ABCFM, 1810-1885, Vol.1, S.205; 38th Annual Report of the Prudential Committee of the ABCFM held in Buffalo, New York Sept. 8-10, 1847, Boston 1847, S.160ff, und auch K.S.Latourette, The History of Early Relations between the United States and China 1784-1844, New Haven 1917, schweigen darüber, aber in den P.Parker 1834 gegebenen ›Instructions‹ (Houghton Library, ABC:8.1, V.2 – Instructions – S.83-98) wird ausdrücklich und ausführlich auf »the apostolic Gützlaff« (S.88f u. S.96f) Bezug genommen. Auch schrieb Gützlaff am 27.6.1830 an die Gesellschaft: »We look upon the Churches of America, that they will hear the call from a far country and unite with their transatlantic brethren to build the temple of the most High on the ruins of the Pagodas of Buddah.« (Houghton Library, ABC.14, Miscellaneous Foreign Letters, Vol.1, 1831-1837). Der erste China-Missionar des A.B.C.F.M., Elija C.Bridgman, war bereits im Februar 1830, also vor dem erwähnten Brief Gützlaffs an den Board, in Canton eingetroffen, ohne daß Gützlaff davon wußte. – Zur Rezeptionsgeschichte Gützlaffs in den USA und Gützlaffs Bedeutung für die Aufnahme von Missionsarbeiten in China seitens anderer amerikanischer Gesellschaften vgl. H.Schlyter, Der China-Missionar, S.37ff.
51. Dr. and Mrs. Howard Taylor; J.Hudson Taylor – A Biography, Chicago 1965/1977, S.16. – Zur Beziehung Taylors zum späten Gützlaff vgl. ebd. S.15ff. Gützlaffs Einfluß auf die Entscheidung Taylors, sich zum Arzt ausbilden zu lassen, muß als ein indirekter bezeichnet werden. Während der Europareise des Ersteren (1849/50; vgl. H.Schlyter, Der China-Missionar, S.102ff), die in England begann, fällt Taylors Entscheidung, sich als China Missionar zur Verfügung zu stellen (Dez.1849). Der Entschluß, sich medizinisch zu qualifizieren, über den er 1851 schreibt: »I have devoted myself to missionary work in China in obedience, I believe, to His call, and am at present studying medicine and surgery that I may have more opportunities of

2. Die Mediziner der englischen Handelsniederlassungen in China, Thomas R.Colledge und das Aufkommen von medical missions

War es dem missionsstrategisch denkenden Gützlaff[52] gelungen, eine weltweite Bereitschaft für den Einsatz medizinisch-ärztlichen Dienstes als Mittel zum Zweck in den die Mission tragenden Kreisen zu wecken, so kommt, wenn auch in einem viel bescheideneren Maße, einigen der Chirurgen der englischen Handelsniederlassungen in Macao und Canton, besonders aber Thomas R.Colledge (1797-1879)[53], das Verdienst zu, Einrichtungen für die ärztliche Betreuung von Chinesen geschaffen und die medizinische Profession für eine solche Aufgabe interessiert zu haben.[54]

> usefulness and perhaps be able to support myself when there.« (zitiert bei Taylor, J.Hudson Taylor, S.19), reifte erst allmählich in diesen Jahren heran und wurde vor allem durch die Begegnung mit dem auch medizinisch tätig gewordenen Missionar der Rheinischen Mission, Wilhelm Lobscheid veranlaßt, der zur Unterstützung Gützlaffs nach China gesandt worden war, (vgl. G.Menzel, Die Rheinische Mission, Wuppertal 1978, S.64ff, bes. S.68; in der bereits zitierten Taylor-Biographie wird Lobscheid als Missionar der in London zur Unterstützung von Gützlaffs Chinesischem Verein gegründeten Chinese Evangelization Society aufgeführt, ebd. S.23f).
> 52. E.V.Gulick charakterisiert Gützlaff als »the Victorian Viking who undertook to annihilate difficulties by saying there were none.« (Peter Parker, S.47). Gützlaff scheute nicht einmal einen imperialistischen Vergleich der Missionsarbeit mit der jüngeren Geschichte. In seinem Brief vom 20. Dez. 1834 an den Sekretär des A.B.C.F.M. in Boston ist zu lesen: »Thus you have bid farewell[!] to hesitation in regard to China [sc. durch die Aussendung von P.Parker z.B.]. ... Go then boldly on and follow the example of Napoleon, who earnestly directed his attention to the Capital of the enemy.« (Houghton Library, ABC.14, Miscellaneous Foreign Letters, Vol.1 – 1831-1837)
> 53. Eine Kurzbiographie findet sich in K.Chimin Wong, Lancet and Cross – Biographical Scetches of fifty Pioneer Medical Missionaries in China, o.O. (Shanghai) 1950, S.1-3; vgl. auch H.Balme, China and Modern Medicine, London 1921, S.36ff (mit Bild Colledges, vor der Titelseite; eine ausführliche Beschreibung dieses Bildes, das unter Zustimmung von Colledge von dem Engländer Chinnery mit der Absicht angefertigt wurde »to combine portrait with history« in <A.Ljungstedt>, A Brief Account Of An Ophthalmic Institution during the years 1827,... 1832 at Macao by a Philanthropist, S.64f [sc. der Ausgabe in der British Library]); K.Chimin Wong / W.Lien-The, History of Chinese Medicine, Tientsin 1932, S.170-176; darüber hinausgehendes Material bei E.V.Gulick, Peter Parker, S.44ff. – K.S.Latourette, The History of Early Relations, gibt S.94, fälschlicherweise den Namen mit »Cooledge« wieder.
> 54. Zum folgenden vgl. neben der Artikelserie ›Historical Landmarks of Macao‹ in: Chinese Recorder and Missionary Journal, Shanghai, Vol. XVIII u. XIX [1887/1888], von Rev.Joseph C.Thomson, vor allem (A.Ljungstedt), A Brief Account Of An Ophthalmic Institution ... at Macao by a Philanthropist, Canton 1834 (das mir in

Bis 1805, als neben ungenannten portugiesischen Medizinern vor allem der damalige Arzt der englischen East India Company in Macao, Dr.A.Pearson, mit der Einführung der kurz zuvor (1795/1798) entwickelten Pockenschutzimpfung begann[55], war die den Chinesen seitens europäischer Ärzte gewährte medizinische Hilfe ausschließlich forensisch bestimmt.[56] Aber es dauerte noch weitere 15 Jahre, bis 1820 eine erste Poliklinik für arme Chinesen durch den protestantischen China-Pioniermissionar Robert Morrison (1782-1834)[57] in Kooperation mit John

    der British Library zugängliche Exemplar fand sich bei fortlaufender Seitenzählung [sc.45-65] abgedruckt im Anschluß an ›The Medical Missionary Society in China – Address, with Minutes of Proceedings‹, Canton, China, 1838), und die umfangreiche, sehr gut dokumentierte ›History of Chinese Medicine – Being a Chronicle of Medical Happenings in China from ancient Times to the Present‹ von K.Chimin Wong / W.Lien-The, Tientsin 1932. – Das den Medizinern von der East India Company gewährte gute Gehalt mag sehr wohl dafür mit ausschlaggebend gewesen sein: »they [sc. die East India Company] allowed to their medical servants salaries so ample that they were satisfied, and ›went about doing good‹.« (Wong / Lieh-The, History of Chinese Medicine, S.167.)

55. Dr.Alexander Pearson führte die Vakzination nicht nur selbst durch – offensichtlich bis zum Ende seines Aufenthaltes in Macao / Canton 1832 – , er publizierte auch darüber und unterrichtete chinesische Assistenten darin. »As far as the medical servants of the East India Company in China are concerned, the practice has always and to all descriptions of persons been gratuitously dispensed. But it is in no way unfavourable, either to the chances of dissemination or preservation of the practice that it has become a source both of reputation and emolument to the Chinese who have engaged in it and who conduct it extensively throughout the city of Canton and country around.« (A.Pearson, zitiert in W.W.Cadbury / M.H.Jones, At the Point of A Lancet, Shanghai 1935, S.12). Vgl. auch W.Lockhart, Der ärztliche Missionär in China, London 1861, S.76. – Als Jahr der Entwicklung der Pockenschutzimpfung durch Edward Jenner (1749-1823) wird 1795 bzw. 1796 angegeben; eine erste Publikation darüber erschien 1798 (vgl. Aschoff/Diepgen/Goerke, Kurze Übersichtstabelle, S.34; B.Mayrhofer, Kurzes Wörterbuch zur Geschichte der Medizin, Jena 1937, S.110).

56. »It may be stated ... that before 1805 mention can rarely be found of any medical aid given by them [sc. den englischen Chirurgen] or their Dutch colleagues to the Chinese. In fact, the only occasions they treated such patients seem to have been when Chinese were wounded by Europeans. This is easy to understand since the Chinese laws of that period held anyone responsible for the death of a person to be guilty of murder and liable to execution.« (Wong / Lien-The, History of Chinese Medicine, S.167). – Zur Frage der Datierung vgl. besonders E.V.Gulick, Peter Parker, S.45 A 21.

57. Morrison hatte nach seiner theologischen Ausbildung eine kurze praktisch-medizinische Schulung im St.Bartholomews Hospital, London, genossen (und sich auch etwas in Astronomie gebildet), bevor er 1807 über Amerika nach China ausreiste; vgl. ›Memoirs of the Life and Labours of Robert Morrison, D.D., compiled by his

Livingstone, einem Chirurgen der britischen East India Company,[58] in Macao gegründet wurde.[59] Mit dieser Poliklinik, in der auch Dr. Pearson häufiger aushalf, verfolgten deren Initiatoren ein dezidiert ethnomedizinisches Interesse: sie hatten eine ansehnliche Bibliothek zur chinesischen Medizin und eine komplette Sammlung chinesischer Arzneien zusammengetragen, dazu den Arzt Lee angestellt, der, gelegentlich von einem Herbalisten unterstützt, die chinesische Heilkunde vor ihren Augen praktizierte.[60] Eine Nachfolgerin dieser wahrscheinlich nur bis 1823 bestehenden Einrichtung[61] rief Dr.T.R.Colledge, der 1826 als Chir-

Widow [Eliza <Armstrong> Morrison] – Critical Notices of his Chinese Works by Samuel Kidd, and Appendix containing Original Documents‹, 2 Bde., London 1839. Vgl. auch G.Rexroth, Dr.Robert Morrison, der Bahnbrecher der evangelischen Mission in China, Bremen o.J. (1930?), bes. S.23ff u. S.59f.

58. Dr.John Livingstone kam 1808 als Assistant Surgeon der East India Company nach Macao, wurde später Surgeon und verstarb am 8.7.1829; vgl. H.B.Morse, The Chronicles of the East India Company trading to China, Oxford 1926, Vol. III, S.177, 229, 251, 327 u. 343; Vol. IV, S.110 u. 187; E.V.Gulick, Peter Parker, S.45. – In verschiedenen Berichten variiert die Schreibweise des Namens zwischen ›Livingstone‹, ›Livingston‹ und ›Livington‹.

59. Ob Morrison oder Livingstone der eigentliche Urheber der Gründung war, ist umstritten. Nach J.C.Thomson, Historical Landmarks of Macao, in: The Chinese Recorder and Missionary Journal, Vol.XVIII, 1887, S.392f, und Wong / Lien-The, History of Chinese Medicine, S.169f, ist es J.Livingstone, obwohl letztere auch vermerken, daß Dr.A.Pearson nur von R.Morrison als dem Begründer dieser Klinik spricht. (ebd. S.170) Für E.V.Gulick, Peter Parker, S.45, ist es unzweifelhaft, daß »Livingstone joined Dr.Robert Morrison in opening at Macao a joint Sino-Western dispensary.« Nach G.Rexroth, Dr.Robert Morrison, S.59, war Morrison durch einen Brief von Rev.Dr.Baird, Rektor der Universität von Aberdeen, zu dieser Unternehmung, an der sich dann etwas später auch J.Livingstone beteiligte, veranlaßt worden.

60. Die Bibliothek soll über 800 Bände umfaßt haben. »Dr. Livingstone's desire to find out whether the Chinese pharmacopoea might not ›supply something in addition to the means now possessed of lessening human suffering in the west‹ led him to invite the aid of Dr.Morrison on account of his great command of the language, who also bought for him [sc. Dr.Livingstone] ›a Chinese medical library consisting of upwards of 800 volumes, with a complete assortment of Chinese medicines; and engaged a respectable Chinese physician and apothecary, with the occasional attendance of an [!] herbalist (whose complete stock he purchased), to explain the properties of the various articles which he collects and sells.« (Als Zitat aus dem Indo-Chinese Gleaner, Vol.III, S.6 erwähnt von J.C.Thomson in: Historical Landmarks of Macao, in: The Chinese Recorder, Vol. XVIII, 1887, S.393; vgl. auch Wong / Lien-The, History of Chinese Medicine, S.169).

61. Die Zeitdauer des Bestehens dieser Klinik ist ungewiß, da Morrison von 1823 -1826 zum Heimaturlaub in England weilte und Livingstone 1825 den Platz verließ, um im Auftrag der East India Company auf Schiffen tätig zu sein, auf deren einem er am 8.7.1829 verstarb. (s.o. Anm.58) Für Gulick, Peter Parker, S.45, endete das Unter-

urg der East India Company nach Macao kam, mit seiner bereits ein Jahr später eröffneten, ausschließlich wohltätigen Zwecken dienenden Poliklinik ins Leben: »In the year 1827, I determined to devote a large portion of my time, and such medical skill as education and much attention to the duties of my profession had made my own, to the cure of so many poor Chinese sufferers of Macao and its vicinity as came in my way. My intention was to receive patients laboring under every species of sickness, but principally those afflicted with diseases of the eyes; diseases most distressing to the laboring classes, amongst whom they are very prevalent; and from which the utter incapacity of native practitioners denies to them all other hope of relief. ... In 1828, many friends ... came forward to aid in support of a more regular infirmary, which I proposed to establish. ... Thus the hospital grew up upon my hands. ... Two small houses have been rented at Macao, capable of receiving about forty patients«[62]

Diese in persönlicher, fachlicher und finanzieller Hinsicht anfangs von Colledge ganz allein getragene Initiative fand schon recht bald Förderer und Mitarbeiter vor Ort, so daß, als Colledge 1828 wegen Verlegung der Niederlassung von Macao nach Canton ziehen mußte, Dr.A.Pearson die Betreuung dieses ›Ophthalmic Hospital‹ übernehmen und fortführen konnte. Mit dessen Rückkehr nach Europa im Jahre 1832 war dann allerdings auch das Schicksal des ›Ophthalmic Hospital‹ in Macao besiegelt.[63] – Kaum in Canton angekommen, begründete Colledge, ›The Chinaman's Friend‹,[64] noch 1828 in Zusammenarbeit mit seinem amerikanischen Kollegen James H.Bradford, Chirurg der dortigen amerikanischen Han-

    nehmen bereits 1823. – Ausführlich zu dieser Einrichtung der Chronist der ärztlichen Mission in China, Joseph C.Thomson, Historical Landmarks of Macao, in: Chinese Recorder and Missionary Journal, Vol.XVIII (1887), S.392f.
62. Brief Colledges vom Oct. 1832, zitiert in: (A.Ljungstedt), A Brief Account, S.51f; vgl. auch Cadbury / Jones, At the Point, S.15f.
63. Daher umfaßt der ›Brief Account‹ von Ljungstedt auch nur den Zeitraum von 1827 – 1832, obwohl sich in diesem Bericht auch die Bemerkung findet, daß die jetzigen [sc. 1834] »proprietors Drs. Bradford and Cox« seien (S.61). Offensichtlich verlor diese Einrichtung, die gelegentlich auch ›hospital‹ oder ›eye infirmary‹ genannt wurde, nach der Übernahme durch die neuen Eigentümer rasch an Bedeutung, so daß sie nicht mehr erwähnt wird. – Allgemein dazu: J.C.Thomson, Historical Landmarks of Macao, in: The Chinese Recorder and Missionary Journal, Shanghai, Vol. XVIII (1887), S.431; Cadbury / Jones, At the Point, S.17.; Wong / Lien-The, History of Chinese Medicine, S.172. Zur Förderung bzw. Unterstützung dieser ›dispensary‹: (A.Ljungstedt), A Brief Account, S. 51: »The E[ast] I[india] Company has written of it in terms of approbation, and when applied to, has liberally supplied it with medicines.« u. S.62f; E.V.Gulick, Peter Parker, S.45 A 28.
64. Vgl. Wong / Lien-The, History of Chinese Medicine, S.170; Wong, Ch., Lancet and Cross, S.1.

delsniederlassung, die ›Canton Dispensary‹, eine Poliklinik, die etwa sechs Jahre, sicherlich aber bis 1834 bestand.[65] Darüber hinaus bewirkte er die Gründung der ›British Seaman's Hospital Society in China‹ im Feb. 1835[66] und veröffentlichte im Dezember desselben Jahres ›Suggestions with regard to employing medical practitioners as missionaries to China‹ im Chinese Repository, in dem einige Monate zuvor (April) Gützlaffs ›Remarks‹ erschienen waren. Colledge schreibt:

»... observation has convinced me that the only way by which they [sc. the Chinese] will be led into the course of reflection which shall result in the end so much desired by all who have their interest at heart, will be by exhibiting among them the virtues of charity and humanity, then leading them gradually to the comprehension of the motives and principles from which these virtues spring. ... no method of benefiting the human race is so immediate in its effects as that which relieves bodily sufferings; no class of men therefore is so likely immediately to gain the attention and respect of a people like the natives of this empire as those of the medical profession. ... What I would suggest then is, that all sects and denominations of Christians, unite for the one great purpose of improving the temporal and social condition of the Chinese, by sending out good medical men of the medical profession, who shall by rendering themselves useful, gain the confidence of the people, and thereby pave the way for the gradual reception of the Christian religion in all its purity and beauty; that in selecting an individual for this work, the question shall never arise, to what sect or denomination of Christians does he belong? ... Myriads of God's creatures in this empire claim our attention, therefore let us learn to do good among them, exhibit works of charity and humanity, *founded on Christian principles*, and the spread of Christianity is the sure result!«[67]

Ähnlich wie bei Gützlaff sind es auch bei dem Arzt Colledge entsprechende Erfahrungen, die ihn dazu veranlassen, die Missionsgesellschaften zur Aufnah-

---

65. Vgl. J.C.Thomson, Historical Landmarks of Macao, in: The Chinese Recorder and Missionary Journal, Vol. XVIII, 1887, S. 431; E.V.Gulick, Peter Parker, S.46; Cadbury / Jones, At the Point, S.17; Wong / Lien-The, History of Chinese Medicine, S.173. Aus den Quellen läßt sich die Dauer des Bestehens dieser Einrichtung nicht mit Sicherheit eruieren. Cadbury / Jones weisen auf die Rückkehr Bradfords in die Staaten – 1834 – hin, während Wong / Lien-The die Evakuierung der Briten nach Macao – 1839 – als terminus ad quem angeben.
66. Zur Geschichte dieser Gesellschaft vgl. Wong / Lien-The, History of Chinese Medicine, S.174ff; allgemein zu diesen Aktivitäten von Dr.Colledge: J.C.Thomson, Semi-Centennial of the Medical Missionary Society, in: The China Medical Missionary Journal, Vol.II No.3 (Sept.) 1888, S.108.
67. Chinese Repository, Canton 1835, Vol.IV, S.387-389; Hervorhebung im Original. – In dem einleitenden Vorwort zu diesen Vorschlägen schreibt der Herausgeber: »The results of the Ophthalmic Hospital at Macao convinced us that there are no better means than the medical and surgical practice, to make the Chinese understand the feelings which Christian philanthropists cherish towards them.« (ebd. S.386)

me des ärztlich-medizinischen Dienstes, vor allem durch die Aussendung von Ärzten, zu ermutigen. Auch für ihn soll dies nur Mittel zum Zweck sein. Im Unterschied zu Gützlaff aber steht nun nicht ein direktes evangelistisch-missionarisches Anliegen im Vordergrund, sondern ein indirektes, die rein positivistisch verstandene, sich christlichen Prinzipien verdankende Tat der durch Mediziner ausgeübten Barmherzigkeit an der leidenden Menschheit. Damit war, ebenfalls zu einem erstaunlich frühen Zeitpunkt, einem wichtigen Grundanliegen der medical missions deutlich Ausdruck gegeben worden[68], obwohl nach H.Balme Colledge nicht als »a medical missionary in the ordinary sense of the term« bezeichnet werden kann.[69]

3. Rev. Peter Parker, M.D., und das Hospital in Canton

Mit Peter Parker (1804-1888)[70], der am 26.10.1834 in Canton ankam, traf nicht nur ein weiteres Mitglied im dortigen, rein männlichen internationalen Ghetto[71]

68. Unter direktem Bezug auf die oben zitierte Stelle bekennen Cadbury / Jones, At the Point, S.17: »Dr.Colledge's opinion of missionaries, both medical and otherwise, and his doctrine is as sound in 1935 as it was one hundred years ago.«
69. China and Modern Medicine, S.39. – »Dr. Joseph Thomson, the careful American historian of medical work in China, regarded Colledge as the originator of medical missions in that country.« H.Balme, ebd. S.38, unter Verweis auf den Artikel Thomsons im China Medical Journal ›Semi-Centennial of the Medical Missionary Society‹, 1888, S.41.
70. Die meisten der Autographen Parkers (leider nicht seine Predigten!), die sich in der Yale Medical Historical Library, New Haven, CT, befinden, sind zumindest auszugsweise veröffentlicht von George B.Stevens / W.Fisher Markwick, The Life, Letters, And Journals Of The Rev. and Hon. Peter Parker, M.D., Missionary, Physician, And Diplomatist, The Father of Medical Missions and Founder of the Ophthalmic Hospital in Canton, Boston / Chicago 1896; Reprint Wilmington, Del., 1972. Seine Korrespondenz mit dem A.B.C.F.M. ist zugänglich in dem in der Houghton Library, Harvard University, Cambridge, MA, aufbewahrten A.B.C.F.M. Archiv (über das Archiv s. Walker, Mary, The Archives of the American Board for Foreign Missions, in: Harvard Library Bulletin, Vol.VI, Cambridge, MA, 1952, S.52-68), das von Edward V.Gulick in seiner Biographie ›Peter Parker and the Opening of China‹, Cambridge, MA, 1973, ausführlich benutzt wurde. Dort S.253ff auch das vollständige Verzeichnis der Parker-Materialien und ab S.257 die umfangreichste, aber nicht vollständige Bibliographie zu Parker.
71. Zum Problemfeld der Beziehungen der damaligen chinesischen Regierung zu Ausländern vgl. H.B.Morse, The International Relations of the Chinese Empire – The Period of Conflict 1834-1860, Shanghai 1910; zu den ›Canton Factories and the Co-Hong‹, ebd. S.63ff; in neuerem Horizont jetzt auch R.Deutsch, Die Beziehungen des Westens zu China in der Neuzeit – und ihre Auswirkungen auf die christliche

und eine personelle Verstärkung der kleinen Missionarsgemeinschaft[72] ein, sondern der erste für einen solchen Dienst vollausgebildete Theologe und Mediziner.[73] Seit Oktober 1830 am Yale College in New Haven, wurde er zum typischen

    Mission, in: ZMiss, 1989, Nr.1, S.32-41.- Seit 1745 war Ausländern der Zutritt zu China untersagt, mit Ausnahme von Canton, das von 1757 durch kaiserliches Edikt zum einzigen Außen-Handelszentrum (Staple) erklärt worden war, und das auch nur mit großen Einschränkungen. Der gesamte Handel mußte über Cohong- bzw. Hong-Kaufleute (›security merchants‹) abgewickelt werden, so daß es keinen unkontrollierten, unmittelbaren Zugang zur chinesischen Bevölkerung gab: »Only men engaged in business and commerce were allowed to live in the city and under restrictions which no business man would endure today. They were not to learn the language; they were not allowed to bring their wives or families with them; they were forced to live in certain prescribed areas and they were subject to constant abuse and insult.« (W.Cadbury / H.Jones, At the Point, S.1); vgl.auch W.H.Medhurst, China, seine Zustände und Aussichten, Stuttgart 1840, S.180ff, und S.Teng / J.K.Fairbank, China's Response to the West, a documentary survey 1839-1923, Cambridge, MA, 1961). – Die erste in Canton auf Dauer lebende Ausländerin wurde 1842 P.Parkers Ehefrau Harriet, geb. Webster, vgl. Brief P.Parkers an R.Anderson vom 23.11.1842 (in: Houghton Library, ABC:16.3.8 Vol.1) und E.V.Gulick, Peter Parker, S.111f. – Wong /Lieng-The, History of Chinese Medicine, weisen auf S.167 allerdings auf den großen Unterschied hin, der bezüglich des Verhältnisses zu Ausländern zwischen Canton und Peking bestand und vergleichen die Situation der Ausländer in Canton mit der von Kriegsgefangenen (ebd. S.168).

72. In einem von R.Morrison und E.C.Bridgman unterzeichneten Aufruf vom 4.Sept.1832 ›To the Churches of Christ in Europe, America, and elswhere‹ (in: Houghton Library, ABC:16.3.8 V.1 – South China 1829-1837) wird die Zahl der in ganz Südost-Asien tätigen Missionare, einschließlich der chinesischen Mitarbeiter, mit 11 angegeben, nämlich: die Engländer R.Morrison, W.H.Medhurst, S.Kidd, J.Tomlin, S.Dyer; die Amerikaner E.C.Bridgman und D.Abeel; die drei Chinesen Leang-Afa, Kehu Agang und Le-Asin und schließlich noch K.Gützlaff. Als Missionare befanden sich in Canton im Oktober 1834 E.C.Bridgman, E.Stevens, S.W.Williams und J.R.Morrison. Diese kleine Gruppe lebte unter den etwa 300 Nicht-Asiaten der Factories. H.B.Morse, The International Relations, gibt auf S.72 mit Einschränkungen die Zahlen für 1832 mit 165 und für 1836 mit 305 an. Im Chinese Repository vom Januar 1837 (Vol.V, S.426-432) findet sich eine vollständige Namensliste der in Canton und Macao lebenden Ausländer (sie zählt 307 Personen), der dort ansässigen Handelshäuser, der Hong Kaufleute und auch der Linguisten.

73. Die Zahl der vom American Board seit 1819 ausgesandten Ärzte belief sich bis 1835 auf insgesamt acht und verteilte sich wie folgt: Ceylon (J. Scudder, seit 1819, und N. Ward, seit 1833); Hawaii (alias: Sandwich Islands; T. Holman, seit 1820, A.Blatchley, 1823-1826, G.P.Judd, seit 1828, und D.Baldwin, seit 1831, A.Dodge, 1833-1835); China (P.Parker, seit 1834). Zusätzlich standen drei weitere im Dienst an der Indianermission in den Staaten, vgl. Missionary Herald, Vol.31 (1835), S.31; E.V.Gulick, Peter Parker, S.60. Sie waren alle, mit Ausnahme von Parker, medizinisch,

Vertreter des ›Second Awakening‹[74], an dem er sich aktiv beteiligte.[75] Die im Mai

> nicht aber theologisch qualifiziert. – Zwar gab es unter den frühen Missionaren der Church Missionary Society in London einige Ärzte wie z.B. Robert Mayor und G.C.Timnell in Ceylon, William Williams in Neuseeland und Dr.Korck in Griechenland, aber diese wurden nur in Ausnahmefällen auch während ihres Missionsdienstes medizinisch tätig, ja es hat den Anschein, als ob sie mit der Ordination gänzlich ihrem früheren Beruf abgesagt haben; vgl. H.G.Anderson, Typoskript, S.3 u. S.17ff. Als erster Arzt für die Mission wurde in dieser Eigenschaft Dr.S.H.Ford nach Neuseeland geschickt (ebd., S.22ff). – Der erste Arzt, den die Basler Mission aussandte, Dr.Christian Friedrich Heinze, hatte zunächst im Missionsseminar Theologie studiert und nebenbei Vorlesungen an der Universität gehört (1824-1828) und dann, ähnlich wie Parker, noch Medizin. 1831 zum Doktor der Medizin und Chirurgie promoviert, reiste er, ohne ordiniert zu sein, nach Ghana aus; vgl. H.Fischer, Der Missionsarzt Rudolf Fisch, S.27ff.

74. In Unterscheidung zu der vor allem durch Jonathan Edwards' (1703-1758) stark millenniaristisch geprägten neocalvinistischen Erweckungs- und Missionstheologie der ›Great Awakening‹ um die Mitte des 18. Jahrhunderts (1734 Revival in Northampton), wird im Blick auf den Zeitraum 1790-1850 von einer ›Second Great Awakening‹ (bzw. von ›Evangelical Reawakening‹ oder einfach von ›Second Awakening‹) gesprochen, als deren treibende Kraft die sich der Edwards-Rezeption verdankende Theologie seines Schülers Samuel Hopkins (1721-1803; ausführliches Lebensbild von Hopkins durch E.A.Park in: The Works of Samuel Hopkins, in three Vol.s, Boston 1852-1854, Vol. I., S.5-266) mit ihrer Betonung der ›disinterested benevolence‹ identifiziert worden ist; vgl. P.Kawerau, Amerika und die Orientalischen Kirchen, Berlin 1958, S.75ff u. S.90ff (zur Terminologie ebd. S.90 A 2); Ch.L.Chaney, The Birth of Missions in America, South Pasadena 1976, S.48ff (zur ›Great Awakening‹) und S.74ff (zur ›Second Awakening‹); E.Beyreuther, Die Erweckungsbewegung, Göttingen 1963, S.9-16; H.W.Gensichen, Missionsgeschichte der neueren Zeit, S.21f u. S.31ff; C.U.Hahn, Die große Erweckung in den Vereinigten Staaten von Amerika [Second Awakening], Basel 1858. – »Diese zweite Erweckungsbewegung hatte ihren Ursprung in den presbyterianischen und kongregationalistischen Colleges der Ostküste Amerikas [Andover, Yale, Harvard]: das Second Awakening ist eine akademische Bewegung gewesen; Schüler, Studenten, Pfarrer und Theologieprofessoren waren revivalistisch gesinnt, und durch sie verbreitete sich das Revival von den theologischen Bildungszentren aus über das ganze Land.« (P.Kawerau, Amerika, S.90). – Von Parkers innerer und theologischer Identifikation mit der revivalistischen Benevolenztheologie zeugen nicht nur seine Tagebücher, sondern noch viel unmittelbarer seine oft sehr umfangreichen Predigten, die er selbst häufiger ›discourses‹ nennt, von denen sich ein Teil in der Yale Medical Historical Library befindet.

75. Parker spielte eine gewisse Rolle für den Revival unter den Studenten in Yale insofern, als er in seinem Zimmer die Revival-Treffen abhielt, sich an religiöserwecklichen Treffen in umliegenden Ortschaften beteiligte und sich auch als Lehrer an einer Mädchenschule, dem wohltätigen Werk von Miss Hotchkiss, in seiner freien

1831 gefällte Entscheidung, Missionar zu werden, führte ihn, nicht zuletzt auch auf Anraten von Rufus Anderson, dem nachmaligen Sekretär des A.B.C.F.M.[76], nach New Haven zurück, um an der dortigen, vom Hopkinsianismus geprägten Yale Divinity School das Theologiestudium aufzunehmen[77] und gleichzeitig, als praktische Zurüstung für den Dienst, mit dem Medizinstudium zu beginnen.[78]

    Zeit zur Verfügung stellte. Dort kam es ebenfalls zu einer Erweckung. Auch bei der Gründung der ›Society of Foreign Missions‹ am Yale College am 4.12.1831 dürfte er entscheidend mit beteiligt gewesen sein; vgl. G.B.Stevens / W.F.Markwick, The Life, Letters, S.40ff u. S.58 (Tagebucheintrag vom 4.12.1831). – Zu Parkers zusätzlichen Aktivitäten, auch während seines Studiums, vgl. E.V.Gulick, Peter Parker, S.14f.

76. Zu Rufus Anderson (1796-1880) und seinem gewichtigen missionstheologischen Beitrag vgl. ›To Advance the Gospel – Selections from the Writings of Rufus Anderson‹, edited with an Introduction by R.Pierce Beaver, Grand Rapids, MI, 1967, bes. die aufschlußreiche, umfangreiche Einleitung, S.9-38.

77. »... he [sc.P.Parker] visited Andover, ... to consult with the Rev.Mr.Anderson, and to determine whether he should study theology at Andover or at Yale. After the interview was ended, he says: ›I have finally concluded to return to New Haven, from a belief that the leadings of Providence authorize it, and not on account of any peculiarity of the Seminary; and this fact I desired to be stated to the Board.« (B.Stevens / F.Markwick, The Life, Letters, S.52.) – Diese Entscheidung gewinnt ihr eigentliches Profil erst vor dem Hintergrund der von P.Kawerau erhellten Gründungsgeschichte Andovers, das 1808 (Eröffnung: 28.9.) als Kompromiß-Missionsinstitut zwischen den Alt-Calvinisten und Hopkinsianern ins Leben trat. In Connecticut, und damit auch in Yale, dessen theologische Fakultät 1822 begründet wurde, waren Anhänger der ›Neuen Schule‹ bzw. des ›Hopkinsianismus‹ vertreten mit ihrer Betonung der Notwendigkeit des Revival und der guten Werke (benevolence), zu denen die Mission vornehmlich gehörte; (vgl. P.Kawerau, Amerika, S.100ff; zur Terminologie ebd. S.102 A 66; zur Geschichte von Yale: A.C.Piepkorn, Yale, in: RGG³, Bd.6, Sp.1855, und R.H.Bainton, Yale and the Ministry: A History of Education for the Christian Ministry at Yale from the Founding in 1701, New York 1957). – Eine der Parker nachgewiesenermaßen prägenden Gestalten war Prof. Charles A.Goodrich, der Herausgeber des ›Christian Quarterly Spectator‹, Organ der New Haven Theology; vgl. E.V.Gulick, Peter Parker, S.13.

78. Die medizinische Fakultät der Yale University war 1813 gegründet worden, und einige der Professoren unterrichteten, ähnlich wie ihre theologischen Kollegen, auch im Yale College. – »The medical training consisted of attending two years of lectures (three years, if no B.A.); it was academic, nonclinical, nonlaboratory and thus in line with the standard practices of good medical schools of that day. ... His [sc.P.Parkers] priorities ordained that medicine and surgery, much as he liked them, were only auxiliary to a more effective preaching of the Gospel among the heathen.« (E.V.Gulick, Peter Parker, S.15) – In seinem Tagebuch bekennt der damals fast siebenundzwanzigjährige Farmerssohn Parker im Mai 1831: »I have not made learning my idol. ... I have been sensible of the uncertainty of life and of the

Während dieser Zeit internalisierte er die für die nordamerikanische Mission des neunzehnten Jahrhunderts im allgemeinen und für die missionsärztliche Bewegung im besonderen so wichtige, der Theologie Samuel Hopkins entstammende ›disinterested benevolence‹, derzufolge die ›uneigennützige, zum Heil führende Wohltätigkeit‹ (wie dieser terminus technicus wohl am besten ins Deutsche übersetzt werden kann) Zeugnis des erlösten Christenmenschen ist. Urbild der disinterested benevolence ist die Hingabe des Sohnes Gottes für die Erlösung des Menschen am Kreuz, der es nachzueifern und die es zu imitieren gilt:

»The highest instance of the most disinterested benevolence is ... that in which the divine character, or God's holy love, is acted out and set forth to our view. It hence appears that disinterested benevolence is the love in which God's holiness consists. Therefore we are called upon to imitate this love of God, as that by which we may be like him, partakers of his holiness. ... If we love one another with that love which God exercised and manifested in giving his Son to die for us, we by this are conformed to God, his image is in us, and his love, which is his holiness, is complete and perfect in us. ... the holiness of men consists in imitating this benevolent love.«[79]

> importance of a kind of knowledge which books could not teach, to be derived only from an intimate communion with God, the lack of which, in the gospel minister, nothing can sufficiently compensate. ... My hobbies, so to speak, are the natural sciences, and mental and moral philosophy.« (zitiert von B.Stevens / F.Markwick, The Life, Letters, S.46) – Die Anregung dazu hatte er, wie er am 3.Mai 1831 in seinem Tagebuch vermerkt (Yale Medical Historical Library, Peter Parker Material, Journal 3) von Prof. Goodrich erhalten, der ihm auch als väterlicher Berater in Sachen Mission zur Seite stand. Dieser Eintrag ist um so bemerkenswerter, als Parker sonst kaum Mitteilung über sein Medizinstudium macht (»... in general there is disappointingly little in the Parker journal on his medical studies.« E.V.Gulick, Peter Parker, S.15); eine Bestätigung der untergeordneten Rolle, die er der Medizin im missionarischen Dienst zuweisen wollte. – Über Goodrichs Rolle als Parkers Ratgeber hinsichtlich des Missionsdienstes ist aus Parkers Brief vom 12.10.1831 an den A.B.C.F.M. zu erfahren: »My attention has been particularly directed to China and Smyrna, as fields peculiarly inviting to missionary labor. I have had repeated interviews with Professor Goodrich upon the subject of missions, and my own qualifications and duty respecting the work. ... At present my own prejudices are in favor of Smyrna, and the plan suggested by Professor Goodrich; yet upon further examination I may see reasons why I should prefer China.« (zitiert von B.Stevens / F.Markwick, The Life, Letters, S.55f.)
> 79. Samuel Hopkins, An Inquiry into the Nature of true Holiness, 1773, in: The Works of Samuel Hopkins, Bd.III, S.5-66, Zitat S.40f; (Ch.L.Chaney, The Birth of Missions in America, S.81, zitiert ungenau – S.38 – und textlich verfälschend). – Über die grundlegende Bedeutung dieses Begriffes und die damit einhergehende Gefährdung schreibt Chaney ebd. S.82f :»In the concept of disinterested benevolence the two

In diesem Geiste qualifizierte sich P.Parker in Theologie am 7.Aug.1833[80] und schon im März 1834 auch in Medizin und Chirurgie[81], gedrängt vermutlich durch den für die China-Mission des American Board so wichtigen, im Chinahandel tätigen New Yorker Kaufmann D.W.C. Olyphant.[82] Dieser hatte Parker im Januar

> great missionary motives, the glory of God and the salvation of man, became one. ... Disinterested benevolence provided a great impetus in the missionary movement for improving mankind's physical and social conditions. It also thereby became the primary defense for the missionary enterprise. Yet disinterested benevolence contributed not only to the waning of God in theology but also to the decline of the glory of God as the great driving force of the missionary enterprise. – Disinterested benevolence by definition is concerned with the social and physical condition of man. Hopkins' peculiar eschatological slant helped to foster and direct this concern and to fashion the missionary character of the American churches as one concerned both with changing religious commitment and transforming human conditions. ... Disinterested benevolence, pregnant with social implications and concern, ... gave birth to a passion to minister to the physical needs of people. It fashioned the missionary thrust of the American churches not only into a bearer of culture but also into an agent of mercy.« Vgl. auch P.Kawerau, Amerika, S.79ff.

80. Parkers Predigt-Lizenz der Association of the Western districts of New Haven County ist vollständig abgedruckt in B.Stevens / F.Markwick, The Life, Letters, S.68.
81. Brief Parkers vom 8.3.1834 an seine Schwester Catherine, in: B.Stevens / F.Markwick, The Life, Letters, S.77f. »For each graduate degree, a student would normally have spent two years – a total of four in Parker's quick-step situation. ... He pushed his college medical training to completion with an appearance in early March 1834 before the Board of Medical Examiners of the state and the medical school. ... His teachers urged him to supplement it by spending as much time as he could in New York City attending the eye infirmary and hospital. Although he managed only one week there, it was a very helpful one.« (E.V.Gulick, Peter Parker, S.18f)
82. »American missions to China owed their origin in 1829 to the suggestion of Mr.Olyphant. He supported and encouraged them when their expenses were startling and the prospect of success faint. He and his partners furnished the mission a house rent free in Canton for about thirteen years. The church with which he was connected in New York, at his suggestion, in 1832 sent out a complete printing office ... and when the Chinese Repository was commenced, he offered to bear the loss of its publication if it proved to be a failure, rather than that the funds of the American Board should suffer. He built an office for it in Canton, where it remained twenty-four years. The ships of the firm gave fifty-one free passages to missionaries and their families going to or from China, and these and other benefactions were always cheerfully bestowed if thereby the good cause was advanced. His rooms in Canton were known as ›Zion's Corner«. (F.W.Wells, The Life and Letters of S.Wells Williams, New York 1889, S.78, zitiert bei W.Cadbury / H.Jones, At the Point, S.9.) – Zur Bedeutung Olyphants für den A.B.C.F.M. vgl. auch C.J.Phillips, Protestant America, S.173ff; K.S.Latourette, The History of Early Relations, S.89; T.Dennett, Americans in Eastern Asia, New York 1922, S.72 u.247.

1834 persönlich kennengelernt[83] und ihm angeboten, ihn auf der für Mitte des Jahres geplanten Reise nach Canton mitzunehmen.[84] Nach einer einwöchigen ophthalmologischen Fortbildung in New York[85] wurde Parker am 10.Mai 1834 in Philadelphia als presbyterianischer Pfarrer ordiniert und am 1.Juni 1834 in New York als Missionar des A.B.C.F.M. für China abgeordnet, von wo aus er am 4.6. gen Canton segelte.[86]

In den ihm am 1.6.1834 gegebenen ausführlichen Instruktionen, die er kurz nach seiner Ankunft auch den in Canton anwesenden Missionaren zur Kenntnis brachte[87], heißt es:

»The two principle spheres of labour open before you, as a Christian teacher, will be the circulation of the Scriptures ... and the direct preaching of the Gospel. – The medical and surgical knowledge you have acquired, you will employ as you have opportunity in relieving the bodily afflictions of the people. You will also be ready ... to aid in giving them our arts and sciences. But these, you are never to forget, are to receive your attention only, as they can be made the handmaids to the Gospel. – The character of a physician or of a man of science, respected as they are, and useful as they may be in evangelizing

83. Tagebucheintrag vom 8.1.1834 in: Yale Medical Historical Library, Parker Journal 5; Brief vom 9.1.1834 an R.Anderson, in: Houghton Library, ABC:6, Vol.XI (Candidates, M-P); B.Stevens / F.Markwick, The Life, Letters, S.76f.
84. Vgl. E.V.Gulick, Peter Parker, S.18f. – Parkers intellektuelle Fähigkeiten waren zwar gut, aber nicht glänzend. Er konnte dennoch das anstrengende Doppelstudium durchhalten und das medizinische verkürzen, da die Struktur des Unterrichts im 2. Studienjahr in einer Repetition der Vorlesungen des ersten bestanden (s.o.Anm.81). Die Überlegung, nach Philadelphia überzuwechseln, wurde, wiederum auf Anraten von R.Anderson, fallen gelassen, diesmal unter Hinweis auf die aktive Teilnahme Parkers an den Revivals in den verschiedenen Kreisen in Yale.
85. E.V.Gulick, Peter Parker, S.19. – Gulick vermerkt ebd. auch, daß bereits Parkers Examensarbeit ein ophthalmologisches Thema zum Gegenstand ->Purulent Ophthalmia‹ – hatte.
86. B.Stevens / F.Markwick, The Life, Letters, S.80ff; der Wortlaut der Ordinationsbestätigung findet sich S.81; zur Abreise ebd. S.89ff.
87. Lt.Tagebucheintrag vom 31.10.1834, in: Houghton Library, ABC:16.3.8. Vol.1 (South China, 1831-37), Nr.181; vgl. E.V.Gulick, Peter Parker, S.35. – Die Kopie dieser Instruktionen findet sich in: Houghton Library, ABC:8.1. Vol.2 (Instructions), S.83-98, auf 18 engbeschriebenen Folioseiten. Die Kopie trägt einen in anderer Handschrift gefertigten Vermerk: »Written chiefly by R.Wisner« [sc. dem damaligen Secretary des A.B.C.F.M.]; ebd. S.83. Der Umfang dieser ganz dem Hopkinsianismus verpflichteten Dienstanweisung erklärt sich zum einen dadurch, daß ausführliche Zitate aus dem ›Chinese Repository‹ und anderen Werken mit aufgenommen worden sind, und zum anderen dadurch, daß eine grundsätzliche Auseinandersetzung mit der chinesischen Kultur-, Religions- und Geistesgeschichte bzw. mit dem Problem des Verhältnisses von staatlicher Gewalt zum missionarischen Dienst geführt wird.

China, you will never suffer to supersede or interfere with your character of a teacher of religion.
For the circulation of religious books and tracts, China furnishes greater facilities than any other portion of the heathen world. ... But while you labor diligently ... in this department, never forget, that preaching the gospel [!] with the living voice is God's appointed method of rousing the slumbering conscience of man. ... Preach the word there ›in seasons and out of seasons‹, to congregations ... to clusters of persons ... to individuals, whenever they will hear you.
Go you, dear brother, not to perform a service, the resposibilities of which are exclusively upon you, and others to be similarily employed. You go as our agent ... of the Christians of this land – to do their work to perform for them a most important part of the service assigned to you and them in common, by our ... Lord. ... «[88]

Der naheliegende missionsärztliche Gedanke spielt hier eine nur untergeordnete Rolle, ja, ist gar nicht so recht erkannt. Viel dominierender ist stattdessen Gützlaffs prägendes Vorbild, dessen Name in dieser Instruktion mehrmals genannt und mit dem Attribut ›apostolic‹[89] ausgezeichnet wird. Auch wird Parker ausdrücklich aufgefordert:
»Upon your arrival at Canton you will confer with the American Missionaries already there, and if you have opportunity, with Dr.Morrison and Mr. Gützlaff, respecting your future course.«
und davon in Kenntnis gesetzt:
»When fitted by the acquisition of the language for your great work, the Mission will determine where and what particulars more you shall enter upon and prosecute it. It is the wish of the Committee that you or some one or more of your associates, take a station as soon as shall be practicable at some favorable position within the limits of China, and we would commend especially to your consideration ... Teen-tsin and Ning-Po, recommended by Gutzlaff for such stations.«[90]

Da Morrison am 1.August 1834 verstorben war, war nurmehr Gützlaff die große Autorität für Parker. Gützlaffs Rat, das Sprachenstudium, welches Parker schon in Amerika und während der langen Seereise mit Hilfe eines Chinesen begonnen hatte, in Singapore fortzuführen, nahm er bereitwillig an.[91] Dort

---

88. Houghton Library, ABC:8.1 Vol.2 (Instructions), S.93ff; Hervorhebung im Original.
89. Z.B. ebd. S.88.
90. ebd. S.96f.
91. »I go to Singapore with the approbation and advice of my brethren, and particularly of Mr.Gutzlaff, who says I must do it or relinquish the idea of proceeding to the coast. The reasons for this are briefly these. The Chinese population at Singapore are principally from Fah kien, and there I can mingle with them and live in their families perhaps, and thus be facilitated in acquiring the dialect [sc. Hokien] without feeling

Ende Dezember 1834 eingetroffen, vermerkte er in seinem Tagebuch am 26.Dezember:
»Spent much of the day in visiting several Chinese + seeking for a teacher ... I also saw many who stood in need of both medical + surgical aid and who seemed gratified at the information that I was a Physician + in a few days would be ready to attend to them gratuitously«.[92]
Sein ärztlich geschulter Blick hatte sofort erkannt, was medizinisch getan werden könnte; seine persönliche Disposition[93] und sein vom Hopkinsianismus geform-

---

the restraints which exist at Canton.« (P.Parker Brief vom 11.12.1834 aus Macao an eine seiner Schwestern, zitiert von B.Stevens / F.Markwick, The Life, Letters, S.107f; vgl. auch seinen Brief vom 4.12.1834 an R.Anderson in: Houghton Library, ABC:16.3.8 Vol.1). – Gützlaff in einem Brief an Wisner vom 20.12.1834: »Most gladly have I hailed the arrival of another fellow labourer sent by the board [!] and I rejoice, that he adopted my suggestion and went to Singapore, in order to prepare himself for the mission on the coast. ... It also gives me great satisfaction to know that you are persuaded of the necessity of sending out the flower of your missionaries to this country.« (Houghton Library, ABC:14 – Miscellaneous Foreign Letters – Vol.1 – 1831-1837). Die Notwendigkeit der Stationierung eines Arztes auf »either Che keang or Fokiën« wiederholte Gützlaff noch in einem Brief vom 8.3.1836 an R.Anderson, der in dem gleichen Band im ABC Archiv zu finden ist. – Parker genoß die Gastfreundschaft Gützlaffs im Herbst 1836 in Macao und traf mit ihm auch während der Japanreise 1837 zusammen. Im Juni 1838 spricht er von »my friend the Rev.C.Gutzlaff«. (Chinese Recorder, Vol.VII, S.106). – Gützlaff seinerseits sprach sehr annerkennend und lobend von Parker: »Niemand unter uns hat so viel von der Johannes-Seele als Dr.Parker. Er ist ein liebenswürdiger Arzt, und hat in Geschicklichkeit und segensreichen Erfolgen seines Arbeitens selbst in Europa Wenige, die ihm gleichstehen.« (Calwer Missionsblatt, No.12, 10.Juni 1837, S.45; vgl. auch Gaïhan's <Karl Gützlaff's> Chinesische Berichte, von der Mitte des Jahres 1841 bis zum Schluß des Jahres 1846, Hrsg. von dem Vorstande der Chinesischen Stiftung, Cassel 1850, S.110) – E.V.Gulick, wohl in Unkenntnis des vollen Textes der ›Instructions‹, verkennt die Bedeutung Gützlaffs für Parker und verzeichnet sie völlig, wenn er sagt: »This happy context of language study and minuscule medical practice, quickly and efficiently established [sc. in Macao, wohin sich Parker im Dezember krankheitshalber hatte begeben müssen], might have continued through the winter and beyond, had it not been thrown askew by the appearance of the demanding and unsettling Dr.Karl Friedrich August Gutzlaff. ... To Parker he [sc. Gützlaff] was eccentric, remarkable, puzzling, and somewhat grotesque.« (Peter Parker, S.36; vgl. auch Anm. 37 ebd.)

92. Houghton Library, ABC:16.3.8 Vol.1, Journal 3 (Nr.182). Abkürzungen und Unterstreichung im Original.
93. Wie stark auch Parkers persönliche Hingabe an den ärztlichen Dienst, die von den Zeitgenossen vielfach gerühmt wird, für den Gang der Ereignisse verantwortlich war, erhellt der Brief eines seiner später nach China gekommenen missionsärztlichen

tes Gewissen ließen ihn unverzüglich den Schritt zur tätigen ›disinterested benevolence‹ tun. Kein Wunder, daß je länger je mehr die ärztliche Praxis[94] mit dem Hokien-Studium in Konflikt geriet, was ihn einerseits über längere Zeit innerlich sehr belastete[95], andererseits aber auch die beglückende Erfahrung schenkte:

> Kollegen, Dr.Dyer Ball (1815-1866; zu Ball vgl. E.V.Gulick, Peter Parker, S.73f), vom 13.9.1848 an den A.B.C.F.M., worin dieser schreibt: »In medical practice among the people I have endeavored as a general rule to give only that time to attending the sick, which I devoted to relaxation from other duties and cases. ... In this way I am certain that a medical missionary can relieve much suffering, heal many of the sick with little or no loss of time as to his other duties.« (Hougthon Library, ABC:16.3.8. Vol.2)

94. »Many of them [sc. chinesische Dschunken] I have visited, distributing books and medicines. I begin to be generally known among them now ... When I hear of the arrival of a new junk I immediately find myself on board of it, and my teacher, who accompanies me, is ready enough to tell who I am, and that I am soon to go to the coast. At once my medical skill is called in requisition and my benevolence lauded. I distribute my books and take my leave of them. The next morning, perhaps, I receive half a dozen or more of these new friends at my house [sc. das ›Morrison House‹; zur Lokalität vgl. E.V.Gulick, Peter Parker, S.37f].« (Brief an seine Schwester Harriet vom 22.3.1835, zitiert von B.Stevens / F.Markwick, The Life, Letters, S.114f). – In einem tags zuvor an R.Anderson geschriebenen Brief spricht er von »A[merican] M[ission] Eye Infirmary + Hospital, for such it is in fact.« (in: Houghton Library, ABC:16.3.8 Vol.1). Da er in seinem Tagebuch am 13. Juli 1835 vermerkt, daß er am Morgen einen »tumor from the back of a Chinaman's neck« exstirpiert habe, scheint seine Bezeichnung der Praxisräume als ›Hospital‹ einigermaßen berechtigt zu sein. – In einer späteren Rückschau gibt er die Zahl der in Singapore behandelten Patienten mit »no less than 1000« an; vgl. P.Parker, Statements Respecting Hospitals in China, Glasgow 1842, S.23.

95. »As it respects my intercourse with the Chinese, and my medical and surgical practice among them, it far exceeds all of which I ever thought, but in relation to the language, if I except the speaking of it, I am very far in the rear of what I hoped to have accomplished before the expiration of two month.« (Tagebuch vom 22.2.1835, zitiert von B.Stevens / F.Markwick, The Life, Letters, S.111). – Brief vom 22.3.1835 an seine Schwester Harriet (ebd. S.114f): »I am now able to speak and write a little in Chinese. There are hundreds already to whose bodily diseases I have successfully administered, and have been permitted to scatter with the hand that now writes to you, the word of life, as it were, to the four winds, entering boats and cottages of the heathen of China.« Vgl. auch seinen Brief vom 21.3.1835 an R.Anderson (Houghton Library, ABC:16.3.8 Vol.1): »My medical practice had increased upon me, before I was aware ... Brother B[ainard] kindly consented to take ... charge of the ›A[merican] M[ission] Eye Infirmary and Hospital‹ for such is it in fact, and leave me to apply myself exclusively to the study of Hoh-Kien.« (Hervorhebung im Original). Und schließlich in einem Brief vom 27.März 1836: »Had the beloved Wisner foreseen all the subsequent developments of providence, possibly he had drawn the reinsless tait

»Could we fully describe to you the favorable influence of our Med. + Surgical practice, both among the Chinese and the other nations, ... no more would need be said of the urgency of sending a pious physician. If he is of the highest strength he can greatly promote the spread of the Gospel.«[96]
Das wurde für ihn und die zukünftige Missionsarbeit unmittelbar bedeutsam[97]; denn als er nach nur acht Monaten, nicht zuletzt auf Betreiben seiner Mitbrüder und Freunde in Canton, den Aufenthalt in Singapore abbrach[98] und nach Canton zurückkehrte, eröffnete er dort umgehend, im November, ein ›Eye Infirmary‹.[99]

with respect to my med. + surg.[1] practice.« (ebd., Abkürzungen im Original) – Im Zusammenhang mit der Vorbereitung der Cushing-Mission, der Parker als Dolmetscher angehören sollte, verweist R.Anderson in einem Brief an den Governor von Massachusetts, S.T.Armstrong, darauf, daß Parker, da er die Sprache nicht ausreichend beherrsche, dieser diplomatischen Mission als Arzt, nicht aber als Übersetzer beigegeben werden sollte (Brief vom 8.6.1843 in: Houghton Library, ABC:1.1 Vol. XVIII, Nr.106, zitiert bei C.J.Phillips, Protestant America, S.192).

96. Brief vom 19.2.1835, in: Houghton Library, ABC:16.3.8., Vol.1; Unterstreichung und Abkürzung im Original.
97. »... the special significance of the Singapore period was his medical experience. Those months comprised his internship, a period which not only enhanced his skills and confirmed his self-confidence but prepared him for a quick, efficient start in a much more important medical practice.« (E.V.Gulick, Peter Parker, S.40)
98. »The opinion of my brethren at Canton favoured my remaining longer at Singapore. But after impartial + prayerful search after duty, it appeared alike evident to Br.Tracy + myself, that it was expedient for me to return without unnecessary delay. 1. In the first place I had resided longer at the Straits than was contemplated when I left Canton. ... It was about the first of August the decision was made that I should return in the Fort William [sc. Name eines Schiffes] ... 5. Mr.Olyphant had expressed a wish I were in C[anton] + Br.Stevens admitted this I would be immideately useful. ... I felt that the cause of Xt [sc. Christ] required my return – + am now happy in the expressed approbations of my Brethren here.« (Brief Parkers an R.Anderson, datiert Canton Sept. 12th 1835; in: Houghton Library, ABC:16.3.8. Vol.1) . – Am 19.August hält er in seinem Tagebuch fest, daß er überraschend schnell zum Aufbruch von Singapore genötigt worden sei: »just put your things on board [sc. des Schiffes Fort William] + get ready as soon as you can.« – Der Aufenthalt in Singapore wurde zudem noch durch eine eineinhalbmonatige Reise (30.4.-21.6.) in die ›Straits of Singapore‹ und nach Malakka, wo er wiederum mit Gützlaff zusammentraf, unterbrochen; vgl. Houghton Library, ABC:16.3.8. Vol.1, Journal 3 (Nr.182).
99. Als Datum wird in den meisten Quellen und Berichten der 4.Nov. angegeben, in einigen anderen der 3. oder 5. Parker läßt sich in einem im gleichen Monat an den A.B.C.F.M. gerichteten Brief, dessen Datierung problematisch ist, folgendermaßen vernehmen: »On the 10th of Nov. I opened by the approbations of my brethren an Eye Infirmary in Canton.« (Brief vom 28.11.1835 [?] an R.Anderson, in: Houghton Library, ABC:16.3.8 Vol.1). Zum Datierungsproblem ausführlich: E.V.Gulick, Pe-

»Encouraged by the success of a dispensary at Singapore for the benefit of the Chinese, where, from the 1st of January 1835 to the following August, more than one thousand were received, it was resolved, on my return to Canton, to open a similar here. The successful experiments made by doctors Pearson, Colledge, and others, both at Canton and Macao, left no doubt of the feelings with which the Chinese would welcome such an attempt.«[100]

Dieses Hospital[101], zunächst als Augenklinik gedacht, aber schon bald auch Ohrenkranke aufnehmend und bei einer Vielzahl von Tumorpatienten große Chirurgie betreibend[102], fand im Handumdrehen ungeahnten Zulauf.[103]

      ter Parker, S.224f zu A 55 (dort auch zum Datierungsproblem des Briefes). Gulick weist in seinen Anmerkungen gelegentlich auf bestehende Inkonsistenzen in Parkers Angaben hin. Auch macht er darauf aufmerksam (S.223 zu A 48), daß eine Tradition »shakier, but not negliable« den Plan der Hospitalgründung Colledge zuschreibt.

100. ›Ophthalmic Hospital at Canton: first quarterly report, from the 4th of November 1835 to the 4th of February 1836, Conducted [!] by the Rev. Peter Parker, M.D., in: Chinese Repository, Vol.IV, S.461ff; Zitat S.461. Die weiteren Rechenschaftsberichte (nicht immer ›Quarterly Reports‹) erschienen dort bis 1848/49 in: Vol.s V, S.32ff, 185ff, 323ff, 456ff; VI, 34ff, 433ff; VII, 92ff, 569ff; XIII, 239ff, 301ff; XIV, 449ff; XVII, 133ff und XIX, 253ff.

101. »The new institution was variously designated by its founder the Infirmary, Hospital, Ophthalmic Infirmary, Eye Infirmary, and more permanently – Ophthalmic Hospital. The Chinese name at the entrance was P'u Ai I Yuan (Hospital of Universal Love). They were one and the same; all eventually became the Canton Hospital.« (E.V.Gulick, Peter Parker, S.55).

102. »Diseases of the eye were selected as those the most common in China, and being a class in which the native practitioners are most impotent, the cures, it was supposed, would be as much appreciated as any other. The anticipation that a single class of diseases would furnish full employment for one physician was soon realized and patients in great numbers have been sent away, because no more could be received at that time.« – »With the solitary exception of drawing out the eyelashes when turned in, I have not yet been able to learn any one thing that the Chinese practitioners perform, which is of any benefit in affections of the eye.« (P.Parker, wie oben, A 100, S.472) – Zur ophthalmologischen Situation in China, auch in historischer Hinsicht, vgl. The Chinese Medical Journal, Vol.48, No.9 (Sept.1934) passim; W.A.R.Thomson, Diseases of the Eye, in: Stanley G.Browne (Ed.), Heralds of Health, London 1985, S.179ff, bes.S.180ff. – »When Parker opened his hospital, he had planned to confine his treatment to disorders of the eye. Unable so to limit his practice, he nevertheless did succeed in retaining ophthalmology as his chief speciality.« (E.V.Gulick, Peter Parker, S.146ff, auch S.57 und W.Cadbury / H.Jones, At the Point, S.32ff, mit dem wichtigen zeitgenössischen Bericht von W.S.Wells). – Es sei daran erinnert, daß bereits Colledge ophthalmologisch gearbeitet hatte und daß sein Hospital in Macao ebenfalls sehr bald auch Patienten mit anderen Krankheiten, die chirurgisch behandelt werden konnten, aufgenommen hatte (vgl. <A.Ljungstedt> A Brief Account, passim). Auch Gützlaff hatte mit Augenkrankheiten zu tun (z.B. Chinese Repository Vol.1, 1832, S.181; H.Schlyter, Karl Gützlaff, S.49f u. S.80).

103. Schon im Nov.1835 nennt er die Zahl 300 in einem Brief an R.Anderson; im ersten

Dafür sind nicht nur Parkers medizinisches Können[104], sein kluges ärztliches

> Vierteljahrsbericht gibt er die Zahl 925 an, aufgeteilt in 655 männliche und 270 – eine in Anbetracht der chinesischen Sitten erstaunlich große Anzahl – weibliche Patienten. Im Brief vom 30.6.1837 an R.Anderson (Houghton Library, ABC:16.3.8 Vol. 1) schreibt er: »The number of patients upon record, is little less than 4,000.« Zu den übrigen Jahren vgl. die entsprechenden Berichte. Diese gewaltige Arbeitslast halfen ihm einige Kollegen – ortsansässige Ärzte oder Schiffschirurgen – zu schultern; (vgl. Anmerkung Parkers im ersten Quartalsbericht im Chinese Repository, Vol.IV, S.469 und E.V.Gulick, Peter Parker, S.57). Aber es bleibt dennoch eine gewaltige Eigenleistung bestehen: »During Parker's medical career of two decades in China, over 53,000 patients were treated in his hospital in Canton – most of them by him, some by Dr.Kwan or one of the several visiting doctors. On the average Parker undertook about fifty new patients each week, this figure saying nothing about how often in the week he may have seen each new or old patient.« (ebd. S.165).
>
> 104. Zu Parkers medizinischer Tätigkeit als Augenarzt und Chirurg vgl. neben dem entsprechenden Kapitel bei E.V.Gulick, Peter Parker, S.144ff, jetzt vor allem C.G.Roland / J.D.Key, Was Peter Parker a Competent Clinician? (in: Mayo Clinic Proceedings, Rochester, Feb. 1978, Vol.53, S.123-127), die zu dem Ergebnis kommen (S.127): »It seems reasonable, then, to conclude that Peter Parker was well qualified to practice medicine; empirically, there would seem to be no reason for his professors at Yale to put any limit on his place of practice, and no reason for that school to fear any reflection on itself because of supposed or potential inadequacy in Parker.« – Ein von den entsprechenden Studien bisher übersehenes wichtiges Detail ist in diesem Zusammenhang die von Parker in seinem Brief vom 6.2.1836 an den A.B.C.F.M. gerichtete Bitte um die Übersendung eines menschlichen Skelettes. Er schreibt: »A human skeleton [sc. ist erwünscht] ... The importance of this to me will at once occur to you. I am not in a civilised land where the preparation of one for myself would be tolerant and where also before important surgical operations I would refer to the anatomy of the ... subject. A skeleton and the <u>anatomical plates I</u> have already written for will be my best substitute.« (Houghton Library, ABC:16.3.8 Vol.1; Unterstreichung im Original). Erst am 7.März 1838 erwähnt er in einem Brief, daß er über Mr.Olyphant erfahren habe, daß an Bord der Romain das erbetene Skelett sowohl als auch Medikamente und Instrumente seien »all of which are very timely«. Diese Bemerkung ist um so aufschlußreicher, als bekannt ist, daß How-Qua zunächst auf Grund einer illegal durchgeführten Obduktion davor zurückschreckte, ihm gehörige Räume für ein Hospital zur Verfügung zu stellen: »Old Howqua ... at first made some objections, particularly referring to the hazard he was before exposed to at the time of the death of a friendless beggar, upon whose body the Nanhai hien held a coroner's inquest, but being assured that due precautions should be taken to prevent the recurrence of a similar event, he gave his consent.« (J.C.Thomson, Semi-Centennial, S.111. Die Obduktion von Leichen wurde, nach H.Balme, China and Modern Medicine, S.132, erst von 1913 an in China gestattet.) Parker suchte auch das ärztliche Konsilium, wie schon aus seinem ersten Vierteljah-

Verhalten[105] und seine geschickte Öffentlichkeitsarbeit verantwortlich[106], son-

resbericht (Chinese Repository, Vol.IV, S.468) hervorgeht. – Vgl. ergänzend E.H.Hume, Peter Parker and the Introduction of Anesthesia into China, in: Journal of the History of Medicine and allied Sciences, Vol.I, No.4, New York, Oct.1946, S.670-674; E.M.Blake, Yales First Opthalmologist – The Reverend Peter Parker, M.D., in: Yale Journal of Biology and Medicine, Vol.3 No.5, New Haven 1931, S.387-389; S.C.Harvey, Peter Parker: Initiator Of Modern Medicine In China, in: Yale Journal of Biology and Medicine, Vol.8, No.3, New Haven 1936, S.225-241 (auf S.228f weist dieser Autor auf Gützlaff und seine Betonung der Ophthalmologie für einen missionsärztlichen Dienst hin).

105. »However, upon the Rev.Dr.Parker too much praise cannot be bestowed, for besides being a pious minister of the Gospel he is a very able physician, and does not run a risk of injuring the cause by pretending to a knowledge and skill in medicine which he does not possess.« So das Urteil R.Colledges in einem gedruckten Aufruf ›The Medical Missionary Society In China‹, datiert: ›Philadelphia, December 8th, 1838‹, S.6. – Parkers Klugheit zeigte sich auch darin, daß er vor größeren Operationen und Eingriffen sich eine schriftliche Versicherung der Betroffenen bzw. Angehörigen geben ließ, die besagte, daß die Patienten in die Operation eingewilligt haben und daß er im Falle eines Mißlingens oder gar Todes nicht haftbar gemacht werden wird; quasi also eine Vorwegnahme des ›informed consent‹; (vgl. Opthalmic Hospital at Canton: first quarterly report, S.467f; ausführlich zitiert von B.Stevens / F.Markwick, The Life, Letters, S.123ff; E.V.Gulick, Peter Parker, S.151f). – Der erste Todesfall, der berichtet wird, stammt aus dem Jahr 1837, vgl. W.Cadbury / H.Jones, At the Point, S.48. – Überhaupt ist Parkers sorgsame Dokumentation der einzelnen Operationen und Patientengeschichten bemerkenswert. Sie erfolgte nicht nur schriftlich, sondern auch bildlich (über die bekannten Ölgemälde siehe nächste Anm.). – Zur Aufnahmeprozedur: Ophthalmic Hospital at Canton: first quarterly report, S.462. Eine lebendige Schilderung über die Arbeit im Hospital gibt Williams S.Wells, Life and Letters, S.76f (zitiert bei W.Cadbury / H.Jones, At the Point, S.32ff).

106. Parker hat hier wohl von Gützlaff gelernt; denn er begnügte sich nicht einfach mit dem Abdruck der Rechenschaftsberichte im Repository, sondern sandte diese sogleich auch, gelegentlich mit Empfehlungen anderer versehen, nach England und Amerika. Eine solche von T.R.Colledge geschriebene Empfehlung vom 17.3.1836 ist im Archiv des A.B.C.F.M. (Houghton Library, ABC:16.3.8 Vol.1) erhalten. Ausführlichen Gebrauch davon machte er auch in den ›Statements Respecting Hospitals in China‹, die er 1841 in London anläßlich seiner Werbekampagne für die Medical Missionary Society in China verfaßte. – Hierher gehören auch die großen Ölgemälde (bisher sind 110 bekannt) über medizinisch besonders interessante Fälle. Einige davon nahm er auf seiner damaligen Reise zu Demonstrationszwecken mit und schenkte sie dann dem Guy's Hospital in London; vgl.W.Cadbury / H.Jones, At the Point, S.50f. Über die Entstehung der Bilder und deren chinesischen Maler Lamqua, vgl. C.J.Bartlett, Peter Parker, the Founder of Modern Medical Missions – A Unique Collection of Paintings, in: The Journal of the American Medical Association, Chicago, Aug.5, 1916, Vol LXVII, S.407-411, und vor allem: E.V.Gulick, Peter Parker, S.153ff u. S.244f zu Anmerkungen 28-34.

dern ebenso seine in Canton lebenden Kollegen[107] und die dortigen Kaufleute, allen voran der Chinese How-Qua.[108] War das Hospital auf Grund der von Parker konsequent verfolgten ›disinterested benevolence‹, die sich neben dem ärztlichen Bemühen vornehmlich im Verzicht auf jegliche Honorare äußerte, auf finanzielle Unterstützung angewiesen[109], so war es den Geschäftsleuten und Firmen, beson-

107. Im »joint semi-annual Report« der Missionare vom 2.Mai 1836 an den Bostoner Board schreiben sie: »The hospital not only affords opportunity for doing much good to the bodies, + thereby to show the skill and good will of ›distant barbarians‹; but it presents many and very excellent occasions to prescribe for moral remedies. Measures should be adopted, we think, to render the institution permanent.« (Houghton Library, ABC:16.3.8. Vol.1). Im nächsten Bericht vom 8.Sept. 1836 heißt es: »By conciliating the goodwill of the people + giving the Missionary opportunity of intercourse with them, this institution combines such facilities for conveying the truths of the gospel as are not enjoyed anywhere else in China at the present time.« (Fundort: ebd.; Abkürzungen im Original).
108. »It is evident that without the generous aid of the Christian merchants of Canton, English and American, both the hospital and the mission with which it stood connected would have been impossible.« B.Stevens / F.Markwick, The Life, Letters, S.121. Diese Feststellung verkürzt den Tatbestand, da How-Qua ja kein Christ war. W.Cadbury / H.Jones bringen (At the Point, S.7ff) eine kurze Geschichte der damals in Canton bestehenden Export/Import-Handelshäuser; vgl. dazu auch (Hunter, W.C.), The ›Fan Kwae‹ at Canton before treaty days 1825-1844, London 1882, passim. – Unter den Nichtchinesen sind besonders D.W.C.Olyphant und W.Jardine hervorzuheben; vgl. B.Stevens /F.Markwick, The Life, Letters, S.119ff; H.B.Morse, The International Relations of the Chinese Empire, Shanghai 1910, bes. S.63ff; K.S.Latourette, Voyages of American Ships to China, 1784-1844, New Haven 1927; Wong / Lien-The, History of Medicine in China, S.178; E.V.Gulick, passim. – How Qua (auch: Howqua; richtiger Name: Woo Tunyuen, vgl. Liste der ›Members of Life‹ in: The Medical Missionary Society in China, Canton 1838, S.9 b) war nicht nur der wohlhabendste Cohong-Kaufmann in Canton. Er erwirtschaftete auch eines der größten Vermögen, die im 19. Jahrhundert überhaupt angesammelt wurden; vgl. J.C.Thomson, Semi-Centennial of the Medical Missionary Society, in: The China Medical Missionary Journal, Vol.II No.3 (Sept.) 1888, S.111f, und E.V.Gulick, Peter Parker, S.50 und den Verweis in A 52 auf A.W.Hummel, Eminent Chinese of the Ch'ing Period, 1644-1912, Washington 1943-44, Bd.II. Ein Bildnis How Quas, der schon Colledge finanziell unterstützt hatte und der Parker das Hospitalgebäude zunächst für nur 500 $ p.a. (das ist ein Drittel der sonst üblichen Miete gewesen) zur Miete überließ, aber bereits nach dem ersten Jahr gänzlich auf sie verzichtete, und darüberhinaus noch Unterstützung zu den laufenden Kosten gewährte, findet sich in (Hunter, W.C.), The ›Fan Kwae‹, vor der Titelseite und in W.Cadbury / H.Jones, At the Point, vor S.33.
109. »We [sc. der Herausgeber des Chinese Repository] have been asked repeatedly, how this hospital is supported? In reply we state: its pecuniary responsibilities have been assumed by Dr.Parker, in behalf of the A.B.C.F.M., the benevolent society, under

ders den ausländischen, höchst willkommen, durch ein solches Engagement ihr in chinesischen Augen negatives Image – sie wurden ja nicht grundlos ›Fan-qui‹ (foreign devil[s]) bzw. Barbaren genannt[110] – aufzubessern. Kein Wunder also, daß sie großes Interesse zeigten, dieser segensreichen Einrichtung Beständigkeit zu verleihen.

4. Die Gründung der Medical Missionary Society in China

Als man sich am 21.Februar 1838 in der General Chamber of Commerce in Canton zur Gründungsversammlung der ›Medical Missionary Society in China‹ zusammenfand, wurde ein bislang nur von einzelnen Personen und ihren jeweiligen Möglichkeiten getragenes Programm nach einer längeren Zeit der Vorbereitung vereinsmäßig institutionalisiert.[111] Die Ankunft Parkers in China hatte für

> whose auspices he came to the East. Dr.P[arker]. receives no salary, or any aid except so much as is necessary to defray his own expenses and those of the hospital; ... Several generous donations for the support of the institution have been received from benevolent persons in Canton. It is known that many others are also desirous of aiding in the same way. ... It is designed to make the institution permanent, and hoped that it may increase in usefulness as it advances in age.« (Editorial zum ›Ophthalmic Hospital at Canton: first quarterly report‹, Chinese Repository, Vol.IV, S.461; auch zitiert bei B.Stevens / F.Markwick, The Life, Letters, S.125f.) In den kurz darauf in demselben Organ veröffentlichten ›Suggestions‹ ist zu lesen: »... in order to the success of the project contemplated, those who engage in it must not receive any pecuniary remuneration: the work throughout must be, and appear to be, one of disinterested benevolence.« (Chinese Repository,Vol.V, S.371). Dieser Grundsatz verursachte zunächst Argwohn seitens der chinesischen Oberhoheit, vgl. W.Cadbury / H.Jones, At the Point, S.39f; E.V.Gulick, Peter Parker, S.57f.

110. Diese wesentlich ökonomisch und machtpolitisch bestimmte Bezeichnung wurde von Missionaren und anderen Ausländern aber immer wieder als persönliche Beleidigung und als aus einem nationalistischen Hochmut des ›Celestial Empire‹ geborenen Fremdenhaß mißverstanden; vgl. R.R.Deutsch, Die Beziehungen des Westens zu China in der Neuzeit, ZMiss, 1989, S.32ff. Zur Bezeichnung: (Hunter, W.C.), The ›Fan Kwae‹, passim; H.Medhurst, China, S.180ff, und (A.Ljungstedt), A Brief Account, passim. Zur Frage des ökonomischen Hintergrundes vor allem H.B.Morse, The International Relations of the Chinese Empire, Shanghai 1910, S.63ff; S.Teng / J.K.Fairbank, China's Response to the West, Cambridge, MA, 1961.

111. Im Protokoll der Gründungsversammlung vom 21.2.1838 heißt es: »Resolved. ›That the members of this Society are deeply impressed with a sense of the services which Mr.Colledge and Dr.Parker have rendered to humanity, by the gratuitous medical aid they have afforded to the Chinese, which services have tended to originate this Society. And that the members trust to the philanthropy and zeal of those gentlemen

T.R.Colledge einen willkommenen Anlaß geboten, in seinen oben schon zitierten ›Suggestions‹ im Repository von 1835 (Vol.IV, S.387ff) auch zu vermerken:
»What I would wish to suggest is, that those societies that now send missionaries should also send physicians ..., who on their arrival in China should commence by making themselves acquainted with the language; and in place of attempting any regular system of teaching or preaching, let them heal the sick and administer to their wants, mingling with their medical practice such instructions either in religion, philosophy, medicine, chemistry, &., &., as the minds of individuals may have been gradually prepared to receive. ... I have for a long time reflected on the project ... and have felt great pleasure in finding that some of the same ideas had suggested themselves to the pious and benevolent in the United States of America, as appears from the fact of the Rev.Dr.Parker having qualified himself to labor in this great field both as a physician and minister of the gospel; still this does not, as a general rule, exactly coincide with my own ideas, as I think more may be accomplished by keeping the two professions distinct.«
Im Oktober des folgenden Jahres (1836) nahmen diese Überlegungen konkretere Form in Gestalt eines von T.R.Colledge, P.Parker und E.C.Bridgman gemeinsam verfaßten Gründungs-Aufrufes für eine ›Medical Missionary Society in China‹ an.[112] Unter Berücksichtigung der Vorschläge Colledges ging es dabei neben der finanziellen Sicherung der laufenden, den Chinesen unentgeldlich geleisteten medizinischen Arbeit (deshalb wurde die Mitgliedschaft zunächst ausschließlich von der Beitragszahlung und nicht von der beruflichen Qualifikation abhängig gemacht)[113] haupt-

      to carry the purposes of the Society into effect, and to enable it to perpetuate the benefits which have been already conferred.« (The Medical Missionary Society in China – Address with Minutes of Proceedings, Canton 1838, S.6). – Zur Geschichte der Gründung und deren Initiatoren: J.C.Thomson, Semi-Centennial of the Medical Missionary Society, in: The China Medical Missionary Journal, Vo.II No.3 (Sept.) 1888, S.101-113.

112. ›Suggestions for the formation of a Medical Missionary Society, offered to the consideration of all Christian nations, more especially to the kindred nations of England and the United States of America‹, in: Chinese Repository, Vol. V, 1836/37, S.370 – 373; auch als fünfseitiger ›Appendix‹ in: The Medical Missionary Society in China – Address, with Minutes of Proceedings, Canton 1938, S.22ff.

113. Zwar wird als erstes der vier Anliegen dieser Gesellschaft das In-Service-Training für neuankommende Missionsärzte genannt, aber als viertes eben: »We therefore propose to receive any sums of money which may be given in aid of this object, and to disburse them as shall be deemed expedient, until the Society be formed, so that the labors of those who engage in the cause shall not be retarded. Individuals, subscribing fifty dollars or upwards in one payment, shall be considered members for life; or fifteen dollars annually, members during the period of their subscriptions.« (Chinese Repository, S.370f) – Schon 1839 wurde die Möglichkeit geschaffen, ›Honorary Members‹ zu ernennen, wie ein entsprechendes gedrucktes Schrei-

sächlich um die erste programmatische Formulierung des missionsärztlichen Anliegens:

»In order to the success of the object contemplated, those who engage in it must not receive any pecuniary *remuneration:* the work throughout must be, and appear to be, one of *disinterested benevolence*. It is indispensable that the men who shall conduct the institutions be not only masters of their profession, and conciliating in their manners towards all classes, but *judicious men* – thoroughly imbued with the spirit of *genuine piety*, ready to endure hardships, and to sacrifice personal comfort, that they may commend the gospel of our Lord and Savior, and so coöperate in its introduction among the millions of this partially civilized yet ›*mysterious*‹ and idolatrous empire – men willing to suffer the loss of all things for joys that await those who *for Christ's sake* do good on earth.«

»All truth is of God; the introduction of medical truth into China would be the demolition of much error.

In the vast conflict which is to revolutionize the intellectual and moral world we may not underrate the value of any weapon. As a means then to waken the dormant mind of China, may we not place a high value upon medical truth, and seek its introduction with a good hope of its becoming the handmaid of religious truth?«[114]

Durch diesen Aufruf, der auch an Missionsgesellschaften und Fachkollegen in Amerika[115] und England[116] gesandt wurde, kam zwar nicht das gewünschte Kapital in der erhofften Höhe zusammen[117], aber immerhin wurde dadurch der 1837 im ›Lancet‹ erschienene ›Proposal Of The London Missionary Association [!] To Introduce Christianity Into China By The Agency Of English Surgeons‹ veranlaßt[118]; ein erstes, bemerkenswertes Echo auf den missionsärztlichen Gedanken. Als dann im Februar 1838 die Gesellschaft tatsächlich als eine weitere ›benevo-

ben vom 15.1.1839, das von Colledge unterzeichnet ist, belegt; (in: Houghton Library, ABC:12.1.9. Vol.1). 1866 wurde sogar beschlossen »That each and every member of the various Protestant Missions resident in Canton shall be honorary members ... and entitled to vote.« (vgl. Report of the Medical Missionary Society in China for the Year 1866, Canton 1867, S.1)

114. Chinese Repository, Vol.V, S.371 u. 372; Hervorhebungen im Original.
115. Vgl. Missionary Herald, Vol.34, 1838, S.170 (auch: Vol.35, 1839, S.113).
116. Vgl. The Lancet, 1836/37, S.608 b.
117. »We hoped that the foreign community at Canton would come forward with liberal subscriptions, to advance these benevolent plans. Some subscriptions have been received, but the public (so liberal upon other occasions) has but coldly co-operated with the promotors of the medical missionary scheme, and funds are not forthcoming very readily.« (in: The Lancet, 1836/37 S.608 b, als aus der ›Canton Press‹ [sc. Canton Register and Press] vom Nov.16th, 1836, zitiert.)
118. S.520f. – Vgl. dazu auch die solchem Plan gegenüber vorsichtig-dämpfenden Bemerkungen des Herausgebers des ›Lancet‹, Th.Wakely, ebd. S.490, und einen späteren anonymen Leserbrief von einem »Tyro in the Profession«, mitsamt des Herausgebers Kommentierung, ebd. S.631f.

lent institution‹ in Canton[119] gegründet wurde, hatte sich nicht nur mittlerweile ein Kapital von mehr als 9000 Dollar angesammelt[120], sondern es waren auch genügend finanzkräftige Förderer gefunden worden. Unter den damals 57 Mitgliedern befanden sich neben den Missionaren und den beiden ortsansässigen Ärzten überwiegend englische und amerikanische Kaufleute, aber auch How Qua und der Parse Framjee Prestonjee. Es waren also die Repräsentanten der Handelshäuser, die das Zustandekommen der Medical Missionary Society überhaupt erst ermöglichten und mit ihren firmeninternen Netzwerken, dank derer ›Foreign Agents‹ in England und den Vereinigten Staaten ernannt werden konnten[121], eine wesentliche Voraussetzung für die Popularisierung des missionsärztlichen Gedankens über die die Mission tragenden Kreise hinaus schufen. Es überrascht daher wenig, daß dieser Hintergrund, wie gleich zu zeigen sein wird, in den Gründungsdokumenten deutliche Spuren hinterlassen hat.

Obwohl Colledge, der neben Parker und Bridgman auch zu der Gründungsversammlung eingeladen hatte, selbst nicht zugegen war, sondern sich von seinem Landsmann G.Tradescant Lay vertreten[122] und in Abwesenheit zum ›President‹

119. Es gab daneben eine ›Society for the Diffusion of Useful Kowledge‹, eine ›Morrison Education Society‹ und eine ›British Seaman's Hospital Society in China‹; vgl. Chinese Repository, passim. Von diesen Vereinen wurde, mit Ausnahme des letzteren, im Bostoner ›Missionary Herald‹ (Vol.XXXIV, 1838, S.170) gesagt, daß sie »have sprung up at Canton during the last few years under the fostering care of merchants there friendly to the propagation of Christianity.« Zur Geschichte der Seaman's Hospital Society vgl. Chinese Repository, Vol. V, Oct.1836, S.274ff.
120. »About $ 9,000 have been contributed in China and its vicinity within the last two years to this cause....« (The Medical Missionary Society in China, S.20) – »Before the actual organization of the Society subscriptions amounting to $ 2,801.50 had been received toward the Hospital, and by May 1838 the sum had reached $ 9,936.75 from which $ 8,168.19 had been taken for expenses.« (W.Cadbury / H.Jones, At the Point, S.59)
121. Im einzelnen waren dies in Großbritannien die Firmen Hankey & Co. und Magniac, Smith, & Co. in London, die Royal Bank in Edinburgh und James Ewing & Co. in Glasgow. In Amerika in New York: Talbot, Olyphant, & Co., in Baltimore: W.Wilson & Sons und die Personen H.Hill (Boston), R.Alsop (Philadelphia), St.Clair Clarke (Washington); vgl. The Medical Missionary Society in China, S.10.
122. »G.Tradescant Lay, British evangelist, naturalist and consul, knew both Parker and Colledge, had been in China in the 1830's ... « (E.V.Gulick, Peter Parker, S.223 zu A 48). Aus W.Cadbury / H.Jones, At the Point, ist über ihn zu erfahren (S.57): »Mr.G.Tradescant Lay, an agent for the British and Foreign Bible Society, who was in China during the years of 1836-1839, and who took a great interest in the Medical Missionary Society.« – Im Dezember 1837, also kurz vor der Gründungsversammlung, erschien im ›Repository‹ (Vol.VI, S.381-387) ein höchst aufschlußreicher, von G.T.Lay verfaßter Artikel unter dem Thema: ›Trade with China: a Letter addressed

wählen ließ[123], trägt die elf Artikel umfassende Satzung ganz unverkennbar seine Handschrift. In § I wird das Programm folgendermaßen beschrieben:
» ...in order to give a wider extension, and a permanency, to the efforts that have already been made to spread the benefits of rational medicine and surgery among the Chinese, a Society be organized at Canton, under the name of the Medical Missionary Society in China: That the object of this Society be, to encourage gentlemen of the medical profession to come and practice gratuitously among the Chinese, by affording the usual aid of hospitals, medicine, and attendants: But that the support or remuneration of such medical gentlemen be not at present within its contemplation.«[124]

    to the British Public on some of the advantages that would result from an occupation of the Bonin Islands‹ [sc. Ogasawara Gunto Inseln], der verständlich erscheinen läßt, warum Colledge sich gerade durch G.T.Lay vertreten ließ; denn darin heißt es (S.386f): »When all acknowledge that something must be done to protect our commerce in these regions from vexation and loss, and to gain a better acquaintance with the inhabitants, do not be particular, my countrymen, in the choice of expedients, provided they are just and lawful, but take the first that offers, till you can find a better. The one I recommend is feasible, at least in my judgment, and in the judgment of several about me, who have devoted their attention to the subject. ... For the arguments here used, and for the mode of handling them, I am myself alone responisible: should they produce conviction in the minds of some, or furnish a hint for reflection in others and so help to set forward a good design, the credit must be ascribed to T.R.Colledge, esq., senior surgeon to his majesty's commission, who by his professional zeal and long continued exertions for the welfare of this people, has earned the title of the Chinaman's Friend, while his patient efforts, to extend and improve our intercourse with the Chinese, commend him to the grateful feelings of his countrymen. His example has been followed by the Rev.P.Parker ... To incite some of the medical profession in England to come hither and coöperate in the advancement of the same good work, is the motive for this short encomium ...«. – Zu seiner anläßlich der ersten Jahresversammlung der Medical Missionary Society gehaltenen Rede vgl. ›Chinese Repository‹, Vol.VII, 1838/39, S.457-462.

123. Colledge stand kurz vor seiner Rückreise nach Europa und Amerika (er war mit einer Amerikanerin verheiratet; vgl. dazu <Hunter, W.C.> The ›Fan Kwae‹, S.127), die wohl im Mai 1838 erfolgte. Jedenfalls erscheint er noch als Unterzeichner der ›Address‹ vom 14.April 1838. (vgl. The Medical Missionary Society in China, S.21) – »No sooner was the Medical Missionary Society ... formed to embody his idea than Dr.Colledge ... left China, never to return – and only with death in 1879 to relinquish a forty-one-year presidency of the Society.« (E.V.Gulick, Peter Parker, S.72)

124. The Medical Missionary Society in China – Address with Minutes of Proceedings, Canton 1838, S.3. – Die übrigen Artikel regeln die Fragen des Vorstands (§2), der Mitgliedschaft (§3), der Jahresversammlung (§4), den Aufbau einer Bibliothek und eines anatomischen Museums (§§ V und VI), die Vermögensverwaltung (§ VII), die Qualifikation der zu betreuenden Missionsärzte und deren Pflichten (§§ VIII und IX), die Verpflichtung zur Führung einer Patientendokumentation (§ X) und schließlich

§ VIII äußert sich zur Qualifikation der zu assistierenden Kandidaten, daß diese nämlich

»... furnish satisfactory certificates of their medical education, approved of by the society sending them out, – with testimonials from some religious body as to their piety, prudence, and correct moral and religious character.«

Colledge hatte immer wieder die fachliche Kompetenz und persönliche Integrität als die alles entscheidenden Kriterien für den Dienst in medical missions betont[125] und das evangelistisch-missionarische Engagement deutlich in den Hintergrund gedrängt, nicht aus Verachtung, sondern aus einem echt philanthropischen Anliegen heraus (s.o. S. 138ff).

Doch auch Parker und Bridgman hatten als amerikanische Missionare ihren Teil zur Ausprägung des missionsärztlichen Gedankens beigetragen. Das wird weniger in der Satzung, wohl aber in jener ›Address‹ zu Anliegen und Aufgaben der Gesellschaft deutlich, die laut Beschluß vom 24.4.1838 als offizielles Dokument mit zu den Gründungsakten der Medical Missionary Society gehört[126] und auf ausdrücklichen Wunsch des geschäftsführenden Vorstandes wiederum von Colledge, Parker und Bridgman im April desselben Jahres verfaßt worden war. Diese ›Address‹ ist ein Appell zur Gewinnung neuer, qualifizierter Mitarbeiter für die medizinische Arbeit in China, verbunden mit einer etwas hilflos wirkenden Apologetik, die die praktischen Erfahrungen zu reflektieren und systematisch zu

---

in § XI die Ernennung von Kontaktpersonen in Großbritannien und Amerika. (ebd. S.4-6)

125. So schon in seinen ›Suggestions‹ von 1835 (Chinese Repository, Vol.IV, S.387f), die er durch seine anonym mit Non Anglicus veröffentlichten ›Brief remarks on the qualifications of medical practitioners to labor among the Chinese‹ (ebd. S.575f) ergänzte. Das Pseudonym ließ sich durch einen Vergleich mit dem von ihm namentlich gezeichneten Aufruf, in dem er noch einmal ausdrücklich für die grundsätzliche Trennung von ärztlichen und geistlichen Aufgaben eintritt, ›The Medical Missionary Society in China‹, Philadelphia 1838, zweifelsfrei dechiffrieren. – Das Problem bleibt bestehen, warum Colledge, der eine hohe Meinung von Parker hatte und diesen ausdrücklich von seinem sonstigen Urteil über eine Personalunion der Berufe als ›rara avis in terra‹ ausnimmt, auf dieser Trennung insistierte. Sollte dahinter eine Auseinandersetzung mit dem Laienmediziner Gützlaff stehen? «... my remarks, in objection to a union of the two professions, do not apply to men who, like him [sc. Parker], are competent to perform the duties of both; but to *those missionaries of the Gospel* who, possessing an imperfect knowledge of the healing art, attempt to make it a means of introducing themselves to the confidence of the heathen, as by such men incalculable mischief may be done, both to their fellow-creatures and to the cause of religion itself.« (R.Colledge, The Medical Missionary Society, S.6; Hervorhebung im Original).

126. The Medical Missionary Society, S.6f; das Dokument selbst ebd. S.11-21.

durchdringen versucht. Dabei werden nicht nur frühe Stufen der Diskussion um den missionsärztlichen Dienst erkennbar, sondern auch Töne angeschlagen, die in dem wenige Jahre zuvor ergangenen Gründungs-Aufruf von 1836 noch nicht zu vernehmen waren. Des grundsätzlich-programmatischen Charakters dieser ›Address‹ wegen mit ihrem für die Rechtfertigung der medical missions so typischen, schon in statu nascendi der ärztlichen Mission vorhandenen Konglomerats von kulturgeschichtlicher, medizinischer, exegetischer und missionstheologischer Argumentation, muß aus ihr hier ausführlicher zitiert werden.

»... we have now once more the pleasure of explaining our object, and of inviting the coöperation of all those who wish to mitigate the sufferings of their fellow-men. ... To restore health, to ease pain, or in any way to diminish the sum of human misery, forms an object worthy of the philanthropist. But in the prosecution of our views we look forward to far higher results than the mere relief of human suffering. We hope that our endeavors will tend to break down the walls of prejudice and long cherished nationality of feeling, and to teach the Chinese, that those whom they affect to despise are both able and willing to become their benefactors. ...

In the way of doing them good, our opportunities are few, but among these, that of practicing medicine and surgery stands preëminent. ... It is a department of benevolence peculiarly adapted to China. ... By the employment of such an agency the way will be paved to a higher place in the confidence and esteem of the Chinese, which will tend to put our commerce and all our intercourse with this nation upon a more desirable footing, and to open avenues for the introduction of those sciences and that religion, to which we owe our greatness, by which we are enabled to act a useful part in this life, and which fit us for the enjoyment of a better life hereafter. ... It will not require much illustration to show ..., that information will be obtained in this way [sc. beim Umgang mit Patienten] of the highest value to the missionary and the man of commercial enterprise.

It has been sometimes objected, that to attend to the diseases of men is not the proper business of a missionary. This objection may be shortly answered by a reference to the conduct of the Savior and his apostles, who, while they taught mankind things that concerned their eternal interests, were not indifferent to their bodily sufferings. ... But we are commanded and encouraged to imitate them, by the use of such means as knowledge and the exercise of a genuine charity will furnish. – A peculiarity of the Medical Missionary Society in China is, that it addresses itself to the consideration of ALL. The man of science and the philanthropist, who look especially to immediate benefits, are here interested. And to the sympathies of those who, while they equally appreciate the desirableness of contributing in every feasible manner to the welfare of their species for time, contemplate with unspeakably more solicitude those interests which are eternal, it presents an irresistible – an overwhelming – claim. ... Upon those who first enjoyed the boon, rests the obligation to extend universally their principles, which have revolutionized the philosophy and science of Europe, and which, whenever permitted free ingress, will produce similar results in China. ... If the principle is admitted that our race is *one*, then the *remoteness* of the empire for which we plead cannot neutralize the obligation.«

»A rare opportunity is here afforded to the philanthropist of doing good – of enjoying the felicity of imparting to others, without diminution to himself, some of his richest blessings.

He is invited to unite in accomplishing a great, immediate, and positive good, – is encouraged by the hope of immediate success, to aid in uniting to the great family of nations this long severed and secluded branch, and in introducing among this people not only the healing art, but in its train the sciences, and all the blessings of Christianity. To the various missionary Boards whose coöperation is sought, we would respectfully say, imitate Him whose gospel you desire to publish to every land. Like Him, regard not as beneath your notice the opening the eyes of the blind and the ears of the deaf, and the healing all manner of diseases. Until permitted to publish openly and without restraint the truths of the gospel, neglect not the opportunity afforded of freely practicing its *spirit*. Scatter to the utmost its fruits, until welcomed to plant the tree that produces them – the ›tree of life‹.«[127]

Die wiederholte Erwähnung der von medical missions zu erwartenden Vorteile für den Kommerz (ein Argument, von dem auch in späterer Zeit hin und wieder Gebrauch gemacht wurde)[128], ist neu gegenüber früheren Äußerungen und zweifelsohne eine Auswirkung der Erfahrungen mangelnder finanzieller Resonanz auf den Aufruf von 1836.[129] Mit der daraus abgeleiteten ausdrücklichen Einladung an Alle – alle potentiellen Kapitalkräfte und alle Menschen guten Willens – , auf deren ständige Unterstützung ein solches wohltätiges Unternehmen auf Gedeih und Verderb angewiesen war, sowie mit der Zusicherung des augenfälligen Erfolges solcher Bemühungen (immediate success), wurden aber Akzente gesetzt, die die ärztliche Mission in den Augen orthodoxer Kirchenvertreter und Missionsfreunde in Mißkredit bringen mußten, so daß diese ihr die Förderung versagten, wie es schon 1841 Peter Parker in London hatte selbst erfahren müssen.[130]

127. The Medical Missionary Society in China, Address, S.11-15 u. 18-21; Hervorhebungen im Original. – Der sich im ›Missionary Herald‹, Vol. 35, 1839, S.113f findende Bericht über die Gründung der Society berücksichtigt überwiegend die Aussagen aus der ›Address‹.
128. Diese war eines der entscheidenden Anliegen von (A.Ljungstedt), A Brief Account, s.o. A 54. Der Hinweis P.Parkers in seinen ›Statements respecting Hospitals in China‹, S.26, auf die Rede des Presidenten des Royal College of Physicians in London, Sir Henry Halford, von 1837, in der auf Gabriel Boughton (den Arzt, durch dessen glückliche Kur der indische Groß-Mogul die erste Handelsniederlassung der Ost-Indischen Kompanie auf der Koromandelküste – 1636 – genehmigte), wird häufiger zitiert, so z.B. von J.Lowe, Medical Missions, S.54; G. Olpp, Die Ärztliche Mission, S.93ff; N.A.Gaay, De Geschiedenis,S.9; M.Schlunk, Manuskript, S.24 u.a. Vor allem in der Diskussion um den zivilisatorischen und kolonisatorischen Beitrag der ärztlichen Mission spielt dieses Argument eine Rolle; vgl. Th.Ohm, Ärztliche Fürsorge, S.106ff, bes. S.110.
129. Nicht zufällig wurde über den Stand der eingegangenen Gelder in einem Wirtschaftsblatt, dem ›Canton Register and Press‹ berichtet, aus dem dann z.B. im ›Lancet‹, 1836/37, S.608 b zitiert wurde; s.o. A 117.
130. »An objection, however, exists, in the separation of the Established Church of

Das verständliche Bemühen um eine möglichst breite Zustimmung und Förderung ging aber auch auf Kosten des theologischen Profils; denn die Verschwisterung von missionarischem Engagement mit Heilkunst sowohl als auch mit Handelsinteressen hatte weitreichende, die gerade erst anhebende Geschichte der ärztlichen Mission auf Dauer belastende Folgen für das Verständnis der ›disinterested benevolence‹. Durch den englischer Tradition entstammenden Begriff der ›philanthropy‹[131] interpretiert, erfährt sie in der ›Address‹ zum ersten Mal eine ihr seitdem eigene säkularisierende Verschiebung. Herausgerissen aus dem

> England from those not included within its pale, which it was found difficult to obviate. And indeed the bishop of London very frankly, yet with much curtesy, remarked, that ›much as he approved of the object, and the means used to attain it, he could not in any way coöperate in such labors with those who dissent from the established church. But while, from this cause, it was made apparent that no direct aid or encouragement is to be looked for from these quarters, it is at the same time not less certain that many individulas are to be found in those circles whose influence will be of much value to the cause‹.« (P.Parker im der Medical Missionary Society in Canton 1842 vorgelegten Bericht, in: Chinese Repository, Vol.XII, 1843, S.194f)

131. »It is in the Christian communities of the West, and particularly in the English speaking countries, that philanth[ropy] has been most highly developed; but it has long existed in the East also, quite apart from Christianity. ... The close of the 17th century and the early years of the 18th marked a new departure in philanthropy: the beginning of ›societies‹ for carrying on religious and philanthropic work with money jointly provided.« (E.Grubb, Art. ›Philanthropy‹ in: Encyclopedia of Religion and Ethics, J.Hastings, Ed., Vol. IX, London 1917, S.838f). Als großes Vorbild des 19. Jahrhunderts gilt der englische Qäker John Howard (1726?-1790), der sich mit seinem Privatvermögen für eine Verbesserung der Zustände in den Gefängnissen, Hospitälern und Lazaretten einsetzte und in diesen Angelegenheiten ganz Europa bereiste; vgl. seine Schrift ›An Account of the principal Lazarettos in Europe; with various papers relative to the Plague: together with Further Observations on some Foreign Prisons and Hospitals; and additional remarks on the present state of those in Great Britain and Ireland‹, Warrington 1789, sowie den Personalartikel in: Dictionary of National Biography, S.Lee (Ed.), Vol. XXVIII, London 1891, S.44-48. Auf Howard nimmt James Miller in seiner ›Address‹ in den ›Lectures on Medical Missions‹, Edinburgh 1849, S.51, ausdrücklich Bezug. – In der ›Encyclopedia Americana‹ (New York 1958) wird ›Philanthropy‹ bestimmt als »the impersonal love of humankind based upon the idea of the brotherhood of all men. It is most commonly exhibited by the founding or endowment of public institutions for the organized and systematic relief of the indigent or suffering.« (Vol. 21, S.735f) – Der deutsche Begriff ›Philanthropie‹ hat eine »durch die pädagogische Reformbewegung des Philanthropismus in der zweiten Hälfte des 18. Jhdts.« gefärbte Bedeutung; vgl. A.Hügli / D.Kipfer, Geschichte des Begriffs [sc. Philanthropie]: Neuzeit, in: Historisches Wörterbuch der Philosophie, hg. v. J.Ritter / K.Gründer, Bd. 7, Basel 1989, Sp.548ff.

bei Samuel Hopkins (s.o. S.147) christologisch bestimmten Zusammenhang, verflacht sie zum ›Tun des Guten‹ und verwässert die ›imitatio‹ zur ›Nachahmung der heilenden Tätigkeit eines löblichen Vorbildes‹, anstatt einzig Ausdruck von ›verbindlicher Nachfolge Christi entspringender Hingabe‹ zu sein.[132] Dadurch waren weitere Konflikte vorprogrammiert; und auch dieses bekam bereits Peter Parker schon ab 1845 schmerzlich zu spüren, als sich nämlich der A.B.C.F.M. von ihm lossagte.[133]

132. Die Literatur zu diesem, zum Verständnis der Missionsbewegung des 19. Jahrhunderts so wichtigen Themenkomplex, ist spärlich und im strengen Sinne überhaupt nicht vorhanden. Allgemein zum Imitatio-Problem unter exegetisch-grundsätzlicher Fragestellung: A.Schulz, Nachfolgen und Nachahmen – Studien über das Verhältnis der neutestamentlichen Jüngerschaft zur urchristlichen Vorbildethik, München 1962; H.J.Schoeps: ›Von der Imitatio Dei zur Nachfolge Christi‹, in: Aus frühchristlicher Zeit – Religionsgeschichtliche Untersuchungen, Tübingen 1950, S.286-301. Vom lutherischen Hintergrund, besonders von Luthers Schriften her beleuchtet Ernst Wolf das Problem in seinem Aufsatz ›Schöpferische Nachfolge‹, in: Spannungsfelder der Evangelischen Soziallehre – Aufgaben und Fragen vom Dienst der Kirche an der heutigen Gesellschaft, hg. v. F.Karrenberg / W.Schweitzer, Hamburg 1960, S.26-38. Zu den pietistischen Wurzeln der ›imitatio‹ bzw. der ›conformitas Christi‹ für die praxis pietatis, vgl. K.Blaser, Pia desideria dogmatica – Überlegungen zur Verarbeitung pietistischer Ansätze in der Pneumatologie, in: Der Pietismus in Gestalten und Wirkungen, Martin Schmidt zum 65. Geburtstag, Bielefeld 1975, S.98-119. Eine jüdische Deutung der Imitatio als Imitatio Dei gibt M.Buber mit ›Nachahmung Gottes‹, in: Der Morgen (Hg. J.Goldstein), 1.Jg., Berlin 1925, S.638-647. – Die Interpretation der imitatio im Zusammenhang der missionsärztlichen Bewegung, wie von Ch.Grundmann, in: ›Proclaiming the Gospel‹, in: IBMR, Vol.14, No.3, S.120ff, bes. S.124 versucht, muß durch den Hinweis auf die oben zum Hopkinsianismus, bes. zur ›disinterested benevolence‹ gemachten Bemerkungen ergänzt werden.

133. War dieser für Parker und die Missionare in Canton 1845 völlig überraschend aufbrechende Konflikt seitens des Bostoner Boards zunächst damit begründet worden, daß Parkers Arbeit zu ausschließlich medizinisch sei, so wurden im Laufe der Zeit andere Gründe dafür – seine Betätigung in Diensten der amerikanischen Regierung; seine ›Sabbath-Schändung‹ – ins Feld geführt. Nicht zufällig ging dieser Konflikt, der 1847 auch rechtskräftig wurde, einher mit der zunehmenden missionstheologischen Profilierung R.Andersons; vgl. dazu vor allem E.V.Gulick, Peter Parker, S.125ff und Th.Kue-Hing Young, A Conflict of Professions: The Medical Missionary in China, 1835-1890, in: Bulletin of the History of Medicine, Baltimore 1973, Vol.47, S.250-272, bes. 254ff; auch: B.Stevens / F.Markwick, The Life, Letters, S.158ff. – Zu Parkers kurzer politischer Karriere, in der er kläglich scheiterte, vgl. K.S.Latourette, Peter Parker – Missionary and Diplomat, in: Yale Journal of Biology and Medicine, Vol. 8, No.3, Jan. 1836, S.243-248; E.V.Gulick, Peter Parker, S.113-124 u. 166-195. T.Dennett, Americans in Eastern Asia – A critical Study of United States' Policy in the Far East in the Nineteenth Century, New York

Eine besondere Konstellation von Personen und Umständen sowie praktische Erfahrungen unterschiedlicher Menschen in der China-Mission sind es also gewesen, die das Aufkommen der ärztlichen Mission ermöglicht haben. Die gängige Darstellung von Peter Parker als dem ›Vater‹ und ›Begründer‹ der ärztlichen Mission[134] ist zu verwerfen, da sie die bedeutsame Rolle Gützlaffs, Colledges und der in Canton ansässigen Kaufleute ignoriert, ohne die weder die Missionskreise, noch die ärztlich-medizinischen Zirkel noch die Finanzwelt bereit gewesen wären, das Anliegen der medical missions zu fördern. Parker ist weder als erster ›medical missionary‹ ausgereist[135], noch ist er der Begründer der ärztlichen Mission gewesen. Er war in Canton zum ersten Medical Missionary geworden und war sicherlich einer der profiliertesten Vertreter der sich nunmehr etablierenden ärztlichen Mission.

    1922, stellt Parkers politisches Handeln S.279-291 dar und bemerkt S.279f: »He was the only Commissioner or Minister ever appointed to China who could speak, read or write the Chinese language, and with two exceptions he was the only person ever appointed by way of promotion from a subordinate position in the diplomatic service in China. Dr.Parker's service, which lasted less than two years, was characterized by three objects: the accomplishment of the revision of the Çushing treaty; the achievment of an *entente cordiale* with Great Britain and France for the pursuit of a cooperative policy; and the acquisition of the island of Formosa for the United States.« (Hervorhebung im Original)

134. ›Rev. and Hon. Peter Parker, M.D. ... The Father of Medical Missions‹ so der Untertitel des Buches von B.Stevens / F.Markwick; ›Peter Parker, the Founder of Modern Medical Missions‹, so der Titel des Beitrags von C.J.Bartlett in: Journal of the American Medical Association, Aug.5, 1916, Vol. LXVII, S.407ff; ähnlich auch: M.Schlunk, Die Weltmission des Christentums – Ein Gang durch neunzehn Jahrhunderte, dargestellt von ..., Hamburg 1925, S.189f.
135. Gegen J.Lowe, Medical Missions, S.201f und L.Taylor, A Century of Service, S.1; Th.Christlieb, Ärztliche Missionen, S.9 u.a.

V. Die Entfaltung der ärztlichen Mission bis zum Ende des neunzehnten Jahrhunderts

Nicht zu Unrecht begrüßte T.R.Colledge die Ankunft Peter Parkers in Canton als Zeichen dafür, daß einige seiner Gedanken »had suggested themselves to the pious and benevolent in the United States of America«[1]; denn in der Tat waren gleichzeitig ähnliche Erfahrungen von dem missionary physician des American Board in Persien, Dr.A.Grant, gemacht worden[2] und auch von den Missionaren auf den Sandwich Inseln (Hawaii), unter denen seit 1827 der Arzt Dr.G.P.Judd praktizierte.[3] Anders als für ihre Kollegen in Canton waren für die letzteren aber nicht missionsstrategische oder kulturpropagandistische, sondern existentielle Probleme ausschlaggebend: die besorgniserregend hohe Mortalität der einheimischen Bevölkerung, eine für den missionsärztlichen Dienst in der Pazifik Region seit frühesten Zeiten bestehende besondere Herausforderung.[4] In ihrem berühmten Aufruf: ›The Duty of the Present Generation to Evangelize the World‹[5] heißt es:

»Physicians are needed in great numbers. They are needed to benefit the bodies of the heathen; for disease ... is depopulating, with amazing speed, a large portion of the heathen world. The nations, many of them at least, are melting away. ... Let physicians go forth, and whilst they seek to stay the tide of desolation which is sweeping away the bodies of the

---

1. Chinese Repository, Vol.IV, Dec. 1835, S.388
2. Vgl. Chinese Repository, Vol.VI, 1837-1838, S.40 (Postskript zu Parkers 5. Quarterly Report).
3. Zur Geschichte dieser Mission vgl. C.J.Phillips, Protestant America, S.88ff; zu Dr.Gerrit Parmele Judd, G.P.Judd IV, Dr.Judd - Hawaii's Friend. A biography of Gerrit Parmele Judd (1803-1873), Honolulu 1960.
4. Vgl. dazu vor allem F.J.Halford, 9 Doctors & God, Honolulu 1954; J.A.Boutilier, Missions, Medicine and Administration in the British Solomon Islands Protectorate 1893-1942, Paper prepared for the Third Annual Symposium in the Humanities, Columbus, Ohio, May 1983; A.Dengel, Missions for Samaritans, Milwaukee 1945, bes. S.84ff.
5. An Appeal from the Missionaries at the Sandwich Islands to their friends in the United States, Buffalo 1842²; (Ergebnis einer Missionarskonferenz vom Juni 1836). - Dieser Aufruf gewann dadurch eine besondere Bedeutung, weil darin das in der Regel John Mott zugeschriebene Dictum »The Evangelization of the World in this Generation« zu finden ist; vgl. C.Irvine, Notes on the origin of the watchword: »The Evangelization of the World in this Generation«, in: Bulletin of the Scottish Institute of Missionary Studies, A.F.Walls (Ed.), NS No.3-4, 1985-1987, Edinburgh 1987, S.7-9.

heathen, let them improve the numerous and favorable opportunities offered them of benefiting their souls. ... Physicians must throw their skill in the healing art at the feet of the Savior, and be ready to use it when and where he shall direct. The number who should go to heathen lands cannot well be named. It is sufficent to say that ONE PIOUS PHYSICIAN AT LEAST COULD BE ADVANTAGEOUSLY USEFUL, AND FULLY EMPLOYED IN EVERY CONGREGATION OF HEATHEN.«[6]

Der Church Missionary Society in London war die missionsärztliche Idee seit der zweiten Dekade des neunzehnten Jahrhunderts vertraut; zunächst durch die aufsehenerregende laienmedizinische Tätigkeit des muslimischen Konvertiten und ›Christian Hakim‹ Abdul Masih (1772[?]-1827) in Agra[7], dann durch Thomas Kendall in Neuseeland[8] und die Erfahrungen der mit medizinischen Kenntnissen ausgestatteten Missionare in Süd Indien und im Vorderen Orient.[9] Jedoch

6. ebd. S.59; Hervorhebung im Original.
7. Rev. Abdul Masih war, soweit bekannt, der erste und einzige Konvertit Henry Martyns. Zunächst in Diensten der englischen East India Company und nach einer Zeit verschiedener anderer Tätigkeiten, wurde er nach seiner Taufe (1811) Evangelist und kam 1813 nach Agra. Aus eigenen Stücken und mit eigenen Mitteln richtete er dort auf dem Kirchengelände 1815 eine Apotheke für arme Bedürftige ein. In einem Brief vom April 1815 schreibt er: »I give medicine and food at my own charge to the poor, and have collected *nearly fifty books* on Medicine. From the time I commenced this plan, three hundred people, by the favour of God, have received help in different diseases. God often by this means makes some of this city who were enemies to become friends. Many of the poor of the city come and taking occasion from their bodily complaints I try to heal their souls and three or four poor sick creatures whom I had brought into the Kuttra (the church compound) went out of the world depending on Christ.« (zitiert von H.G.Anderson, Typoskript, S.6, Hervorhebung ebd.; zu Abdul ebd. S.3-11; zur Unsicherheit bezüglich der Lebensdaten vgl. den Widerspruch zwischen den Angaben bei Anderson auf S.3 u. S.11. Eine kurze Erwähnung Rev. Abdul Masih auch bei H.G.Harding, Manual on Medical Missions, London 1922, S.22f.)
8. Der Lehrer Thomas Kendall gehörte mit zu den ersten drei Neuseeland-Missionaren der CMS und hatte während seiner Ausbildung im letzten Jahr an einem Hospital in Fort Jackson (dem heutigen Sidney) praktische Erfahrungen in der Medizin sammeln können. Im Jahr 1820 heißt es über seine Tätigkeit im Stationsbericht: »The Natives suffer much from their injudicious treatment of the maladies to which they are exposed. Mr.Kendall is in this respect a great blessing to those around him; and while relieving them under the pressure of disease he acts as the physician of their souls and is endeavouring to wean them from their superstitious fears and resources, and to lead them to the Great Physician.« (zitiert bei H.G.Anderson, Typoskript, S.13) Leider mußte Kendall wenig später wegen Waffenhandels aus der CMS ausgeschlossen werden; vgl. S.Stock, The History of the Church Missionary Society,Vol.I, London 1899, S.210f.
9. In Süd-Indien waren es vor allem die Erfahrungen von Rhenius und Pettit; im Vorderen Orient die von Gobat und Kugler; vgl. H.G.Anderson, Typoskript, S.18ff.

zeigte die Gesellschaft zu dieser Zeit noch kein Interesse an einer systematischen Förderung von medical missions. Sie ermahnte stattdessen einige ihrer entsprechend qualifizierten Missionare:

»Of the dangers attending it [sc. die Ausübung der Medizin] the Committee would only in a few words say, that the profession not only gives an introduction, in the East ... to men of rank and influence, but also opens the way to scenes or conversations of the most licentious and depraving tendency. Ambition and sensuality, in consequence, might be snares easily besetting those who would practice Medicine ... you should under no circumstances assume the office of a Physician, but employ the medical knowledge you have attained as a gratuitous act of kindness, and merely in subordination to your missionary objects.«[10]

Konsequenterweise erschien es denjenigen CMS Missionaren, die vor ihrer Ordination Ärzte oder Chirurgen waren, opportun, diese ihre frühere Tätigkeit auf dem Missionsfeld nicht mehr auszuüben, jedenfalls schweigen laut Anderson die Quellen darüber.[11]

10. So aus dem Aussendungsdokument für die Missionare Gobat und Kugler nach Abessinien; zitiert bei H.G.Anderson, Typoskript, S.19f.
11. Zu solchen Personen gehören Rev.William Williams in Neuseeland, Rev.G.C.Trimnell in Ceylon, Dr.Korck in Griechenland und Henry Graham in Sierra Leone; vgl. H.G.Anderson, Typoskript, S.17 u. 21. - Für Anderson ist der Verweis auf die moralischen Gefahren des medizinischen Dienstes seitens des CMS Leitungsgremiums »quite obscure, and certainly not to be accounted for by the disappointing personal failure in a similar mission by Thomas Kendall. A much more likely explanation would be that such work ... was looked on askane, by a section of the Evangelical Anglicanism of the C.M.S. of that period, and the C.M.S. Committee had to move warily, as indeed it did for fifty and more years afterwards. ... But there can be no doubt whatever that while C.M.S. headquarters were resistant to the concept of medical missions many of its missionaries abroad were insistent on the need for at least a simple healing ministry. Many decades were still to pass before Anglican evangelical opinion was ready to accept medical missionary work as a method of evangelism and not a mere auxiliary to it.« (ebd., S.20f) Andersons Beobachtung wird bestätigt durch einen Brief J.L.Krapfs vom 10. April 1848 aus Rabbai Empia an den Arzt G.Müller in Tübingen: »Es ist nämlich die Weise der englisch-bischöflichen Missionsgesellschaft nicht, Missionsärzte auszusenden, wie dies namentlich die Nordamerik. Presbyterianer tun, die am meisten voran sind in dieser Beziehung ... Sie [sc. die CMS] wird es nun vor ihren Kontribuenten nicht verantworten wollen, auch hier einen Arzt anzustellen, wo noch keine Christengemeinden gesammelt sind, obwohl sie die Wichtigkeit eines Arztes gerne anerkennen wird. Wir werden ihr ... aus der Verlegenheit helfen, weil sie einen Missionar unter dem Titel ›Arzt‹ nicht wohl vor ihrem Publikum aufführen kann.« (Das Original des Briefes konnte trotz intensiver Nachforschungen bis jetzt nicht aufgefunden, sondern nur nach dem Abdruck in: Die Ärztliche Mission, Tübingen 1932, 22.Jg., S.43ff, Zitat S.46, wiedergegeben werden).

Jedoch waren es weniger solche eher zufälligen Erfahrungen einzelner Personen oder Gesellschaften gewesen, der sich die Ausbreitung des missionsärztlichen Gedankens im neunzehnten Jahrhundert verdankte. Diese war vielmehr das Ergebnis einer in Schrift und Rede zielstrebig betriebenen Werbearbeit, die zunächst ausschließlich zur Unterstützung der Medical Missionary Society in China erfolgte, doch schon bald, in Ablösung vom chinesischen Kontext, medical missions als garantiert erfolgreiche, verheißungsvolle und universale Missionsmethode propagierte.

A. Die Ausbreitung des missionsärztlichen Gedankens im 19. Jahrhundert

1. Propagandaarbeit für die Medical Missionary Society

Durch den geschickten Gebrauch der Presse hatte es Peter Parker schon von Anfang an verstanden, eine große Öffentlichkeit auch außerhalb Chinas an seiner Tätigkeit im Hospital zu Canton zu interessieren (s.o.S.154ff). Daher wurde auch nach Gründung der Medical Missionary Society dieses Medium verstärkt bemüht. So lancierten die ›Foreign Agents‹ entsprechende Nachrichten in verschiedenen Zeitschriften und leiteten die gedruckten Protokolle zur Kenntnisnahme an potentielle Interessenten und Förderer weiter.[12] Die Propagandaarbeit blieb darauf aber nicht beschränkt; denn die aus Canton zurückkehrenden Kaufleute, vor allem die Mitglieder der missionsärztlichen Gesellschaft, betätigten sich als deren engagierte Promotoren. T.R.Colledge, der Canton bereits im Sommer 1838 verließ und noch im gleichen Jahr in die Vereinigten Staaten reiste[13], verfaßte im

---

12. Es erschienen Nachrichten über das ›Ophthalmic Hospital‹ und einige der dort ausgeführten Operationen neben den Veröffentlichungen in den einschlägigen Missionszeitschriften wie dem ›Missionary Herald‹ (Vol. 35, 1839, S.113-115) auch in medizinischen Fachblättern wie z.B. im ›Lancet‹ von 1836/37, S.608 und von 1837/ 38, S.481f. Von dort aus wurden sie in andere Organe übernommen. - Das in der Day-Library in der Yale Divinity School, New Haven, CT, befindliche Exemplar von ›The Medical Missionary Society in China - Address with Minutes of Proceedings‹, Canton 1938, trägt auf der Innenseite des Deckblattes den von C.W.King (zum Handelshaus Talbot, Olyphant & Co. gehörig) handschriftlich eingetragenen Vermerk:»"Transmitted to Dr.Knight by direction of the Committee, along with the request, that he will favor them with his professional suggestions, + at the same time, kindly give his support to the Appeal of the Society. - 22 May, 1838« (Abkürzung im Original).
13. In der Kurzbiographie zu Colledge von G.C.Boase im Dictionary of National Bio-

Dezember 1838 in Philadelphia einen gedruckten, achtseitigen Aufruf zur Unterstützung der Medical Missionary Society, der im ›Missionary Herald‹ exzerpiert wurde[14], und scheint auch in England ähnlich tätig geworden zu sein.[15]
G.Tradescant Lay, Colledges Vertreter bei den Treffen der missionsärztlichen Gesellschaft in Canton, ließ sich auf deren erster Jahresversammlung am 27. September 1838 wie folgt vernehmen:
»I am so impressed ... that I have determined to make the system of gratuitous relief for the sick in some sort universal. I may not succeed in my first attempts, but I will continue, while life and health last, to pursue my object till I have attained it. We have societies for giving the Bible, the gospel, useful knowledge, and so on, to the world, - we will have also a society for giving the benefits of rational medicine to the world. ... On my return to

graphy (L.Stephen, Ed.), Vol.XI, London 1887, S.331, und davon abhängig in der entsprechenden in der Modern English Biography, (F.Boase, Ed.), Vol.I, London 1965, Sp.676, heißt es, daß Colledge Canton erst nach Auflösung des englischen Konsulates im Mai 1841 verlassen habe, was aber aufgrund der Quellenlage nicht haltbar ist. Im Protokoll der ersten regulären Jahresversammlung der Medical Missionary Society ist zu lesen: » ... that Mr. Colledge, on his recent departure from China, had left nearly the whole of his medical library behind, with the desire that it should be offered to the Society on condition of his being enabled in return to furnish himself with a similar library in England.« (Chinese Repository, Vol.VII, 1838/39, S.461; s.o. S.151, A 123).

14. The Medical Missionary Society in China; in Day Library, Yale Divinity School New Haven. - Der Auszug in: Missionary Herald, Vol.35, 1839, S.114f. - In der einleitenden Bemerkung im ›Herald‹ findet sich der Hinweis: »... Doct. Colledge, the principal British surgeon at Canton, and president of the society, while on his recent visit to this country ...«. - Ein weiterer Beleg für Colledges Amerika-Reise im Jahre 1838/39 ist auch ein in Boston vom 15.1.1839 datiertes, ebenfalls gedrucktes Schreiben, die Ernennung von ›Honorary Members‹ für die Medical Missionary Society betreffend, das sich in der Houghton Library, ABC 12:1.9.V 1, Letters from agencies, miscellaneous unbound letters from various agents, 1882-1891, findet und an R.Anderson, D.D. adressiert ist; s.o.S.159, Anm.113. - Bekanntlich war Colledge mit einer Amerikanerin aus Boston, einer geborenen Shillaher, verheiratet; vgl. J.C.Thomson, Historical Landmarks of Macao, in: The Chinese Recorder and Missionary Herald, Vol.XVIII, 1887, S.431.

15. »Dr.Colledge not [!; was?] often requested to address the public who were anxious to know more of it [sc. the Medical Missionary Society]«, so ist in einem Brief P.Parkers an R.Anderson vom 26.11.1840, in: Houghton Library, ABC:16.3.8 Vol.1., zu lesen. - Im ›First Annual Report of the Edinburgh Association For Sending Medical Aid To Foreign Countries‹, Edinburgh 1842, wird erwähnt (S.8), daß ein Teil der gesammelten Gelder für den Druck der Schrift ›Appeal on behalf of the Medical Missionary Society in China‹ ausgegeben worden sei. Dabei kann es sich nur um die Broschüre T.R.Colledges handeln, die dieser bereits in den U.S.A. hatte erscheinen lassen.

England, I shall not forget the promise I made to this Society at its formation, for I am sure it needs only to be known in order to be supported.«[16]

Gemäß seinem Versprechen versorgte Lay z.B. ›The Lancet‹ mit einschlägigen Meldungen[17]; für eine entsprechende Vortragstätigkeit, die vermutet werden kann, haben sich bislang keine Belege finden lassen.

Am deutlichsten tritt die Werbetätigkeit für die Unterstützung der Medical Missionary Society in China bei Parker hervor, der, als er wegen des ersten Opium-Krieges (1840-1842) Canton verlassen mußte, Amerika und England in dieser Angelegenheit bereiste. Noch ehe er in seinem Heimatland eintraf schrieb er vom Schiff aus über sein Vorhaben nach Boston:

»Early in my voyage it was proposed in my own mind, to lay before you ... in writing an outline of a plan for the best improvement of my absence from China + *presence* with the Churches during my visit to America. ...

To present the claims of the Medical Mis.[sionar]y Society in China, the divine sanction uniting the office of healer of diseases with that of missionary, + to show the peculiar adaptness of the same to China at the present stage of evangelical labors there, is a subject desiring attention.

With the approbation of the Board to visit England ... My reasons for this ... 1. To comply with an urgent request of my English brethren, particularly Dr.Hobson, to explain + to enforce the claims of the M.[edical] M.[issionary] Society in England. The place this Society holds, + what is expected of in the renovation of China is misapprehended by some. Dr.Colledge not [!; was?] often requested to address the public who were anxious to know more of it. ... 2. [I] May be instrumental in raising *funds* for the society[!], having valuable acquaintances in England + Scotland who have shown their serious interests in the Society, + have letters of introduction to gentlemen of wealth and influence in both these countries. 3. May be present at the Religious Anniversaries [!] in May next, + may implore the opportunity then afforded to promote the Missionary [!] spirit generally, + the interest of China with the Churches of England ...«[18]

Parker konnte während seiner annähernd zwei Jahre dauernden Abwesenheit aus China tatsächlich viel von seinem ehrgeizigen Programm verwirklichen: er traf mit einer ansehnlichen Zahl einflußreicher Persönlichkeiten aus Politik, Medizin, Kirche und Gesellschaft durch Vermittlung namhafter Fürsprecher zusammen[19];

---

16. Medical missionary[!] Society in China: remarks made at its first annual meeting, in: Chinese Repository, Vol. VII. 1838/39, S.457ff; Zitat S.460f. - Lt. Satzung (IV) hatte die Jahresversammlung am letzten Donnerstag im September stattzufinden.
17. So z.B. im Jahrgang 1839/40 S.814f, 851f, 877f.
18. Brief vom 26.Nov. 1840 an Bord der ›Niantic‹ an R.Anderson, in: Houghton Library, ABC:16.3.8.V.1. Abkürzungen und Hervorhebungen im Original.
19. In Washington, wo Parker sogar am 31.1.1841 vor dem Senate und House of Representatives predigte, mit den Präsidenten Harrison und Tyler und dem Secretary

er hielt in vielen Großstädten Predigten und Vorträge für das allgemeine Missionspublikum wie auch für das interessierte medizinische Fachpublikum[20] und verfaßte in London eine Werbe-Broschüre mit dem Titel ›Statements Respecting Hospitals in China‹.[21] Im Mai 1841 nahm er an der Jahresversammlung der Londoner Missionsgesellschaft teil, auf der ihm auch führende Vertreter des deutschen Missionslebens - der Basler Missionsinspektor Wilhelm Hoffmann (1806-1873) und Christian Gottlob Barth aus Calw (1799-1862) - begegneten.[22]

of State, Daniel Webster; in London mit dem Duke of Sussex, dem Bischof von London, dem Erzbischof von Canterbury, dem Premier-Minister Sir Robert Peel und dem langjährigen Präsidenten des Royal College of Surgeons, Sir Henry Halford, der ihn mit den führenden medizinischen Größen der Stadt in Verbindung brachte; in Paris, durch Vermittlung des amerikanischen Botschafters, mit König Louis Philippe und dessen Familie. - Zur Reise Parkers vgl. E.V.Gulick, Peter Parker, S.96-112; B.Stevens / F.Markwick, The Life, Letters, S.178-219.

20. Dem im Chinese Repository (Vol.XII, 1843, S.191ff) abgedruckten Rechenschaftsbericht zufolge, der laut Parker dafür geschrieben worden ist, »that the Society may have at once a complete narrative of my proceedings in its behalf, from the time I left China in July 1840, to my return in October 1842« (ebd. S.193), besuchte er Washington, Philadelphia, New York, New Haven, Boston, New Bradford, Northampton, Amherst, Hallowell, Augusta in den U.S.A.; London, Cambridge, Birmingham, Liverpool, Glasgow und Edinburgh in Großbritannien und schließlich auch Paris.

21. Diese Broschüre ist als 2. überarbeitete und erweiterte Auflage erhalten geblieben. Die Überarbeitung fertigte Parker bald nach seiner Rückkehr von England in den Vereinigten Staaten im Herbst 1841 an und ließ sie mit dem Untertitel ›Preceeded by a letter to John Abercrombie, M.D., V.P.R.S.E.‹ 1842 in Glasgow drucken. Der siebzehnseitige ›Brief‹ ist nichts anderes als ein Bericht Parkers über seine Europareise, an den eine ausführliche Dokumentation der verschiedenen, in Großbritannien in Sachen Medical Missionary Society abgehaltenen Versammlungen angehängt ist.

22. In Parkers Bericht sind keine entsprechenden Namen genannt. Sie lassen sich aber über einen Brief Hoffmanns an den Sekretär des Basler Hilfsvereins in Stuttgart, Häring, (Archiv der Basler Mission, Basel, Copier-Buch XII, Q-3,12, S.244f) und aus dem Reisebericht im Missionsmagazin (1841, S.330-335) identifizieren. Parkers Eindruck von der Begegnung (»In Germany, the cause of the Society was brought forward, by several distinguished gentlemen from thence, with whom I was so happy to become acquainted during my stay in London. They had already taken measures to disseminate in their ›Father-land‹, information upon the subject, and to enlist the prayers and support of the benevolent on its behalf«; Chinese Repository, Vol. XII, 1843, S.197; »In Germany the cause has also met with a cordial response.« in: Statements respecting Hospitals in China, Glasgow 1842, S.5) steht in deutlicher Spannung zu der nur beiläufigen, lapidaren Bemerkung im EMM: »M.Parker aus China spricht über dieses Land.« (Jg.1841, 3.Quartalsheft, S.335). - Zu W.Hoffmann vgl. J.Hahn / H.Mayer, Das Evangelische Stift in Tübingen - Geschichte und Gegenwart, Stuttgart 1985, S.72f, 184f u. 291; W.Schlatter, Die Geschichte der

In seinem für die Gesellschaft 1843 in China erstatteten schriftlichen Bericht über die Reisen resümierte er:

»By public addresses, and by means of the press both in England and America, the operations of the Society, and their peculiar adaptness to the Chinese, as well as the scriptural authority for uniting the work of healing with that of teaching the gospel among a heathen people, have been repeatedly set forth. It has been, at such times, an especial [!] aim to exhibit these claims as addressed to all, irrespective of sectarian or national feelings, - to commend them, also, more particularly, to those of the medical profession.«[23]

War der finanzielle Erfolg seiner Bemühungen gering[24], so war der propagandistische dafür aber um so beeindruckender. Denn im Zusammenhang mit Parkers Reise bildeten sich nicht nur einige Hilfsgesellschaften[25], unter denen die Ende November 1841 in Edinburgh als ›The Edinburgh Association for sending Medical Aid to Foreign Countries‹ gegründete und nachmalige (1843) ›Edinburgh Medical Missionary Society‹ als Sachwalter des missionsärztlichen Anliegens bleibende Bedeutung gewann (s.u.S.180ff). Von dem Royal College of Surgeons in London wurden sechs und von den ›managers of the Chinese Medical Missionary Society in New York‹ drei freie Ausbildungsplätze für chinesische Medizinstudenten der Medical Missionary Society zur Verfügung gestellt.[26] Es war also Parker wirklich gelungen, einer großen Öffentlichkeit und vielen einflußreichen Multiplikatoren die Anliegen und Ziele des missionsärztlichen Dienstes in China bekannt zu machen. Daher kommentierte der Herausgeber des ›Chinese Repository‹ jenen Rechenschaftsbericht völlig zutreffend als er schrieb:

      Basler Mission, Bd.I, S.144ff. - Zu Ch.Barth vgl. K.Werner, Christian Gottlob Barth, Doktor der Theologie nach seinem Leben und Wirken, 3 Bde., Calw 1865-1869; H.Gundert, Personalartikel zu Ch.Barth in: RE2, Bd.II, Leipzig 1897, S.418ff.

23. Chinese Repository, Vol. XII, 1843, S.191-205, Zitat S.191f.
24. Der Gesamtbetrag belief sich auf nur 6.308,87 $ (vgl. Account Current, The Medical Missionary Society in China, Account Current with Peter Parker, in: Report of the Medical Missionary Society containing an Abstract of its History and Prospects, Macao 1843, S.41; das kollidiert allerdings mit den Angaben bei B.Stevens / F.Markwick, The Life, Letters, S.218, wo die Gesamtsumme mit 6.030,63 $ unter Verweis auf den Überweisungsbeleg angegeben wird und erklärt sich wahrscheinlich dadurch, daß Parker zwischenzeitlich noch weitere Gaben erhalten haben dürfte), während der Duke of Sussex ihm in einem Gespräch 25.000 £ in Aussicht gestellt hatte (vgl. E.V.Gulick, Peter Parker, S.103). Als Grund dafür wird im Blick auf Großbritannien die Situation des Kriegszustandes mit China angführt; in Bezug auf die Vereinigten Staaten die ökonomische Depression der Zeit.
25. Laut den ›Statements‹ kamen solche in London, Edinburgh, Glasgow, Liverpool, New York, Philadelphia und Boston zustande, von denen einige aber lediglich Arbeits- bzw. Kontaktgruppen waren.
26. Vgl. Chinese Repository, Vol.XII, 1843, S.201f.

»That all the interest, which was excited in behalf of China in Great Britain and America, as exhibited in this report, will die away we cannot believe. The cause which has thus been brought before the Christian public of those countries, is a form of Christian benevolence which addresses itself peculiarly to a new class of supporters; and from the manner in which medical men there have already interested themselves in it ... every encouragement may safely be drawn that they will do so permanently.«[27]

2. Das ›medicinische Missions-Institut‹ in Tübingen

In relativer Unabhängigkeit[28] von den soeben geschilderten anglo-amerikanischen Bemühungen um die medical missions kam es, unter dem starken Einfluß Gützlaffs[29], im Oktober 1841 auf Betreiben pietistisch-erwecklicher Missions-

27. Chinese Repository, Vol. XII, 1843, S.205. - J.C.Thomson sprach im Blick auf Parkers Reise stets von einer »triumphal tour« (so in: Semi-Centennial, S.102 u.103, und in: Rev. Peter Parker, M.D., S.171).
28. Über lange Zeit wurde die Ansicht vertreten, es handle sich bei diesem Institut um eine auf P.Parkers Initiative hin zustandegekommene Gesellschaft, so G.Olpp, Über die Ausbildungsstätten des missionarischen Personals in der Heimat einst und jetzt, in: Jahrbuch der Ärztlichen Mission 1914, hrsg. v.Verband der deutschen Vereine für ärztliche Mission, Gütersloh o.J. (1914), S.14-31; ders., etwas vorsichtiger: 200 Jahre deutscher ärztlicher Mission, in: Ruf und Dienst der ärztlichen Mission - Zum 25-jährigen Bestehen des Deutschen Instituts für Ärztliche Mission, Tübingen 1935, S.55-83, bes. S.63f.
29. Der unmittelbare Anstoß zur Gründung des Instituts war ein von dem Schweden Peter Fjellstedt (1802-1881) gehaltener Vortrag am Tübinger Missionsfest am 6.1.1841, der in seinem entscheidenden Passus ganz die Handschrift Gützlaffs trägt (vgl. C.Grundmann, Die erste Einrichtung, S.52). Seit 1840 krankheitshalber von dem Dienst in der Mission in Süd-Indien und dem Vorderen Orient zurückgekehrt, hielt Fjellstedt sich häufig bei Ch.G.Barth in Calw auf. Barth seinerseits stand seit 1835 mit Gützlaff in regelmäßiger Verbindung (vgl. Dr.Barth, China und Dr.Gützlaff, in EKZ, hg.v. E.Hengstenberg, Berlin 1850, Sp.777-783, bes. Sp.777) und war einer seiner bedeutendsten Förderer. Kein Wunder, daß unter diesem Einfluß Fjellstedt auch zum engagierten Gützlaff-Freund wurde und später in Schweden Missionare für Gützlaffs Missionsunternehmungen zu gewinnen suchte. (vgl. H.Schlyter, Der China-Missionar Karl Gützlaff, S.225ff; zu Fjellstedt vgl. den Personalartikel von Nils Rodén in: E.Grill (Hg.), Svenskt Biografiskt Lexikon, Stockholm 1964-1966, Bd.16, S.85-91). - Es ist bekannt, daß in Müllers Hause in Tübingen, in dem das Institut untergebracht war, regelmäßig das Basler Missionsmagazin und andere Missionszeitschriften gelesen wurden, nicht zuletzt das ›Calwer Missionsblatt‹(CMB), das von Ch.G.Barth in Calw, dem Heimatort Müllers, herausgegen wurde. In diesen Blättern erschienen ab 1829 Nachrichten über Gützlaff, vor allem Auszüge aus seinen und Tomlins Siam-Tagebüchern und den Reisetagebüchern der drei großen Chinareisen (s.o.S.130ff.; vgl. H.Schlyter, wie oben, S.21f). Die gelegentlichen

freunde in Württemberg zur Gründung eines ›medicinischen Missions-Instituts‹ in Tübingen‹.[30] Die Erfahrung, »daß diejenige Missionare, welche ärztliche Kenntnisse besassen, in einzelnen Ländern leichter Eingang und in ihrer Wirksamkeit als Boten des Evangeliums bedeutende Erleichterung fanden«, sowie der Wunsch, »daß zur Unterstützung der Prediger-Missionare eigene Missions-Aerzte gebildet werden möchten«, veranlaßten den Trägerkreis dazu:
»ein medicinisches Missions-Institut ... zu gründen, in welchem christlich gesinnte Jünglinge in beschränkter Zahl zu wissenschaftlichen Aerzten herangebildet werden sollen, um nach vollendeten Studien als Missions-Aerzte in der Heidenwelt zu dienen.
Die Zöglinge hören die betreffenden medicinischen und chirurgischen Collegien bei der medicinischen Fakultät der hiesigen Universität, und erstehen nach vollendeten Studien ein Examen bei derselben Fakultät. Neben den medicinischen Studien erhalten dieselben fortlaufenden theologischen Unterricht.
Um diese Zwecke möglichst vollständig zu erreichen, hat sich ein verantwortliches Committee gebildet, welches mit gewissenhafter Treue theils über den Studiengang wacht, theils es sich angelegen seyn lassen wird, unter dem Beistande des HErrn das Christenthum zur Herzenssache der Zöglinge zu machen. ...
Auch glaubt das Committee die Hoffnung aussprechen zu dürfen, daß mit der Zeit durch dieses Institut für die Naturkunde nicht Unwesentliches erzielt werden dürfte. Das Committee wird suchen, die von ihr herangebildeten Zöglinge einer bereits bestehenden deutschen oder englischen Missions-Gesllschaft zu übergeben.«[31]
Obwohl die Initiatoren, allen voran Christoph Ulrich Hahn (1805-1881)[32] und der

---

Berichte über die Tätigkeit Parkers waren im CMB fast ausschließlich im Zusammenhang mit Nachrichten über Gützlaff zu finden, so z.B. im 8.Jg, 1835, S.59; im 9.Jg., 1836, S.34, 45f und im 11.Jg., 1837, S.45f. Im Nov. 1838 druckte Barth einen Gützlaff-Brief vom 1.10.1837 ab, in dem Gützlaff um Mitarbeiter für die chinesische Mission bat und bemerkte: »Alle fünf müssen gute Mediziner seyn.« (ebd. S.91), nachdem bereits im Oktober 1837 ein Aufruf zur Gewinnung von ›Missionskaufleute[n] und Aerzte[n]‹, allerdings für den Vorderen Orient, von Missionar Schaufler erschienen war; (CMB, 10.Jg., 1837, S.21).

30. Zum Folgenden vgl. C.Grundmann, Die erste Einrichtung ihrer Art - verkannt!, in: Bausteine zur Tübinger Universitätsgeschichte Folge 4, Werkschriften des Universitätsarchivs Tübingen, Reihe 1, Heft 14, hrsg. von V.Schäfer, Tübingen 1989, S.35-90.
31. ›Prospectus eines medicinischen Missions-Instituts zu Tübingen‹ vom Nov. 1841, als Flugblatt im z.Zt. unkatalogisierten Archiv des Deutschen Instituts für ärztliche Mission in Tübingen. Hervorhebung im Original.
32. Ch.U.Hahn war Neffe des Philipp Matthäus Hahn, dessen hinterlassene Schriften jener 1825 herausgab. Als Erzieher begründete er eine höhere Erziehungsanstalt internationalen Zuschnitts in Bönnigheim, wo er seit 1833 als Diakonus tätig war. (Vgl. A.Holder, Das ›Hahn'sche Institut‹ in Bönnigheim 1834-1853 - Ein Gedenkblatt, in: Württembergisches Schulwochenblatt, 55. Jg., Stuttgart 1903, S.109). Mit kir-

Arzt Georg Friedrich Müller (1804-1892)[33], mit einigen der großen europäischen Missionsgesellschaften - Basel, Paris, Barmen und Herrnhut - in Verbindung standen, gelang es ihnen nicht, die benötigte finanzielle, administrative und personelle Unterstützung zu finden, so daß das Institut gegen Ende 1848 seine Pforten wieder schließen mußte; auch die beiden einzigen im Institut ausgebildeten Missionsärzte kamen nicht zu dem gewünschten Einsatz.[34]

Dieses bescheidene Unternehmen, das durch die bedauerliche Verweigerung der kontinentalen Missionen vor einer noch nicht erkannten immensen und notwendigen Aufgabe zum Scheitern verurteilt war, nimmt in der Geschichte der ärztlichen Mission eine hervorragende Stellung ein; denn während sich die jungen englischen und amerikanischen missionsärztlichen Hilfsgesellschaften ausschließlich auf die Sammlung von Geldern und die Verbreitung von Nachrichten konzentrierten, war in Tübingen zum ersten Mal der Beruf des Missionsarztes als eigene Größe erkannt und zu profilieren versucht worden, eine Aufgabe, derer man sich in Edinburgh erst zwanzig Jahre später annahm.[35]

    chengeschichtlichen Arbeiten hervorgetreten (Geschichte der Ketzer im Mittelalter, 3 Bde., Stuttgart 1845-1850; Die große Erweckung in den Vereinigten Staaten von Amerika - Great Awakening, Basel 1858, u.a.) wurde er nach 1847 zum Wortführer für die sozialen Fragen, genialer Organisator des württembergischen Wohlfahrtswesens und des Roten Kreuzes; vgl. A.Quellmalz, D.Dr.Christoph Ulrich Hahn, in: Lebensbilder aus Schwaben und Franken, Bd.8, Stuttgart 1962, S.177-211.

33. Die bleibende Bedeutung Müllers liegt darin, daß er, unmittelbar nachdem das Unternehmen in Tübingen gescheitert war, 1848 in Rieth ein Heim zur Betreuung schwachsinniger Kinder gründete, aus dem im Laufe der Geschichte das größte Werk dieser Art in Württemberg, die Anstalt Stetten, wurde; vgl. L.Schlaich (Hg.), Dienst am hilflosen Volk. 100 Jahre Heil- und Pflegeanstalt für Schwachsinnige und Epileptische in Stetten i.R., Stuttgart 1949, S.12ff; W.Teufel, Das Schloß der Barmherzigkeit - Geschichte und Auftrag der Anstalt Stetten, Stuttgart 1960, S.7-19; allgemein zu Müller, einiges in der vorher genannten Literatur korrigierend, C.Grundmann, Die erste Einrichtung, S.41ff.

34. Der erste, Josias Sperschneider, Sohn des Leipziger Tranquebar-Missionars Sperschneider, reiste zwar auf Anforderung eines Freimissionars (Dr.B.Schmid) 1846 nach Süd-Indien aus, wo er in späteren Jahren als Leibarzt des Rajas von Travancore (Kerala), nicht aber als Arzt im Dienste der Mission stand. - Der zweite, der Schweizer Philippe Liaudet, wartete nach seiner Ausbildung vergeblich auf eine Ausreise nach Afrika im Auftrag der Pariser Evangelischen Missionsgesellschaft und verstarb schon 1850 in Tübingen; vgl. C.Grundmann, Die erste Einrichtung, S.69ff.

35. Nämlich mit der im November 1861 zur ›Edinburgh Medical Missionary Society's Training Institution‹ umgewandelten früheren ›Cowgate Dispensary‹; vgl. John Lowe, Medical Missions Their Place And Power, London 1886, S.210. - Es ist also nicht zutreffend, wenn die Edinburger Gesellschaft sich selbst als die ›First in training medical missionaries‹ bezeichnet, wie z.B. in einem neueren Faltblatt (von 1965?); s.u.S.180ff; jetzt, behutsam korrigierend J.Wilkinson, The Coogate Doctors, S.7.

3. Die Edinburgh Medical Missionary Society (E.M.M.S.)

»The Edinburgh Medical Missionary Society is really ... a marvellous piece of work. I know of none that is more Christ-like in its conception, more practical in working plan, more economical in administration, and more highly multiplying in results now visible - and that is saying a great deal.«

So John Mott im Jahre 1930 über diese bis heute bestehende Gesellschaft[36], deren Anfänge aber, mit Ausnahme der konstituierenden Versammlung, eher unscheinbar waren. - Als Echo auf P.Parkers Vortrag in Edinburgh (26.Juli 1841) wurde ein dreiundzwanzigköpfiges Kommittee zur Unterstützung der Arbeit der Medical Missionary Society in China von den Honoratioren der Stadt gebildet[37], das sich

36. Medical Missionary Enterprise - The Outlook To-day - An Address delivered on May 8th, by John R.Mott, LL.D., at a gathering of E.M.M.S. Directors and Students in the Hall of the British Medical Association, Edinburgh, in: Quarterly Paper, Edinburgh 1930, S.564-570, Zitat S.564 (deutsch ›Die Aussichten der ärztlichen Mission in der Gegenwart‹, in: Die ärztliche Mission, 1930, S.95-99). - Das z. Zt. noch unzureichend erschlossene Archiv befindet sich am Sitz der Gesellschaft, 7 Washington Lane, Edinburgh.

37. Zu den Mitgliedern gehörten neben zahlreichen Ärzten und Theologen auch James Syme (1799-1870) von der medizinischen Fakultät und der Präsident der Royal Bank of Scotland, John Thomson, als Schatzmeister; vgl. P.Parker, Statements Respecting Hospitals in China, S.14. Über die Gründerpersönlichkeiten allgemein vgl. J.Lowe, Jubilee Memorial - Historical Sketch ... and In Memoriam: Its Fathers and Founders, S.35ff. - Obwohl es Dr. John Abercrombie (1780-1844) war, der zu Parkers Vortrag eingeladen hatte und mit dem Parker korrespondierte (und der demzufolge in der Geschichtsschreibung als die entscheidende Gründerpersönlichkeit angesehen wird, vgl. z.B. J.Lowe, Medical Missions, S.201ff; H.W.Acland, Medical Missions in their Relation to Oxford, Oxford 1898, S.14; Th.Christlieb, Ärztliche Missionen, S.13f; H.Feldmann, Die ärztliche Mission, S.26f), scheint nicht er, sondern der dem Revival verbundene Dr.John Coldstream (1806-1863) die treibende Kraft dabei gewesen zu sein, wofür dessen Beiträge zu den ›Lectures on Medical Missions‹ von 1849 und den ›Addresses to Medical Students‹ von 1856 sprechen, und schließlich war es auch Coldstream, der im September 1857 die Anliegen der ärztlichen Mission auf der internationalen Konferenz der ›Evangelical Alliance‹ in Berlin vortrug; vgl. J.H.Balfour, Biography of the late John Coldstream, M.D., F.R.C.P.E., Secretary of the Medical Missionary Society of Edinburgh, London 1865, S.153. (Dieser Beitrag ist abgedruckt in: K.E.Reineck, Hg., Verhandlungen der Versammlung evangelischer Christen Deutschlands und anderer Länder vom 9. bis 17. September 1857 in Berlin, Authentische Ausgabe, Berlin 1857, S.329f.) - Im Protokoll vom 17.11.1863 heißt es: »They [sc. die Direktoren der E.M.M.S.] feel it to be quite impossible to over-estimate his [sc. Dr.John Coldstream's] services to this Society, which were ... characterised from the very commencement of the institution, of which he was virtually the founder ...« (zitiert von <G.C.Boase> in:

dann unter Einfluß von Sir Culling E.Smith von der ›Syrian Medical Aid Association‹ in London[38] am 30.11. in die ›Edinburgh Association For Sending Medical Aid To Foreign Countries‹ umgestaltete.[39] Damals wurde einmütig beschlossen:
»I. That this Meeting being deeply sensible of the beneficial results which may be expected to arise from the labours of Christian medical men, cooperating with missionaries in various parts of the world, thus giving intelligible proofs of the nature and practical operation of the spirit of love, which, as the fruit of our holy religion, we desire to see

Sketch of the Life of John Coldstream, M.D., F.R.C.P.E., o.O. [Edinburgh] o.J., Appendix S.2f); ders. ähnlich in seinem Personalartikel ›Coldstream, John‹, in: Dictionary of National Biography, L.Stephen (Ed.), Vol. XI, London 1887, S.262f.

38. Diese Gesellschaft war am 30. September 1841 in London, ebenfalls unter Beteiligung führender Persönlichkeiten, gegründet worden und nicht erst 1842, wie im Editorial des ›Lancet‹ vom 2.März 1844 (S.764ff) angegeben; vgl. dazu den im Archiv der Edinburgh Medical Missionary Society befindlichen gedruckten neunseitigen Prospekt der ›Syrian Medical Aid Association‹. - Zu den Mitgliedern dieser Gesellschaft gehörte auch der Präsident des Royal College of Physicians in London, Sir Henry Halford (1766-1844), Parkers wichtiger Vermittler in London (vgl.E.V.Gulick, Peter Parker, S.104; s.o.S.174 A 19). - In einem Zeitungsbericht vom 1.12.1841 (ohne nähere Quellenangabe eingeklebt im Protokollbuch der Edinburgh Medical Missionary Society im ersten Jahresbericht) heißt es über die Gründungsversammlung:»Sir C.E.Smith, at great length, set forth the claims of Syria upon the attention of the friends of medical missions as a most promising and otherwise important field for their operations; and detailed the interesting course of events which has led to the recent formation in London of the Syrian Medical Aid Association, to which, as well as to the Medical Missionary Society in China, it is proposed that the new institution shall render such aid as the contributions of the Christian public shall enable it.« Vgl. auch W.Lockhart, Der ärztliche Missionär, S.91.

39. Ergänzend zu den bereits oben A 37 genannten Mitgliedern findet sich nun auch der Name des damals wohl bekanntesten schottischen Predigers, Theologen, Philanthropen und Führers der schottischen Erweckungsbewegung, Thomas Chalmers (1780-1847) im Protokollbuch als Vice-President der Gesellschaft (Protokoll vom 30.11.1841, S.4), ohne daß erkenntlich ist, ob er selbst auch persönlich anwesend war. Im Protokoll vom 31.3.1842 ist zu lesen:»The Secretaries were instructed to apply to the Rev.d Dr. Chalmers to preach a Sermon on behalf of this Society ...«, eine Anfrage, die Chalmers aber ablehnte (vgl. Protokoll vom 28.10.1842 in Protokollbuch DM 1). - In den Berichten über die Edinburgh Medical Missionary Society taucht der Name nicht weiter auf, wahrscheinlich, weil Chalmers als führender Kopf erster Moderator der aus der ›Disruption‹ von 1843 hervorgegangenen Free Church of Scotland geworden war und für solchen Dienst nicht mehr zur Verfügung stand. Vgl. W.G.Blaikie, Personalartikel ›Chalmers, Thomas, D.D.‹, in: Dictionary of National Biography, L.Stephen (Ed.), Vol.IX, London 1887, S.449-454; E.Beyreuther, Die Erweckungsbewegung, S.14ff.

diffused amongst all nations, resolve to promote this object to the utmost of their power, and to follow the leadings of Divine Providence, by encouraging in every possible way the settlement of Christian medical men in foreign countries.
II. That considering the advantages which Edinburgh enjoys in being the seat of a Medical School of the first excellence, and restorted to by a large number of students from all parts of the kingdom, it is especially incumbent on its Christian Public in general, and on the Medical Profession in particular, to keep this good object in view, and to promote it by every means in their power ... «[40]

Wie seinerzeit schon von Colledge, so wird auch hier durchgängig nur von ›Christian medical men‹, nicht von ›Medical Missionaries‹ gesprochen. Das, wie auch die sorgsame Vermeidung des Begriffes ›Mission‹ bzw. ›Missionary‹, geschah allerdings nicht aus weltanschaulichen Motiven heraus, sondern in bewußter Rücksichtnahme auf die Arbeit der Syrian Medical Aid Association unter Muslimen und Juden im Vorderen Orient.

»The name of ›Missionary‹ [sc. im Namen der Gesellschaft] was at first avoided, in deference to the views held by our friends of the Syrian Association, who believed that the agents to be employed in the East, would have to encounter less of the usual prejudice amongst the natives, if they were known to have been sent out by a society not ›*Missionary*‹ in *name*, whatever it might be in reality.«[41]

Erst zwei Jahre später, 1843, erfolgte die Namensänderung in ›Edinburgh Medical Missionary Society‹, nicht zuletzt auch durch die im Mai desselben Jahres bereits erfolgte ›Disruption‹ provoziert.[42] Es ist aber unverkennbar, daß in Edinburgh von Anfang an das Bemühen um die Ausweitung einer bislang nur in Verbindung mit der China-Mission und der Mission im Vorderen Orient auf deutliches Echo stoßenden Missionsmethode ins Prinzipielle hinein vorhanden gewesen ist. Darin besteht ein erster, wesentlicher und eigenständiger Beitrag dieser Gesellschaft, deren erklärtes Anliegen es darüber hinaus war:

40. Protokoll vom 30.11.1841; Protokollbuch DM 1, S.1f.
41. J.Coldstream, Historical Sketch of the Employment of the Art of Healing, S.222; Hervorhebungen im Original. - Dieser Beitrag ist die authentische Darstellung der Geschichte der E.M.M.S. (bes. ab S.221ff) und muß als Korrektiv zu J.Lowe u.a. gelten.
42. Anläßlich der Jahresversammlung vom 28. Nov. 1843 wurde, recht unvermittelt, beschlossen: »That ... this Association ... will henceforth assume the name of THE EDINBURGH MEDICAL MISSIONARY SOCIETY.« (Protokoll Vom 28.11.1843.) - Die meisten Mitglieder, unter ihnen auch J.Abercrombie, gehörten zum von Th.Chalmers (s.o. A 39) vertretenen theologischen Flügel. Allerdings muß auch bedacht werden, daß es bereits seit Oktober 1842 Bestrebungen gab, die Gesellschaft von einem bloßen Hilfsverein zu einer völlig eigenständigen, unabhängigen Institution umzustrukturieren; vgl. Protokoll vom 28.10.1842 (Antrag von Dr.Handyside) u. Protokoll vom 2.12.1842 (Ablehnung des Antrags). - Zur ›Disruption‹ J.H.S.Burleigh, A Church History of Scotland, London 19733, S.334ff.

»... to circulate information on the subject, - to aid other institutions engaged in the same work, - and to render assistance at Missionary stations to as many professional agents as the funds placed at its disposal shall admit of.«[43]

Das jährliche Spendenaufkommen war anfangs sehr mager: bis 1851 überstieg es nie den Betrag von 300 £, 1871 lag es bei 1.314 £ und erst 1881 erreichte es den ansehnlichen Betrag von 5.506 £.[44] Aufgrund dieser begrenzten Mittel konnte eine nur unbedeutende finanzielle Hilfe für die Arbeit in Syrien und China geleistet werden; in den ersten Jahren je 25 £ und 50 £.[45] Demgegenüber lag von Anfang an eine große Betonung auf bewußtseinsbildenden Maßnahmen für Anliegen und Aufgaben der medical missions, besonders in Schottland und England. So wurde im Dezember 1842 eine ›Address to Students of Medicine‹ mit einer Auflagenhöhe von 2.000 Stück gedruckt und an allen schottischen Universitäten verteilt.[46] Die Jahresberichte wie auch die umfangreichen ›Lectures on Medical Missions‹ von 1849 erschienen in einer Auflage von je 500[47], und mit den ab 1854 zunächst in unregelmäßigen Abständen publizierten ›Occasional Papers‹ (s.o.S.70), denen von 1871 bis 1966 die ›Quarterly Papers‹ folgten, brachte die Gesellschaft das erste missionsärztliche Nachrichtenblatt überhaupt heraus.[48]

43. § I der Satzung vom 30.11.1841; im Archiv der Edinburgh Medical Missionary Society, Edinburgh.
44. Zusätzlich wurde im Laufe von zehn Jahren die beträchtliche Summe von 15.000 £ für Sonderprojekte aufgebracht; vgl. J.Lowe, Medical Missions, S.203ff.
45. Vgl. Protokoll vom 31.3.1842 u. 28.4.1843 im Protokollbuch DM 1 im Archiv der Edinburgh Medical Missionary Society.
46. Der Beschluß dazu fiel bereits auf der ersten Vorstandssitzung der Edinburgh Medical Missionary Society vom 31.3.1842; vgl. unpaginiertes Protokollbuch DM 1, 7.Seite; zur Auflagenhöhe und zur Verteilung vgl. ebd., Protokoll vom 21.12.1842 (10. Seite). - Im November 1842 hatte sich bereits eine eigene ›Medical Missionary Society of the University of Edinburgh‹ unter den Medizinstudenten gebildet, über deren Aktivitäten allerdings z.Zt. nichts Näheres bekannt ist. Die E.M.M.S. jedenfalls begrüßte diese Gründung, wie die Teilnahme einiger ihrer Mitglieder an der ersten öffentlichen Sitzung jener Gesellschaft und deren lobende Erwähnung im Protokoll vom 21.12.1842 deutlich macht. In der ›Address to Medical Students‹ von 1842 wird auch in einem Postskript ausdrücklich auf die Existenz dieser studentischen Vereinigung hingewiesen.
47. Vgl. Protokoll vom 29.12.1842 (zum ›Annual Report‹, Protokollbuch DM 1 im Archiv der Edinburgh Medical Missionary Society) und L.Taylor, A Century of Service, S.3 (zu den ›Lectures‹). Die 1856 erschienenen ›Addresses to Medical Students‹ erschienen im Londoner Verlag Black.
48. J.Wilkinson, The Coogate Doctors, S.83, enthält leider fehlerhafte Angaben bezüglich der ›Occasional Papers‹ und des Beginns der Serie ›Healing Hands‹; unzutreffend, da dem Material im Archiv der E.M.M.S. widersprechend, auch: Steward /

Auch im Blick auf die Ausbildung des missionsärztlichen Personals wurde diese Gesellschaft führend. Wie seinerzeit in Tübingen, so legte man auch in Edinburgh Wert auf eine missionarische Schulung der Kandidaten, was durch ein Angebot von zusätzlichen praktischen und evangelistischen Aktivitäten zu erreichen versucht wurde. Die an medical missions interessierten und von der Gesellschaft geförderten Studenten hatten zwar bereits seit 1853 die Gelegenheit, in der von einem der Gründerväter der Gesellschaft, von Dr. Peter Handyside eingerichteten ›Main Point Mission Dispensary‹ mitzuarbeiten; die Gesellschaft selbst aber konnte sich erst mit der am 18.Nov.1861 erfolgten Übernahme der ›Cowgate Mission Dispensary‹ als ›Edinburgh Medical Missionary Society's Training Institution‹ unter der Verantwortung eines ›Superintendenten‹ zu einem solchen Schritt entschließen[49]. Das wurde von entscheidender Bedeutung und verschaffte ihr dank des engagierten Einsatzes der jeweiligen Superintendenten, vor allem von W.B.Thomson (1821-1893)[50] und John Lowe (1835-

Hammond / Saenger (Ed.), British Union Catalogue of Periodicals, London 1956, Vol. II, S.96, die vermerken: Von 1854 - 1867 seien insgesamt 26 ›Occasional Paper[s]‹ erschienen, gefolgt von dem ›Quarterly Paper‹ 1-16, das von 1871 an als New Series wiederum mit Nr.1 begonnen wurde. - Ab Oktober 1864 gab der damalige Superintendent der ›Training Institution‹ der E.M.M.S. ein ›Medical Mission Circular‹ heraus, eine Art Rundbrief für die ehemaligen Studenten der Gesellschaft, das jeweils in ca.100 Exemplaren erschien und von Oktober 1865 bis zum Dezember 1876 als ›Medical Missionary Journal‹ (nicht zu verwechseln mit dem gleichnamigen Organ der American Medical Missionary Society, Chicago, das von 1887 bis 1888 erschien!) publiziert wurde; vgl. W.B.Thomson, Reminiscences, S.187ff, und: Edinburgh Medical Missionary Society, in: Christian Work, NS Vol.IV, 1870, S.362ff, bes. S.364). - Regelmäßige Nachrichten über die Arbeit der Gesellschaft finden sich darüberhinaus auch in: Christian Work, London, solange diese Zeitschrift existierte (1863-1872).

49. Vgl. W.B.Thomson, Reminiscences of Medical Missionary Work, London 1895, S.37ff; J.Lowe, Medical Mission, S.206ff; L.Taylor, A Century of Service, S.5f. - Die ›Main Point Mission Dispensary‹ wurde 1858 nach Cowgate 39 verlegt. - Der Beschluß, einen Teil der ersammelten Gelder als kleines Stipendium potentiellen Kandidaten zur Verfügung zu stellen, war im Juni 1851 getroffen worden, obwohl Dr.Handyside schon im Oktober 1842 den Vorschlag gemacht hatte, Gelder zur Unterstützung von (möglichen) schottischen medical missionaries zu reservieren; vgl. Protokollbuch DM 1 im Archiv der E.M.M.S., Protokoll vom 28.10. u.2.12.1842. Eine kurze Lebensskizze des ersten von der E.M.M.S. geförderten Studenten, David H.Paterson, ist jüngst von P.Baxter geschrieben und in ›The Healing Hand‹, Sommer 1990, S.12-16 veröffentlicht worden.
50. Die Bedeutung W.B.Thomsons für die Entwicklung des missionsärztlichen Gedankens in der zweiten Hälfte des vorigen Jahrhunderts kann schwerlich überschätzt werden - er war es, durch den George Dowkontt (s.u. S. 209ff) an der Sache interessiert wurde (vgl. A notable Medical Missionary Secretary, in: E.M.M.S.

1892)⁵¹ einen weitreichenden Einfluß; denn diese Einrichtung fand seitens der Bevölkerung wie auch seitens angehender Missionsmediziner so viel Zulauf, daß sich die Gesellschaft veranlaßt sah, neben dem schon seit 1864 als Wohnhaus für den Superintendenten und die Studenten dienenden ›Miller Memorial Medical Mission House‹, 56, George Square, 1877/78 die ›Livingstone Memorial Medical Missionary Training Institution‹ als ›Mission- Dispensary‹ und Konvikt an Stelle der alten Cowgate Baulichkeit zu errichten und im Jahre 1902 noch einmal um ein größeres Eckhaus, The Rock, zu erweitern.⁵² Bis zum zweiten Weltkrieg haben in diesen Häusern mehr als dreihundert Mediziner verschiedenster europäischer und amerikanischer Missionsgesellschaften⁵³ neben der für die Tätigkeit

Quarterly Papers, Vol.XII, 1908-1911, S.213), er war es, der in London die Mildmay Diakonissen in missionsärztlichen Fragen beriet (vgl. Thompson, Phyllis, No Bronze Statue - A Living Documentary of the Mildmay Mission Hospital, Eastbourne 1972, S.22ff, und W.B.Thomson, Reminiscences, S.229ff) und er war es auch, der das missionsärztliche Werk in Madagaskar förderte (vgl. W.B.Thomson, Reminiscences, S.156ff) -, obwohl er in den Selbstdarstellungen der E.M.M.S. so gut wie kaum Erwähnung findet. Das erklärt sich auf Grund von schwerwiegenden, auch öffentlich ausgetragenen Konflikten in den siebziger Jahren, die zur Trennung führten, vgl. Statement by the Directors of the Edinburgh Medical Missionary Society of The Occurrences which led to and followed the Resignation of Mr. W.Burns Thomson, the former Superintendent of their Dispensary and Training Institution, Edinburgh 1871. - »The workings of Providence are seen, in that Dr.Parker was the instrument used in establishing the Edinburgh Society, its Superintendent Dr. W.Burns Thomson led Dr. G.D.Dowkontt into that work, and he afterwards became the virtual founder and is now Superintendent of the New York Medical Missionary Society.« (J.C.Thomson, Semi-Centennial, S.116)

51. Vgl. das anonym herausgegebene ›In Memoriam: Rev. John Lowe, F.R.C.P.E., Secretary and Superintendent, Edinburgh Medical Missionary Society‹, Edinburgh 1892.
52. Eine Ansichtszeichnung des Gebäudekomplexes ist zu finden bei L.Taylor, A Century of Service, gegenüber S.4; eine Beschreibung der Einrichtung bei Lowe, Medical Missions, S.224ff; zum Miller Memorial ebd. S.213f.
53. Die jüngst von J.Wilkinson in ›The Coogate Doctors‹, S.82 vorgelegte Statistik zählt 324 Kandidaten auf zu denen noch mindestens 12 weitere aus anderen als den mit genauen Zahlen aufgeführten Gesellschaften zu addieren sind. Eine vollständige Statistik, allerdings nur bis zum Jahr 1941, gibt L.Taylor, A Century of Service, S.18. Von den bis dahin 310 Kandidaten gehörten 68 zur Church of Scotland (einschließlich der früheren United Presbyterian und der Free Church), 55 der London Missionary Society, 36 der Church Missionary Society, je 19 der English Presbyterian Church und der Baptist Missionary Society, 9 der Irish Presbyterian Church, 18 den verschiedenen methodistischen Kirchen, und insgesamt 86 gehörten anderen Gesellschaften (z.B. Gossner, Basel, Barmen, Herrnhut, A.B.C.F.M.) an, darunter einige der EMMS selbst; vgl. auch J.Lowe, Medical Missions, S.227f. - Nach dem II.Weltkrieg kam dieser Arbeitszweig zum Erliegen. Heutzutage gibt es

in den unter britischer Oberhoheit stehenden Missionsgebieten in Übersee erforderlichen, an dem College of Surgeons oder der Universität zu erwerbenden englischen Approbation, eine missionsärztliche Zusatzausbildung medizinisch-evangelistischer Prägung erhalten, zu der die aktive Mitwirkung an den Gottesdiensten, Bibelstunden und Mäßigkeitsversammlungen, in der Kinder- und Jugendarbeit genauso selbstverständlich gehörten wie die täglichen Konsultationen und Hausbesuche in den Armenvierteln der Stadt.[54] Das so die Ausbildung in den Edinburger Einrichtungen prägende ›Home Medical Missions‹ Konzept, das seine Herkunft aus dem Revival nicht verleugnen kann, führte darüberhinaus zu einer erneuten Begriffs- und Bedeutungserweiterung.[55]

»We are very apt, in thinking and speaking of the Medical Mission cause, to lose sight of the great principle which underlies the whole conception, and therefore embraces *home* work as thoroughly as it does *foreign*.«[56]

Der Terminus ›ärztliche Mission‹ wurde mit dem der ›Caritas‹ bzw. ›Diakonie‹ fast synonym, und die ›Home Medical Missions‹ nahmen Aufgaben wahr, denen sich in Deutschland bekanntlich die ›Innere Mission‹ widmete.[57]

      das von der Gesellschaft verantwortete ›Third World Medical Attachment Centre‹, eine Vermittlungsstelle für Famulaturen in Übersee; vgl. The Healing Hand, Autumn 1988, S.9 u. S.14ff; J.Wilkinson, wie oben, S.69.

54. Eine lebendige Schilderung gibt L.Taylor in: A Century of Service, S.20ff; eine solche aus deutscher Feder H.Winkler, Ärztliche Mission in England und Deutschland - Erlebnisse und Reflexionen, in AMZ, 27.Bd., 1900, S.294-304; vgl. jetzt auch J.Wilkinson, The Coogate Doctors, S.34ff.

55. Vgl. J.Lowe, Medical Missions, S.233ff, bes. S.247ff. »The typical Home Medical Missionary is the man or woman who makes the healing of the sick and the preaching of the Gospel his or her work.« (The Home Medical Missionary List, in: Medical Missions at Home and Abroad, NS, Vol.IX, 1901-1903, S.244) - Es muß allerdings darauf hingewiesen werden, daß es seit dem Ende des 18. Jahrhunderts in England eine sogenannte ›dispensary movement‹ gab, geboren aus dem philanthropischen Engagement von Ärzten, denen es um eine Verbesserung der Volksgesundheit, besonders unter den Armen, ging; vgl. R.Patrick, Living in the light - dispensaries, philanthropy and medical reform in late-eighteenth-century London, in: The medical enlightenment of the eighteenth century, A.Cunningham / R.French (Ed.), Cambridge 1990, S.254-280, bes. S.255 A 2.

56. Medical Missions, in: Christian Work, London 1868, S.267ff, Zitat S.267; Hervorhebungen im Original. Dieser Text ist eine Veröffentlichung der Gesellschaft aus Edinburgh.

57. Eine der bekanntesten, heute wieder existenten Home Medical Missions, das Mildmay Mission Hospital in London, Hackney Road, verdankt seine Entstehung der Edinburgh Medical Missionary Society in besonderer Weise; denn der ehemalige Superintendent der E.M.M.S. ›Training Institution‹, Dr. Burns Thomson, der seine

Julius Richter, der am Ende des Jahrhunderts Gelegenheit hatte, die Edinburgh Medical Missionary Society und ihre Ausbildungsstätten persönlich kennenzulernen, schrieb darüber:
»An jedem Tage vor dem Beginn der Konsultationen hat in dem Wartesaale einer der Studenten eine Andacht für die harrenden Patienten zu halten. Am Sonntag werden die Kinder und die Erwachsenen abwechselnd zu Kindergottesdiensten und Bibelstunden in der altehrwürdigen, mit dem Institut verbundenen Kapelle versammelt. Es ist ja so gut begreiflich, daß sich ein ganzer Stamm von Armen und Kindern nach dem Hause hingezogen fühlt, wo ihnen so viele barmherzige Liebe zu teil wird. Und für die jungen Mediziner ist es recht heilsam, daß sie dadurch von jungauf Übung bekommen, aus Gottes Wort zu reden und seelsorgerlich mit Leuten aus allerlei Volk umzugehen, - und kommen aus jugendlicher Unerfahrenheit Mißgriffe vor, so ist der milde, im praktischen Missionsdienste erfahrene Leiter des Instituts ... stets zur Hand, um ihnen wieder zurecht zu helfen. Ich war während meines Aufenthaltes in Edinburgh wiederholt sowohl in dem Studentenkonvikt am George Square wie in dem Livingstone Memorial in der Cowgate Straße; es hat mir wohl dort gefallen, es wehte in den fröhlichen Gesprächen der Studenten und den kurzen, kernigen Andachten und Betstunden ein gesunder, frischer Ton ...«[58]

Aber nicht überall fand solche Verbindung von ärztlichem mit evangelistischem Tun, durch die der Arbeitsstil ganzer Generationen von Missionsärzten und -ärztinnen geformt wurde, Zustimmung. Sie bot auch Anlaß zur Kritik, die im deutschsprachigen Bereich z.B. von Friedrich v.Bodelschwingh[59] und G.Olpp[60], im

letzten Lebensjahre in London in Mildmay verbrachte, wurde vorher konsultiert. Außerdem wurde einer der ehemaligen E.M.M.S. Studenten, der in der Cowgate Dispensary gearbeitet hatte und nachher Missionsarzt in China war, Dr.W.Gauld, 1880 der erste Medical Superintendent; vgl. P.Thompson, No Bronze Statue - S.22ff; W.B.Thomson, Reminiscences, S.229ff. Aus der Missionsarbeit unter den Juden in London erwuchs dann ein auch missionsärztliches Engagement im Vorderen Orient, besonders in Verbindung zu Jaffa; vgl. Mildmay Institutions and Missions, in: Dwight / Tupper / Bliss (Ed.), The Encyclopedia of Missions, 2nd, New York / London 1904, S.475f. - Es ist sicherlich nicht zufällig, daß sich auch die Initiatoren des Tübinger ›medicinischen Missions-Instituts‹ von 1841 nach 1848 mit aller Kraft solchen Aufgaben im eigenen Lande zuwandten, vgl. C.Grundmann, Die erste Einrichtung, S.83f. - Zum allgemeinen Zusammenhang von ärztlicher Mission und Innerer Mission: Kupfernagel, Innere Mission und ärztliche Mission, achtseitiger Separatdruck aus: Die Innere Mission im evangelischen Deutschland, Hamburg 1908; W.Walther, Ärztliche Mission in Deutschland?, in: Nachrichten aus der Ärztlichen Mission, 34.Jg. Nr.4, Nov.1983, S.2f.

58. Aus dem kirchlichen und Missionsleben Englands und Schottlands, Berlin 1898, S.81f.
59. Im Vorwort zu H.Feldmann, Die Ärztliche Mission, S.5
60. In: Die ärztliche Mission und ihr größtes Arbeitsfeld, S.54ff.

englischsprachigen besonders von W.Lockhart[61] artikuliert wurde, denen ja T.R.Colledges prinzipielle Bedenken gegen die Personalunion von Arzt und Missionar schon 1835 vorangegangen waren (s.o.S.159).
Besteht die Hauptaufgabe der Edinburgh Medical Missionary Society heutzutage darin, ihr 125 Betten-Hospital in Nazareth, Palästina, finanziell wie personell zu unterhalten[62], so ist sie es doch gewesen, die bis zum II.Weltkrieg das Bild der ärztlichen Mission im In- und Auslande in vielerlei Hinsicht entscheidend bestimmt und deutliche Akzente gesetzt hat.

4. Die Ladies' Medical Missionary Society in Philadelphia

P.Parker, der anläßlich seiner ersten Heimreise (1841/42) auch für längere Zeit Philadelphia besuchte, wußte schon 1843 der Medical Missionary Society in Canton von einem starken Interesse der ›Ladies' Chinese Association of Philadelphia‹ an missionsärztlicher Arbeit im Fernen Osten zu berichten.[63] Doch als es im November 1851 an dem gleichen Ort zur Gründung der *Ladies' Medical Missionary Society*, einer für gewöhnlich übersehenen Initiative,[64] kam, beruhte

61. Der ärztliche Missionär, Vorrede S.IVf.
62. Dieses Hospital, das als Institution seit 1861 von der Gesellschaft übernommmen worden war, wurde mehrfach verlegt. An der heutigen Stelle steht ›The Hospital on the Hill‹, wie es im Freundeskreis genannt wird, seit 1913. Seit 1881 gehörte noch ein Hospital in Damaskus der E.M.M.S., das aber 1957 wieder aufgegeben werden mußte; vgl. J.Wilkinson, The Coogate Doctors, S.55ff; L.Taylor, A Century of Service, S.10ff; zu Nazareth vgl. auch J.Lowe, Medical Missions, S.75ff. Diese Krankenhäuser dokumentieren auch, wie stark das Engagement in Syrien war; denn entsprechende Gründungen in China fehlen. - Die aktuellen Jahresberichte der Gesellschaft sind in der Regel die Rechenschaftsberichte über die Tätigkeit im Nazareth Hospital. Daneben gibt es das bereits erwähnte ›Third World Medical Attachment Centre‹ (s.o. A 53) und eine Medikamentenaktion, ›Medicines for Overseas‹ genannt. Bis Juni 1989 unterhielt die Gesellschaft noch ein kleines Studentenheim, das Malcom Kerr House; vgl. The Healing Hand, Summer 1990, S.6f.
63. Vgl. The Chinese Repository, Canton 1843, S.198f.
64. In den bekannten Kompendien zur Geschichte der ärztlichen Mission sowie in den Fachzeitschriften sucht man vergebens nach Hinweisen. Nur in sehr spezieller Literatur lassen sich einige wenige Angaben finden, so in J.T.Gracey, Medical Work of the Woman's Foreign Missionary Society - Methodist Episcopal Church (With Supplement), Boston 1888, S.29f; F.J.Baker, The Story of the Woman's Foreign Missionary Society of the Methodist Episcopal Church 1869-1895, New York/Cincinnati 1896, S.118; H.B.Montgomery, Western Women in Eastern Lands - An Outline Study of Fifty Years of Woman's Work in Foreign Missions, New York 1910, S.125f, und B.J.Allen, A Crusade of Compassion for the Healing of the

dies weniger auf seinem Einfluß, sondern war Ergebnis der selbständigen Bemühungen der Schriftstellerin und Missionsfreundin Sarah J.Hale (1788-1879).[65] Mrs.Hale, die Chefredakteurin des damals populärsten amerikanischen Frauenjournals ›Godey's Lady's Book‹[66], hatte bei gleichzeitiger Abneigung gegenüber allem zeitgenössischen, politisch aktiven Feminismus (Suffrage / Wahlrecht!) aufgrund ihrer eigenen Biographie ein großes Interesse an den Lebenswegen einzelner Frauen, besonders an deren intellektueller Bildung.[67] In dem (frauen-) ärztlichen Beruf erkannte sie eine spezifische Aufgabe von Frauen für Frauen, dessen Krönung die Tätigkeit als »medical missionary« sei; denn »meekness«, Sanftmut, als »a woman's highest ornament« leuchte am schönsten in den »acts of kindness to the sick poor« auf.[68]

Kein Wunder also, daß sie besonders aufmerksam den Weg der ersten, 1849 in Nordamerika promovierten Ärztin, Elizabeth Blackwell (1821-1910), sowie die Entwicklung der entstehenden Women Medical Colleges in Philadelphia (1850), Boston (1850) und New York (1863)[69] verfolgte und darüber laufend im ›Lady's

Nations - A Study of Medical Missions for Women and Children, West Medford 1919, S.38.

65. Vgl. Paul S.Boyer, Hale, Sarah Josepha Buell (Oct. 24,1788 - Apr.30,1879), in: Notable American Women 1607-1950, Vol.II, (E.T.James, Ed.), Cambridge, MA, 1971, S.110-114; Personalartikel Hale, Sarah Josepha (Buell), in: The National Cyclopaedia of American Biography, Vol.XXII, Ann Arbor 1967, S.39f. - Mrs. Hale schrieb und edierte neben ihrer journalistischen Arbeit an die fünfzig Bücher.

66. Es war eine aufwendig hergestellte Monatszeitschrift von je ca.100 Seiten Umfang mit zum Teil colorierten Illustrationen. Um 1860 erreichte das 1830 begonnene ›Book‹, von dem bis zur Mitarbeit von Sara Hale (ab 1836) 10.000 Exemplare gedruckt wurden, eine Auflage von 150.000. Inhaltlich war das Magazin bewußt unpolitisch gehalten - z.B. auch hinsichtlich der Sklavenfrage und des Civil War - und konzentrierte sich auf weibliche Erziehung, Literatur, Mode, Haushalt. 1892 stellte es sein Erscheinen ein; vgl. P.S.Boyer, Hale, S.113.

67. Als beeindruckendes Dokument für dieses Interesse an individuellen Schicksalen sei auf ihr 1853 erschienenes Buch ›Woman's Record, or Sketches of distinguished Women from the Creation to the Present Day‹ hingewiesen, eine biographische Enzyklopädie mit annähernd 2500 Einträgen.

68. P.S.Boyer, Hale, S.111 u. 113 unter Bezugnahme auf verschiedene ›Editorials‹ in Godey's Lady's Book.

69. Elizabeth Blackwell war eigentlich Engländerin, die an verschiedenen medizinischen Fakultäten sich zu promovieren versucht hatte, doch nur in Geneva College Medical School in Geneva, N.Y., eine Zulassung erhielt. Danach ging sie nach Frankreich an die Maternité in Paris, wo ihr ihre Promotion aber nicht anerkannt wurde. Zurück in New York gründete sie mit ihrer Schwester Emily 1857 die ›New Yorker Infirmary for Indigent Women and Children‹, dem 1868 ein ›Women's Medical College‹ angegliedert wurde. 1869 war sie wieder in London, wo sie, die erste offiziell approbierte Ärztin im British Medical Register, von 1875-1907 den Lehrstuhl für

Book‹ berichtete. In diesem Zusammenhang setzte sie sich nicht nur als Wortführerin mit ›An Appeal to American Christians on behalf of the Ladies' Medical Missionary Society‹ in ihrem Magazin ein, sondern sie förderte und unterstützte auch persönlich das Werk als dessen Geschäftsführerin (Secretary). Die Präambel dieser Gesellschaft lautete:

»Believing that God, in committing the care of the young especially to woman, imposes on her the duty of preparing herself, in the best possible manner, for her important vocations, among which are the care of her own health, the physical wellbeing of her children, and tendance on the sick, suffering, and helpless; and finding, also, that the BIBLE recognizes and approves only woman in the sacred office of midwife, therefore we, who give our names to this benevolent association, agree to unite in the following purposes:

1st To co-operate with the efforts now being made in this city of Philadelphia, to qualify women to become physicians for their own sex and for children.

2nd To give kindly encouragement to those females who are engaged in medical studies.

3rd To give aid and sympathy to any among them who may desire to become missionaries, and go, in the spirit of love, to carry to the poor suffering women of heathendom, not only the blessings of the healing art, which Christian men can rarely, if ever, bear to females in those lands, but also the higher and holier knowledge of the true God, and of salvation through his Son, Jesus Christ.«[70]

Frauenemanzipation und Missionseifer verbanden sich in diesem Laienkreis, der die potentielle Bedeutung von Missionsärztinnen für die Missionsarbeit bereits um die Mitte des Jahrhunderts deutlich erkannt hatte, zu einem höchst avantgardistischen Unternehmen, lange bevor andernorts überhaupt an einen besonderen missionsärztlichen Dienst für Frauen gedacht wurde (s.u. S.239ff.). Einerseits galt es, Medizinstudentinnen für die gerade im Entstehen begriffenen medizinischen Hochschulen für Frauen zu gewinnen[71], andererseits wollte man einige von

---

Gynäkologie an der London School for Women innehatte. Über die prinzipielle Bedeutung ihres Weges schrieb Elizabeth Blackwell ihr ›Pioneer Work in Opening the Medical Profession to Women‹, London 1895. - Zu den medizingeschichtlichen Fragen hinsichtlich des medizinischen Studiums von Frauen vgl. E.Pohl Lovejoy, Women Doctors of the World, New York 1957, passim; W.Schönfeld, Frauen in der abendländischen Heilkunde, Stuttgart 1947, bes. S.135ff (Lit.); J.Geyer-Kordesch, Die Anfänge des medizinischen Frauenstudiums in England und Nordamerika, in: Naturwissenschaften und Medizin im ausgehenden 19. Jahrhundert, Hallesches Symposium 1980 (1), hrsg. von W.Kaiser u. H.Hübner, Halle 1980, S.53-60.

70 Godey's Lady's Book, Vol.44, Philadelphia 1852, S.185-188; Zitat: S.185, Hervorhebungen im Original.

71. »Let Philadelphia lead the way in promoting the education of Female Medical Practitioners and Missionaries, and the centre of the movement will continue here.«; S.Hale, An Appeal, S.188. - Zur Zeit des Aufrufes bestand bereits das 1849 gegründete ›Female Medical College of Pennsylvania‹ in Philadelphia, während das ›New

ihnen mittels Vergabe von Stipendien für eine missionsärztliche Laufbahn in Übersee motivieren bzw. Missionarsfrauen eine medizinische Ausbildung ermöglichen, damit diese in der Geburtshilfe sowie in der Behandlung von Kinderkrankheiten in Übersee kundige Hilfe leisten könnten. Der Aufruf erging nämlich
»mainly in aid of preparing the wives of missionaries to act as physicians for the women and children among whom their station, either Domestic or Foreign, may be found. And, more important still, we wish to aid in educating pious unmarried ladies who may be willing to go out as Medical Missionaries.«[72]
Diese sollten auf Kosten der Ladies' Society an den Female Medical Colleges in Philadelphia und Boston ihre Ausbildung erhalten, um dann später als Missionsärztinnen in »India, China, Turkey, and all over the heathen world« zu arbeiten.[73] Soweit die gegenwärtige Quellenlage erkennen läßt, wurden zwar zwei Studentinnen gefördert, diese aber wegen fehlender weiterer Unterstützung seitens der sendenden Missionsgesellschaften nicht ausgesandt;[74] und das trotz ermutigender Stimmen[75] und trotz internationalem Echo.[76]
»The editor of *Godey's Lady's Book* was the prophet who saw from afar this marvellous movement in the coming kingdom, to which the men and women of her generation were utterly blinded by prejudice and indifference. ... Mrs. Hale, after repeated efforts to storm the fort of public prejudice, was forced to postpone the desire of her heart to a better day. For twenty years she waited to see the church begin tardily and timidly the task that should have been begun in 1851.«[77]

    England Female Medical College‹ in Boston sich im Aufbau befand und in der Harvard Medical School man sich dazu entschlossen hatte, die Zulassung von Frauen zum Medizinstudium ab 1850/51 zu genehmigen; ebd. S.185f; Editor's Table, in: Godey's Lady's Book, Vol.69, 1864, S.85f.
72. S.Hale, An Appeal, S.187
73. S.Hale, An Appeal, S.187. - Ebd. ist S. 188 zu erfahren: »Our Society will be able to pay the tuition fees of that course [sc. in Philadelphia oder Boston] for *four female students* - one from each denomination, Episcopal, Presbyterian, Baptist, and Methodist - should suitable ladies be commended by the Missionary Boards.« (Hervorhebung im Original).
74. Vgl. J.T.Gracey, Medical Work of the Woman's Foreign Missionary Society, S.30.
75. Vgl. z.B. Godey's Lady's Book, Vol.45, 1852 [sc. 2.Halbjahr], S. 94f, S.575 sowie die im Appeal S.188 wiedergegebenen Stimmen.
76. Der Aufruf wurde z.B. auch in ›Sharpe's London Journal of Entertainment and Instruction for General Reading‹, Vol. XV, London 1852, S.190-192, mit einem zustimmenden Kommentar abgedruckt.
77. H.B.Montgomery, Western Women in Eastern Lands, S.125f; Hervorhebung im Original. - Ähnlich schon J.T.Gracy in ›Medical Work of the Woman's Foreign Missionary Society‹, S.30: »Mrs Hale, in her plans, was in advance of the sentiments

Nachdem im Januar 1855 die letzte der sowieso nur spärlichen Notizen zur
›Ladies' Medical Missionary Society‹ im ›Book‹ auftaucht,[78] ab 1860/61 aber über
die zu jener Zeit neugegründete erste sendende Missionsgesellschaft für Frauen
(Zenanaarbeit) in Amerika, die ›Woman's Union Missionary Society‹, ausführlich berichtet wird,[79] ist wohl mit P.S.Boyer anzunehmen, daß die ›Ladies' Society‹ in die ›Woman's Union Missionary Society‹ aufgegangen sei.[80] Immerhin
wurde Sarah J.Hale zur Präsidentin für den Zweigverein dieser Gesellschaft in
Philadelphia gewählt, ein Amt, das sie für neun Jahre innehatte und in dem sie
weiblicher missionsärztlicher Arbeit jegliche Unterstützung angedeihen ließ.[81]

5. Andere missionsärztliche Gesellschaften

Nachdem die erste Welle der Begeisterung für medical missions abgeebbt war
und mit Ausnahme der Gesellschaft in der schottischen Metropole nichts
Dauerndes hinterlassen hatte, ist vor allem im letzten Viertel des Jahrhunderts
eine spürbare Wiederbelebung des Interesses an ärztlicher Mission festzustellen. Dieses stand in unmittelbarem Zusammenhang mit der zweiten Phase der
angelsächsisch-nordamerikanischen Erweckungsbewegung, die ihrerseits
durch das ihr eigene Wahrnehmen sozialpolitischer Verantwortung für die
sozial und religiös verelendeten Arbeitermassen in den Slums[82] als Antwort auf
die zweite Phase der industriellen Revolution (1870-1914)[83] verstanden wer-

of the times. It was a great disappointment to come to realize this, but she toiled on.«
- In dem Personalartikel in der ›National Cyclopaedia‹ heißt es (S.40) diesbezüglich:
»The Ladies' Medical Missionary Society was organized by her in Philadelphia in
1851, ›years before public opinion was ripe for it‹, she later admitted.«

78. Vol. 50, 1855, S.78: »Our ›Ladies' Medical Missionary Society‹ is in want of *funds*!
Who will aid us? Who will send a New Year's offering?«; Hervorhebung im
Original.
79. Vgl. Godey's Lady's Book, Vol.61, 1860, S.556 (Missionary Women - Helpers of
the Poor and Ignorant); Vol. 62, 1861, S.368f (Woman's Union Mission Bands, etc.).
80. P.S.Boyer, Hale, S.113. Ein eindeutiger Beleg zu dieser Aussage hat bislang nicht
aufgefunden werden können. - Zur Gesellschaft s. H.J.Tenny, Woman's Union
Missionary Society of America, in: The Encyclopedia of Modern Christian Missions, The Agencies, B.L.Goddard, Ed., Camden, NJ, 1967, S.693f. In diesem
Artikel wird als Gründungsjahr 1861 angegeben, während andere Quellen von 1860
sprechen.
81. So lief z.B. die Vermittlung der ersten Missionsärztin überhaupt, Dr.Clara Swain,
über Sarah J.Hale; vgl. H.B.Montgomery, Western Women, S.128f.
82. Vgl.G.M.Trevelyan, Kultur- und Sozialgeschichte Englands, Hamburg 1948, bes.
S.528ff.
83. Die als »revolution of coal and iron« etikettierte erste Phase der industriellen

den kann.⁸⁴ So enstanden in Europa und Amerika auch missionsärztliche Hilfsvereine und Förderkreise verschiedenster Art, deren einige sich zugleich auch stark dem caritativen Dienst in ›Home Medical Missions‹ widmeten, während andere sich der Zurüstung des missionsärztlichen Personals annahmen; andere wiederum fanden in der finanziellen Unterstützung einzelner Missionsärzte oder -projekte ihre Aufgabe, und wieder andere versuchten, das ganze Spektrum ärztlicher Mission abzudecken. Dabei erfuhr der Begriff ›medical mission(s)‹ vielfach neue Akzentuierungen, die entscheidend mit dazu beitrugen, das Bild der ärztlichen Mission diffus werden zu lassen. Weil die ersten Gesellschaften dieser zweiten Welle missionsärztlichen Engagements in England, besonders in London, auftauchten, soll nun der Gang der verwirrend vielgestaltigen Entwicklung zunächst in Europa und dann in Nordamerika nachzuzeichnen versucht werden.⁸⁵

a) Missionsärztliche Gesellschaften und Vereine in Europa

Die erste dieser Neugründungen, zugleich deren bedeutendste, ist die heute noch in London bestehende *Medical Missionary Association*.⁸⁶ Die sieben Grün-

   Revolution begann in Großbritannien bereits in der zweiten Hälfte des 18. Jhdt.s und zog sich, auf dem Kontinent zeitlich etwas verschoben, unter Führung der englischen Industrien bis ca. 1860 hin. Mit der Gründung des Deutschen Reiches von 1871 begann unter der Führung deutscher Wirtschafts- und Industrieunternehmen die zweite Phase, die der »revolution in steel and electricity«; vgl. ›The Industrial Revolution in Europe 1870 to 1914‹, in: G.Barraclough, Ed., The Times Atlas of World History, London 1979³, S.212f (Zitate S.212) sowie S.200f und 210f.
84. »The British historian, E.J.Hobsbawm, points out that during the rise of industrialism most religious forces were quiescent or failing. But Anglo-American evangelicalism moved with imperial self-confidence into all the world. Both the missionary movement and the later commercial and military empires were connected with this force. In the late nineteenth century domestic evangelism in England and America was to meet new problems and possibilities with the growth of cities. Dwight L.Moody more than any other man drew attention in America for his leadership in the time of urban transition.« (M.E.Marty, Vorwort zu J.F.Findlay, Jr., Dwight L.Moody - American Evangelist 1837-1899, Chicago/London 1969, S.3); vgl. auch E.Beyreuther, Die Erweckungsbewegung, S.12f; M.Warren, The Missionary Movement From Britain In Modern History, London 1965, S.56ff.
85. Die nun folgende Darstellung der Geschichte und Aktivitäten vieler dieser Gesellschaften leidet, wie unschwer zu erkennen sein wird, an der z.Zt. noch oft sehr dürftigen Quellenlage, gelang es doch nur in einigen Fällen, das relevante Material aufzuspüren. Auch hier stehen noch etliche Einzelstudien aus.
86. Eine umfassende, kritische Geschichte dieser interessanten Gesellschaft fehlt bis heute. Historische Skizzen finden sich im Jahresbericht von 1938 (J.P.Maxwell,

dungsmitglieder dieses Vereins, die sich am 2.März 1878 in der ›London Medical Mission‹, einer aus einer Erweckung unter den Medizinern der Hauptstadt hervorgegangenen, von der ›Medical Prayer Union‹[87] getragenen Home Medical Mission zusammenfanden, waren sich ihrer historischen wie geistlichen Verwurzelung durchaus bewußt. Nachdem sie die Frage geklärt und positiv beantwortet hatten, ob es überhaupt ratsam sei, »setting on foot a Medical Missionary Association for England, similar to that which has existed in Edinburgh for about forty years«, wählten sie den Veteranen der englischen medical missionaries W.Lockhart (1811-1896) zum Präsidenten der Vereinigung[88] und bestimmten als ihr besonderes Anliegen:

»The promotion of real godliness amongst medical men and medical students, on the basis of Holy Scripture, by such means as may from time to time seem advisable, and to help forward such Christian work, both at home and abroad, as may properly lie within the sphere of medical agencies. In particular:
(a) To support the Medical Prayer Union which now exists in connection with the various London Hospitals.
(b) To encourage and assist suitable Christian men, who desire to give themselves up to medical missionary work.
(c) To establish medical missions in connection with the Association.

    After sixty Years - A Retrospect, S.1-5), in ›Saving Health‹ von 1978 (Vol.17 No.1, March, S.2-5: Seven Men with a Vision; No.2, June, S.2-5: MMA Students' Hostel 1885-1939; No.3, Sept., S.11-14: MMA on the Move - After World War II; No.4, Dec., A Century of MMA Outreach through Publications, S.4-7, sämtlich verfaßt von dem früheren General Secreatry des Vereins, H.H.W.Bennett). Im Jubiläumsjahr erschien auch Ph.Thompson, Sent To Heal - The Story of the first hundred years of The Medical Missionary Association of London, London 1978, das allerdings kritischen Maßstäben nicht genügt. Daneben findet sich selbstverständlich viel Material in dem Nachrichtenblatt.

87. Einer der Gründer der Gesellschaft, Dr.George Saunders, hatte selbst die Medical Prayer Union in London gegründet und war für die London Medical Mission verantwortlich (Lebensbild in: Medical Missions at Home and Abroad, Vol.XIV, April 1913, S.272-276). Vgl. auch ›The Medical Prayer Union of England‹, in: The Medical Missionary Record, Vol.I, New York 1886, S.35f; Th.Christlieb, Ärztliche Missionen, S.20f. Aus dieser Verbindung erklären sich die häufigen Nachrichten über die Prayer Union im Organ der Gesellschaft. - Einer der Gründungsväter, der Bankier James Mathison, war für die Finanzen anläßlich von D.L.Moodys erster Evangelisationsreise durch Großbritannien (1873-1875), besonders für die Veranstaltungen in London, zuständig; vgl. J.F.Findlay, Jr., Dwight L.Moody, S.171.
88. Über W.Lockhart, dessen Buch ›The Medical Missionary in China‹ bereits 1861 in London erschienen war (deutsch: Der ärztliche Missionär in China, Würzburg 1883), vgl. das Lebensbild mit Portrait in: The Medical Missionary Record, Vol.VI., New York 1891, S.198-200.

(d) To publish a magazine, and in this and other ways to collect and diffuse information respecting home and foreign medical missions and all kindred works.«[89]

Ein ›Editorial Secretary‹ wurde bestimmt und mit der Redaktion der von Anfang an weitverbreiteten, einflußreichen Zeitschrift des Vereins: ›Medical Missions At Home And Abroad‹ betraut (s.o.S. 71), der wichtigsten Aktivität der Medical Missionary Association in den frühen Jahren.[90] Mit Berufung eines hauptamtlichen Generalsekretärs 1885[91] wurde zugleich die Errichtung eines Students' Home unter dessen Aufsicht beschlossen, um damit, ähnlich wie in Edinburgh, den missionsärztlichen Kandidaten der verschiedenen Missionsgesellschaften während ihrer medizinischen Studien in London eine vom erwecklich-missionarischen Geist geprägte Unterkunft anbieten zu können; ein Wohnheim für Studentinnen, nach dem I.Weltkrieg eingerichtet, bestand nur für kurze Zeit.[92] Auch mit der Angliederung einer Home Medical Mission in Islington, 1890, folgte man dem Modell aus Edinburgh, allerdings mit einer charakteristischen Akzentverschiebung: während die evangelistische Tätigkeit der Studenten in jener Einrichtung belegt ist, schweigen die Quellen über deren dortigen medizinischen Einsatz.[93] Darin spiegelt sich nicht zuletzt auch die mit dieser Gründung einhergehende Begriffserweiterung; denn ›medical mission‹ bzw. ›ärztliche Mission‹ wird jetzt auch als erwecklich-missionarische Arbeit von und unter Medizinern verstanden und betrieben, weshalb der Verein neben den regelmäßigen Jahresversammlungen und den mittlerweile fest etablierten Aktivitäten von materieller und perso-

---

89. Protokoll vom 2.3.1878, zitiert von J.P.Maxwell, After Sixty Years - A Retrospect, in: The Medical Missionary Association, Statement of Accounts and Annual Report for the Diamond Jubilee Year 1938, S.1f; vgl. auch H.H.W.Bennett, Seven Men with a Vision, in: Saving Health, Vol. 17 No.1, March 1978, S.2ff. - Das Protokollbuch liegt im nicht geordneten Archiv der Gesellschaft, das sich z.Zt. in London, 244 Camden Rd., befindet.
90. Vgl. H.H.W.Bennett, Seven Men with a Vison, in: Saving Health, Vol.17 No.1, March 1978, S.5.
91. Der 1885 krankheitshalber aus Formosa zurückgekehrte Dr.James L.Maxwell, der bereits vor seiner Ausreise 1883 darum ersucht worden war und von einigen als der eigentliche Begründer der Medical Missionary Association (MMA) angesehen wird, wurde der erste Generalsekretär der MMA; vgl. H.H.W.Bennett, Seven Men with a Vision, S.4f.
92. H.H.W.Bennett, MMA Students' Hostel, in: Saving Health, Vol.17 No.2, June 1978, S.2ff. - Heute unterhält der Verein an seinem Sitz in der Camden Road immer noch ein kleines, allerdings wenig frequentiertes Studentenheim; vor dem II.Weltkrieg lautete die sich in vielen Veröffentlichungen findende Anschrift ›49, Highbury Park‹, danach zog man nach einer fünfjährigen Residenz außerhalb Londons (Chislehurst) nach 31 & 32 Bedford Place um.
93. H.H.W.Bennett, ebd., S.2f.

neller Förderung[94] folgerichtig auch besondere evangelistische Veranstaltungen für Medizinstudenten organisierte.[95]

1885 gliederte sich die schon seit 1875 bestehende *Children's Medical Missionary Society* dem Londoner Verein an[96], deren Gründerin, Frau Annie R.Butler (1841-1911)[97], bereits 1881 ersucht worden war, das Generalsekretariat der Medical Missionary Association zu übernehmen.[98] Persönliche Verbindungen zur Medical Prayer Union, bes. zu Dr.G.Saunders und der London Medical Mission, deren langjährige Sekretärin sie war[99], sowie ihre Beziehungen zur Religious Tract Society hatten sie dazu geführt, kleine Geschichten über das Elend von Slumkindern für andere Kinder zu schreiben und als Broschüre unter dem Titel ›Little Sufferers and Little Workers; or: Stories about Medical Missions‹ (1877) zu veröffentlichen[100], um auf diese Art und Weise Kinder an den missionsärztlichen Aufgaben zu interessieren. Durch emsige Reise- und Schreibtätigkeit baute sie die Arbeit landesweit systematisch aus – 1879 kam es auch zur Gründung einer ›Children's Auxiliary to the Edinburgh Medical Missionary Society‹[101] – und fe-

---

94. Kleinere Summen von 5 £ und 10 £ wurden an Projekte in Indien, Pakistan und Palästina überwiesen. Seit 1881 war z.B. eine Kooperation zur Errichtung einer Medical Mission in Gaza mit der CMS vorhanden, die bis 1886, als das Projekt aufgegeben wurde, bestand; vgl. H.H.W.Bennett, Seven Men with a Vision, S.3; J.P.Maxwell, After Sixty Years, S.3.
95. 1884 z.B. war Hudson Taylor als Redner für eine solche Veranstaltung gewonnen worden; vgl. H.H.W.Bennett, Seven Men with a Vision, in: Saving Health, Vol.17 No. 1, March 1978, S.3. - Zu solchen Sonderveranstaltungen gesellten sich die von der Medical Prayer Union übernommene ›Conversazione‹.
96. Vgl. The Children's Medical Missionary Society, Editorial in: Medical Missions at Home and Abroad, NS Vol.XIII, 1909-1911, May 1910, S.115f.
97. Vgl. S.E.Saunders, Annie Robina Butler - A short sketch of her life, in: Medical Missions at Home and Abroad, NS Vol.XIII No.20, June 1911, S.308-316. - Frau Annie R.Butler war die Schwester der ersten britischen Missionsärztin, Mrs. Fanny Butler, die in Indien arbeitete; s.u. S. 239f.
98. Damals lehnte sie ab, wurde aber 1892 das erste weibliche Vorstandsmitglied , vgl. H.H.W.Bennett, Seven Men with a Vision, S.4.
99. Vgl. S.E.Saunders, Annie R.Butler: An Appreciation, in: Medical Missions at Home and Abroad, NS Vol.XIII No.18, April 1911, S.285; A.R.Butler, The London Medical Mission. What is it doing?, London 1877.
100. Dieses fand nicht nur in England, sondern auch in den USA eine breite Leserschaft. Dazu, wie auch zu den anderen ihrer vielen Titel: S.E.Saunders, Annie Robina Butler, S.314f und ›The Children's Medical Missionary Society, S.115. (Die Verfasserin gibt allerdings Titel und Erscheinungsjahr falsch an; zur Korrektur vgl. British Museum General Catalogue of Printed Books, Photographic Edition to 1953, Vol. 30, London 1965, S.1101f.)
101. Vgl. E.M.M.S.Quarterly Paper, Vol.III, 1879-1883, S.95. - Zur Zeit ihrer größten

stigte diese durch die ständige Kolumne ›The Children's Corner‹ in ›Medical Missions at Home and Abroad‹. Waches, oft ein Leben lang anhaltendes Interesse am Gegenstand sowie Geld- und Sachspenden für ärztliche Mission(en) waren Früchte dieser Bemühungen.[102]

Als im April 1880 der Name der seit 1852 bestehenden ›Zenana Bible Mission or: The Indian Female Normal School and Instruction Society‹ in *Zenana, Bible, and Medical Mission* abgeändert wurde, war damit keine neue missionsärztliche Gesellschaft ins Leben getreten, sondern versucht worden, der veränderten Rechtslage, die durch die aus konfessionalistischen Gründen erfolgte Abspaltung eines Teils der bisherigen Freundeskreise, die ausschließlich mit der Church Missionary Society zusammenarbeiten wollten, entstanden war, Rechnung zu tragen.[103] Zugleich wurde mit der Umbenennung auch die Notwendigkeit und Möglichkeit qualifizierter medizinischer Arbeit im evangelistisch-missionarischen Dienst in den Zenanas, den indischen Frauengemächern, programmatisch anerkannt.[104] Diese Mission, die damals neben der China Inland Mission zur

> Ausbreitung gehörten nicht weniger als achtzig Zweigvereine zur Children's Medical Missionary Society; 1910 waren es noch 18! Aufschlußreich ist der Hinweis:»In America the children's interest in medical missionary work began in 1879, and many are the testimonies that the movement in the States originated from the circulation of the C.M.M.S. books and papers. Now the U.S.A. are distinctly ahead of us in the ample and fascinating provision which their children's papers make in the interest of missions.« (vgl. Medical Missions at Home and Abroad, NS Vol. XIII, 1909-1911, S.116).

102. Dem Londoner Verein stellte die Gesellschaft der Kinder bis 1910 fast 6.000 £ zur Vefügung, und für die bedürftigen Menschen in den Home Medical Missions in Großbritannien wurden mehr als 3.700 Pakete mit Kleidern, Bilderbüchern und Spielsachen gepackt und versandt; außerdem wurde in der Islington Medical Mission eine Kleiderkammer unterhalten; vgl. Medical Missions at Home and Abroad, NS Vol. XIII, 1909-1911, S.116. - Da aus den historischen Skizzen der terminus ad quem nicht hervorgeht, muß hier das entsprechende Archivmaterial sorgfältig durchgegangen werden. Es wäre denkbar, daß sie sich in die seit 1879 bestehende ›Children's Scripture Union‹ integriert hat; vgl. C.K.Becroft, Art.: Scripture Union, in: The Encyclopedia of Modern Missions, The Agencies, B.L.Goddard (Ed.), Camden, NJ, 1967, S.580f.

103. Vgl. dazu: The Twenty-Ninth Annual Report of the Indian Female Normal School and Instruction Society ... for 1880, S.9f; I.F.Gilmore, The Zenana, Bible, and Medical Mission - A short history of this Society, formerly known as The Indian Female Normal School and Instruction Society, in: The Zenana, or, Woman's Work in India, the monthly Magazine of The Zenana, Bible, and Madical Mission, Vol.I, London o.J. (1893/94?), S.10f.

104. Die Gründung geht zurück auf die Eröffnung der ›Calcutta Normal School‹ am 1.3.1852 durch Mary Kinnaird. Zur Unterstützung der Mädchenschularbeit organi-

bedeutendsten interdenominationellen Gesellschaft Großbritanniens gehörte[105], unterhielt Hospitäler für Frauen in Benares, Lucknow, Patna und Nasik und hatte als sendende Gesellschaft für die Verbreitung missionsärztlicher Anliegen insofern Bedeutung, als sie ihr eigenes Netzwerk von Hilfsvereinen in Schottland, Irland, Australien, Kanada und Neuseeland[106] mit entsprechender Kleinliteratur versorgte.[107] Während die ›Zenana, Bible, and Medical Mission‹ ausschließlich voll qualifizierten Ärztinnen die medizinische Arbeit übertrug, setzte die ›Church of England Zenana Missionary Society‹[108] durchaus auch halbqualifizierte Kräfte in solchem Dienst ein. Viele von ihnen waren in dem etwa zur gleichen Zeit - 1880 - von

    sierte sie die ›Indian Female Normal School and Instruction Society‹, deren »steering committee« in London den Namen ›Zenana Bible Mission‹ erhielt; vgl. G.Fleming (in cooperation with M.Littleton / A.Baird), ›... there shall be no end‹ - 1852-1977 Bible and Medical Missionary Fellowship, the record of 125 years missionary service in Asia, London 1977; unpaginiert, S.1 u. S.17f. Zur Entstehungsgeschichte dieser Gesellschaft: I.F.Gilmore, The Zenana, Bible, and Medical Mission - A short history of this Society, formerly known as The Indian Female Normal School And Instruction Society, in: The Zenana, or: Woman's Work in India, Vol.I (1893/94), S.10f. - In Antwort auf die gänzlich veränderten Umstände nach dem II.Weltkrieg erfolgten weitere Namensänderungen (1954 ›The Bible and Medical Missionary Fellowship‹; 1978 ›The Bible and Medical Fellowship International‹, später: ›Bible and Medical Missionary Fellowship Interserve‹; seit 1989: ›Interserve - International Service Fellowship‹), die heute aus der einstigen pädagogisch und medizinisch ganz auf Indien ausgerichteten Missionsgesellschaft eine evangelikal geprägte interdenominationelle Personalvermittlung für Asien und den Vorderen Orient haben werden lassen. Sitz des internationalen Büros ist in Nikosia, Zypern. In dem Fürbittkalender für 1988 z.B. werden über 260 Mitarbeiter aufgeführt, die sich aus Australien, Kanada, Holland, Hongkong, Malaysia, Neuseeland, Schottland, Singapore, Großbritannien, USA und der Schweiz rekrutieren.

105. Vgl. H.U.Weitbrecht, Art. ›Missions, (Christian, Protestant)‹ in: ERE, Vol.VIII, Edinburgh 1915, S.731.
106. Vgl. H.P.Beach / C.H.Fahs, World Missionary Atlas, London 1925, S.33f,39 u. 44.
107. Eine Sammlung dieser Klein- und Kleinstschriften in der Tradition der Traktatliteratur ist in der Pamphlet-Collection in der Day Library, Yale Divinity School, New Haven, zusammengetragen. Das offizielle Organ war zunächst (bis 1892) die Zeitschrift ›The Indian Female Evangelist‹, dann (bis 1935) ›The Zenana, or: Woman's Work in India‹, in denen auch immer wieder über medical missions berichtet wurde.
108. Bis 1957 war sie der CMS als Hilfsverein zugeordnet; vgl. H.U.Weitbrecht, Missions (Christians, Protestant), in: ERE Vol.VIII, Edinburgh 1915, S.727ff, bes. 731; R.A.Keen, Catalogue of the Papers of the Church of England Zenana Missionary Society 1872[!]-1968, S.5. - Das stark dezimierte Archivmaterial dieser Gesellschaft, die ebenfalls Ärztinnen und Schwestern aussandte (vgl. Medical Missions at Home and Abroad, NS Vol.VIII, 1899-1901, S.69ff; H.Barnes, Between Life and Death - The Story of C.E.Z.M.S. Medical Missions in India, China, and Ceylon, London 1901), liegt seit 1987 in der Universitätsbibliothek in Birmingham.

Dr.G.de Gorrequer Griffith etablierten *Zenana Medical College* in London ausgebildet worden[109], jener Einrichtung, die die fachkundige ärztliche Kompetenz der Absolventinnen »in ordinary cases of disease« nach einer nur zweijährigen, statt der üblichen fünfjährigen praktisch-medizinischen Ausbildung mit einem Diplom bestätigte und so den Anlaß zu der bereits oben erwähnten, im British Medical Journal ausgetragenen Kontroverse bot (s.o.S.90f). Die organisatorische Verbindung zur ›Zenana, Bible, and Medical Mission‹ bzw. zur ›Church of England Zenana Missionary Society‹ ist gegenwärtig wegen fehlender Quellenmaterialien ebensowenig deutlich wie die Geschichte dieser Ausbildungsstätte überhaupt.[110]

Bis vor kurzem galt das auch vom *Livingstone College*, dessen Unterlagen jetzt aber im Archiv der Medical Missionary Association, London, vom Verfasser haben aufgefunden werden können.[111] Die hohe Prävalenz von Tropenkrankhei-

109. Das Material zu dieser Einrichtung ist spärlich. Das Gründungsdatum ist J.S.Dennis, Centennial Survey of Foreign Missions, New York/Chicago/Toronto 1902, S.249, entnommen. Aus Interpolation verschiedener Informationen läßt sich z.Zt. folgendes sagen: zunächst als ›Zenana and Medical Mission School and Home‹ gegründet, wird es nach der Umbenennung in ›Zenana Medical College‹ immerhin noch 1928 von G.Olpp, Die internationale ärztliche Mission, in: Die deutsche evangelische aerztliche Mission, S.156f, erwähnt, allerdings ohne Quellenbelege. In den großen missionsstatistischen Werken nach Dennis (Beach u.a.) ist es nicht mehr aufgelistet. - Zum College vgl. The Medical Missionary Record, Vol.I, 1886, S.7, 72 u.108; Vol.V, 1890, S.147-149; Th.Christlieb, Ärztliche Missionen, S.24, und vor allem von Dr. G.de G.Griffth ›On the Zenana Medical Mission Hospital and Training School for Ladies‹ in: The Indian Female Evangelist, Vol.V, 1880, S.58-61, sowie dessen Stellungnahme zu den gegen diese Einrichtung erhobenen Vorwürfen in: The British Medical Journal, Nov.4, 1893, S.1026. - J.Lowe, Medical Missions, ignoriert die Existenz dieser Institution, die ihm aber zweifellos aufgrund der vorliegenden Texte, bes. dem von ihm selbst zitierten Aufsatz aus dem ›Quarterly Paper‹, Vol.III, 1879-1883, S.275ff, bekannt gewesen sein mußte.
110. Th.Christlieb, Ärztliche Missionen, weist darauf hin, daß für dieses College auch im Organ der Zenana, Bible, and Medical Missions ›The Indian Female Evangelist‹ geworben worden sei (S.24 A 2). Im 42. Jahresbericht dieser Gesellschaft (1893) aber heißt es (S.21):»Much has lately been written on the question of the qualifications essential for the Medical Missionary. Experience has strongly confirmed the wisdom of the course adopted from the first by our committee, when they resolved that no lady should be sent to India for Medical work until she was *fully qualified*.« (Hervorhebung im Original) - In Berichten über die Church of England Zenana Missionary Society ist zu lesen, daß einige ihrer Kandidatinnen, z.B. auch von Indien, einen »two years' medical course« gemacht haben; (z.B. Quarterly Paper, Edinburgh, Vol.XIX, 1936, S.28). Zweifelsohne steht dahinter auch das Problem der Zulassung von Frauen zum Medizinstudium in Großbritannien; vgl. The C.E.Z.M.S. Medical Missions, in: Quarterly Paper, Edinburgh, Vol.VIII, (1899-1901), S.69ff
111. Neben den vollständig vorhandenen Protokollbüchern liegen dort noch Akten ver-

ten unter den Missionaren in Westafrika, das Wissen um die neuen tropenmedizinischen Erfolge, insbesondere hinsichtlich der Behandlung der Malaria, und die bittere Erfahrung, schon bald nach der Ausreise den eigenen Dienst in Nigeria krankheitshalber aufgeben und nach England zurückkehren zu müssen, waren für den Missionsarzt Dr.C.F.Harford und seine Freunde der unmittelbare Anlaß zur Gründung dieses Colleges.[112] Die damit verfolgte Intention, auf die auch der gewählte Name programmatisch anspielen sollte, wurde im Jahresbericht von 1908 (S.88) noch einmal skizziert:

»The College was founded in October, 1893, in the first place, to give some training in Medical and Surgical subjects to Missionaries going abroad to lonely stations, particularly in unhealthy climates, where they would be thrown entirely upon their own resources. This was the principal aim, and it was only a secondary consideration that Missionaries so placed should be called upon to minister to the needs of the natives by whom they might be surrounded.«

Erst nachdem man sich als rechtliche Körperschaft, als ›Livingstone College (Incorporated 1900)‹, konstituiert und, nicht zuletzt unter der tatkräftigen Mitwirkung der Bankiersfamilie Barclay, in Knott's Green, Leyton, eine dauerhafte Bleibe gefunden hatte[113], wurde auch inhaltlich das Experimentierstadium überwunden und als Aufgabe für das College festgeschrieben:

    schiedenen Inhalts, Drucksachen (z.B. einige der Annual Reports), Abrechnungen sowie ein Photoalbum. Dieses Material wird ergänzt durch die im Libraries & Arts Department des Vestry House Museums in Walthamstow, London, befindlichen Stücke. - Noch 1988 hieß es: »The whereabouts of the Livingstone College archives is unknown.« (H.M.Sampath, Livingstone College And The Medical Education Of British Missionaries, Paper presented at the Annual Meeting of the Canadian Society for the History of Medicine, University of Windsor, Ontario, Canada, June 12, 1988, S.13).

112. Vgl. ›The Founding and Progress of Livingstone College‹, in: Annual Report 1908, S.88ff; T.Jays, Livingstone College, in: E.M.M.S. Quarterly Paper, Vol.XVIII, 1934, S.322ff. - In manchen Arbeiten und Artikeln erscheint der volle Name des Gründers und ehemaligen CMS Missionars: Charles Forbes Harford-Battersby, der aber von diesem selbst gemäß einer Nachricht im ersten ›Livingstone College - Calendar and Year Book‹ (1901), S.10, zu C.F.Harford Anfang des Jahrhunderts gekürzt wurde.

113. Knott's Green (zu den früheren Lokalisationen des College: Prominent Events in the History of Livingstone College, Livingstone College Calendar and Year Book, 1901, S.8f) war ein Teil des ›Barclay Parks‹ (und gehörte damit zum Besitz des heute größten britischen Bankhauses, das als solches erst 1896 als Gesellschaft inkorporiert wurde). 1912 von R.L.Barclay, der dem Verwaltungsrat des Livingstone College angehörte, dem College geschenkt (vgl. The Journal of Tropical Medicine and Hygiene, June 1913, S.190), mußte das Grundstück jedoch nach dem II.Weltkrieg (1948) veräußert werden (vgl. Annual Report and Statement of Accounts for the Year 1947-48, S.5; zum Grundstück allgemein vgl. H.M.Sampath, Livingstone College, S.4.). Dennoch blieb Barclay & Co. die Hausbank des Colleges.

»*It is intended* to teach missionaries -
(a) How to care for their own health and the health of their fellow-missionaries when far from qualified medical aid.
(b) How to deal with the more simple diseases of the natives of the country in which they will be working.

It is not intended to train men as ›medical missionaries‹ (a term which is only properly applied to men and women possessing a medical qualification), and those who enter are required to sign a declaration that they will not take to themselves this title or otherwise assume the position of a qualified doctor.«[114]

Zur Erfüllung dieses Anliegens wurde eine, sich im Laufe der Zeit den jeweiligen Bedürfnissen und Möglichkeiten anpassende Reihe von Kursen unterschiedlicher Dauer (neun-, sechs- und dreimonatig) mit Praktika in verschiedenen Hospitälern der Stadt bzw. in der eigenen Medical Mission angeboten, sowie eine Vorlesungsreihe über ›Tropical Hygiene‹ durchgeführt.[115] Die intensive Informations- und Aufklärungsarbeit des Colleges für das rechte Verhalten in den Tropen richtete sich aber nicht allein an die Missionsgesellschaften zum Wohle ihres Personals in Übersee, sondern auch an eine breitere Öffentlichkeit, wie es die gelegentlich veranstalteten ›Livingstone Exhibi-tion(s)‹[116], die Einrichtung eines ›Travellers' Health Bureau‹ im Zentrum Londons, die Herausgabe der vierteljährlich erscheinenden Zeitschrift ›Climate‹[117] und die ›Jahr-

---

114. Livingstone College - Calendar and Year Book, 1901, S.89; Hervorhebungen im Original.
115. »... it is the policy of Livingstone College not to provide a hard and fast system of instruction which cannot be modified to meet special requirements, but that the curriculum can be adjusted in any way which may appear desirable.« (Annual Report 1903, S.22f). Zu dem Kursangebot in den dreißiger Jahren: Livingstone College, Prospectus. (achtseitiger Prospekt, im Archivmaterial; Abdruck eines früheren Prospekts in deutsch im Anhang von I.Kammerer, Referat über Missionsärztliche Institute und Samariterschulen, Stuttgart 1905, S.10-12). G.Olpp, Die ärztliche Mission, S.18, und die in seiner Nachfolge stehende Literatur, die von einem »einjährigen Kursus« sprechen, sind zu korrigieren. - Zu den Hospitälern und der Medical Mission vgl. ›Livingstone College - Calendar and Year Book‹, 1901, S.26 und die entsprechenden Rubriken in den nachfolgenden Jahrbüchern.
116. Solche, mit Vorträgen und Konferenzen verbundene Ausstellungen fanden im Januar 1900, im Juni 1901 und 1913 (100. Wiederkehr des Geburtstags von Livingstone) statt; vgl. die entsprechenden Jahresberichte.
117. A Quarterly Journal of Health and Travel, C.F.Harford (Ed.); eine Kopie des 5.Bandes (Jan.1904-Oct.1905) ist in den ›Essex and Leyton Collections‹, Vestry House Museum, London, erhalten. Die genauen bibliographischen Daten waren in den einschlägigen Referenzwerken nicht in Erfahrung zu bringen. Es fand sich jedoch bei G.de Fortman, De Geschiedenis, S.74, der Hinweis, daß ›Climate‹ 1899 zum ersten Mal erschienen sei, daß die Zeitschrift aber mittlerweile (sc.1908) ihr

bücher‹[118] bezeugen. Nach anfänglicher Skepsis seitens des ärztlichen Standes erfreute sich das Livingstone College schon bald dessen uneingeschränkter Anerkennung[119] und der Kooperation der ›Schools of Tropical Medicine‹ in London bzw. Liverpool, besonders auch Sir Patric Mansons und des Nobelpreisträgers Sir R.Ross‹.[120]

Im Unterschied zu den Ausbildungsstätten in Edinburgh und dem von der Medical Missionary Association in London betreuten Students' Hostel legte man in Knott's Green, Leyton, besonderes Gewicht auf die praktische Zurüstung von geistlich bereits geprägten Persönlichkeiten. Daher spielten evangelistische Aktivitäten keine Rolle. Stattdessen wurde man sich einer anderen Besonderheit dieser Ausbildungsstätte in zunehmendem Maße bewußt: bezeichnete schon 1906 der Herausgeber des ›Journal of Tropical Medicine‹, James Cantlie, das

> Erscheinen eingestellt habe, daß auch das ›Travelers' Health Bureau‹ geschlossen worden sei und daß ›The Journal of Tropical Medicine‹ einen Teil der Aufgaben von ›Climate‹ übernommen habe. Dafür spricht das Fehlen jeglicher weiterer Erwähnung der Zeitschrift in den Jahresberichten nach 1905 sowie die auffällig gute Zusammenarbeit mit dem ›Journal of Tropical Medicine‹ (vgl. Jahresbericht von 1908, S.89). Auch in späteren Jahren (z.B. 1913, 1914) finden sich dort (d.h. im Journal) Nachrichten über das College.

118. Der volle Titel der Jahrbücher lautete: ›Livingstone College - Calendar and Year Book containing a record of a years's progress in matters of Health, Outfit and Travel ..., Travelers' Health Bureau‹. Von den ›Jahrbüchern‹ sind die Jahrgänge 1900-1910 in den ›Essex and Leyton Collections‹ im Vestry House Museum, London, vorhanden. Dort liegt auch eine Kopie der als Mitteilungsblatt bzw. Rundbrief den ehemaligen College-Studenten seit 1910 (vgl. G.Olpp, Die Jahresversammlung des Livingstone-College in London, in: Nürnberger Missionsblatt, Oktober 1910, S.73-75) zum Austausch dienende Zeitschrift ›Livingstonian‹ von 1939. Daneben wurden noch einige Einzelschriften zu praktischen Fragen der Gesundheitserhaltung in den Tropen vom College herausgegeben wie z.B. J.Cantlie, First Aid for Missionaries, in Medicine, Surgery and Hygiene, 1906.

119. Besonders aufschlußreich dafür das Zeugnis von D.MacAlister, dem Präsidenten des General Medical Council in Großbritannien, in: The Journal of Tropical Medicine, Vol.9 (1906), S.12.

120. »The cordial support of the two Schools of Tropical Medicine has been most gratifying; both Sir Patric Manson and Professor Ronald Ross, and many other teachers in both Schools, have done all in their power to promote the success of the College.« (Annual Report 1908, S.89). Sir Manson hielt bei der Jahresversammlung im Juni 1908 die Festrede über ›Tropical Research in its Relation to the Missionary Enterprise‹ (abgedruckt in: The China Medical Journal, Vol.23 No.1, Jan. 1909, S.24-30); 1910 war es Sir R.Ross über das Thema ›Missionaries and the Campaign against Malaria‹. (Dieser Vortrag erschien als 14seitiger Sonderdruck und wurde den Delegierten an der ersten Weltmissionskonferenz, Edinburgh 1910, ausgeteilt. Ein Exemplar davon befindet sich im Vestry House Museum, Walthamstow, London.)

Livingstone College als das »European center for training missionaries in elementary medicine«[121], so wurde einige Jahre später als Charakteristikum hervorgehoben:
»It must be remembered that not only is Livingstone College a place where instruction is given which is of the utmost value to the Missionary, but is one of the most striking instances of inter-denominational co-operation in training, now strongly advocated as a result of the World Missionary Conference [sc. Edinburgh 1910].«[122]
Zugleich wurde aber kritisch angemerkt, »that only a handful [sc. von Missionaren] have been trained here«.[123] Damit wurde einer die Existenz des Colleges ständig bedrohenden, immer wieder artikulierten Sorge Ausdruck gegeben, daß nämlich die Missionsgesellschaften nicht in gebührendem Maße von diesem Angebot Gebrauch machten.[124] Hinzu kam, daß es seit 1903 die ›Missionary School of Medicine‹ in London gab, die dem Konzept des ›Livingstone College‹ sehr ähnlich war, allerdings auf Grundlage der homöopathischen Medizin.[125] Doch letztlich wurden nicht so sehr diese Umstände dem Livingstone College zum Schicksal. Die einschneidenden globalen wie lokalen Veränderungen nach dem II. Weltkrieg nötigten 1948 vielmehr dazu, fortan mit der Medical Missionary Association, London, zusammenzugehen und das College aufzulösen, an dessen verschiedenen Kursen immerhin nicht weniger als insgesamt 2.358 Missionare und Missionarinnen teilgenommen hatten.[126]

---

121. Auf der Jahresversammlung des Livingstone College 1906, vgl. Journal of Tropical Medicine, Vol.9 (1906), S.223.
122. Annual Report 1912/1913, S.30.
123. James Cantlie, in: Journal of Tropical Medicine, Vol.9 (1906) S.221.
124. Vgl. Annual Report 1901, S.32: »No better way could be found of aiding the College than by helping to secure New Students [!], and making known the advantages of the course of training ... «; »... the greatest need is that there should be a constant supply of students, which would enable the College to be practically self-supporting.« (Annual Report 1912/13, S.22); »We feel that the Missionary Societies have not given the regular support they should have done to the work of the college. It exists to aid them and their workers, but although they acknowledge its value, they do not use us as much as they should do.« (T.Jays, Livingstone College, in: E.M.M.S. Quarterly Paper, Vol.XVIII <1934> S.323).
125. Vgl. zu der Geschichte dieser bis heute bestehenden Einrichtung, die seit 1991 ›Medical Service Ministries‹ heißt neben den unter jeweils wechselnden Themen veröffentlichten Jahresberichten: The Missionary School of Medicine, founded 1903 - Its Raison D'Etre, Its Work and Its ›Comming of Age‹, London 1924.
126. Zur Fusion, die in der Geschichtsschreibung der Medical Missionary Association völlig ignoriert wird und die die Lagerung des Archivmaterials erklärt, vgl. Livingstone College Annual Report, 1947-48, S.3-6; zur Statistik ebd. S.7; 1.107 Personen

In mehrfacher Hinsicht kommt dem Livingstone College und seinen Initiatoren für die Ausbreitung des missionsärztlichen Gedankens Bedeutung zu. Zum einen gebührt ihnen das Verdienst, die Missionsgesellschaften darauf hingewiesen zu haben, daß es nun zu ihrer Pflicht geworden sei, die ausreisenden Mitarbeiter entsprechend zuzurüsten, anstatt von ihnen in leichtfertiger Weise die Hingabe ihres Lebens »um Christi willen« zu erwarten, da es dank der neueren medizinischen Kenntnisse nunmehr möglich sei, sich auch in extremen Klimata bei Beachtung simpler Verhaltensmaßregeln und weniger praktisch-medizinischer Kenntnisse gesund zu erhalten.[127] Zum anderen gelang es ihnen, mit der aufkommenden Tropenmedizin eine enge Verbindung aufrechtzuerhalten und dadurch den Kontakt mit dem medizinischen Establishment. Und schließlich wurde diese ›Samariterschule‹, wie deutsche Fachkreise das Livingstone College mit seinem praktischen Ausbildungskonzept in Abgrenzung zum akademischen Medizinstudium zu bezeichnen pflegten, zum Vorbild für entsprechende Bemühungen im Deutschen Institut für Ärztliche Mission.[128]

nahmen am neunmonatigen Kursus teil, 448 bzw. 803 an den kürzeren. Eine Liste der Studenten der ersten sieben Jahre findet sich im ›Livingstone College - Calendar and Year Book‹, 1901, S.83ff. - Als rechtliche Körperschaft erlosch das Livingstone College am 7.Nov.1963 mit der Aufteilung des Vermögens in einer außerordentlichen Vollversammlung; vgl. Livingstone College (Incorporated 1900), Minutes April 1924 - (1963).

127. »Let me say at once that the missionary societies which send out their missionaries without granting them the opportunities of - nay, insisting upon - learning something of medicine, surgery and hygiene are not fulfilling their trust. They are juggling with the lives of men and women ... Unless it is made law, I am afraid that religious fervour may carry us away, and men and women will be sent out without being fully equipped; they should be trained to look after their own lives, the lives of their colleagues, to help the people, and not needlessly to lay down their lives in those distant lands.« (J.Cantlie zum Livingstone College in: The Journal of Tropical Medicine, Vol. 9 <1906>, S.223f); vgl. auch ›The Lancet‹, 10.10.1896, S.1023; ähnlich ebd. v. 27.11.1897.

128. Vgl. I.Kammerer, Referat über Missionsärztliche Institute und Samariterschulen, Stuttgart 1905, passim. »Er [sc. Dr.Harford] hat ... keinen Zweifel darüber gelassen, daß er seine Zöglinge nur so weit ausbilden will, daß sie befähigt werden, sich und die Ihrigen vor Schädigungen an der Gesundheit zu bewahren und leichtere Krankheitsfälle bei Eingeborenen zu behandeln, nicht aber sie zu eigentlichen Missionsärzten auszubilden - kurz daß Livingstone College eine Art für die Verhältnisse berechnete *Samariterschule* sein will.« (ebd. S.4; Hervorhebung im Original; vgl. auch G.Olpp, Die Jahresversammlung des Livingstone-College in London, S.73.) - »So werden wir [sc. in Deutschland] mit zwingender Notwendigkeit auf die *Gründung einer eigenen missionsärztlichen Bildungsanstalt*, verbunden mit einer *Samariterschule für Missionare* hingeführt, also gleichsam einer Verbindung von Livingstone College, Dr.Soltaus Heim [sc. das Studentenheim der Medical Missionary Association,

Am Ende des Spektrums missionsärztlicher Gesellschaften, die noch im 19. Jahrhundert in Europa gegründet wurden, kommen die Hilfsvereine zu stehen, die ausdrücklich zur Unterstützung eines ganz spezifischen Projekts organisiert wurden. Dabei handelt es sich in der Regel um kleine Förderkreise, deren Existenz oft nur mangelhaft verifiziert werden kann. Immerhin läßt sich an ihnen der tatsächliche Umfang der Ausbreitung des missionsärztlichen Gedankens dokumentieren, selbst wenn einige hier, der fehlenden Quellen wegen, nur aufgelistet werden können.

1882 wurde im norwegischen Christiana das *Komiteen For Den Norske Laegemission Pâ Madagascar* gegründet, dessen Existenz bis 1902 belegt ist, als Hilfsverein für die missionsärztliche Arbeit der Norwegischen Missionsgesellschaft in Madagaskar und im Zululand, insbesondere für die Ermöglichung der Ausbildung von einheimischen Ärzten.[129] Im März 1888 konstituierte sich im St.Bartholomew's Hospital, London, eine *St.Bartholomew's Hospital Medical Missionary Society*, vornehmlich zur geistlichen und materiellen (Medikamente!) Unterstützung der aus dem Hospital hervorgegangenen Missionsärzte, dann aber auch zur Pflege des allgemeinen Interesses an medical missions unter den dortigen Mitarbeitern.[130] In Holland, in Rotterdam, entstand 1896 die *Vereeniging Tot Oprichting En Instandhouding Van Hospitalen In China Ten Dienste Der Medische Zending*, durch deren Gelder vor allem das Frauenspital der Dutch Reformed Church of America in Amoy, China, unterstützt wurde.[131] An der me-

London] und Livingstone Memorial (Edinburgh).« (I.Kammerer, wie oben, S.8; Hervorhebungen im Original). Dieser Anregung wurde durch die Einrichtung von 10 1/2 monatigen, sogenannten ›Samariterkursen‹ im Tübinger Institut entsprochen.

129. Vgl. J.S.Dennis, Centennial Survey, 1902, S.333. - Es ist möglich, aber nicht sicher, daß es sich dabei um die gleiche Gesellschaft handelt, von der in ›Medical Missions at Home and Abroad‹, NS Vol.XIII, S.307 (Juni 1911) die Rede ist, die als ›Christian Association of Norwegian Physicians‹ ebenfalls in Christiana (erst dann?) gegründet wurde.

130. Medical Missions at Home and Abroad, NS Vol.II, S.139; ebd. S.155f, 170-172, 216f (1.Jahresbericht); The Medical Missionary Record, Vol.III (1888), S.121. - Diese Gesellschaft versorgte vor allem die beiden C.M.S. Ärzte Dr. A.Jukes, Punjab, und Dr.S.T.Pruen in Kikombo, Tansania, mit Medikamenten. Neben der Gesellschaft in St.Bartholomew's gab es noch solche im St.Thomas Hospital und im London Hospital, vgl. ›Hospital Medical Missionary Societies‹, in: Medical Missions at Home and Abroad, NS Vol.IV, S.38f (Okt.1891).

131. Vgl. J.S.Dennis, Centennial Survey of Foreign Missions, S.331; Statistical Atlas of Christian Missions, Edinburgh 1910, S.41. In späteren Handbüchern taucht die Gesellschaft, deren Name in diesen Referenzwerken stets fehlerhaft mit ›Vereeniging Tot Oprichting ... In China Ten Diens Te Der Medische Zending‹ wiedergegeben ist, und als deren Sekretär Prof. H.M. van Nes, Leiden, genannt wird, nicht mehr auf.

dizinischen Fakultät in Paris wurde im Februar 1889 die Gründung eines *OEuvre médicale missionnaire* für Afrika und den Fernen Osten beschlossen, »d'établir des hôpitaux-écoles et des dispensaires, pour répandre, parmi les peuples de l'Afrique et de l'Asie, les bienfaits de la médecine, de la chirurgie et de l'instruction médicale«; eine Organisation ohne erkennbare direkte Verbindung zur christlich-kirchlichen Missionstätigkeit.[132] Unter dem Namen *Kristelig Lægeförening* entstand 1897 unter Leitung des Kreisarztes V.Krohn in Saxöbing, Dänemark, ein Verein, der sich zum Ziel setzte, missionsärztliches Interesse unter Studenten zu wecken sowie Missionshospitäler verschiedener Missionsgesellschaften materiell zu unterstützen. Wie lange dieser Verein bestand und wie weit sein Einfluß reichte, ist augenblicklich nicht bekannt.[133]

Erst am 13.Dezember 1898 wurde in Stuttgart ein *Deutscher Verein für ärztliche Mission* als Hilfsverein für die Basler Missionsgesellschaft gegründet, der sich schon kurz danach in *Verein für ärztliche Mission*, Stuttgart, umbenannte und bald darauf einen nochmaligen Namenswechsel in *Verein für ärztliche Mission in Stuttgart E.V., gegr. im Jahre 1900* vollzog.[134] Die Satzung bestimmte als Aufgabe:
§ 1: »Der Verein für ärztliche Mission erstrebt, die Bekanntschaft mit der ärztlichen Mission in weite Kreise zu tragen, das Interesse dafür zu mehren und die ärztliche Mission durch Zuführung neuer Arbeitskräfte und Geldmittel zu fördern.
Zunächst will der Verein die evangelische Missionsgesellschaft in Basel in der Fortführung und Ausdehnung ihrer ärztlichen Mission unterstützen, gleichzeitig aber auch anderen Missionsgesellschaften dienen, soweit sie seinen Rat und seine für die Missionsärzte herauszugebenden medizinischen Berichte wünschen.«
§ 2: »Die Thätigkeit des Vereins erstreckt sich auf: a) die fachmännische Beratung der Missionsärzte, welchen in der für ihren Beruf dienlichen Weise die Entdeckungen und Erfahrungen auf dem Gebiet der Medizin, Chirurgie und Tropenhygiene zugänglich

---

132. Vgl. ›Bulletin Mensuel‹ in: L'Afrique Explorée et Civilisée, Journal Mensuel, 10.Jg. (1889), Genf 1889, S.225; Medical Missionary Record, Vol.IV, 1889, S.80.
133. Vgl. Statistical Atlas of Christian Missions, Edinburgh 1910, S.37.
134. Vgl. Deutscher Verein für ärztliche Mission, Stuttgart, Aufruf Nro.2; Verein für ärztliche Mission in Stuttgart, Aufruf Nro.3, Ein Missionsarzt für Kamerun; Verein für ärztliche Mission - Bericht über das 1.Geschäftsjahr 1899 - Mit Gabenverzeichnis, Stuttgart, o.J. (1900); Satzung des Vereins für ärztliche Mission in Stuttgart E.V., gegründet im Jahr 1900. - Zur Datierung vgl. Typskript: Lebensbild von Immanuel Kammerer, bearb. von ... Pfarrer Immanuel Kammerer, S.57. (Alles Material im Archiv des Deutschen Instituts für ärztliche Mission, Tübingen.); G.Warneck, Ein deutscher Verein für ärztliche Mission, in: AMZ, 26.Bd., 1899, S.220-222. Warneck, auf dessen kritische Bemerkungen zum Adjektiv ›deutsch‹ (da doch zunächst nur Basel unterstützt werde) der Namenswechsel zurückgehen könnte, gibt allerdings fälschlicherweise Jan.1899 als Gründungsmonat an.

gemacht werden; sodann nach Maßgabe der zufließenden Mittel: b) die pekuniäre Unterstützung junger Mediziner, welche sich für den ärztlichen Missionsdienst vorbereiten; c) die Anschaffung von Büchern, Instrumenten, Arzneimitteln und Verbandsstoffen für die Missionsärzte; d) die Erhaltung alter und die Gründung neuer ärztlicher Stationen und Spitäler in den Missionsgebieten.«[135]

Dank der kompetenten, zielstrebigen Leitung des christlich-sozial bewußten Stuttgarter Industriellen und engagierten Anwalts praktischer Nächstenliebe, Paul Lechler (1849-1925)[136], wurde zum Zwecke der Öffentlichkeitsarbeit und Spendenwerbung von Anfang an ein hauptamtlicher Geschäftsführer bestellt, so daß bereits in den ersten Jahren beträchtliche Summen zweckgebunden an Basel überwiesen werden konnten.[137] In Zusammenarbeit mit dem wortgewandten und einsatzfreudigen Schriftführer I.Kammerer (1857-1927)[138] wurde der Verein darüberhinaus zur Keimzelle der deutschen missionsärztlichen Bestrebungen,

135. Satzung des Vereins für ärztliche Mission, S.29 vom ›Bericht über das 2. Geschäftsjahr 1900‹, im Auftrag des Verwaltungsrates erstattet von dessen Geschäftsführer Missionsarzt Dr.Liebendörfer in Stuttgart.
136. Lechler gründete 1887 einen ›Verein zur Hilfe in außerordentlichen Notstandsfällen auf dem Lande‹, engagierte sich, auch literarisch, in der Frage der Wohnungsreform, bes. des öffentlichen Kreditwesens zu Gunsten des Kleinwohnungsbaus, baute das ›Martinshaus‹ mit Kapelle und Kinderschule in Stuttgart und schenkte dieses dann der Württembergischen Evang. Landeskirche, stiftete das Christliche Erholungsheim ›Palmenwald‹ in Freudenstadt und ein entsprechendes Grundstück für die Evangelische Diakonissenanstalt, Stuttgart, im Schwarzwald, war Initiator und bedeutender Förderer des ›Deutschen Instituts für ärztliche Mission‹ in Tübingen, 1900 gründete er den ›Knabenchor Hymnus‹ in Stuttgart usw. Vgl. dazu das Lebensbild von P.Gehring, Paul Lechler, in: Schwäbische Lebensbilder Bd.VI, M.Müller/R.Uhland (Hrsg.), Stuttgart 1957, S.401-428; dort auch eine umfassende Literaturliste.
137. Im Oktober 1900 bestätigt Basel den Empfang von insgesamt 30.000 Mark für die Errichtung eines Hospitals in Kamerun, zusätzlich zu 4.000 Mark für ein Spital in Südindien und der Deckung eines Defizites von 6.500 Mark des missionsärztlichen Kontos der Basler Mission; vgl. Schreiben von Inspektor O[e]hler vom 29.10.1900, in: Verein für ärztliche Mission - Bericht über das 2.Geschäftsjahr 1900, S.1f. Ermöglicht wurde das durch die ausgesprochen großzügig betriebene Werbung; die drei Flugblätter bzw. Aufrufe, die namens des Vereins gedruckt wurden, erschienen lt. Bericht über das 1.Geschäftsjahr, S.1, in Auflagen von je 15-20.000 Stück. - Über den ersten Geschäftsführer und Mitinitiator Dr.E.Liebendörfer vgl. I.Kammerer, Ein treuer Knecht des Herrn - Lebensbild und Wirken des Missionsarztes Dr.Eugen Liebendörfer, Stuttgart 1904, 1911².
138. Vgl. Lebensbild von Immanuel Kammerer, Oberreallehrer in Stuttgart, geb. 22.Oktober 1857 - gest. 24.August 1927, bearbeitet von seinem Sohn Pfarrer Immanuel Kammerer, Neubronn 1927; 122-seitiges Typoskript im Archiv des Deutschen Instituts für ärztliche Mission, Tübingen.

die in der Gründung des ›Deutschen Instituts für ärztliche Mission‹ kulminierten[139], ohne daß er dabei seine Selbständigkeit einbüßte. Im Gegenteil, er bildete eigene Zweigvereine in Deutschland wie auch in der deutschsprachigen Schweiz[140] und gab in Stuttgart von 1906 an, parallel zur ersten deutschsprachigen missionsärztlichen Fachzeitschrift ›Die ärztliche Mission‹ (s.o.S.65), in unregelmäßiger Folge eigene ›Mitteilungen aus der ärztlichen Mission‹ über die Tätigkeit der vom Verein unterstützten Missionsärzte in insgesamt 15 Nummern (bis 1916) heraus[141]; ihnen folgten von 1926 bis 1940 die ›Kinderbriefe‹.[142] 1966 dem Deutschen Institut für ärztliche Mission als korporatives Mitglied beigetreten, wurde zum Ende des Jahres 1972 die Auflösung beschlossen, da »der *Vereinszweck* ... nach § 3 der Satzung ohne Ausnahme von dem Deutschen Institut für Ärztliche Mission wahrgenommen werde.«[143]

b) Missionsärztliche Gesellschaften und Vereine in Amerika

Die organisierte Förderung missionsärztlicher Aktivitäten in den Vereinigten Staaten wurde neben den Vorbildern aus Großbritannien hauptsächlich aus zwei Quellen gespeist: die eine ist die durch das Auftreten von Dwight L.Moody (1837-1899)[144] in den siebziger Jahren in Chicago beginnende, durch Evangelisa-

---

139. Vgl. P.Lechler (Sohn), Die Entstehungsgeschichte des Deutschen Instituts für ärztliche Mission, in: Ruf und Dienst der ärztlichen Mission, Stuttgart 1935, S.8-15; G.Olpp, 200 Jahre deutscher ärztlicher Mission, ebd. S.55ff, bes. S.70ff; ders.: Über die Ausbildungsstätten des missionsärztlichen Personals, in: Jahrbuch der Ärztlichen Mission 1914, S.14ff, bes. S.27ff. Schnitzer, Die Arbeit der Deutschen Vereine für ärztliche Mission in der Heimat, ebd. S.7ff, zum Stuttgarter Verein S.8.
140. Die deutschen Zweigvereine bestanden - zeitweilig - in: Heilbronn, (Bad) Hersfeld, Biebrich a. Rh., Frankfurt a.M., Freiburg i.Br., Gießen, Hanau, Karlsruhe, Mühlhausen, Ulm; schweizerische Zweigvereine bestanden in Basel, Schaffhausen, Zürich, St.Gallen und Bern; vgl. die Innenseiten der jeweiligen Jahresberichte vom 10. Geschäftsjahr (1908) an und: I.Kammerer, Die Zweigvereine des Stuttgarter Vereins für ärztliche Mission, eineinhalbseitiges Typskript im Archiv des Deutschen Instituts für ärztliche Mission, Tübingen.
141. Zur Einstellung vgl. ›Bericht über das Geschäftsjahr 1917-1918‹, S.1.
142. Vgl. ›Bericht über das 29. Geschäftsjahr‹, S.6.
143. Protokoll über die Jahresversammlung des Verwaltungsrates des Vereins für Ärztliche Mission Stuttgart e.V., Geschäftsstelle Tübingen, am Freitag, dem 8.Dezember 1972, in: Akte ›Satzungen und Protokolle des Stuttgarter Vereins von 1930 bis 1972‹, im Archiv des Deutschen Instituts für ärztliche Mission, Hervorhebung im Original.
144. Vgl. J.F.Findlay, Jr., Dwight L.Moody - American Evangelist 1837-1899, Chicago/London 1969; J.Pollock. Dwight L.Moody - Vater der modernen Evangelisation,

tionsveranstaltungen gekennzeichnete zweite Welle des Second Awakening[145], aus der die Studenten- und Laienmissionsbewegung hervorging[146]; die andere das persönliche Wirken von George D.Dowkontt (1853-1909)[147] und John Harvey Kellogg (1852-1943).[148] Anders als in Europa verlief die Entwicklung hier in enger Zusammenarbeit und starker gegenseitiger, oft sehr verschlungener Abhängigkeit, was die sachgemäße Erfassung erschwert und in der Vergangenheit, nicht zuletzt auch auf Grund der dürftigen Quellenlage, zu Fehldarstellungen geführt hat.[149]

Positive Erfahrungen mit und persönliche Beziehungen zu einer entsprechenden Arbeit in Liverpool führten 1879 zur Gründung einer Home Medical Mission in *Philadelphia*[150], zu deren Aufbau der Assistent der Liverpool Medical Mission, Dr.George D.Dowkontt, eigens nach Amerika gerufen wurde.[151] Kurz darauf - 1880 - kam es in der früheren Gemeinde Moodys unter dessen Nachfolger G.C.Needham zu einer gleichartigen Gründung in Chicago, mit Moodys Schwager, dem Verleger

Konstanz 1973 (Deutsche Ausgabe des unter dem Titel: Moody without Sankey, 1963 in London erschienenen Werkes.); W.M.Smith, Moody, Dwight Lyman (1835-1899) in: Collier's Encyclopedia, Vol. 16, 1964, S.524.

145. Vgl. E.Beyreuther, Die Erweckungsbewegung, S.12; zum Ganzen der Bewegung ebd. S.12f u. H.W.Gensichen, Missionsgeschichte der neueren Zeit, S.33.

146. 1886 entstand die Student Volunteer Movement, 1902 die Young People's Missionary Movement und 1906 die Laymen's Missionary Movement, vgl. B.Harder, The Student Volunteer Movement for Foreign Missions and its Contribution to 20th Century Missions, in: Missiology, Vol.VIII, 1980, S.141-154; Hogg, W.R., Art.: Missionsfreiwilligenbewegung, studentische, in: Lexikon zur Weltmission, S.Neill, N.P.Moritzen, E.Schrupp, (Hg.), Wuppertal / Erlangen 1975, S.356.

147. Vgl. C.C.Creegan, George D.Dowkontt, M.D., in: The Medical Missionary, Battle Creek, Vol.XVIII, 1909, S.532-535; J.H.Kellogg, Doctor Dowkontt, ebd., S.531. Einige biographische Bemerkungen zu Dowkontt auch bei G.Olpp, Die Ärztliche Mission, S.19.

148. R.Schwarz, John Harvey Kellogg: American Health Reformer, masch. Diss., University of Michigan, 1964; ders.: John Harvey Kellogg - Father of the Health Food Industry, Berrien Springs, Michigan, 1981².

149. Schon bei H.Feldmann, Die ärztliche Mission, S.36f, dann bei de Gaay Fortman, De Geschiedenis, S.76f; G.Olpp, Die Ärztliche Mission und ihr größtes Arbeitsfeld, S.19f; ders., zutreffender, Die internationale ärztliche Mission, in: Die Deutsche Evangelische Aerztliche Mission, S.156f; Th.Ohm, Ärztliche Fürsorge, S.35, verzerrt den Gegenstand völlig, auch hinsichtlich der Jahreszahlen. - In den einschlägigen Lexikonartikeln wird diese für die Gestaltung missionsärztlichen Dienstes so wichtige Entwicklung in Amerika einfach ignoriert.

150. Vgl. Medical Missionary Efforts in America, in: The Medical Missionary Record, Vol.I, 1886, S.6; ebd. Vol. II, 1887, S.36f u. S.204; ebd. Vol. III, 1888, S.24.

151. C.C.Creegan, George D.Dowkontt, S.533f.

Fleming H.Revell, als Schatzmeister.[152] Ein weiteres Jahr später (1881) organisierte der inzwischen nach New York verzogene Dowkontt zur Unterstützung einer dortigen medical mission dispensary die *New York Medical Missionary Society*.

Wie diese Aktivitäten wahrgenommen und verstanden wurden, erhellt der erste Jahresbericht der Philadelphia Medical Mission, aus dem einige interessante Einzelheiten zu erfahren sind, die nicht nur den Zusammenhang mit der Evangelisationsbewegung deutlich werden lassen, sondern auch weitere Facetten von ›medical mission(s)‹:

»The Medical work consists in the daily work done at the dispensary, and the visits of the doctor to patients at home, too ill to come out. Every week-day, except Saturday, the patients are admitted from one to two o'clock, through a side door of the dispensary, into the large waiting-room. At two o'clock, the door is closed and a short Gospel service held (not lasting over half-an-hour), consisting of singing, prayer and pointed Gospel address ... Then the patients are seen one by one, and the doctor always brings the Gospel before each one in personal conversation. They receive the treatment and medicine free. ...

The doctor is welcomed in many a dark court, and threads with perfect safety the haunts of thieves and outcasts, where, at night at least, none else would care to venture. Who else could so effectually carry the Gospel thus to these degraded ones as the Medical Missionary?«[153]

Die aktive Evangelisierungstätigkeit der ärztlichen Mitarbeiter in praxi und das Verständnis von medical mission als Mittel, um den von den etablierten christlichen Kirchen nicht mehr erreichten Massen in den urbanen Slums der Industriestädte das Evangelium zu verkündigen, sind seitdem die besonderen Kennzeichen der missionsärztlichen Bewegung in Amerika. Dennoch wurden auch in dieser Zeit, die zugleich die Zeit der westlichen Ausbreitung und Christianisierung der werdenden Vereinigten Staaten war[154], Anstrengungen unternommen, den Dienst in Übersee nicht aus den Augen zu verlieren. Dies ist vor allem das Verdienst des englischen Mediziners polnischer Abstammung, Dr. George D.Dowkontt, sowie der Studentenmissionsbewegung:

»Although the people of this country [sc. die U.S.A.] had shown such interest in the cause of Medical Missions as applied to the heathen, it was not until 1879 that the value of this agency as a means of reaching the outcast and depraved in our large cities was realized sufficiently to lead to action. ...

---

152. Vgl. Medical Missionary Effort in America, in: Medical Missionary Record, Vol.I, 1886, S.6f.
153. E.M.M.S. Quarterly Paper, Vol. III (1879-1883), S.137-141, Zitat S.139.
154. Vgl. dazu besonders die Aufsatzsammlung von F.J.Turner, The Frontier in American History, New York 1962, passim.

In March 1881, after engaging a year and a half in Philadelphia and three years previously in Liverpool in Medical Mission work Dr.G.D.Dowkontt came to New York City for the purpose of founding a society similar to the one in Edinburgh, which should not only do a local work like the missions in Philadelphia and Chicago, but also train men and women to go to the heathen.«[155]

An Bemühungen von Dr.W.H.Thomson anknüpfend, dem es bereits 1876 gelungen war, sieben Stipendien an der Universität von New York für prospektive Missionsärzte zu sichern, konnte die Gesellschaft 1885 ein Wohnheim für die mittlerweile neun missionsärztlichen Kandidaten einrichten, denen die inzwischen vier New Yorker medical missions als praktisches Übungsfeld dienten.

Diese Bestrebungen erhielten rasch eine willkommene Verstärkung durch die Formierung der *American Medical Missionary Society* in Chicago im Frühjahr desselben Jahres. Neben John Scudders ältestem Sohn Rev. Henry Martyn Scudder, M.D., und, wiederum dessen ältestem Sohn gleichen Namens - Henry Martyn Scudder, M.D. - , der als Secretary fungierte, gehörten auch der enge Vertraute Moodys, der Evangelist Major D.W.Whittle, und der für Moodys Mount Hermon Studentenkonferenz von 1886 so wichtige A.T.Pierson, der schon seit Anfang der achtziger Jahre auf die ›Evangelisierung der Welt in dieser Generation‹ drängte, zum Verwaltungsrat.[156] Diese enge Verbindung zur gerade entstehenden Student Volunteer Movement for Foreign Missions erklärt den Unterschied zur New Yorker missionsärztlichen Gesellschaft, mit deren Vertretern man übrigens seit 1883 durch jährliche, im Rahmen des Y.M.C.A. organisierte ›Medical Missionary Conferences‹ in Verbindung stand[157]; denn die American Medical Missionary Society betrieb keine Home Medical Mission, sondern förderte ausschließlich angehende Missionsärzte bzw. -ärztinnen für den Dienst in Übersee:

»The increase of the heathen population has been so rapid that evangelization has not kept pace with it, much less surpassed it. Evidently more effective means must be employed to

---

155. Medical Missionary Effort in America, in: The Medical Missionary Record, Vol.I, 1886, S.6.
156. Vgl. The Medical Missionary Journal, Vol.I, No. 1, August 1887, S.3ff, sowie die Liste der ›Board Managers‹ S.1; ebd. Vol.I, No.4, (May 1888), S.24f; Medical Missionary Effort in America, in: The Medical Missionary Record, Vol.I, 1886, S.7. - Zu Major D.W.Whittle: J.F.Findlay, Dwight L.Moody, passim, bes. S.122 u. S.252, wo Findlay Whittle als »one of his [sc. Moodys] closest personal friends« bezeichnet. - Zu A.T.Pierson ebd. S.349ff u.ö.; zum Problem des Mottos der Studentenmissionsbewegung und dessen vermutetem Autor A.T.Pierson vgl. C.Irvine, Notes on the origin of the watchword: »The Evangelisation of the World in this Generation«, in: Bulletin of the Scottish Institute of Missionary Studies, NS No.3-4, 1985-87, S.7-9.
157. Vgl. Medical Missionary Effort in America, in: The Medical Missionary Record, Vol.I, 1886, S.6f.

evangelize the world. We believe that the means must largely consist in reaching the soul through the healing of the body, and the following reasons confirm our belief:
1st. *It was Christ's method.* ...
2d. *It was Christ's command to his disciples.* ...
3d. *It was the apostolic method.* ...
4th. *Medical missions economize time.* ...
5th. *Medical missions economize funds.* ...
6th. *Medical missions can do the most work in the shortest time,* because they are the best introducers of the gospel. ...
To supply the requisite number of medical missionaries, and to awaken an interest in medical missions generally, there was organized at Chicago, in March, 1885, ... the American Medical Missionary Society.«[158]
»It is no part of the object of this organization to establish foreign missions, or to send either physicians or ministers into the fields of labor under its own superintendence, but to furnish systematic and well-directed aid in furnishing a full medical education to such young men and women belonging to any of the recognized evangelical Christian denominations ... .«[159]
Wichtigstes Medium, zugleich die gegenwärtig einzige authentische Quelle dieses Unterfangens, war das ambitiös begonnene und in missionarischer Absicht unter Medizinern und Medizinstudenten weit gestreute ›Medical Missionary Journal‹, das allerdings nach nur eineinhalb Jahren sein Erscheinen einstellen mußte (s.o.S.71).[160] Nach der vermutlich letzten Ausgabe des Journals im No-

---

158. A Word for Medical Missions, in: The Medical Missionary Journal, Vol.I, 1887, No.1, S.21ff, Zitate S.22f; Hervorhebungen im Original. - Ganz im Sinne dieser Ausschließlichkeit bestand auch die Regel der Verpflichtung zur Mission in Übersee für jeden Kandidaten. Diejenigen, die schließlich dann doch nicht gehen konnten/wollten, hatten das Stipendium zurückzuerstatten; vgl. ebd. S.7.
159. The Medical Missionary Journal, Vol.I, 1887, S.6f. Vgl. auch ebd. S.1: »The great object of the American Medical Missionary Society is to promote the consecration of the healing art to the service of Christ. It aims to do this by preparing with a thorough medical education men and women who, like the Master, will devote themselves to the work of healing soul and body, and to place them thus prepared at the service of the Boards of their respective denominations, to be sent to the foreign field.«
160. »This is the authorized journal of the American Medical Missionary Society, published in the interest of medical missionary training and labor throughout the world. Life sketches and pointed articles from the best workers and most prominent and popular authors, are to fill its pages. ... [T]his journal will be most largely distributed among the medical profession and medical students, but also among the medical missionaries of all lands, and to the friends of medical missions ... 3,000 [sc.Stück] each issue, or number. ... we expect to furnish thousands of copies each quarter to physicians and medical students, male and female colleges and seminaries, Y.M.C. and Y.W.C. associations, in this country and other nations, *whether paid for or not.*« (The Medical Missionary Journal, Vol.I, 1887, No.1, S.2, Hervorhebung im Original).

vember 1888 (Vol.II, No.6) wurde es schlagartig still um diese Gesellschaft, obwohl sie bis zum November 1887 insgesamt dreiundzwanzig Stipendiaten gefördert und »a large number of applications« weiterer Kandidaten erhalten hatte, und obwohl ebenfalls schon die erste Zweigstelle eines geplanten nationalen Netzwerkes in Minneapolis entstanden war.[161] Die Gründe für das Erlöschen dieser Gesellschaft dürften in der zu optimistischen, ideell bestimmten finanziellen Kalkulation des Journals gelegen haben;[162] hauptsächlich aber auch in den Entwicklungen in New York; denn die dort bestehende Gesellschaft war infolge der kontinuierlichen Ausweitung der Aktivitäten 1887 als *International Medical Missionary Society* mit Dr.W.H.Thomson als Präsidenten und George Dowkontt als Medical Director rekonstituiert worden.[163] Wie es dazu kam, und welche Auswirkungen dies auf die anderen amerikanischen missionsärztlichen Organisationen hatte, ist im ›Annual Statement‹ von 1886 (S.4) durch Dowkontt skizziert worden:

»For some time it has appeared desirable that the scope of the Society should be extended, and that it should bear a national name.
As far back as 1884 it was prospectively decided to assume the name of ›American‹, in the place of ›New York‹, but before final action was taken, a Medical Missionary Society was established in Chicago, which took the name chosen for this Society.
In April, 1887, it was decided to assume the titel of ›International‹, and extend the operations of the Society as far as possible. ...

Aber schon bald, nämlich mit der 2. Nr. des ersten Jahrgangs, wurden die Seiten des Blattes überwiegend nicht mehr mit Originalartikeln, sondern mit Wiederholungen und Exerpten aus anderen missionsärztlichen Zeitschriften gefüllt!

161. Vgl. History of the American Medical Missionary Society, in: The Medical Missionary Journal, Vol.I, 1887, No.2, November, S.16f u. ebd. S.12, The Minnesota Branch of the American Medical Missionary Society. - Zu dem Plan eines nationalen Netzwerkes vgl. ebd. No.1, S.8. - Entsprechende Nachrichten von 1888 liegen nicht vor.
162. Darauf läßt z.B. die Bitte um die Übersendung von 10 Cents und die Anregung einer 10 Cents Kettenspende (analog dem Prinzip der Kettenbriefe) im Journal, Vol.II, No.4 (May 1888), S.2, schließen.
163. Vgl. Healing the Sick and Preaching the Gospel - International Medical Missionary Society, Annual Statement for 1886, S.4.; vgl. auch The Medical Missionary Record, Vol.II, 1887, S.13. - Die Dokumentationslage auch dieser Gesellschaft ist dürftig, da bislang keine Archivmaterialien aufgefunden wurden. Cecilia Irvine bemerkt ausdrücklich: »A search for the archives of ... the International Medical Missionary Society founded by Dr.George Dowkontt in 1881, has been fruitless. Perhaps these records may eventually be found amongs[t] the 25 tons of material recently acquired by the Presbyterian Historical Society in Philadelphia from the National Council of Churches.« (The Documentation of Mission in the Nineteenth and Twentieth Century, in: Missiology, Vol.IV, 1976, S.189-204, Zitat S.195.) Eine Durchsicht des Materials der Presbyterian Historical Society in Philadelphia 1989 war negativ.

Since the name has been changed, the friends in Chicago have expressed a desire for amalgamation with this Society under its new title, and the subject is now under consideration. The question of co-operation with the Philadelphia Medical Mission is also being considered.

With the accession of Canada already obtained, and the affiliation of the ›American‹ and Philadelphia Societies, this Society will embrace the whole of the United States, Canada, and the British provinces in its corporate capacity, and as far as possible become universal in its operations.«

Die Fusion beider Organisationen, die 1887 noch »under consideration« war, erklärt das plötzliche Verstummen der Nachrichten über die American Medical Missionary Society. Für the International Society hingegen führte das zu einer nochmaligen Ausweitung ihrer Aufgabenstellung, galt es doch nun, auch das der Student Volunteer Movement eigene Dringlichmachen der Missionsaufgabe in den klassischen missionsärztlichen Dienst zu integrieren. Das wiederum führte 1886, lange vor Gründung des Livingstone College in London (s.o.S.199ff), zu der Idee, allen ausreisenden Missionaren eine begrenzte medizinische Ausbildung zu ermöglichen. Anders als in London ging es dabei aber nicht primär um die Gesundheitserhaltung auf einsamen Missionsstationen, sondern ausgesprochenermaßen um die rasche Implementierung des Missionsbefehls:

»In view of the recent wonderful and unprecedented movement among the young people of the United States and Canada, leading nearly *two thousand* to announce their intention to become foreign missionaries there is great need of wise deliberation as to the best means to be adopted for their training and subsequent usefulness, on the most economical and efficient basis.

The immense advantages to be obtained by the possession of *medical* knowledge as a means of *self-preservation, self-support* and *successful effort* are attracting the attention of the Christian church as never before, and we cannot but believe that the day is not far distant when no missionary shall leave our shores without at least some medical knowledge, and as many as possible with full medical education.

To aid in bringing this about is the aim of this Society, the first to provide systematic but limited medical instruction of one year's duration for all missionaries.«[164]

Die schon seit 1889 betriebene Gründung eines staatlich anerkannten ›Union Medical Missionary College‹ in New York für 150 Studenten[165] scheiterte an den erforderlichen Geldmitteln, die Dowkontt zwar mit seiner eindringlichen Schrift ›Murdered Millions‹ (1894[1]; 1897[5]), - Frucht einer Northfield Konferenz mit Moody - , einzuwerben versuchte, die aber einfach nicht zusammenkamen.[166] So beschränkte sich auch in New York wie in Edinburgh und London die missions-

---

164. Healing the Sick and Preaching the Gospel, S.5; Hervorhebungen im Original.
165. Vgl. The Medical Missionary Record, Vol.IV, 1889, S.74; Vol. V, 1890, S.70f.
166. Noch 1900 heißt es (nach J.S.Dennis, Centennial Survey of Foreign Missions, S.15),

ärztliche Ausbildung auf zusätzliche Angebote, von denen bis 1900 aus den über sechshundert Anwärtern lediglich 126 Studenten bzw. Studentinnen hatten Gebrauch machen können; ein Teil von ihnen wurde auch namens der International Medical Missionary Society ausgesandt.[167]

Eine grundlegende Änderung dieser Verhältnisse brachte dann die Zeit der Zusammenarbeit von G.Dowkontt mit dem nur ein Jahr älteren, phänomenalen John Harvey Kellogg.
Der Arzt J.H.Kellogg hatte 1876 als Medical Superintendent das heruntergekommene, gemeinnützige ›Western Health Reform Institute‹ am Zentrum der noch jungen adventistischen Gemeinschaft in Battle Creek, Michigan, übenommen und es unter dem Namen ›Medical and Surgical Sanitarium‹[168] zur größten und

      daß ein entsprechender Vorschlag für ein nunmehr ›International Memorial Medical Missionary College‹ genanntes Projekt »under consideration« sei. - Auch wenn bei Feldmann, Die ärztliche Mission, S.37, (und von ihm abhängig de Gaay Fortman, De Geschiedenis, S.76) zu lesen ist: »... erst neuerdings ist es zur Gründung des International Memorial Medical Missionary College gekommen«, so gibt es für die Richtigkeit dieser Behauptung keinerlei Belege.
167. Zur Studentenzahl vgl. G.Dowkontt, Murdered Millions, 1897⁵, S.91 u. J.S.Dennis, Centennial Survey, S.15. - Fehlende Finanzmittel waren es auch, die die Bildung eines weiblichen Zweiges der Arbeit mit eigenen Hilfsvereinen zur Sicherung von Kandidatinnen provozierte, deren Aufnahme durch die notorische Geldknappheit, mußte doch für sie ein eigenes Haus gemietet werden, ständig zur Diskussion stand. (Zur ›Woman's Branch‹ vgl. The Medical Missionary Record, Vol.VI, 1891, S.61 u. ›Eleventh Annual Report of the Woman's Branch of the International Medical Missionary Society, New York City, Year Ending January, 1901‹, passim. Darin werden <S.19f> Hilfsvereine in Pennsylvania und New Port, R.I. erwähnt, deren ersterer im ›World Missionary Atlas‹, London 1925, S.31, als ›Pennsylvania Medical Missionary Society‹ aufgeführt ist. Die Existenz dieser Gesellschaft, die sich später dann mit der interdenominationellen ›Foreign Missionary Society‹ verbunden hat, läßt sich durch einen entsprechenden Jahresbericht von 1949/50 <in der Day Library, Yale Divinity School> nachweisen). - 1902 ermöglichte die großzügige, zweckgebundene Schenkung eines Grundstücks in Goshen, in den Bergen Massachusetts, der Gesellschaft die Einrichtung eines Erholungszentrums für zurückkehrende Missionare und deren Familien, sowie die Durchführung von dreimonatigen ›Summer Schools‹ zur praktischen und medizinischen Zurüstung zum missionarischen Dienst ebendort. (vgl. ›Mountain Rest and Summer School for Missionaries and Other Christian Workers‹; achtseitiger Prospekt, eingebunden in das Exemplar des ›Eleventh Annual Report of the Woman's Branch‹ in der Bibliothek Preußischer Kulturbesitz, Berlin; vgl. auch Art. ›International Medical Missionary Society‹ in: Encyclopedia of Missions, S.334).
168. Dieser eigenwillige Name war zum einen Programm (»... the doctor, apparently acting entirely on his own initiative, renamed the Institute the Battle Creek Sanitarium.

bedeutendsten Einrichtung ihrer Art in der Welt aufblühen lassen.[169] Das medizinische, vor allem chirurgische Können Kelloggs, sein unvorstellbarer Arbeitseinsatz, Einfallsreichtum und sein Organisationstalent zur Ausbreitung des ›Gospel of Health‹ verschafften dem Namen Kellogg nicht nur durch die von ihm als Frühstücksmahlzeit erfundenen Cornflakes und die Peanut-Butter Weltbe-

> He explained that the new name which he had coined, a variant of san[a]torium, would come to mean ›a place where people learn to stay well‹. Kellogg often remarked in later years that the Sanitarium was more a ›university of health‹ than it was a hospital.«; R.Schwarz, John Harvey Kellogg: American Health Reformer, S.176.), das auch von Insidern oft nicht richtig verstanden wurde (»Kellogg changed the name of the Institute to the Battle Creek Medical and Surgical Sanitarium. The word ›sanitarium‹ means the same as sanatorium, but Kellogg invested ›sanitarium‹ with the concept of sanitation - it would identify the institution as one in which ›sanitary‹ precaucions were taken to prevent the growth and spread of germs.«; R.A.Schaeffer, Legacy - The Heritage of a Unique International Medical Outreach, Mountain View, Cal., 1977, S.55). Zum anderen war Kellogg mit seiner Betonung des Diätätischen ein Kritiker der etablierten Medizin, die sich nur auf Diagnostik und Therapeutik beschränkte. Eine Würdigung Kelloggs unter diesem Gesichtspunkt aber steht noch aus; denn die Bezeichnung ›Health Reformer‹ ist fraglos verkürzt und verzerrt das stark chirurgisch-medizinische Element in seiner Arbeit und der des ›Medical and Surgical Sanitarium‹.

169. 1929 beschäftigte das Sanitarium mehr als 1.850 Angestellte und bot Platz und Behandlungsmöglichkeiten für nicht weniger als 1.250 Patienten. Die Weltwirtschaftskrise von 1929/30 nötigte aber die Träger sehr schnell dazu, das gerade um einen fünfzehnstöckigen ›Tower‹ erweiterte Gebäude, das seit 1976 im National Register of Historic Places des U.S. Department of Interior aufgenommen ist, 1933 zu veräußern; vgl. A Tour through the Past and Present of the Battle Creek Federal Center, Battle Creek Federal Center 1987, S.22. Zur bewegten Geschichte ebd. passim, und R.Schwarz, John Harvey Kellogg: American Health Reformer, S.170ff. - Die Berühmtheit des ›San‹, wie es im Volksmund genannt wurde, beruhte nicht zuletzt auf seinen großen, leistungsfähigen und modernst eingerichteten Laboratorien, wie auch darauf, daß J.H.Kellogg nach dem Prinzip handelte: Das in jeder Hinsicht Beste ist gerade gut genug. »... the policy of the managers having ever been to keep in close touch with the progress of scientific medicine and sanitary reform, adding, year by year, new methods and appliances developed as the result of new discoveries by scientific and medical men in both this and other countries, and as the natural outgrowth of the varied experiences afforded by the institution itself.« ([J.H.Kellogg] The Battle Creek Sanitarium, in: Year Book of the International Medical and Benevolent Association 1896, S.17). Diese Maxime scheint das heutige Aushängeschild adventistischer medizinischer Tätigkeit, das Loma Linda University Medical Center in Californien, übernommen zu haben; vgl. dazu: R.A.Schaefer, Legacy - Daring to Care: The Heritage of Loma Linda, Loma Linda 1990; K.J.Reynolds, Outreach - Loma Linda University 1905-1967, Loma Linda 1968.

rühmtheit.[170] Als Autor von über fünfzig Büchern, als Verfasser von in die Tausende gehenden Aufsätzen zum Thema ›Gesunde Lebensführung‹ bzw. ›Healthful / Biological Living‹ und ›Rational Medicine‹[171] sowie als Herausgeber verschiedener Gesundheitsmagazine[172] war er es eigentlich, der die von Ellen G.White propagierten Lebensstilprinzipien der Adventisten[173] - Vegetarismus, Abstinenz, Naturheilmethoden, Kleiderreform - systematisiert und popularisiert und ihnen damit zu ihrer weiten Verbreitung verholfen hatte.[174] Die Überzeugung, daß (chronische, ernährungsbedingte) Krankheiten das Ergebnis einer Verletzung von (göttlichen) Naturgesetzen seien und daß bei wissender, sachgemäßer Anleitung ein gesunder Lebensstil zur Genesung und Prävention erlernbar ist, führten Kellogg darüberhinaus zu einem außergewöhnlichen Vortragsengagement und zur Initiierung einer Reihe von Ausbildungsprogrammen für ›Health Missionaries‹[175], alles in selbstverständlicher Uneigennützigkeit, für die er durch

170. Vgl. R.Schwarz, John Harvey Kellogg: American Health Reformer, S.266ff (Surgeon and Inventor); S.44ff (What Manner of Man); S.418ff (Food Manufacturer and Eugenist).
171. Die von R.G.Cooper zusammengestellte Kellogg Bibliographie, A Comprehensive Bibliography of Dr.John Harvey Kellogg - 1852-1943, Kenee, Texas, 1984, umfaßt nicht weniger als 264 engzeilig beschriebene DIN A-4 Seiten. Vgl. auch den Personalartikel in: The National Cyclopædia of American Biography, Vol. XXXV, Ann Arbor 1967, S.122ff, bes. S.124. - H.J.Kellogg, The Battle Creek Sanitarium - History, Organization, Methods, Battle Creek 1913. Zu den verschiedenen Begriffen vgl. R.Schwarz, John Harvey Kellogg: American Health Reformer, S.96ff.
172. Einige der wichtigeren waren: ›Health Reformer‹ und ›Good Health‹, ›Gospel of Health‹, ›Medical Temperance Bulletin‹, ›The Battle Creek Food Idea‹ u.a., vgl. Year Book of the International Medical Missionary and Benevolent Association, 1896, S.141ff; R.Schwarz, John Harvey Kellogg: American Health Reformer, S.199ff.
173. Vgl. R.L.Numbers, Prophetess of Health: A Study of Ellen G.White, New York 1976; E.G.White, Counsels on Health and Instructions to Medical Missionary Workers, Mountain View, Cal., 1923.
174. Zu diesem Aspekt, dem in der Darstellung der Geschichte der Seventh-Day Adventists selten in angemessener Weise Rechnung getragen wird, ist besonders aufschlußreich D.E.Robinson, The Story of Our Health Message - The Origin, Character, and Development of Health Education in the Seventh-day Adventist Church, Nashville 1965³, bes. S.156ff.
175. »Kellogg delivered at least five thousand public lectures in the course of his long lifetime.« (R.Schwarz, John Harvey Kellogg: American Health Reformer, S.199). - Zu den Ausbildungsprogrammen, die in Zusammenarbeit mit dem Sanitarium sowohl als auch mit dem 1874 gegründeten ›Battle Creek College‹, an dem Kellogg als Professor für Physiologie und Chemie unterrichtete, gehörten z.B. die ›School of Hygiene‹ (1877), ›Training-School for Missionary Nurses‹(1888), eine ›School of Domestic Economy‹ (1888), ein ›Health Missionary Course‹(1889), eine ›School of Scientific Cookery‹ (1890), das ›American Medical Missionary College‹ (1895);

sein persönliches und philantropisches Verhalten ein beeindruckend glaubwürdiges Beispiel gab.[176]

Nachdem Kellogg 1890 zum ersten Mal von der Arbeit G.Dowkontts in New York gehört und im darauffolgenden Jahr diese auch selbst kennengelernt hatte[177], begann er sofort damit, das Anliegen der ärztlichen Mission und den Terminus ›medical missionary‹ unter den Adventisten zu propagieren, z.B. durch die Zeitschrift ›The Medical Missionary‹ (s.o.S.71f), die er vom Januar 1891 an monatlich herausgab. Zur Begründung, warum ärztliche Mission ein Thema gerade für seine Denomination sei, schrieb er in der ersten Nummer jenes Blattes (S.13f):

»(1) There is probably no people who have, as a body, recognized more fully the close relation existing between the physical and the spiritual nature, than has this denomination. For over twenty-five years the subject of physical purity and well-being has been studied and advocated among them as a means of developing a higher spiritual life. ...

(2) The great benefit which individuals of the denomination, and the denomination as a whole, have received ... places them under the strongest obligations to labor for the moral and physical elevation of others, both at home and in foreign lands.

(3) The Medical and Surgical Sanitarium ... affords an excellent foundation for work of this sort, not only offering the most favorable opportunities possible for training and education of medical students and missionary nurses, but also giving substantial pecuniary support to organized medical missionary work at home and abroad.

(4) For many years the practice of flesh eating has been discouraged among Seventh-Day Adventists. ... missionaries who discard meat from their dietary are much more likely to succeed than are those who employ the ordinary diet. This is especially true in India. ... As Vegetarians, then, the Seventh-day[!] Adventists would be doubly equipped for this work.

 vgl. R.Schwarz, wie oben, S.215ff, und Year Book of the International Medical and Benevolent Association, 1886, S.116ff.

176. Vgl. R.Schwarz, John Harvey Kellogg, S.157ff; ders. John Harvey Kellogg: American Health Reformer, S.275 u. 296ff. - Privat adoptierte das kinderlose Ehepaar Kellogg vierzig Kinder; er errichtete ein Waisenhaus, ein Altersheim und kassierte niemals ein privates Honorar für seine mehr als 22.000 Operationen, sondern überwies diese entweder dem Sanitarium oder den anderen Wohltätigkeitsinstitutionen, in denen er operierte. Das Gleiche galt übrigens auch für seine vielen Erfindungen und Entdeckungen und seine Nahrungsmittelfabrikation. - Auch von seinen Mitarbeitern im ›San‹ erwartete er eine ähnliche Haltung: »Physicians, mangers, nurses - everybody concerned in the enterprise, must be interested in it from a scientific and philanthropic standpoint, and willing to consider as chief compensation the satisfaction of seeing men and women restored to health, who, without the services rendered, would have little prospect but the grave.« (J.H.Kellogg, The Battle Creek Sanitarium, S.19)

177. Vgl.D.E.Robinson, The Story of Our Health Message, S.275ff; R.Schwarz, John Harvey Kellogg: American Health Reformer, S.323ff.

(5) ... Certainly a Sabbath-keeping missionary would find much more success among the Sabbath-observing though little enlightened natives of Abyssinia, Armenia, and other portions of the globe, than would missionaries who observe the first day of the week.
(6) Lastly, we venture to offer the thought that Seventh-day[!] Adventists, of all people, believing as they do in the near approach of the second advent of our Saviour, should be the most anxious to follow with the greatest exactness the footsteps of the Master.... «
Außer Begriff und Idee missionsärztlicher Arbeit hatte Kellogg aber auch die Anregung zur Einrichtung eigener Home (urban) Medical Missions von G. Dowkontt übernommen, da die Begegnung in New York ihm gezeigt hatte »what the gospel ... could do for people« und er außerdem davon überzeugt war, daß solche Arbeit auch ein geeignetes Mittel zur Überwindung der von im eigenen Lande gegen seine Denomination gehegten Vorurteile sei.[178] Dieser letzte Gedanke vor allem fand unter den Adventisten breite Zustimmung und ließ sofort eine Reihe von in diesem Sinne betriebenen missionsärztlichen Aktivitäten und Einrichtungen entstehen. Schon 1893 waren es ihrer so viele, daß auf Anraten Kelloggs das oberste Leitungsgremium der Gemeinschaft, die General Conference, die Gründung der *Seventh-Day Adventist Medical Missionary and Benevolent Association* unter seiner Leitung beschloß und damit eine Organisation schuf, die für die gesamte »medical missionary and benevolent work of the denomination« verantwortlich zeichnete. Diesem Gremium, das 1896 zur *International Medical Missionary and Benevolent Association* wurde[179], unterstellte Kellogg auch das nicht nur Adventisten vorbehaltene[180] *American Medical Missionary College.*[181]

178. J.H.Kellogg, The Work of God, in: Seventh-Day Adventist Daily Bulletin, I, March 8,1897, S.292; vgl. auch R.Schwarz, John Harvey Kellogg: American Health Reformer, S.322ff.
179. Vgl. das einzige ›Year Book of the International Medical Missionary and Benevolent Association 1896‹, Battle Creek 1897, S.56ff; 130ff. - 1896 gehörten neben dem American Medical Missionary College zur International Association: 12 Sanitarien, 10 Medical Missions, 10 Behandlungs- und Badehäuser, 3 Waisenhäuser, 1 Altersheim, 3 Rettungshäuser für Arbeits- und Obdachlose. - Zur äußerst verwickelten Geschichte dieser Organisation R.Schwarz, John Harvey Kellogg, S.159ff; ders. John Harvey Kellogg: American Health Reformer, S.311ff; ders.: Dr.John Harvey Kellogg As a Social Gospel Practitioner, in: Journal of the Illinois State Historical Society, Springfield, Vol.LVIII, No.1, Spring 1964, S.5-22.
180. Vgl.R.Schwarz, John Harvey Kellogg: American Health Reformer, S.26ff; ders.: Dr.John Harvey Kellogg, S.16ff; Year Book of the International Medical Missionary and Benevolent Association 1886, S.130ff; G.Olpp, Die amerikanische missionsärztliche Hochschule, in: Die ärztliche Mission, 3. Jg., 1908, S.69-78. - Wichtige Quellen sind auch die Bulletins der ›Medical Missionary Conferences‹ von Gull Lake, Mich., 7-31.7.1899 u. Battle Creek, 21.4.-1.5.1903.
181. Vgl. D.E.Robinson, The Story of Our Health Message, S.269ff. - 1900 wurde das College Mitglied der Association of American Medical Colleges, von dessen Exi-

Mit der Errichtung dieser staatlich anerkannten missionsärztlichen Hochschule im Juli 1895 in Chicago (mit Zweigstelle in Battle Creek), war Kellogg in erstaunlich kurzer Zeit die Verwirklichung dessen gelungen, worum sich, wie er wußte, G.Dowkontt in New York jahrelang vergeblich bemüht hatte. Gemäß seinen Prinzipien wollte Kellogg auch hier in jeder Hinsicht nur Exellenz gelten lassen:

»This institution was organized and incorporated for the accomplishment of purposes which cannot be so well attained in the ordinary medical school as in an institution organized and planned with special reference to the work of the medical missionary. The objects of the American Medical Missionary College may be stated as follows: -

1. To give the student a thorough scientific medical education in no way inferior to that received at the best medical colleges of this country, and at the same time to give such direction to his studies as will especially prepare him for medical missionary work ...

2. To give the student in connection with this thorough medical course, such a course of Biblical and missionary study as will furnish him the double qualification required in the capacity of a missionary physician.

3. To give the student such opportunities for obtaining a practical experience, not only in medical work, but also in methods of utilizing medical knowledge and skill in missionary enterprises, as will fit him to enter at once upon active usefulness in the medical missionary field ...

Besides affording the general advantages of other first-class medical colleges ... this College is able to offer ... the following special advantages: -

1. Through the co-operation of the managers of the Battle Creek Sanitarium, the students are given an opportunity to acquire a practical knowledge of the various branches of physiological medicine ... Opportunities are also given students to become thoroughly acquainted with the methods of laboratory research by practical experience in connection with the Laboratory of Hygiene of the Battle Creek Sanitarium.

2. Unequalled facilities for clinical instruction are afforded by the opportunity given students to act as surgical assistants at the Battle Creek Sanitarium during their course of instruction ... The outdoor department of the dispensary work in Chicago, including the outdoor obstetrical clinics, affords unlimited opportunity for practical experience in these lines.
...

5. Only a limited number of students are received each year, so that the classes are no larger than will admit of the individual instruction necessary to the most thorough and efficient training.

6. The American Medical Missionary College is a Christian institution. No students are received except those who have dedicated their lives to medical missionary work, and are under the supervision of some properly constituted missionary board.

7. The institution ... is not sectarian, but is intensely evangelical. Sectarian doctrines are not included in its curriculum.«[182]

>   stenz man in den Fachkreisen in Europa, zu deren eigener Überraschung erst relativ spät, nämlich im Februar 1903 erfuhr; vgl. Medical Missions at Home and Abroad, NS Vol.IX (1901-1903), S.243 (Feb.1903).
> 182. Year Book of the International Medical Missionary and Benevolent Association

Am Grundsatz der nichtdenominationellen Beschränkung missionsärztlicher Arbeit, den Kellogg auch im Hinblick auf die Home Medical Missions beachtet wissen wollte[183], entzündete sich bald ein Konflikt, der schließlich, in Verbindung mit doktrinär verbrämten Machtfragen seitens der Verantwortlichen in der General Conference, zu Kelloggs Ausschluß aus der adventistischen Gemeinschaft am 10.November 1907 führte.[184] Dieses ›disfellowshipping‹ brachte nun erneute organisatorische Veränderungen mit sich, die auch die missionsärztliche Arbeit betrafen. Die International Medical Missionary and Benevolent Association wurde bereits 1904 aufgelöst und ein Teil ihrer Aufgaben von dem 1905 neu eingerichteten ›Medical Department‹ (heute: Health Department) der adventistischen Generalkonferenz übernommen.[185] Das veranlasste J.H.Kellogg dazu, mit eigenem Vermögen den *American Medical Missionary Board* als Stiftung privaten Rechts 1906 einzurichten, um z.B. Stipendien für Studenten des Medical Missionary College gewähren, missionsärztliche Fachkonferenzen durchführen und auch weiterhin die Zeitschrift ›The Medical Missionary‹ publizieren zu können, da die General Conference ihre Unterstützung für solche Arbeiten fortan verweigerte.[186]

Je mehr sich Kelloggs Beziehungen zur angestammten Kirchengemeinschaft lockerten, desto fester wurden sie zu den anderen gleichgesinnten Kräften, vor allem zu G.Dowkontt, den er als ›Chaplain‹ zur Mitarbeit im College und Sanitarium gebeten[187] und im Januar 1908 zum Mitherausgeber des ›Medical Missionary‹ in Battle Creek gewonnen hatte.[188] Unmittelbare Frucht des Miteinanders dieser beiden führenden Köpfe, des Initiators und des Organisators der

---

1886, S.130-132; vgl. auch J.H.Kellogg, The American Medical Missionary College, in: The Medical Missionary, Battle Creek, Vol.IX, 1910, S.135-140.

183. »Dr.Kellogg firmly believed that since the goal of city mission work should be to ›rescue lost souls, not to teach theology‹, such missions should be presented as Christian, not sectarian endeavors. (R.Schwarz, John Harvey Kellogg, S.170.)

184. Vgl.R.Schwarz, John Harvey Kellogg: American Health Reformer, S.347ff; ders. The Kellogg Schism - The hidden issues, in: Spectrum - Quarterly Journal of the Association of Adventist Forums, Loma Linda (?), Autum 1972, S.23-45; R.L.Numbers, Prophetess of Health, S.191ff. - Welche Machtkonzentration in den Händen Kelloggs lag, wird daraus ersichtlich, daß ihm 1901 in der International Medical Missionary and Benevolent Association mehr Adventisten unterstanden als der General Conference!

185. Vgl. Art.: International Medical Missionary and Benevolent Association, in: Seventh-Day Adventist Encyclopedia, revd.Ed., Washington 1976, S.667.

186. Vgl. R.Schwarz, John Harvey Kellogg: American Health Reformer, S.449ff.

187. Vgl. ›The Medical Missionary, Battle Creek, Vol.XVIII, 1909, S.498; vgl. auch J.H.Kelloggs Aufsatz ›Doctor Dowkontt‹, ebd. S.531, dem zu entnehmen ist, daß die Mitarbeit schon vorher zustandegekommen war.

188. Vgl. Medical Missions at Home and Abroad, NS Vol.XII (1907-1909), S.83f.

missionsärztlichen Bewegung in den U.S.A., waren die seit Januar 1909 im Sanitarium abgehaltenen jährlichen *Interdenominational Medical Missionary Conferences*.[189] Diese Konferenzen vereinigten jeweils etwa 100 - 200 amerikanische Missionsärzte und -ärztinnen, denen sie ein anderswo nicht vorhandenes Forum gegenseitigen Austausches boten, was ihre bei aller konfessionellen Verschiedenheit auffällige Geschlossenheit in der Beurteilung der anstehenden Fragen und ihre frühe Bereitschaft zum ökumenischen Dialog über die Grundsätze des missionsärztlichen Dienstes erklärt.[190]

Dowkontts baldiger Tod aber (31.7.1909) setzte nicht nur diesem Miteinander ein rasches Ende[191]; er brachte auch alle so verheißungsvollen Aufbrüche rasch zum Erliegen. Nachdem ihm der inspirierende Freund gestorben war, scheint Kellogg zunehmend das Interesse an der ärztlichen Mission verloren zu haben: zwar lud er noch bis 1916 zu den obigen Konferenzen ein[192], aber schon im Mai 1910 wurde das American Medical Missionary College in die Medical School der University of Illinois, Chicago, integriert. Damit hatte die in der Missionsgeschichte erste und einzige missionsärztliche Hochschule im strengen Sinne, bei der bis dahin über 400 Studenten immatrikuliert waren und die nicht weniger als 194 Doktoren promoviert hatte, nach fünfzehn Jahren zu existieren aufgehört.[193]

189. Vgl. J.H.Kellogg, ›Foreword‹ in: Proceedings of the Second Annual Medical Missionary Conference (interdenominational), Held at Battle Creek Sanitarium, February 15, 16, 17, 1910; vgl. auch: The Medical Missionary, Battle Creek, Vol. XVIII, 1909, S.100ff.

190. »Our brethren in the U.S.A. are decidedly in advance of us in the organisation of Conferences. Speaking only of medical missions, we have nothing in this country to put beside the Annual Medical Missionary Conference at the [sc. Großbritannien] Sanatorium [!], Battle Creek, Michigan. ... Such Conferences are an increasingly strong auxiliary of the cause of Christian missions.« (Medical Missions at Home and Abroad, NS Vol.XIV, S.85)

191. »Could he have been spared a little longer he might have seen much more, for in combining his efforts with the American Medical Missionary College and the Battle Creek Sanitarium he seemed to have reached the realization of his hopes. Here at last he found the means for carrying out his earnest wishes to see the mission field supplied with workers who would go forth both to teach and to heal.« (The Death of Dr.Dowkontt, in: The Medical Missionary, Battle Creek, Vol.XVIII, 1909, S.499.

192. Während für die ersten sechs Konferenzen die jeweiligen Berichte im ›Medical Missionary‹ zu finden sind (Vol.XVIII, 1909, S.75 u.100ff; XIX, S.73ff; XX, S.73ff; XXI, S.37ff; XXI, S.353; XXIII, S.354ff), ist eine Konferenz von 1916 nur durch ein beschriftetes Photo belegt, das sich in dem nicht geordneten ›Archiv‹ des ehemaligen Sanatoriums in Battle Creek in einem Photoalbum ›Missionaries‹ befindet.

193. Vgl.R.Schwarz, John Harvey Kellogg: American Health Reformer, S.230f. - Zur Zahl der Immatrikulierten vgl. J.H.Kellogg, The American Medical Missionary College, in: The Medical Missionary, Battle Creek, Vol.XIX, 1910, S.135; D.E.Robinson, The Story of Our Health Message, S.331f.

1914 schließlich stellte Kellogg die Herausgabe des ›Medical Missionary‹ ein und reorganisierte seine missionsärztliche Stiftung, den American Medical Missionary Board, unter dem bezeichnenden Namen ›Race Betterment Foundation‹. Damit hatte er, der Dowkontt um 34 Jahre überlebte, kein neues Thema aufgegriffen, sondern nur sein altes Anliegen des ›Gospel of Health‹ konsequent weitergeführt und dessen bedenkliche, ja gefährliche Implikationen deutlich zum Ausdruck gebracht; denn Eugenik ist das zwangsläufige Resultat eines radikal vertretenen ›biological living‹.[194]

Schon vor G.Dowkontts Tod waren die Aktivitäten der International Medical Missionary Society in New York allmählich weniger geworden: 1900 hatte aus finanziellen Gründen der ›Medical Missionary Record‹ (ab 1895: ›Double Cross and Medical Missionary Record‹; s.o. S. 71 A 368) eingestellt werden müssen; die Aufgaben des ebenfalls stets schwierig zu finanzierenden, bekanntlich ja als ›Medical Missionary Training-Institute‹ gedachten Wohnheims in New York wurden durch das American Medical Missionary College in Chicago / Battle Creek mit seinen unvergleichlichen Möglichkeiten und finanziellen Vergünstigungen bestens wahrgenommen und wohl auch in diesem Sinne von New York aus unterstützt, eine Vermutung, die durch G.Dowkontts dortige Mitarbeit nach 1900 große Wahrscheinlichkeit für sich hat. Da im ›Statistical Atlas of Christian Missions‹, Edinburgh 1910, (S.23) nur noch die Gewährung von Stipendien sowie die Unterhaltung des Erholungszentrums ›Mountain Rest‹ als Aufgabe dieser Gesellschaft erwähnt werden, ist anzunehmen, daß auch die ehemaligen ›mission dispensaries‹ bzw. die ›home medical missions‹ schon damals aufgegeben worden waren. Nach dem Tode von George Dowkontt wurde sein Sohn, Rev.George H.Dowkontt, 1909 zum Geschäftsführer ernannt[195], unter dessen Ägide dann das Schicksal der International Medical Missionary Society endgültig besiegelt worden sein dürfte; denn nach 1910 tauchen keine weiteren Mitteilungen über das Vorhandensein der New Yorker Gesellschaft in den einschlägigen Nachrichtenblättern auf, und auch im ›World Missionary Atlas‹, London 1925, ist sie nicht mehr erwähnt.

Noch von zwei weiteren missionsärztlichen Aktivitäten des vorigen Jahrhunderts in den Vereinigten Staaten wissen wir, wenn auch nur durch kurze Nachrichten im ›Medical Missionary Record‹: 1886 bildete sich in Raleigh, North Carolina, unter den Medizinstudenten der Leonard Medical School eine *Medical Missionary Society in Shaw University*, um jungen Farbigen das Medizinstudium zwecks späterer missionsärztlicher Tätigkeit »both in this country and in Africa«, besonders im damaligen Kongo, zu ermöglichen;[196] und 1889 wurde *The Guild of the*

---

194. Zur Race Betterment Foundation, die noch bis in die sechziger Jahre bestand, und den eugenischen Aktivitäten Kelloggs, vgl. R.Schwarz, John Harvey Kellogg: American Health Reformer, S.441ff.
195. Vgl. Statistical Atlas of Christian Missions, Edinburgh 1910, S.23.
196. Vol.II, 1887, S.21.

Misericordia als ›American Order‹ von Laien für Laien zur Förderung von »Medical Missions in the home Dioceses« im Sinne der Übung der geistlichen und leiblichen Werke der Barmherzigkeit gegründet, die erste katholische Initiative dieser Art.[197] Wie lange diese Gründungen bestanden haben und welchen tatsächlichen Einfluß sie hatten, läßt sich aber aufgrund mangelnder Quellen z.Zt. nicht eruieren.

6. Das medizinisch-katechetische Missionsseminar für Afrikaner auf Malta

In relativer Unabhängigkeit von der bisher dargestellten Entwicklung der Ausbreitung des missionsärztlichen Gedankens im neunzehnten Jahrhundert, kam es noch in dessem letzten Viertel zu einer in vielerlei Hinsicht bemerkenswerten Gründung, die die verhältnismäßig frühe Rezeption des medical missions-Konzepts im katholischen Bereich und dessen Adaption für die frankophone Mission in Afrika belegt. Sie war das Ergebnis kirchengeschichtlich-missionsmethodischer Überlegungen des damaligen Erzbischofs von Algier, Charles M.A.Lavigerie (1825-1892; ab 1882: Kardinal).[198]

Lavigerie hatte zum ersten Mal in dem auf Bitten von Pius IX erstellten ›Mémoire secret‹ vom 2.1.1878, seinen Plan für die Missionierung Äquatorial-Afrikas und die anzuwendenden Missionsmethoden dargelegt und darin schon, vor dem Hintergrund der Begegnung mit dem Islam in Nordafrika, auf die prinzipielle Bedeutung ärztlich-medizinischer Tätigkeit hingewiesen.[199] Gemäß seinem Grundsatz, daß Afrika nur durch Afrikaner zu christianisieren sei, dachte er dabei, und das ist für das bisherige Verständnis von ärztlicher Mission völlig neu, ausschließlich an einheimische, entsprechend auszubildende Kräfte.[200] Dieses Anliegen machte er schon im März desselben Jahres seinen ›Missionaren von Algier‹ (gegr.1868; später: ›Weiße Väter‹) zur verpflichtenden Aufgabe, indem

---

197. Vol.IV, 1889, S.92. - Der Herausgeber irrt, wenn er in seiner Schlußbemerkung meint, dieser ›Order‹ sei nicht katholischen Ursprungs.
198. Zur Biographie vgl. Cardinal Lavigerie - Missionnaires d'Afrique; Choix de textes, Paris 1980, S.15-31; F.Rauscher, Die Mitarbeit der einheimischen Laien am Apostolat in den Missionen der Weißen Väter, Missionswissenschaftliche Abhandlungen und Texte, Bd.17, Münster 1953, S.13-23.
199. Das zweiundfünfzigseitige Dokument trägt den Titel ›Mémoire secret sur l'Association Internationale Africaine de Bruxelles et l'Evangélisation de l'Afrique Equatoriale‹ und ist im Archiv des Generalats der Afrikamissionare (früher: Weiße Väter) in Rom vorhanden; vgl. F.Rauscher, Die Mitarbeit, S.17. - Auszüge aus diesem Mémoire in: Instructions de son Éminence le Cardinal Lavigerie à ses Missionnaires, Maison-Carréc (Algier), 1927, S.114f (A 1).
200. Vgl. F.Rauscher, Die Mitarbeit, S.19ff; K.J.Rivinius; Das Missionswerk von Kardinal Lavigerie, in: NZWiss, Bd.39, 1983, S.1-15 u. (bes.) S.93-106.

er in den ihnen mitgegebenen ›Premières instructions aux missionnaires de l'Afrique Equatoriale‹ bestimmte (II,6°):
»Les Missionnaires devront bien se pénétrer de la pensée que j'ai émise dans mon ›Mémoire secret ... ‹, relativement à la transformation de l'Afrique Equatoriale par le moyen de jeunes indigènes que l'on élèverait de façon à en faire de bons chrétiens et à les former à l'art de la médecine.«[201]
Wieso er auf diesen Gedanken verfiel, erhellen seine ausführlicheren ›Nouvelles instructions aux Missionnaires de l'Afrique Equatoriale‹ von 1879, die erkennen lassen, daß er, der ehemalige Kirchengeschichtler an der Sorbonne und Direktor des ›Oeuvre des Écoles d'Orient‹, auch über die zeitgenössische missionsärztliche Bewegung gut unterrichtet war.[202]
»En premier lieu, la médecine donne à ceux qui la pratiquent, particulièrement dans une société primitive, un gagne-pain facile et assuré. Tous les hommes ne se servent pas de maisons, comme je le remarquais plus haut, ni d'habits, ni de pain, mais tous les hommes veulent guérir lorsqu'ils sont malades... Par conséquent tous accepteront les soins d'un homme qui viendra soulager leurs souffrances; tous, lorsqu'il les guérira, seront prêts à rétribuer selon leurs moyens. ... Un médecin de profession plus habile que les missionnaires, un Nègre qui manifesterait l'intention de vivre de son art, serait donc assuré d'en vivre. ... Donc, pour mettre un Nègre élevé par les Missions à même de se suffire, le meilleur moyen est d'en faire un bon médecin. ...
Mais ce n'est pas seulement son pain de chaque jour et souvent la fortune que trouve un médecin, c'est encore l'honneur et l'influence. ... Il l'est encore davantage pour les peuplades superstitieuses, pour lesquelles l'art de guérir paraît avoir quelque chose de surnaturel. ... Tout le monde tient à vivre, à ne pas souffrir, à guérir, et les chefs des sociétés encore violentes qui commandent à tout, sauf à la mort et à la maladie, et qui trouvent, sur ce point, une puissance supérieure à la leur, sont d'autant plus portés à la respecter.
Que l'on se représente donc ce que pourraient des médecins chrétiens, et vraiment apôtres par le coeur ... devenus les aides des missionnaires, dans une société primitive où il n'y a d'autres lois que la volonté des chefs et où les chefs sont nombreux.

201. Instuctions de son Éminence le Cardinal Lavigerie à ses Missionnaires, Maison-Carrée (Algier) 1927, S.74-91, Zitat S.83.
202. Lavigerie war von 1853-1856 Professor für Kirchengeschichte in Paris und hatte sich in dieser Zeit besonders mit dem Frühchristentum, dem Protestantismus und dem Jansenismus befaßt; vgl. F.Rauscher, Die Mitarbeit, S.13f. 1857 wurde er Direktor des Werkes der Schulen im (Vorderen) Orient, den er 1860 selbst bereiste. - Die Kenntnis auch der protestantischen missionsärztlichen Bewegung zeigt sich an einer Reihe von Bemerkungen, nicht zuletzt auch daran, daß er in diesem Dokument mehrmals auf Livingstone (hauptsächlich aber in seiner Eigenart als Forscher und Entdecker) zu sprechen kommt. Die protestantischen Kreise haben ihrerseits von Lavigeries Initiative durchaus auch Kenntnis genommen, wie z.B. die Nachrichten im ›Medical Missionary Record‹, Vol.IV, 1889, S.80f zeigen.

Soigner l'un de ces chefs, le guérir, gagner ainsi sa confiance et user de cette confiance pour établir, pour favoriser la Mission, devient pour chacun une chose naturelle et presque facile. De plus il sera aisé à ces médecins destinés au mariage, de contracter des alliances de choix. Tout s'y prête dans les moeurs africaines ...
Du reste ... les Missions africaines ne feraient que pratiquer le moyen marqué par Notre-Seigneur Jésus-Christ ....«[203]
Im Gegenüber zu den Handwerksberufen, die ja einen anspruchsvolleren, europäisierten Lebensstil voraussetzen als den, den man üblicherweise im Inneren Afrikas vorfindet, sei der Beruf des Arztes ein überall notwendiger, ja gewünschter und gesellschaftlich geachteter, und damit eben auch hier ein sicherer Broterwerb. Im Ausüben des Dienstes des Heilens folgen Christen dem Vorbild ihres Herrn und fördern die Mission durch die vertrauensbildende Kraft solchen Dienstes, die selbst grausam herrschende und mißtrauische Stammeshäuptlinge zu gewinnen vermag. Käme es gar zu Eheschließungen solcher afrikanischen Mediziner mit Häuptlingstöchtern, wäre die Mission vor Ort auf Dauer gesichert. Junge Afrikaner zu solch guten, finanziell unabhängigen Missionsärzten heranzubilden, das sei daher das Beste, was geschehen könnte.[204]
Doch der Erzbischof ließ es nicht nur bei den grundsätzlichen Erörterungen sein Bewenden haben. Er gab auch konkrete Anweisungen zu deren praktischer Umsetzung.[205] So ermöglichte er einzelnen begabten Nordafrikanern, die er dann mit ihrer speziellen Qualifikation in der Afrika-Mission einzusetzen gedachte, die im ›Mémoire secret‹ vorgeschlagene medizinisch-wissenschaftliche Ausbildung an der Universität in Lille.[206] In den ›Nouvelles Instructions‹ für Äquatorialafrika stellte er unter der Maxime, daß das Umfeld solcher Ausbildung »essentiellement africaine« zu bleiben habe, den Plan auf, jeder Missionsstation einen Arzt zuzugesellen, durch den fähigen, schulisch ausreichend vorgebildeten Afrikanern hygienische und medizinische Grundkenntnisse vermittelt werden sollten.[207] Zu einer annähernden Verwirklichung dieses Planes, und das auch nur

---

203. Nouvelles Instructions, in: Instructions, S.121-124.
204. Diese Aussage erhält noch mehr Profil, wenn sie auf dem Hintergrund der Abgrenzung gegenüber den anderen Berufen gesehen wird, die Lavigerie im unmittelbaren Kontext selbst aufzeichnet; vgl. Instructions, S.122.
205. Vgl. Instructions, S. 83 (›Premières Instructions‹) u. S.125-129 (›Nouvelles Instructions‹).
206. Der erste, ein Berber, wurde 1880 in Lille immatrikuliert; 1884 finden sich vier weitere nordafrikanische Medizinstudenten dort, die nach 4 Jahren ihr Studium mit der Doktorpromotion erfolgreich abschließen konnten; vgl. J.Paas, Die Negerärzte des Kardinals Lavigerie, in: Akademische Missionsblätter, 19.Jg., Münster 1931, Heft 1, S.16ff, bes. S.18; P.Cassar, Malta's Contribution to the Advancement of Health in Africa in the late 19th Century, St.Luke's Day Lecture, Malta Medical School, Oct. 18, 1979, in: The Sunday Times (Malta), Jan.17,1982, S.10f.
207. Vgl. Instructions, S.129; F.Renault, Lavigerie L'Esclavage Africain et L'Europe

gegen Widerspruch aus den eigenen Reihen[208], kam es allerdings erst dann, als sich der Kardinal dazu entschlossen hatte, in teilweiser Preisgabe des strikten ›essentiellement africaine‹ auf Malta ein ›Institut des Jeunes Nègres‹ zu diesem Zwecke aufzubauen.[209] Der Erzbischof war selbst zur Einrichtung dieses Institutes, das seinen Vorstellungen nach Basis eines qualifizierten, sich selbst multiplizierenden missionsärztlichen Dienstes werden sollte, auf Malta zugegen[210] und verfasste ein ausführliches ›Règlement de *l'Institut des Jeunes Nègres destinés à servir d'Auxiliaires aux Missionnaires de l'Intérieur de l'Afrique*‹.[211] Darin be-

1868-1892, Bd.I, Afrique Centrale, Paris 1971, S.216f. - Der Gedanke der Zuordnung eines Arztes zu jeder Station ist ebenfalls beachtenswert. Obwohl so nicht direkt von Lavigerie ausgeführt, steht dahinter auch die Sorge um die Gesundheitserhaltung der Missionare in Zentralafrika, die in den Instruktionen wiederholt angesprochen wird (vgl. ›Première Instructions‹ III, S.86-89; ›Nouvelles Instructions‹, I,2, S.110f), und die ihm aus der Kenntnis der jüngeren afrikanischen Missionsgeschichte, z.B. seines Zeitgenossen Comboni, wohl vertraut war.

208. Zu der Kritik aus den eigenen Reihen vgl. F.Renault, Lavigerie L'Esclavage, S.218ff.
209. Lavigerie wählte die Afrika in klimatischer und geographischer Hinsicht nicht zu fremde Insel Malta wegen ihres »milieu complètement et admirablement catholique« (Brief Lavigeries an Deguerry vom 23.Juni 1880, zitiert bei F.Renault, Lavigerie L'Esclavage, S.218).»A la primauté du milieu africain, s'était substituée celle du milieu chrétien.« F.Renault, ebd. - Hinter der Wahl Maltas lag aber auch eine noch weiterreichende Überlegung, nämlich die Absicht, bei drohenden Konflikten mit den französischen Kolonialbehörden, die auf Grund von Lavigeries Bestrebungen, den Sklavenhandel zu unterbinden, latent immer vorhanden waren, einen möglichen Rückzugspunkt für die ›Missionare von Algier‹ haben zu können, wenn diese aus Algier vertrieben werden sollten; vgl. F.Renault, ebd. S.215, und wegen der dortigen medizinischen Ausbildungsmöglichkeiten (Hospital; Fakultät seit 1676 - Zur Medizingeschichte Maltas vgl. P.Cassar, Medical History of Malta, London 1964, zur Fakultätsgeschichte ebd. S.437-464 und F.Rauscher, Die Mitarbeit, S.24f.). - Die Literatur benützt keine durchgängige Bezeichnung für das Institut. Der oben zitierte Name ist der von Lavigerie verfassten ›Reglement de l'Institut des Jeunes Nègres‹ entnommen; vgl. F.Rauscher, Die Mitarbeit, S.27 A 35.
210. Vgl. F.Rauscher, Die Mitarbeit, S.24 A 25. Auf S.29 zitiert Rauscher in A 42 aus Lavigeries ›Règlement de l'Institut des Jeunes Nègres‹, S.15f:»L'Institut de Malte n'est pas le grand établissement ou l'ensemble des établissements définitifs dont il est question dans le Mémoire au Saint-Siège. C'est une pépinière d'où doivent sortir non seulement des médecins ordinaires, mais encore des professeurs, qui, retour dans leur pays, devront y enseigner la médecine à leur tour, et donner ainsi à la pensée première des Supérieurs de la Société son complet développement.«
211. Das Règlement umfaßt 71 Manuskriptseiten und verwendet viel Material aus dem ›Mémoire secret‹ und der Regel der ›Ecole apost. St.Eugène‹, Algier; vgl. F.Rauscher, Die Mitarbeit, S.27 A 35. Im Sammelband der ›Instructions‹, Maison-Carrée 1927, finden sich die ›Instructions pour la direction de l'Institut des Jeunes Nègres à Malte‹ S.181-188.

tonte er besonders die Heranbildung eines apostolischen Geistes unter den Kandidaten und die Notwendigkeit, deren einfache afrikanische Lebensweise so weit wie möglich beizubehalten, damit jene nicht ihrem angestammten Lebensraum entfremdet werden.[212] In das schließlich in Tarxien etablierte Studienhaus[213] zogen dann im Herbst 1881 drei Missionare mit sechzehn im Sudan freigekauften afrikanischen Jugendlichen ein, von denen die acht ältesten, die sechzehn- und siebzehnjährigen, neben der apostolisch-katechetischen Schulung für die medizinische Ausbildung vorgesehen waren.[214]

Im ersten Jahr waren diese Kandidaten als Gasthörer in Anatomie an der medizinischen Fakultät von La Valetta immatrikuliert. Auf Bitten der Missionare erhielten sie gesonderte Dissektionen, sowie in den beiden folgenden Jahren im Studienhaus auch privaten Unterricht in Chemie und Physik, sowie in Medizin und Chirurgie durch einen Arzt. Danach nahmen sie wiederum an Universitäts-Vorlesungen teil und machten klinische Praktika in den Hospitälern der Stadt. Nach schließlich sechsjähriger medizinischer Ausbildung wurde ihnen, die keinen formellen Studienabschluß hatten und dennoch ›docteurs‹ bzw. ›médecin missionnaires‹ genannt wurden, seitens der Fakultät ein Zertifikat ausgehändigt, das ihnen ihre Teilnahme an medizinischen Kursen bescheinigte.[215] Das geschah auf ausdrücklichen Wunsch des mittlerweile zum Kardinal erhobenen Lavigerie, der nicht ohne gewissen Stolz von seinen Schützlingen sagte:

»[D]ans l'Université où nos jeunes nègres ont étudié, au nombre de trente, ils se sont distingués par leur intelligence, par leurs progrès, de façon à tenir facilement la tête de leurs cours, et ils ont ainsi montré ce dont sont capables nos Africains de l'Intérieur, même à peine sortis de la barbarie.«[216]

---

212. Das bedeutete z.B. die Beibehaltung ihrer gewohnten Kost und Kleidung, aber auch den Verzicht auf Bettstellen und die Zumutung langer Fußmärsche, durch die sie oft so ermüdet wurden, daß sie für die Studien zu erschöpft waren; vgl. F.Renault, Lavigerie l'Esclavage, S.223ff; P.Cassar, Malta's Contribution, S.10. - Zum spirituell-apostolischen Aspekt der Ausbildung vgl. Lavigerie, ›Instructions pour la direction‹, in: Instructions, S.181ff, bes. S.183-185.
213. P.Cassar, Malta's Contribution, S.10.
214. Ursprünglich waren es acht, dann aber, nachdem einer gestorben und ein anderer abgewandert war, nur noch sechs; vgl., auch zum folgenden: F.Renault, Lavigerie l'Esclavage, S.224ff; P.Cassar, Malta's Contribution, S.10f; ders.: Medical Careers of Malta-trained African Students, in: The Sunday Times (Malta), Jan 24, 1982, S.15; F.Rauscher, Die Mitarbeit, S.24ff. - Das dazugehörige Archivmaterial befindet sich im Generalat der ›Afrikamissionare‹ in Rom, Archives Lavigerie, Casier D.11, Malte.
215. F.Rauscher, Die Mitarbeit, zitiert aus diesem Zertifikat auf S.26 A 32; vgl. auch P.Cassar, Malta's Contribution, S.11. Cassar gibt als Datum der Ausstellung dieser Zertifikate den 4.12.1888 an, obwohl die Kandidaten zu der Zeit schon auf ihrer Reise nach Äquatorial-Afrika waren.
216. Allocution prononcée au sacre de Mgr Bridoux (Paris, 8 juillet 1888), in: In-

Unter der ersten Gruppe von sechs derart medizinisch gebildeten Katecheten für den Missionsdienst ragt der in Tanzania tätig gewordene Adrian Atiman (1864/ 66-1956) heraus, nicht nur seines langjährigen Dienstes wegen, sondern auch deshalb, weil er in ganz besonderer Weise das Kardinal Lavigerie vorschwebende Ideal verkörperte.[217] Obwohl sich auch Atimans Kursusgenossen und manche ihrer nicht sehr zahlreichen Nachfolger im späteren Missionsdienst bewährten,[218] wurden ab 1891 keine weiteren Jugendlichen nach Malta geschickt, da es an wirklich geeigneten mangelte. Bis zur endgültigen Aufgabe des Studienhauses in Tarxien im Sommer 1896[219] hatten an die vierzig prospektive Kandidaten darin Aufnahme gefunden, doch nur zwölf von ihnen auch einen gewissen Abschluß ihrer medizinischen Ausbildung erlangt. Die anderen, die dieses Ziel nicht erreichen konnten, wurden zu Lehrern und Katecheten ausgebildet oder, wenn nicht schon bald wieder nach Afrika zurückgeführt, erlernten einen handwerklichen Beruf.[220]

structions, S.464-473, Zitat S.471. Ein Auszug in deutsch in: Katholische Missionsärztliche Fürsorge, Jahrbuch 1930, S.126f. - Wie stolz Kardinal Lavigerie darüber war, zeigt der Umstand, daß er einige der Kandidaten auch Papst Leo XIII im Mai 1888 in Rom vorstellte und im Juli einige von ihnen nach Paris zur Teilnahme an der Weihe von Bischof Bridoux rief.

217. Vgl. die umfassende Biographie von R.P.Fouquer, Le Docteur Adrien Atiman, Médecin-Catéchiste au Tanganyika aux les traces de Vincent de Paul, Conde-Sur-Escaut 1964, sowie das zeitgenössische, mit Illustrationen versehene Lebensbild Pater Majerus' über A.Atiman im ›Afrikabote(n)‹, Illustrierte Monatsschrift über das Missionswerk der Weißen Väter, 39.Jg., Trier 1933, ›Vom Sklaven zum Missionsarzt‹, S.24-28, 52-56, 79-84, 108-112, 137-140, 165-168, 193-196, 221-224, 248-252, 276-280 u. 307f.

218. Zu den einzelnen Personen und deren Biographie vgl. P.Cassar, Medical Careers, S.15; F.Renault, Lavigerie l'Esclavage, S.233ff; über ihre Tätigkeit vgl. J.Paas, Die Negerärzte, S.19ff. - Von denen, die den in sie gesetzten Erwartungen nicht ganz entsprachen, verblieben zwei leider nur für wenige Jahre bei der Mission, um sich dann der British Administration zur Verfügung zu stellen (Michel Abdou / Joseph Coro), ein anderer wurde, wie seinerzeit Parker in China, Sekretär und Übersetzer der französischen Regierung (Pierre Sokore) und ein vierter erwies sich als für den aktiven praktischen Dienst als völlig ungeeignet (André Faraghi).

219. Zu den für die Auflösung entscheidenden Gründen zählten die erhoffte, aber ausgebliebene finanzielle Unterstützung des Werkes durch die katholische Bevölkerung Maltas, der häufige Wechsel der Leitung des Hauses und die vielfältigen anderweitigen Aufgaben des jungen Missionsordens. Die Auflösung war zwar schon 1893 beschlossene Sache, aber aus Gründen der Pietät - Lavigerie war erst 1892 gestorben - wollte man dieses ihm so wichtige Institut nicht sofort aufgeben. Dies geschah erst endgültig durch ein Generalkapitel vom 22. Juni 1896; vgl. F.Renault, Lavigerie l'Esclavage, S.226ff, F.Rauscher, Die Mitarbeit, S.27f.

220. Vgl. F.Rauscher, Die Mitarbeit, S.25, bes. A 29.

»Les anciens esclaves, que les missionnaires ont conduits à travers bien des difficultés et des incertitudes à l'exercise de la médecine, n'ont pas constitué un simple épisode historique. Ils ont été le début d'une histoire.«[221]

Die Auflösung des Institutes bedeutete nicht das Scheitern prinzipieller missionsmethodischer Einsichten Lavigeries, sondern nur das Scheitern ihrer damaligen praktischen Umsetzung.

---

221. F.Renault, Lavigerie l'Esclavage, S.236.

B. Entwicklung und Diversifikation des missionsärztlichen Dienstes

1. Die missionsärztlich tätigen Kräfte

Trotz der euphorisch begrüßten Anfänge ärztlicher Mission in China und der systematischen Propagierung des medical missions-Konzeptes in der ersten Hälfte des vorigen Jahrhunderts, standen 1849 erst vierzig Missionsärzte im Dienst in Übersee.[1] Ab Mitte der siebziger Jahre aber kam es als Frucht der Bemühungen der missionsärztlichen Hilfsvereine und Gesellschaften zu Aussendungen von Missionsärzten in größerer Zahl. Darüber geben zuverlässige Statistiken einigermaßen genaue Auskunft.[2] Nach China reisten z.b. seit 1836 kontinuierlich ein bis zwei, gelegentlich auch drei oder, wie 1863, einmal sogar sechs Ärzte aus, aber erst von 1874 an erhöhte sich das jährliche Quantum spürbar.[3] Zwar erfolgte der numerisch große Zuwachs hier wie auch anderswo erst nach der Jahrhundertwende[4] – er erreichte um 1925 mit weltweit über 1000 vollqualifizierten Medizinern, mehr als 1000 Krankenschwestern bzw. Hebammen und über 5000 einheimischen Mitarbeitern seinen Höhepunkt.[5] Prozentual gesehen aber war das

1. 26 von ihnen kamen aus den Vereinigten Staaten, 12 aus Großbritannien, je einer aus Frankreich und aus einem bisher noch nicht näher identifizierten Land; vgl. America in Relation to Foreign Medical Missions, in: The Medical Missionary Record, Vol.I, 1886, S.5.
2. Während ab 1886 in ›Medical Missions at Home and Abroad‹ (NS) jährlich eine Liste der ›Medical Missionaries holding British Degrees or Diplomas‹ erschien, veröffentlichte G.Dowkontt in seinem ›Medical Missionary Record‹ ebenfalls 1886 (Vol.I, S.25-28) eine ›List of Medical Missionaries throughout the World‹, die früheste, sorgfältig recherchierte Statistik dieser Art. Im 2. Jg. desselben Blattes (1887) erschien von J.C.Thompson eine historische Liste der ›Medical Missionaries to the Chinese‹ (S.76-78), die von demselben Verfasser 1889 in alphabetischer Reihenfolge aktualisiert wurde (The Medical Missionary Record, Vol. IV, 1889, S.139-144). Die letzte derartige Statistik erschien wohl im ›Medical Missionary‹ (Battle Creek), Vol.XIX, 1910, S.135ff. – Außer diesen Sonderverzeichnissen sind mit Beginn des 20. Jahrhunderts die großen Atlanten (J.S.Dennis, Centennial Survey of Foreign Missions, New York/Chicago/Toronto 1902; H.P.Beach, A Geography and Atlas of Protestant Missions, Vol.II, Statistics and Atlas, New York 1903; Statistical Atlas of Christian Missions, Edinburgh 1910, und World Missionary Atlas, London 1925) zu berücksichtigen. Für China ist auch M.T.Stauffer, The Christian Occupation of China, Shanghai 1922, heranzuziehen.
3. Vgl. Medical Missionaries to the Chinese, in: The Medical Missionary Record, Vol.II., 1887, S.76-78.
4. Vgl. H.Balme, China and Modern Medicine, S.59 u. S.113f.
5. Im ›World Missionary Atlas‹ (London 1925) sind auf S. 79 für das Jahr 1923

nicht signifikant; denn schon am Ende des neunzehnten Jahrhunderts stellten die damals 770 Missionsmediziner gut 5% des gesamten missionarischen Personals (von insgesamt 12.837), und damit den gleichen Anteil wie 1923.[6] Doch nicht dieses, zugegebenermaßen bescheidene Personen-Kontingent ist ausschlaggebend für eine sachgerechte Einschätzung der missionarischen Bedeutung ärztlicher Mission. Das dafür entscheidende Maß ist die Anzahl der durch jene Missionskräfte ermöglichten Fremdkontakte. Verglichen mit anderen Parametern des (protestantischen) Missionswerkes, z.B. der pädagogisch-erzieherischen Arbeit in Schulen, Ausbildungsstätten, Seminaren und Colleges, in denen zur gleichen Zeit mehr als 55% aller Missionare beiden Geschlechts 1.127.853 Schüler unterrichteten, erreichten die Hospitäler (mit Außenstationen) 2.545.503 Patienten und damit das 2,25 fache der registrierten, missionarisch bedeutsamen Fremdkontakte.[7] Außerdem beanspruchten die um 1900 weltweit bestehenden insgesamt

folgende Zahlen ausgewiesen: Missionsärzte – 801; Missionsärztinnen – 356; Schwestern – 1007; einheimische Missionsärzte – 513; einheimische Missionsärztinnen – 99; einheimische Krankenpfleger – 2597 und einheimische Krankenschwestern – 2861.

6. Den bereinigten Statistiken bei Dennis, Centennial Survey, S.264 zufolge, machen die Missionsärzte und -ärztinnen 5,11% aus (nämlich 711 von insgesamt 13.902 [von den mit 18.164 angegebenen Personen im missionarischen Dienst sind die 4.262 Ehefrauen nicht mitgezählt, da es hier um die Vergleichung von ausgeübten Berufen geht]). Nach H.P.Beach, der in seinem etwas später publizierten Atlas zu anderen, kleineren Zahlen kommt (zu den Unterschieden vgl. P.H.Beach, Atlas, Preface), beträgt der Anteil der 770 Mediziner unter den 12.837 Missionaren (Gesamtanzahl von 16.618 reduziert um die Zahl der 4.221 Ehefrauen) 5,99% (vgl. ebd. S.19). Im World Missionary Atlas (S.76) sind unter den 20.569 Missionaren 1157 Ärzte und Ärztinnen ausgewiesen, was einem Anteil von 5,64% entspricht. Nimmt man allerdings die 1007 Missionskrankenschwestern hinzu, dann steigt der Anteil der ausländischen missionsärztlichen Kräfte auf 10,5%.

7. Die oben angegebenen Werte sind aus dem von P.H.Beach herbeigebrachten Material errechnet und beziehen sich auf die von ihm im ›Atlas‹, S.19ff gegebenen Zahlen, allerdings wieder in entsprechend bereinigter Weise. Die Parallelangaben bei Dennis, soweit diese kompatibel sind, weisen einen prozentualen Anteil von 50,16% für im pädagogischen Bereich tätige Missionare aus, die 1.043.967 Schüler, und damit weniger als die Hälfte der von ihren medizinisch-ärztlich tätigen Kollegen betreuten 2.347.780 Patienten erreichten. – 1923 hatte sich das Verhältnis der eingesetzten Kräfte noch weiter zu(un)gunsten der Schulen etc. verschoben, in denen mehr als 62% aller Missionare beiden Geschlechts arbeiteten. An Fremdkontakten ermöglichten sie allerdings mit insgesamt 2.440.148 betreuten Kinder, Schüler und Studenten knapp die Hälfte von denen, die die medical missionaries (einschließlich der Schwestern) in den Hospitälern und Dispensaries (ausschließlich der philanthropischen Einrichtungen) erreichten. Die Zahl der registrierten Patienten betrug 4.788.258.

947 missionsärztlichen Einrichtungen nur einen Bruchteil (3,36%) der missionarischen Institutionen; der Löwenanteil von 87,89% (entsprechend 24.728 Einheiten) entfiel auf die verschiedenen Erziehungs- und Bildungseinrichtungen. Daher war die Bemerkung des damaligen Sekretärs des CMS Medical Committee, H.Lankester, durchaus zutreffend, wenn er im Rahmen der für ihre geistlich zu deutende militaristisch-imperialistische Sprache bekannte Students Volunteer Movement[8] im Januar 1900 davon sprach, daß die ärztliche Mission »the heavy artillery of the missionary army« sei.[9]

a) Herausragende Missionsärzte des neunzehnten Jahrhunderts

Die Geschichte der ärztlichen Mission ist in der Anfangszeit im wesentlichen eine Geschichte einzelner mutiger Pioniere gewesen, zunächst ausschließlich von Missionsärzten, dann auch von Schwestern und Ärztinnen, und schließlich von medizinisch gebildeten einheimischen Kräften. Ihre Biographien widerlegen eindrücklich die Meinung, es handele sich bei ihnen um Mediziner zweiter Klasse. Zwar könnte das auf die beiden bekanntesten Missionsärzte des neunzehnten Jahrhunderts, *David Livingstone* (1813-1873) und *Hudson Taylor* (1832-1905) zutreffen, aber diese wurden nun gerade nicht durch ihre medizinische Tätigkeit, sondern durch andere Qualitäten zu inspirierenden Vorbildern für ihre Zeitgenossen: der eine durch seine Forschungsreisen in Afrika; der andere durch seine innovativen, charismatischen Missionsmethoden im chinesischen Inland.[10]
Die Namen derer, die medizinisch-missionsärztlich bedeutsam wurden, sind demgegenüber viel weniger populär. So z.B. der des ersten offiziellen Missions-

8. Vgl. B.Harder, The Students Volunteer Movement, in: Missiology, Vol.VIII,1980, S.141-154, bes. S.144f (Spiritual Imperialism).
9. Zitiert bei F.A.Walls, ›The Heavy Artillery of the Missionary Army‹: The Domestic Importance of the Nineteenth-Century Medical Missionary, in: The Church and Healing, S.287-297, Zitat S.290. – Eine biographische Skizze ›Herbert Lancester, M.D. – Architect of C.M.S. Medical Missions‹ gibt H.G.Anderson, Typoskript, S.100-105.
10. Über D.Livingstones missionsärztliche Tätigkeit ausführlich M.Gelfand, Livingstone the Doctor – His Life and Travels, A Study in Medical History, Oxford 1957, bes. S.3ff; I.Kammerer, David Livingstone, ein Pfadfinder der ärztlichen Mission, in: Jahrbuch der ärztlichen Mission 1914, S.64-82; (H.Feldmann) Livingstone als Missionsarzt, in: Die ärztliche Mission, 8.Jg.,1913, S.57-60 u. 106-110 (unvollständig); E.Hume, He Lived to Set Men Free, in: E.Hume, Doctors Courageous, New York 1950, S.7-34. – Über Hudson Taylors missions-medizinische Tätigkeit hauptsächlich in Ningpo und Hangchow vgl. Dr. and Mrs. Howard Taylor, J.Hudson Taylor – God's Man in China, Chicago 1977, S.149ff u. S.190; H.Balme, China and Modern Medicine, S.52f; Ch.Wong, Lancet and Cross, (Shanghai) 1950, S.29ff.

arztes der Church Missionary Society *William J.Elmslie* (1832-1872), der 1864 in Srinagar, Kashmir, auf ausdrücklichen Wunsch der dortigen britischen Verwaltung zu arbeiten anfing. Er begann mit einer kleinen Verbands- und Erste-Hilfe-Station und entwickelte aus der Begegnung mit der in verständlicher Aversion gegen alles imperialistisch anmutende Fremde lebenden islamisch-hinduistischen Umwelt die Methode mobiler missionsärztlicher Arbeit in Gestalt von ärztlich-evangelistischen Wandertouren.[11] Dieser Methode bediente sich auch einer seiner großen Nachfolger, *Dr.Arthur Neve* (1859-1911), der über dreißig Jahre in Kashmir arbeitete und sich als Chirurg, Geograph und Friedensstifter zwischen Indern und Briten einen Namen machte.[12] Auch noch eine Generation später bewährte sich das missionsärztliche Itinerantentum bestens in der des hochbegabten *Theodore Leighton Pennell* (1867-1912), der im Auftrage derselben Gesellschaft im Nordwesten Indiens, in Bannu, hauptsächlich unter den muslimischen Afghanen tätig war. Der irenische Einfluss seines Wirkens wurde nicht nur politisch von höchster Seite geschätzt, sondern erfreute sich bis in die jüngste Gegenwart hinein großer Achtung, wie die 1978 in Lahore erschienene pakistanische Ausgabe seines großen Buches mitsamt seiner Biographie belegt.[13]

11. Vgl. das Lebensbild ›William Jackson Elmslie, M.B., C.M.‹ in: The Medical Missionary Record, Vol.II, 1887, S.2-5, 33-35, 57-59, 97-99, 117-119 u. 141-145; W.B.Thomson, Memoir of William Jackson Elmslie, London 1891[4]; H.G.Anderson, Typoskript, S.36ff; J.Lowe (Comp.), Medical Missions as illustrated by some Letters and Notices of the late Dr.Elmslie, Edinburgh 1874. – Elmslie war durch Vermittlung der Edinburgh Medical Missionary Society von der C.M.S. akzeptiert worden, obwohl er selbst Presbyterianer war.
12. Vgl. E.F.Neve, A Crusader in Kashmir – Being the Life of Dr.Arthur Neve, with an Account of the Medical Missionary Work of two Brothers and its later Developments down to the present day, London 1928; ders.: Beyond the Pir Panjal – Life among the mountains and valleys of Kashmir, London 1912.
13. Vgl. A.L(ancester), Pennell of Bannu, London 1912; Die Ärztliche Mission, 17.Jg., 1912, S.72; Wurster, Dr.Pennell, Missionsarzt und Missionspionier an der Nordwestgrenze Indiens, in: EMM NF, 56.Jg., 1912, S.465-481; E.Hume, Doctors Courageous, S.148ff; M.Sinker, Friend of the Frontier – The Story of Dr.Theodore Pennell, London o.J. – Pennells autobiographischer Bericht ›Among the Wild Tribes of the Afghan Frontier‹, 1913[5], kann durchaus als Bestseller bezeichnet werden; denn aus dem Gewinn des Verkaufes der ersten Auflagen konnte das ›Lord Roberts' Hospital‹ in Thal (heute in Pakistan) finanziert werden. Auch mußte eine erschwinglichere, billigere Ausgabe für den weiten Leserkreis erstellt werden; vgl. Preface to the fourth Edition, ebd. S.VIII. – Pennell, Alice Maud (Sorabj), Mrs., Pennell of the Afghan Frontier: the life of Theodore Leighton Pennell by Alice M.Pennell, with an introduction by Earl Roberts; Pennell, Theodore Leighton, Among the wild Tribes of the Afghan Frontier, 2 Vol in 1, 1st Ed. in Pakistan, Lahore 1978.

Dr.Colin S.Valentine (1834-1905), wie A.Neve ein Stipendiat der Edinburger Gesellschaft, war ein anderer bedeutender Missionsarzt in Indien. Ihm gelang es mittels seines medizinischen Könnens, das Vertrauen des liberalen Maharaja Ram Singha von Jeypore, Rajaput (North West Provinces), zu gewinnen. Der Bitte, dessen Leibarzt zu werden, entsprach er nur unter der – ihm gewährten – Bedingung, auch weiterhin öffentlich predigen zu dürfen. Dr.Valentine bewies in dieser Stellung neben großem evangelistischem Eifer eine wahrhaft klassisch zu nennende philanthropische Gesinnung, indem er sich vorbildlich für das öffentliche Wohl einsetzte: er betrieb eine Gefängnisreform, richtete eine öffentliche Bibliothek ein, begründete eine allgemeine höhere Lehranstalt (School of Arts), ein Museum, ein philosophisches und ein medizinisches Institut und, 1881, nach dem Edinburger Vorbild das ›Agra Medical Missionary Institute‹.[14]

Auch das Wirken der ersten Missionsärzte der London Missionary Society in China machte Geschichte: so war *Wilhelm Lockhart* (1811-1896) als Pionier an verschiedenen Orten tätig, eröffnete die ersten Hospitäler in Shanghai (1844) und Peking (1861) und berichtete als erster ausführlich über die missionsärztliche Tätigkeit in ›The Medical Missionary in China‹.[15] Sein Kollege und Zeitgenosse *Dr. Benjamin Hobson* (1817-1873) machte sich vor allem um die Erstellung medizinischer Fachliteratur in Chinesisch verdient, wodurch er nicht nur schon sehr früh das Problem interkultureller Hermeneutik im Blick auf die medizinische Ausbildung in Angriff nahm, sondern auch die Grundlage für eine wissenschaftlich-medizinische Ausbildung in China schuf,[16] ein Anliegen, dem sich der

---

14. Vgl. das Lebensbild in: The Medical Missionary Record, Vol.III, 1888, S.159-161, 201 u. 222-224; de Gaay Fortman, Geschiedenis, S.86-89. – Da das ›Medical Missionary Training Institute‹ ab 1885 von der Edinburgh Medical Missionary Society getragen wurde, finden sich in deren ›Quarterly Paper‹ ab 1885 regelmäßig entsprechende Nachrichten, z.B. Vol.V (1887-1891), S.27ff, 50f, 194ff u. 382f. Nach dem Tode von C.Valentins Nachfolger, Dr.William Huntly, wurde die Einrichtung 1913 aufgegeben und das zur Verfügung stehende Geld für Stipendien an christliche Medizinstudenten in Nordindien verwendet; vgl. L.Taylor, A Century of Service, S.10.
15. London 1961. – Lebensskizze von Lockhardt in: The Medical Missionary Record, Vol.VI, 1891, S.198-200; H.Balme, China and Modern Medicine, London 1921, S.45f; Ch.Wong/Lien-The, History of Chinese Medicine, S.128ff; Ch.Wong, Lancet and Cross, S.10ff. Allgemein zum folgenden auch: E.H.Jeffs, The Doctor Abroad – The Story of the Medical Missions of the London Missionary Society, Westminster (1933).
16. Vgl. H.Balme, China and Modern Medicine, S.46ff; Wong/Lien.The, History of Chinese Medicine, S.215ff; Ch.Wong, Lancet and Cross, S.14ff. – 1850 erschien das erste chinesische Textbuch ›Outline of Anatomy and Physiology‹ in Canton. Andere Titel waren: First Lines of the Practice of Surgery in the West, Shanghai 1857, Treatise on Midwifery and Diseases of Children, Shanghai 1859, Practice of Medicines

Schotte *James Henderson* (1829-1865), der 1860 als L.M.S. Missionar nach Shanghai kam, besonders verpflichtet fühlte.[17]
Aufgrund seines frühen Todes nach nur dreijährigem Aufenthalt in China konnte *Dr.Harald Schofield* (1851-1883) kaum medizingeschichtlich wirksam werden. Um so mehr wurde er aber durch sein persönliches Vorbild zur Leitfigur des missionsärztlichen Ideals der Spätphase des Revival: eine phänomenale medizinische Begabung, die ihm bereits während seiner Studienzeit verschiedene Lehrstuhlangebote eintrug, stellte er unter dem Einfluß der Erweckung in den Dienst der China Inland Mission, einem Dienst, der ihn sein Leben kostete.[18]
P.Parkers Nachfolger in Canton, *Dr.John G. Kerr* (1824-1901), Missionsarzt der amerikanischen Presbyterianer, machte sich nicht nur einen Namen als ausgezeichneter Chirurg, sondern ebensosehr als Mentor von über einhundert Studenten, als erster Herausgeber des ›China Medical Missionary Journal‹, als Übersetzer medizinischer Fachliteratur und als Begründer der ersten Heilanstalt für Geisteskranke in China, ›The Asylum for the Insane‹ in Canton, 1898.[19] *Dr.Divie*

and Materia Medica, Shanghai 1858, Medical Vocabulary in English and Chinese, Shanghai 1858. Alle diese Bücher wurden mehrfach aufgelegt. »Hobson's books remained for many years the standard works in Chinese, and their influence, not only upon the Chinese in touch with western medical men but upon scholars in general, cannot be overrated.« (Wong/Lien-The, History of Chinese Medicine, S.222). Über diese Tätigkeit Hobsons vgl. auch W.Lockhart, The Medical Missionary, S.154ff. – Die ›China Medical Missionary Association‹ (gegr.1886) hatte auch einen ständigen Ausschuß für ›Publication and Translation‹; vgl. H.Balme, China and Modern Medicine, S.215.

17. Henderson brachte bereits um 1863 die Errichtung von ›Medical Schools in China‹ ins Gespräch und führte auch als erster Autopsien in größerem Umfang durch, obwohl diese in China erst ab 1913 offiziell gestattet wurden; vgl. seine aus autobiographischen Aufzeichnungen posthum herausgegebene ›Memorials of James Henderson, M.D. – Medical Missionary to China‹, London 1875; Ch.Wong, Lancet and Cross, S.33ff, und das Lebensbild in ›The Medical Missionary Record‹, Vol. II, 1887, S.137-140, 211-214.

18. Vgl. A.T.Schofield, Memorials of R.Harold A.Schofield, M.A., M.B. – First Medical Missionary to Shan-Si, China, with Introduction by Rev.J.Hudson Taylor, New Edition, London 1898; Ch.Wong, Lancet and Cross, S.60ff; H.Balme, China and Modern Medicine, S.54; M.G.Guiness, Die Geschichte der China Inland Mission, Bd.II, Barmen 1898, S.392ff.

19. Vgl. W.Cadbury / H.Jones, At the Point of A Lancet, S.101-143; Ch.Wong, Lancet and Cross, S.23ff; J.Bavington, Mental Health, in: Heralds of Health, S.201. Das Asylum erhielt später den Namen seines Gründers. – Zur äußerst verwickelten Geschichte der amerikanischen Presbyterianer und ihrer Missionsinitiativen vgl. F.J.Heuser, A Guide to foreign Missionary Manuscripts in the Presbyterian Historical Society, New York/Westport/London 1988, Appendix S.89ff (mit Grafik!); zu China ebd. S.15f.

B. McCartee (1820-1900), ebenfalls Missionsarzt der amerikanischen Presbyterianer, zeichnete sich durch sein sprachliches und diplomatisches Können in China und Japan aus: neben seiner medizinischen Tätigkeit wurde er U.S.Konsul in Chefoo, China, übernahm eine juristische und eine naturwissenschaftliche Professur an der Universität Tokyo, wurde als Sachverständiger der ersten chinesischen Delegation nach Japan (1877) hinzugezogen, kehrte 1880 in die U.S.A. als Berater für die japanische Botschaft in Washington zurück, arbeitete gleichzeitig im dortigen Smithsonian Institute und reiste 1889, wiederum als Missionsarzt derselben Gesellschaft, diesmal nach Japan, aus, wo er bis kurz vor seinem Tode blieb.[20] Eine ähnlich interessante Biographie in China und Japan hatte auch McCartees Kollege *J.G. Hepburn* von der gleichen Gesellschaft, »the most versatile figure, perhaps, who has yet been seen in the Far East.«[21] Erst 1841 über Singapore nach Amoy, China, gekommen, mußte er aus gesundheitlichen Gründen 1845 in die U.S.A. zurückkehren, von wo aus er 1859 nach Japan reiste, um dort für die nächsten 33 Jahre als missionsärztlicher Pionier tätig zu sein. Neben seiner Arbeit erstellte er das erste große Englisch-Japanische Wörterbuch, wurde Bibelübersetzer und engagierter Erzieher und erhielt auf Grund seines Wirkens Auszeichnungen vom japanischen Kaiser sowohl als auch von Princeton, seiner alten Universität.[22] Mit zu diesem Bunde äußerst interessanter Persönlichkeiten gehört auch *Dr.Bradley*, der als Arzt, Publizist, Prediger und Diplomat seit 1835 in Bangkok arbeitete.[23]

Weittragende missionsgeschichtliche Folgen hatte das Wirken des medical missionary der London Missionary Society *Rev.John Lowe, F.R.C.S.C.* (1835-1892) als auch das des Basler Missionsarztes *Dr.Eugen Liebendörfer* (1852-1902); beide Männer waren in Südindien tätig gewesen, und beide hatten aus gesundheitlichen Gründen zurückkehren müssen. John Lowe wurde nach W.Burns Thomson die prägende Gestalt der Edinburgh Medical Missionary Society wäh-

---

20. Ch.Wong, Lancet and Cross, S.20ff; H.W.Rankin, Divie Bethune McCartee M.D. – Pioneer Missionary, A Sketch of His Career, in: The New York Evangelist, May 22, 1902, S.604-607; D.Murray, Divie Bethune McCartee M.D., Pioneer Missionary in China and Japan, in: The New York Observer, July 17, 1902, S.72f; H.Balme, China and Modern Medicine, S.49ff; F.J.Heuser, A Guide to Foreign Missionary Manuscripts, S.21.
21. H.Balme, China and Modern Medicine, S.48.
22. Vgl. H.Balme, China and Modern Medicine, S.48f. Die von Balme erwähnte Biographie zu J.G.Hepburn ›Hepburn of Japan‹ von W.E.Griffis, Philadelphia 1913, hatte nicht eingesehen werden können. – Zu den unterschiedlichen Daten vgl. ›Medical Missionaries to the Chinese‹, in: The Medical Missionary Record, Vol.IV, 1889, S.141.
23. Vgl. die gute kritische Biographie von D.C.Lord, Mo Bradley and Thailand, Missions Studies I, R.Pierce Beaver (Ed.), Grand Rapids, MI, 1969.

rend der Zeit des evangelistisch-missionarischen Aufbruchs der siebziger Jahre[24] und Eugen Liebendörfer zum Initiator und ersten Geschäftsführer der missionsärztlichen Bewegung in Deutschland.[25]

Ein ganz eigenständiger, schwieriger Problembereich missionsärztlicher Tätigkeit ist an der Biographie von *Dr.Robert R.Kalley* (1809-1888) abzulesen, nämlich deren Ausübung in den christianisierten Ländern katholischen Bekenntnisses.[26] Als Missionsarzt der London Missionary Society auf dem Weg nach China, mußte Kalley aus gesundheitlichen Gründen bereits in Madeira an Land gehen, wo er sich dann auch niederließ. Infolge seines medizinisch-evangelistischen Wirkens kam es unter der katholischen Bevölkerung zu einer aufsehenerregenden Erweckung, die schließlich dazu führte, daß Kalley von der portugiesischen Obrigkeit für längere Zeit inhaftiert und schließlich, im August 1846, gewaltsam von der Insel vertrieben wurde. Das hatte die Auswanderung einer großen Schar von etwa eintausend erweckten Madeira-Bewohnern nach Trinidad und nach Illinois in den U.S.A. zur Folge. Nach einigen Jahren missionsärztlicher Tätigkeit auf Malta und in Beirut reiste Kalley 1853 zum Besuch ›seiner‹ Auswanderer-Gemeinde nach Illinois, wo er sich, weil ihm die portugiesische Sprache vertraut war, kurzerhand dazu entschloß, in Rio de Janeiro, Brasilien, eine neue Arbeit zu beginnen. Auch hier kam es zu einer ähnlichen Erweckung wie auf Madeira, die diesmal allerdings nicht nur von tätlichen Angriffen, sondern auch von öffentlichen Diskussionen in den Zeitungen und dem zuständigen Landtag begleitet war. 1875, nachdem eine Gemeinde in Rio etabliert, für diese ein Pfarrer ordiniert und

---

24. Vgl. Rev.John Lowe, F.R.C.S.E., Secretary and Superintendent, Edinburgh Medical Missionary Society, Edinburgh 1892; Lebensskizze ›Rev.John Lowe, F.R.C.S.E.‹ in: The Medical Missionary Record, Vol. II, 1887, S.29-32.
25. Durch eine Begegnung mit Paul Lechler in Freudenstadt entstand der Plan zur Gründung eines deutschen Vereins für ärztliche Mission; s.o. S. 206ff. Vgl. I.Kammerer, Ein treuer Knecht des Herrn – Leben und Wirken des Missionsarztes Dr.Eugen Liebendörfer, Stuttgart 1904; The Pioneer Medical Missionary of Germany, in: Quarterly Paper, Edinburgh, Vol.X, 1900-1903, S.375-377; W.Spaich, Zur Erinnerung an Missionsarzt Dr. Eugen Liebendörfer, in: EMM NF, 71. Jg., 1927, S.310-316 (dasselbe in: Die Ärztliche Mission, 17.Jg., 1927, S.52-55); K.Seibold, Dr.Liebendörfer, der erste deutsche Missionsarzt der neuen Zeit, in: Ruf und Dienst der ärztlichen Mission, S.46ff.
26. Innerhalb der Fachkreise war man sich dieses Problems bewußt, wie die Behandlung der einschlägigen Fragen z.B. in ›Medical Missions at Home and Abroad‹ besonders im Blick auf missionsärztliche Tätigkeit in Südamerika belegen – Romish Countries and Medical Missions, Mexico (Vol.VII, Nov.1898, S.195f), Medical Missions to Roman Catholic Peoples (Vol.VIII, S.308-310), Medical Missions and Roman Catholic Countries (Vol.XI, erste, nicht paginierte Seite der Ausgabe von Oct.1906) –, aber ausdrücklich diskutiert wurde darüber kaum. Man übte sichtliche Zurückhaltung, und das Bemühen war auf Heiden-, nicht Christenvölker gerichtet.

Kirchenälteste bestellt worden waren, verließ Kalley Südamerika, kehrte nach Schottland zurück und war dann bis zu seinem Tode für die Edinburgh Medical Missionary Society tätig.[27]

b) Women Medical Missionaries

Ohne ihre Arbeit ausdrücklich als ›medical mission‹ zu bezeichnen, hatten Ordensfrauen, Missionarsgattinnen und Diakonissen lange vor der Ankunft eigens dafür ausgebildeter Kräfte in Übersee medizinisch gewirkt. Sie waren es, die als Frauen dem Missionswerk in ganz besonderer Weise dienten, vor allem in Indien, in China und in den Ländern des Islam, in denen die weibliche Bevölkerung durch Kultur und Sitte daran gehindert war, männlichen ärztlichen Beistand in Anspruch zu nehmen.

»Is there no other key but that of education with which to open the door to the inner social life of India? We think there is certainly one other such key, and that key is female medical missions... A female medical mission may be defined to be the practice of medicine by a lady, for the purpose not merely of curing, but of Christianizing her patients. ... She would find an entrance, where the educational missionary would find the door closed.«[28]

Nicht an der grundsätzlichen Anerkennung der potentiellen Rolle der Frauen, sondern an der Frage nach der notwendigen Qualifikation solcher Mitarbeiterinnen entzündete sich die Kontroverse, wie es die oben S. 90f geschilderte Diskussion um den Terminus ›medical missionary‹ geradezu klassisch belegt.

»It is well to remember that there are two grades in this class of workers ... the qualified and the *non* qualified. If the lady is to be located in a sphere where she can fall back on the counsel and support of the ordinary doctor ... she may be fitted for her duties in twelve months; but if she must labour alone, with no one to aid in emergencies, she must be more thoroughly equipped.«[29]

---

27. Vgl. das Lebensbild Robert Reid Kalley, M.D., in: Medical Missions at Home and Abroad, Vol.II, S.85-89. Das darin (S.86) angegebene ›Memoir‹ zu Kalley (von Rev.W.H.Hewitson) war nicht einsehbar; vgl. aber auch J.Lowe, Medical Missions – Their Place and Power, S.138f; ders. Dr.Robert Reid Kalley, in: Jubilee Memorial, Historical Sketch, S.72-76.
28. W.J.Elmslie, Female Medical Missionaries, in: Indian Female Evangelist, Jan. 1873, wieder abgedruckt in: Medical Missions; as illustrated by some letters and notices of the late Dr.Elmslie, Edinburgh 1874, S.182-205, Zitat S.191. Vgl. auch: W.Burns Thomson, Memoir of William Jackson Elmslie, S.247f; J.Lowe, Medical Missions, S.177ff.
29. W.Burns Thomson, Memoir of William Jackson Elmslie, S.249; Hervorhebung im Original. Zur Qualifikation der missionsärztlich tätigen Frauen vgl. auch J.Lowe,

Bezeichnend für die in der damaligen Situation keineswegs streng abgrenzbaren Aufgabenbereiche von pflegerischer, medizinischer und ärztlicher Tätigkeit ist z.B. die Biographie von *Elizabeth Bielby,* die 1875 mit einer medizinischen Grundausbildung (Hebamme) nach Lucknow, Indien, ging, und, da sie vor Ort die Notwendigkeit eines umfassenden medizinischen Wissens erkannte, sich 1881 zur Rückkehr zwecks Medizinstudiums entschloß, um 1885 als ›Dr.Bielby‹ in Lahore mit einer neuen Arbeit im Auftrag der ›Zenana, Bible, and Medical Mission‹ zu beginnen.[30]

Die Berufsbilder von ›medical missionary‹, ›missionary nurse‹ und ›Missionsschwester‹ (im Sinne von qualifizierter, ausgebildeter Krankenpflegerin) waren zu dieser Zeit eben noch im Entstehen, was auch zur Folge hatte, daß der zunächst mehr informelle Arbeitszweig der kundigen Krankenpflege in der Geschichtsschreibung der ärztlichen Mission des neunzehnten Jahrhunderts ganz ausgeblendet wurde, was sich z.B. im Fehlen entsprechender Lebensbilder und Biographien sowie im Mangel an zuverlässigem, sachbezogenem Zahlenmaterial äußert; statistisch wurden die in der Mission tätigen, ausgebildeten Krankenschwestern 1925 zum ersten Mal berücksichtigt![31] Im bedauernden Wahrnehmen

    Medical Missions, S.182ff. Er schreibt (S.188f): »Let us not be misunderstood. There cannot be too many thoroughly well-trained nurses sent out to work amongst the women and children in our mission fields ... but do not place them in a position, or impose upon them duties, for which they will quickly discover, that their professional education and training never fitted them. For their own sakes, as well as for the sake of the cause we seek to promote, do not designate as *medical missionaries* such partially trained agents ... Let such agents be content to go forth to the mission field as missionary nurses, not as medical missionaries.« (Hervorhebung im Original)

30. Vgl.M.I.Balfour/R.Young, The Work of Medical Women in India, S.19ff; J.Lowe, Medical Missions, S.190ff. – Dr.Bielby's Bedeutung aber beruht neben ihrer über fünfzigjährigen Tätigkeit in Indien vor allem auf ihrer Vermittlerrolle zwischen Indien und England, die zur Gründung des ›Lady Dufferin Funds‹ führte (1885). – Ähnlich verlief auch der Lebensweg von Dr.Jane Waterson, eine der ersten Missionsärztinnen in Süd-Afrika (vgl. F.T.Davey/W.A.R.Thomson, The Contribution by Women Medical Missionaries, in: Heralds of Health, S.253) und von Dr.Mary Scharlieb in Süd-Indien (vgl. M.I.Balfour, wie oben, S.29f).

31. Nämlich im World Missionary Atlas, London 1925, S.79f u. 152ff. Zu den Problemen der Statistiken für die entsprechenden Arbeiten der katholischen Orden vgl. B.Arens SJ, Handbuch der katholischen Missionen, 2. vollständig neubearb. Auflage, Freiburg 1925, S.86ff; genauere Zahlen liegen hier erst seit 1930 vor (Missiones Catholicae Cura S.Congregationis de Propaganda Fide descriptae. Statistica. Rom 1930, ausgewertet bei Th.Ohm, Ärztliche Fürsorge, S.41ff; Guida delle Missioni Cattoliche, Rom 1935, ausgewertet bei L.Berg, Christliche Liebestätigkeit in den Missionsländern, Freiburg 1935, S.18ff; vgl. auch J.Schmidlin, Missionscaritas einst und jetzt, in: ZMW, 26.Jg.1936, S.193ff). – Das Fehlen soliden Zahlenmaterials verführt häufiger zu unrealistisch erscheinenden Urteilen über das Ausmaß solcher Arbeit.

dieses Umstandes, durch den auch die Darstellung dieses Kapitels vorliegender Studie belastet ist, bekannte R.P.Beaver:
»The nurses were much more obscure [sc.als die Ärztinnen], and, of course, even the missionary nurses were not given the recognition nor accorded the fame of the physicians, although their achievement equaled that of the doctors. ... the writer [sc.R.P.Beaver] would [like to] search out the ›Florence Nightingales‹ of missionary nursing and commemorate them gratefully.«[32]

α) Missionsärztliche Tätigkeit von Schwestern

Die Anfänge medizinisch-krankenpflegerischer Missionsarbeit durch Frauen finden sich im katholischen Frankreich bei den *Josephsschwestern von Cluny* (gestiftet: 1807), die, wie viele der in den Missionen tätigen Frauenkongregationen und -orden die leiblichen Werke der Barmherzigkeit übten, neben ihrer erzieherischen also auch caritativ-diakonische Aufgaben wahrnahmen, ohne daß dies ein besonderes Merkmal ihres Apostolats gewesen sei.[33] 1819 trafen sieben dieser Schwestern im Senegal ein, wo sie außer in Schulen auch in Krankenhäusern tätig waren, eine Aufgabe, mit der diese Kongregation später in allen übrigen französischen Kolonien (mit Ausnahme von Algerien und Cochinchina) betraut wurde.[34] Im Vorderen Orient waren ab 1839 *Vinzentinerinnen* (gestiftet: 1617/1633) und ab 1846 die *Soeurs de St.Joseph de l'Apparition* (gestiftet: 1832) auch krankenpflegerisch tätig.[35] Ab 1849 übten Vinzentinerinnen ambulante

---

32. American Protestant Women, S.138. Ein Ansatz dazu wurde später von Jean M.McLellan in ihrem Beitrag ›Nursing Services‹ in: Heralds of Health, S.223ff gemacht, und auch von F.T.Davey/W.A.R.Thomson mit ›The Contribution by Women Medical Missionaries‹, der in demselben Sammelband (S.243ff) zu finden ist. Zweifelsohne besteht hier ein großes Defizit, das aufgearbeitet werden muß.
33. A.Väth SJ, Die Frauenorden in den Missionen, gibt S.26 die seit 1800 erfolgten Neugründungen von weiblichen Ordensgemeinschaften mit 400 an; davon waren 170 allein für den Dienst in der Mission bestimmt; vgl. auch B.Arens SJ, Handbuch, passim.
34. Vgl. zu den Josephsschwestern von Cluny: M.Heimbucher, Die Orden und Kongregationen, 2.Bd., S.510ff; A.Väth SJ, Die Frauenorden, S.40ff.
35. Bei den Vinzentinerinnen wurde diese anfangs als unmöglich geltende Arbeit einzelner Frauen unter der muslimischen Bevölkerung von zwei Konvertitinnen, einer Deutschen (Oppermann) und einer Schweizerin (Tournier), im heutigen Instanbul (Konstantinopel) initiiert. Sie breitete sich aus nach Smyrna (1839), Alexandrien (1844), Beirut (1846), Damaskus (1854), Jerusalem (1886); vgl. A.Väth, Die Frauenorden, S.47ff. – Zu den Schwestern vom hl.Joseph von der Erscheinung aus Marseille vgl. A.Väth SJ, ebd. S.49; B.Arens SJ, Handbuch, S.110; M.Heimbucher, Die Orden und Kongregationen, 2.Bd., S.523.

Krankenpflege in Ningpo, China[36], während die *Soeurs de St.Paul de Chartres* (gestiftet: 1700) ein Cholera-Spital in Saigon betreuten.[37] 1863 wurden die aus dem schweizerischen Ingenbohl stammenden *Schwestern vom Guten Hirten* nach Ägypten gerufen, um im Auftrag der Kanalgesellschaft deren Hospitäler in Port Said und Suez zu übernehmen.[38] 1876 schließlich errichteten die in Algerien wirkenden *Weißen Schwestern* Kardinal Lavigeries (Soeurs Missionnaires de Notre-Dame d'Afrique, gestiftet: 1869) ihr erstes Spital in Kabyle, Algier.[39]

Das Ersuchen um medizinische Hilfe bei den Missionarsgattinnen seitens der einheimischen weiblichen Bevölkerung[40] nötigte die protestantischen Missionen dazu, die qualifizierte missionsmedizinische Betätigung von Frauen nach Kräften zu fördern. Dabei kamen die gerade entstehende Diakonissenbewegung und die damit einhergehende Entwicklung systematischer Krankenpflege- und Schwesternausbildung sowie die beginnende Zulassung von Frauen zum akademischen Medizinstudium solchen Bemühungen sehr entgegen.
Es muß bezweifelt werden, ob, wie von M.Burgwitz postuliert, die Aussendung von drei ›Diakonissen‹ des von Johannnes Evangelista Goßner (1773-1858) in Berlin gegründeten Elisabeth Krankenhauses im Mai 1840 in die Gangesmission als Beginn einer organisierten protestantischen Arbeit gelten kann; denn diese drei in der Krankenpflege ausgebildeten Frauen reisten als Bräute der noch unverheirateten Goßner-Missionare aus, wie nach ihnen, bis zum Ende des Jahrhunderts, noch 28 weitere ›Pflegerinnen‹. Sie alle können noch nicht als ›Missionsdiakonissen‹ verstanden werden.[41] Eindeutiger jedoch tritt das missio-

36. A.Väth SJ, Die Frauenorden, S.58.
37. Zu den ›Paulsschwestern von Chartres‹ vgl. A.Väth SJ, Die Frauenorden in den Missionen, S.56; B.Arens SJ, Handbuch, S.107.
38. A.Väth SJ., Die Frauenorden, S.49f. – Zu den 1844 gegründeten Schwestern vom Guten Hirten vgl. auch B.Arens SJ, Handbuch, S.128.
39. A.Väth SJ, Die Frauenorden, S.43f; B.Arens SJ, Handbuch, S.114f. – Für die Arbeit in den Schulen und Hospitälern der Weißen Schwestern verfaßte Kardinal Lavigerie eigene ›Constitutions‹, die 1869 in Algier erschienen, was darauf schließen läßt, daß in diesem Orden, wie nicht anders zu erwarten, die missionscaritative Arbeit mehr als nur eine beiläufige Angelegenheit war. (Zu Lavigerie s.o. S.224ff)
40. Beispiele dazu bei J.T.Gracey, Medical Work of the Woman's Foreign Missionary Society, Boston 1888, S.19ff; B.J.Allen, A Crusade of Compassion, S.37f. Zu der beeindruckenden Arbeit von Missionarsfrau Winter von der S.P.G. in Delhi vgl. auch F.T.Davey/W.A.R.Thomson, The Contribution by Women Medical Missionaries, in: Heralds of Health, S.245.
41. M.Burgwitz, Missionsdiakonie – Eine Studie über den Diakonissendienst in der Aeußeren Mission unter besonderer Berücksichtigung der Kaiserswerther Generalkonferenz zum 100-jährigen Bestehen der Arbeit, Inauguraldissertation Halle Wittenberg 1940, S.7ff. Burgwitz vermutet (ebd. S.9), daß bis zum Beginn des 20. Jahrhunderts aus dem Berliner Elisabeth Krankenhaus insgesamt 31 Schwestern

narisch-medizinische Anliegen in der 1851 von Theodor Fliedner (1800-1864) mit den *Kaiserswerther Diakonissen* in Jerusalem begonnenen Arbeit im Nahen Osten hervor, zu der von Anfang an auch die Krankenpflege gehörte.[42] Aber erst nachdem 1860 die Professionalisierung des Schwesternberufes durch Florence Nightingale (1820-1910) in der ›Training School for Nurses‹ im St.Thomas Hospital, London, begonnen hatte[43] – Florence Nightingale war bekanntlich von

nach Übersee geschickt wurden, wobei man annehmen kann, daß sie alle auch krankenpflegerisch tätig waren. Er überschätzt aber wohl die Bedeutung dieser Aussendungen, wenn er damit die praktisch-systematische Begründung der Missionsdiakonie als gegeben sieht. Die Namen der ersten drei so abgeordneten Bräute, die nicht extra ausgesandt wurden, sondern in Verbindung mit der dritten Missionarsgruppe standen (vgl. W.Holsten, Johannes Evangelista Goßner – Glaube und Gemeinde, Göttingen 1949, S.138f), waren: Auguste Winter, Dorothea Feldner und Sophie Wernecke, die allesamt dann auch Missionare heirateten (vgl. A.W.Schreiber, Die Diakonissen auf dem Missionsfelde, in: Der Armen- und Krankenfreund, Kaiserswerther Zeitschrift für die weibliche Diakonie der evangelischen Kirche, Düsseldorf 1939, 91.Jg., S.68-90, bes. S.8). Es ist bedauerlich, daß diese Frauen trotz ihrer medizinischen Kenntnis die hohe Mortalität unter den Missionaren nicht verhindern konnten.»Von den 24 Missionaren, die Goßner an den Ganges gesandt hatte, waren ... nach Ablauf der ersten Arbeitsperiode bis 1846 sieben gestorben ...« (K.Förtsch, Kurze Geschichte der Goßnerschen Mission, Berlin-Friedenau 1911, S.62). H.Lokies, Johannes Goßner – Werk und Botschaft, Gießen/Basel 1936, macht S.92 darüberhinaus darauf aufmerksam, daß Goßner ausdrücklich den Begriff ›Diakonisse‹ vermieden wissen wollte, demgegenüber er den der ›Dienerinnen‹ bzw. der ›Pflegerinnen‹ bevorzugte. – Zu den einzelnen Missionsgebieten der Goßnerschen Mission vgl. K.Förtsch, Kurze Geschichte, passim.

42. Die krankenpflegerische Arbeit der Kaiserswerther Diakonissen begann als Arbeit für erkrankte deutsche Landsleute mit den beiden Schwestern Henriette Zenke und Marie Evers in Jerusalem, 1851, und weitete sich dann – nicht nur geographisch – aus: das Viktoria-Krankenhaus auf dem Zion wurde bald zum Haus »für Kranke aller Religionen und Konfessionen«; 1857-1915 Hospital-Tätigkeit in Alexandrien mit 11 Schwestern; 1885-1945 Victoria-Hospital in Kairo mit 5 Schwestern; 1867 Johanniter-Hospital in Beirut mit 5 Schwestern; (vgl. M.Gerhardt, Theodor Fliedner – Ein Lebensbild, Bd.2, Düsseldorf-Kaiserswerth 1937, S.495ff; Grußendorf, Ärztliche Mission im Morgenlande, in: Die Deutsche Evangelische Aertzliche Mission, S.31-43; M.Burgwitz, Missionsdiakonie, S.11ff; Th.Christlieb, Ärztliche Missionen, S.51ff; A.W.Schreiber, Die Diakonissen auf dem Missionsfelde, S.76f). Die bekannteste Kaiserswerther Einrichtung ist das Mädchenheim ›Talita Kumi‹ in Jerusalem.

43. Eine Auflistung der wichtigsten Literatur zu F.Nightingale bei W.J.Bishop/S.Goldie, A Bio-Bibliography of Florence Nightingale, London 1962, S.135-146. – Von ihrer engen Verbindung zu Kaiserswerth und Fliedner zeugen die drei Schriften aus ihrer Feder: The Institution of Kaiserswerth on the Rhine for the practical Training of Deaconesses, London 1851; Deaconesses' Work in Syria. Appeal on behalf of the Kaiserswerth Deaconesses' Orphanage at Beyrout, London 1862, und: Tribute to

der Krankenpflegepraxis der katholischen Orden sowohl als auch von Kaiserswerth und Fliedner beeinflußt –, kam es im letzten Viertel des Jahrhunderts zum bewußten Einsatz von Schwestern in der ärztlichen Mission. Weil zuverlässige Dokumentationen über den hier zu behandelnden Zeitraum fehlen, läßt sich die genaue Zahl dieser Schwestern leider nicht exakt ermitteln, sondern – auf etwa einhundert Personen – nur schätzen.[44] Zum bedeutenden Personalfaktor im missionsärztlichen Dienst wurden die Missionskrankenschwestern und -pfleger erst im zwanzigsten Jahrhundert: 1950 stellten sie mit 2.911 viermal so viele Mitarbeiter wie die insgesamt nur 702 zählenden Ärzte und Ärztinnen![45]

β) Ärztinnen im missionsärztlichen Dienst

Wie die Krankenschwestern, so gehörten um 1850 auch die Ärztinnen zu einer sich im medizinischen Bereich ganz neu etablierenden weiblichen Berufsgruppe. Elizabeth Blackwell (s.o. S. 189f), die 1849 in Amerika ihr medizinisches Examen abgelegt hatte, erhielt erst 1859 ihre britische Approbation durch die Aufnahme in das ›Medical Register‹, war aber selbst dann noch für sieben Jahre, bis zur Registrierung von Elizabeth Garret 1866, die einzige Vertreterin ihres Standes. Danach kamen andere, die sich, in Ermangelung anderer Ausbildungsmöglichkeiten, am Irish College of Physicians in Dublin qualifiziert hatten, allmählich aber stetig hinzu.[46]

Aus diesem Umfeld stammt ein öffentlicher Aufruf für die Gewinnung von

    Pastor Fliedner, London 1864. Vgl. auch L.R.Seymer, A General History of Nursing, London 1961, S.79ff; zur Schwesternschule S.92ff; »... her friends knew well that what she would best like was the establishment in one form or another of ›an English Kaiserswerth‹.« (ebd. S.92)

44. Zu diesen Schwierigkeiten vgl. R.P.Beaver, American Protestant Women, S.138; dort auch zu den Zahlen. Er erwähnt für 1910 [!] insgesamt 91 amerikanische Missionsschwestern und macht keine weiteren Angaben über Krankenschwestern anderer Länder.

45. Vgl. E.J.Bingle/K.G.Grubb, A Digest of Christian Statistics based on the World Christian Handbook, 1952, London 1953, zitiert bei W.March/F.W.Price, Protestant Medical Missions Today, in: OBMRL, Vol.X, No.3, April 14, 1959, S.8; dort auch S.7f eine historisch vergleichende Statistik zur ärztlichen Mission seit 1911. Zum ganzen Komplex auch J.M.McLellan, Nursing Services, in: Heralds of Health, S.223ff.

46. Vgl. W.S.Craig, History of The Royal College of Physicians of Edinburgh, Oxford / London / Edinburgh, 1976, S.581ff (The Education and Graduation of Women in Medicine); E.Pohl Lovejoy, Women Doctors of the World, S.119ff; J.Geyer-Kordesch, Die Anfänge des medizinischen Frauenstudiums, passim. Das Royal College of Physicians in London ließ erst ab 1909 Frauen zu; das Royal College of Physicians in Edinburgh sogar erst 1925!

›Medical Missionary Women‹, der 1869 im Bostoner ›Daily Evening Traveller‹ erschien. Der dem American Board nahestehende Geschäftsführer des 1850 gegründeten ›New England Female Medical College‹ in Boston[47], Dr.S.Gregory, schrieb darin:

»... notwithstanding the importance of judiciously adapting means to ends in the great work of evangelising the heathen world; notwithstanding some hundreds of millions of women are out of the reach and out of the sight of ministers of the gospel and of medical men, no association, ecclesiastical or medical, has yet sent out a medically educated woman, though it is now over twenty years since the medical education of women commenced. ... The American Board made some efforts in this direction a year ago [sc.1868], but are still in want of a candidate to receive their first commission. The 300 graduated doctresses in the country are a very insufficient supply for the home demand; and the social and pecuniary inducements to remain at home are very strong. It is, therefore, necessary that the promoters of missions, and especially the women's missionary societies of the different denominations, should search out right candidates, and help them, by encouraging words and pecuniary aid, to obtain a medical education, with a view to the missionary work.«[48]

Daß es dann tatsächlich noch im gleichen Jahr von·Amerika aus zur ersten Aussendung einer Ärztin in den Missionsdienst überhaupt kommen konnte, ist neben der dortigen frühen Zulassung von Frauen zum akademischen Medizinstudium dem publizistischen und persönlichen Einsatz von Sarah J.Hale in der Jahrhundertmitte (s.o. S.188ff) zu verdanken; denn man hatte sich aus Indien mit einer entsprechenden Bitte auch an sie gewandt, und sie war es, durch deren Einfluß *Dr.Clara A.Swain* (1834-1910) sich der gerade gegründeten Woman's Foreign Missionary Society (1869) der Methodist Episcopal Church als Missionsärztin zur Verfügung stellte.[49] Wie viele ihrer männlichen Kollegen war auch Dr.Swain Kind des Revival und für einen solchen Dienst hochmotiviert. Nach im März 1869 bestandenem Examen, reiste sie im November desselben

---

47. Das College war aus einer 1848 gegründeten Hebammenschule hervorgegangen und bestand nur bis 1874; vgl. E.Pohl Lovejoy, Women Doctors of the World, S.120. Über die Anfänge dieses College vgl. S.Hale, An Appeal to American Christians, in: Godey's Lady's Book, Vol.44, 1852, S.185f; ebd., Vol.75, 1867, S.79f, u.ö.
48. Der Aufruf wurde dann unter dem gleichen Titel ›Medical Missionary Women‹ in: Christian Work, NS Vol.III, Sept.1, 1869, S.264ff, wieder abgedruckt; Zitat ebd. S.265f.
49. Vgl. H.B.Montgomery, Western Women, S.128f. – Die Literatur zu Clara A.Swain ist reichhaltig. Neben der autobiographischen Darstellung ihrer Tätigkeit in Indien in ›A Glimpse of India‹, New York 1909, vor allem: P.S.Ward, Swain, Clara A., in: Notable American Women 1607-1950, Vol.III, Cambridge, MA, 1971, S.411-413 (Lit.!).

Jahres aus und traf im Januar 1870 in Bareilly (südöstlich von Moradabad) ein, wo sie sogleich mit ihrer ärztlichen Praxis und bald darauf auch mit der medizinischen Laienausbildung junger indischer Frauen begann.[50] Da Clara Swain durch ihre Arbeit tatsächlich den erwarteten raschen Zugang zu den Zenanas und damit zu den einflußreichen, bisher der Missionsarbeit verschlossenen gehobeneren Gesellschaftskreisen fand, statuierte sie ein Exempel, das zur Nacheiferung anspornte. Sie gewann vollends alle Sympathien für sich, als ihr Tun schon bald (1871) den christlicher Missionsarbeit gegenüber abgeneigten Nawab von Rampore dazu bewog, der Mission ein großes Grundstück für den Bau eines Frauenhospitals zu schenken, welches dann als erstes seiner Art in Indien 1874 eröffnet werden konnte.[51] Später (1885) wurde sie als Leibärztin in den Dienst der Rani von Khetri gebeten, eine Berufung, die sie, wie ihr Kollege Colin S.Valentine (s.o.S. 235) in Jeypore, nur unter der Bedingung annahm, daß sie auch weiterhin ihrer anderen medizinisch-evangelistischen Arbeit ungehindert nachgehen dürfe. In dieser Position, die sie bis zu ihrer endgültigen Rückkehr nach Amerika (1895) innehatte, prangerte sie, durch herrschaftliche Autorität gedeckt, den weiblich-neonatalen Infantizid an und setzte sich für das öffentliche Gesundheitswesen (Kanalisation) ein. Unter allen Missionsmedizinern bzw. -medizinerinnen dürfte Clara Swain wohl die einzige Person gewesen sein, die für ihre regelmäßigen ambulanten Krankenbesuche einen königlichen Elephanten benutzte.

Nach Indien, dem bis 1873 zunächst einzigen Arbeitsfeld für Missionsärztinnen, reisen auch die beiden nächsten Damen aus: 1871 *Dr.Sara C.Seward*, Missionarin der American Presbyterian Foreign Missionary Society, nach Allahabad; 1873 *Dr.Sarah F. Norris*, die als erste ›female missionary physician‹ des A.B.C.F.M. Women's Board of Missions nach Bombay ging.[52]

Dr.Lucinda Combs, ebenfalls eine Missionarin der methodistischen Woman's Foreign Missionary Society, reiste 1873 in der erklärten Absicht nach Peking aus, auch in China das Experiment missionsärztlicher Frauenarbeit zu wagen, ein Experiment, das gelang und 1875 zur Gründung des ersten chinesischen Frauenhospitals führte. Mit ihrer Heirat 1877 schied sie leider ganz aus der Arbeit aus,

---

50. Vgl. dazu besonders N.Young, Medical Missionary Pioneers – 3.Dr.Clara A.Swain, 1834-1910, in: The Journal of the Christian Medical Association of India, Vol.XIII No.3 (May 1938), S.185-191; F.J.Baker, The Story of the Woman's Foreign Missionary Society, S.120ff; C.A.Swain, A Glimpse of India, S.74f, und A.Balfour/R.Young, The Work of Medical Women in India, S.107f.
51. Zu diesem Hospital, das später ›Clara Swain Hospital‹ genannt wurde und bis heute existiert, das novellistische Buch von D.Clarke Wilson, Palace of Healing – The Story of Dr.Clara Swain, first woman missionary doctor, and the hospital she founded, London 1969.
52. Vgl.M.I.Balfour/R.Young, The Work of Medical Women in India, S.17f; B.J.Allen, A Crusade of Compassion, S.40.

hatte aber rechtzeitig das begonnene Werk einer Nachfolgerin anvertrauen können.[53]

Die erste britische Missionsärztin war die Schwester von Annie R.Butler, der Gründerin der ›Children's Medical Missionary Society‹ (s.o. S. 196f). *Dr.Fanny Jane Butler* (1850-1889) hatte sich aufgrund des Aufrufs von William J.Elmslie von 1873 (s.o. S. 239) für einen Dienst in Indien zur Verfügung gestellt. Sie, die zu den ersten Absolventinnen der London School of Medicine for Women (gegr. 1874) und des für den weiblichen Zweig der ärztlichen Mission so wichtigen ›Royal Free Hospital‹ gehörte,[54] reiste 1880 als Missionarin der ›Church of England Zenana Missionary Society‹ nach Jabalpur aus, mußte aber schon bald aus gesundheitlichen Gründen die Stadt verlassen und praktizierte dann bis zu ihrem frühen Tod an verschiedenen anderen Orten wie Kalkutta, Bhagalpur und Srinagar.[55]

Noch im 19. Jahrhundert wurde mit missionsärztlicher Arbeit von Frauen für Frauen in Burma, Japan, Korea, im Vorderen Orient und auf den Philippinen durch Repräsentantinnen verschiedener Missionsgesellschaften begonnen: so nahm *Dr.Eleanor F.Mitchell* 1879 als erste Missionsärztin der American Baptist Missionary Union die medizinische Arbeit in Moulmein, Burma, auf[56]; 1883 sandte die Woman's Foreign Missionary Society der amerikanischen Methodisten die Ärztin *Dr.Florence Nightingale Hamsifar* nach Hakodati (Südspitze der Insel Hokkaido); 1887 wurde *Dr.Metta Howard* von der gleichen Gesellschaft nach Seoul gesandt, wo sie zwei Jahre später das erste Hospital für Frauen in diesem Lande ›Po Goo Nijo Goan‹ eröffnen konnte; 1893 begann *Dr.Mary P.Eddy,*

---

53. Vgl.F.J.Baker, The Story of the Woman's Foreign Missionary Society, S.147ff. Dr.Co(o)mbs (Schreibweise des Names variiert) heiratete den methodistischen Chinamissionar A.Strittmater, mit dem sie dann nach Kiukiang in der Provinz Chilhi verzog. – Daß die Heirat nicht nur ein Ausscheiden aus der Frauenmissionsgesellschaft, sondern auch aus dem missionsärztlichen Dienst war, geht hervor aus der 1889 im Medical Missionary Record (Vol.IV, S.139ff) von J.C.Thomson veröffentlichten Liste der ›Medical Missionaries to the Chinese‹, wo ausdrücklich vermerkt wird, daß sie 1877 ›retired‹ sei. (Bei H.Balme, China and Modern Medicine, wird der Name S.57 u.ö. ›Coombs‹ geschrieben.)
54. Nach einer von R.Bowden 1975 zusammengestellten Liste ›Royal Free Hospital Missionaries‹, die leider nicht hat eingesehen werden können, sind insgesamt 233 Missionsärztinnen aus diesem Hospital hervorgegangen; vgl. F.T.Davey/ W.A.R.Thomson, The Contribution by Women Medical Missionaries, in: Heralds of Health, S.244f.
55. Vgl. E.M.Tonge, Fanny Jane Butler – Pioneer Medical Missionary, London o.J. (1932?); J.L.M(axwell), Fanny Jane Butler, in: Medical Missions at Home and Abroad, NS Vol.III, S.52-59 (Jan.1890; auch abgedruckt in: The Medical Missionary Record, Vol.V, 1890, S.57-62).
56. R.P.Beaver, American Protestant Women, S.136.

die nach ihrem Medizinstudium in den Vereinigten Staaten als erste Frau die türkische Approbation erhielt, als Ärztin des Board of Foreign Missions of the Presbyterian Church mit ihrer höchst interessanten, evangelistisch-medizinischen Arbeit von Beirut aus unter den syrischen Nomadenstämmen;[57] 1900 reiste *Dr.Anna J.Norton*, wiederum eine Missionsärztin der amerikanischen Methodisten, auf die Philippinen.[58]

Den Statistiken ist nicht nur zu entnehmen, daß auch in Mexiko, Ozeanien und Afrika (Süd)[59] die Anfänge der von Frauen verantworteten Medical Missions bereits zur Jahrhundertwende gegeben waren, sondern ebenso, wo die Schwerpunkte solcher Arbeit zu jenem Zeitpunkt lagen und wie diese seitens der Missionsgesellschaften gewichtet wurden.

Die meisten Missionsärztinnen, nämlich 111 (= 45,5%), arbeiteten schon damals in Indien und in China (79 = 32,3%), in Sri Lanka arbeiteten neun, genauso viele

57. »Eine einzigartige Tätigkeit entfaltet eine presbyterianische Missionsärztin Fräulein Dr. Mary Pierson Eddy ... Diese tapfere Dame unternimmt von Beirut aus mehrere Wochen dauernde ärztlich-evangelistische Reisen in das Gebiet des Libanon und Antilibanon. Sie reist ziemlich sicher, da auch die Räuber, die in diesen Gegenden hausen, die allgemeine Achtung der Bevölkerung vor den Missionsärzten teilen. ... Bibeln, Bibelteile und Traktate werden reichlich verteilt, und auch auf den Etiketten der Medizinflaschen stehen Sprüche, die zum Nachdenken anregen sollen. ... Eine solche selbstlose Tätigkeit, mag sie auch deutschen Begriffen fremdartig sein, verdient vollste Anerkennung.« (H.Feldmann, Die ärztliche Mission, S.141f). Vgl. auch B.J.Allen, A Crusade of Compassion, S.184f; Medical Missions at Home and Abroad, NS Vol. VII, S.262ff u. NS Vol. VIII, S.196 (autobiographisches Material!). 1903 gründete Dr.(Mrs.) Pierson Eddy ein Hospital in Junieh, in der Nähe Beiruts, und 1908 ein Tuberkulose-Sanatorium (Hamlin Memorial Hospital) ebendort. – Genauere Lebensdaten als die bisher angegebenen finden sich nicht erwähnt. Ihr Name, der in neueren Darstellungen zur weiblichen ärztlichen Mission gar nicht mehr auftaucht, erscheint noch in der Liste der ›Medical Missionaries under Appointment‹ in: A.W.Halsey, ›Go and Tell John‹ A Sketch of the Medical Work of the Board of Foreign Missions of the Presbyterian Church in the U.S.A., New York 1914, S.68.
58. Vgl. F.J.Baker, The Story of the Woman's Foreign Missionary Society, S.168ff; B.J.Allen, A Crusade of Compassion, S.41; E.Pohl Lovejoy, Women Doctors of the World; S.220ff. – Die Woman's Foreign Missionary Society der Methodist Episcopal Church sandte bis zum Ende des Jahrhunderts nicht weniger als 39 Ärztinnen und 4 Krankenschwestern in den Missionsdienst! Namenslisten der bis 1880 bzw. 1888 ausgesandten Ärztinnen sind zu finden in den unpaginierten Anhängen bei J.T.Gracey, Medical Work of the Woman's Foreign Missionary Society.
59. Obwohl die Statistiken von J.S.Dennis und H.P.Beach ›Afrika‹ undifferenziert aufführen, ist durch F.T.Davey/W.A.R.Thomson (The Contribution by Women Medical Missionaries, in: Heralds of Health, S.253) gesichert, daß es sich um Süd-Afrika handeln muß (1897 Dr.Jane Waterson).

wie in ganz Afrika (=3%), in Korea 7, in den Golf-Staaten 6, in Thailand und der Türkei je drei, in Burma zwei und in Japan sowohl als auch in Malaysia je eine.[60] Um 1900 kamen mehr als die Hälfte der 223 (Dennis) bzw. 244 (Beach) Missionsärztinnen aus den Vereinigten Staaten (130), ein Drittel aus Großbritannien (75), 13 schon aus asiatischen Ländern, vornehmlich Indien, und nur vier vom europäischen Kontinent.[61] Die so ganz unterschiedliche Integration weiblicher missionsärztlicher Kräfte in das Werk der Mission beleuchten auch folgende Beobachtungen: unter den insgesamt 128 nordamerikanischen Gesellschaften hatten 37 (28,9%) überhaupt missionsärztliche Arbeit aufgenommen, von denen 26 auch Women Medical Missionaries nach Übersee gesandt hatten, was einem Anteil von 20% bzw. 72,2% entspricht; von den 154 britischen Gesellschaften engagierten sich allgemein 45 in der ärztlichen Mission (29,2%) und 23 (15,9% bzw. 51%) in diesem speziellen Arbeitszweig, und von den 82 kontinentalen unter insgesamt 14 (17%) nur vier, also weniger als 5% bzw. 28,5%![62]

c) Einheimische Medical Missionaries

Noch spärlicher als hinsichtlich des Beginns der Mitarbeit von Schwestern und Ärztinnen fließen die Quellen im Blick auf den Anfang verantwortlicher Mitarbeit einheimischen Personals. Dabei ist offensichtlich, daß ohne deren zuverlässige, gewissenhafte Kooperation die ärztliche Mission sich nicht in dem Maße hätte ausbreiten können, wie es geschah. Als sie zum ersten Mal im World Missionary Atlas 1925 statistisch auftauchen, stellen die Einheimischen mit 612 Personen bereits ein Drittel des ärztlichen und mit 5.458 das Fünfeinhalbfache des pflegenden Personals. Doch erst sehr spät bekam man diesen Umstand wirklich in den Blick. T.F.Davey, Leprologe und langjähriger englischer Missionsarzt in Nigeria, bemerkte (1985) zu dieser Kurzsichtigkeit:
»From reading the biographies of the early pioneers in medicine in Asia and Africa, one could easily gather the impression that they went alone into impossible situations and performed remarkable feats all by themselves. This was never the case. ... The truth is that behind every foreign pioneer ... there were sons and daughters of the soil who chose to

60. Dieses Zahlenmaterial bezieht sich auf die Angaben bei H.P.Beach, A Geography and Atlas of Protestant Missions, Vol. II, Statistics and Atlas, S.19. – Auch wenn die absoluten Zahlen im Vergleich zu J.S.Dennis differieren, so wird das prozentuale Verhältnis nicht tangiert.
61. Die Zahlen beziehen sich auf das von Dennis im Centennial Survey S. 257-263 zusammengestellte Material.
62. Einen Überblick über die missionsärztliche Tätigkeit der einzelnen Gesellschaften zu Beginn des 20.Jahrhunderts bieten H.Feldmann, Die ärztliche Mission unter Heiden und Mohammedanern; N.A.De Gaay Fortman, De Geschiedenis der Medische Zending.

throw in their lot with the foreign medical workers, and contributed to the enterprise in ways so important, so diverse and so numerous that volumes would be required to do any justice to their story.«[63]

Die Anfangsgeschichte solcher Mitarbeit wird von daher größtenteils leider anonym bleiben müssen; denn auch in den autobiographischen Mitteilungen der ersten Missionsärzte verläuft die Suche nach Namen oft ergebnislos.[64] Glücklicherweise hat es aber dennoch Einzelpersonen und Gruppen gegeben, deren beeindruckendes Wirken nicht hatte verborgen bleiben können.

Der erste, der in diesem Sinne als medical missionary hervortritt, ist *Rev.Abdul Masih* (1776-1827). Henry Martyns einziger muslimischer Konvertit zog nach seiner Taufe (1811) nach Agra, wo er sich, um der besseren Akzeptanz der Verkündigung willen, von 1815 an in einer auf eigene Rechnung unterhaltenen Armenapotheke als ›Hakim‹ betätigte und damit die erste Medical Mission der Church Missionary Society begründete. Diese Tätigkeit, die er auch nach seiner Ordination 1825 bis zu seinem Tode weiterhin ausübte, hinterließ einen bleibenden Eindruck und bewog die Verantwortlichen der Gesellschaft zur Empfehlung »that every missionary [should be] instructed in Medicine[!] ... «.[65]

Kwan Ato (1818-1874), von dem sogar ein Portrait existiert, gehörte zu den ersten drei 1836 von P.Parker in Canton zur praktisch-medizinischen Ausbildung angenommenen chinesischen jungen Männern. Chirurgisch geschickt, war er schon bald in der Lage, verantwortlich medizinisch zu arbeiten und ab 1847 die meisten der operativen Eingriffe am Auge selbständig durchzuführen. Bis zu seinem Ruhestand arbeitete er auch unter Parkers Nachfolger Dr.Kerr treu und zuverlässig als Assistenzarzt am Hospital.[66] *Dr.Wong Fun*, der erste chinesische

---

63. Co-Workers – National and International, in: Heralds of Health, S.324f. – Der erste deutliche Beleg für dieses Bewußtsein im unmittelbaren Zusammenhang mit der ärztlichen Mission ist, soweit ich sehe, Edward M.Dodd, The Gift of the Healer, New York 1964, bes. S.201ff (The National Comes into His Own).
64. Während z.B. W.J.Elmslie von seinem Katecheten Qadir Bakash häufig spricht, redet er von seinen ›assistants‹ in der Regel nur allgemein (vgl. W.Burns Thomson, Memoir of William Jackson Elmslie, S.87, 96, 143 u.ö.) was auch F.T.Davey in: Co-Workers, S.327, dazu veranlaßt hat, diese zu anonymisieren. Es finden sich allerdings in den Tagebuchauszügen Elmslies Hinweise darauf, daß die Namen der beiden aus einem Waisenhaus stammenden Helfer Thomas und Benjamin sein könnten; vgl. W.Burns Thomson, Memoir, S.135. (Das Buch enthält übrigens auch ein Bild des Katecheten Qadir Bakash auf S.86.)
65. So im C.M.S.Annual Report, 1824; zitiert bei H.G.Anderson, Typoskript, S.11. Zu Abdul Masih ebd. S.3ff. – Außer bei ihm ist diese Praxis auch noch bei dem Konvertiten Ismail Khan in Dera bekannt, ebd. S.38f.
66. J.C.Thomson, Rev. Peter Parker, M.D., ... Dr.Kwan A-To, First Chinese Surgeon, in: The China Medical Missionary Journal, Vol.II, 1888, S.169-172, bes. S.171f;

Arzt mit einem ausländischen medizinischen Diplom (L.R.C.S. Edinburgh), war bis 1889 die einzige Person, die auch offiziell als ›medical missionary‹ bezeichnet wurde, obwohl er nur für kurze Zeit (1857-1860) als solcher im Auftrag der London Missionary Society in Hongkong tätig war.[67] Die erste Chinesin, die ein akademisches Medizinstudium in Übersee erfolgreich absolvierte, war *Dr.Yamei Kin,* die Adoptivtochter von Dr.D.McCartee (s.o. S.236f). Inwiefern ihr Dienst als ein missionsärztlicher bezeichnet werden kann, ist aber fraglich, da sie, die 1885 als Beste ihres Jahrgangs vom Women's Medical College of the New York Infirmary graduierte, sowohl in China, wo sie in Tientsin ein Krankenhaus für Frauen und Kinder gründete, als auch in Amerika und Honolulu, Hawaii, praktizierte.[68]

In Tank, an der Nord-West Grenze des Punjab, praktizierte seit 1869 der indische Arzt *John Williams* (gest. 1898) in einem kleinen Hospital als ordinierter medical missionary der CMS. Ähnlich wie sein bekannter Kollege T.L.Pennell in Bannu (s.o. S. 234), wurde auch er von der einheimischen, als kriegerisch berüchtigten

---

W.W.Cadbury/M.H.Jones, At the Point of A Lancet, S.50-52; K.C.Wong/W.Lien-The, History of Chinese Medicine, S.179. (H.Balme, China and Modern Medicine, S.108 u. 222, schreibt den Namen ›Kwan-tao‹). – Da Kwan Ato Neffe des Malers Lamqua war, desjenigen also, der die großen Fallstudien des Canton Hospitals für Parker gemalt hatte (s.o. S. 156 A 106), wird verständlich, warum er porträtiert wurde. Das Bild (bei E.V.Gulick, Peter Parker, S.115) zeigt Parker im Vordergrund sitzend, während Kwan Ato im Hintergrund eine ophthalmologische Operation an einer Chinesin ausführt. – Es ist bedauerlich, daß Kwan Ato weder in dem Buch seines Landsmann K.Chimin Wong, Lancet and Cross – Biographical Sketches of Fifty Pioneer Medical Missionaries in China, o.O. (Shanghai) 1950, erwähnt ist noch in den Listen der ›Medical Missionaries to the Chinese‹ im Medical Missionary Record II, 1887, S.76ff u. IV, 1889, S.139ff.

67. Vgl. Medical Missionaries to the Chinese, in: The Medical Missionary Record, Vol.II, 1887, S.76 u. Vol.IV, 1889, S.144; vgl. auch W.W.Cadbury/M.H.Jones, At the Point of A Lancet, S.52; H.Balme, China and Modern Medicine, S.109f (Name als ›Wang Fun‹ wiedergegeben). – Die im Sept.1887 abgedruckte ›List of Medical Missionaries throughout the World‹ (The Medical Missionary Record, Vol.II, S.129ff), führt Wong Fun deswegen nicht mehr auf, weil sie sich nur auf die damals aktiven Missionsärzte und -ärztinnen konzentriert. Unter diesen finden sich aber, den Namen nach zu urteilen, mindestens fünf einheimische, voll qualifizierte und approbierte ärztliche Kräfte, nämlich ein Dr.Fang En Lang in Peking als Missionar der London Missionary Society seit 1880, Dr.So To Ming von der Medical Missionary Society in Canton seit 1872 in Canton, ein Dr.Yang (männlich oder weiblich?) in Hankow, Dr.Ohnan Gaidzagian in Adana, Syrien, seit 1885, und Dr. Sahyun in Safed, als Missionar der Londoner Judenmissionsgesellschaft.

68. E.Pohl Lovejoy, Women Doctors of the World, S.232f; Los Angeles Tribune, May 6, 1902, ›Chinese Woman at Biennial‹, in Akte RG 177-1-6 im Archiv der Presbyterian Historical Society, Philadelphia.

Bevölkerung, den Waziri, und der Regierung seines irenischen Wesens wegen sehr geschätzt.[69]

In Thana, nördlich von Bombay, arbeitete *Dr.Lazarus Abraham* im Auftrag der United Free Church of Scotland[70]; im südindischen Mengnanapuram (Tamil Nadu) betreute der medizinisch gebildete Pfarrer *Rev.M.H. Cooksley* eine kleine Krankenstation, und auch in Palästina, nämlich in Gaza und Salt, standen mit *Mr.Schapira* und *Dr.Ibrahim Zourab* einheimische Kräfte im missionsärztlichen Dienst.[71] Hauptsächlich unter den indischen Sikhs in Amritsar und den Jains in Jhandiala arbeitete seit 1882 *Dr.Henry Martyn Clark*, ein afghanischer Adoptivsohn des C.M.S. Missionars R.Clark.

»Dr.Clark was a very keen, perhaps almost an aggressive evangelist, a missionary first and secondly a doctor – one of a courageous band of Afghan converts.«[72]

In diesem Zusammenhang darf *Adrien Atimans* bereits oben S. 229 erwähnte missionsärztliche Tätigkeit in Tansania genausowenig übersehen werden wie die seiner Kollegen, besonders von *Charles Faraghit* (geb.1865) im Zaire, *Joseph Gachi* (1866-1895) im Kongo und *Charles Moudou* (geb. 1868) in Algier, da sie erst sehr viel später einheimische afrikanische Nachfolger fanden.[73] Auch sollte der Hinweis von A.Väth beachtet werden, daß die asiatische Schwesternkongregation der *Filles de Marie* bzw. die *Amantes de la Croix* (gestiftet 1670)[74] im neunzehnten Jahrhundert in Bangkok eine »Armenapotheke in der doppelten Absicht« unterhielten, »den armen Kranken zu helfen und Täufern und Täuferinnen die Arzneimittel

---

69. Vgl.H.G.Anderson, Typoskript, S.40-42; F.T.Davey, Co-Workers, in: Heralds of Health, S.329f. H.G.Harding, Manual on Medical Missions, London 1922, S.24: »It is worthy of note that our [sc. CSM] second medical missionary was an Indian, Dr.John Williams, who gave up a more lucrative government appointment to open the dispensary at Tank. Here he did a most successful work among the wild Afghans, a work, which is still [sc. 1922] carried on by his son and successor, Dr.Nathaniel Williams.«
70. Vgl. H.Feldmann, Die gegenwärtige Ausbreitung der ärztlichen Mission, S.278.
71. Vgl. H.G.Anderson, Typoscript, S.48f. – Zu Dr.Ibrahim Zourab, einem christlichen Araber, vgl. auch F.T.Davey, Co-workers, in: Heralds of Health, S.330, wo er allerdings – leider – anonym bleibt.
72. H.G.Anderson, Typoskript, S.57f
73. »Until very recently practically all medical missionary work in tropical Africa has been in the hands of white doctors and nurses, largely from North America, Australasia and Europe.« (R.Schram, African Medical Missionaries, in: Medical Missionary News, April-June 1958, S.5).
74. Die Doppelbezeichnung beruht auf der je unterschiedlichen Benennung der Schwesternschaft im vormaligen Tonking-China (jetzt: Nordvietnam), wo sie als ›Liebhaberinnen des Kreuzes‹ bekannt sind, und im ehemaligen Cochin-China (jetzt: Südvietnam), wo sie ›Töchter Mariens‹ heißen, vgl. B.Arens SJ, Handbuch, S.160 (bzw. nach Väth, Die Frauenorden, S.19 ›Dienerinnen der Mutter Gottes‹).

zu beschaffen, die es ihnen ermöglichen, sich bei den Heiden einzuführen, um ihre sterbenden Kinder zu taufen.«[75] Von dem gleichen Anliegen getragen war auch die Arbeit der *Société Angélique*, einer medizinisch gebildeten Täufergilde in China, von deren Tätigkeit in den Provinzen Szechwan und Fukien um die Mitte des vorigen Jahrhunderts die Propagandakongregation berichtet.[76]

Es zeigt sich also bereits im neunzehnten Jahrhundert eine eigenständige und vielgestaltige Mitarbeit einheimischer Kräfte im missionsärztlichen Dienst. Ihr eigentlicher Beitrag kam jedoch erst danach voll zur Geltung und ist das Rückgrat aller heute bestehenden protestantischen wie katholischen kirchlichen Gesundheitsarbeit in Übersee.

2. Geographische Zentren missionsärztlicher Arbeit

Obwohl nur von einem Bruchteil der Gesellschaften akzeptiert und betrieben, hatte sich, wie die nun folgende missionsgeographische Betrachtung des Gegenstandes erkennen lassen wird, die ärztliche Mission um die Jahrhundertwende in allen Missionsgebieten fest etabliert. Da die organisierte missionsärztliche Fürsorge der katholischen Kirche erst im 20. Jahrhundert aufkommt[77] und die entsprechenden Aktivitäten der Orden und Kongregationen für den hier zu behandelnden Zeitraum statistisch nicht erfaßt sind, können bzw. müssen sie unberücksichtigt bleiben.

Weitaus die meisten Medical Missionaries des neunzehnten Jahrhunderts, nämlich 57,3% waren im asiatischen Raum, besonders in China (31,3%) und Indien (26%) tätig, während für ganz Afrika lediglich 82 Personen (10,6%) registriert wurden und für den Vorderen Orient 49 (6,4%). Die restlichen gut 25% des missionsärztlichen Personals verteilten sich auf Nord- und Südamerika (je 2,9%), Ozeanien und Australien (3,1%), das übrige Asien (9,35%) und auf besondere Arbeitsgebiete wie z.B. die Juden- und Seemannsmissionen (7,14%).[78]

75. Die Frauenorden, S.20.
76. Acta Propaganda Fidei, Vol.XX, S.272; ebd. Vol.XXII, S.127ff u. Vol. XXVI, S.374ff, zitiert von J.Beckmann, Die katholische Missionsmethode in China in neuester Zeit, Immensee 1931, S.125.
77. Vgl. Th.Ohm, Ärztliche Fürsorge, S.41ff; J.Schmidlin, Missionscaritas einst und jetzt, in: ZMW, 26.Jg., 1936, S.193ff; A.Freitag SVD, Katholische Missionskunde im Grundriß, Münster 1926, S.26ff; Chr.E.Becker, Missionsärztliche Fürsorge, in: Handbuch der katholischen Missionen, Jahrbuchfolge 1934/35 des Priester-Missionsbundes in Bayern, hg. v. Al. Lang, München 1936, S.227-233; F.Keeler, Catholic Medical Missions, New York 1925; Ch.Grundmann, Heilsverkündigung und Heilung in der Mission, in: Ordenskorrespondenz, Köln 1991, 32.Jg. No.1, S.17ff, bes. S.29ff.
78. Die Basiszahlen sind H.P.Beach, A Geography and Atlas, Vol.II, S.19ff entnom-

a) Missionsärztliche Arbeit in Asien

α) China

Die Entwicklung missionsärztlicher Arbeit in China verlief wie die der anderen dortigen christlichen Missionstätigkeit im 19. Jahrhundert parallel zur Geschichte der in ungleichen Verträgen sich manifestierenden, gewaltsam erzwungenen Öffnung des Landes.[79] Sie begann mit dem den ersten Opiumkrieg (1840-1842) beendenden Vertrag von Nanking im Mai 1842, durch den neben der Abtretung Hongkongs an Großbritannien und die Aufhebung des Cohong Systems (s.o. S. 143 A 71) die fünf Hafenstädte Canton, Amoy, Foochow, Ningpo und Shanghai für den Außenhandel geöffnet wurden, was die spontane Ausbreitung ärztlicher Mission entlang der Küste nach Norden bewirkte: ab 1842 arbeitete Dr.W.H.Cumming in Amoy (unabhängig), gefolgt von dem Presbyterianer Dr.J.G.Hepburn (s.o.S. 237); 1843 wurde mit der Arbeit in Ningpo begonnen (Dr.D.B.McCartee, s.o. S. 236f) und ein Jahr später mit der in Shanghai durch Dr.Lockhart von der London Missionary Society (s.o.S. 235).[80] Die Verträge von Tientsin, die im Juni 1858 ausgehandelt wurden, gestanden die Ansiedlung ausländischer diplomatischer Vertretungen in Peking und die ungehinderte christliche Missionstätigkeit in ganz China zu, was die Ausdehnung der ärztlichen Mission in die inneren Provinzen des Landes ermöglichte: 1861 nahm W.Lockhart seine Hospitalarbeit in Peking auf, 1865 begann die Arbeit auf Formosa (Dr.J.Maxwell), 1866 wurde in Hankow (Provinz Hupeh) ein Hospital eröffnet[81], ab 1869 fanden sich Missionsärzte in der Mandschurai in Newchwang (Dr.J.Hunter von der Presbyterian Church in Ireland) und Moukden (Dr.D.Main, ab 1882); 1873 begann in Peking mit der Errichtung des Hospitals für Frauen und Kinder durch Dr.Lucinda Combs (s.o. S. 246f) die weibliche missionsärztliche

---

men; zu den einzelnen Stationen vgl. auch J.S.Dennis, Centennial Survey of Foreign Missions, S.191ff, und, ders., Christian Missions and Social Progress, Bd.II, bes. S.400ff.

79. Zum folgenden vgl. M.T.Stauffer, The Christian Occupation of China, Shanghai 1922; H.B.Morse, The International Relations of the Chinese Empire – The Period of Conflict 1834-1860, Shanghai et al. 1910; Ch.Zuzuki/A.Feuerwerker, Late Ch'ing, in: China, in: The New Encyclopædia Britannica, Vol.16, Macropædia, Chicago 1990, S.123-131; S.Teng/J.K.Fairbank, China's Response to the West – A Documentary Survey 1839-1923, Cambridge, MA, 1961; R.M.Deutsch, Die Beziehungen des Westens zu China in der Neuzeit, in: ZMiss, Nr.1, 1989, S.32-41; The Collapse of the Chinese Empire 1842 to 1911, in: G.Barraclough (Ed.) The Times Atlas of World History, London 1978, S.232; H.Balme, China and Modern Medicine, passim.
80. Vgl. dazu auch W.Lockhart, Der ärztliche Missionär in China, S.144ff.
81. Ein ausführlicher Bericht über das Hospital findet sich in H.Balme, China and Modern Medicine, S.53f.

Arbeit, und von 1880 an arbeitete Dr.H.Schofield (s.o. S. 236) in der nördlichen Provinz Shansi. Mit Ausnahme von Kwangsi, wo missionsärztliche Arbeit erst 1906 aufgenommen wurde[82], waren bis zum Ende des Jahrhunderts in allen chinesischen Provinzen insgesamt 259 Medical Missions (Hospitäler und Polikliniken) vorhanden, die, meistens in Städten lokalisiert, von 162 Missionsärzten und 79 Missionsärztinnen betreut wurden.[83] Es ist unrealistisch anzunehmen, daß es bei einem so starken Einsatz an Mitteln und Kräften nicht auch zu Konflikten in der Zusammenarbeit gekommen wäre, vor allem dort, wo verschiedene Gesellschaften in ein- und derselben Stadt Missionshospitäler und Polikliniken betrieben; in Chengtu, in der westlichen Provinz Szechwan z.B. bestanden gleich sieben solcher Einrichtungen auf einmal, ein Zustand, über den auch anderswo Klage geführt wurde und durch den sich die Frage nach Koordination und Kooperation unüberhörbar deutlich aufdrängte.[84]

Die Wiege der ärztlichen Mission hatte in der südöstlichen Küstenprovinz Kwangtung gestanden, aber der Ruhm des Krankenhauses in *Canton* sowie das 1898 dort von Parkers Nachfolger Kerr gegründete Sanatorium für Geistigbehinderte, das erste seiner Art in China und das erste im Rahmen missionsärztlicher Tätigkeit überhaupt[85], konnten nicht verhindern, daß sich der Schwerpunkt missionsärztlicher Arbeit mehr und mehr nordöstlich verlagerte, um schließlich in der damals größten Stadt Asiens, in *Shanghai* (Provinz Kiangsu), sein neues Zentrum zu finden. Hier gab es neben dem größten, einst von der London Missionary Society gegründeten Hospital Chinas, dem Chinese General Hospital,[86]

---

82. Vgl. M.T.Stauffer, The Christian Occupation, S.146-156 (Kwangsi), bes. S.156.
83. Vgl. H.Feldmann, Die gegenwärtige Ausbreitung der ärztlichen Mission, in: AMZ, 31.Bd., 1904, S.281-288 u.338f. – Die Zahlen sind wieder H.P.Beach, A Geography and Atlas, Vol.II, entnommen.
84. Vgl. H.Feldmann, Die gegenwärtige Ausbreitung der ärztlichen Mission, S.286; G.Olpp, Die internationale ärztliche Mission, in: Die Deutsche Evangelische Aerztliche Mission, S.160. – In anderen Städten, so z.B. in Foochow und Peking, bestanden 5 Hospitäler nebeneinander, in Shanghai 4. Die Anzahl muß allerdings auf dem Hintergrund gesehen werden, daß manche Gesellschaften gleich zwei Hospitäler in einer Stadt unterhielten, nämlich ein Allgemeinkrankenhaus und ein Frauen- und Kinder-Spital.
85. Vgl. W.W.Cadbury/M.H.Jones, At the Point of A Lancet, passim; J.Bavington, Mental Health, in: Heralds of Health, S.198ff.
86. Zu den Anfängen der Arbeit in Shanghai vgl. W.Lockhart, Der ärztliche Missionär in China, S.144ff. – H.Feldmann spricht davon, daß das einst von der London Missionary Society gegründete Hospital »das bedeutendste missionsärztliche Unternehmen in ganz China« sei. (Die gegenwärtige Ausbreitung der ärztlichen Mission, S.284) Da aber weder bei H.Balme, China and Modern Medicine, noch bei M.T.Stauffer, The Christian Occupation of China, ähnliches vermerkt ist, erscheint Feldmanns Einschätzung fragwürdig. Zum Hospital vgl. H.Balme, ebd. S.56.

noch vier weitere Missionsspitäler; hier war, nachdem die ›Medical Missionary Society‹ in Canton zu nur lokaler Bedeutung abgesunkenen war[87], der Sitz der 1886 formierten ›China Medical Missionary Association‹, ein Interessenverband aller Ärzte in China, durch den auch seit 1887 die erste medizinische Fachzeitschrift Asiens, das ›China Medical Missionary Journal‹ (s.o. S. 69 A 364) herausgegeben wurde;[88] und hier unterhielten dann später auch die ›Nurses Association of China‹ (gegründet 1909) und die ›National Medical Association in China‹ (gegründet 1915) ihre organisatorischen Zentren.[89]

Personell und institutionell am stärksten war jedoch die ärztliche Mission in der mittleren Küstenprovinz Fukien präsent, und dort besonders in den Städten *Amoy, Foochow* und *Kienningfu*.[90] Beachtlich war auch die medizinische Arbeit in der nördlichen Provinz Chilhi, mit den Zentren *Peking*, wo sich die meisten missionsärztlichen Einrichtungen fanden, und *Tientsin*, wo seit 1881 die erste chinesische Ausbildungsstätte für in naturwissenschaftlicher Medizin geschulte Ärzte, die Government Medical School, bestand.[91] In der sich westlich an Fukien anschließenden Provinz Shansi unterhielt die China Inland Mission, die auch in anderen Provinzen wie z.B. Szechwan, Shensi, Kansu, Honan und Yünnan

87. Dem wurde auch in der Namensgebung später Rechnung getragen; denn im Statistical Atlas of Christian Missions, Edinburgh 1910, wird sie S.46 als ›Canton Medical Missionary Society‹ aufgeführt. Im ›World Missionary Atlas‹, London 1925, findet sich S.60 die aufschlußreiche Bemerkung, daß das Canton-Hospital verwaltet werde von einem ›Board of Directors of the Canton Medical Missionary Union‹. »The Canton Medical Missionary Society rather than the Canton Medical Missionary Union is entered in this Directory because the Society is the continuance of the first medical mission work attempted in China and is the legal custodian of the property which was secured in connection with that work.«
88. Vgl. W.W.Cadbury/M.H.Jones, At the Point of A Lancet, S.133ff; H.Balme, China and Modern Medicine, S.215. – Der Name variiert zwischen ›Medical Missionary Association of China‹ (Dennis, Centennial Survey, S.338; Statistical Atlas of Christian Missions, Edinburgh 1910, S.47; H.Feldmann, Die gegenwärtige Ausbreitung, S.284) und der offenbar späteren Form ›China Medical Missionary Association‹.
89. Vgl. H.Balme, China and Modern Medicine, S.216 u. 219.
90. Vgl. H.Feldmann, Die gegenwärtige Ausbreitung, S.283f. – Noch 1922 gilt von dieser Provinz, daß sie doppelt so viele Missions-Hospitäler hatte wie alle anderen; vgl. M.T.Stauffer, The Christian Occupation, S.76.
91. Den Angaben bei H.Feldmann, Die gegenwärtige Ausbreitung, S.286f, ist zu entnehmen, daß es in Peking mindestens fünf Missionshospitäler und acht Polikliniken gegeben hat. – Die Government Medical School war von dem Arzt der London Missionary Society, Dr.J.K.Mackenzie, begründet worden, der, in Zusammenarbeit mit anderen Ärzten, auch die Hauptlast des Unterrichts trug. Zur Arbeit von Dr.Mackenzie vgl. H.Balme, China and Modern Medicine, S.112ff. Das dort S.113 angeführte Lebensbild ›John Kenneth Mackenzie‹ von M.I.Bryson, New York 1891, hat leider nicht eingesehen werden können.

missionsärztliche Pionierdienste leistete, nicht weniger als 34 Opiumasyle, eine Arbeit, in der sie im ganzen Lande führend wurde; denn ihre Grundsätze begünstigten die Bevorzugung einfacher Rehabilitation und ambulanter poliklinischer Arbeit gegenüber der an ein Hospital gebundenen stationären Tätigkeit.[92]
Für die deutsche ärztliche Mission wurde zunächst wieder die Provinz Kwangtung von Bedeutung. In *Tungkun*, südlich von Canton, eröffnete Dr.J.E.Kühne von der Rheinischen Mission 1888 das erste deutsche Missionskrankenhaus in China, an dem von 1898-1907 Dr.G.Olpp arbeitete;[93] und im Nordosten der Provinz, in *Kayin-chow*, hatte die Basler Mission 1893 mit einer Hospitalarbeit durch Dr.H.Wittenberg begonnen.[94]
Im Oktober 1900, unmittelbar nach dem deutsch-britischen Territorial-Abkommen über China und inmitten des ›Boxer-Aufstandes‹, begann der Allgemeine evangelisch-protestantische Missionsverein seine medizinische Arbeit im Faber Hospital in Tsingtau (Provinz Shantung) mit Dr.Dipper, die, obwohl sie schon in das folgende Jahrhundert hineingehört, hier wenigstens erwähnt sein soll.[95]

Wie ein Paukenschlag setzte der Boxeraufstand (1900-1901), der sich zunächst ja gegen die Neophyten und jegliche Form christlicher Missionsarbeit, dann aber auch gegen alle ›zivilisatorischen‹ Einrichtungen wie z.B. die Eisenbahn und den Bergbau richtete,[96] einen Schlußstrich unter die bisherige Entwicklung der ärztli-

92. H.Feldmann, Die ärztliche Mission unter Heiden und Mohammedanern, Basel 1904, gibt S.102 für die China Inland Mission folgende Zahlen: 17 Missionsärzte, 1 Missionsärztin, 8 Hospitäler, 26 Polikliniken, 44 Opiumasyle. – Zur ärztlichen Mission der China Inland Mission vgl. M.G.Guiness, Die Geschichte der China Inland Mission, II.Bd., Barmen 1898, S.392-410 (Dr.Schofield und die medizinische Mission).
93. Vgl. zur Geschichte des Hospitals G.Riedl, Tungkun – Das erste deutsche Missionshospital in China, Witten o.J. (1987?).
94. Vgl. H.Feldmann, Die ärztliche Mission unter Heiden und Mohammedanern, S.161f; W.Schlatter, Geschichte der Basler Mission 1815-1915, Bd.I, S.377 u. Bd.II, S.346f; Fr.LaRoche, Die ärztliche Arbeit in China, Indien, Borneo und Kamerun, in: Die Tat der Barmherzigkeit – Berichte aus der Arbeit der Basler Ärztlichen Mission, Basel 1934, S.22ff.
95. Vgl. H.Feldmann, Die ärztliche Mission unter Heiden und Mohammedanern, S.166f; Nachrichten aus der ärztlichen Mission in Tsingtau und Tsiningchow, Bern u. Berlin ab 1927; L.Aschoff, Medizin und Mission im Fernen Osten, Berlin 1926. – Zum deutschen Protektorat und der Situation während des Boxeraufstandes vgl. H.Gründer, Christliche Mission und deutscher Imperialismus – Eine politische Geschichte ihrer Beziehungen während der deutschen Kolonialzeit (1884-1914) unter besonderer Berücksichtigung Afrikas und Chinas, Paderborn 1982, S.255-320.
96. Vgl. Ch.Suzuki/A.Feuerwerker, Late Ch'ing Period, S.129f (The Boxer Rebellion); The Collapse of the Chinese Empire 1842-1911, in: The Times Atlas of World History, S.232f.

chen Mission in China: vier Missionsärzte wurden ermordet, 22 Hospitäler zerstört, andere ausgeraubt. Aber das bewirkte keinen Abbruch der Arbeit, sondern, im Gegenteil, deren Intensivierung im neuen Jahrhundert:
»This great tragedy proved but the prelude to an extraordinary awakening and advance in the years that followed. The medical missionary staff ... more than quintupled its numbers by 1917; and of the three hundred mission hospitals at work today in China [sc. 1920] full eighty per cent have been erected during the last two decades.«[97]

β) Indien und Ceylon

In Indien konzentrierte sich die missionsärztliche Tätigkeit, an der sich insgesamt 32 Gesellschaften beteiligten, auf die damaligen britischen Provinzen: Bengalen im Nordosten, mit Calcutta (bis 1912 Regierungssitz), Madras im Süden, sowie dem Punjab im Nordwesten (heute größtenteils Pakistan).[98]
Ohne eigentliches geographisches Zentrum waren in der dichtbesiedelten Provinz *Bengalen* die Hospitäler und ambulanten Krankenstationen weit gestreut, vor allem im Gebiet zwischen Calcutta und Krishnagar. Dort leisteten zwei unabhängige, freie Gesellschaften besonders viel missionsärztliche Arbeit, nämlich die 1893 aus einer Privatstiftung hervorgegangene Ranaghat Medical Mission, die später dann (1906) von der Church Missionary Society übernommen wurde, und die seit 1867 bestehende Santal Mission, die im Westen und Südwesten der Provinz unter den Santals arbeitete.[99] Auch betrieb bereits vor der Jahrhundertwende die Goßnersche Mission ihr Hospital in *Ranchi*.
In dem von Sikhs und Muslimen bevölkerten *Punjab,* jener, da erst 1849 annektiert, für die britische Verwaltung notorisch unruhigen ›Northwest Frontier‹, lagen die meisten Medical Missions. Hier hatte, teilweise unmittelbar an der Grenzlinie zu Afghanistan, die Church Missionary Society ihre berühmte ›chain‹

97. H.Balme, China and Modern Medicine, S.59; vgl. auch S.113f.
98. Vgl. zu der Größe der damaligen Provinzen wie auch allgemein zum folgenden: J.Allan/W.Haig/H.H.Dodwell, The Cambridge Shorter History of India, Delhi 1969, bes. S.778ff; India under British Rule 1895 to 1931, in: G.Barraclough (Ed.), The Times Atlas of World History, S.234f; T.G.P.Spear, India and European Expansion, c. 1500-1858 [sc. in India] in: Art. India, in: The New Encyclopædia Britannica, Vol. 21, Macropædia, Chicago 1990, S.77-93 u. S.A.Wolpert, British Imperial Power 1858-1920 [sc. in India], ebd. S.93-102; H.Feldmann, Die gegenwärtige Ausbreitung der ärztlichen Mission, S.271ff.
99. Vgl. H.Feldmann, Die gegenwärtige Ausbreitung der ärztlichen Mission, S.275. – Zur Santal Mission vgl. auch J.Gausdal, Santal Mission of the Northern Churches, in: The Encyclopedia of Modern Christian Missions, The Agencies, Camden, NJ, 1967, S.571f. Interessanterweise waren beide Missionen von ehemaligen Militärs gegründet worden.

missionsärztlicher Stationen, die sich von Quetta im Süden über Dera Ghazi Kahn, Dera Ismail Khan, Tank (Dr. Williams, s.o.S. 251), Bannu (Dr.Pennell, s.o.S. 234), Peshawar und bis nach Srinagar in Kashmir (Dr.Elmslie, s.o.S. 234) erstreckte. In *Amritsar* bestand ein Zentrum weiblicher missionsärztlicher Arbeit der Church of England Zenana Missionary Society (Dr.Fanny Butler, s.o.S. 247);[99] aber auch in *Silakot* und *Gujarat* wurden neben allgemeinen Krankenhäusern eigene Frauenspitäler unterhalten. In *Ludhiana* begann 1894 Dr.Edith Brown mit der ausschließlich von Frauen geleiteten Ausbildung von Inderinnen zu Hebammen und Ärztinnen, eine Arbeit, aus der dann sehr bald die ›North India School of Medicine for Christian Women, Ludhiana‹ hervorging.[101]

In der *Madras* Presidency wirkten in *Ranipet* und *Vellore* die Nachkommen John Scudders (s.o.S. 117f) im Auftrag der Dutch Reformed Church of America. In *Madurai* und Umgebung unterhielt der American Board neben mehreren ambulanten Medizinposten drei Hospitäler, von denen das eine ganz und gar von der einheimischen Bevölkerung finanziert worden war. In *Neyyor* bestand eine große Arbeit der London Missionary Society, zu der vierzehn Krankenhäuser gehörten. Im Südwesten, dem heutigen Kerala, in *Kozhikode* (Kalikut), existierte seit 1886 (Hospital seit 1892) die damals einzige größere deutsche missionsärztliche Arbeit in Indien, die von dem Basler Missionsarzt Dr.Liebendörfer (s.o.S. 237) begonnen wurde.[102]

In der Bombay Presidency bestand in *Poona* und in *Miraj* eine von den amerikanischen Presbyterianern getragene namhafte Arbeit, zu der neben einem der ersten Kinderspitäler Indiens seit 1897 die Miraj Medical School für Männer gehörte.[103] Kanadische Presbyterianer unterhielten im nördlich davon gelegenen *Rajputana* eine umfangreiche missionsärztliche Arbeit mit verschiedenen Au-

---

100. Vgl. I.H.Barnes, Between Life and Death – The Story of C.E.Z.M.M. Medical Missions in India, China, and Ceylon, London 1901.
101. Frau Dr.Brown, ursprünglich als Missionsärztin der Baptist Zenana Mission, London, 1891 nach Palwal gesandt, trennte sich 1894 von der Gesellschaft, um sich ganz unabhängig der Ausbildung von angehenden indischen Missions-Ärztinnen und Hebammen widmen zu können; vgl. M.I.M.Causton, For the Healing of the Nations, S.53f. Aus der reichhaltigen Literatur dieser erst im 20. Jahrhundert bedeutend werdenden Arbeit sei hingewiesen auf: C.Reynolds, Punjab Pioneer – The unique world of Edith Brown, pioneer surgeon of the women of India, founder of Ludhiana Christian Medical College, Foreword by Bishop James Mathews, Waco/London 1968; F.French, Miss Brown's Hospital – The Story of the Ludhiana Medical College and Dame Edith Brown, D.B.E., its Founder, London 1955².
102. Zur Geschichte dieser Station vgl. W.Schlatter, Geschichte der Basler Mission 1815-1915, Bd.II, S.240ff; Fr.LaRoche, Die ärztliche Arbeit in China, Indien, Borneo und Kamerun, in: Die Tat der Barmherzigkeit, S.22f. Es gibt aber eine Unstimmigkeit bei den Jahreszahlen.
103. Vgl. W.Wanless, An American Doctor at Work in India, New York o.J. (1932), S.72ff; E.M.Dodd, Our Medical Force at Work, S.36ff.

ßenstationen und fünf Hospitälern, deren bedeutendstes in *Udaipur* stand. In der North-Western Province, dem Hauptwirkungsgebiet der Zenana, Bible, and Medical Mission (s.o.S. 197f), versorgte diese Gesellschaft Frauenspitäler in *Benares, Lucknow* und *Patna;* hier lag *Bareilly* mit Clara Swain's Hospital (s.o.S. 245), das indische Zentrum der medical missions der bischöflichen Methodisten, und nicht zuletzt befand sich in dieser Provinz auch *Agra* mit Dr.C.S.Valentine's Arbeit (s.o.S. 235). Alles in allem gab es in Indien um die Jahrhundertwende 313 missionsärztliche Stationen mit zweihundert medizinisch qualifizierten Kräften, von denen mehr als die Hälfte – 111 – Ärztinnen waren.

Ceylon, ab 1803 britische Kronkolonie,[104] hatte durch die Arbeit von Dr.John Scudder zu Beginn der missionsärztlichen Bewegung einige Aufmerksamkeit auf sich gezogen, war aber sonst für diesen Arbeitszweig nicht von Bedeutung. Auffällig war allerdings die Präferenz der beiden dort hauptsächlich unter der buddhistischen singalesischen Bevölkerung des Südens missionsärztlich tätigen Gesellschaften für weibliche ärztliche Arbeit; denn in den insgesamt neun Krankenhäusern arbeiteten ebensoviele Ärztinnen, denen ein einziger männlicher Kollege zur Seite stand.[105]

γ) Übrige asiatische Länder

Im übrigen Asien wirkten außerhalb Chinas und Indiens die meisten Missionsärztinnen (7) und -ärzte (13) in Korea, allesamt amerikanischen Gesellschaften zugehörig.[106] Der ärztlichen Mission war in diesem Lande die Schlüsselfunktion dank der erfolgreichen Behandlung des Prinzen Min Yong Ik durch Dr.H.N.Allen von der Northern Presbyterian Mission zugefallen; denn diese führte 1884/85 zur Zusage ungehinderter christlicher Missionsarbeit.[107] Mit nicht weniger als fünf

---

104. Zur Geschichte vgl. S.Arasaratnam, Sri Lanka – History, in: The New Encyclopædia Britannica, Vol. 28, Macropædia, Chicago 1990, S.184-192.
105. Die beiden Gesellschaften, die diese Arbeit ausführten, waren der American Board, der in zwei Hospitälern zwei Ärztinnen und einen Arzt unterhielt, und die Wesleyan Methodist Missionary Society (bzw. deren Women's Auxiliary), London, die die übrigen sechs Missionsärztinnen stellten; vgl. H.P.Beach, A Geography and Atlas of Protestant Missions, Vol.II, S.24.
106. Vgl. H.P.Beach, wie vorige A, S.23. – Die von H.Feldmann, Die gegenwärtige Ausbreitung der ärztlichen Mission, S.340, erwähnte Arbeit der S.P.G. (Society for the Propagation of the Gospel in Foreign Parts) ist späteren Datums und dauerte auch nicht sehr lange.
107. Vgl. S.Hall, Pioneer Medical Missionary Work in Korea, Seoul 1934; ders. With Stethoscope in Asia, Korea, McLean, Virginia, 1978; A.W.Halsey, ›Go and Tell John‹ – A Sketch of the Medical and Philanthropic Work of the Board of Foreign Missions of the Presbyterian Church in the U.S.A., New York 1914; Ärztliche Mission in Korea, in: EMM, NF, 45.Jg., 1911, S.370-374.

Hospitälern lag der Schwerpunkt der Arbeit unbestritten in Seoul und im südlichen Teil; aber auch in Pyong Yong, im Norden der Halbinsel, gab es ein Zentrum missionsärztlicher Aktivität.
Eine ganz eigenartige Stellung nahm Japan ein. Nicht, daß sich hier die Personalverhältnisse genau umgekehrt wie in Ceylon verhielten – um die Jahrhundertwende arbeitete nur eine Missionsärztin neben 14 Kollegen –, sondern daß angesichts der guten medizinischen Versorgung der Bevölkerung den medical missions eine andere Rolle als anderswo zukam, macht die Besonderheit aus.[108]
»The progress of medicine in Japan puts Medical Missions in this country on a different footing from similar work in most other lands. A Medical Missionary is generally sent to people destitute of medical assistance. In Japan, however, this is not the case. From the earliest intercourse of the country with Europeans, the superiority of foreign medicine has been acknowledged, and efforts made to extend its knowledge. ... Hence, while in many countries, a Medical Missionary would be besieged with applicants for relief as soon as the report of a few successes become known, in Japan, he finds himself in competition with a Government hospital, which probably has a European medical officer at his head, or, if not, a staff of well trained Japanese physicians.«
»... Japan is not a field for which Medical Missions are specially adapted, for the simple reason, that she is not in special need of medical assistance.«[109]
Dennoch existierten hier immerhin 13 Hospitäler und Außenstationen, die hauptsächlich in *Tokio* (6), *Osaka* (3) und *Kobe* (2) lokalisiert waren.[110]

Die acht Ärzte des Board of Foreign Missions of the Presbyterian Church (North), denen in Anerkennung ihrer Leistungen seitens der Regierung auch die landesweite Durchführung der Pockenschutzimpfung in *Siam* übertragen wurde, stellten um 1900 das weitaus größte Kontingent der in zehn Medical Missions arbeitenden fünfzehn missionsärztlichen Kräfte in Siam und Laos.[111] Ein geo-

108. Vgl. zu dem medizingeschichtlichen Aspekt besonders J.Z.Bowers, Western Medical Pioneers in Feudal Japan, Baltimore/London 1970; E.Rosner, Medizingeschichte Japans, Handbuch der Orientalistik, 5.Abteilung, III. Bd., 5.Abschnitt, Leiden/New York 1989, bes. S.92ff; S.C.Fang, A Brief History of the Development of Modern Medical Science in Japan, in: The China Medical Journal, Vol.42 No.7, (Sept. 1928), S.662ff.
109. Paper on Medical Missions, by Dr.Palm, in: Quarterly Paper, Edinburgh, Vol.IV, 1883-1887, S.39-48; Zitate S.45 u. 49; vgl. auch O.Cary, Japan and its Regeneration, London 1900, bes. S.71ff.
110. Zur Aufschlüsselung vgl. die Angaben bei J.S.Dennis, Centennial Survey, S.207.
111. Vgl. H.Feldmann, Die gegenwärtige Ausbreitung der ärztlichen Mission, S.280; allgemein zur missionsärztlichen Arbeit in Thailand: E.C.Cort, Yankee Thai as told to William Arthur Neubauer; Foreword written by H.R.H.Princess Mahidol, Mother of the late King; Kopie eines 318-seitigen Buchtyposkriptes im Archiv der Presbyterian Historical Society, Philadelphia, MS-C795y, bes. S.216ff ›Medical Evangelism‹; D.C.Lord, Mo Bradley and Thailand, Grand Rapids, MI, 1969.

graphisches Zentrum ihrer Tätigkeit gab es aber nicht. In *Burma* bestanden zur gleichen Zeit 17 solcher Einrichtungen, die von sieben Ärzten und zwei Ärztinnen, ausschließlich Missionare der American Baptist Missionary Union, versorgt wurden.[112] Qantitativ kaum bedeutend war die Arbeit der ärztlichen Mission im ›Malaiischen Archipel‹, dem heutigen *Malaysia* und *Indonesien* Dennoch gebührt ihr Aufmerksamkeit, da hier, vornehmlich auf *Java*[113], der Wirkungskreis holländischer Gesellschaften lag, deren fünf einzige Missionsärzte nur noch durch einen amerikanischen Kollegen und eine Kollegin in *Singapore* (?) ergänzt wurden, und da hier im Juni 1900 die Gründung des Missionsspitals Pea Radja auf *Sumatra*, des einst großen medizinischen Zentrums der Rheinischen Mission, erfolgte.[114] Von bereits während des 19. Jahrhunderts ausgeübter missionsärztlicher Arbeit auf den Philippinen und in Papua Neuguinea, ist z.Zt. nichts bekannt.

b) Missionsärztliche Arbeit in Afrika und Madagaskar

Afrika, dessen Norden zum im 19. Jahrhundert allmählich zerfallenden Ottomanischen Reich gehörte und auf dessen West-, Süd- und Ostküste bis zu dieser Zeit lediglich Stützpunkte für die Fahrt nach Indien und China von verschiedenen seefahrenden Nationen Europas – Spanien, Portugal und England – errichtet worden waren, geriet erst Ende der siebziger Jahre durch die Reisen D.Livingstone's und H.M.Stanley's in das Blickfeld der europäischen Mächte und Missionsgesellschaften.[115] Das erklärt nicht nur den relativ späten Beginn

---

112. Vgl. W.B.Lipphard, The Ministry of Healing – A Study of Medical Missionary Endeavor on Baptist Foreign Mission Fields, Philadelphia 1920; zu den einzelnen Stationen: J.S.Dennis, Centennial Survey, S.195f.
113. Der bekannteste dieser Ärzte war Dr.J.Scheurer, ein Student der Medical Missionary Association in London, über den sich entsprechende Nachrichten in ›Medical Missions at Home and Abroad‹ finden (z.B.Vol.VII, S.169f u. S.260ff; VIII, S.197ff). Zur Unterstützung seines ›Petronella-Hospitals‹ in Jokyarkarta wurde 1899 in Amsterdam ein eigener Hilfsverein ›Dr.Scheurer's Hospital‹ gegründet; vgl. N.A.De Gaay Fortman, De Geschiedenis, S.81ff; zu diesem Buch schrieb übrigens Dr.Scheurer auch das Vorwort.
114. Vgl. Fünf Jahre ärztlicher Missionsarbeit, 1900-1905, Von den europäischen Arbeitern am Missionshospital in Pea Radja (Sumatra), Barmen o.J. (1905?); 10 Jahre ärztlicher Missionsarbeit – Missions-Hospital Pea Radja Sumatra, Bataklande, 1900-1910, Laguboti 1911; J.Winkler, Im Dienste der Liebe – Das Missionshospital in Pearadja 1900-1928, Barmen 1928.
115. Vgl. Africa before partition by the European Powers 1800 to 1880, in: The Times Atlas of World History, S.238f; The partition of Africa 1880 to 1913, ebd., S.240f; The disintegration of the Ottoman Empire 1800 to 1923, ebd., S.228f; J.C.Anene/ G.N.Brown, (Ed.s) Africa in the Nineteenth and Twentieth Centuries, Ibadan/London 1966; R.Van Chi-Bonnardel, The Atlas of Africa, Paris 1973.

missionsärztlicher Arbeit auf diesem Kontinent, sondern auch die geographische Verteilung der medical missions entlang der Küsten und Flüsse sowie auf den Inseln.[116] – Die Zentren ärztlicher Mission in Nord-Afrika waren *Ägypten*, wo es außer dem großen Hospital der Church Missionary Society in *Kairo*[117] auch eine umfangreiche missionsärztliche Tätigkeit der United Presbyterian Church of North America in *Assiut* gab[118], und *Marokko*, wo der gesamte Dienst von drei kleinen Missionsgesellschaften, deren eine von einem Missionsarzt 1894 gegründet worden war[119], in fünf Hospitälern und zehn Außenstationen versehen wurde.
In West-Afrika bestanden Zentren in *Liberia* (seit 1894 St.Markus Hospital der Protestant Episcopal Church in *Harper*; seit 1897 Krankenhaus der Lutheran General Synod of North America in *Mühlenberg*), dem heutigen *Ghana*, in dem seit 1885 Dr.R.Fisch in Aburi im Auftrag der Basler Mission tätig war und sein Kollege Eckhardt in *Odumase*[120], sowie im heutigen *Nigeria*, in dem hauptsächlich die Church Missionary Society und die United Free Church of Scotland mit je zwei Hospitälern und mehreren Polikliniken vertreten waren, und *Angola*, in dessen Zentralregion der American Board seit 1888 ein Netzwerk von Dispensarien aufgebaut hatte.
Die meisten missionsärztlichen Stationen des afrikanischen Kontinents aber waren um die Jahrhundertwende in *Süd-Afrika* anzutreffen. Von den statistisch erfaßten 6 Hospitälern und 11 Ambulanzen lagen die bedeutendsten in *Stellenbosch, Kapstadt, Elim, Lovedale* und *Durban*.[121] In Ost-Afrika konzentrierte sich

---

116. Eine Auflistung einzelner Stationen gibt J.S.Dennis, Centennial Survey, S.193-195.
117. Das 1889 gegründete ›Old Cairo Hospital‹ hatte 1922 742 Betten; vgl. S.W.W.Witty, Medical Missions in Africa and The East, London 1922, bes. S.69; ›These Fifty Years – The Story of the Old Cairo Medical Mission from 1889 to 1939‹, London 1939; H.G.Anderson, Typoskript, S.126ff (Africa and the Middle East 1885-1899).
118. Vgl. J.H.Alexander, Medical Missionary Work in Egypt under the Care of the American Mission, in: Medical Missions at Home and Abroad, NS Vol.XIII, S.200ff.
119. Es handelt sich dabei um die ›Central Morocco (Medical) Mission‹ von Dr.R.Kerr, ehemals Missionsarzt der englischen Presbyterianer, mit Sitz in Rabat; vgl. J.S.Dennis, Centennial Survey, S.320; R.Kerr, Pioneering in Morocco: A Record of seven Years' Medical Mission Work in the Palace and the Hut, London o.J. (1894). Zur Entstehung der Gesellschaft als ›Central Morocco Mission‹ ebd. S.250f. – Die beiden anderen Gesellschaften waren die Southern Morocco Mission (1888-1961) und die North Africa Mission (1881), mit der sich die Southern Morocco Mission 1961 verband (vgl. The Encyclopedia of Modern Christian Missions, S.501f u. 610). Die ›Central Morocco (Medical) Mission‹, obwohl noch bei N.A.de Gaay Fortman, De Geschiedenis, S.280 erwähnt, ist bereits im ›Statistical Atlas of Christian Missions‹, Edinburgh 1910, nicht mehr aufgeführt.
120. Vgl. F.H.Fischer, Der Missionsarzt Rudolf Fisch und die Anfänge medizinischer Arbeit der Basler Mission an der Goldküste (Ghana), Herzogenrath 1991. – Erst ab 1900 gab es für Dr.Fisch ein kleines Krankenhaus.
121. Vgl. M.Gelfand, Christian Doctor and Nurse – The History of Medical Missions in

die missionsärztliche Arbeit in den Gebieten des heutigen _Tanzania_ (1885-1920 ›Deutsch Ost-Afrika‹) und _Kenia_ (1888-1963 ›British East Africa‹); in ›British East Africa‹ unterhielt die Church Missionary Society seit 1887 in *Mombasa* ein Hospital mit mehreren Außenstationen, während in Deutsch Ost-Afrika die Kaiserswerther Diakonissen, von der Evangelischen Missionsgesellschaft für Deutsch-Ost-Afrika (Berlin III) dazu gebeten, seit 1890 im Krankenhaus in *Daressalam*, arbeiteten. Außer ihnen wirkte noch die Universities' Mission to Central Africa, die ihre Hauptstationen mit Krankenhaus und Poliklinik auf *Sansibar* und in *Magila* (in der Nähe von Tanga) hatte, in diesem Gebiet missionsärztlich.[122]

In Zentral-Afrika war die missionsärztliche Arbeit zweier schottischer Gesellschaften bzw. Kirchen im ehemaligen Protektorat ›Nyassaland‹, heute _Malawi_, bemerkenswert; in *Livingstonia* und Umgebung betrieb die United Free Church drei Krankenhäuser und 6 Polikliniken, und im südlichen *Blantyre* waren in dem St.Luke's Hospital der Church of Scotland Foreign Mission zwei Ärzte tätig. Schon 1891 begann in _Uganda_ in *Mengo* (heute Stadtteil von Kampala) die Church Missionary Society mit ihrer dann unter den Brüdern Cook für diese Region Afrikas so bedeutend werdenden missionsärztlichen Tätigkeit, aus der 1917 die ›Mengo Medical School‹ hervorging,[123] und im _Zaire_ (1885-1908 ›Congo Free State‹, 1908-1960 ›Belgisch Kongo‹) wurden die hauptsächlich entlang des Stromes gelegenen vier Hospitäler und zehn medizinischen Außenstationen von Ärzten verschiedener baptistischer Gesellschaften betreut und eines von einem Arzt des Svenska Missionsförbundet.[124]

South Africa from 1799 – 1976, Atholl-Sandton 1984; ders.: Mother Patric and her Nursing Sisters, Cape Town/Wynberg/Johannesburg 1964.

122. Vgl. M.Burgwitz, Missionsdiakonie, S.16f; G.Olpp, Zum Kolonial-Gedenkjahr – Verdienste deutscher Kolonial-Aerzte, in: Münchener Medizinische Wochenschrift, 81.Jg., München 1934, S.1818-1827, bes.S.1820; H.Feldmann, Die ärztliche Mission unter Heiden und Mohammedanern, S.52f; ders.: Die gegenwärtige Ausbreitung der ärztlichen Mission, S.215f.

123. Vgl. W.D.Foster, The Church Missionary Society and Modern Medicine in Uganda – The Life of Sir Albert Cook, K.C.M.G. 1870-1951, Newhaven, East Sussex, (Privatveröffentlichung) 1978; ders.: Doctor Albert Cook and the Early Days of the Church Missionary Society's Medical Mission to Uganda, in: Medical History – The official Journal of the British Society for the History of Medicine, Vol.XII, 1968, London, S.325-343; J.Reason, Safety Last – The Story of Albert Cook of Uganda, London 1954; B.o'Brian, That Good Physician – The Life and Work of Albert and Katherine Cook of Uganda, London 1962; Proclaiming Liberty – The Jubelee Book of Mengo Hospital 1897-1947; A.R.Cook, Healing the Sick in Central Africa, in: Medical Missions at Home and Abroad, Vol. VIII, S.148-151.

124. Vgl. C.C.Chesterman, Saving Health through Medical Missions of the Baptist Missionary Society, London 1942; ders.: Medical Missions in Belgian Congo, in:

Auf *Madagaskar* hatte die ärztliche Mission etwa 25 Jahre früher begonnen als auf dem übrigen Kontinent; denn in *Antananarivo* hatten die Quäker bereits 1864 eine medizinisch-poliklinische Arbeit aufgenommen. Später beteiligten sich hauptsächlich die London Missionary Society und die Norske Misjonsselskap an einem solchen Dienst, der zur Gründung der ›Medical Missionary Academy‹ in der Hauptstadt führte, der ersten schulmedizinischen Ausbildungsstätte für Malagassen, die, von den Missionen gemeinsam getragen, 1887 ihre Pforten öffnete. Jedoch schon 1895, nach der Eroberung der Insel durch Frankreich, das in kolonialistischer Manier sofort auch das ganze Erziehungswesen der einstigen Monarchie umstrukturierte, kam das vielversprechende Unternehmen zum Erliegen.[125]

IRM, Vol.26, 1937, S.378-385; W.B.Lipphard, The Ministry of Healing – A Study of Medical Missionary Endeavor on Baptist Foreign Mission Fields, Philadelphia 1920. Zur Arbeit schwedischer Missionsärzte, die seit 1891 hier tätig waren, vgl. H.Feldmann, Die ärztliche Mission unter Heiden und Mohammedanern, S.170f; E.Mattsson, Missionslärkare i Belgiska Kongo, in: SMT, Uppsala 1958 (46.Bd.), S.94-98. Über die 1878 gegründete freie Missionsgesellschaft vgl. den entsprechenden Artikel von E.Hellberg in: The Encyclopedia of Modern Christian Missions, S.633-336.

125. Zur allgemeinen Situation und Geschichte Madagaskars vgl. H.J.Deschamps, Madagascar, History, in: Indian Ocean Islands, in: The New Encyclopædia Britannica, Vol.21, Macropædia, Chicago 1990, S.172f, sowie den ganzen Artikel S.164-174; zur missionsärztlichen Arbeit: Madagascar – Medical Mission Hospital and College, in: Quarterly Paper, E.M.M.S., Edinburgh NS Vol.VII (1891-1893), S.170-174; H.Feldmann, Die gegenwärtige Ausbreitung der ärztlichen Mission, S.217; ders. Die ärztliche Mission unter Heiden und Mohammedanern, S.168f; zur Ausbildungsstätte, die besonders mit den Namen Dr.Borgrevink (Norwegische Missionsgesellschaft) und Dr. Davidson (L.M.S.) verbunden ist, vgl. The Medical Missionary Record, Vol.II, 1887, S.47, 197ff; Vol.III, 1888, S.92 u.ö.; Christian Work, NS Vol. II, 1868, S.448-451; NS Vol.6, 1872, S.124; W.Burns Thomson, Reminiscences of Medical Missionary Work, S.156ff. – Zur Arbeit der Norwegischen Missionsgesellschaft in Madagaskar vgl. den Art. Det Norske Misjonsselskap, in: The Encyclopedia of Modern Christian Missions, S.496-500, bes. S.497. Es sei hier daran erinnert, daß es seit 1882 einen missionsärztlichen Hilfsverein für diese Arbeit, das ›Komiteen for den Norske Laegemission på Madagaskar‹ gab. – Die Angaben bei H.Feldmann, Die ärztliche Mission, S.98, und bei N.A.de Gaay Fortman, De Geschiedenis der Medische Zending, S.267f u. 377, über diese Einrichtung differieren teilweise erheblich mit denen, die sich in den anderen hier angegebenen Texten finden.

c) Missionsärztliche Arbeit im Vorderen Orient, in Mittel- und Südamerika, Ozeanien und Alaska

Zur Zeit des ausgehenden 19. Jahrhunderts lagen die Schwerpunkte missionsärztlicher Arbeit im Vorderen Orient, die von 40 Ärzten und 9 Ärztinnen in 74 Institutionen versehen wurde, im _Iran_ (Persien) und in _Palästina_. Hauptträger in Palästina war neben der Church Missionary Society (3 Hospitäler, 4 Polikliniken, 6 Ärzte) die London Society for promoting Christianity among the Jews (gegr. 1809), deren drei Ärzte zwei Krankenhäuser und ebenfalls vier Polikliniken betreuten. In Persien wirkte außer der C.M.S. als einzige weitere Gesellschaft der amerikanische Presbyterian Board of Foreign Missions, der hier mit nicht weniger als dreizehn medical missions vertreten war.[126] Auch in dem heutigen _Libanon_, _Syrien_ und dem _Irak_, damals Syria (bis 1918) und Türkisches Reich, gab es, vor allem in *Beirut, Damaskus* und *Bagdad,* beachtenswerte missionsärztliche Posten, unter denen die des Presbyterian Board von Nordamerika in Beirut – Dr.Mary Pierson Eddy (s.o. S. 247f) und die medizinische Fakultät des Syrian Protestant College, der späteren American University[127] – hervorstechen.

In Mittel- und Südamerika fiel die missionsärztliche Arbeit, mit Ausnahme von _Mexiko_, zu diesem Zeitpunkt kaum ins Gewicht. Im ganzen Kontinent gab es insgesamt nur fünf Medical Missions, vier davon allein in Mexiko, und es arbeiteten hier auch nur 23 medizinisch qualifizierte Personen als Missionare, die meisten davon, nämlich 12, wiederum in Mexiko.[128]

126. Zur Arbeit der C.M.S. in diesen Gebieten vgl. Kupfernagel, Die ärztliche Mission der Church Missionary Society, in: Die Ärztliche Mission, 2. Jg., 1907, S.33ff; S.W.W.Witty, Medical Missions in Africa and The East; London 1922; H.G.Anderson, Typoskript, S.126ff; zur London Society for promoting Christianity: The Encyclopedia of Modern Christian Missions, S.371-373; zur Arbeit der Presbyterianer: R.E.Speer ›The Hakim Sahib‹ – The Foreign Doctor – A biography of Joseph Plumb Cochrane, M.D. of Persia, New York 1911; E.M.Dodd, The Beloved Physician – An intimate Life of William Schauffler Dodd, M.D., privately printed, U.S.A., 1931; H.Feldmann, Die ärztliche Mission unter Heiden und Mohammedanern, S.140.

127. Vgl. H.Feldmann, Die ärztliche Mission unter Heiden und Mohammedanern, S.140f; Rev.George E.Post, M.D., in: The Medical Missionary Record, Vol.III, 1888, S.135f; N.A.de Gaay Fortman, De Geschiedenis, S.318ff; J.S.Dennis, Centennial Survey, S.114 (Medical Schools and Schools for Nurses).

128. Vgl. L.Salmans, The Good Samaritan Hospital, Guanajuata, Mexico, in: Medical Missions at Home and Abroad, NS Vol.VIII, S.88ff; ebd. S.195f (Romish Countries and Medical Missions, Mexico); ebd. Vol. XV, S.134ff; W.R.Wheeler et al., Modern Missions in Chile and Brazil, Philadelphia 1926, S.407-419: Medical Missionary Work in South America; A.Canclini, Jorge A.Humble – Médico y misionero patagónico, Buenos Aires 1980; H.Feldmann, Die gegenwärtige Ausbreitung der ärztlichen Mission, S.342.

Auf den Inseln des Stillen Ozeans richtete sich von Anfang an, wie z.B. bei dem American Board auf *Hawaii* (Dr.G.Judd, s.o.S. 169) das Hauptaugenmerk medizinischer Arbeit auf die Eindämmung der drohenden Entvölkerung durch Zivilisationskrankheiten und Seuchen. Die geographische Situation ließ die Errichtung von festen Hospitälern nicht geraten erscheinen, weshalb die Arbeit, die sich bis zum Ende des Jahrhunderts auf allen Inselgruppen etabliert hatte und an der sechzehn Ärzte (14 Männer, 2 Frauen) unmittelbar beteiligt waren, hauptsächlich ambulant-poliklinischer Art war.[129] Am bekanntesten wurde die missionscaritative Arbeit unter den Aussätzigen von Pater Damien de Veuster CSSCC (1840-1889) auf der Hawaii-Insel *Molokai*.[130]

Die Aufnahme missionsärztlicher Arbeit noch im ausgehenden Jahrhundert auch in *Alaska, Labrador* und *Grönland*[131] (1889/1897) sowie die Tätigkeit vieler

129. Besonders engagierte sich hier die ›Neu Hebriden Mission‹ mit 5 Ärzten, gefolgt von der ›International Medical Missionary and Benevolent Association‹ mit 4 und den Adventisten mit 3 Ärzten bzw. Ärztinnen.
130. Vgl. L.Berg, Christliche Liebestätigkeit in den Missionsländern, S.139ff u.207; Th.Ohm, Die ärztliche Fürsorge, S.41; S.G.Browne, The Christian Contribution to Leprosy and Tuberculosis, in: Heralds of Health, S.156f. Zur Picpus-Gesellschaft vgl. W.Göbell, Art. ›Picpus-Gesellschaft‹ in: RGG³, Bd.V, Sp. 367f; B.Arens SJ, Handbuch der Katholischen Missionen, S.55; M.Heimbucher, Die Orden und Kongregationen der katholischen Kirche, Bd.II, S.363ff. – Zur missionsärztlichen Situation in diesem Gebiet um die Jahrhundertwende allgemein: H.Feldmann, Die gegenwärtige Ausbreitung der ärztlichen Mission, S.341; W.Pomper, Lambert Louis Conrady. Prêtre-médecin, apôtre des lépreux, in: J.Pirotte/H.Derroitte (Hg.), Églises et santé, S.49-56; zu den Anfängen auf Fidji: EMM NF 12.Jg. (1868), S.377ff; auf den Solomon Inseln: J.A.Boutilier, Missions, Medicine and Administration in the British Solomon Islands Protectorate 1893-1942, Vortragstyposkript, 36 S., 1983.
131. J.S.Dennis, Centennial Survey, verzeichnet drei Hospitäler und Außenstationen, nämlich in Circle City, Sitka und Skaguay, sowie eine ›medical work‹ im äußersten Norden, in Point Barrow (S.195). – 1893 hatte auch schon Wilfred Grenfell, später ›Sir Wilfred‹, die Arbeit als Missionar der Royal National Mission to Deep Sea Fishermen aufgenommen; vgl.J.L.Kerr, Wilfred Grenfell – His Life and Work, London et al 1959; E.Wallroth, George Grenfell – Entdecker, Menschenfreund, Missionar, in: AMZ, 36.Bd., 1909, S.305-314 u. 349-361; C.J.Kober, Wilfred T.Grenfell (1865-1940) – Portrait of a Medical Missionary and his Work in Newfoundland and Labrador, Med. Diss. Freiburg i.Br. 1979; Deep-Sea Fishermen, in: The Medical Missionary Record, Vol.III, 1888, S.115; W.Grenfell, Off the Rocks – Stories of the Deep-Sea Fisherfolk of Labrador, London 1906; N.Duncan, Dr.Grenfell's Parish – The Deep Sea Fishermen, London 1905. – Die missionsärztliche Arbeit der Herrnhuter in diesen Gebieten stammt, nach mißglückten Versuchen im 18. Jahrhundert, erst aus dem Anfang des 20. Jahrhunderts; vgl. Th.Bechler, 200 Jahre ärztlicher Missionsarbeit der Herrnhuter Brüdergemeine, S.96ff.

Medical Missionaries in Home Medical Missions in den sendenden Ländern[132] belegen eindrücklich, wie sehr die erst sechzig Jahre zuvor zunächst ausschließlich im Gegenüber zum verschlossenen ›Reich der Mitte‹ entwickelte Methode mittlerweile zu wirklich globaler, selbstverständlicher Anwendung im Ganzen christlicher Missionsarbeit gefunden hatte.

3. Die Diversifikation des missionsärztlichen Dienstes

Um ein möglichst umfassendes Bild von der ärztlichen Mission gewinnen zu können, ist es notwendig, noch einen Blick darauf zu richten, wie sie sich am Ende des neunzehnten Jahrhunderts darstellte; denn es gab nicht ›die ärztliche Mission‹ an sich, sondern ihre jeweils bestimmten, konkreten Ausprägungen. Als Ganzes genommen lassen sie das breite Spektrum dieses Phänomens erkennen und auch die Fülle der Probleme, mit denen sich dann die Verantwortlichen der nachfolgenden Generationen auseinanderzusetzen hatten; denn im Laufe der Zeit war es zu signifikanten Veränderungen gekommen, Veränderungen, die sowohl die Person des medical missionary als auch die Aufgabenstellung der ärztlichen Mission betrafen.

a) Arbeitsteilung zwischen medizinischen und missionarischen Aufgaben

Schon lange, bevor der missionsärztliche Dienst im eigentlichen Sinne begründet worden war, hatte es, wie in Kap. III ausgeführt, verschiedene Formen ärztlicher Mitarbeit in der Mission gegeben, ohne daß dies zu nennenswerten Konflikten zwischen dem jeweiligen Arzt- und Missionars-Sein geführt hätte. Zur Zeit der Patronatsmission wirkten die in den Missionsländern tätigen Mediziner hauptsächlich als Leibärzte derjenigen Herrscherhäuser, von deren Gunst die Gewährung ihres Aufenthaltes abhängig war, und betätigten sich als Krankenbrüder für die eigenen Orden. Gleiches galt für die ›Gemeinärzte‹ in der Herrnhuter Mission und für die ›Missions-Medici‹ in Tranquebar, die sich um das gesundheitliche Wohl der jeweiligen christlichen Gemeinde vor Ort kümmerten. Karl Gützlaff, wenn man ihn als medizinischen Laien denn hier mit berücksichtigen will, verteilte, wo immer er war, in charismatischer Art großzügig einige wenige,

---

132. Vgl. z.B. ›The Home Medical Missionary List‹, in: Medical Missions at Home and Abroad, NS Vol.IX, S.244ff. Die ›List of Medical Missionaries throughout the World‹, die in: The Medical Missionary Record, Vol.II, 1887, S.129ff erschienen war, führte 13 in den U.S.A. arbeitende, 28 in England arbeitende, 4 in Schottland und 4 in Frankreich tätige Missionsärzte auf, sowie zwei, die in Italien arbeiteten und einen, der in Irland Dienst tat.

wirksame Standard-Medikamente und viele Traktate, während seine medizinisch gebildeten Kollegen in Serampore und auf Ceylon ihr ärztliches Können ganz dem Dienst der missionarischen Verkündigung unterordneten. Solange solche Subordination fraglos akzeptiert wurde, gab es wenig Anlaß zu Problemen, da die Prioritäten klar waren. Zu spürbaren Konflikten kam es erst, als die naturwissenschaftlich begründete Medizin sich zu etablieren begann und auch bei ihren erweckten, frommen Jüngern zu einem neuen Selbstbewußtsein führte. Diese begnügten sich nicht mehr, wie z.B. noch John Scudder, mit der Rolle philanthropischer Mediziner.[133] Auch war es ihnen nicht ausreichend, nur als missionierende Ärzte zu gelten. Sie wollten Medical Missionaries sein, deren ganzes Tun im Sinne der ›disinterested benevolence‹ als sich selbst deutendes, evangelistisch-missionarisches Tatzeugnis verstanden werden sollte. Alle ihre Kraft richteten sie auf die Arbeit im stationären Hospital und die Poliklinik, stellten allerdings fest, daß das, was im Konzept ihnen als schlüssig und möglich erschien, an der praktischen Umsetzung unter den vorfindlichen Gegebenheiten scheiterte. Schon 1874 bemerkte einer ihrer nichtmedizinischen Kollegen:

»That the medical missionaries won confidence was not necessarily a blessing, since ›blind and ignorant confidence‹ in the omnipotent doctor was more harmful than beneficient. That they excited gratitude among the natives was by no means general, though such instances were not rare. Finally, that they brought about conversion was more fiction than fact. ›As a converting agency, ... the hospital had been a failure.‹ In twelve years of the operation of the Medical Missionary Society in Canton, there were a mere 12 converts from a total of 409.000 patients.«[134]

Zum einen erwies sich ihnen also die Annahme des sich selbst deutenden Tatzeugnisses vor der Hand als Trugschluß; denn sie fanden zwar große persönliche Genugtuung in ihrer Arbeit, konnten aber nicht mit denominationell erhofften ›missionarischen Erfolgen‹ aufwarten.[135] Zum anderen blieb ihnen im Alltag

---

133. Ganz im philanthropischen Sinne formulierte John Scudder in seinem ›Appeal to pious Physicians‹ (s.o. S.118): »the only legitimate ground of your leaving your present situation for one in the heathen land, will be the persuasion that your means of doing good will be increased.« (Missionary Herald, Vol.XXIX, Boston 1833, S.269).
134. W.Scarborough, ›Medical Missions‹, in: Chinese Recorder, Vol.VI, 1873/74, S.137-152; zitiert nach Th.Kue-Hing Young, A Conflict of Professions, S.259.
135. Hinter der verständlichen, aber sachlich doch unangemessenen Frage nach den ›Erfolgen‹ stand die nach der Rechtfertigung solchen Dienstes im Rahmen der Mission. Daher finden sich in den Veröffentlichungen vieler ihrer Befürworter Kapitel über den ›Erfolg‹, der dann auf verschiedene Weise zu rationalisieren versucht wird; vgl. Th.Christlieb, Ärztliche Missionen, S.95ff; G.Olpp, Die ärztliche Mission und ihr größtes Arbeitsfeld, S.76ff; J.Lowe, Medical Missions – Their Place

praktisch keine Zeit für die explizite Wortverkündigung, zu der sie sowohl ihr eigenes Selbstverständnis als auch die Erwartungen ihrer Gesellschaften drängten. Das führte geradezu zwangsläufig zu einer anfangs gar nicht intendierten Arbeitsteilung.

Schon Peter Parker war infolge von Arbeitsüberlastung nicht mehr in der Lage, ausdrücklich missionarische Aktivitäten selbst wahrzunehmen. Deswegen stellte er im Dezember 1845 den chinesischen Evangelisten Liang Afah (1789-1855) als quasi ersten Krankenhausseelsorger Chinas im Hospital an.[135] Bezeichnenderweise entschloß er sich zu diesem Schritt aber erst in einem Augenblick, als sich aufgrund der missionstheoretisch-kritischen Infragestellung seiner Hospitalarbeit durch das Prudential Committee seine Beziehung zum Bostoner Board zu lösen begann (s.o. S. 167 A 133)[137], er also zu einem eigenständigeren, freieren Handeln genötigt und aufgefordert war; denn der Evangelist Afah seinerseits

and Power, S.89ff; H.T.Hodgkin, The Way of the Good Physician, S.80ff u.a. Es ist höchst aufschlußreich zu sehen, wie solch eine Bilanzierung jeweils gerechtfertigt wird. – Die C.M.S. in London veröffentlichte 1915 eine Broschüre von Samuel W.Witty unter dem Titel: ›Converts Through Medical Work‹.

136. Afah hielt die Sonntagsgottesdienste im Krankenhaus und war auch montags, dem Aufnahmetag für neue Patienten, zugegen. Diesen gab er ein ein Traktat, ermahnte sie geistlich und betete mit ihnen bzw. für sie, bevor sie dann zur Registration und Behandlung vorgelassen wurden. – »With happy effect he [sc. Afah] dwelt upon the Saviour's life and example, and pointing to the paintings and illustrations of cures suspended around the hall of the hospital, informed his auditors that these were performed by His blessing and in conformity to His precepts and example; at the same time declaring the great truths which concerned them still more, that their souls had maladies which none but Christ himself could cure.« (So Peter Parker über die Arbeit seines Evangelisten; zitiert in W.W.Cadbury / M.H.Jones, At the Point of A Lancet, S.84f; bei den Bildern handelte es sich um die oben S. 156 A 106 erwähnten Gemälde Lamquas.) – Zu Liang Afah, den ersten chinesischen Täufling Morrisons, ebd. S.83ff. Das Lebensbild ›China's First Preacher, Liang A-Fa‹ von G.H.McNeur, das ebd. S.85 A 1 erwähnt ist, war leider nicht einsehbar.

137. Das missionstheoretisch-kritische Moment kam besonders deutlich in R.Andersons Brief vom 14.3.1845 an die Missionare in Hongkong und Canton in folgender Formulierung zum Ausdruck: »The experience of the past in more than one or two missions is fitted to awaken doubts as to the value of medical practice as an adjunct of the gospel. I am certain that too much reliance has been placed upon it, and the great *éclat* of the world that has attended it [sc. Parkers Arbeit in Canton] is fitted to increase the apprehension that it is not the way to secure the glory of God and the gospel of his Son; and, of course, not the way most likely to secure the blessing of the Holy Spirit.« (Houghton Library, ABC XV, Lettes, foreign, 1845, 223-230; auch zitiert in: Stevens / Markwick, The Life, Letters, and Journals, S.265, als indirektes Zitat in einem anonymen Brief aus Canton vom 31.1.1846; Hervorhebung im Original)

hatte schon Jahre zuvor sein Interesse an einem solchen Dienst deutlich bekundet.[138] Obwohl es immer auch Ausnahmen zur Regel gegeben hat[139], machte Parkers Beispiel Schule, weil es ein praktikables Modell bot, um den von vielen Medical Missionaries als persönlich belastend empfundenen Konflikt zwischen der Notwendigen, aber eben ›nur zeitlichen‹ Leibsorge und der Sorge um das ›geistliche, ewige‹ Seelenheil zu entschärfen.

»At the present time [sc. um 1910] most medical mission hospitals include in their native staff one or more evangelists, whose duty is to preach to the outpatients in the waiting hall, to teach the inpatients in the wards and to sell Scriptures and other books to any who will buy. In some cases also these men do a certain amount of colportage work, and include with it the visiting of any old patients who may happen to be in the district. The value of such work ... cannot possibly be overestimated, and there is no doubt that they do a great deal towards saving our medical missions from failure.«[140]

Da aus Gründen des notorischen Personal- und Geldmangels der sendenden Gesellschaften dieses Modell bei verschiedenen Heimatleitungen nicht die erforderliche Unterstützung fand, lag in der Spannung zwischen medizinisch Nötigem und missionarisch Möglichem ein ständiges, latentes Konfliktpotential, das, gelegentlich um dogmatische Fragen angereichert, zu mancherlei Problemen Anlaß gab.[141] In den Augen des erweckten, missionsbegeisterten Mediziners

---

138. »He [sc.Afah] came to the hospital December 29, 1845, although as early as 1840 he was interested in Dr.Parker's work. When Parker was in America and gave an address before the Senate and House of Representatives on January 31, 1841, he said ›Liang Afah has repeatedly expressed a desire to be connected with the (Ophthalmic Hospital) [!] which he often visits.« (W.Cadbury / M.H.Jones, At the Point of A Lancet, S.85).

139. Schon Parkers Kollege Dr.Dyer Ball widmete sich dem medizinischen Dienst nur dann, wenn es ihm die Zeit erlaubte; s.o. S. 151 A 93. Hier ist auch an Dr. Mary P. Eddy in Syrien, s.o. S.247f, zu erinnern und an Dr.A.P.Stirrett im Sudan, vgl. D.C.Percy, Stirett of the Sudan, Chicago 1948.

140. H.Balme, Where Medical Missions Fail, in: The China Medical Journal, Vol.24 No.1, Jan. 1910, S.43-51, Zitat S.49. – Die Statistiken ignorieren leider allesamt die nichtmedizinischen Mitarbeiter am missionsärztlichen Werk, so daß keine Gesamtzahl genannt werden kann. Nach dem angeführten Zitat ist davon auszugehen, daß es mindestens so viele Evangelisten – und Bibelfrauen – gegeben hatte wie Hospitäler. – Über die Tätigkeit von Bibelfrauen bzw. Evangelistinnen in den Frauen-Spitälern, vgl. z.B. B.J.Allen, A Crusade of Compassion for the Healing of the Nations, West Medford 1919, S.99ff u.ö.

141. Vgl. Young, Theron Kue-Hing, A Conflict of Professions: The Medical Missionary in China, 1835-1890, in: Bulletin of the History of Medicine, Organ of the American Association for the History of Medicine and of The Johns Hopkins Institute of the History of Medicine, No.47, Baltimore 1973, S.250-272; E.M. Dodd, Problems of

G.Dowkontt stellte sich dieses Problem als Halbherzigkeit der Home Boards dar, denen gegenüber er den bereits oben S. 128 erwähnten schweren Vorwurf unterlassener Hilfeleistung erhob. Durch diese Haltung würden die Verantwortlichen unmittelbar mitschuldig an den ›Murdered Millions‹ der Welt; »for they have done little or nothing to save anyone, and few have done ›what they could‹.«[142]

Daß es zur Diversifikation genau an jener Stelle kam, an der erklärtermaßen der Versuch zur Integration zweier Professionen gemacht wurde, ist weder den einzelnen Personen noch den jeweiligen örtlichen Bedingungen anzulasten. Die Ursache liegt vielmehr in dem eigentümlichen Zeitpunkt, an dem die Missionsbewegung sich mit der naturwissenschaftlichen Medizin verband; denn erst dadurch, daß Seuchen erfolgreich bekämpft, Schmerzen wirksam behoben und Operationen sicher durchgeführt werden konnten und solche Dienste in den selbstlos geführten Missionsspitälern den Kranken aller sozialen Schichten auch zur Verfügung standen, wurden diese zu ständig überlaufenen Zufluchtsorten für auf Genesung Hoffende, die von einem hochmotivierten, missionsärztlichen Personal alle Kräfte - und manchmal auch viel mehr – forderten.[143] Davon, daß sich

Medical Mission Work: Personnel, in: The Journal of the Christian Medical Association of India, Vol.VIII No.1, Jan. 1933, S.13ff. – »The longer we are in the field the more we are convinced that the co-operation of the Mission Boards in the homelands with the Mission Hospitals in the field is far from satisfactory. There are various reasons to account for this, but one of the real underlying reasons seems to be that the Boards have never waked [!] up to the greatness of the needs in the case or the actual assistance« that the medical work is to the evangelistic.« (Editorial in: The China Medical Journal, Vol.XXXVI No.2, Mar. 1922) – »The turnover of medical missionaries is very high and the most frequent reason for non-return to the mission field in the past has been inadequate support by the Misson Board.« (D.D.Brewester / H.N.Brewester, The Church and Medical Missions, New York 1959, S.103). Einige der auch neueren (Auto-) Biographien wie z.B. C.M.Kmietsch, Kreuzweg Afrika – Schicksal eines Arztes, Bad Oenhausen 1980, oder R.Italiaander, Im Namen des Herrn im Kongo, Kassel 1965, gewähren Einblicke in die persönlich erlebte Dimension solcher Konflikte. – Als theologisch problematisch erwies sich die Frage nach der Stellung der Missionsärzte und deren Ordination bzw. Abordnung; vgl. J.Lowe, Medical Missions – Their Place and Power, S.34ff; P.Williams, Healing and Evangelism: The Place of Medicine in Later Victorian Protestant Missionary Thinking, in: The Church and Healing, S.280f; Medical Missionaries and Mission Boards, in: Quarterly Paper, Edinburgh, Vol.III, S.175-178.

142. G.D.Dowkontt, Murdered Millions, 18975, S.14 – Weniger scharf aber in der Sache ähnlich H.Balme in seinem in A 140 erwähnten Artikel ›Where Medical Missions Fail‹.

143. Die chronische Überbelastung des missionsärztlichen Personals in den Missionsspitälern ist ein bis in die Gegenwart hinein beklagtes Grundproblem, wie die vielen (Auto-) Biographien hinreichend belegen. Unmittelbar zu diesem Problemfeld vgl.

infolge solcher Arbeitsteilung die Missionsärzte und ihre Kolleginnen von dem Wortzeugnis dispensierten, davon kann keine Rede sein:

»If ... such a helper [is] appointed to each hospital, the medical missionary should in no way feel that it is unnecessary for him also to use all his opportunities for directly spiritual work. But though he could not take full advantage of these [sc. durch den missionsärztlichen Dienst bewirkte] openings, owing to his lack of time, he would have the infinite joy and satisfaction of knowing that they [sc. the openings] were not being lost, but that others were entering into his labours.«[144]

Die Gelegenheit zu einer grundsätzlich-kritischen Aufarbeitung des Verständnisses von Mission und Medizin sowie deren Verhältnis zueinander, die dieser Konflikt potentiell bot, Gegenstand vieler Konferenzen und Publikationen im 20. Jahrhundert[145], wurde aber im neunzehnten Jahrhundert noch nicht als solche erkannt und wahrgenommen. Auch konnte nicht gesehen werden, daß die Medizin, die in jenen Tagen von einer epochemachenden Entdeckung zur nächsten eilte, sich dabei selbst wesensmäßig veränderte (s.o. S. 120ff). Viel zu stark war die dankbare Empfindung für den Segen der neuen medizinischen Erkenntnisse, die auf einmal so viele Leiden zu lindern vermochten. Zu unmittelbar und zu lebendig war noch die Erinnerung an die vorherigen Zeiten, so daß die nötige kritische Distanz fehlte. Daher die optimistische Euphorie der Medizin gegenüber, die sich in den ›Jugenderinnerungen eines alten Arztes‹ jener Zeit noch heute folgendermaßen vernehmen läßt:

F.Lake, The Realignment of Medical Missions – Spiritual Priorities in Changing Conditions, in: IRM, Vol.XXXVIII, April 1949, S.211-219; I.F.Bache, The Medical Missionary – A Good Samaritan?, in: The Journal of the Christian Medical Association of India, Vol.XXVII No.6, Nov.1952, S.295ff; R.G.Cochrane, Changing Functions of Medical Missions, Supplement to ›In the Service of Medicine‹, No.7, London o.J. (1955; unpaginiert); N.Vermeer [alias: J.Lodder], Tropendoktor – Skizzen aus einem Missionsspital auf Java, Basel 1940. – In diesen Zusammenhang gehört auch die aufschlußreiche Bemerkung in ›Re-Thinking Missions‹, New York / London 1932, S.206: »The excessive turnover of missionary physicians is in large part due to disappointments in the nature and condition of their work.«

144. H.Balme, Where Medical Missions Fail, S.51
145. Vgl. Conference on the Work of Medical Missions, held Feb. 19-21,1926, Baltimore; Medische Zendingsconferentie Doorn, Juli 1942; International Convention on Missionary Medicine, Wheaton, 27-30.12.1960; Auftrag zu heilen, Studien des Ökumenischen Rates Nr.3, Genf 1966; Health – Medical-Theological Perspectives, Preliminary Report of a Consultation held in Tübingen, Germany Sept.1-8, 1967, sponsored by The World Council of Churches / The Lutheran World Federation, o.O. (Genf?) o.J. (1967). – Vgl. auch R.B.Dietrick, Modern Medicine and the Missions Mandate, Woodville, Texas, o.J. (1980).

»Ich preise mich glücklich, als Kind dieses Jahrhunderts durch das Leben gegangen zu sein, denn kaum einem von den unzähligen, in der Zeiten Schoß versunkenen, ist die Menschheit zu größerem Danke verpflichtet. Keines ist ihm vergleichbar an Mut und Geschick, in die tiefsten Geheimnisse der Natur einzudringen, keines hat mit gleich erfinderischem Geiste und gleichen Erfolgen die allgemeine Wohltat gefördert und das Leben verschönert und veredelt ...
Als Wissenschaft und Kunst hielt die Medizin gleichen Schritt mit den Naturwissenschaften und technischen Künsten. ... Reich an Entdeckungen und Erfindungen, behorcht sie mit Glück Atmung und Kreislauf, beleuchtet die dunklen Tiefen der Leibeshöhlen, mißt die bewegende und empfindende Kraft der Nervensubstanz und deckt die mörderischen Feinde auf, die, unsichtbar aus ihren Verstecken hervorbrechend, Völker und Individuen mit furchtbaren Seuchen heimsuchen und die Geschicklichkeit der Ärzte, Chirurgen und Geburtshelfer zu Schanden machen. Nicht länger steht die Heilkunst den vergifteten Pfeilen der grausamen Natur, die mit grimmiger Lust zerstört, was sie eben schuf, ratlos in Ohnmacht entgegen. Sie hat zwei Triumphe errungen, wie sie kein früheres Jahrhundert geahnt: durch die empfindlichsten Gebilde des Leibes hat sie die Schneide des Messers schmerzlos führen und die Wunde vor der Tücke der Sepsis wahren gelernt.«[146]

b) Missionsärztliche Wirkungsfelder

α) Hospital und Poliklinik

Im neunzehnten, und auch noch lange im nachfolgenden Jahrhundert konzentrierte sich der missionsärztliche Dienst auf die Arbeit im Hospital.[147] Das verwundert nicht, wenn man bedenkt, daß ein Hospital der Platz von Parkers aufsehenerre-

---

146. A.Kußmaul, Jugenderinnerungen eines alten Arztes, Stuttgart 19098, S.3f.
147. Eine ziemlich vollständige Liste (mit Namen und Gründungsjahr) der zur Jahrhundertwende existenten Hospitäler und Dispensarien gibt J.S.Dennis in: Centennial Survey of Foreign Missions, S.191ff. Demnach gab es weltweit 379 Missions-Hospitäler und 783 Dispensarien. Diese Zahl erhöhte sich bis zur Mitte des 20. Jahrhunderts wie folgt: 1911 gab es 576 Missions-Spitäler und 1.077 Dispensarien (J.S.Dennis / H.P.Beach / C.H.Fahs, <Ed.>, World Atlas of Christian Missions); 1925 waren es 858 bzw. 1.686 (H.P.Beach / C.H.Fahs, <Ed.>, World Missionary Atlas); 1938 erhöhten sich die Zahlen auf 1.092 und 2.351 (J.I.Parker <Ed.>, Interpretative Statistical Survey of the World Mission of the Christian Church, New York/London 1938), und 1940 stieg die Zahl der Hospitäler noch einmal leicht an, nämlich auf 1.100 (Cl.C.Chesterman, In the Service of Suffering, London 1940; Angaben über Dispensarien werden hier nicht gemacht). Erst 1953 ist ein zahlenmäßiger Rückgang wahrzunehmen, denn es werden nur noch 802 Hospitäler und 1.747 Dispensarien aufgeführt (J.Bingle / K.G.Grubb, A Digest of Christian Statistics Based on the World Christian Handbook 1952, London 1953), wofür sicherlich der Verlust der Arbeit in China (1949/1950) mitverantwortlich ist; vgl. A.W.March / F.W.Price, Protestant Medical Missions Today, OBMRL Vol.X No.3, April 14, 1959, S.7f.

genden Operationen war und daß Parker seinerzeit die Anliegen der Medical Missionary Society mittels der ›Statements respecting Hospitals in China‹ propagierte. In der Folgezeit verschrieben sich die Missionsärzte auch weiterhin vor allem der Chirurgie, die zur Beobachtung und Nachsorge der Patienten eine stabilitas loci benötigte; denn erfolgreich durchgeführte, weil sicher beherrschte Operationen wie Starstich oder Steinschnitt, bezeugten augenfällig nicht nur eine bezwingende medizinische Überlegenheit auf diesen Gebieten, sondern auch die größere Macht des in Christus geoffenbarten Gottes, weshalb ärztliche Mission und Hospital quasi identisch wurden.[148]

»Without a hospital no substantial and permanent work can be done. It would be better not to begin medical work, in most cases, if such provision cannot ultimately be made. ... ›[T]he Hospital becomes a far more vital item in the equipment of the doctor abroad than at home.‹ One of the reasons for this is that he encounters the most difficult cases in medical and surgical practice. Patients are often not brought to him until they are given up by the family and the native doctor. ... [T]he hospital gives him his best and only opportunity for the clinical training of a staff of assistants and nurses. And lastly, in the hospital he does his best personal work in leading the patients to Christ.«[149]

Medizinisch betrachtet war das Missionsspital der Anfangszeit ein allgemeines Krankenhaus, in dem ein medical missionary seiner kostenfrei gewährten ärztlichen Praxis nachging. Mit der Ankunft der Missionsärztinnen begann ab den siebziger Jahren eine allmähliche Spezialisierung auf den Gebieten der Gynäkologie und Geburtshilfe.[150] Auch entstanden gegen Ende des Jahrhunderts erste, medizinisch geführte Behandlungszentren für Lepröse, Opium-Abhängige und psychiatrische Patienten.[151]

148. »Of operative surgery, the heathen, in this part of the world [sc. Ceylon], are almost entirely ignorant. ... When they have seen me, or heard of my amputating limbs, performing the operation for cataract, tapping in dropsy, etc., they have called me the god of this world, a worker of miracles.« (›Appeal of Dr.Scudder to pious physicians in the United States‹, in: The Missionary Herald, Vol.XXIX, Boston 1833, S.269); ähnlich P.Parker in: Statements respecting Hospitals in China, S.20f. – Hierher gehört auch die häufig zitierte Bemerkung, daß Peter Parker China mit der Lanzette – ›at the point of a lancet‹ – dem Evangelium geöffnet habe.
149. W.R.Lambuth, Medical Missions: The Twofold Task, Nashville 1920, S.122-124; vgl. auch R.F.Moorshead, The Appeal of Medical Missions, Edinburgh / London 1913, S.127: » ... ›The universal opinion of those in the work seems to be that the value and efficiency of their work is in direct proportion to the presence or absence of a Hospital.‹ And such may be taken to be the practically universal testimony from medical missionaries in all mission fields.«
150. Vgl. M.I.Balfour / R.Young, The Work of Medical Women in India, London 1929, passim; H.Balme, China and Modern Medicine, S.94ff; J.Barnes / T.F.Davey, Maternity Services, in: Heralds of Health, S.78-90.
151. Das erste Leprösen-Hospital Chinas entstand 1890 in Pakhoi; die Opium-Asyle gab

Nur wenige Kranke konnten stationär aufgenommen werden, da die Örtlichkeit in der Regel ein angemietetes Wohnhaus war[152]; das Hospital in Canton, weil in einem größeren Geschäftshaus untergebracht, bot für bis zu vierzig Betten Platz und war die Ausnahme.[153]

»It must not ... be imagined that the hospital in China in former days [sc. im 19. Jhdt.] ... bore much resemblance to the type of institution which we associate with that name in Europe or America. Far from that. The buildings of the oldtime hospital, which for the most part consisted of adapted Chinese premises, were most primitive in character, and the organization was still more so. ...

The furniture of the ward was of the scantiest description, and probably consisted of nothing more than a few Chinese beds (wooden or bamboo), a table or two, and some chairs. Everything else was provided by the patient ...

Even if the hospital possessed a bathroom, it was hardly of such a sort as would tempt an unwilling patient to make experiment with soap and water.

An ill-furnished, but well-kept operating room where some remarkably successful operations were performed, usually completed the hospital plant.

Such was the old-time hospital, and such its handicap – the lack of trained nurses, the absence of any real control over the patients, the impossibility of ensuring ordinary cleanliness, to say nothing of asepsis. ...

It was really a hostel or inn, in which the patient resided with his friends whilst attending the doctor, and where he was always accessible to medical treatment and spiritual influence.«[154]

Was im Blick auf China gesagt wurde und dort noch im 20. Jahrhundert die vorherrschende Realität war,[155] traf auch mutatis mutandis auf die Situation in

---

es bereits seit Mitte des Jahrhunderts, und 1898 eröffnete Dr.Kerr in Canton das ›Home for the Insane‹; vgl. J.Bavington, Mental Health, in: Heralds of Health, S.198ff; H.Balme, China and Modern Medicine, S.94ff.

152. Vgl. J.L.Maxwell, A Century of Mission Hospitals, in: Occasional Leaflet, Council on Medical Missions Chinese Medical Association, Vol.4 No.16, Shanghai Jan.1936, S.3-9. »There was no question, in the early days of the work, of planning an elaborate building such as our minds picture when we think of a hospital now-a-days. In Taiwanfu, as in Canton, it meant any building that could be hired, often to be found only with great difficulty and not infrequently only secured because, for some reason or other, it was of not much use for other purposes or was reputed as haunted. In such a place accomodation is secured for a few resident patients, the courtyard arranged for a dispensary and work taken as it comes.« (ebd. S.6)

153. Vgl. G.B.Stevens / W.Fischer Markwick, The Life, Letters, and Journals of Peter Parker, S.121.

154. H.Balme, China and Modern Medicine, London 1921, S.85-88.

155. Darüber belehrt die von H.Balme im Auftrag der China Medical Missionary Association 1919/1920 durchgeführte systematische Untersuchung ›An Enquiry into the Scientific Efficiency of Mission Hospitals in China‹, presented at the Annual

Indien und Afrika zu.[156] Erst langsam kam es dazu, daß Missionskrankenhäuser eigens erstellt wurden, deren durchschnittliche Bettenzahl 25 kaum überstieg.[157]

Neben der Versorgung stationär aufgenommener Patienten lag der Schwerpunkt der Arbeit dieser verhältnismäßig bescheidenen Häuser auf der gemeinhin großen, selbstverständlich ebenfalls vom Missionsarzt und seinen Mitarbeitern täglich gehaltenen Poliklinik, in der sich ein Vielfaches der Patientenzahl einfand.[158] In missionarischer Hinsicht war die Poliklinik die entscheiden-

Conference of the China Medical Missionary Association, Feb. 21-27, 1920, Peking, Shanghai 1920. Diese Untersuchung förderte folgende Ergebnisse zu Tage: 1 Krankenhausbett für 20.370 Menschen; 80% der Hospitäler hatten nur 1 Arzt (foreign bzw. foreign trained); 34 % hatten keine Schwstern bzw. Pfleger, und 60 % derjenigen, die Schwestern im Mitarbeiterstab hatten, hatten nur je eine examinierte; nur etwa 50% hatten eine funktionierende poliklinische Ambulanz; 37% hatten keine Möglichkeiten, Bettzeug zur Verfügung zu stellen; nur 8% der Krankenhäuser hatte sicheres Trinkwasser (Brunnen); in 50% (oder mehr), wurden die Patienten nie gewaschen bzw. gebadet; 31% besaßen kein Labor und 87% keinen Röntgenapparat; 72% der Spitäler teilten mit, daß sie bei ihrer medizinischen sowohl als auch chirurgischen Arbeit auf pathologische Untersuchungen ganz verzichten müßten. (vgl. auch: Milton T.Stauffer <Ed.>, The Christian Occupation of China, S.433)

156. Für Indien vgl. z.B. W.Wanless, An American Doctor at Work in India, New York 1932; C.A.Swain, A Glimpse of India, New York 1909, bes. S.87ff. Zur besonderen Situation der Missionsspitäler in Indien, die sich einer funktionierenden staatlichen Gesundheitsversorgung gegenüber sahen, vgl. J.Husband, Medical Mission Methods, in: Quarterly Papers, Edinburgh, Vol. X, S.391-394. – Für Afrika vgl. z.B. W.D.Foster, Doctor Albert Cook and the Early Days of the Church Missionary Society's Medical Mission to Uganda, in: Medical History Vol.XII, London 1968, S.325ff; ders. The Church Missionary Society and Modern Medicine in Uganda, New Haven Press, Sussex, 1978; F.H.Fischer, Der Missionsarzt Rudolf Fisch, Herzogenrath 1991, S.292ff; K.Withrington, From Huts to Hospitals, Westminster 1951.

157. Nach H.Balme, Efficient Mission Hospitals: The Irreducible Minimum, in: The Chinese Medical Journal, Vol.33 No.6, Nov.1919, S.567-574. Gleiches ist auch für die Größe der Häuser anzunehmen, die um die bzw. kurz nach der Jahrhundertwende in anderen Ländern gebaut wurden. – »It must be remembered that mission hospitals are small; the largest in China [sc. um 1920] would not contain more than three hundred beds.« (H.Balme, China and Modern Medicine, S.77)

158. In Canton z.B. betrug das Verhältnis ca. 1:7, in Mengo, Uganda, 1:13, in Tangier, Marokko, 1:10 und in Ajmere, Rajputana, Indien, annähernd 1:170. Eine gute Übersicht über die entsprechenden Verhältnisse um die Jahrhundertwende bieten wieder die Tabellen von J.S.Dennis im ›Centennial Survey of Foreign Missions‹, S.193ff, da sie das Zahlenmaterial auch nach Rubriken wie ›New Dispensary Patients‹, ›Hospital In-Patients‹, ›Outside Patients‹, ›Total Individual Patients‹, ›Total Treatments‹ und ›Surgical Cases‹, soweit diese erhältlich waren, aufschlüsseln.

de, kritische Situation; denn für viele Patienten kam es hier oft zum ersten persönlichen Kontakt mit dem Christentum und der abendländischen Kultur in Form der naturwissenschaftlichen Medizin.[159] Kein Wunder, daß die Heimatleitungen gerade an diesem Zweig der Arbeit als ›Pionier-Mission‹ in besonderer Weise interessiert waren und ihn im Gegensatz zu der zeitraubenden stationären Behandlung im Spital, als die einzig legitime missionsärztliche Tätigkeit gelten lassen wollten.[160] Das wiederum bot Anlaß zu Konflikten mit ihrem medizinisch engagierten Personal[161], das sich, je länger desto deutlicher, gegen solche Verkürzungen zur Wehr setzte:
»Medical Missions are not to be regarded as a temporary expedient for opening the way for, and extending the influence of the Gospel, but as an integral, coordinate and permanent part of the missionary work of the Christian Church ... .«[162]
Letzten Endes führte das dann aber nicht nur zur Formulierung eines eigenen

---

159. Eine ausführlichere Darstellung dieses Arbeitszweiges findet sich außer in manchen Biographien in: H.Balme, China and Modern Medicine, S.68ff; C(harles) F(orbes) H(arford), Principles and Practice of Medical Missions – Out Patients, in: Mercy and Truth, Vol.XVI, London 1912, S.112f.

160. »One idea is that it does not matter very much in what kind of a building your medical and surgical work is performed, provided it gives you an opportunity of preaching the Gospel to your patients; and further, that seeing that the spiritual results are the chief thing, there is no special call to lay yourself out for and to be ready to deal with difficult cases. Such cases will take up a lot of time and will give the medical missionary a good deal of anxiety and trouble; therefore it would be well to cultivate only those cases that can be easily and quickly managed. Those who hold this view – and there are not a few on mission boards and among the Christian public who hold it – are perfectly satisfied that in this way the greater gain is to be reached.« (Mission Hospitals Ideals, by The Editor [sc. J.L.Maxwell], in: Medical Missions at Home and Abroad, NS Vol. X, S.340)

161. Vgl. R.C.Beebe, Hospitals and Dispensaries, in: Ecumenical Missionary Conference New York, 1900, Report, Vol.II, S.210-215; D.Christie, Comparative Advantages of Hospital and Dispensary, in: Quarterly Papers, Edinburgh, Vol.X, S.285-288; B.van Someren Taylor, A Plea for the Full Equipment of the Medical Missionary, ebd. S.314-317; (J.L.Maxwell), Mission Hospital Ideals, in: Medical Missions at Home and Abroad, NS Vol.X, S.339-341; H.Balme, Efficient Mission Hospitals: in: The China Medical Journal, Vol.33 No.6, Nov. 1919, S.567-574.

162. A Statement of Policy of the China Medical Missionary Association, in: Mercy and Truth, Vol.XVII, 1913, S.148ff; Zitat S.149. Die Aussage bezieht sich auf einen bereits 1907 in Shanghai gefaßten Beschluß der missionsärztlichen Vereinigung in China; vgl. auch H.Balme, The Quantitative and Qualitative Aspects of the Medical Missionary Enterprise, in: Church Missionary Review, Vol.72, London 1921, S.22-32.

Selbstverständnisses der ärztlichen Mission auf der Weltmissionskonferenz in Jerusalem (1928).[163] Es führte darüberhinaus zur Wiederentdeckung des ›Ministry of Healing‹ bzw. des ›Auftrags zu heilen‹ (1964).[164]

β) Dispensarien, Hausbesuche und Itineration

Außer Hospital und Poliklinik war die Arbeit in den Dispensarien ein weiteres, wichtiges missionsärztliches Wirkungsfeld. Die ›Dispensaries‹, die als eine Form ärztlich-medizinischer Hilfe für arme Kranke im philanthropischen England des 18. Jahrhunderts entstanden waren[165], waren selbstredend auch von Anfang an fester Bestandteil jener ›christlichen Philanthropie‹, die in den Medical Missions ihren Ausdruck fand.[166] Dispensarien, die oft zum Nukleus späterer Hospitäler wurden, waren nicht nur kostengünstiger als diese; sie waren auch mobiler und, da ihr Betrieb Hausbesuche mit einschloß[167], missionarisch verlockender. Das

---

163. ›The Place of Medical Missions in the Work of the Church‹- Statements adopted by the Council, in: Addresses and other Records, Report of the Jerusalem Meeting of the International Missionary Council, March 24 th. – April 8 th., 1928, Vol. VIII, London 1928, S.197-200.
164. Vgl. die 1932 vor allem in Indien geführte Diskussion um ›The Ministry of Healing‹, die sich in dem Journal of the Christian Medical Association of India, Vol.VII No.1ff niedergeschlagen hat, und: The Ministry of Healing in India, Handbook of the Christian Medical Association of India, Mysore 1932; ferner: ›The Christian Ministry of Health and Healing – Findings from Section IX-B of the Madras Meeting‹, in: The Life of the Church, Madras Series, presenting papers based upon the meeting of the International Missionary Council at Tambaram, Madras, India, December 12th to 29th, 1938, Vol.IV, New York / London 1939, S.162-186; Auftrag zu heilen, Studien des Ökumenischen Rates Nr.3, Genf 1966; J.McGilvray, The Quest for Health and Wholeness, Tübingen 1982.
165. Vgl.R.Kilpatrick, ›Living in the light‹ – dispensaries, philanthropy and medical reform in late-eighteenth-century London, in: The medical enlightenment of the eighteenth century, (A.Cunningham / R.French <Ed.>), Cambridge 1990, S.254-280. – »Dispensary: ... A place, room or shop, in which medicines are dispensed; ... spec.: A charitable institution, where medicines are dispensed and medical advise given gratis, or for a small charge.« (Oxford English Dictionary – 1971)
166. Zur Bezeichnung der ärztlichen Mission als ›christliche Philanthropie‹, die sich auch bei I.Kammerer, Die ärztliche Mission – Ihre Notwendigkeit, ihre Methode und ihre Erfolge, Stuttgart 1904, S.4, findet, vgl.: W.Lambuth, Medical Missions: The Two-fold Task, Nashville 1920, S.4; R.Fletcher Moorshead, The Appeal of Medical Missions, Edinburgh / London 1913, S.19, 23, 34ff, 107ff u.ö.; ders.: The Way of the Doctor, London 1926, S.14, 19f.
167. Über die Hausbesuche der Missionsärzte, denen die Zenanabesuche ihrer Kolleginnen entsprachen, vgl. R.Fletcher Moorshead, The Appeal of Medical Missions, S.12ff; ders., The Way of the Doctor, S.160ff; H.T.Hodgkin, The Way of the Good Physician, S.45ff; B.J.Allen, A Crusade of Compassion, S.50ff, 100 u.a.

prädestinierte sie dazu, die am häufigsten, machmal trivial benutzte Form[168] missionsärztlichen Dienstes zu werden;[169] für Hudson Taylor und die China Inland Mission wurde die Dispensary zum bevorzugten Medium medizinischer Arbeit.[170]

»Great numbers may come to a dispensary, but the medical work, in point of quality and economy can never compare with the work of a hospital. Medicine given to dispensary patients is often taken irregularily, or not at all until the approval of the gods is obtained; and frequently surgical dressings have been removed and treatment spoiled. The evangelistic work carried on consists in a service for the assembled patients prior to their being seen by the medical missionary, this being conducted wherever possible by the latter himself. ... While by such means prejudice may be softened and a favorable feeling created, yet the great difficulty is that only time for a passing impression is afforded, and the patients may come but a few times.«[171]

Die Behandlung in einer Dispensary geschah ausschließlich auf ambulanter Basis und beschränkte sich im wesentlichen auf die Diagnose von Krankheiten sowie das Verteilen von Medikamenten; in den Fällen, wo Dispensarien mit einem Krankenhaus in Verbindung standen, fungierten sie als dessen Außenstationen, denen allmählich wichtige Aufgaben wie z.B. die Schwangeren- und Mutter-Kind-Betreuung, die Durchführung von Impfkampagnen und die Überwachung der öffentlichen Hygiene übertragen wurden. Als institutionelle Basis eines organisierten

---

168. In manchen Dispensarien waren auf den Registrierkarten, die den Patienten den Zutritt zur Behandlung gewährten und die sie mit nach Hause zu nehmen und beim nächsten Besuch wieder vorzulegen hatten, Bibelsprüche gedruckt. Anderswo wurden auf die Medizinflaschen und Tablettentüten Verse aus biblischen Büchern geschrieben, was die ›Laymen's Inquiry‹ von 1932 zu der sarkastischen Bemerkung veranlaßte: »With a smile and a cheerful message he [sc. the evangelizing medical missionary] can easily handle fifty [sc. patients] an hour. During the busy seasons, aided by his assistants ... he may prescribe for five hundred, or even a thousand, out patients in one morning, too many of whom leave with a good Bible text and the wrong medicine.« (Re-Thinking Missions, New York / London 1932, S.202f) Für Beispiele s. die Beiträge von J.Chamberlain und M.P.Eddy auf der Ecumenical Missionary Conference, New York 1900, in: Ecumenical Missionary Conference New York, 1900, Report, Vol.II, S.202f u.203-205; A.Bettin, Die Evangelisationskraft der ärztlichen Mission, Barmen 1910; Th.Christlieb, Ärztliche Missionen, S.85ff; W.B.Lipphard, The Ministry of Healing, Philadelphia 1920, S.71ff.
169. Zu den Zahlenverhältnissen um die Jahrhundertwende s.o. A 147
170. Vgl. H.Taylor, The relation of itinerant to settled Missionary work, Paper read at the Centenary Conference, in: Report of the Centenary Conference on the Protestant Missions of the World, Vol.II, London 1888, S.29-34; H.Feldmann, Die ärztliche Mission unter Heiden und Mohammedanern, S.99ff; de Gaay Fortman, De Geschiedenis der Medische Zending, S.271ff.
171. R.Fletcher Moorshead, How Medical Missions are Carried on in the Mission Field, in: Quarterly Papers, Edinburgh, Vol. X, S.37.

Gesundheitssystems stellen die Dispensarien heute eine der bedeutendsten Spätformen des missionsärztlichen Dienstes dar, während sie in ihrer Entstehungszeit demgegenüber in der Regel Vorposten für ein demnächst zu bauendes Hospital waren. Bevor eine Missionsgesellschaft irgendwo eine neue medizinische Arbeit in Angriff nahm, wurde erst einmal mit einer Dispensary begonnen, um die strategisch günstigste Lage herauszufinden, was, wie o.S. 255 angedeutet, an bestimmten Orten zu Duplizierungen der Arbeit führte; die Frage nach der Bedürftigkeit bzw. medizinischen Notwendigkeit stellte sich in den Ländern mit damals fehlender staatlicher Gesundheitsversorgung einfach nicht, und selbst dort, wo, wie in Britisch-Indien, eine solche vorhanden war, war diese nicht ausreichend.[172]

»Die Wahl des definitiven *Niederlassungsortes* ist nicht zu überstürzen; am besten wählt man die volkreichen, an guten Verkehrsadern (Flüssen, Eisenbahnen, Straßen) gelegenen Volkszentren, zu denen Kranke auch von weit her herantransportiert werden können. Sie sollten [!] möglichst auch im Mittelpunkt des betreffenden Missionsdistrikts liegen, damit auch dem europäischen Missionspersonal nach allen Richtungen in gleicher Weise gedient werden könne.«[173]

Solche Suche bedingte zunächst eine gewisse Unständigkeit des Missionsarztes in der Gründerzeit, die gelegentlich auch ›Itineration‹ genannt wurde[173] (und die die akkurate Erfassung der missionsärztlichen Stationen des Anfangs so sehr erschwert). War die Itineration die im neunzehnten Jahrhundert allgemein erste Form missionsärztlicher Arbeit in einem neuen Gebiet überhaupt, so bezeichnet dieser Begriff als terminus technicus noch ein anderes typisches Kennzeichen der frühen ärztlichen Mission, nämlich die u.U. Monate dauernde medizinisch-evangelistische Wandertour bzw. deren Vollzug.

»Let us explain ... what we mean by the term itineration. We do not refer to the ordinary visiting which is carried on by the doctors amongst the people of the immediate neighbourhood, but rather of carefully planned visits which may be paid at certain seasons of the year to large districts which may come within the sphere of influence of the hospital and from which its patients may be derived. The doctor setting forth on a journey of itineration must be provided with a travelling equipment of drugs and instruments suited to the journey ... The means of conveyance naturally varies according to the particular part of the world. Sometimes travel will be by some wheeled vehicle, sometimes on horse or camel back, sometimes by boat, or as is often the case in Africa by bicycle or on foot ... [T]he

---

172. Vgl. J.Husband, Medical Mission Methods, in: Quarterly Papers, Edinburgh, Vol.X, S.391ff
173. G.Olpp, Die ärztliche Mission und ihr größtes Arbeitsfeld, S.49; Hervorhebung im Original.
174. »The establishment of a dispensary is probably the first step made after the experience of medical itineration has enabled a permanent central base to be decided upon.« (R.Fletcher Moorshead, How Medical Missions are Carried on, in: Quarterly Papers, Edinburgh, Vol. X, S.37)

preaching of the Gospel, which always accompanies the ministry of healing, is rarely carried out with greater effect than in a medical itineration.«[175]

Für die missionsärztliche Arbeit in islamischen Ländern vor allem waren die medizinisch-evangelistischen Wandertouren die oft einzig mögliche Art des Wirkens[176], als dessen Initiator durchaus Karl Gützlaff in Anspruch genommen werden kann und die heute von den ›Mobile Clinics‹ wie auch dem ›East African Flying Doctor Service‹ repräsentiert wird.[177]

Wie zu erwarten kam es auch im Blick auf die Itineration zu Kontroversen zwischen den Heimatleitungen und Missionsärzten, Kontroversen, die an dem Widerstreit zwischen dem, was missionarisch für opportun, medizinisch aber für irrelevant und problematisch gehalten wurde, aufbrachen und erst dann abklangen, als diese Tätigkeit infolge des sich etablierenden Systems institutioneller medizinischer Versorgung wie von selbst in den Hintergrund trat.[178]

175. C(harles) F(orbes) H(arford), Principles and Practice of Medical Missions, in: Mercy and Truth – Itineration, Vol.XVI, 1912, S.184-186, Zitat S.185. Dieser Artikel enthält auch Bilder einer ›Travelling Dispensary‹ auf dem Rücken eines Maulesels; ein anderes Bild findet sich bei G.Olpp, Die ärztliche Mission und ihr größtes Arbeitsfeld, S.50. Eine ausführliche Schilderung solcher Arbeit in: R.Fletcher Moorshead, The Appeal of Medical Missions, S.124-126; Mary P. Eddy, Medical Evangelistic Work in Syria, in: Medical Missions at Home and Abroad, NS Vol. VII, S.262-265. – Beispiele für Itineration in Afrika: S.K.Batley, Itinerant Medical Work amongst the Women and Children of South Nigeria, in: Quarterly Paper, Edinburgh, Vol.XIX, S.108ff; in Äthiopien vor dem 2.Weltkrieg: Thomas A.Lambie, Boot and Saddle in Africa, New York / London o.J. Itineration mittels Schiffen wurde hauptsächlich im Kongo-Gebiet, auf den großen Flüssen Chinas und im Gebiet der pazifischen Inseln betrieben. Eine Liste der für einen solchen Einsatz eigens ausgerüsteten Schiffe um die Jahrhundertwende in: J.S.Dennis, Centennial Survey, S.252f.

176. Das betraf, wie an anderer Stelle ausgeführt, namentlich z.B. die Arbeit von Dr.Mary P.Eddy in Syrien (eine Photographie ihrer nomadisierenden Dispensary in: J.S.Dennis, Christian Missions and Social Progress, Vol. II, New York / Chicago / Toronto 1899, zwischen den Seiten 458/59), die von J.Elmslie in Kashmir sowie die von Dr.Pennell und seinen Nachfolgern unter den Afghanen und in den Western Provinces Indiens.

177. Zu den bei Itinerationen benutzten Transportmitteln von der Anfangzeit bis zur Gegenwart: E.M.Dodd, The Gift of the Healer, S.81ff; zum East African Flying Doctor Service vgl. B.Wynne, Angles on Runway Zero 7, London 1968; M.Wood, Go an extra Mile, London 1978.

178. »In those early days was considerable and frequent discussion as to the relative value of medical itineration work or of centralization in hospitals, but experience early convinced the large majority of medical men of the superior value of an intensive policy, with the result that the work of the medical missionary has increasingly become centred in the mission hospital.« (H.Balme, China and Modern Medicine, S.85); vgl. z.B. auch A.Neve, Medical Missionary Methods, in: Quarterly Papers, Edinburgh, Vol. XI, S.32ff; H.T.Hodgkin, The Way of the Good Physician, S.42ff;

γ) Öffentliches Gesundheitswesen, medizinische Ausbildung, Standesorganisation

Sobald die naturwissenschaftlich begründete Medizin die Ursachen vieler Epidemien in den unhygienischen Bedingungen des Lebensraumes – Haus, Dorf, Stadt – erkannt und die Mittel zu deren wirksamer Eindämmung zur Verfügung gestellt hatte (s.o.S. 121), wurden sich auch Medical Missionaries ihrer sozialen Aufgabe bewußt. Da im 19. Jahrhundert in Übersee aber allgemein die fachlichen wie politischen Vorraussetzungen zur Bildung von in den Heimatländern zur Gewohnheit gewordenen Sanitäts- und Hygienekommissionen fehlten, konnten sich nur diejenigen Missionsmediziner diesem Arbeitszweig widmen, die genügend politisch-öffentlichen Einfluß hatten, eine Voraussetzung, die z.B. bei den Leibärzten der indischen Rajas gegeben war. Von Dr.Clara Swain ist bekannt, daß sie sich um Fragen der Kanalisation kümmerte und sich deutlich gegen den Infantizid weiblicher Neugeborener wandte.[179] Dr. Colin S. Valentine setzte sich in Jeypore für den Aufbau eines allgemeinen Gesundheitswesens ein, während sein Kollege F.Porter Smith in Hangkow, China, der sich zunächst ganz auf eigene Faust um die öffentliche Hygiene in Wort und Tat bemüht hatte, schließlich durch den Commissioner of Customs die notwendige Unterstützung erhielt.[180]

Einen besonderen Beitrag zur öffentlichen Gesundheitsversorgung leisteten die Missionsärzte durch die Einführung der Pockenschutzimpfung in vielen Ländern[181], mit deren Organisation und landesweiter Durchführung sie z.B. in Siam auch offiziell beauftragt wurden.[182] Medical Missionaries taten sich in mutigem Einsatz bei der Seuchenbekämpfung hervor, die manche von ihnen das Leben kostete,[183] und, im Verein mit den nichtmedizinischen Missionaren, setzten sie sich enga-

---

E.H.Hudson, A Modern Equivalent for Medical Itineration, in: IRM, Vol.20, 1931, S.413-421; J.Rutter Williamson, The Healing of the Nations, S.84f.
179. Vgl. P.S.Ward, Art.: Swain, Clara A., in: Notable American Women, Vol.III, S.413.
180. R.Schram / W.A.R.Thomson, Initial Medical Services, in: Heralds of Health, S.59f.
181. Vgl. C.Manson Bahr, Epidemic Diseases, in: Heralds of Health, S.102ff; J.R.Williamson, The Healing of the Nations, S.72f.
182. Die Missionsärzte des Board of Foreign Missions of the Presbyterian Church in the United States of America waren, wie o. S. 261 bereits ausgeführt, damit beauftragt worden; vgl. H.Feldmann, Die gegenwärtige Ausbreitung der ärztlichen Mission, S.280; zu den Anfängen in Thailand vgl. E.M.Dodd, The Gift of the Healer, S.112ff.
183. Dr.Harold Schofield, der eine akute Typhusepidemie in Nord-China bekämpfen wollte, erkrankte selbst und verstarb, s.o. S. 236; Dr.A.Jackson erlag der Pest, an deren Bekämpfung er sich in Moukden beteiligte (vgl. A.J.Costain, The Life of Dr.Arthur Jackson of Manchuria, London / New York / Toronto 1911, bes. S.119ff); vgl. Stanley G.Browne, The Cost and the Vision, in: Heralds of Health, S.345-364, bes. S.346f.

giert für die Abschaffung gesundheitsgefährdender, lebenszerstörender Sitten ein, wie z.B. das Opium-Rauchen[184] und das Binden der Frauen-Füße[185] in China, die Kinder-Hochzeiten[186] und den Mädchen-Infantizid[187] in Indien. Der missionsärztliche Dienst war damit von einem nur kurativen zu einem auch präventiven und sozialreformerischen geworden.[188]

Sozial- und kulturreformerisch wirkte die ärztliche Mission dann aber vor allem auf dem Gebiet der medizinischen Ausbildung einheimischer Kräfte, Männern wie Frauen. Diesen vermittelte sie nicht nur in systematischer Weise ein völlig anderes, rationales Verständnis von Krankheit und Heilkunst[189], sondern sie schuf auch die dazugehörigen gesellschaftlichen und institutionellen Strukturen nach den europäisch-amerikanischen Vorbildern der medizinischen Berufe, der Krankenhäuser, Apotheken und Dispensarien.

Bereits die Missionsärzte der ersten Generation – Parker, Lockhardt, Hobson, Valentine, Elmslie[190] – hatten es als notwendig angesehen, einheimische Mitarbeiter als Helfer heranzubilden. Doch das war informell und auf die jeweiligen praktischen Bedürfnisse für deren Hospitäler zugeschnitten. Ein erster Anfang zu

184. Vgl.W.Lockhart, Bemerkungen über die Opiumfrage, in: Der Ärztliche Missionär in China, S.233-246; The Medical Missionaries of China and the Opium Commission's Report, in: Medical Missions at Home and Abroad, Vol.VI, S.11; The Medical Missionary Record, Vol.III, 1888, S.237 u. Vol.VI, S.223f; Medical Missions at Home and Abroad, NS Vol.IV, S.262-264, 278-280; (zu dem besonderen Engagement des Herausgebers von Medical Missions at Home and Abroad in der Opiumfrage: H.H.W.Bennett, A Centenary of MMA Outreach Through Publications, in: Saving Health, Vol.17 No.4, Dec.1978, S.6); J.S.Dennis, Christian Missions and Social Progress, Vol.II, S.125ff (mit Photographien!).
185. W.Lockhart, Der ärztliche Missionär in China, S.204ff; J.S.Dennis, Christian Missions and Social Progress, Vol.II, S.352ff.
186. »The year 1890 will be memorable for the great agitation regarding baby marriages. Such revelations of inhumanity had been brought to light that Dr. Mansell drew up a petition, which was cheerfully signed by fifty-five women physicians, and was presented to the Viceroy ... pleading that the marriageable age of girls be raised to fourteen years.« (F.J.Baker, The Story of the Woman's Foreign Missionary Society, S.138f); J.S.Dennis, Christian Missions and Social Progress, Vol.II, S.230ff.
187. Vgl. M.I.Balfour, The Work of Medical Women in India, S.7 u.ö.; J.S.Dennis, Christian Missions and Social Progress, Vol.II, S.274ff.
188. Vgl. ›Medical Missions as a Christian Social Agency‹, in: R.F.Moorshead, The Way of the Doctor, S.78ff; H.T.Hodgkin, The Way of the Good Physician, S.59ff.
189. Dies aufzuzeigen ist das erklärte, programmatische Anliegen von H.Balme mit seinem Buch: China and Modern Medicine; vgl. ebd. S.15ff, S.61 u.ö.
190. Vgl. z.B. W.Lockhart, Der ärztliche Missionär in China, S.86ff; E.V.Gulick, Peter Parker and the Opening of China, S.149ff; W.B.Thomson, Memoir of William Jackson Elmslie, S.238ff.

einer allgemeineren, systematischen Ausbildung wurde in China durch die Übersetzung medizinischer Handbücher ins Chinesische durch Dr.B.Hobson gemacht (s.o.S. 235 A 16).

»Die medicinische Wissenschaft nimmt in China einen sehr niedrigen Standpunkt ein. Sie kommt nicht dem Zustand der ärztlichen Kunst zur Zeit des Hippocrates und Celsus gleich ... Ich habe mich bemüht, mein Scherflein zur Belehrung der Chinesen in der Heilkunst beizutragen, und habe soeben eine Reihe von Schriften über die Medicin und die verwandten Zweige der Wissenschaft vollendet, um sowohl die eingeborenen Aerzte zu belehren, als auch um eingeborene Kenntnisse über diese Gegenstände zu verbreiten, in der Hoffnung, dass binnen Kurzem die chinesische Regierung Etwas thun wird, um zu dem Studium der Heilkunst zu ermuthigen. Gegenwärtig gibt es keine Collegia oder Schulen im Lande, mit Ausnahme des kaiserlichen Collegiums zu Peking, zum Nutzen Seiner Majestät und der hohen Beamten. Die Anatomie ist sowohl durch das Gesetz, als durch die öffentliche Meinung gänzlich untersagt.«[191]

Hobsons Erwartungen wurden nicht enttäuscht; denn 1881 kam es in Tientsin unter Dr.K.Mackenzie von der London Missionary Society zur Gründung der ›Tientsin Medical School‹, die dann bald von der chinesischen Regierung übernommen wurde.[192] Ende des Jahrhunderts gab es solche von Missionsärzten und -ärztinnen geleitete Einrichtungen zur Ausbildung von Schwestern und Ärzten nicht nur in China, es gab sie auch in Indien, Syrien und Madagaskar, weltweit nicht weniger als 67 mit insgesamt 651 Studierenden (421 Männer/230 Frauen)![193] Mit dem auf diese Weise kräftig geförderten, allmählichen Heranwachsen eigener medizinischer Kräfte, kam es auch noch im neunzehnten Jahrhundert – 1886 – zur Gründung der ›China Medical Missionary Association‹, der ersten ärztlichen Interessen- bzw.Standesvertretung[194] sowie zur Publikation erster medizinischer Fachzeitschriften in den Missionsländern.[195]

191. B.Hobson, Jahresbericht 1858 über das Hospital zu Shanghai, in: W.Lockhart, Der ärztliche Missionär in China, S.96.
192. Vgl. H.Balme, China and Modern Medicine, S.112ff.
193. Vgl. J.S.Dennis, Centennial Survey of Foreign Missions, S.113f u. S.266; ders.: Christian Missions and Social Progress, Vol.II, S.406f; Stanley G.Browne, Medical Education, in: Heralds of Health, S.308-323; zu Indien s.o. S. 235 A 14; zu Madagaskar s.o. S. 265 A 125; Chr.Grundmann, The Contribution of Medical Missions: The Intercultural Transfer of Standards and Values, in: Academic Medicine, Washington, Vol.66 No.12 (Dec.1991), S.731-733.
194. Vgl. H.Balme, China and Modern Medicine, S.215; vgl. R.Schram/W.A.R.Thomson, Initial Medical Services, in: Heralds of Health, S.64. – Als zweite missionsärztliche Standes- und Fachvereinigung in den klassischen Missionsländern wurde 1908 die ›Nurses Association of India‹ gegründet, gefolgt von der ›Nurses' Association of China‹ (1909). Die ›National Medical Association of China‹ kam 1915 zustande, und die ›Christian Medical Association of India‹ erst 1926. In anderen Ländern kamen ensprechende Standesorganisationen noch viel später auf.
195. Dazu gehören ›The China Medical Missionary Journal‹, Organ der China Medical

Von den ein, zwei Krankenhäusern in China hatte sich der missionsärztliche Dienst somit im Laufe von sechzig Jahren in einem beachtlichen Maße nach außen und innen entfaltet. Er war zu einem selbstverständlichen Arbeitszweig weltweiter, christlicher Mission geworden, in dem sich Männer und Frauen aller beteiligten Länder in echt ökumenischer, oft auch interdenominationeller Gemeinschaft als Professionelle und Laien engagierten. Analog der Entwicklung der naturwissenschaftlichen Medizin erfuhr dieser Arbeitszweig eine Diversifikation, die in ihrer Gesamtheit ein getreues Abbild des medizinischen Systems der Heimatländer – bis in die Standesorganisation hinein – darstellte. Aufgrund unterschiedlicher Einschätzungen des Not-Wendigen kam es dabei zu mancherlei Kontroversen mit den jeweils verantwortlichen Missionsleitungen, Kontroversen, hinter denen prinzipielle Konflikte standen, die das Verhältnis von Theologie zur Medizin und die sie jeweils leitenden Menschenbilder betrafen. Diese Fragen klangen im ausgehenden 19. Jahrhundert allerdings nur an. Ihre ausführliche, kritische Behandlung auf Konferenzen und in Grundsatzdiskussionen, eines der hervorstechenden Merkmale der Spätphase der ärztlichen Mission im folgenden Jahrhundert, führte dann zu einer durchaus fruchtbaren medizinischen und theologischen Neubesinnung, indem sie die Frage nach der Gültigkeit des Heilungsauftrages für Kirche, Mission und Medizin stellte.[196]

Missionary Association, Shanghai; Chinese Medical Journal, Hongkong, und ›Medical Missions in India‹, Ajmore, s.o. S. 69f A 364f; vgl. J.S.Dennis, Christian Missions and Social Progress, Vol.II, S.410.

196. Die wichtigsten literarischen Dokumente dieses Wechsels seien hier wenigstens aufgeführt: The Ministry of Healing in India, Handbook of the Christian Medical Association of India, Mysore 1932; P.V.Benjamin, A New Outlook in Christian Medical Work, in: IRM, Vol.28, 1939, S.562-568; Ph.Garlick, The Wholeness of Man, London 1943; dies.: Man's Search for Health, London 1952; H.G.Anderson, The Changing Pattern of Medical Missions, in: OBMRL, Oct.12, New York 1954, S.1-13; R.G.Cochrane, Changing Functions of Medical Missions, in: International Convention on Missionary Medicine in Review, Christian Medical Society, Oak Park 1960, S.11-27; The Healing Church, World Council Studies No.3, Genf 1965 (deutsch: Auftrag zu heilen, Genf 1966); U.Rapp, Das missionsärztliche Apostolat – Zur Theologie des Heilenden Handelns, in: Laeta Dies, S.Amon (Hg.), Würzburg 1968, S.195-205; W.Andersen, Zur Theologie der ärztlichen Mission, in: Ärztlicher Dienst Weltweit, W.Erk/M.Scheel (Hg.), Stuttgart 1974, S. 132-143; H.Bürkle, Missionstheologie, Stuttgart 1979, S.131ff (Heilendes Handeln); J.McGilvray, The Quest for Health and Wholeness, Tübingen 1981 (deutsch: Die verlorene Gesundheit – Das verheißene Heil, Stuttgart 1982); Ronald B.Dietrick, Modern Medicine and the Missions Mandate, Woodville, Tx., o.J. (1988); J.Wilkinson, Making Man Whole – The Theology of Medical Missions, The Maxwell Memorial Lecture for 1989, London 1990.

VI. Zur (missions-)theologischen Problematik der ärztlichen Mission

Im neunzehnten Jahrhundert wurde der ärztlichen Mission, wenn überhaupt, theologisch kaum Beachtung geschenkt, und die in den späten zwanziger Jahren des folgenden Jahrhunderts anhebenden theologisch-grundsätzlichen Erörterungen zum Gegenstand erfolgten fast ausschließlich in dem sehr beschränkten Rahmen von Fachkonferenzen. Darin äußert sich zweifelsohne ein Artikulationsproblem. Es war offensichtlich nicht gelungen, die theologischen Implikationen solchen Dienstes ausreichend verständlich zu machen, so daß man sich im Gespräch isoliert hatte.[1] Die besondere Schwierigkeit lag darin, daß, von einigen Ausnahmen abgesehen[2], in der Regel nur bezüglich der praktisch erforderlichen, notwendigen Modifikationen missionsärztlichen Dienstes in Reaktion auf unhaltbar gewordene Zustände her argumentiert wurde. Die jeweils praktische Aktualität der Fragestellung und deren konkret – leibliche Bezüge stimulierten so für lange Zeit – leider – kein theologisches Gespräch, obwohl es dazu auch provozierende Herausforderungen gab. Stattdessen stand die ärztliche Mission von Anfang an

1. Kann dem erst kürzlich abgegebenen Urteil eines eigentlichen Kenners der Sache – »The late arrival of medical missions on the missionary scene has had the effect of excluding them from theological consideration and reflection.« (J.Wilkinson, Making Men Whole, S.2) – in seiner Radikalität nicht zugestimmt werden, da doch schon im 19. Jahrhundert neben so manchen Einzelbeiträgen in missionsärztlichen Zeitschriften und auf den Missionskonferenzen die Arbeiten von J.Coldstream, J.Lowe und Th.Christlieb vorliegen, für das zwanzigste Jahrhundert aber die im Rahmen des International Missionary Council und dann des Weltrates der Kirchen stattfindenden Reflexionprozesse (vgl. J.McGilvray, The Quest for Health and Wholeness, passim; Ch.Grundmann, The Role of Medical Missions in the Missionary Enterprise, in: Mission Studies, Vol.II, 2, 1985, S.39-48, bes. S.41f) und auf die missionstheologischen Gesamtentwürfe von H.W.Gensichen (Glaube für die Welt, S.21ff) und H.Bürkle (Missionstheologie, S. 131ff) hingewiesen werden, so ist eine solche Bemerkung dennoch wichtiges Indiz dafür, als für wie unzureichend die bisher diesbezüglich geleistete Arbeit empfunden wird.
2. Dazu gehören z.B. P.Garlicks ›The Wholeness of Man‹, London 1943[3], und ›Man's Search for Health‹, London 1952; der Abschlußbericht der sogenannten ›Ersten Tübinger Konsultation‹ von 1964 ›The healing Church‹ / ›Der Auftrag zu heilen‹ (Genf 1965/66) und A.van Soest's Beiträge: Fragen an die ärztliche Mission, in: Beilage zu den ›Nachrichten aus der ärztlichen Mission‹, Tübingen 1966, 13.Jg.Nr.3; Der Fortschritt der Medizin und die Hoffnung der Christen, in: Nachrichten aus der ärztlichen Mission, Tübingen 1969, 20.Jg.Nr.1 (Feb.), S.2-5; Wandlungen in der ärztlichen Mission, ebd., Nr.3, (Juni), S.6-9.

unter einem Rechtfertigungszwang der missionarischen Wortverkündigung gegenüber, was den oft apologetisch-polemischen Charakter ihrer Argumentation bestimmte.[3] Daß sich solcher Dienst überhaupt legitimieren mußte, obwohl es dafür in der Alten Kirche eine erstaunlich breite Tradition gab[4], läßt auf unterschwellige Vorbehalte prinzipieller Art seitens der etablierten (Missions-)Theologie gegenüber ärztlicher Tätigkeit im allgemeinen schließen, Vorbehalte, die schon seit dem Hochmittelalter bestanden hatten und in der damals (1215) kirchenrechtlich verfügten radikalen Trennung von priesterlichen und ärztlich-medizinischen (nicht: caritativ-pflegerischen!) Aufgaben (s.o.S. 103)[5] ihren deutlichsten Ausdruck fand.

Die besondere theologische Problematik der ärztlichen Mission liegt in der Dialektik eines doppelten Wechselverhältnisses. Einerseits nämlich sind nicht

3. Martin Schlunk machte in seiner Vorlesung zur ›Ärztlichen Mission‹ in feinsinniger Beobachtung auch auf einen Umstand aufmerksam, der zur Klärung dieser latenten Spannungen mit herangezogen werden kann: »Zu den technischen Schwierigkeiten [sc. in der Ärztlichen Mission] gehört zunächst eine rein äußerliche, aber durchaus nicht belanglose, die vor allem im deutschen Missionsleben spürbar wird. Die deutschen Missionare sind zum größten Teil seminaristisch ausgebildet, d.h. aus der Volksschule hervorgegangen haben sie nach einer beliebigen Berufsvorbildung sich zum Missonsdienst gemeldet und dann eine sechs bis sieben Jahre umfassende gründliche missionarisch-theologische Ausbildung auf dem Missionsseminar erhalten und dazu im günstigsten Fall ein bis zwei Semester an einer Universität sprachliche Vorlesungen gehört. Nun ist bekannt, daß bei solcher seminaristischen Vorbildung sich den Akademikern gegenüber leicht ein Gefühl des Nicht-für-Voll-Geltens, des Nicht-Anerkannt-Werdens, also ein mit stärkerem Selbstbewußtsein sehr wohl vereinbarer Inferioritätskomplex einstellt, der, zumal im Tropenklima, leicht zu Reibungen, ja zu schweren Differenzen führen kann. ... [M]an muß diese kleinste Schwierigkeit im Sinne behalten, um zu verstehen, wie sich von ihr aus schärfste Differenzen ergeben können, nämlich dann, wenn Missionare und Arzt in der innersten Gesinnung nicht ganz übereinstimmen.« (Manuskript S.43f)
4. Vgl. A.v.Harnack, Medicinisches aus der ältesten Kirchengeschichte, in: Texte und Untersuchungen Bd.8 Heft 4, Leipzig 1892, S.37-147 (auch mit eigener Paginierung: 1-111); ders.: Die Mission und Ausbreitung des Christentums in den ersten drei Jahrhunderten; vierte verbesserte und vermehrte Auflage, 1.Bd., Die Mission in Wort und Tat, Leipzig 1924; E.Beyreuther, Geschichte der Diakonie und Inneren Mission in der Neuzeit, Berlin 1983, bes. S.11-19 u.257f (Anmerkungen u. Literatur!).
5. Vgl. dazu vor allem die Arbeiten des Freiburger Medizinhistorikers P.Diepgen: Die Theologie und der ärztliche Stand, Studien zur Geschichte der Beziehungen zwischen Theologie und Medizin im Mittelalter, Berlin 1922; ders.: Die Bedeutung des Mittelalters für den Fortschritt in der Medizin, in: W.Artelt, E.Heischkel, J.Schuster (Hg.), Medizin und Kultur, Gesammelte Aufsätze von Paul Diepgen, Stuttgart 1938, S.89-107; ders.: Über den Einfluß der autoritativen Theologie auf die Medizin des Mittelalters, Wiesbaden 1958, sowie die oben S. 104 A 32 genannte Literatur.

nur Krankheiten, sondern auch Heilungen allgemeinmenschliche Erfahrungswirklichkeiten, weshalb Heilung genausowenig als christliches Proprium in Anspruch genommen werden kann wie die Heilkunde; andererseits haben Heilungen als Ausdruck der creatio continua in bestimmter Weise aber auch Anteil an der Offenbarungswirklichkeit und sind damit potentielle Offenbarungsträger. Das spezifische missionsärztliche Mandat besteht demzufolge darin, dieses potentielle Verhältnis von Heilung zu Offenbarung im interkulturellen Kontext in ein aktuelles zu überführen, so daß erfahrene Heilung als persönlicher Anspruch des Gottes wahrgenommen werden kann, der sich in Christus dem Menschen zuwendet, indem er einem von ihnen jetzt das akut bedrohte Leben (wieder-)schenkt und es erhält.

Wie aber wurde die ärztliche Mission tatsächlich theologisch begründet und einsichtig gemacht? Eine systematische Zusammenstellung der verschiedenen Argumente, die zu ihrer Begründung und Rechtfertigung in der Vergangenheit vorgebracht wurden, soll helfen, dieses komplexe Phänomen für die theologische Diskussion fruchtbar zu machen. Das stößt allerdings auf nicht unerhebliche Schwierigkeiten; denn es gibt »perhaps as many patterns of medical mission as there are medical missionaries.«[6] Das Gemeinsame aller missionsärztlichen Aktivitäten lag eben nur in der Anwendung medizinischer Kenntnisse zur Förderung einer wie auch immer gearteten missionarischen Unternehmung und nicht, wie schon bei der Gründung der Cantoneser Gesellschaft ersichtlich, in einem einheitlichen Konzept; einem solchen begann man sich erst viel später anzunähern.[7] Darum ist jetzt hier auch statt einer geschlossenen, bündigen Interpretation von medical missions eine Bandbreite unterschiedlicher Argumentationsmodelle zu erwarten als getreues Abbild der theologischen Eigenarten der solche Arbeit jeweils verantwortlich tragenden Kreise und Einzelpersonen. Trotz aller Unterschiede lassen sich jedoch vier verschiedene Grundmuster erkennen, nach denen – oft auch schon lange vor dem definitiven Aufkommen der ärztlichen Mission – ärztlich-medizinisches Handeln im Rahmen des Missionswerkes begründet wurde. Daß diese Argumente je nach zeitgeschichtlichen Umständen oder konfessionsspezifischen Eigenarten in geradezu beliebiger Weise modifiziert und miteinan-

---

6. D.Seel, Challenge and Crisis in Missionary Medicine, Pasadena 1979, S.16.
7. Die Fragen nach einem schlüssigen Konzept ärztlicher Mission bzw. nach einer gemeinsamen ›policy‹ wurden zunächst unter den in China arbeitenden Missionsärzten (Konferenz in Shanghai 1913) aufgeworfen (vgl. China and Medical Missions – A Statement of Policy of the China Medical Missionary Association, in: Mercy and Truth, Vol.XVII, 1913, S.148-151). Seitdem stand das Problem auf der Tagesordnung der Verantwortlichen; vgl. dazu auch H.G.Anderson, The Changing Pattern of Medical Missions, OBMRL, Oct.12, 1954, S.1-13; ders.: The New Phase in Medical Mission Strategy, London 1956; Clement C.Chesterman, In the Service of Suffering – Phases of Medical Missionary Enterprise, London 1940.

der kombiniert werden konnten, zeigt, welch untergeordnete, sekundäre Rolle die systematische theologische Reflexion dabei spielte.[8]

Der Häufigkeit ihrer Erwähnung nach geordnet handelt es sich dabei um Rechtfertigungen aus (A) missionsstrategischen bzw. -methodischen und (B) caritativen Gründen sowie um die Rechtfertigung solchen Dienstes (C) aus Gründen der Gesundheitsfürsorge für das missionarische Personal; schließlich dann noch (D) um das für die missionsärztliche Bewegung des 19. Jahrhunderts so typische Argument der ›Imitatio Christi‹.

A. Die missionsstrategische und missionsmethodische Begründung der ärztlichen Mission

Der ärztlich-medizinische Dienst wurde von den heimatlichen Missionszentralen vor allem aus missionsstrategischen Überlegungen heraus gewünscht, und das, wie z.B. im Fall der Franziskaner R.Giarollo und Th.Krump (s.o.S. 104 A 36), gelegentlich sogar ohne Rücksicht auf bestehende kirchenrechtliche Hindernisse. Dort, wo die Missionspredigt nicht gestattet war und auch dort, wo sie so gut wie nichts auszurichten vermochte, d.h. wo es nicht sogleich zu Taufen und zur Bildung von Gemeinden kam, wie in der Begegnung mit dem Konfuzianismus, Hinduismus, Islam und Buddhismus, dort erschien die Hinwendung zum kranken und leidenden Menschen nicht nur als der praktisch einzig mögliche, sondern auch als der religiös entscheidende Anknüpfungspunkt, ging es doch nach dem geläufigen Missionsverständnis jener Zeit darum, die göttliche Seele angesichts des baldigen Todes vor der ewigen Verdammnis zu retten.[9] Gelegentlich, wie z.B.

---

8. Thomas Ohm verzichtete daher ganz auf eine theologische Begründung des missionsärztlichen Dienstes, indem er diesen ausschließlich formal bestimmte als: »die in Verbindung mit der Mission und im Sinn der Mission betätigte Sorge für das natürliche leiblich-seelische Wohl der Menschen.« (Die ärztliche Fürsorge, S.59) Damit steht er in der sowohl von G.Olpp (Die ärztliche Mission und ihr größtes Arbeitsfeld, S.3) als auch von M.Schlunk (Manuskript, S.4 [s.o.S. 94 A 62]) aufgegriffenen, durch G.Warneck begründeteten Tradition (vgl. Evangelische Missionslehre, 2.Abtlg. – Die Organe der Sendung, Gotha 1897², S.239ff).

9. Diese Haltung aufs schärfste karrikierend bemerkte der katholische Missionswissenschaftler Pierre Charles SJ: »The harvest of souls is never so promising than in times of deadly epidemics. Why build hospitals to stop the flow of souls running through baptism to eternal happiness? You may say that it is an act of charity. It is, of course; but the relation to the scope of the mission is only an indirect one. To build a railway and carry the travelers free of cost is also an act of charity. Would you

in der jesuitischen China-Mission, erhielt diese Strategie eine besondere Zuspitzung: einzelne, auch in Medizin qualifizierte Polyhistoren sollten als Leibärzte (und zugleich Hofgelehrte) der jeweiligen Herrscher ein Vertrauensverhältnis etablieren, um so Verständnis und Duldung der eigentlichen Missionsarbeit zu erwirken. Die auf diese Weise erlangte Gewährung des Toleranzediktes durch Kaiser Kanghi im März 1692 z.B.[10] war für G.W. von Leibniz eine derart überzeugende Bestätigung der Richtigkeit solchen Kalküls, daß er seinen protestantischen Landes- und Kirchenherren ein ähnliches Vorgehen empfahl:

»Bey denen Missionibus nun, so zu denen nicht barbarischen, sondern civilisirten Völckern gehen, ist bekand, daß nächst Gottes Beystand die realen Wissenschafften [!] das beste Instrument seyen, wie solches die Erfahrung an tag geleget, und wäre demnach nöthig, Anstalt zu machen, daß an Tugend und Verstand bewehrte, mit ohngemeiner Fähigkeit begabte und mit dem Geist Gottes ausgerüstete junge Leute aufgesuchet und nächst der Gottesgelehrtheit in der Mathematica (sonderlich in arte observandi astra) und Medicochirurgicis, als vor welchen Wißenschafften [!] ganz Orient sich neiget, gründtlich unterwiesen, und zu etwas Vortreflichem angeführet ... würden.«[11]

Ein reifer Pragmatismus sowie die nur graduellen Unterschiede im medizinischen Können gestatteten so im Aufklärungszeitalter den Pluralismus medizinischer Systeme und förderten, genährt durch wissensdurstige Neugier und Aussicht auf Bereicherung des eigenen Kenntnisschatzes, den interkulturellen Austausch über Materia Medica, Therapeutik und Pharmakopöe. Daß das Interesse dabei weniger dem ärztlichen Dienst als solchem galt noch ausdrücklich der Linderung des Krankheitselends, ist offenkundig.

Leibniz' missionsstrategische Vorschläge zur »propagatio fidei per scientias«,

---

    maintain that it is the business of the mission? I don't see how we could logically stave off these conclusions, as long as we stick to the principle that the proper aim of the missions is to save souls.« (P.Charles, Medical Missions – The Necessity for Medical Missions, their History, Development and the Many Obstacles to be overcome in Their Fulfillment, New York 1949, S.10).

10. Vgl. F.R.Merkel, G.W.von Leibniz und die China-Mission, S.9ff. – Leider wurde dieses Edikt infolge des Ritenstreites zweiunddreißig Jahre später (1724) von Kaiser Kanghis Sohn und Nachfolger Yung-Dscheng widerrufen.

11. G.W.von Leibniz, Bedencken, wie bey der neuen Königl. Societät der Wissenschaften, der allergnädigsten Instruktion gemäß, Propagatio fidei per Scientias förderlich zu veranstalten, Erster Entwurf, Berlin, November 1701, zitiert bei F.R.Merkel, G.W.von Leibniz und die China-Mission, S.74 (vgl. auch ebd. S.141). Wie ernst für Leibniz das Anliegen der ›propagatio fidei per scientias‹ war, zeigen neben seiner Schrift ›Novissima Sinica‹ (1697) auch seine ›Denkschrift in Bezug auf die Einrichtung einer Societas Scientiarum et Artium in Berlin vom 24. bzw. 26. März‹ [sc. 1700], in der er als eine der wichtigsten Aufgaben der werdenden Preußischen Akademie der Wissenschaften die Missionsaufgabe bestimmte. (vgl. F.R.Merkel, wie oben, S.62ff)

über die er auch mit A.H.Francke in Halle korrespondierte[12], blieben im protestantischen Missionswesen jedoch ohne unmittelbares Echo. Erst gut hundert Jahre später wurden ähnliche Gedanken von K.F.Gützlaff aufgrund praktischer Erfahrungen wieder propagiert und bezüglich der Medizin auf nur wenige popularmedizinische Maßnahmen reduziert. Sein vordringliches Bemühen galt ja nicht dem gelehrten Austausch, sondern der Evangelisierung. Auch für ihn war die Linderung des Leidens nur von untergeordneter Bedeutung, insofern als sie der Ermöglichung des (Erst-) Kontaktes mit den Betroffenen und ihren Angehörigen zwecks Bekanntmachung mit der christlichen Botschaft in Schrift (Traktatverteilung) und Rede diente. Die ›Medizin für die Seelen‹, das war das entscheidende Anliegen, ein Anliegen, dem sich z.B. auch die Täufergilde ›Société Angélique‹ in China ganz verschrieben hatte (s.o.S. 253).

Eine andere Variante des missionsstrategischen Arguments findet sich bei Kardinal Lavigerie und seinem Konzept der afrikanischen Arzt-Katecheten (s.o.S. 224ff), eine weitere bei Hudson Taylor, dem es zur Rechtfertigung der Dispensarien als der bevorzugten Gestalt medizinischen Dienstes der China Inland Mission diente (s.o.S. 280), und wiederum eine andere begegnet bei denen, die damit die medizinisch nicht unproblematische Itineration verteidigten (s.o.S. 281f). Ebenso überzeugend wurde dieses Argument allerdings auch im politischen und kommerziellen Interesse vorgebracht[13] und nicht zuletzt in diesem Sinne bei der Gründung der Medical Missionary Society in China ausdrücklich berücksichtigt (s.o.S. 164ff). Und als schließlich gegen Ende des Jahrhunderts aus der ›scientia‹ eine ›science‹, eine leistungsfähige, verhältnismäßig zuverlässige Fertigkeit im Umgang mit Krankheiten und Heilung geworden war, da wurde der ärztlich-medizinische Dienst als »pioneer agency« und als die patente Arbeitsmethode der christlichen Mission schlechthin angepriesen (s.o.S. 211f)[14], in seiner evan-

---

12. Vgl. F.R.Merkel, G.W.von Leibniz und die China-Mission, S.160ff und bes. S.214-224 (Anhang I), wo dieser Briefwechsel im Wortlaut abgedruckt ist.
13. S.o.S. 161 A 122; vgl. (A.Ljungstedt), A Brief Account Of An Ophthalmic Institution, S.63; K.Gützlaffs Brief vom 12.4.1833 an amerikanische Kaufleute (Houghton Library, ABC:14, Miscellaneous Foreign Letters, Vol.I – 1831-1837); F.R.Merkel, Leibniz, S.192f (Erwähnung einer 1699 ausgesandten medizinisch-kaufmännischen China-Expedition); J.Lowe, Medical Missions, S.54f (Hinweis auf den Anfang des britischen Handels mit Indien und der East India Company durch die erfolgreiche Behandlung einer Verwandten des Groß-Mogul in Delhi durch Dr.Gabriel Boughton, 1636, der sich als Honorar dafür erbat: ›Let my nation trade with yours‹).
14. Es erstaunt, wie sehr sich die meisten der damaligen Missionsärzte mit der Rolle der ›Missions-Pioniere‹ identifizierten. Das könnte Ausdruck für ihr tiefes Verwurzeltsein im Revival sein, könnte aber durchaus auch als Zeichen echt säkularen Pioniergeistes gedeutet werden. – Anläßlich der Weltmissionskonferenz zu Jerusalem (1928) kommt es allerdings zu einem ausdrücklichen Aufbegehren gegen diese Vereinnahmung des ärztlichen Dienstes: »The medical work should be regarded as, in itself, an expression

gelisierenden Wirksamkeit lediglich nur dort eingeschränkt, wo die naturwissenschaftlich begründete Medizin, wie z.b. in Japan, bereits schon zuvor etabliert worden war. Hier vermochte dann die »heavy artillery of the missionary army« verhältnismäßig wenig auszurichten (s.o.S. 261).

Es ist deutlich, daß auf diese Weise die ärztliche Mission nicht wirklich begründet werden kann und daß ein solches Argumentationsmodell den Heilungsauftrag pervertiert; denn in dem Maße, in dem das genuin ärztliche Anliegen, Krankheiten zu heilen und Leiden bzw. Schmerzen zu lindern, von von ihm wesensfremden Interessen – interkultureller Dialog, religiöse Einflußnahme, Kommerz – überlagert wird, in dem Maße wird der ärztlich-medizinische Dienst zum Schaden der hilfesuchenden Kranken verfälscht. Geschieht das darüberhinaus dann noch im Rahmen christlicher Mission, dann wird damit die Glaubwürdigkeit der gesamten Verkündigung unterminiert.[15] Es verwundert daher nicht, daß dies immer wieder zum Stein des Anstoßes wurde und Anlaß zu Konflikten bot, die gerade bei engagierten *Medical* Missionaries wie z.B. bei P.Parker und J.H.Kellogg zum Bruch mit den zuständigen Missionsbehörden führten. Die Administratoren der Gesellschaften neigten nämlich dazu, solche Schwierigkeiten lediglich als persönliche Probleme einzelner Mitarbeiter oder nur als technisch-praktische Fragen anzusehen und entsprechend autoritär zu lösen. Sie erkannten nicht die zugrundeliegende theologische Problematik, weshalb sie sich auch nicht um die Klärung derselben kümmerten.

Es wäre zu erwarten gewesen, daß sich wenigstens die langer theologisch-dogmatischer Traditon verpflichteten Konfessionen den anstehenden Fragen widmeten. Doch auch das blieb aus, da man hier die ärztliche Mission insofern beargwöhnte, als sie eine kaum reflektierte theologia naturalis zur Grundlage hatte und ihre dank rationaler Therapie und Medikation herbeigeführten Heilungen in Gefahr standen, als demonstrative Beweise des Heils triumphalistisch mißdeutet zu werden.[16] Daher nahmen sich Lutheraner, Anglikaner und Katholiken erst verhältnismäßig spät und dann auch nur sehr zögernd der ärztlichen

of the spirit of the master, and should not be thought of as only a pioneer of evangelism or as merely a philanthropic agency.« (Report of the International Missionary Council, Jerusalem, March 24 to April 8, 1928, Vol. VIII, Addresses and other Records, London 1928, S.197)

15. Vgl. zu diesem Problemkomplex vor allem: Re-Thinking Missions – A Laymen's Inquiry after one hundred Years, W.E.Hocking (Ed.), New York / London 1938; Zitat zur Sache s.o.S. 280 A 168.
16. Dieser Konflikt kam geradezu klassisch in der Kontroverse zwischen Peter Parker und Rufus Anderson zum Ausdruck, vgl. E.V.Gulick, Peter Parker, S.125ff; Th.Kue-Hing Young, A Conflict of Professions, S.254ff. – Für die Zeit des 20.Jahrhunderts vgl. z.B. Allen, Roland, The Place of Medical Missions, in: World Dominion Press, Vol.VIII No.1, London, Jan. 1930, S.34-42.

Mission an.[17] Wenn der erweckte Mediziner George Dowkontt in einem solchen Verhalten nichts anderes als »Mord« sah, dann brachte er damit in erschreckender Deutlichkeit die ethischen Implikationen auf den Punkt, die sich am Ende des vorigen Jahrhunderts aus der völlig veränderten medizinischen Situation auch für die verantwortlichen Missionsfreunde ergaben. Deren Ignoranz diesen Fragen gegenüber bedeutete in der Tat nichts anderes als die aktive Verweigerung vor den neuen Herausforderungen. Sie wollten in der missionsärztlichen Arbeit allenfalls eine neue Missionsmethode sehen und es nicht wahrhaben, daß der Fortschritt in der Medizin auch auf die Mission einen diese grundlegend verändernden Einfluß hatte, der theologischer Klärung bedurfte. Aber statt der angemessenen theologischen Aufarbeitung verweigerte man sich dem gebotenen interdisziplinären Dialog und trug damit zum Auseinanderdriften von Medizin und Theologie bei. Erst Mitte des 20. Jahrhunderts fing man an, das gegenseitige Gespräch auf verschiedenen Ebenen erneut zu suchen.[18]

B. Die caritativ-katechetische Begründung der ärztlichen Mission

Auf eine weitaus ältere Tradition als die missionsstrategische konnte sich die caritativ-katechetische Begründung der ärztlichen Mission berufen, lag doch, auch nach dem Urteil von Medizinhistorikern, in der Caritas seit alters ein Spezifikum des christlichen Gemeinde- und Glaubenslebens:

17. S.o.S. 164f – Es sei daran erinnert, daß bereits der anglikanische Bischof von London, mit dem P.Parker 1841 zusammentraf, seine Zustimmung zu einem solchen Werk nicht geben konnte, s.o.S. 165A 130. – Die Lutheraner, und noch später die Katholiken, nahmen missionsärztliche Arbeit erst im 20.Jahrhundert in Angriff; zur Situation bei den Anglikanern vgl. H.G.Anderson, Typoskript, S.46ff.
18. Zwar sind bereits nach dem I.Weltkrieg Ansätze zu einer solchen Annäherung sowohl von theologischer (Arbeitskreis ›Arzt und Christ‹ in Berlin, 1925) als auch von medizinischer Seite aus wahrzunehmen (›Heidelberger Schule‹, vor allem R.Siebeck; vgl. W.Jacob, Konvergenz von Theologie und Medizin nach dem 1.Weltkrieg, in: Wege zum Menschen, Göttingen 1969 [21.Jg.], S.65-77), aber erst nach dem II.Weltkrieg erfaßte das interdisziplinäre Gespräch einen größeren Kreis, hauptsächlich in Zusammenarbeit mit den Evangelischen Akademien. So entstanden die Arbeitskreise ›Arzt und Seelsorger‹ in Deutschland; der Kreis um Paul Tournier ›Médecine de la Personne‹ in Genf/Athen (seit 1947); Congrès Médico-Social Protestant (seit 1954), vgl. A.Köberle, Art. Arzt und Seelsorger, in: RGG³, Bd.I, Sp.636f. Der erste Jahrgang der angesehenen katholischen Zeitschrift ›Arzt und Christ‹ erschien 1955 in Wien. – Weit jüngeren Datums sind die Arbeits- und Gesprächskreise zur medizinischen Ethik.

»Christianity came into the world as the religion of healing, as the joyful Gospel of the Redeemer and of Redemption. It addressed itself to the disinherited, to the sick and the afflicted, and promised them healing, a restoration both spiritual and physical. ... It became the duty of the Christian to attend the sick and poor of community. ... The social position of the sick man thus became fundamentally different from what it had been before. He assumed a preferential position which has been his ever since.«[19]

In ähnlicher Weise hatte schon 1892 Adolf (von) Harnack an pointierter Stelle, nämlich am Schluß seiner Untersuchung ›Medicinisches aus der ältesten Kirchengeschichte‹ bemerkt:

»Christliche Religion und Krankenpflege sind ein langes Stück Wegs in der Geschichte miteinander gegangen; sie sind unzertrennlich. Auch heute noch beruht die Kraft und Zukunft der Kirche darauf, dass sie sich der seelisch u n d   l e i b l i c h   Leidenden annimmt. Nicht zum wenigsten gilt das von der christlichen Mission. Eigentlich sollte jeder Missionar, der zu uncultivirten Völkern geht, zugleich Arzt sein. ... Nur als das Evangelium von dem Heilande und von der Heilung – in dem umfassenden Sinn, den die alte Kirche mit diesem Gedanken verbunden hat – bleibt das alte Christenthum jung und das junge Christenthum das alte.«[20]

Die Berechtigung der durch solche und ähnliche Bemerkungen hergestellten Zusammenschau von missionsärztlichen Bemühungen des neunzehnten Jahrhunderts mit der frühchristlichen caritativ-diakonischen Tradition, die besonders in der katholischen Welt lebendig ist[21], ist aber auch fraglich. Sie argumentiert letztlich unhistorisch, weil sie den medizinischen Fortschritt des 19. Jahrhunderts außer acht läßt. Dennoch lieferte v.Harnack mit seiner kurzen Bemerkung den Medical Missionaries wie auch den verantwortlichen Missionstheologen eine wichtige, doch leider weder von diesen noch von jenen zur Kenntnis genommene Argumentationshilfe für das gemeinsame Gespräch insofern, als er den missionsärztlichen Dienst als »Evangelium von der Heilung« im Lichte der Tradition der christlichen Barmherzigkeit interpretierte und solchem Dienst die kritisch-entscheidende Funktion für die Authentizität des werdenden »Christenthums« in Übersee zubilligte.[22] Es dauerte jedoch noch vierzig Jahre, bevor auch in mis-

---

19. Heinrich (Henry) Sigerist, Civilization and Disease, Ithaca, NY, 1943, S.69f, zitiert bei D.W.Amundsen/G.B.Ferngren, The Early Christian Tradition [sc. of Caring and Curing], S.47f.
20. Texte und Untersuchungen, Bd.8 Heft 4, Leipzig, S. 147 (bzw. 111); Hervorhebung im Original.
21. Vgl. L.Berg, Christliche Liebestätigkeit in den Missionsländern, Freiburg 1935; V.Bartoccetti, La Carità in terra di Missione, Rom 1935. – Es sei daran erinnert, daß die Zeitschrift des Schweizerischen katholischen Vereins für missionsärztliche Fürsorge ›Missionsärztliche Caritas‹ hieß, s.o.S. 73.
22. Die Nichtbeachtung dieser Argumentationshilfe ist um so bedauerlicher, da sich v.Harnack ja auch noch später in ähnlichem Sinne äußerte, s.o. A 4.

sionsärztlichen Kreisen ähnliche Einsichten reiften[23], und, durch den II.Weltkrieg erheblich verzögert, noch einmal weitere dreißig, bis 1964 verschiedene Vertreter der ärztlichen Mission anläßlich der 1. Tübinger Konsultation zu einer gemeinsamen, grundsätzlichen theologischen Ortsbestimmung fanden.[24]

Wie gezeigt wurde, gaben zunächst caritativ-katechetische Gründe den Ausschlag für die Errichtung von Spitälern, in denen die Krankenpflege als verdienstvolles Werk der Barmherzigkeit sowie der praktischen Einübung in das Christentum vor allem z.Zt. der Patronatsmissionen geübt werden konnte (s.o.S. 100ff). Vornehmliches Anliegen dabei war die fürsorgende (Sterbe-)Begleitung derjenigen, die sich selbst nicht mehr helfen konnten »um Christi willen«. Das änderte sich aber in dem Augenblick, in dem aus dem Spital das Krankenhaus als Zentrum medizinisch-ärztlichen, besonders chirurgischen Handelns zum Zwecke der Heilung von Krankheiten geworden war; denn in dem Maße, in dem medizinische Interventionen die Gültigkeit der Aussage: Krankenlager gleich Sterbelager außer Kraft setzten, in dem Maße gewann die Hinwendung zu den Kranken an allgemeiner Attraktion, und die Krankenfürsorge bzw. -behandlung zum Zwecke der Heilung wurde zu einer sozialen und (kolonial-)politischen Aufgabe. Aus der zuvor überwiegend christlichen Domäne der Krankenpflege war im 19.Jahrhundert, hauptsächlich bedingt durch die Entwicklungen auf dem Gebiete der Medizin, eine bürgerlich-sozialstaatliche Einrichtung geworden, in der das schlichte »um Christi willen« nicht mehr so selbstverständlich gegeben war wie ehedem(s.o. S. 120ff); es galt allenfalls noch für die als ›philanthropisch‹ be-

---

23. Erstes Dokument dafür ist das Handbuch der Christian Medical Association of India »The Ministry of Healing in India«, Mysore 1932, dem dann die entsprechenden Überlegungen auf der Weltmissionskonferenz in Tambaram 1938 folgten.
24. »Die Förderung ärztlicher Arbeit durch Missionsleitungen, Missionsgesellschaften und nationale Kirchen erfolgt noch immer von Gesichtspunkten äusserer Nothilfe her oder um Möglichkeiten der Wortverkündigung zu schaffen, und zwar gemäß einem uneinheitlichen christlichen Verständnis von Mitleid und Fürsorge. Die zutreffende Kritik junger Kirchen, die christlich-ärztliche Institutionen als Last bezeichnen und die Tatsache, dass im Westen in medizinischen Einrichtungen wenig Teilhabe seitens der Kirchen zu bemerken ist, weisen darauf hin, dass eine rechte Unterscheidung von christlich-ärztlichem Dienst und dem Dienst in säkularen Institutionen nicht vorhanden ist. ... *Die christliche Kirche hat eine besondere Aufgabe auf dem Gebiet des Heilens* ... Die Kirche kann sich ihrer Verantwortung auf dem Gebiet des Heilens nicht entledigen, indem sie diese anderen Organisationen überträgt.« (Auftrag zu heilen, Genf 1966, S.36f; Hervorhebung im Original) – Zur Geschichte dieser Konsultationen vgl. J.McGilvray, Die verlorene Gesundheit – Das verheißene Heil, Stuttgart 1982, S.24ff; M.Scheel, Partnerschaftliches Heilen, Stuttgart 1986, S.80ff.

zeichneten, meist nichtmedizinischen Aktivitäten wie die Fürsorge für Blinde, Taubstumme, Lepröse und Geistigbehinderte, und selbst dort zunehmend nur noch mit gewissen Einschränkungen (s.o. S. 16 A 7).

Auch hier bedeutete der Wandel in der Medizin mehr als nur eine quantitative Ausweitung der Möglichkeiten; denn auch der ärztliche Dienst hatte sich grundlegend verändert. Die dem Heilungsauftrag verpflichtete medizinische Arbeit der Ärzte in den Hospitälern der Missionen bedurfte daher neuer Transparenz auf das christliche Zeugnis hin, die man dann durch die Wahl des Arbeitsfeldes wie auch durch den mit dem einst theologisch gefüllten Begriff der ›disinterested benevolence‹ bezeichneten Verzicht auf Honorare zu wahren trachtete.[25] Daneben verstand sich das christliche Missionskrankenhaus nachwievor als katechetisches Anschauungsmedium für die, denen man Christus predigen wollte.[26]

»Some of the great mission-hospitals ... are at once an object lesson in the principles of sound medicine and surgery, and a witness to the spirit of Jesus Christ. ...
... Those who live under its roof see from day to day the exhibition of Christian love in all the humble ministrations of the daily round, and there too, they hear each day and often in the day the story of the love of Christ.«[27]

Zweifellos war der ärztliche Dienst in den Missionen Ausdruck christlicher Barmherzigkeit, aber eben nicht primär als ärztlich-medizinischer, sondern als fürsorgender Dienst an den bedürftigen, armen Kranken. Und je mehr die medizi-

---

25. Bei der Gründung der missionsärztlichen Gesellschaft in Canton wurde ja ausdrücklich darauf hingewiesen: »In order to the success of the object contemplated, those who engage in it must not receive any pecuniary remuneration the work throughout must be, and appear to be, one of *disinterested benevolence*.« (Chinese Repository, Vol.V, 1836/37, S.371; Hervorhebungen im Original.) – Zu der Frage der Honorare gab es unter den in Serampore, Bengalen, arbeitenden Missionaren der London Missionary Society bereits um 1840 eine aufschlußreiche Auseinandersetzung in Verbindung mit Dr.Cushons, wie die entsprechenden Briefe vom 22.8.1840, 21.9.1840 und 31.8.1841 in: LMS-Archives, Incomming Letters North India 1800-1839[!], Box No.6, belegen. Vgl. zu dem Thema allgemein auch J.Lowe, Medical Missions – Their Place and Power, S.43f; J.L.Maxwell, Should Medical Missionaries Claim Fees?, in: Medical Missions at Home and Abroad, NS Vol.VII, S.309f; C.Becker, Missionsärztliche Caritas und Geschenkmethode, in: ZMR, 19.Jg., 1929, S.389-392, u.v.a.

26. Vgl. dazu Peter von Gents, OFM, Bemerkung über die Bedeutung des Hospitals seiner Mission in Mexiko:»[Es] sei eine große Hilfe für die Armen und Notleidenden und fördert die Bekehrung. Denn so lernen sie die Liebestätigkeit kennen, die unter Christen Brauch ist; dadurch werden sie eingeladen, sich dem neuen Glauben zu nähern und gewinnen Vertrauen zu uns.« (s.o.S. 102)

27. H.T.Hodgkin, The Way of the Good Physician, London 1919[4], S.33 u. 37; vgl. auch: Mission Hospital Ideals, in: Medical Missions at Home and Abroad, NS Vol.X, S.339-341.

nische Grundversorgung der Bevölkerung als Aufgabe des Staates erkannt und von diesem auch wahrgenommen wurde, desto deutlicher trat die Begrenzung der caritativ-katechetischen Begründung ärztlicher Mission hervor, mit der man allenfalls die vocatio generalis, nicht aber die vocatio specialis stützen konnte.[28]

C. Die Sorge um die Gesundheit des Missionspersonals als Rechtfertigung missionsärztlichen Dienstes

In älterer Zeit wurde der ärztliche Dienst in der Mission auffallend selten unter Hinweis auf die Gesundheitserhaltung der missionarischen Kräfte zu rechtfertigen versucht, etwas, das vor dem Hintergrund sozialstaatlicher Strukturen und Gesetzgebung Ende des 20. Jahrhunderts erstaunt. Aber da der frühen Neuzeit die Arbeit in den Missionsgebieten unter anderem auch als eines der verheißungsvollsten Werke galt, die »Palme des Martyriums« zu erringen[29], war die Sorge um die eigene Gesundheit von nur untergeordneter Bedeutung. Grundsätzlich ignoriert worden war sie freilich nie, gab es doch neben einer ansehnlichen Zahl von entsprechenden Handbüchern (s.o.S. 104 A 37) auch bemerkenswerte Bemühungen darum, die in schmerzlicher Erfahrung gewonnenen Kenntnisse auf diesem Gebiete zu sammeln und praktisch auszuwerten.[30]

In der dänisch-halleschen Mission kam es auf ausdrückliche Bitten der Missionare in Tranquebar zur Aussendung von Ärzten (s.o.S. 110f), und für die Herrnhuter waren es die katastrophalen Erfahrungen mit den tödlich verlaufenden Tropenkrankheiten in St.Croix, die 1735 zur Ausreise des ersten Arztes in die Mission führte (s.o.S. 114). Die Church Missionary Society ließ 1825 einen

28. Vgl. dazu W.Holsten, Der Dienst des Arztes in der Mission, in: EvTh, 2.Bd., 1947/48, S.367ff.
29. J.A.Otto SJ, Alexander von Rhodes SJ – Apostel von Annam und Vorkämpfer der neuen Missionshierarchie, in: Die Katholischen Missionen, Jg. 1928 No.1 (Jan.), Aachen, S.6-13, Zitat S.7.
30. Gut dokumentiert und belegt ist das z.B. bei den Jesuiten, vgl. J.Wicki, Die gesundheitlichen Zustände in der indischen Provinz der Gesellschaft Jesu im 16. Jahrhundert, in: NZM, 35.Jg., 1979, S.277ff. Die ›Jesuiten-Apotheken‹ waren ja noch bis in das 19. Jahrhundert ein stehender Begriff, nicht nur in den Missions-, sondern auch in den Heimatländern. Die zu Pulver gemahlene Chinarinde, die 1632 durch den Jesuiten Barnabé de Cobo nach Europa kam, das Chinin, hieß auch ›Jesuitenpulver‹; vgl. F.Johannessohn, Chinin in der Allgemeinpraxis, Amsterdam 1932, S.13. – Eine gute Übersicht über die entsprechenden Bemühungen protestantischerseits findet sich bei G.Olpp, Ärztlicher und seelsorgerlicher Dienst an Missionsangehörigen, in: A.Lehmann (Hg.), Missionsärzte helfen, Dresden/Leipzig 1938, S.57-64.

Bericht über Wesen und Ursachen der Mortalität ihrer in Westafrika arbeitenden Kräfte erstellen und sich Vorschläge zur Verbesserung der gesundheitlichen Situation unterbreiten.[31] Auch für Basel waren es die gehäuften Todesfälle von jungen Missionaren in Westafrika, die die Gesellschaft auf Anregung eines Laien (und mit dessen finanzkräftiger Unterstützung) nach langem Zögern endlich die ärztliche Mission (von 1880 an) systematisch in Angriff nehmen ließ, nachdem immerhin noch 1865 die Antwort eines der verantwortlichen Inspektoren auf eine entsprechende Bitte der Missionare lauten konnte:

»Habt also Geduld, meine lieben Brüder! So richtig es ist, daß wenn man einen tüchtigen Arzt hat, man besser versorgt ist, als wenn man einen untüchtigen hat, so ist doch allein der HERR der rechte Arzt; wer so gänzlich auf ihn geworfen ist wie ihr Missionare, der darf auch an seine specielle Hilfe glauben und gewiß überzeugt sein, daß ihn darum, weil er keinen tüchtigen Arzt an der Seite hat, nichts wesentliches werde für diese Zeit noch für die Ewigkeit entgehen.«[32]

Bis zum Ende des Jahrhunderts wurden solche und ähnliche Überzeugungen von in Verantwortung stehenden Missionsinspektoren weiter gepflegt,[33] wenngleich auch parallel dazu versucht wurde, allgemeinmedizinischen Unterricht über die ›Gesundheitspflege in den Tropen‹ in die seminaristische Ausbildung mit einzubeziehen.[34]

Allerdings, auch von Seiten der Medical Missionaries erhoben sich Bedenken gegenüber einer zu selbstverständlichen Inanspruchnahme ihres Tuns als Haus- und Personalärzte für die Missionsangehörigen in Übersee:

»The medical care of the missionaries and their families will form no small nor unimportant part of his duties, but, with this exeption, the medical missionary should have as

---

31. Report of the Medical Committee appointed August 1825 by the General Committee of the Church Missionary Society to examine into the nature and extent of the mortality that has for many years prevailed amongst their residents at the western coast of Africa, and to consider of the best means of diminishing its progress in future, London 1825
32. Brief von Inspektor Josenhans an Ch.W.Locher in Westafrika v.18.9.1865, zitiert bei H.Fischer, Der Missionsarzt Rudolf Fisch, S.113; zum Beginn der missionsärztlichen Arbeit seitens der Basler Gesellschaft ebd. S.118ff.
33. Einer der wohl profiliertesten Vertreter dieser Denkrichtung, der darüber auch mit Josenhans in Basel in Verbindung stand, dürfte Franz Michael Zahn, Inspektor der Norddeutschen Mission in Bremen, gewesen sein; vgl. W.Ustorf, Die Missionsmethode Franz Michael Zahns und der Aufbau kirchlicher Strukturen in Westafrika, Erlangen 1989, bes. S.92ff (Der theologische und institutionelle Umgang mit dem Sterben der Missionare).
34. So z.B. in Basel seit 1845 durch Dr.Streckeisen (vgl. H.Fischer, Der Missionsarzt Rudolf Fisch, S.110f) und dann seit 1893 vor allem durch das ›Livingstone College‹ in London, s.o.S. 199ff.

little as possible to do with practice among Europeans; he should certainly decline such practice where other medical aid can be obtained, and while ready, under other circumstances, to stretch forth the helping hand whenever and wherever his aid may be needed, he will never fail to put the disinterestedness of his motives beyond all suspicion by placing to the credit of the mission whatever fees he may receive.«[35]

Wieder wird ein latenter Konflikt zwischen den Missionsbehörden und den Missionsärzten deutlich; denn während diese sich, zumindest die ordinierten unter ihnen, als vollwertige Missionare verstanden und als solche auch ihren Dienst tun wollten, wollten jene in ihnen nur notwendige Hilfskräfte sehen bzw., nach der Sprachregelung des A.B.C.F.M. in Boston, »assistant missionaries« (s.o.S. 79 A 15).[36] Doch je länger desto selbstverständlicher wurde die ärztliche Betreuung des überseeischen Missionspersonals durch die Medical Missionaries als eine ihrer wesentlichen Aufgaben auch von diesen selbst als solche akzeptiert[37], ohne damit in ihrem besonderen missionarisch-evangelistischen Anliegen wirklich ernst genommen worden zu sein.[38]

35. J.Lowe, Medical Missions – Their Place and Power, S.49.
36. So hatte auch der Basler Missionsarzt Dr.R.Fisch gemäß den ihm 1885 mitgegebenen Instruktionen in erster Linie sich um die Gesundheit der europäischen Missionsmitarbeiter auf der Goldküste zu kümmern, und danach, falls seine Kräfte es zuließen, konnte er sich den kranken Afrikanern widmen; vgl. H.Fischer, Der Missionsarzt Rudolf Fisch, S.201ff. – Für die Baptist Missionary Society and Baptist Zenana Mission, London, vgl. R.Fletcher Moorshead, The Appeal of Medical Missions, Edinburgh/London 1913, S.111ff (The Economic Value of Medical Missions).
37. »Die Begründung der Notwendigkeit einer ärztlichen Tätigkeit im Rahmen der Missionsarbeit in der Welt ist eine doppelte. Der ernste Christ, der seine Weltanschauung auch mit der Tat bezeugen muß, kann an dem Krankheitselend, dem er überall unter dem Heidentum begegnet, ebensowenig achtlos vorübergehen, wie er es in der Heimat vermag ... Zugleich aber forderten die großen gesundheitlichen Gefahren, denen die europäischen Mitarbeiter der Mission in den Tropen ausgesetzt sind und die in einer anfangs erschreckend hohen Sterblichkeit ihren Ausdruck fanden, unbedingt Abhilfe.« (O.Fischer, Die Deutsche evangelische ärztliche Mission, in: Die Deutsche evangelische Weltmission in Wort und Bild – In Verbindung mit den evangelischen Missionsgesellschaften hg.v. J.Richter, Nürnberg 1941, S.247-251, Zitat S.247, Hervorhebung im Original).
38. »How often has the work of the healer in the service of the Gospel been regarded as something that was purely subsidary and entirely optional. Good enough, but not the main thing, a work to be classified under ›Philanthropic Agencies‹ rather than in the mid-current of the Church's activities. Even when it has been recognised, it has frequently been based, in the arguments of its supporters, upon the extent to which it would be shewn contributory to the ingathering of converts to the visible Church. There is no such support for any such partial and ineffective views of the work of healing to be found in Our Lord's ministry.« (R.Fletcher Moorshead, The Way of the Doctor, London 1926, S.14)

D. Missionsärztlicher Dienst als Imitatio Christi

Viele der Medical Missionaries verstanden den Heilungsauftrag im 19. Jahrhundert im Geiste des Revival als ihre persönlich zu vollziehende, individuelle Identifikation mit dem biblischen Jesus (s.o.S. 88f). Diese sehr individuelle Begründung missionsärztlichen Dienstes implizierte eine gewisse Unabhängigkeit gegenüber jedweden als oktroyierend empfundenen Missionsstrategien und theologischen Bedenken und stellte ein weiteres ständig latentes Konfliktpotential dar, das auch noch einmal von anderer Seite aus die zögernde Haltung mancher Missionsleitungen zur ärztlichen Mission verständlich werden läßt.[39] Welch souveräne, independistische Haltung manche Medical Missionaries aufgrund ihrer privaten Imitatio-Frömmigkeit gegenüber bestehenden kirchlichen und missionarischen Strukturen einnehmen konnten, erhellt in wünschenswerter Direktheit die folgende Bemerkung eines hervorragenden Missionsarztes aus dem 20. Jahrhundert:

»... deep in the makeup of [a] true medical missionary is implanted that divine urge to reproduce in his own life, and in others, a pattern of the Great Physician, albeit in an alien culture ... He will start a medical mission on his own if no society will accept him and send him out.«[40]

Solch frommer Individualismus führte, wie zu erwarten, zwar in der Geschichte der ärztlichen Mission auch immer wieder zu Trennungen und Verselbstständi-

---

39. »Ich weiß, daß man katholischerseits gerne auf gewisse Entgleisungen einzelner protestantischer Missionsärzte hinweist, um damit eine abwartende Haltung zu begründen oder die ganze missionsärztliche Einrichtung in Zweifel zu ziehen. Daß die deutsche ärztliche Mission nicht mit allen ausgesandten Missionsärzten glücklich gefahren ist, gibt sie selbst zu.« (Chr.Becker, Aerztliche Fürsorge in Missionsländern, Aachen 1921, S.24). »Eine ganz wesentliche Voraussetzung für eine gedeihliche und befriedigende missionsärztliche Tätigkeit ist das richtige Verhältnis zwischen den Trägern der ä.M. und den Missionsobern. ... Missionsärzte oder Krankenpfleger, die auf eigene Faust in die Mission ziehen und dort ganz ohne Verbindung mit dem Missionsobern arbeiten wollten, können nicht als wahre Träger der ä.M. gelten. Die Ordnung und das Missionsinteresse verlangen, daß man zusammenarbeitet und daß sich die Träger der ä.M. dem Missionsobern unterstellen. ... von größter Wichtigkeit für die missionsärztliche Arbeit ist es, daß ihre Träger im Missionsobern ihren Obern sehen und seinen Anordnungen willig folgen.« (Th.Ohm, Die ärztliche Fürsorge, S.241f, Abkürzungen im Original). – Viele der (Auto)Biographien von Missionsärzten bzw. -ärztinnen geben Einblick in diese Konfliktbereiche, so z.B. C.M.Kmietsch, Kreuzweg Afrika – Schicksal eines Arztes, Bad Oeynhausen 1980, bes. S.46, 68f u.ö.; R.Italiaander, Im Namen des Herrn im Kongo, Kassel 1965.
40. Cl.Chesterman, In the Service of Suffering, London 1940, S.135

gungen⁴¹; als Kehrseite einer hohen persönlichen Motivation und vorbildlichen ethischen Integrität aber wurde er z.B. in Personen wie David Livingstone für das 19. und Albert Schweitzer für das 20. Jahrhundert zum Leitbild ganzer Generationen von Missionaren und Missionsärzten.⁴²

In Thomas a Kempis' »De imitatione Christi«, das neben der Bibel »als das meist gelesene Buch der Weltliteratur« gilt⁴³, war dem christlichen Abendland das Thema der nachahmenden Nachfolge im spiritualistisch-individualistischen Sinne schon seit dem 15. Jahrhundert vertraut. Gegenüber dem institutionalisiert-objektivierten Heilszuspruch seitens der Kirche wurde so der Weg der persönlichen Heiligung der entscheidende Weg zum Heil.⁴⁴ Der Pietismus und die Erweckungsbewegungen hielten bis ins 19. Jahrhundert hinein diese Tradition der persönlichen Heiligung innerhalb des Protestantismus lebendig, bereicherten sie aber durch die starke Betonung der Forderung nach praktischer Frömmigkeit, der Orthopraxie. Das trug dann in den unzähligen missionarischen und diakonisch-caritativen Aktivitäten reiche Früchte und fand unter anderem auch im Ruf zur Imitatio der disinterested benevolence Gottes, wie er in der revivalistischen New England-Theologie eines Samuel Hopkins zu vernehmen war (s.o.S. 147), ihren authentischen Niederschlag.⁴⁵

41. So trennte sich Dr.B.Bradley in Siam 1847 vom A.B.C.F.M. (Houghton Library, ABC-Biographical Collection, Bradley, Dan Beach); Dr.R.Kerr, der in Marokko zunächst im Auftrag der Presbyterian Church of England gearbeitet hatte, trennte sich 1894 und begründete die ›Central Morocco Mission‹ (vgl. R.Kerr, Pioneering in Morocco, London o.J.[1894]); Dr.W.T.Grenfell, der zunächst mit der Royal National Mission to Deap Sea Fishermen (zur Geschichte dieser Mission: J.L.Kerr, Wilfred Grenfell, London 1959, S.40) nach Labrador reiste, löste sich von dieser Gesellschaft und gründete die ›Grenfell Mission‹ (Lit. s.o.S. 267 A 131).
42. »Die ... Frage nach der rechten Gesinnung des Missionsarztes. Ein Atheist kann nicht Missionsarzt sein. Und ein frommer Christ, wie es Albert Schweitzer sein will, tut klug wie dieser, wenn er der religiösen Atmosphäre einer Gesellschaft sich nicht einpassen kann, eigene Wege zu gehen.« (M.Schlunk, Manuskript, S.51). – Es ist sicherlich nicht zufällig, daß sich unter Berufung auf Schweitzer unabhängige missionsärztliche Initiativen bildeten, wie z.B. die ›Binder Schweitzer Amazonian Hospital Foundation Inc.‹ in New York (vgl. J.Mendelsohn, The Forest Calls Back – The heroic Story of Dr.Theodor Binder, ›Albert Schweitzer‹ of the Peruvian Jungle, New York 1966), die ›Thomas A.Dooley Foundation‹ zur Unterstützung medizinischer Arbeit in Laos (vgl. A.W.Dooley, A Promise to keep – The life of Doctor Thomas A.Dooley, New York 1961) und die ›Albert Schweitzer Clinic‹ der Basutoland Socio-Medical Service LTD [Basomed], vgl. J.Baker, African Flying Doctor – A young Man's living Journal, London 1968, bes. S.87f.
43. R.Stupperich, Art.: Thomas a Kempis, in. RGG³, Bd.VI, Sp.864.
44. Vgl. dazu G.A.Benrath, Die Lehre außerhalb der Konfessionskirchen, in: Handbuch der Dogmen- und Theologiegeschichte, hg.v. C.Andresen, Bd.2, Göttingen 1988, S.560ff, bes. S.567 u. 598ff.
45. Zur Bedeutung S.Hopkins für das amerikanische Missionsleben und die Missions-

Es bedurfte allerdings auch noch des medizinischen Fortschritts, damit aus dieser Imitatio Dei die Imitatio Christi werden konnte, die das Selbstverständnis so vieler Missionsärzte und -ärztinnen beflügelte und deren vocatio specialis überhaupt erst ermöglichte. Weil die Heilung von Krankheiten dank der naturwissenschaftlich betriebenen Medizin in einem bisher ungeahnten Ausmaße verfügbar geworden war, darum gewann auch der Auftrag zu heilen neue Aktualität. Gegenüber manch allzu einfältiger Identifikation medizinischen Könnens mit Jesu Heilungswundern[46] behauptete sich dann doch im Laufe der Zeit allgemein ein eher differenzierteres, kritisches Selbstverständnis, zu dem sich ein in Indien arbeitender britischer Missionsarzt mit den Worten bekannte:

»The attractiveness of Jesus was owing to His secret and His method. The *secret* is indeed beyond our ken, the *method* is one that has been fully revealed in order that as far as may be it should be imitated. ...

... And while the modern Medical Missionary is an imitator of Christ and the Apostles, the method he employs is also widely different. While on the one hand charms and relics are put aside, on the other, miraculous gifts of healing can no longer be claimed. ...

And indeed it seems to me that the science of the nineteenth century is as far ahead of the healing art of the first century, as the miracles of Christ are beyond our power.«[47]

Jedoch konnten die Medical Missionaries ihrem eigenen, hohen apotheotischen Ideal allgemein nicht gerecht werden (s.o.S. 268ff). Sie scheiterten daran, und

---

theologie vgl. Ch.L.Chaney, The Birth of Missions in America, South Pasadena 1976, S.82f.

46. »The medical work is the divinely appointed substitute for miracles.« (H.D.Porter, The Medical Arm of the Missionary Service, in: Medical Missions at Home and Abroad, NS Vol.V [Oct.1893-Sept.1895], S.314) – Zu diesem Problem vgl. W.B.Thomson, The New Testament Healings, in: Medical Missions at Home and Abroad, NS Vol.II (Oct.1887-Sept.1889), S.292-295; den Beitrag ›The Place of Healing in Modern Missions‹, By the Editor, ebd., NS Vol.IX (Oct.1901-Sept.1903), S.275ff; H.Schumacher, The Re-Discovery Of The Original Christian Mission Method, in: the Medical Missionary, Washington DC, Vol.XI, 1936, S.98ff; J.Wilkinson, The Mission Charge To The Twelve And Modern Medical Missions, in: SJTh, Vol.27, Edinburgh/London 1974, S.313-328; Chr.Grundmann, Proclaiming the Gospel by Healing the sick?, IBMR, vol.14 No.3, July 1990, S.120ff, bes. S.124.

47. A.Neve, Medical Missions, in: Medical Missions at Home and Abroad, NS Vol.III (Oct.1889-Sept.1891), S.302-304, Zitat S.303, Hervorhebungen im Original. Ähnlich: ›Medical Missions: Their Place‹, By the Editor, ebd., Vol.V (Oct.1893-Sept.1895), S.133-136, bes. S.135. Vgl. auch das in Verteidigung für P.Parker vorgebrachte Argument, er sei nicht einfach ein »medical man« sondern ein »medical missionary', a technical term by which those are designated who endeavour, in their imperfect manner, to follow the example of Him who healed all manner of diseases while laboring to save men's souls; ...« (s.o.S. 88).

das aus einem doppelten Grunde: zum einen bot ihnen zwar die Zuwendung zu den von Krankheiten geplagten einzelnen Menschen reichlich Gelegenheit, ihr Tatzeugnis durch ihr persönliches Wortzeugnis im kleinen, privaten Kreis zu deuten; jedoch fanden sie in der Alltagsroutine der Arbeit kaum Zeit zum ›eigentlichen Missionsdienst‹, nämlich der öffentlichen Wortverkündigung. Zum anderen wurde man sich zunehmend der Grenzen der Medizin bewußt und erkannte, daß die Euphorie, mit der man einst die naturwissenschaftlich betriebene Heilkunde als »doing men unquestionable good« begrüßt hatte[48], zu bedenklicher, weil unrealistischer und damit unwahrhaftiger Überschätzung der eigenen Möglichkeiten verführte.[49] Daher wurden im folgenden Jahrhundert solche Töne merklich leiser, und mancher Missionsarzt hatte in der Folgezeit sogar Schwierigkeiten damit, seinen Dienst mit dem Tun des Barmherzigen Samariters verglichen zu sehen.[50] Auch das Argument der Imitatio Christi erwies sich damit als für die Begründung der ärztlichen Mission untauglich.

48. W.Swan, The Importance of Medical Missions, in: Lectures on Medical Missions, S.128.
49. S.o.S. 89 A 51; vgl. auch: R.G.Cochrane, Changing Functions of Medical Missions, London o.J. (1955); F.Lake, The Realignment of Medical Missions – Spiritual Priorities in Changing Conditions, in: IRM, Vol.XXXVIII, April 1949, S.211-219; D.Seel, Challenge and Crisis in Missionary Medicine, Pasadena 1979.
50. So z.B. der dänische Missionsarzt I.F.Bache, vgl. ›The Medical Missionary – A Good Samaritan?‹, in: The Journal of the Christian Medical Association of India, Pakistan, Burma, Ceylon, Vol. XXVII No.6, Calcutta, Nov.1952, S.295ff.

Schluß: Den Auftrag erfüllt? –
Zusammenfassende Übersicht der Untersuchungsergebnisse

Die vorangegangene Darstellung des Aufkommens der ärztlichen Mission und ihrer Entfaltung im neunzehnten Jahrhundert dürfte den verschlungenen Werdegang und die Vielgestaltigkeit dieses durch seine Interdisziplinarität so interessanten Phänomens christlicher Missionsarbeit der neueren Zeit vor Augen geführt haben. Missionswissenschaftlich vernachlässigt, ließ schon die systematische Erfassung der international vorhandenen Quellen und Literatur eine so beeindruckende Material- und Themenfülle erkennen, daß eine rigorose Beschränkung notwendig wurde. Angesichts des Fehlens einer durchgehenden Problemdiskussion und unter Berücksichtigung der professionellen Konnotation im Begriff ›ärztliche Mission‹ legte sich die Eingrenzung auf einen bestimmten sachlichen, vor allem aber zeitlichen Rahmen nahe, wodurch die Arbeit ein überwiegend historisches Gepräge erhielt.

Die sachliche, definitorisch gerechtfertigte Beschränkung nötigte zum Verzicht auf die Bearbeitung der ehedem weniger medizinischen Tätigkeiten wie z.B. Lepra- und Blindenarbeit; die Beschränkung auf das neunzehnte Jahrhundert als dem Zeitraum des definitiven Aufkommens und der festen Etablierung der ärztlichen Mission führte zur fast vollständigen Ausklammerung katholischer missionsärztlicher Arbeit sowie der sich im 20. Jahrhundert vollziehenden Wandlungen in Selbstverständnis und Arbeitsweise der ärztlichen Mission, auf die nur gelegentlich hatte hingewiesen werden können. Erst das bewußte Wahrnehmen dieser Ausblendungen läßt ihre längst fällige Bearbeitung als Desiderat erkennen, derer sich der Verfasser in einer späteren Arbeit annehmen möchte.

Andererseits ermöglichen diese Beschränkungen aber die Darstellung des Phänomens in seiner ganzen Breite und Vielfalt. Es konnte gezeigt werden, daß, schon lange bevor die ärztliche Mission im eigentlichen Sinne begründet worden war, Mediziner ihre Kenntnisse in den Dienst der Mission gestellt hatten. Zur Zeit der portugiesischen und spanischen Patronatsmission mit ihrer bemerkenswerten institutionellen Förderung des Krankenpflegewesens (Misericórdia-Bruderschaften; Hospitäler) als Ausdruck der leiblichen Werke der Barmherzigkeit ließen sich vor allem bei den Jesuiten und Franziskanern Ärzte und Apotheker nachweisen, die teils als Krankenbrüder für die eigenen Ordensgemeinschaften tätig waren, teils, wie Louis de Almeyda SJ in Otia, Japan, in eigentlichen Missionsspitälern wirkten, oder aber, wie Johannes Terrentius SJ in Peking und Theodor Krump OFM in Äthiopien, als Leibärzte königlicher Herrscher. Auch der protestantischen Weltmission stellten sich Ärzte zur Verfügung. Allerdings gründeten sie keine Spitäler, sondern waren als ›Gemeinärzte‹ bzw. ›Missions Medici‹ für die ganze Missionsgemeinde vor Ort zuständig, ohne dabei, wie z.B. in der Tranquebar-Mission, als eigentliche Missionare zu gelten.

Englischer Philanthropismus und amerikanische Erweckungsbewegung (Second Great Awakening) bewirkten zu Beginn des 19. Jahrhunderts einen religiös motivierten, benevolenten Aktivismus, durch den Ärzte wie John Livingstone und Thomas Colledge in China zu philanthropischen Medizinern wurden oder aber, wie John Thomas in Serampore und John Scudder auf Ceylon, zu engagierten Missionaren. Dem charismatischen Karl Gützlaff, der sich nicht nur der Medien, sondern auch einiger Medizinen geschickt zu bedienen wußte, war es durch bereitwillige Mitteilung seiner Methoden und Wege gelungen, ein weltweites Missionsinteresse für China zu wecken und dabei auch die Anwendung ärztlicher Kunst zu empfehlen. Das führte dann die verschiedenen Kräfte im Ausländer-Ghetto von Canton zusammen und brachte dort, durch die finanzielle Förderung der Kaufleute vor Ort ermöglicht, die Gründung der Medical Missionary Society in China (1838) zur Unterstützung des Ophthalmic Hospital und zur Förderung missionsärztlicher Bemühungen in China hervor.

Erster und zugleich einer der klassischen Vertreter der ärztlichen Mission war der tief im Hopkinsianismus der New England Theology verwurzelte ordinierte Theologe und approbierte Arzt Peter Parker. Persönlich höchst selbstlos motiviert, ärztlich klug und chirurgisch geschickt, entwickelte sich seine zunächst als ophthalmologische Praxis für chinesische Patienten gedachte Wirkungsstätte in Canton unversehens schnell nicht nur zu einem allgemeinen Hospital, sondern auch zu dem einen, dem einzigen Anziehungspunkt für die als xenophob geltenden Chinesen. Das eröffnete der bis dahin durch die restriktive Ausländerpolitik des Celestial Empire stark beeinträchtigten Missionsarbeit ganz neue Perspektiven. Auch den mit einem negativen Image behafteten Vertretern der in Canton bzw. Macao ansässigen europäischen und amerikanischen Handelshäuser erschien das durch solche ›disinterested benevolence‹ gewonnene Vertrauen förderungswürdig, weshalb sie bereitwillig die notwendigen Finanz- und Sachmittel zur Verfügung stellten.

Der erste Opium-Krieg (1840-1842), der eine Unterbrechung der Arbeit in Canton erzwang, bot für Parker die Gelegenheit, im Auftrag der Cantoneser Gesellschaft ausführlich über seine Arbeit in Amerika und Europa zu berichten. Ähnlich wie Gützlaff verstand auch er sich auf den Umgang mit Medien in Wort und Bild sowie auf die Benutzung organisatorischer und gesellschaftlicher Strukturen. Dadurch fand der missionsärztliche Gedanke in den vierziger Jahren eine große Verbreitung, erfuhr aber zugleich eine Erweiterung als universal anwendbare, prinzipiell erfolgreiche, wirksame Missionsmethode. Daraufhin kam es zur Gründung vieler Hilfsvereine, von denen aber nur die Edinburgh Medical Missionary Society (1841) Bestand hatte.

Im damaligen Deutschland fanden diese Appelle wenig Echo. Eine Ausnahme war das sich den Einflüssen Gützlaffs verdankende ›medicinische Missions-Institut‹ zu Tübingen, dem jedoch keine Dauer beschieden war. Nachdem sich die Verantwortlichen der kontinentalen Missionsgesellschaften 1880 ergebnislos um eine sachgemäße Übersetzung des Begriffes ›medical mission‹ bemüht hatten und erst 1898 ein ›Deutscher Verein für ärztliche Mission‹ ins Leben trat, verwundert es auch nicht, daß sich kaum deutschsprachiges Material aus dieser Zeit zum Gegenstand findet, und daß bis zum Ende des Jahrhunderts hauptsächlich schottische, englische und amerikanische Einflüsse für die Ausprägung der ›medical missions‹ bestimmend waren.

Nach Wiederaufnahme seiner Hospitalarbeit in Canton kam es zwischen Parker und der Leitung seiner Gesellschaft, dem American Board of Commissioners for Foreign Missions, zu einem dann für die gesamte Geschichte der ärztlichen Mission typischen Konflikt zwischen missionarisch Erwünschtem und medizinisch Erforderlichem, der schließlich zum Ausschluß Parkers aus der Gesellschaft führte. Die Kontroverse, die bezeichnenderweise einherging mit einer zunehmenden theologischen Profilierung des damaligen Sekretärs des A.B.C.F.M., Rufus Anderson, entzündete sich an dem zu starken medizinischen Engagement Parkers in Canton. Die ärztliche Kunst sollte nicht um ihrer selbst willen, sondern nur in beschränktem Maße ausgeübt werden und als Mittel zum Zweck dienen, nämlich zur Ermöglichung der expliziten, öffentlichen Wortverkündigung vor den Ohren von Nichtchristen.

Zu einer spürbaren Intensivierung und Popularisierung der ärztlichen Mission kam es im letzten Viertel des Jahrhunderts, hervorgerufen durch die durch ein sozialevangelistisches Bewußtsein ausgezeichnete zweite Phase der nordamerikanisch-britischen Erweckungsbewegung und die ungeahnte praktische Relevanz der neuen medizinischen Erkenntnisse auf den Gebieten der Chirurgie, Anästhesie, Epidemiologie, Pharmakologie, Pathologie und Hygiene. Viele der bislang als schicksalhaft akzeptierten Krankheiten erwiesen sich nunmehr als therapeutisch zugänglich und durch Prävention vermeidbar. Die erweckten Mediziner begriffen das als göttliche Segensgabe, aus der für sie die Verpflichtung zur Linderung der unsäglichen Krankheitsnot als unmittelbarer, persönlicher Auftrag resultierte, dem man sich nur schuldhaft entziehen könne. Wer die erforderliche Hilfeleistung unterlasse, werde mitschuldig an den auf diese Weise ›Murdered Millions‹ der Welt.

So kam es in oft engster persönlicher und organisatorischer Abhängigkeit in Europa, namentlich in England, und in Amerika nach 1878 zur Gründung missionsärztlicher Gesellschaften unterschiedlichsten Charakters. Teilweise richteten sie sich an ganz bestimmte Zielgruppen – Ärzte, Krankenhauspersonal, Medizinstudenten, Frauen, Kinder –; teilweise leisteten sie finanzielle und materielle Hilfe; teilweise übernahmen sie die fachliche Zurüstung der Medical Missionaries bzw. die medizinische Ausbildung der Missionare. In den U.S.A. etablierte sich auf Anregung von G.Dowkontt unter der Leitung des genialen, in adventistischer Tradition stehenden John Harvey Kellogg in Battle Creek und Chicago sogar eine vollständige missionsärztliche Hochschule. Die einzige, ins neunzehnte Jahrhundert fallende katholische missionsärztliche Initiative ging von Kardinal Lavigerie aus, der 1881 ein medizinisch-katechetisches Institut für Afrikaner auf Malta gründete, das aber kurz nach seinem Tode (1892) aufgelöst werden mußte. Missionstheologisch eigenständig, sich aber doch der allgemeinen protestantischen missionsärztlichen Bewegung verdankend, widerlegte er damit eindrücklich die pejorativen Urteile über intellektuelle Fähigkeiten und moralische Stärke von Afrikanern und setzte innerhalb des Katholizismus ein frühes, prophetisches Zeichen für die Bedeutung der Mitarbeit von Laien im Missionswerk.

Insgesamt stellte das missionsärztliche Personal zwar nur 5% aller Missionare und machten die Hospitäler mit Dispensarien nur gut 3% der Missionsinstitutionen aus, aber durch sie wurden doch mehr als doppelt so viele registrierbare, missionarisch relevante Fremdkontakte ermöglicht als durch die Schulen und Internate, die knapp 88% der Einrichtungen beanspruchten und in denen nicht weniger als 55% der Missionare wirkten.
Unter dem missionsärztlichen Personal, dessen absolute Zahl zum Ende des Jahrhunderts sich auf 770 belief, befanden sich schon 244 – annähernd ein Drittel – Ärztinnen, deren erste, die Amerikanerin Dr.Clara Swain, 1870 in Indien ihre Arbeit aufgenommen hatte. Hauptaufgabe der Missionsmedizinerinnen war die Geburtshilfe sowie die Wahrnehmung gynäkologischer Untersuchungen und Operationen, an deren Durchführung ihre männlichen Kollegen durch islamische, hinduistische und chinesische Sitten gehindert waren; ihnen war der Zutritt zu den Zenanas und Harems verwehrt.
Aber nicht Ärztinnen waren die ersten weiblichen Mitarbeiter in der ärztlichen Mission. Dies waren vielmehr die in der bisherigen Geschichtsschreibung und Tradition meist namenlos gebliebenen Schwestern katholischer Orden sowie evangelischer Diakonissenhäuser, die bereits seit Anfang des Jahrhunderts in Afrika, Asien und im Vorderen Orient als Krankenpflegerinnen Dienst taten. Krankenschwestern, die 1925 zum ersten Mal missions-statistisch erfaßt werden, finden sich analog der Entwicklung des entsprechenden Berufsbildes als Mitarbeiterinnen in der ärztlichen Mission erst relativ spät, sind aber doch schon im 19. Jahrhundert nachweisbar.
Noch weit unbefriedigender als bei den Schwestern ist die Quellen- und Traditionslage hinsichtlich der Namen verantwortlicher einheimischer Mitarbeiter, obwohl missionsärztlicher Dienst von Anfang an auf deren gewissenhafte, verantwortliche Kooperation angewiesen war. Auch dieser Personenkreis taucht erst 1925 in den Statistiken auf, stellt dann aber bereits ein Drittel des gesamten ärztlichen Personals und das Fünfeinhalbfache der Pflegekräfte.
Geographischer Schwerpunkt der zur Jahrundertwende global etablierten ärztli-

chen Mission war der asiatische Raum, in dem 57% aller vollqualifizierten Mediziner arbeiteten, die meisten in China (31%) und in Indien (26%). In Afrika wirkten damals nur gut 10% und im vorderen Orient 6%. In Süd-Amerika hatte die ärztliche Mission praktisch keine Bedeutung; zur Jahrhundertwende gab es hier insgesamt nur 24 protestantische Missionsärzte (=3%) von denen allein 12 in Mexiko praktizierten.

Im Zentrum des sich zu jener Zeit überwiegend auf die Chirurgie konzentrierenden missionsärztlichen Dienstes stand das in der Regel mit Personal, Material und Kapital äußerst bescheiden ausgestattete kleine Hospital mit einer großen poliklinischen Ambulanz. Dazu hatten die Missionsärzte neben den selbstverständlichen Hausbesuchen auch regelmäßigen Dienst in Dispensarien und begaben sich auf Itineration, welche vor allem in den islamischen Ländern von besonderer Wichtigkeit war. Unter oft größten Entbehrungen und mit nur minimalster Ausrüstung und Unterstützung wurde so in einer bewunderungswürdigen Hingabe Außerordentliches geleistet, weshalb es auch nicht überrascht, daß die Missionsärzte und -ärztinnen der ersten Generation meist Einzelkämpfer und große Individualisten waren, wie ihre (Auto-) Biographien eindrücklich dokumentieren.

Die ärztliche Mission war zwar im vorigen Jahrhundert überwiegend kurativ, jedoch nicht ausschließlich; denn Medical Missionaries nahmen auch schon damals präventivmedizinische Aufgaben wahr, indem sie sich für das öffentliche Gesundheitswesen einsetzten, Impfkampagnen (Pocken) durchführten und sich vorbildlich an der Bekämpfung von Epidemien beteiligten, was einige von ihnen das Leben kostete. Sie agitierten in China und Indien für die Abschaffung kulturell akzeptierter, aber gesundheitsgefährdender, lebenszerstörender Sitten (Opiumgenuß; Fußbinden; Kinderheirat; Infantizid). Darüberhinaus widmeten sich mehr oder weniger alle, schon aus Notwendigkeit, in informeller Weise der medizinischen Ausbildung einheimischer Kräfte. Mit der Gründung des Tientsin Medical College in China (1881) wurde solches Bemühen zum ersten Mal in organisatorische Bahnen gelenkt und auf eine systematische, allgemeinere Grundlage gestellt. Zwanzig Jahre später existierten weltweit bereits über sechzig solcher Institutionen, unter denen die in Agra und Ludhiana (Indien) sowie, jedenfalls bis 1895, die in Antananarivo (Madagaskar) herausragten. Auch initiierten die Missionsärzte und -ärztinnen im Verein mit den noch jungen medizinischen Professionen der Ärzte und Schwestern in China und Indien Standesorganisationen und betrieben die Publikation erster medizinischer Fachzeitschriften in diesen Ländern.

Damit erwies sich die Praxis der ärztlichen Mission als eine in jeglicher Hinsicht vollständige Transposition des sich allgemein etablierenden medizinischen Systems, und die Medical Missionaries zeigten sich als deren engagierte Advokaten in Übersee. Die sich durch den interkulturellen Kontakt bietende Gelegenheit zu

einer kritischen Hinterfragung der eigenen Normen wurde von ihnen damals nicht wahrgenommen. Das konnte noch nicht geschehen, weil ihnen der dazu notwendige Abstand zu den eigenen, nur positiven Erfahrungen mit den Segnungen der Medizin fehlte; die Medizinkritik ist jüngeren Datums.
Die Missionsärzte und -ärztinnen waren gesandt zu heilen. Hatten sie ihren Auftrag dadurch erfüllt, daß sie mit Leidenschaft und viel persönlicher Hingabe Medizin trieben und gute Mediziner sein wollten?
Zweifelsohne waren sie heilend tätig, auch wenn die jeweils akute Not einzelner Menschen sie an der regelmäßigen und kontinuierlichen geistlichen Unterweisung und christlichen Belehrung von Nichtchristen hinderte, so daß ihnen nichts anderes übrig blieb, als dafür eigens nichtmedizinische Kollegen, einheimische Evangelisten und Bibelfrauen, anzustellen. Die daraus resultierenden, steigenden personellen und eben damit auch finanziellen Anforderungen an die jeweiligen Gesellschaften verursachten Schwierigkeiten. Häufig sahen sich die Heimatleitungen nicht dazu in der Lage, den Bitten der Missionsärzte zu entsprechen. Das lag weniger an den fehlenden Mitteln (zu deren Beschaffung sich ja mancherorts eigens Hilfsvereine gebildet hatten) als vielmehr an unterschiedlichen Prioritäten. Zugunsten einer spirituell gedeuteten dichotomischen Anthropologie, die der Rettung der ›ewigen Seele‹ den Vorrang vor der Erlösung des schmerzenden, leidenden ›zeitlichen Leibes‹ einräumte, wollten die Verantwortlichen ihre zögernden Entscheidungen theologisch rechtfertigen. Ihr missionsärztliches Personal klagte sie demgegenüber wegen unterlassener Hilfeleistung an, da sie über ihren theologisch-dogmatischen Grundsätzen den lebendigen, jetzt leidenden Menschen aus dem Auge verlören, mit dem die missionsärztlichen Kräfte tagtäglich zu tun hatten.
Wie die Darstellung der theologischen Begründungen der ärztlichen Mission deutlich zu machen versuchte, wäre es unzutreffend, diesen Konflikt auf ein Theorie-Praxis Problem oder auf einen vermuteten Widerspruch zwischen theologischer und medizinischer Anthropologie zu reduzieren. Dazu nämlich waren die Missionsärzte viel zu sehr selbst der Missionssache ergeben und von der Richtigkeit der etablierten Anthropologie überzeugt. Vielmehr stand hier die durch die akute Krankheitsnot drängend gemachte Frage an, welche Bedeutung denn dem jeweils geschichtlich konkreten, einzelnen Menschen in seiner Not im Gegenüber zu den ebenfalls geschichtlich bedingten, und so eben auch begrenzten Bildern vom Menschen zukomme, die sich in reflektierten Anthropologien äußern. Während sich die (Missions-)Theologen damals nicht um die anstehenden Fragen ernstlich kümmerten, gaben die Missionsärzte gemeinhin die schlichte, einfältige Antwort in praxi durch den Verweis auf das Verhalten Jesu.
Die Berichte über die dann im 20. Jahrhundert abgehaltenen Fachkonferenzen sowie die Beiträge der Medical Missionaries zu den Weltmissionskonferenzen in Jerusalem (1928) und in Tambaram (1938) zeigen, wie sehr diese sich um ein ihrem Auftrag angemessenes Selbstverständnis bemühten, nachdem ihnen bewußt

geworden war, daß sie an ihrem apotheotischen Ideal, nicht an dem Auftrag, scheiterten. Solches Bemühen führte zu den Reflexionen über das ›Healing Ministry‹. Der Gang der Diskussionen machte deutlich, daß ärztliche Mission eine, aber nicht unbedingt die einzige Ausdrucksform solchen Dienstes sei und auch, daß aus dem Mandat zu heilen die Freiheit und Notwendigkeit zu einer qualifizierten Medizinkritik erwächst, die als solche von den Medical Missionaries – auch um der Sache der Medizin willen – geübt werden müsse. Und schließlich erwies sich die Frage nach dem Auftrag zu heilen auch als eine kritische Frage von ekklesiologischer Relevanz, da sie auf die glaubwürdige Umsetzung, auf das existentielle Erfahrbarwerden und -machen von Heilung in allen Bereichen kirchlich-christlichen Lebens drängt. Die, die daraufhin befragt wurden, ob sie den Auftrag zu heilen erfüllt haben, haben schließlich die Frage an die sie sendenden Gesellschaften – Kirchen, Missionen, Gemeinden - zurückgegeben; nicht, um sich auf diese Art und Weise leichtfertig des Auftrags zu entledigen, sondern um der verbindlichen Glaubwürdigkeit des christlichen Zeugnisses in den verschiedenen Arbeitsbereichen der heutigen Welt willen. Nicht also durch den Hinweis auf das Wirken missionsärztlichen Personals allein ist die Antwort auf die eingangs gestellte Frage in positivem Sinn zu geben, sondern auch dadurch, daß die ärztliche Mission im Laufe ihrer Geschichte die dem Heilungsauftrag implizite Medizin- und Kirchen- bzw. Missionskritik expliziert hat.

Bibliographie

(Die folgende Bibliographie ist, der besseren Übersichtlichkeit wegen, in die drei Abschnitte gegliedert: Archive [I], Standard-Referenzwerke [II] und Allgemeine Literatur [III]. Um die Bibliographie nicht zu umfangreich werden zu lassen, ist das spezifische Archivmaterial an den jeweiligen Stellen im Text in den Anmerkungen aufgeführt; ähnlich wurde auch mit den Beiträgen aus den missionsärztlichen Fachzeitschriften verfahren. Viele der Archive stellten gedrucktes Material zur Verfügung, das dann in der allgemeinen Bibliographie aufgenommen wurde. Da es sich bei einem nicht geringen Teil der Literatur um kleine Hefte und Broschüren handelt, ist, trotz Konzentration auf den unmittelbar behandelten Gegenstand, die Bibliographie so umfangreich geraten.)

I. Archive

1) The Adventist Heritage Center, in: James White Library, Andrews University, Berrien Springs, Michigan
2) Archief van Raad voor de Zendeling der N.H.K., Zendings Centrum, Leidsestraatweg 11, 2341 GR Oegstgeest, The Netherlands
3) Archiv der Basler Mission, Missionsstraße 21, Basel
4) Hauptarchiv der Von Bodelschwingh'schen Anstalten, Königsweg 3, Bielefeld
5) Archiv der Brüderunität, Zittauer Str. 24, Herrnhut, Oberlausitz
6) Archivmaterialien der Catholic Health Association of the United States, 4455 Woodson Road, St.Louis, Missouri; (unkatalogisiert)
7) Bibliotheca Missionum, in: Pontificia Università Urbaniana, Via Urbano VIII, Rom
8) Church Missionary Society, Partnership House, 157 Waterloo Rd., London & University of Birmingham, Library
9) Concordia Historical Institute, 801 DeMun Avenue, St.Louis, Missouri
10) Département Évangélique Français d'Action Apostolique, 102 Boulevard Arago, Paris
11) Archiv des Deutschen Instituts für Ärztliche Mission, Paul Lechler Str. 24, Tübingen (unkatalogisiert)
12) Archivmaterialien der Edinburgh Medical Missionary Society, 7, Washington Lane, Edinburgh (teilweise katalogisiert)
13) Houghton Library, Harvard University, Cambridge, Massachusetts
14) Archiv der London Missionary Society, in: School of Oriental and African Studies, London
15) Archivmaterialien der Medical Missionary Association und des Livingstone College, z.Zt. 244, Camden Rd., London (unkatalogisiert)
16) Medical Mission Sisters (SCMM), Central Archives, 41 Chatsworth Gardens, London
17) Medical Mission Sisters (SCMM), Archive, 8400 Fox Chase, Philadelphia, Pennsylvania

18) Archiv des Ökumenischen Rates der Kirchen, 150, Route de Ferney, Genf
19) Archiv der Ostasien Mission, in: Protestantisches Landeskirchenarchiv der Pfalz, Speyer (Bestand 180)
20) Archivum Medicinae Pastoralis Internationale, Stockhammerngasse 7, Wien
21) Archiv in der Robert E.Speer Library des Princeton Theological Seminary, Princeton, New Jersey
22) Historical Collections des College of Physicians of Philadelphia, 19 South 22nd Street, Philadelphia, Pennsylvania
23) Staatsbibliothek Preussischer Kulturbesitz, Handschriftenabteilung, Potsdamer Straße 33, Berlin
24) The Presbyterian Historical Society (Department of History of The United Presbyterian Church in the United States of America), 425 Lombard Street, Philadelphia, Pennsylvania
25) Archivmaterialien des Schweizerischen Katholischen Missionsärztlichen Vereins bei: Solidar Med, Untergeissenstein 10/12, Luzern (unkatalogisiert)
25) Universitätsarchiv Tübingen, Wilhelmstraße 32, Tübingen
27) Archivio Segreto Vaticano, Vatikanstadt, Rom
28) Archiv der Vereinigte(n) Evangelischen Mission, Rudolfstraße 137, Wuppertal 2
29) Library & Arts Department, London Borough of Waltham Forest; Vestry House Museum, Vestry Road, Walthamstow
30) Archiv der ›Weißen Väter‹ (PA), Via Aurelia 269, Rom
31) Yale Divinity School Library Special Collections, Yale University, 409 Prospect Street, New Haven, Connecticut
32) Yale Medical School, Medical Historical Library, 333 Cedar Street, New Haven, Connecticut (unkatalogisiert)

II. Standard Referenzwerke

1) Atlanten:
Atlas zur Geschichte des Christentums, F.H.Littell / E.Geldbach (Hg.), Wuppertal 1980
Atlas zur Kirchengeschichte - Die christlichen Kirchen in Geschichte und Gegenwart, H.Jedin / K.S.Latourette / J.Martin (Hg.), aktualisierte Neuausgabe, bearb. u. hg. v. J.Martin, Freiburg u.a. 1987
Chi-Bonnardel, Regine van, The Atlas of Africa, Paris 1973
Grundemann, R., Neuer Missions-Atlas aller evangelischen Missionsgebiete mit besonderer Berücksichtigung der Deutschen Missionen; Zweite, vermehrte und verbesserte Auflage, Stuttgart 1903
Statistical Atlas of Christian Missions - Containing a Directory of Missionary Societies, a classified Summary of Statistics, an Index of Mission Stations, and a Series of specially prepared Maps of Mission Fields, compiled by Sub-Committees of Commission I, ›On Carrying the Gospel to All the Non-Christian World', as an integral Part of Its Report to the World Missionary Conference, Edinburgh, June 14-23, 1910, Edinburgh 1910
The Times Atlas of World History, G.Barraclough, (Ed.), London 1979
World Missionary Atlas - Containing a Directory of Missionary Societies, Classified Summaries of Statistics, Maps Showing the Location of Mission Stations Throughout

the World, a Descriptive Account of the Principal Mission Lands, and Comprehensive Indices, H.P.Beach/C.H.Fahs (Ed.), London 1925

2) Allgemeine Nachschlagewerke

Aschoff / Diepgen / Goerke, Kurze Übersichtstabelle zur Geschichte der Medizin, 7. neubearb. A., Berlin / Göttingen / Heidelberg 1960

Bibliographia Missionaria, G.Rommerskirchen / J.Dindinger (Hg.), Pontificial Urban University, Vatican, seit 1934

Braun-Titus, Edna, Union List of Serials in Libraries of the United States and Canada, New York 1965³

Dictionary Catalog of the Missionary Research Library, New York / Boston, 1968, 17 Bde.

Encyclopædia of Religion and Ethics, J.Hastings (Ed.), Edinburgh 1908-1926, 13 Bde.

The Encyclopedia of Missions, H.O.Dwight / H.A.Tupper / E.M.Bliss (Ed.), New York/ London 1904²

The Encyclopedia of Modern Christian Missions, The Agencies; A Publication of the Faculty of Gordon Divinity School, Burton L.Goddard (Ed.), Camden, New Jersey, 1967

Der Große Herder, Nachschlagewerk für Wissen und Leben, fünfte, neubearb. Auflage von Herders Konversationslexikon, Freiburg 1952, 10 Bde.

Historisches Wörterbuch der Philosophie, J.Ritter Hg., Basel 1971ff

Lexikon für Theologie und Kirche, begr. von M. Buchberger, zweite, völlig neu bearb. Auflage, hg. v. J.Höfer/K.Rahner, Freiburg 1957/1986, 14 Bde.

Lexikon zur Weltmission, S.Neill/N.P.Moritzen/E.Schrupp (Hg.), Wuppertal/Erlangen 1975

The New Encyclopædia Britannica, 15th Ed., Chicago 1990, 32 Bde.

The Oxford English Dictionary, Oxford 1971, 13 Bde.

Die Religion in Geschichte und Gegenwart, Handwörterbuch für Theologie und Religionswissenschaft, dritte, völlig neu bearb. Auflage, K.Galling (Hg.), Tübingen 1965, 6 Bde.

Realencyklopädie für protestantische Theologie und Kirche, begr. von J.J.Herzog, hg.v. A.Hauck, Gotha, Leipzig², 1877-1888, 18 Bde.

R.Streit, Bibliotheca Missionum, Veröffentlichungen des Internationalen Instituts für Missionswissenschaftliche Forschung, Münster / Aachen 1916ff; ab Bd.VII als ›Streit / Dindinger‹

Theologische Realenzyklopädie, G.Krause/G.Müller (Hg.), Abkürzungsverzeichnis, zusammengestellt von S.Schwertner, Berlin 1976

Toellner, Richard, Illustrierte Geschichte der Medizin, Salzburg 1986, 6 Bde. (durchgehende Paginierung)

III. Allgemeine Literatur

(In der folgenden Auflistung der benutzten Literatur sind einige Aufsätze aus Sammelwerken und Artikel aus den bereits genannten Standard-Referenzwerken deswegen eigenständig aufgeführt, weil sie einen wesentlichen, leicht übersehbaren Beitrag zum Gegenstand darstellen. Die jeweilige Quelle ist dann mit Kurztitel zitiert, da diese noch einmal separat erscheint. Anonyme Publikationen wurden in Außerachtlassung des Artikels in die alphabetische Ordnung eingereiht. Wo nicht genannte Autoren, Erscheinungsorte und -jahre eindeutig zu ermitteln waren, wurden diese Angaben in Klammern beigefügt, wo nicht ganz eindeutig, aber doch mit großer Wahrscheinlichkeit, wurde ein Fragezeichen hinter die Angabe gesetzt. Häufiger mußte auf genauere Angaben ganz verzichtet werden, da diese nicht zu gewinnen waren. Abkürzungen für Zeitschriften z.B., wurden nicht verwandt. - Die Zitation fremdsprachiger, vor allem englischer und amerikanischer Titel, folgte den Angaben der Titelblätter mit ihrer manchmal sehr eigenwilligen Orthographie, besonders die Groß- und Kleinschreibung betreffend.)

Ackerknecht, Erwin H., Rudolf Virchow, Arzt - Politiker - Anthropologe, Stuttgart 1957
Acland, H.W., Medical Missions in their Relation to Oxford, Oxford 1898
Acta et Decreta Concilii Plenarii Baltimoriensis Tertii A.D. MDCCCLXXXIV, Baltimorae 1886
Addresses to Medical Students, delivered at the instance of the Edinburgh Medical Missionary Society 1855-56, Edinburgh 1856
Adolph, Paul Ernest, Surgery speaks to China; the experiences of a medical missionary to China in peace and war, Philadelphia / Toronto 1945
Adolph, Paul E(rnest), Missionary Health Manual, Chicago 1954, 1964[3]
Die Ärztliche Mission - Blätter zur Förderung der deutschen missionsärztlichen Bestrebungen, Gütersloh (1906-1919); Stuttgart (1920-1941); ab 1907 ›Zugleich Organ des Vereins Deutsches Institut für ärztliche Mission‹; ab 1908 zugleich ›Organ des Deutschen Instituts für ärztliche Mission und der deutschen Vereine für ärztliche Mission‹
Ärztliche Mission in Korea, in: Evangelisches Missions Magazin NF 45. Jg., Basel 1911, S.370-374
Ärztlicher Dienst Weltweit, 25 Beiträge über Heil und Heilung in unserer Zeit, hg.v. W.Erk / M.Scheel, Stuttgart 1974
L'Aide Medicale aux Missions - Organe Trimestriel d'Information et de Documentation publié par le Comité de l'Oevre, Bruxelles 1929ff
Aitken, R.D., Who is my Neighbour? - The Story of a Mission Hospital in South Africa, o.O. 1944
Alden, Edmund Kimbally (compl.), The Medical Arm of the Missionary Service - Testimonies from the Field, Boston 1898
Allan, J. / Haig, T.W. / Dodwell, H.H., The Cambridge Shorter History of India, Delhi / Lucknow 1969
Allen, Belle J(ane) / Mason, Caroline Atwater, A Crusade of Compassion for the Healing of the Nations - A Study of Medical Missions for Women and Children, West Medford, Massachusetts 1919

Allen, Roland, The Place of Medical Missions, in: World Dominion Press, Vol.VIII No.1, London Jan.1930, S.34-42

Allgemeine Missions-Zeitschrift, Gütersloh 1874-1923

Allison, William P., Prefatory Essay [sc. on Medical Missions] in: Lectures on Medical Missions, S.V-XXVIII

Almquist, L.Arden, Medicine and Religion - A Missionary Perspective, in: Occasional Bulletin of the Missionary Research Library New York, Vol.XVIII No.4 (April 1967), S.1-11

Alonso, Arthur OP, Catholic Action and the Laity (transl. by J.Crowley), St.Louis / London 1961

Altmann, Eckhard, Christian Friedrich Richter (1676-1711), Arzt, Apotheker und Liederdichter des Halleschen Pietismus, Witten 1972

Amundsen, Darrel W., The Medieval Catholic Tradition [sc. of caring and curing], in: Caring and Curing, S.65-107

Amundsen, Darrel W. / Ferngren, Gary B., The Early Christian Tradition [sc. of caring and curing], in: Caring and Curing, S.40-64

Andersen, Wilhelm, Zur Theologie der ärztlichen Mission, in: Ärztlicher Dienst Weltweit, S.132-143

Anderson, Eleanor Macneil, Where there's a Will - The M[edical] M[ission] A[uxilliary] Jubilee Book, London 1942

Anderson, Eleanor Macneil, Healing Hands - The Story of CMS Medical Work, London 1950

(Anderson, Harold Gilbee), Report of Dr.Anderson's Tour of CMS Missions in Africa and the Near and Middle East (abriged edition), London 1945

Anderson, Harold G(ilbee), Flying Visit - A Tour of the CMS Front in Africa and the Near East, foreword by Sir Bernhard H.Bourdillon, London 1946

Anderson, Harold G(ilbee), The Changing Pattern of Medical Missions, in: Occasional Bulletin of the Missionary Research Library New York, Oct.12, 1954, S.1-13

Anderson, H(arold) G(ilbee), The New Phase in Medical Mission Strategy, London 1956

Anderson, Harold Gilbee, Typoskript zur missionsärztlichen Arbeit der Church Missionary Society, 1960

Anderson, Ken, Arzt am Himalaya, Wuppertal 1969$^{1/2}$

Anderson, Virginia, Restless Redhead, London 1970

Andersson, Aron, Med Bibel Och Medicinlåda I Kongo, Stockholm 1935

Andreasen, Anthony T., Christian Medical Practice in Africa, Hinkely o.J.

Andrew, Veronica, Ovamboland, Westminster / London 1953

Anene, J.C. / Brown, G.N., (Ed.), Africa in the Nineteenth and Twentieth Centuries, Ibadan / London 1966

Apostolat der ärztlichen Hilfe in den Missionen - Missionsgebetsmeinung für August 1967, in: Herder Korrespondenz, 21. Jg., Freiburg 1967, S.304-306

Arasaratnam, Sinnappah, Sri Lanka - History, in: The New Encyclopædia Britannica, Chicago 1990, Vol.28, Macropædia, S.184-192

Arens, Bernhard SJ, Die katholischen Missionsvereine - Darstellung ihres Werdens und Wirkens, ihrer Satzungen und Vorrechte, Freiburg 1922

Arens, Bernhard SJ, Handbuch der katholischen Missionen, zweite vollständig neubearb. Aufl. mit 101 Tabellen und einer graphischen Darstellung, Freiburg 1925

Armstrong-Hopkins, Salem, Within the Purdah - also: In the Zenana Homes of Indian Princes, and: Heros and Heroines of Zion, Being the personal observations of a medical missionary in India, New York/Cincinnati 1898; Ausgabe London: 1898

Arndt, Augustine SJ, Die kirchlichen Rechtsbestimmungen für die Frauen-Congregationen, Mainz 1901

Aschoff, Ludwig, Medizin und Mission im Fernen Osten, Berlin 1926

Ashmore, Ann L., The Call of the Congo, Nashville, Tennessee, 1958²

Auftrag zu heilen, Studien des ökumenischen Rats Nr.3, Genf 1966

Aus der Werkstatt des Missionars, Vorträge, Ansprachen und Predigt auf der 5. allgemeinen studentischen Missionskonferenz vom 18.-22. April 1913 in Halle a.S. gehalten, Berlin-Lichterfelde o.J. (1913)

Axenfeld, Karl, Stellung und Tätigkeit der Missionsärzte in unseren Kolonien; Vortrag auf Veranlassung des Vereins der Aerzte des Reg.-Bez. Magdeburg, gehalten am 14.Dezember 1909, in: Deutsche Medizinische Wochenschrift, 36.Jg. Nr.26, 1910, S.1234-1236

Ayers, T.W., Healing and Missions, Richmond, Virginia 1930

Bache, F(enger), The Medical Missionary - A Good Samaritan?, in: The Journal of the Christian Medical Association of India, Pakistan, Burma, Ceylon, Vol. XXVII No.6, Calcutta, Nov.1952, S.295-299

Baker, Frances J., The Story of the Woman's Foreign Missionary Society of the Methodist Episcopal Church, 1869-1895, Cincinnati / New York 1896

Baker, Jeff, African Flying Doctor - A young Man's living Journal, London 1968

Baldry, Peter, The Battle Against Bacteria - A fresh look against bacterial disease with special reference to the development of antibacterial drugs, Cambridge 1965 / 1976

Baldwin, Margaret, Revolution and other Tales, London 1913

Balfour, John Hutton, Biography of the late John Coldstream, M.D., F.R.C.P.E., Secretary of the Medical Missionary Society of Edinburgh, with an Introduction by the Rev. James Lewis, London 1865

Balfour, Margaret I., Report on The role of Medical Women in Exotic Countries, 27 seitiger Sonderdruck aus: Réunion du Conseil de l'Association Internationale des Femmes Médecins, Vienne 15-20 Septembre 1931, Paris o.J. (1931)

Balfour, Magaret I. / Young, Ruth, The Work of Medical Women in India, with a foreword by Dame Mary Scharlieb, Oxford 1929

Ballantyne, Lereine, Dr.Jessie MacBean and the work of Hackett Medical College, Canton, China, Toronto 1934

Balme, Harold, Where Medical Missions Fail, in: The China Medical Journal, Vol.24 No.1, Jan.1910, S.43-51 (auch in: Medical Missions at Home and Abroad, NS Vol.XII, S.292-297)

Balme, Harold, Efficient Mission Hospitals: The Irreducible Minimum, in: The Chinese Medical Journal, Vol.33 No.6, Nov. 1919, S.567-574

Balme, Harold, An Enquiry into the Scientific Efficiency of Mission Hospitals in China, presented at the Annual Conference of the China Medical Missionary Association, Feb. 21-23, 1920, Peking; Shanghai 1920

Balme, Harold, China And Modern Medicine - A Study in Medical Missionary Development, with a preface by Sir Donald MacAlister, London 1921

Balme, Harold, The Spiritual Meaning of Medical Work, in: Medical Practice in Africa and the East, London 1923, S.103-111

Balme, Harold / Stauffer, Milton T., An Enquiry into the scientific efficiency of mission hospitals in China, presented at the Annual Conference of the China Medical Missionary Association, Feb.21-27, 1920, Peking; 32 seitiger Sonderdruck

Balme, Harold, The Quantitative and Qualitative Aspects of the Medical Missionary Enterprise, in: Church Missionary Review, Vol. 72, London 1921, S.22-32

Banfill, B.J., Labrador Nurse, Philadelphia 1953

Baragar, C.A., John Wesley and Medicine, in: Annals of Medical History, Vol.X, S.59-65, New York 1928

Barber, Beryl, Floor of Heaven, Westminster 1952

Barber, Beryl, Gracious is the Time, Westminster 1952

Barker, Anthony, Giving and Receiving - An Adventure in African Medical Service, London 1959; Ausgabe New York: 1959 unter dem Titel: The Man Next To Me - An Adventure in African Medical Service

Barker, Frances J., The Story of the Woman's Foreign Missionary Society of the Methodist Episcopal Church 1869-1895, Cincinatti / New York 1896

Barnes, Irene H., Between Life and Death - The Story of C.E.Z.M.S. Medical Missions in India, China, and Ceylon, London 1901

Barnes, William J., Lin Litto - The Trasfiguration of a City, with an Introduction by Edward M.Dodd, New York / Washington / Hollywood 1965

Barth, (Christoph), China und Dr.Gützlaff, in: Evangelische Kirchen-Zeitung, hg.v. E.Hengstenberg, Berlin, 2.Okt.1850 (Nr.79), Sp.777-783

Bartlett, C.J., Peter Parker, the Founder of Modern Medical Missions - A Unique Collection of Paintings, in: The Journal of the American Medical Association, Vol. LXVII, Chicago 1916, S.407-411

Bartoccetti, Vittorio, La Carità in terra di Missione - Prefazione di S.E.Mons. Carlo Salotti, Arcivescovo titolare di Filippoli, Segretario della Sacra Congregazione di Propaganda Fide, Roma 1935

Barton, James L., The Medical Missionary - Some Account of His Task, Equipment and Experiences in the Work of the American Board, Boston o.J.

Baudert, S., Auf der Hut des Herrn - Rückblick auf zweihundert Jahre Herrnhuter Missionsgeschichte, Herrnhut 1931

Bauer, Ignacio, Francisco Ximenez Colonia Trinitaria de Tünez, Tetnam 1934

Baumann, Johannes, Was ist ein Missionsdiakon? in: Hand in Hand, Monatszeitschrift der evang. Jugend in Bayern, Nürnberg 1951, Heft 9 (Sept.), S.14-17

Beach, Harlan, Geography and Atlas of Protestant Missions, Vol.I, Geography; New York 1901; Vol.II, Statistics and Atlas, New York 1903

Beaver, R.Pierce, To Advance the Gospel - Selections from the Writings of Rufus Anderson, ed. and with an Introduction, Grand Rapids, Michigan, 1967

Beaver, R.Pierce, The Missionary Research Library - A Sketch of its History, in: Occasional Bulletin from the Missionary Research Library New York, Vol.XIX No.2, Feb. 1968, S.1-8

Beaver, R.Pierce, (Ed.), American Missions in Bicentennial Perspective - Papers presented at the fourth annual meeting of the American Society of Missiology at Trinity Evangelical Divinity School, Deerfield, Illinois, June 18-20, 1976, South Pasadena 1977

Beaver. R.Pierce, American Protestant Women in World Mission - A History of the First

Feminist Movement in North America, Grand Rapids, Michigan, 1980 (zuerst 1968 unter dem Titel ›All Loves Excelling‹ erschienen)

Bechler, Theodor, 200 Jahre ärztlicher Missionsarbeit der Herrnhuter Brüdergemeine, Herrnhut 1932

Bechler, Th(eodor), Zinzendorf und die Anfänge ärztlicher Tätigkeit der Herrnhuter, in: Evangelisches Missions-Magazin, NF 67.Jg., Basel 1933, S.105-114 (auch in: Die Ärztliche Mission, 31. Jg. Nr.1, 1941, S.2-10)

Becker C(hristopherus E.) SDS, Aerztliche Fürsorge in Missionsländern - Abhandlungen aus Missionskunde und Missionsgeschichte, 24. Heft, Aachen 1921

Becker Ch(ristopherus E. SDS), Lösungsversuche missionsärztlicher Fragen, in: Zeitschrift für Missionswissenschaft, 15.Jg., Münster 1925, S.228-231

Becker, Christopherus SDS, Missionsärztliche Caritas und Geschenkmethode, in: Zeitschrift für Missionswissenschaft und Religionswissenschaft, Beiblätter aus und für die Missionspraxis 19.Jg., Münster 1929, S.389-392

Becker, (Christopherus) SDS, Missionsärztliche Kulturarbeit - Grundsätzliches und Geschichtliches, Würzburg o.J. (1928)

Becker, Chr(istopherus E.), Missionsärztliche Fürsorge, in: Handbuch der katholischen Missionen, Jahrbuchfolge 1934/35 des Priester-Missionsbundes in Bayern, hg.v. Al. Lang, München 1936, S.227-233

Becker, Christopherus Edmund, Die Ritterorden und Wir, in: Katholische Missionsärztliche Fürsorge, Jahresbericht 1937, hg.v. K.M.Bosslet OP, Würzburg, S.137-173

Beckmann, J(ohannes) SMB, Die katholische Missionsmethode in China in neuester Zeit, Immensee 1931

Beckmann, J(ohannes) SMB, Missionsärztliche Tätigkeit in der alten China Mission (17. und 18. Jahrhundert), in: Missionsärztliche Caritas, Schüpfheim 1941, S.1-8

Beckmann, Johannes SMB, Die medizinische Vorbildung der Franziskanermissionare in alter Zeit, in: Missionsärztliche Caritas, Schüpfheim 1947, S.88-90

Behr, Marianne, Geschichte der deutschen evangelischen ärztlichen Mission, masch.med.Diss. Erlangen 1950

Bengtsson, Elias, Missionsläkarens uitbildning och behovet av Medicinsk Forsking i U-Länderna, in: Svensk Missionstidskrift, Bd.66 No.4, Uppsala 1978, S.282-289 u. 319f

Benjamin, P.V., A New Outlook in Christian Medical Work, in: International Review of Missions, vol.28, Genf 1939, S.562-568

Bennett, Marilyn Faye, ›Help! What Do I Do Now?‹ - The adventures of a young missionary nurse in Vietnam Nashville, Tennessee, o.J. (1967?)

Benrath, Gustav Adolf, Die Lehre außerhalb der Konfessionskirchen, in: Handbuch der Dogmen- und Theologiegeschichte, hg.v. C.Andresen, Bd.2, Die Lehrentwicklung im Rahmen der Konfessionalität, Göttingen 1988, S.560-664

Bereton, W., Bernhard Rhodes, Medical Missionary, 1644-1715, in: The East and the West - A quarterly Review for the Study of Missionary Problems, Vol. IX, Westminster 1911, S.75-81 (übersetzt: Ein Missionsarzt aus früheren Tagen - Bernhard Rhodes, 1644-1715, in: Die Ärztliche Mission, 6.Jg. Heft 3, 1911, S.53-59)

Berg, Ludwig, Die katholische Heidenmission als Kulturträger 9.Teil (III.Bd.) Mission und Caritas, Aachen 1926²

Berg, Ludwig, Christliche Liebestätigkeit in den Missionsländern unter weitgehender

Verwendung von bisher nicht veröffentlichten Missionsnachrichten an die Propaganda Kongregation zu Rom, Freiburg i.Br. 1935

Berkeley, V., Doctor in Papua, Edinburgh 1974

Berlin, E., Die Tätigkeit der deutschen Frauenwelt auf dem Gebiete der Heidenmission, in: Allgemeine Missions Zeitschrift, 41. Bd., Berlin 1914, S.109-115, 168-174, 254-270, 305-314, 337-350

Berry, K.F., A Pioneer Doctor in old Japan - The Story of John C.Berry, M.D., New York/ London/Edinburgh o.J. (1916?)

Bertini, Ugo, Pie XI et la Médecin au Service des Missions, Paris 1929

Bettin, Aug(ust), Die Evangelisationskraft der ärztlichen Mission, Barmen 1910

Bettray, Johannes, SVD, Arzt und Mission, in: Arzt und Christ, Vierteljahrsschrift für medizinisch-ethische Grundsatzfragen, Wien, 12. Jg. (1966), S.65-74

Beyreuther, Erich, Die Erweckungsbewegung, Die Kirche in ihrer Geschichte, Ein Handbuch hg.v. K.D.Schmidt u. E.Wolf, Band 4, Lieferung R (1.Teil), Göttingen 1963

Beyreuther, Erich, Die Anfänge der ärztlichen Mission, in: Predigt und heilt - Beiträge zum missionsdiakonischen Dienst - Berichte aus der Praxis, G.Propach (Hg.), Giessen / Basel 1985, S.29-44 u. 122f

Beyreuther, Erich, Geschichte der Diakonie und Inneren Mission in der Neuzeit, Berlin 1983

Bingle, J./Grubb, K.G., A Digest of Christian Statistics Based on the World Christian Handbook 1952, London 1953

Bishop, W.J. / Goldie, Sue, A Bio-Bibliography of Florence Nightingale, London 1962

Blaikie, W(illiam) G(ordon), Art.: Chalmers, Thomas D.D., in: Dictionary of National Biography, L.Stephen (Ed.), Vol.IX, London 1887, S.449-454

Blaikie, William Gordon, The Life of David Livingstone, London 1908[12]

Blake, Eugene M., Yale's first Ophthalmologist - The Reverend Peter Parker, M.D., in: Yale Journal of Biology and Medicine, Vol.3 No.5, New Haven 1931, S.387-398

Blaser, Klauspeter, Pia desideria dogmatica - Überlegungen zur Verarbeitung pietistischer Ansätze in der Pneumatologie, in: Der Pietismus in Gestalten und Wirkungen, Martin Schmidt zum 65. Geburtstag, Bielefeld 1975, S.98-119

Bleakley, Ethel, A Country Doctor in Bengal, London 1928

Bleakley, Ethel, Meet the Indian Nurse, London o.J.

Boase, G.C., Art.: Colledge, T.R. in: Dictionary of National Biography, L.Stephen, (Ed.), Vol.XI, London 1887, S.331

(Boase, G.C.) Sketch of the Life of John Coldstream, o.O. (Edinburgh) o.J. (1892?)

Boberg, John T. SVD, The Catechist in Roman Catholic Missions Today, in: Occasional Bulletin from the Missionary Research Library New York, Vol.XXIII No.1, Jan. 10, 1972, S.1-11

Boldrini, Marcello / Uggé, Albino, La Mortalità dei Missionari, Pubblicazioni della Università Cattolica del Sacro Cuore, Serie Ottava: Statistica Vol.II, Milano o.J. (1926)

(Bolling Tensler, Dr.Rudolf), Dr.Rudolf Bolling Tensler - An Adventure in Christianity; with a Preface by Joseph C.Grew, New York 1942

Bootsma, Js. / De la Basseour, Jonker H.B., Het Werk Der Barmhartigheid - Beschrijving van de Stichtingen in Nederland en Nederland-Indië, war Christelijke Barmhartigheid Geoefend wardt. Met een woord van Aanbeveling van Do.H.Pierson, W.Harvey en Dr.J.Th.Visser, 's Gravenlage 1909

Booty, John E., The Anglican Tradition [sc. of caring and curing], in: Caring and Curing, S.240-270

Borutta, Helmuth, Das Hospital in Amgaon, Provinz Orissa, Indien, o.O., o.J. (1988?)

Bosslet, Karl Maria OP, (Hg.), Der Arzt und die Not der Zeit - Missionsärztliche Gedanken zum Laienapostolat, Bd.II der Reihe: Abendland und Weltmission, Augsburg 1949

Bouchet, Alain, Geschichte der Chirurgie vom Ende des 18. jahrhunderts bis zur Gegenwart, in: R.Toellner, Illustrierte Geschichte der Medizin, S.2471ff

Boutilier, James A., Missions, Medicine and Administration in the British Solomon Islands Protectorate 1893-1942; Typoskript eines Vortrags gehalten auf dem Third Annual Symposium in the Humanities, Columbus, Ohio, 11-14 May 1983

Bowers, John Z., Western Medical Pioneers in Feudal Japan; Published for The Josiah Macy, Jr., Foundation, Baltimore / London 1970

Boyer, Paul S., Hale, Sarah Josepha Buell, in: Notable American Women 1607-1950, James, Ed.T. (Ed.), Vol.II, G-O, Cambridge, Massachusetts, 1971, S.110-114

Bradley, Neville, The Old Burma Road - A Journey on Foot and Muleback from the Diaries, Notes and Reminiscences of Doctor Neville Bradley - For many years a Medical Missionary in China; with a Foreword by Lady Erskine Crum, London / Toronto 1945

Bramsen, Anna, Der Dienst der Frau in der Mission, in: Eine heilige Kirche - Zeitschrift für Kirchenkunde und Religionswissenschaft, hg.v. F.Heiler, 21. Jg. der Hochkirche, München 1939, S.116-120

Braun, Richard u. Gertrude, Letters from Ghana by Richard and Gertrude Braun, Philadelphia 1959

Brennende Fragen der Frauenmission, Heft 3, hg.v. Arbeitsgemeinschaft für Frauenmission, Leipzig 1930

da Breno, C.Francesco, Intruzioni di Carattere Medico per i Missionari del XVIII Secolo, in: Medicina Nei Decoli, Periodico fondato da Luigi Stroppiana, Anno VII N.2, Apr.-Jun., Roma 1970, S.45-49

Brewester, Dorothy D. / Brewester, Harold N., The Church and Medical Missions - ›By the Same Spirit‹, New York 1959

The British Medical Journal - The Journal of the British Medical Association, London, seit 1857

Brown, William, The Qualifications of a Medical Missionary, in: Lectures on Medical Missions, S.137-189

Browne, Stanley G., Some Ethical Dilemmas of a Jungle Doctor, publ. for the Christian Medical Fellowship (London), Lowestoft 1962

Browne, Stanley G., The healing Church an ambigous and misleading concept, Christian Medical Fellowship, London 1970

Browne, Stanley G., Medical Missions - Regaining the Initiative, Christian Medical Fellowship Publications, London 1978

Brunini, Joseph Bernhard, The clerical Obligations of Canons 139 and 142 - A Historical Synopsis and Commentary, Washington D.C. 1937

Bryson, (Mary I.) Mrs., Fred.C.Roberts of Tientsin: or For Christ and China; with an introduction by the Rev.F.B.Meyer, London 1845

Buber, Martin, Nachahmung Gottes, in: Der Morgen, J.Goldstein Hg., 1.Jg., Berlin 1925, S.638-647

(Buchmeier, John E.), A Tour through the Past and Present of the Battle Creek Federal Center, Battle Creek 1978

Buck, Pearl S., The Laymen's Mission Report, in: The Christian Century, Nov. 23, 1932, S.1434-1437

Bürkle, Horst, Missionstheologie; Reihe: Theologische Wissenschaft, hg.v. C.Andressen/ W.Jetter/W.Jost/ O.Kaiser/ E.Lohse, Bd. 18, Stuttgart / Berlin / Köln / Mainz 1979

Burckhard, Georg, Die deutschen Hebammenordnungen von ihren ersten Anfängen bis auf die Neuzeit, I.Teil, Leipzig 1912

Burgess, Alan, Daylight Must Come - The Story of Dr.Helen Roseveare, London 1975

Burgwitz, Martin, Missionsdiakonie - Eine Studie über den Diakonissendienst in der Aeußeren Mission unter besonderer Berücksichtigung der Kaiserswerther Generalkonferenz zum 100-jährigen Bestehen der Arbeit, Diss. Halle-Wittenberg, 1940

Burke, Clara Heintz, Doctor Hap - as told to Adele Comandini, New York 1961

Burleigh, J.H.S., A Church History of Scotland, London 1973[3]

Burr, Elise, Kalene Memories - Annals of the Old Hill, London 1956

Burton, Katherine, According to the Pattern - The Story of Dr.Agnes McLaren and the Society of Catholic Medical Missionaries, New York / Toronto 1946

Butavand, Arlette, Les Femmes Médecins - Missionnaires, Lyon 1930; Ausgabe Louvain: 1933 (mit anderer Seitenzählung)

Butavand - Barbequot, Arlette, La Vie de Margaret Lamont, Femme - Médecin - Missionnaire; Avant-propos de Mgr. Lavarenne, Paris o.J. (1940)

Butler, Annie R., The London Medical Mission. What is it doing?, London 1877

Butler, Annie R., W.Thomas Crabbe F.R.C.S.E., Medical Missionary, London 1899

Cadbury, William Warder / Jones, Mary Hoxie, At the Point of A Lancet - One hundred Years of the Canton Hospital 1835-1935, Shanghai 1935

Callenbach, J.R., Justus Heurnius eene bijdrage tot de geschiedenis des Christendoms in Nederlandsch Oost-Indië, Nijkerk 1897

Calverley, Eleanor T., My Arabian Days and Nights, New York 1958

Calwer Missionsblatt, J.Ch.Barth (Hg.), Calw 1828-1918

Canclini, Arnoldo, Jorge A.Humble - Médico y misionero patagonico, Buenos Aires 1980

Canova, Francesco, La Figura del Medico Missionario alla Luce delle Encicliche ›Evangelii Praecones‹ e ›Fidei Donum‹ di Pio XII, in: La Missione, Nr.24, o.O. (Mailand), April 1958, S.25-35

Canova, R., Lettere di Medici Missionari, Turin 1966

Capper W.M. / Johnson D. (Ed.), The Faith of a Surgeon - Belief and experience in the life of Arthur Rendle Short, o.O. (London?) 1976

Caring and Curing, Health and Medicine in the Western Religious Traditions, R.L.Numbers / D.W.Amundsen (Ed.), New York 1986

Carlson, Lois, Arzt im Kongo - Die Missionstätigkeit und das Martyrium des Dr.Paul Carlson, Freiburg/Basel/Wien 1967 (amerikanische Originalausgabe: Mongana Paul, New York 1966)

Carmichael, Amy, Kohila - The Shaping of an Indian Nurse, London 1939

Carøe, Kristian, Den Danske Lægestand Doctor og Licentiater 1479-1788, Bd.I, København og Kristiana 1909

Cary, Otis, Japan and its Regeneration - Student Volunteer Missionary Union, London 1900

Cassar, Paul, Medical History of Malta, London 1964

Cassar, Paul, Malta's Contribution to the Advancement of Health in Africa in the late 19th Century, in: The Sunday Times, Malta, Jan.17th, 1982, S.10f

Cassar, Paul, Medical Careers of Malta-trained African Students, in: The Sunday Times, Malta, Jan.24th, 1982, S.15

Caterer, Helm, Foreigner in Kweilin - The Story of Rhoda Watkins, South Australian Nursing Missionary, London 1966

Causton, Mary I.M., For the Healing of the Nations - The Story of British Baptist Medical Missions 1792-1951, London 1951

Chaney, Charles L., The Birth of Missions in America, South Pasadena, California, 1976

Charles, Pierre SJ, Medical Missions - The Necessity for Medical Missions, Their History, Development and the Many Obstacles to Be Overcome in Their Fulfillment, A Missionary Academia Study, publ. by The Society for The Propagation of the Faith and The Missionary Union of the Clergy, Vol.6 No.5, New York, Jan.1949,

Chastel, Étienne, Etudes Historiques sur L'Influence De La Charité Durant Les Premiers Siècles Chrétiens, Et Considérations Sur Son Rôle Dans Les Sociétés Modernes, Paris 1853 (deutsch: Historische Studien über den Einfluß der christlichen Barmherzigkeit in den ersten sechs Jahrhunderten der Kirche, Hamburg 1854)

Chesterman, C(lement) C., Medical Missions in Belgian Congo, in: International Review of Missions, Vol. 26, 1937, S.378-385

Chesterman, Clement C., In The Service of Suffering - Phases of Medical Missionary Enterprise, London 1940

Chesterman, Clement C., Saving Health through Medical Missions of the Baptist Missionary Society, 1942 Celebrations Series V, London o.J. (1942)

Chesterman, Clement, The Medical Missionary, in: Transactions of the Royal Society of Tropical Medicine and Hygiene, Vol.73, London 1979, S.360f

Cheung, Yuet-wah, Missionary Medicine in China - A Study of Two Canadian Protestant Missions in China before 1937, Lanham/New York/London 1988

China Centenary Missionary Conference Records, Report of the Great Conference Held at Shanghai, April 5th to May 8th, 1907, New York 1907

(China Inland Mission), 25 Jahre Schwesterndienst in China, Marburg o.J. (1934?)

China Medical Missionary Journal, Shanghai 1887-1909 - 1909-1931: als ›China Medical Journal‹

Chinese Medical Journal, Shanghai 1932ff

The Chinese Recorder and Missionary Journal, Foochow [u.a.] 1868/69 ff

The Chinese Repository, Canton 1832-1851; Reprint: Tokio o.J. (1978?)

Ching, Donald S. (Ed.), They do likewise - A Survey of Methodist Medical Missions in Africa, London 1951

Chinton, Ursula, Australian Medical Nun in India - Mary Glowery, M.D., Sister Mary of the Sacred Heart Society of Jesus, Mary, Joseph, Melbourne o.J. (1967)

Chisholm, Ww.H., Vivid Experiences in Korea by a missionary doctor; Foreword by Dr.Howard A.Kelley, Chicago 1938

The Christian Ministry of Health and Healing - Findings from Section IX-B of the Madras Meeting, in: The Life of the Church, Madras Series Vol. IV, New York / London 1939, S.162-186

Christian Work, London 1863ff

Christie, Dugald, Medical Missions, Paper presented at the Shanghai Centenary Conference, April 1907, in: Quarterly Paper Vol.XI, S.399-403, Vol.XII, S.20-24, 38-42, 69-74

Christie, Dugald, Ten Years in Manchuria - A Story of Medical Mission Work in Moukden 1883-1893, London o,J

Christie, Dougald (Mrs.) of Mukden, Jackson of Mukden, New York o.J. (1911?)

Christie, J.W., Medical Missionary to Africa, New York/Washington/ Hollywood 1966

Christlieb, Theodor, Die besten Methoden der Bekämpfung des modernen Unglaubens, Vortrag gehalten bei der Versammlung der Evangelischen Allianz in New York, Neue deutsche Ausgabe, dritter Abdruck, Gütersloh 1874

Christlieb, Theodor, Der indobritische Opiumhandel und seine Wirkungen; Eine Ferienstudie - Neue Ausgabe, Gütersloh 1878

Christlieb, Theodor, Der gegenwärtige Stand der evangelischen Heidenmission, in: Allgemeine Missionszeitschrift, Bd.6, 1879, S.481-582

Christlieb, Theodor, Ärztliche Missionen; Neuer, vielfach ergänzter Abdruck, Gütersloh 1889; (erschien zuvor in Folgen in: Allgemeine Missionszeitschrift, Bd.15, 1888, S.9-25, 49-79, 176-192, 234-248)

The Church and Healing - Studies in Church History, Vol.19; Papers read at the twentieth Summer meeting and the twenty-first Winter meeting of the Ecclesiastical Historical Society, J.W.Sheils (Ed.), Oxford 1982

Cieslik, Hubert SJ, Die erste Jesuitenmission in Siam, in: Neue Zeitschrift für Missionswissenschaft, Schöneck 1970, S.114-126, 187-200, 279-295

Cieslik, H(ubert) SJ, Laienarbeit in der alten Japan-Mission, in: J.Specker / W.Bühlmann (Hg.), Das Laienapostolat in den Missionen, S.99-129

(Clark, Robert), Medical Missions - A Sermon preached at Arnakullee Church, Lahore, 24th January, 1864, Missionary of the Church Missionary Society at Peshawar; publ. by the Lahore Committee for Medical Missions, Lahore 1864

Cochrane, Robert G., Changing Functions of Medical Missions; Supplement to ›In the Service of Medicine‹ No.7, London o.J. (1955)

Cochrane, Robert G., The Church's Contribution to the Ministry of Healing, o.O., o.J. (1952?)

Cochrane, Thos., Survey of the Missionary Occupation of China, Shanghai 1913

Cochrane, Thomas, The Basic Principle of Medical Missions, in: World Dominon Press, London, Vol.VI No.4 (Oct.1928), S.343-347 (auch in: Basic Principles in Educational and Medical Missionary Work, by Fl.E.Hamilton / Th.Cochrane, Indigenous Church Series, London 1928, S.13-17)

Coldstream, John, On the Responsibilities Attaching to the Profession of Medicine, in: Lectures on Medical Missions, S.269-320

Coldstream, John, Historical Sketch of the Employment of the Art of Healing in Connection with the Spread of the Gospel, in: Addresses to Medical Students, Edinburgh 1856, S.157-266

Colledge, T(homas) R(ichardson), Suggestions with regard to employing medical practitioners as missionaries to China, in: The Chinese Repository, Canton, Dec. 1835, S.386-389

Colledege, Thomas R(ichardson), The Medical Missionary Society in China, Philadelphia 1838

Concilii Plenarii Baltimoriensis II., In Ecclesia Metropolitana Baltimoriensi A Die VII. Ad Diem XXI Octobris, A.D. MDCCCLXVI Habiti, Et A Sede Apostolica Recogniti, Acta et Decreta, Baltimorae 1868

Conference on Missions, Held in 1860 at Liverpool, including the Papers read, the Deliberations and the Conclusions reached, with a comprehensive Index shewing the various Matters brought under Review, Ed. by The Secretaries to the Conference, London 1860

Conference on the Work of Medical Missions, held Feb. 19-21, 1926, Baltimore, Under the Auspices of The Committee of Reference and Counsel of The Foreign Missions Conference of North America, o.O. (New York?) o.J. (1926)

Cooke, A.M., A History of The Royal College of Physicians of London, Vol.III, Oxford 1972

Cooper, Robert G., A Comprehensive Bibliography of Dr. John Harvey Kellogg 1852-1943, Kenee, Texas, 1984

Corlett, Delves, From Symphony to Swabench - An Achievement, London 1950

Corman, John Spencer, Rats, Plague, and Religion - Stories of Medical Mission Work in India, Philadelphia 1936

Cormier, Hyacinth M. OP, Miss Agnès McLaren du Tiers - Ordre de Saint - Dominique Docteur en Médecine, Rom 1914

Correnti, Leonardo, Istruzioni di Carattere Medico per I Missionari del XVIII Secolo, in: Medicina Nei Secoli, Periodico fondato da Luigi Stroppiana, A Cura Dell' Instituto Di Storia Della Medicina Dell' Universita' Di Roma Anno VII; N.2m Aprile-Giugno 1970, Roma, S.45-49

Cort, E.C., Yankee Thai as told to William Arthur Neubauer; Foreword written by H.R.H. Princess Mahidol, Mother of the late King; 318seitiges Typoskript im Archiv der Presbyterian Historical Society, Philadelphia, (Signatur: MS-C795y)

Cortivo, Giuseppe, Il Lebroso di Kormalan, Bologna 1964[4]

Costain, Alfred J., The Life of Dr.Arthur Jackson of Manchuria, with a preface by the Rev.William Watson, London/New York/Toronto 1911

Cousins, George, Medical Missions of the Society - Handbook to our Mission Fields [sc. L.M.S.], London 1908

Cox, R.J.H., Signpost on the Frontier - Jottings from A Doctor's Notebook; Foreword by the Rt.Hon. Viscount Halifax, London 1940

Craig, W.S., History of the Royal College of Physicians of Edinburgh, Oxford/London/Edinburgh 1976

Craske, M.Edith, Sister India - one solution of the Problems of »Mother India«, London 1930

Crawford, E.Mary, By the Equator's Snowy Peak. A Record of Medical Missionary Work and Travel in Britsh East Africa, with a preface by the Rt.Rev., the Bishop of Mombassa, and a Foreword by Eugene Stock, London 1914[2]

Creegan, C.C., Pioneer Missionaries, o.O. 1903

Crisholm, W.H., Vivid Experiences in Korea - by a missionary Doctor, Chicago 1938

Crooks, Florence Bigham, Tales of Thailand, o.O. (Printed for the Author in USA) 1942

Cross and Caduceus, Health and Healing Ministries, The Lutheran Church Missouri Synod - Board for Social Ministry Services, Chicago, 1954ff

Cutler, Ebenezer, Life and Letters of Samuel Fisk Green, M.D. of Green Hill; Printed for Family and Friends [sc. in den USA], o.O. 1891

Cutting, Cecil G., Hot Surgery, London 1962

Dake, W.J.L., Het medische werk van de Zending in Nederlands-Indië, Teil I, Kampen 1972

Davey, Frank & Kathleen, Compassionate Years - A medical Te Deum, London o.J. (1964)

David, S.Immanuel, A Mission of Gentility: The Role of Women Missionaries in the American Arcot Mission, 1839-1938, in: Indian Church History Review, Vol.XX No.2, Calcutta, Dec. 1986, S.143-152

Davies, David M., The Captivity and Triumph of Winnie Davies, London 1968

Davis, W.E., Congo Doctor, London o.J. (1938?)

Davis, W.E., Ten Years in the Congo, New York 1938/1940

›Dawdson‹ The Doctor - G.E.Dodson of Iran - by a friend of Iran, London 1940

Dayton Edward R. (Ed.), Medicine and Missions - A Survey of Medical Missions, Wheaton, Ill., 1969

Debagre, J., La Mission Médicale Au Caméroun, Paris 1934

Dengel, Anna, Medicine and Catholic Missions, in: The Catholic Mind, Vol.XXVI No.16, Aug.22, 1928, New York, S.314-318

Dengel, Anna, Mission for Samaritans - A Survey of Achievements and Opportunities in the Field of Catholic Medical Missions; with a Foreword by the Rt.Rev. John M.Cooper, Milwaukee 1945

Dennett, Tyler, Americans in Eastern Asia - A critical Study of United States' Policy in the Far East in the Nineteenth Century, New York 1922

Dennis, James S., Christian Missions and Social Progress - A Sociological Study of Foreign Missions, 3 Bde., New York / London / Toronto 1897ff

Dennis, James S., Centennial Survey of Foreign Missions - A statistical Supplement to ›Christian Missions and Social Progess‹, being a conspectus of the Achievements and Results of Evangelical Missions in all Lands at the Close of the Nineteenth Century, New York / Chicago / Toronto 1902

Deschamps, Hubert Jules, Madagaskar - History, in: The New Encyclopædia Britannica, Vol.21, Macropædia, Chicago 1990, S.172f

Deutsch, Richard R., Die Beziehungen des Westens zu China in der Neuzeit - und ihre Auswirkungen auf die christliche Mission, in: Zeitschrift für Mission, Jg. XV Heft 1, 1989, S.32-41

Die Deutsche Evangelische Aerztliche Mission nach dem Stande des Jahres 1928; Im Auftrag des Verbandes der Vereine für ärztliche Mission hg.v. Deutschen Institut für ärztliche Mission in Tübingen, Neue Folge, Stuttgart 1928 (amerikanische Übersetzung: Modern Medical Missions - A Series of Papers Published by Order of the Federation of Societies for Medical Missions; K.Wm.Braun, Burlington, Iowa, 1932)

Dibble, J.Birney, In This Land of Eve, New York / Nashville 1965

Dibble, J.Birbey, The Plains Brood Alone - Tribesmen of the Serengeti, Grand Rapids, Michigan, 1973

Dick, Lesley, Labrador Nurse - Three years with the Grenfell Mission in one of the most sparsely populated areas in the world; Foreword by Aleck Bourne, London 1964

Diemer, A., Art.: Geisteswissenschaften, in: Historisches Wörterbuch der Philosophie, Bd.3, S.211-215

Diepgen, Paul, Die Theologie und der ärztliche Stand, Studien zur Geschichte der Beziehungen zwischen Theologie und Medizin im Mittelalter, Berlin 1922

Diepgen, Paul, Über den Einfluß der autoritativen Theologie auf die Medizin des Mittelalters; Akademie der Wissenschaften und Literatur - Abhandlungen der geistes- und sozialwissenschaftlichen Klasse, Jg. 1958 Nr.1, Mainz 1958

Diepgen, Paul, Frau und Frauenheilkunde in der Kultur des Mittelalters, Stuttgart 1963

(Diepgen, Paul), Medizin und Kultur - Gesammelte Aufsätze von Paul Diepgen, Zu seinem 60. Geburtstag am 24.November 1938 hg.v. W.Artelt/E.Heischkel/J.Schuster, Stuttgart 1938

Dieterlen, H., La médecine et les médiciurs au Lessouto, Paris 1930

Dietrick, Ronald B., Modern Medicine and the Missions Mandate - Thoughts on Christian Medical Missions, Woodville, Texas, o.J. (1988)

Directory of Protestant Medical Missions, compl. by Arthur W.March, New York 1959

Directory of Protestant Church Related Hospitals outside Europe and North America, Missionary Research Library Directory Series No.13, New York 1963

Dodd, E(dward) M(ills), Our Medical Force at Work, New York 1926

Dodd, Edward Mills, The Beloved Physician - An intimate life of William Schauffler Dodd, M.D., F.A.C.S., by his son, privately printed, o.O. 1931

Dodd, E(dward) M(ills), Medical Missions, in: The Muslim World, Hartford, XXII. Jg. (1932), S.52-60

Dodd, E(dward) M(ills), How far to the nearest doctor? Stories of medical missions around the world, New York 1933

Dodd, E(dward) M(ills), Problems of Medical Mission Work: Personnel, in: The Journal of the Christian Medical Association of India, Vol. VIII No.1 (Jan.) 1933, S.13ff

Dodd, E(dward) M(ills), Our medical task overseas; arranged by ..., New York 1934

Dodd, E(dward) M(ills), Medical Cross Section, o.O. (New York) o.J. (1940)

Dodd, Edward M(ills), A Medical Question-Box, New York o.J. (1942)

Dodd, E(dward) M(ills), Medical Missions in Peace and War, New York o.J. (1948?)

Dodd, Edward M(ills) u. a., The Health of our Missions, New York 1953

Doell, E.W., Doctor against Witchdoctor, London 1955

Doell, E.W., Hospital in the Bush, New York o.J. (Ausgabe in Großbritannien: London 1957)

Doell, E.W., A Mission Doctor sees the Wind of Change, London 1960

Dooley, Agnes W., Promise to keep - The Life of Dr.Thomas A.Dooley, New York 1962

Dooley, Thomas A., Doctor Tom Dooley - My Story, New York 1956

Dooley, Thomas A., The Edge of Tomorrow, New York 1958

Dooley, Thomas A., The Night They Burnt the Mountain, New York 1960

(Dooley, Thomas A.) Dr.Tom Dooley's Three Great Books - Deliver us from Evil / The Edge of Tomorrow / The Night They Burnt the Mountain, New York o.J. (1960?)

Doors of Hope and Healing, Z(enana) B(ible) M(edical) M(ission), London o.J.

Dorff, Elliot N., The Jewish Tradition [sc. of caring and curing], in: Caring and Curing, S.5-39

Dowkontt, George D., Murdered Millions, with an Introduction by the Rev. Theodore L.Cuyler, New York 1894, 1897[5]; London 1895[3]

(Dowkontt, George D.), Healing the Sick and Preaching the Gospel - International Medical Missionary Society, Annual Statement For 1886, New York 1887

Down, Goldie M., No Forty-Hour Week, Nashville, Tennessee, 1978

Duncan, Norman, Dr.Grenfell's Parish - The Deep Sea Fishermen, London 1905

Duncan, Sylvia and Peter, Bonganga - Experiences of a Missionary Doctor, London 1958

The Duty of the Present Generation to Evangelize the Wold - An Appeal from the Missionaries at the Sandwich Islands to their Friends in the United States, Buffalo 1842²

Earl, Lawrence, She loved a wicked City - The story of Mary Bell, Missionary, New York 1962

Ecclesiae Instituta Valetudini Fovendae Toto Orbe Terrarum Index, Pontificia Commissio de Apostolatu pro Valetudinis Administris, Civitate Vaticana 1986

Eckhardt, A., Land, Leute und ärztliche Mission auf der Goldküste, von Missionsarzt ..., Basel 1901²

Edwards, J.F., ›Rethinking Missions‹ - An Answer from India; Introduction by Bishop Brenton T.Badley, o.O. o.J. (1933)

Edwards, Martin R(uss), The work of the medical missionary; Eight Outline Studies, New York 1909

Eich, Eine vorbildliche deutsche missionsärztliche Station, in: Aus der Werkstatt des Missionars, Vorträge, Ansprachen und Predigt auf der 5.allgemeinen studentischen Missionskonferenz vom 18.-22. April 1913 in Halle a.S. gehalten, Berlin-Lichterfelde, o.J., S.179-185

Elliott, Lawrence, The Legacy of Tom Dooley, New York / Cleveland 1969

(Elmslie), Dr.William Jackson, Medical Missions; as illustrated by some letters and notices of the late Dr.Elmslie, Edinburgh 1874

Elwin, Verrier, Leaves from the Jungle - Life in a Gond Village, London 1936

Emery, G.W./Anderson M.W., Things Touching the King - The Story of Duchess of Teck Hospital, London 1952

Enklaar, Ido H., Life and Work of Dr.J.Th. Van der Kemp 1747-1811, Missionary Pioneer and Protagonist of Racial Equality in South Africa, Cape Town / Rotterdam 1988

Envoyés pour Guerir, in: Vivante Afrique - Revue de l'action missionnaire en Afrique et dans le monde, Namur 1969, No.261

Erk, Wolfgang, 70 Jahre Missionsdiakonie an Kranken und Behinderten - Zeig, was du sagen willst. Worte von Ernst J.Christoffel und die weltweite CBM-Praxis, zusammengestellt von ..., Stuttgart 1978

Esch, Carolyn Weaver / Hartzler, Levi C., Fiftieth Anniversary Souvenier Booklet - Mennonite Board of Missions and Charities 1906-1956, Elkhard, Indiana, 1956

Essen, Lioba, Katholische Ärztliche Mission in Deutschland 1922-1945 - Das Würzburger missionsärztliche Institut, seine Absolventinnen und Absolventen, die Arbeitsfelder; Hannoversche Abhandlungen zur Geschichte der Medizin und der Naturwissenschaften, Heft 2, hg.v. W.U.Eckart, Tecklenburg 1991

Eszer, A., Missionen in den Randzonen der Weltgeschichte, in: Sacrae Congregationis de Propaganda Fidei Memoria Rerum, Bd.I,1, S.655ff

Evangelische Missionszeitschrift, Monatsblatt für Missionswissenschaft und evangelische Religionskunde, Stuttgart 1940-1944

Evangelische Missionszeitschrift für Missionswissenschaft und evangelische Religionskunde, hg. v. der Deutschen Gesellschaft für Missionswissenschaft, Stuttgart, NF 1949-1958

Evangelisches Missions-Magazin, hg. i, Auftr. der evangelischen Missionsgesellschaft in Basel, NF 1857 - 1974

Evans, A.R., Wilfred Grenfell, London / Edinburgh 1954

Ewert, D.Merrill (Ed.), A New Agenda for Medical Missions, Brunswick 1990

Faber, Ernst, Die Pflicht der Kirche bezüglich der ärztlichen Mission und das Prinzip, auf welchem solche Missionen errichtet werden sollten - übersetzt aus dem China Medical Missionary Journal von H.O.Stölten, in: Zeitschrift für Missionskunde und Religionswissenschaft, Berlin, VII.Jg., 1892, S.108f

Faber, W., (Hg.), Der Missionsweckruf des Baron Justinianus von Welz, Leipzig 1890

Fairhall, Constance, Where two tides meet - Letters from Gemo, New Guinea, London 1945

Fang, Shisan C., A Brief History of the Development of Modern Medical Science in Japan, in: The China Medical Journal, Vol.42 No.7, Sept.1928, S.662-671

Fearn, Anne Walter, My Days of Strength - An American Woman Doctor's Fourty Years in China, New York / London 1939

Feldmann, H(ermann), Die allgemeine Missionskonferenz in Livingstonia in Britisch Central Afrika, in: Allgemeine Missionszeitschrift, 28. Bd., 1901, S.392-396

Feldmann, Hermann, Die ärztliche Mission unter Heiden und Mohammedanern, Basler Missionsstudien Heft 25, Basel 1904

Feldmann, Hermann, Die gegenwärtige Ausbreitung der ärztlichen Mission, in: Allgemeine Missionszeitschrift, 31. Bd., 1904, S.209-221, 271-288, 338-343

Feldmann, H(ermann), Die englisch-amerikanische missionsärztliche Arbeit und unsere deutsche, in: Aus der Werkstatt des Missionars, Vorträge, Ansprachen und Predigt auf der 5.allgemeinen studentischen Missionskonferenz vom 18.-22. April 1913 in Halle a.S. gehalten, Berlin-Lichterfelde o.J., S.172-179

Feldmann, (Hermann), Über die Ausbildung, Tätigkeit und Ziele des Missionarztes, Sonderdruck aus: Zeitschrift für ärztliche Fortbildung, hg.v.C.Adam, Berlin, 11.Jg. Nr.7, 1914

Ferguson, John C., What the Laymen Overlooked, in: The Chinese Recorder, August 1933, S.499-504

Ferngren, Gary B., The Evangelical-Fundamentalist Tradition [sc. of caring and curing], in: Caring and Curing, S.486-513

Fichtner, Gerhard, (Bearb.), Index wissenschaftshistorischer Dissertationen (IWD); Verzeichnis abgeschlossener Dissertationen auf dem Gebiet der Geschichte der Medizin, der Pharmazie, der Naturwissenschaften und der Technik, Teil I, Nr.1 (1970-1980), Tübingen 1981

Fichtner, Gerhard, (Bearb.), Laufende wissenschaftliche Dissertationen (LWD); Verzeichnis der in Bearbeitung befindlichen Dissertationen auf dem Gebiet der Geschichte der Medizin, der Pharmazie, der Naturwissenschaften und der Technik, Teil I, Nr.1 (1970-1980), Tübingen 1981

Fichtner, Gerhard, (Bearb.), Teil II IWD Nr.2 (1981-1986) / LWD Nr.2, (1 Bd.) Tübingen 1987

These Fifty Years - The Story of the Old Cairo Medical Mission from 1889 to 1939, London 1939

Findlay, James F., Jr., Dwight L.Moody - American Evangelist 1837-1899; with a foreword by Martin E.Marty, Chicago / London 1969

Fisch, Samuel Rudolf, von Aarau, 1856-1946, o.O. o.J.
Fisher, C.Edmund, A Nun in Taiwan-Sister Mary Paul, London 1967
Fischer, Friedrich Hermann, Der Missionsarzt Rudolf Fisch und die Anfänge medizinischer Arbeit der Basler Mission an der Goldküste (Ghana), med.Diss. Aachen 1990; jetzt auch seitenidentisch als Bd.27 der Studien zur Medizin-, Kunst- und Literaturgeschichte, A.H.Murken (Hg.), Herzogenrath 1991
Fischer, Otto, Die Deutsche evangelische ärztliche Mission, in: Die Deutsche evangelische Weltmission in Wort und Bild - In Verbindung mit den evangelischen Missionsgesellschaften hg.v. J.Richter, Nürnberg 1941, S.247-251
Fischer-Lindner, Ernst, Im Dienst verzehrt - Aus dem Leben eines Urwalddoktors - Nach Briefen und Tagebüchern, Gießen 1948
Fisher, Richard B., Joseph Lister 1827-1912, New York 1977
Fiske, Katherine Berry, A Pioneer Doctor in old Japan - The Story of John C. Berry, M.D., New York / London / Edinburgh o.J. (1962?)
Flachsmeier, Horst, Ärztlicher Alltag in Afrika, Weltweite Reihe 17, Stuttgart 1964
Flachsmeier, Horst, Nigerianisches Tagebuch, Gießen / Basel 1964
Flachsmeier, Horst, Missionsarzt im afrikanischen Busch, Gießen 1966
Fleming, G. (in cooperation with M.Littleton/A.Baird), ›... there shall be no end‹ - 1852-1977 Bible and Missionary Fellowship, the Record of 125 years missionary service in Asia, London 1977
Fletcher, Grace Nies, The fabulous Flemmings of Kathmandu - The story of two doctors in Nepal, New York 1964/London 1965
Fletcher, Jesse C., Bill Wallace of China, Nashville, Tennessee, 1963[6]
Floyd, Olive, Doctora in Mexico - The Life of Dr.Katherine Neel Dale, New York 1944
Förster, (A.), Missionsärztliche Fürsorge, in: Katholische Missionsärztliche Fürsorge, Würzburg, Jahresheft 1924, S.3ff
Förtsch, Karl, Kurze Geschichte der Goßnerschen Mission - Zum füfundsiebzigsten Jubiläum den Missionsfreunden in Stadt und Land erzählt, Berlin-Friedenau 1911
Fortman, N.A.de Gaay, De Geschiedenis der Medische Zending, Met een Inleidend Woord van J.G.Scheurer, Nijkerk 1908
Foster, W.D., Doctor Albert Cook and the Early Days of the Church Missionary Society's Medical Mission to Uganda, in: Medical History - The official Journal of the British Society for the History of Medicine, Vol.XII, 1968, London, S.325-343
Foster, W.D., The Church Missionary Society and Modern Medicine in Uganda - The Life of Sir Albert Cook, K.C.M.G. 1870-1951, Printed for the Author, New Haven Press, Sussex, 1978
Fouquer, R.P., Le Docteur Adrien Atiman - Médecin - Catéchiste au Tanganyika sur le traces de Vincent de Paul, Condé-sur-Escaut 1964
Four Nurses in Borneo, London o.J. (1960?)
Fowler, Franklin T., (Ed.) - Medical Mission Consultations Latin America 1964/1965, Richmond, Virginia, 1965
Fowler, Franklin T., The History of Southern Baptist Medical Missions, in: Baptist History and Heritage, A Southern Baptist Journal, Vol.10 No.4, Oct. 1975, Nashville, Tennessee, S.194-203
Fowler, Henry, A Directory of Medical Missions Head Stations and Foreign Staff, World Dominion Press, London 1929

Franke, Rudolf, Kranke Völker und kein Arzt?, Leipzig o.J.

Franklin, James H., Ministers of Mercy, New York 1919

Fraser, Donald (Mrs.), The Teaching of Healthcraft to African Women, with a foreword by Thomas B.Adam, London / New York / Toronto 1932 (erschien auch als: Fraser, Agnes Renton ›Mrs. Donald Fraser‹ The Teaching of Healthcraft to African Women; with a foreword by Thomas B.Adam, London 1932)

Fraser, Eileen, The Doctor comes to Lui - A Story of Beginnings in the Sudan, with an Introduction by the Bishop in Egypt and The Sudan, London 1938

Freitag, Anton SVD, Katholische Missionskunde im Grundriss, Missionswissenschaftliche Abhandlungen und Texte Bd.5, hg.v. J.Schmidlin, Münster 1926

French, Francesca, Miss Brown's Hospital - The Story of the Ludhiana Medical College and Dame Edith Brown, D.B.E., its Founder, London 1954, 1955[2]

French, Francesca, Thomas Cochrane - Pioneer and Missionary Statesman, London 1956

Freytag, Walter, Martin Schlunk, in: Evangelische Missionszeitschrift, NF 15. Jg. Heft 1, 1958, S.48-50

Frimodt-Møller, C., Det danske missions hospital ved Tirukoilur, Kopenhagen 1914

Frimodt-Möller, C., Die Ärztliche Mission auf der Jerusalemer Konferenz (Ostern 1928), in: Ärztliche Mission, Lose Hefte Nr.45, Studentenbund für Mission, Berlin, April 1930, S.10-15

Frimodt-Møller, Ragnhild , Pioneren Christian Frimodt Møller - Homs Liv og Gerning; Fortalt of hans hustru, Skjern 1956

Fritschy, P., Medische Missie en Kerkelijke Recht, in: Medisch Missie Maandblad, Breda 1932, (5.Jg.), S.65-70

Die fünfte kontinentale Missionskonferenz in Bremen, in: Evangelisches Missionsmaganzin, NF 24. Jg. 1880, S.243-250, 264-273

Gaïhan's (Karl Gützlaff's) Chinesische Berichte von der Mitte des Jahres 1841 bis zum Schluß des Jahres 1846; hg.v. dem Vorstande der Chinesischen Stiftung, Cassel 1850

Garlick, Phyllis L., The Wholeness of Man - A Study in the History of Healing, London 1943[3]

Garlick, Phyllis L., Health and Healing - A Christian Interpretation, London 1948

Garlick, Phyllis L., Man's Search for Health - A Study in the Inter-Relation of Religion and Medicine, London 1952

Gehring, P., Paul Lechler, in: Schwäbische Lebensbilder Bd.VI, M.Müller / R.Uhland (Hg.), Stuttgart 1957, S.401-428

Geldbach, Erich, Justinian von Welz und die Reformation des Einsiedlerideals, in: Zeitschrift für Mission, Jg. 1, 1975, S.142-154

Geldsetzer, L., Art.: Geistesgeschichte, in: Historisches Wörterbuch der Philosophie, Bd.3, Sp.207-210

Gelfand, Michael, Livingstone The Doctor - His Life and Travels - A Study in Medical History, with a foreword by C.Hely-Hutchinson, Oxford 1957

Gelfand, Michael, Mother Patric and her Nursing Sisters - Based on Extracts of Letters and Journals in Rhodesia of the Dominican Sisterhood 1890-1901, Cape Town / Wynberg / Johannesburg 1964

Gelfand, Michael, Gubulawayo and Beyond - Letters and Journals of the Early Jesuit Missionaries to Zambesia (1879-1887); with a foreword by W.F.Rea SJ, London / Dublin / Melbourn 1968

Gelfand, Michael, Christian Doctor and Nurse - The History of Medical Missions in South Africa from 1799-1976, with a Foreword by Mrs. R.D.Aitken; published for the Aitken family and friends, Atholl-Sandton 1984

Gensichen, Hans Werner, Glaube für die Welt - Theologische Aspekte der Mission, Gütersloh 1971

Gensichen, Hans-Werner, Missionsgeschichte der neueren Zeit, Die Kirche in ihrer Geschichte, Ein Handbuch, hg.v. K.D.Schmidt u. E.Wolf, Bd.4, Lieferung T, Göttingen 1976^3

Gensichen, Hans-Werner, Evangelisieren und Zivilisieren - Motive deutscher protestantischer Mission in der imperialistischen Epoche, in: Zeitschrift für Missionswissenschaft und Religionswissenschaft, 67. Jg., 1983, S.257-269

Gerhardt, Martin, Theodor Fliedner - Ein Lebensbild; 1. Bd. Düsseldorf-Kaiserswerth 1933; 2.Bd. Düsseldorf-Kaiserswerth 1937

Gervais, A(lbert), Ein Arzt erlebt China, Leipzig 1937^6

Gervais, A(lbert), Im Schatten des Ma-Kue; Als Arzt im Banne chinesischer Geisterwelt, Bern/Leipzig/Wien 1937

Geyer-Kordesch, Johanna, Die Anfänge des medizinischen Frauenstudiums in England und Nordamerika, in: Naturwissenschaften und Medizin im ausgehenden 19. Jahrhundert, Hallesches Symposium 1980 (1), W.Kaiser u. H.Hübner, (Hg.), Halle 1980

Gifford, F., The Gates of Hope, London 1949

Glazik, Josef, Der Beginn der neuzeitlichen Mission auf seinem zeit- und geistesgeschichtlichen Hintergrund (Patronatsmission), in: Kirche und Religionen - Begegnung und Dialog, Bd. III,1, Warum Mission? - Theologische Motive in der Missionsgeschichte der Neuzeit, St.Ottilien 1984, S.11-25

Glazik, Josef, Die neuzeitliche Mission unter Leitung der Propaganda-Kongregation, in: Kirche und Religionen - Begegnung und Dialog, Bd.III,1, Warum Mission? - Theologische Motive in der Missionsgeschichte der Neuzeit, St.Ottilien 1984, S.27-40

Gleason, Gene, Joy to my heart, New York/Toronto/London 1966

Glöcker, F., Missionsärztliche Pionierarbeit in Südchina; Vorwort S.Knak, Berlin o.J. (1930?)

Godey's Lady's Book, Philadelphia, 1848 (Vol. 37) - 1892

Goldammer, Kurt, Aus den Anfängen evangelischen Missionsdenkens - Kirche, Amt und Mission bei Paracelsus, in: Evangelische Missionzeitschrift, Bd.4, 1943, S.42-71

Good, Ch.M., Pioneer Medical Missions in Colonial Africa, in: Social Science and Medicine, Oxford 1991, Vol.32 No.1, S.1-10

Gouldsbury, Pamela, Jungle Nurse, London 1960

Goulet, E., Storia delle missioni Christiane, in: Enciclopedia Italiana, Rom 1929-1936, Bd.XXIII, S.444

Gracey, J.T. (Mrs.), Medical Work of the Woman's Foreign Missionary Society, Methodist Episcopal Church (with supplement), Boston 1888

Gregory, J.R., Under the Sun - A Memoir of Dr.R.W.Burkitt of Kenya, o.O. o.J.

Grenfell, Wilfred, Off the Rocks - Stories of the Deep-Sea Fisherfolk of Labrador, with an Introduction by Henry van Dyke, London 1906

Grenfell, Wilfred Thomasen, A Labrador Doctor - The Autobiography of Sir ..., London 1948

Gribble, Florence N., Dirt, Disease and Death in Africa, in: World Dominion Press Vol.VIII No.4, London, Oct.1930, S.400-404

Grifford, Florence, The Gates of Hope, London 1949

Gross, H., Albert Schweitzer, Größe und Grenzen - Eine kritische Würdigung des Forschers und Denkers, München/Basel 1974

Grosse, Johannes (Hg.), Die offenen Briefe an Professoren der Geburtshilfe von Ignatz Philipp Semmelweis, nebst einem Vorwort und Mittheilungen über Ed.v.Siebold, v. Scanzoni und Spaeth, Dresden 1899

Grubb, E., Philanthropy, in: Encyclopedia of Religion and Ethics, Vol. IX, 1917, S.837-840

Gruchè, Kingston de, Dr.D.Duncan Main of Hangchow, who is known in China as Dr. Apricot of Heaven Below, London / Edinbrugh o.J. (1927?)

Gruchè, Kingston de, Doctor Apricot of »Heaven Below« - The Story of the Hangchow Medical Mission (CMS), London / Edinburgh o.J., 2.Ed.

Gründer, Horst, Christliche Mission und deutscher Imperialismus - Eine politische Geschichte ihrer Beziehungen während der deutschen Kolonialzeit (1884-1914) unter besonderer Berücksichtigung Afrikas und Chinas, Paderborn 1982

Grumbach, A. / Kikuth, W. (Hg.), Die Infektionskrankheiten des Menschen und ihre Erreger, 2 Bde., Stuttgart 1958,

Grundmann, Christoffer, Arzt oder Missionar? - Der missionsärztliche Dienst in der Kirche in Vergangenheit und Gegenwart, in: Gemeinsam helfen - Gemeinsam heilen, Arbeitsmaterialien Brot für die Welt, 26. Aktion, 1984/85, Stuttgart 1984, S.57-61

Grundmann, Christoffer, The Role of Medical Missions in the Missionary Enterprise: A Historical and Missiological Survey, in: Mission Studies, Journal of the IAMS, vol.II - 2, 1985, S.39-48

Grundmann, Christoffer, Missionstheologische Probleme der Ärztlichen Mission, in: Zeitschrift für Mission, Jg.XIII Heft 1, 1987, S.36-43

Grundmann, Christoffer, Missionstheologische Probleme und Fragestellungen der ›Ärztlichen Mission‹, in: Zeitschrift für Mission, Jg.XIV Heft 1, 1988, S.35-39

Grundmann, Christoffer, Die erste Einrichtung ihrer Art - verkannt!, Das ›Medicinische Missions-Institut zu Tübingen‹ 1841-1848, in: Bausteine zur Tübinger Universitätsgeschichte, Folge 4, hg.v. V.Schäfer, Tübingen 1989, S.35-90

Grundmann, Christoffer, Proclaiming the Gospel by healing the sick? - Historical and Theological Annotations on Medical Missions, in: International Bulletin of Missionary Research, Vol.14 No.3, July 1990, S.120-126

Grundmann, Christoffer, Heilung (Ärztliche Mission), in: K.Müller / Th.Sundermeier (Hg.), Lexikon missionstheologischer Grundbegriffe, Berlin 1987, S.148-152

Grundmann, Christoffer, Heilsverkündigung und Heilung in der Mission, in: Ordenskorrespondenz, 32. Jg. Heft 1, Köln 1991, S.17-35

Grundmann, Christoffer, The Contribution of Medical Missions: The Intercultural Transfer of Standards and Values, in: Academic Medicine, Journal of the Association of American Medical Colleges, Washington DC, Vol.66 No.12, Dec. 1991, S.731-733

Gubalke, Wolfgang, Die Hebamme im Wandel der Zeiten - Ein Beitrag zur Geschichte des Hebammenstandes, Hannover 1964

Gützlaff, Karl (Charles), Journal of Three Voyages along the Coast of China in 1831, 1832, & 1833, with notices of Siam, Corea, and the Loo-Choo Islands, London 1834; (auch als Reprint: Taipei 1968)

Gützlaff, Karl (alias: Philosinensis), Christian Missions in China: remarks on the means and measures for extending and establishing Christianity; namely, the preaching of the gospel, schools, publication of books, charities etc., by Philosinensis, in: The Chinese Repository, Canton, April 1835, S.559-568

Gützlaff, Karl, The Medical Art amongst the Chinese, Read 18th February, 1837, in: The Journal of the Royal Asiatic Society of Great Britain and Ireland, Vol. IV, London 1837, S.154-171

Gützlaff's Visit to China, in: The New York Observer, Vol.XI No.6, Feb.9, 1833, S.509f

Guilday, Peter, A History of the Councils of Baltimore (1791-1884), New York 1932

Guiness, M.G., Die Geschichte der China Inland Mission, 2 Bd.e, Barmen 1898

Gulick, Edward V., Peter Parker and the Opening of China, Cambridge, Massachusetts, 1973

Gundert, Hermann, Die evangelische Mission, ihre Länder, Völker und Arbeitsgebiete, Calw 1903[4]

Gundert, H(ermann), Aus dem Briefnachlaß von Dr.H.Gundert, Calw / Stuttgart 1907

Gundert, H., Personalartikel: Barth, Christian Gottlob, in: RE[2], Bd.II, Leipzig 1897, S.418ff

Haar, Gerrit Ter, Power and Powerlessness in Medical Mission, in: Missionalia, Vol.18 No.1, Pretoria April 1990, S.51-60

Haberling, Elseluise, Der Hebammenstand in Deutschland von seinen Anfängen bis zum Dreißigjährigen Krieg; Beiträge zur Geschichte des Hebammenstandes I, Berlin / Osternieck 1940

Habrich, Christa, Therapeutische Grundsätze pietistischer Ärzte des 18. Jahrhunderts, in: Beiträge zur Geschichte der Pharmazie; Beilage der Deutschen Apotheker Zeitung - Mitteilungsblatt der Internationalen Gesellschaft für Geschichte der Pharmazie e.V., Bd.31 No.16, Stuttgart, 1982, S.121-123

Habrich, Christa, Zur Ethik des pietistischen Arztes im 18. Jahrhundert, In: Ethik in der Geschichte von Medizin und Naturwissenschaften, W.Kaiser / A.Völker (Hg.), Halle 1985, S.69-83

Häring, Bernhard, The Healing Mission of the Church in the Coming Decades, Center for Applied Research in the Apostolate, Washington D.C. 1982 (Titel variiert nach Deckblatt und Titelseite zwischen: Healing Ministry of the Church u. Healing Mission of the Church)

Häring, Bernhard, Vom Glauben, der gesund macht, Freiburg 1984

Häring, Bernhard, Die Heilkraft der Gewaltlosigkeit, Düsseldorf 1986

Hahn, Christoph Ulrich, Die große Erweckung in den Vereinigten Staaten von Amerika - Sammlung von Gedanken und Thatsachen darüber zur Prüfung vorgelegt, Basel 1858

Hahn, Hans-Christoph / Reichel, Hellmut, Zinzendorf und die Herrnhuter Brüder, Quellen zur Geschichte der Brüder-Unität von 1722-1760, Hamburg 1977

Hahn, J. / Mayer, H., Das Evangelische Stift in Tübingen - Geschichte und Gegenwart, Stuttgart 1985

Hale, Sarah J., An Appeal To American Christians On Behalf Of The Ladies Medical Missionary Society, in: Godey's Lady's Book, Vol.44, Philadelphia 1852, S.185-188

Hale, Thomas, Don't let the Goats eat the Loquat Trees - The Extraordinary Adventures of a Surgeon in Nepal, Grand Rapids, Michigan, 1986, 1988[2]

Halford, Francis John, 9 Doctors & God, Honolulu 1954

The Halfway Hospital, St.Luke's Hospital, Murku, London 1955

Hall, J.Andrew / Smith, Floyd O., Survey of Medical Missions in the Philippines; hektographiertes Skript in der Bibliothek der Andover-Harvard Theological Library, Cambridge, Massachusetts

Hall, Rosetta Sherwood, The Life of Rev. William James Hall, M.D., Medical Missionary to the Slums of New York, Pioneer Missionary to Pyong Yong, Korea; Introduction by Williard F.Malliece, Bishop of the Methodist Episcopal Church, New York o.J. (1897?)

Hall, S(herwood), Pioneer Medical Missionary Work in Korea, Seoul 1934

Hall, Sherwood, With Stethoscope in Asia, Korea, McLean, Virginia, 1978

Hallencreutz, Carl F., The Ministry of Healing, in: Svensk Missionstidskrift Bd.66 No.4, 1978, S.242-246 u. 301f

Haller, Das medizinische Missionsinstitut in Tübingen vor 69 Jahren, in: Evangelisches Missions-Magazin, NF 45. Jg. Heft 10, Okt. 1910, S.448-450

Halliwell, Leo B., Light in the Jungle - The Thirty Years' Mission of Leo and Jessie Halliwell along the Amazon; ed. and with a Foreword by Will Oursler, New York 1959

Hallock, Constance M., Desert Doctor (Paul Harrison of Arabia), New York 1950

Halsey, Abram Woodruff, ›Go and Tell John‹ - A Sketch of the Medical and Philanthropic Work of the Board of Foreign Missions of the Presbyterian Church in the U.S.A., New York 1914

Hamilton, Horace Ernst, China two Generations ago - A family sketch of Guy and Pauline Ernst Hamilton - Presbyterian Medical Missionaries in the interior of North China, Denver 1957

Hansen, Lillian E., The Double Yoke - The Story of William Alexander Noble, M.D., Fellow of the American College of Surgeons, Fellow of the International College of Surgeons, Doctor of Humanities - Medical Missionary Extraordinary to India, His adopted Land, New York 1968

Harakas, Stanley Samuel, The Eastern Orthodox Tradition [sc. of caring and curing], in: Caring and Curing, S.146-172

Harder, Ben, The Student Volunteer Movement for Foreign Missions and its Contribution to 20th Century Missions, in: Missiology - An International Review from the American Society of Missionlogy, Vol.VIII, Scottdale 1980, S.141-154

Harding, G.H., Manual on Medical Missions, London 1922[2]

Harding, G.H., The Story of C.M.S. Medical Missions, London, o.J.

Harford, Charles Forbes, Principles and Practice of Medical Missions, in: Mercy and Truth Vol.XVI, 1912, S.24f, 48f, 84-87, 112f, 154f, 184-186,280-282, 312-314, 346f, 376-378, 406f

Harnack, Adolf von, Medicinisches aus der ältesten Kirchengeschichte, in: Texte und Untersuchungen, Bd.8 Heft 4, Leipzig 1892, S.37-147 (auch separat mit eigener Paginierung S.1-111)

Harnack, Adolf von, Das ursprüngliche Motiv der Abfassung von Märtyrer- und Heilungsakten in der Kirche, in: Adolf v.Harnack, Kleine Schriften zur Alten Kirche, Berliner Akademieschriften 1908-1930, mit einem Vorwort v. J.Dummer, Bd.2, Leipzig 1980, S.78-97

Harnack, Adolf von, Die Mission und Ausbreitung des Christentums in den ersten drei Jahrhunderten; vierte, verbesserte und vermehrte Auflage, mit elf Karten, Erster Bd., Die Mission in Wort und Tat, Leipzig 1924

Harrell, David E., The Disciples of Christ - Church of Christ Tradition [sc. of caring and curing], in: Caring and Curing, S.376-396

Harrison, Paul W., Doctor in Arabia, New York 1940 (auch: London 1943, aber mit anderer Paginierung)

Hartenstein, Karl, Die biblische Begründung der ärztlichen Mission, in: Brennende Fragen der Frauenmission, Heft 3, Der Anteil der Frau an der ärztlichen Mission, Leipzig 1930, S.3-6

Hartenstein, Karl, Die Bedeutung der ärztlichen Mission für das Ganze des Missionswerkes, in: Die Tat der Barmherzigkeit, Basel 1934, S.7f

Harvey, Samuel C., Peter Parker: Initiator of Modern Medicine in China, in: Yale Journal of Biology and Medicine, Vol.8 No.3, New Haven 1936, S.225-241

Harworth, Jean, Aloes and Palms - Sketches of Village Life in South India, London o.J.

Haseneder, Maria, A white nurse in Africa, Mountain View, California, 1951

Haskins, Dorothy C., Medical Missionaries You Would Like To Know, Grand Rapids, Michigan, 1957

Hasselblad, Marva (with Brandon, Dorothy), Lucky-Lucky, New York 1966

Hattemer, Margarete, Eine Fahrt um die Welt, Frankfurt a.M. 1937

Haussleiter, G., Die Bedeutung der ärztlichen Mission in den deutschen Kolonien, in: Verhandlungen des Deutschen Kolonialkongresses 1910 zu Berlin am 6.,7. und 8. Oktober 1910, Berlin 1910, S.746-757

Haußleiter, G., Ärztliche Mission im Neuen Testament, in: Lose Hefte Nr. 45, Studentenbund für Mission, Berlin, April 1930, S.1-8

Haverson, Stuart, Doctor in Vietnam, London 1968

The Healing Hand -The Journal of the Edinburgh Medical Missionary Society, Edinburgh, seit 1967

Healing the Sick and Preaching the Gospel - International Medical Missionary Society, Annual Statement for 1886, New York 1887

Health - Medical - Theological Perspectives; Preliminary Report of a Consultation held in Tübingen, Germany, Sept.1-8, 1967, o.O. (Genf) o.J. (1967)

Hefley, James C., Intrigue in Santo Domingo - The Story of Howard Shoemake, Missionary to Revolution, Waco, Texas/London 1968

Heimbucher, Max, Die Orden und Kongregationen der katholischen Kirche, 3., großenteils neubearbeitete A., Bd.1, Paderborn 1932/1965; Bd. 2, Paderborn 1933/1965

Helland, Andreas, Pater John O.Dyrnes, M.D., 1867-1943, Medical Missionary in Madagascar for fourty three years, Minneapolis, 1944

Hellberg, Håkan, Ärztliche Mission aus ökumenischer Sicht, in: Nachrichten aus der ärztlichen Mission, Tübingen, 21.Jg. No.4, August 1970, S.3-5

Hellberg, Håkan, Christliche Mission im Weltmaßstab - Überblick neuer Ansätze christlichen Heilens als Teil der Mission und der Ärztlichen Mission der Kirche, in: Nachrichten aus der ärztlichen Mission, Tübingen, 25. Jg. No.3, Okt. 1974, S.4-6

Hemenway, Ruth V., A Memoir of Revolutionary China, 1924-1941; ed. with an introduction by Fred W.Drake, Amherst 1977

(Henderson, James), Memorials of James Henderson, M.D., Medical Missionary to China, London 1875[8]

Heralds of Health - The Saga of Christian Medical Initiatives, S.G.Browne / F.Davey / W.A.T.Thomson (Ed.), Foreword by Rt.Hon. The Lord Porritt, London 1985

Herklots, H.G.G., Hospital Sketches; ed. with an introductory Chapter, London 1929

Hermans, E.H., Moet de Missionaris ›dokterje‹ spelen?, in: Medisch Missie-Maandblad, 11ᵉ Jg. No.3, Sept. 1938, S.25-27 u. No.7, Jan. 1939, S.71ff

Herwig, Else, Bilder aus der ärztlichen Mission in China, Basel 1916

Hesse, J., Die allgemeine Missionskonferenz in Allahabad, Indien, in: Evangelisches Missions-Magazin, NF 18.Jg., Basel 1874, S.70-93, 150-173, 177-195, 271-289

Heuser, Frederick J., A guide to foreign Missionary Manuskripts in the Presbyterian Historical Society, New York/Westport/London, 1988

Heymann, Bruno, Robert Koch, Teil I, 1843-1882, Leipzig 1932

Hillermann, H./Hügli, A., Art.: Monismus, in: Historisches Wörterbuch der Philosophie, Bd.6, Sp.132-136

Hillig, Nikolaus, Die Reformen des Papstes Pius' X auf dem Gebiete der kirchenrechtlichen Gesetzgebung, Bonn 1909; 2.Bd., 1912

Hinton, W.H. (Mrs.), Ethel Ambrose - Pioneer Medical Missionary Poona and Indian Village Mission Bombay Presidency, India, London / Edinburgh o.J.

His Marvellous Works, with an introduction by Canon G.W.Bloomfield, London 1952

Hiscox, Elizabeth J., To and from Nuzvind, India, Boise 1989

Hodgkin, Henry T., The Way of the Good Physician, London o.J. (1915), 1919[4]

Hoefsmit, Maria Fidelis, An Approach to the Meaning of Medical Missions, masch.Diss., Washington D.C., 1956

Hoffman, R., Art.: Missiology, in: New Catholic Encyclopedia, Vol.9, New York 1967, S.900-904

Hofmann, Hans-Joachim, Die kranke Welt; ein Bericht von Hans Joachim Hofmann über die Arbeit des Arztes in der Mission, Berlin / Stuttgart o.J. (1961?)

Holder, A., Das ›Hahn'sche Institut‹ in Bönnigheim 1834-1853 - Ein Gedenkblatt, in: Württembergisches Schulwochenblatt, 55. Jg., Stuttgart 1903, S.109f

Holland, Henry, Frontier Doctor - An Autobiography, London 1958/1959[3]

Hollenweger, Walter, Interkulturelle Theologie, 3 Bd.e, München 1979-1988

Holloway, Lisabeth M. (Ed., with the assistance of E.N.Feind / G.N. Holloway), Medical Obituaries - American Physicians' Biographical Notices in Selected Medical Journals Before 1907, New York / London 1981

Holmann, Nellie, My most unforgettable Patients, New York 1953

Holsten, Walter, Der Dienst des Arztes in der Mission, in: Evangelische Theologie, 2.Bd., 1947/48, S.367ff (übernommen in: W.Holsten, Das Kerygma und der Mensch, Theologische Bücherei Bd.I, München 1953, S.188-201)

Holsten, Walter, Johannes Evangelista Goßner - Glaube und Gemeinde, Göttingen 1949

Hopkins, C.Howard, Social Gospel, in: Weltkirchenlexikon, Handbuch der Ökumene, F.H.Littell / H.H.Walz Hg., Stuttgart 1960, Sp.1340f

(Hopkins, Samuel), The Works of Samuel Hopkins, D.D., First Pastor of the Church in Great Barrington, Mass., afterwards Pastor of the First Congregational Church in Newport, R.I., with a Memoir of his Life and Character; in three Vol.s, Boston 1852-1854; Reprint 1987

Hoskins, Mrs. Robert, Clara A.Swain, M.D., First Medical Missionary to the Women of the Orient, Boston 1912

A Hospital in the Tea Country - Chabna Log - The Story of St.Luke's Hospital Chatna, compl. from letters and reports from various members of the staff, London 1951

Hospitals Overseas, Africa and the East Series, London 1933

Howard, John, An Account of The Principal Lazarettos In Europe, with various papers relative to the Plague: together with further observations on some Foreign Prisons and Hospitals; and additional remarks on the present state of those in Great Britain and Ireland, Warrington 1789

Howard, John (1726? - 1760), Personalartikel in: Dictionary of National Biography, S.Lee, (Ed.), Vol.XXVIII, London 1891, S.44-48

Hudson, E.H., A Modern Equivalent for Medical Itineration, in: International Review of Missions, Vol.20, 1931, S.413-421

Hueck, Otto, Als Missionsarzt in China, Barmen 1926

Hueck, Otto, Zwischen Kaiserreich und Kommunismus - Als Missionsarzt in China, o.O. (Wuppertal), 1977

Hügli, A./ Kipfer, D., Art.: Philanthropie, Geschichte des Begriffes, Neuzeit, in: Historisches Wörterbuch der Philosophie, Bd.7, Sp.548-552

Huizenga, Lee S., Pressing on - An autobiographical sketch, Grand Rapids 1946

Hulme - Moir, Dorothy, The Dawn has Broken - the Life of Jan Hulme-Moir; Foreword by Paul White, Homebush West, Australia, 1982

Hume, Edward H(icks), The Chinese Way in Medicine, Baltimore 1940

Hume, Edward H(icks), Peter Parker and the Introduction of Anestesia into China, in: Journal of the History of Medicine and allied Sciences, Vol.I No.4, Minneapolis, Minnesota, Oct. 1946, S.670-674

Hume, Edward H(icks), Doctors East - Doctors West, An American Physician's Life in China, London 1949

Hume, Edward H(icks), Doctors Courageous, New York 1950

(Hunter, W.C.), The ›Fan Kwae‹ at Canton before Treaty Days 1825-1844, by an old Resident, London 1882

Huonder, Anton SJ, Deutsche Jesuitenmissionäre des 17. und 18. Jahrhunderts - Ein Beitrag zur Missionsgeschichte und zur deutschen Biographie, Freiburg i.Br. 1899

Huonder, Anton SJ, Der hl. Ignatius von Loyola und der Missionsberuf der Gesellschaft Jesu - Zum 300jährigen Gedächtnis seiner Heiligsprechung, Aachen 1922

Huonder, Anton SJ, Ignatius von Loyola, Beiträge zu seinem Charakterbild, Köln 1932

Huppenbauer, H., Zwischen Toten und Lebendigen; Vier Antworten auf die Frage: Warum Ärztliche Mission?, Stuttgart 1939

Huppenbauer, H., Wie es auf der Goldküste zu einer ärztlichen Mission kam, in: Die Tat der Barmherzigkeit, S.24ff

Hudson, E.H., A Modern Equivalent for Medical Itineration, in: International Review of Mission, Vol.20, 1931, S.413-421

Husband, J., Medical Mission Methods, in: Quarterly Papers, Vol.X, S.391ff

Hutchings, Edith, The Medicine Man - Stories from medical missions in India, China, Africa and Madagaskar, London 1927

Hutchinson, William R., Errand to the World - American Protestant Thought and Foreign Missions, London 1987

The Indian Female Evangelist, publ. under the auspices of the Indian Female Normal School nad Instruction Society or Zenana, Bible, and Medical Mission, London 1872ff

International Convention on Missionary Medicine in Review, Wheaton, Illinois, 1959, Christian Medical Society, Oak Park, Illinois 1960

International Review of Mission, publ. by the Commission on World Mission and Evangelism of the World Council of Churches, Genf, seit 1912

Irvine, Cecilia, The Documentation of Mission in the Nineteenth and Twentieth Century, in: Missiology, an international Review of the American Society for Missiology, Vol. IV, Scottdale, Pennsylvania, 1976, S.189-204

Irvine, Cecilia, Notes on the origin of the watchword: ›The Evangelization of the World in this Generation‹, in: Bulletin of the Scottish Institute of Missionary Studies, NS No.3-4, 1985-1987, Edinburgh 1987, S.7-9

Italiaander, Rolf, Im Namen des Herrn im Kongo, Geschehnisse - Erlebnisse - Ergebnisse; mit einem Vorwort von Bischof St.C.Neill, Kassel 1965

Jacob, Wolfgang, Konvergenz von Theologie und Medizin nach dem 1.Weltkrieg, in: Wege zum Menschen, Göttingen 1969, 21.Jg., S.65-77

Jahrbuch der Ärztlichen Mission 1914, hg.v. Verband der deutschen Vereine für ärztliche Mission, Gütersloh o.J.(1914)

Jansen, G., The Doctor-Patient Relationship in African Tribal society, Assen 1973

Jeal, Tim, Livingstone, London 1973

Jeffery, Mary Pauline, Dr.Ida, India - The Life Story of Ida S.Scudder - President, Medical College for Women, Vellore, India, New York 1930

Jeffery, Mary Pauline, Ida S.Scudder of Vellore - An Appreciation of Fourty Years of Service in India, Mysore City, o.J.

Jeffo, Ernest H., The Doctor Abroad - the Story of the Medical Missions of the London Missionary Society, Westminster o.J. (1933?)

Jeffree, Gladys, Health is our Adventure, London 1949 / 1952²

Jeffs, E.H., The Doctor Abroad, Westminster o.J. (1933)

Jetter, Dieter, Geschichte des Hospitals Bd.1, Westdeutschland von den Anfängen bis 1850, Sudhoffs Archiv, Beiheft 5, Wiesbaden 1966

Jetter, Dieter, Geschichte des Hospitals Bd.3, Nordamerika (1600-1776) (Kolonialzeit), Wiesbaden 1972

Jetter, Dieter, Grundzüge der Krankenhausgeschichte (1800-1900), Darmstadt 1977

Jetter, Dieter, Geschichte des Hospitals Bd.4, Spanien von den Anfängen bis um 1500, Wiesbaden 1980

Jetter, Dieter, Das europäische Hospital von der Spätantike bis 1800, Köln 1986

Joers, Lawrence E.C., Mercy rides on wings, Nashville, Tennessee, 1960

Johannessohn, Fritz, Chinin in der Allgemeinpraxis unter Berücksichtigung pharmakologischer Befunde. Ein Nachtrag zu der 1930 erschienenen Ausgabe, Amsterdam 1932

Johnson, W., Essay on Medical Missions, in: Quarterly Papers, Edinburgh, Vol.III, 1879-1883, S.217-232

Johnston, James (Ed.), Report of the Centenary Conference on the Protestant Missions of the World held in Exeter Hall June 9th-19th, London 1888, 2. Bde., London 1888

Jong, J.P. de, De Zendeling-Arts in zijn Contact met de inheemsche Wereld; in: Referaten - Medische Zendingsconferentie, 's Gravenhage o.J. (1942), S.67-73

Jorden, Paul J. (with James R.Adir), Surgeon on Safari, New York 1976

The Journal of the Christian Medical Association of India, 1926 - 1935; The Journal of the Christian Medical Association of India, Burma and Ceylon, 1936-1953; The Journal of the Christian Medical Association of India, 1954-1985; ab 1985: Christian Medical Journal of India

Journal of Tropical Medicine, London 1897ff; ab Jg. 10 (1907): The Journal of Tropical Medicine and Hygiene, London

Judd IV, Gerrit P., Dr.Judd - Hawaii's Friend - A Biography of Gerrit Parmele Judd (1803-1873), Honolulu 1960

Kaiser, Wolfram, In Memoriam Johann Juncker (1679-1759), in: W.Kaiser / H.Hübner, Hg., Johann Juncker (1679-1759) und seine Zeit I, S.7-28

Kaiser, Wolfram / Hübner, Hans (Hg.), Johann Juncker (1679-1759) und seine Zeit, 3 Bde., Hallesches Juncker-Symposium 1979, Wissenschaftliche Beiträge der Martin Luther Universität Halle-Wittenberg, Halle 1979

Kaiser, W. / Krosch, H., Leiden und Halle als medizinische Zentren des frühen 18. Jahrhunderts, in: Zeitschrift für die gesamte Innere Medizin und ihre Grenzgebiete, 23. Jg., Leipzig 1968, S.330-338

Kammerer, Immanuel, Das Aussätzigen Asyl in Kalikut, eine Stätte christlicher Barmherzigkeit, Stuttgart o.J. (1900?)

Kammerer, I(mmanuel), Dr.William Elmslie, Missionsarzt in Kaschmir, Basel 1903

Kammerer, Immanuel, Ein treuer Knecht des Herrn. Leben und Wirken des Missionsarztes Dr.Eugen Liebendörfer, Stuttgart 1904, 1911[2]

Kammerer, Immanuel, (Hg.), Ein Tag beim Missionsarzt, Basel 1909[2], 1922[4] (gekürzt)

Kammerer, Immanuel, Die ärztliche Mission - Ihre Notwendigkeit, ihre Methode und ihre Erfolge; Sonderdruck aus der Zeitschrift für Krankenpflege, Rostock, Stuttgart o.J. (1904); erweiterter Sonderdruck[4], Stuttgart o.J. (1913)

Kammerer, Immanuel, Im Dienste des Meisters - Leben und Wirken der Missionsärzte Dr.Th.Pennell in Bannu, Dr.M.Scheiter in Kalikut, Dr.A.Jackson in Mukden; für die Missionsgemeinde dargestellt, Basel 1913

Kammerer, Immanuel, Garben vom Erntefeld der ärztlichen Mission, I - Die aufsprießende Saat, Stuttgart 1914; II - Erstlingsfrüchte, Basel 1914; III - Der volle Weizen, Basel 1914

Kammerer, Immanuel, Der Sieg der Liebe - Bilder aus der ärztlichen Mission unter Mohammedanern, aus Missionsberichten zusammengestellt, Basel 1915[5]

Kammerer, Immanuel, Die deutsche Mission im Weltkrieg, dargestellt, Stuttgart 1916

Kammerer, Immanuel, Außer dem Lager, Bilder aus der Aussätzigen Mission, Basel 1917[4]

Kammerer, Immanuel, Der Heiden Elend und der Liebe Dienst, Basel 1917[4]

Kammerer, Immanuel, Im Trübsalsfeuer - Bilder aus der ärztlichen Mission im Weltkrieg, gesammelt und bearbeitet, 2 Hefte, Basel 1917

Kammerer, Immanuel, Du sollst leben! - Bilder heidnischen Krankheitselends und christlicher Krankenfürsorge auf dem Missionsfeld, Basel o.J. (1920?)

Kammerer, Immanuel, Bilder aus dem Missionsspital, gesammelt, Stuttgart 1922

Kammerer, Immanuel, Dr. Paul von Lechler, ein Bahnbrecher der deutschen ärztlichen Mission, in: Die Deutsche Evangelische Aerztliche Mission, S.7-12

Kammerer, Immanuel, An der Wiege der ärztlichen Mission, in: Die Deutsche Evangelische Aerztliche Mission, S.13ff

Kammerer, Immanuel, Doktor Kraftwurzel - Samariterdienst, Beispiele heidnischer Ohnmacht und christlicher Hilfe in Krankheits-Not; aus Missionsberichten zusammengestellt, Stuttgart 1922[3]

(*Kammerer, Immanuel*), Lebensbild von Immanuel Kammerer, Oberreallehrer in Stuttgart, geb. 22.Oktober 1857 - gest. 24. August 1927, bearbeitet von seinem Sohn Pfarrer Immanuel Kammerer, Neubronn 1927; 122 seitiges Typoskript im Archiv des Deutschen Instituts für ärztliche Mission, Tübingen

Kasbauer, Sr.Sixta SSpS, Die Teilnahme der Frauenwelt am Missionswerk. Eine missionstheoretische Studie, Missionswissenschaftlich Abhandlungen und Texte Bd. 11, Münster 1928

Kasdorf, Hans, Gustav Warnecks missiologisches Erbe - Eine biographisch-historische Untersuchung, Giessen/Basel 1990

Kater, Hans (Hg.), Sozialpolitiker und Ärzte - 100 Kurzbiographien und Porträts, o.O. (Hannover) 1960

Katholische Missionsärztliche Fürsorge, ›Jahrbuch‹ bzw.›Jahresheft‹ (Untertitel variiert) des katholischen missionsärztlichen Instituts, Würzburg, 1924ff

Kawerau, Peter, Amerika und die Orientalischen Kirchen - Ursprung und Anfang der Amerikanischen Mission unter den Nationalkirchen Westasiens, Berlin 1958

Keeler, Floyd, Catholic Medical Missions, ed. and compl., with preface by The Rev. R.H.Tierney SJ, New York 1925

Keen, Rosemary A., Catalogue of the Papers of the Church of England Zenana Missionary Society 1872-1968, London 1987

Keen, Rosemary A., Catalogue of the Papers of the Medical Department 1891-1949 / 1950-1959 / 1960-1969 / 1970-1979, London 1989

Keller, Michael, Katholische Aktion - eine systematische Darstellung ihrer Idee. Osnabrück 1933

Kellogg, John Harvey, The work of God, in: Seventh-Day Adventist Daily Bulletin, I, March 8, 1897, S.292

Kellogg, John Harvey, The Living Temple, Battle Creek 1903

Kellogg, John Harvey, The American Medical Missionary College, in: The Medical Missionary, Battle Creek, Vol.IX, 1910, S.135-140

Kellogg, J(ohn) H(arvey), The Battle Creek Sanitarium System, History - Organization - Methods, Battle Creek, Michigan, 1908; (eine Ausgabe von 1913 ist um statistisches Material erweitert)

Kellogg, John Harvey, Personalartikel in: The National Cyclopaedia of American Biography, being the History of the United States, Vol. XXXV, Repr. Ann Arbor, Michigan, 1967, S.122-124

Kellogg, J(ohn) H(arvey), Doctor Dowkontt, in: The Medical Missionary, Battle Creek, Vol. XVIII, 1909, S.513

K(eppler), F(riedrich), Art.: Ärztliche Mission, in: Calwer Kirchenlexikon, kirchlich-theologisches Handwörterbuch. In Verbindung mit sachkundigen Mitarbeitern hg.v. F.Keppler, Bd.1, Stuttgart 1937, S.114f

Kerr, J. Lennox, Wilfred Grenfell - His life and work, with a Foreword by Lord Grenfell of Kilvey, London 1959

Kerr, Robert, Pioneering in Morocco: A record of seven Years' Medical Mission Work in the Palace and the Hut, London o.J. (1894)

Keupper Valle, Rosemary, The Cesarean Operation in Alta California during the Franciscan Mission Period (1769-1833), in: Bulletin of the History of Medicine, Organ of the American Association of the History of Medicine and of the Johns Hopkins Institute of the History of Medicine, Baltimore 1974, Vol. 48, S.265-275

Keys, Thomas E., The History of Surgical Anestesia, New York 1945/ 1978 (Reprint)

Kik, R., (Hg.), Albert Schweitzer Lambarene - Freundeskreis 1930/51, Heidenheim 1951

Kilborn, Omar L., Heal the Sick - An Appeal for Medical Missions in China, Toronto 1910

Kilger, L(aurenz), Heilkunde und Heilmittel in den zentralafrikanischen Missionen des 16. bis 18. Jahrhunderts, in: Katholische missionsärztliche Fürsorge, Jahrbuch 1933, S.93-119

Kilger, Laurenz OSB, Spitäler und Aerzte in der alten Mexiko-Mission, in: Missionsärztliche Caritas, Jahresheft 1945, Schüpfheim S.3-6

Kilger, Laurenz OSB, Missionsärztliche Fürsorge in alter und neuer Zeit, in: Missionsärztliche Caritas, Jahrbuch 1952, S.3-11

Kilpatrick, Robert, ›Living in the light‹- dispensaries, philanthropy and medical reform in late-eighteenth-century London, in: The medical enlightenment of eighteenth century, A.Cunningham / R.French (Ed.), Cambridge / New York 1990, S.254-280

Kind, (August), Ausdehnung und erziehliche Bedeutung der ärztlichen Mission, in: Verhandlungen des Deutschen Kolonialkongresses 1902 zu Berlin am 10. und 11. Oktober 1902, Berlin 1903, S.459-465; auch in: ZMR Bd.XVIII, 1903, S.12-17

King - Salmon, Frances W., House of a thousand Babies - Experiences of an American Woman Physician in China (1922-1940), New York 1968

Kisskalt, Karl, Max von Pettenkofer, Darmstadt 1948

Kjome, June C., Back of Beyond, Bush-Nurse in South Africa, Minneapolis, Minnesota, 1963

Klaasen, Walter, The Anabaptist Tradition [sc. of caring and curing], in: Caring and Curing, S.271-287

Kleinhans, Arduino OFM, Historia Studii Linguae Arabicae et Collegii Missionum Ordinis Fratrum Minorum in Conventu ad S.Petrum in Monte Aureo Romae Erecti, Tomus Unicus, Firenze 1930

Kmietsch, Clemens M., Kreuzweg Afrika - Schicksal eines Arztes. Ein Vermächtnis des Dr.med. Clemens M.Kmietsch, Bad Oenhausen 1980

Knoche, Elisabeth, Mais lacht noch auf dem Feuer - Als Ärztin 1954-1984 in Äthiopien, Erlangen 1985

Kober, Christopher James, Wilfred Grenfell (1865-1940) - Portrait of a Medical Missionary and his work in Newfoundland and Labrador, masch.med.Diss, Freiburg, 1979

Koch, Ludwig, Jesuitenlexikon - Die Gesellschaft Jesu einst und jetzt, Paderborn 1934

Koeber, F., Der Doktor am Viktoriasee - 40 Jahre als Missionsarzt in Ostafrika, Stuttgart 1950

Koenig, Harry, Aerztliche Mission und Tropenhygiene, in: Deutsche Medizinische Wochenschrift, 34. Jg. Nr.20, Leipzig 1908, S.878f

Königreich Siam - Auszug aus dem Tagebuch der beyden Missionarien Tomlin und Gützlaff, vom August bis Oktober 1828, in: Evangelisches Missions-Magazin, Basel 1830, S.187-202

Kollbrunner, Fritz, Albert Schweitzer und die Mission, in: Neue Zeitschrift für Missionswissenschaft, 31. Jg., 1975, S.288-293

Koppelmann, Herman H., LC-MS [Lutheran Church - Missouri Synod] Medical Missions - History to 1958, Administration, Synod Actions, St.Louis o.J.(1976)

Krehl, L(udolf), Arzt und ärztliche Mission, in: Deutsches Ärzteblatt, 60. Jg. Nr.36, 21. Dez. 1931, S.482-483

Kröber, F., Wenn einer eine Reise tut ..., Bilder aus dem Reisedienst eines Missionsarztes, Bethel o.J.

(Krump, Theodor OFM), Im Reiche des Negus vor 200 Jahren - Missionsreise der Franziskaner nach Abessinien von 1700-1704. Nach dem Tagebuch des Missionars P.Theodor Krumpp OFM dargestellt, Trier 1914

Künzeler, J., Köbi - Vater der Armenier; hg.v. P.Schütz, Kassel 1967³

Kupfernagel, P., Der Missionar als Arzt, in: Evangelisches Missions-Magazin, NF 45. Jg., 1911, S.193-208, 251-261

Kupfernagel, (P.?), Innere Mission und ärztliche Mission; achtseitiger Sonderdruck aus: Die Innere Mission im evangelischen Deutschland, Hamburg 1908 (o.Nr.)

Kußmaul, Adolf, Jugenderinnerungen eines alten Arztes, Stuttgart 1909⁸

Kuyper, J.H., J.G.Scheurer - Missionair-Arts - De Man van het Rotsvaste Geloof-Door; Met een voorrede van Z.Exc. A.W.F.Idenburg, Den Haag 1933

Laetitia, Mary / Patrick M.Francis, Medicine in the Service of Foreign Missions; written for and published by Catholic Students' Mission Crusade, U.S.A., Cincinatti, Ohio, 1939

Lake, F., The Realignment of Medical Missions, in: International Review of Mission, Vol.XXXVIII, Apr. 1949, S.211-219

Lake, J. / Kellesberger, Eugene, Doctor of the Happy Landings, Richmond, Virginia, 1949

Lambert, S.M., A Doctor in Paradise, London / Melbourne 1942

Lambie, Thomas A., A Doctor carries on!, New York/London/Edinburgh o.J.

Lambie, Thomas A., Boot and Saddle in Africa, New York / London o.J.

Lambuth, Walter, Medical Missions: The Twofold Task, Nashville 1920

Lamont, Margaret, Twenty Years Medical Work in Mission Countries, Shanghai (1917)

Lamont, Margaret, Catholic Medical Missions and Women Doctors, also: Some Notes on School Hygiene, Trichinopoly 1919

The Lancet, London, seit 1823

Landsborough, Majorie, Dr.Lan - A short biography of Dr.David Landsborough, medical missionary of the Presbyterian Church of England in Formosa 1895-1936, o.O. (London), 1957

Lang, Milton C., The Healing Touch in Mission Lands, St.Louis, Missouri, 1932

L(ankester), A(rthur), Pennell of Bannu, with which is included a Paper by Major General G.K.Scott-Moncrieff, London 1912

Lankester, Arthur, Medical Missions and the Purdah System, in: International Review of Missions, Vol.VI, 1917, S.295-304

Lankester, Herbert, ›Medical Missions‹, To the Editors of The Lancet, in: The Lancet, London, July 28, 1894, S.226

Lasbery, F.O., Evangelistic Work in the Old Cairo Hospital, in: The Muslim World, XIV. Jg., Hartford 1924, S.279-285

(Lasbrey, F.O.), These Fifty Years - The Story of the old Cairo Medical Mission from 1889 to 1939; Foreword by Rev. LL. H.Guryune, Bishop in Egypt and the Sudan, Old Cairo 1939

Latourette, Kenneth Scott, The History of Early Relations between The United States and China 1748-1844, Transactions of the Connecticut Academy of Arts and Sciences, Vol.22, New Haven Aug. 1917, S.1-209

Latourette, Kenneth Scott, A History of Christian Missions in China, London 1929

Latourette, Kenneth Scott, Voyages of American Ships to China 1784- 1844, Transactions of the Connecticut Academy of Arts and Sciences, Vol.28, New Haven, April 1927, S.237-271

Latourette, Kenneth Scott, Peter Parker: Missionary and Diplomat, in: Yale Journal of Biology and Medicine, Vol.8 No.3, Jan. 1936, S.243-248

Latourette, Kenneth Scott, A History of the Expansion of Christianity Vol.VI, The Great Century in North Africa and Asia, A.D.1800- A.D.1914, New York / London 1944

Laubach, F., Justinian von Welz und sein Plan einer Missionsgesellschaft innerhalb der deutschen und englischen Societäts- und Missionsbestrebungen des 17. Jahrhunderts, masch.Diss. Tübingen 1955

Lavigerie, Charles Martial Allemand, Instructions de son Éminence le Cardinal Lavigerie à ses missionnaires, Maison-Carrée (Alger), 1927

Lavigerie, (Charles Martial Allemand), Missionnaires D'Afrique, Choix de textes, Paris 1980

Lawrence, E., She loved a wicked City - The Story of Mary Bell, Missionary, New York 1962

The Laymen's Inquiry Report - Foreign Field Reactions to ›Re-Thinking Missions‹, Missionary Research Library Bulletin No.12, March 18, 1933

Leavell, George W., Some Fruits of the Gospel Experiences of a Medical Missionary, Nashville, Tennessee, 1928

Lebensbild von Dr.William J.Elmslie, in: Evangelisches Missions-Magazin NF 19. Jg., 1875, S.353-367, 385-400

Lebenslauf des verheirateten Bruders Karl Heinrich Feldmann, geboren am 16. März 1843 in Elberfeld, entschlafen am 15. Juni 1920 in Herrnhut, in: Mitteilungen aus der Brüdergemeine zur Förderung christlicher Gemeinschaft, Herrnhut 1920, S.221-256

Lebzelter, Ferdinand Franz X., Katholische Missionäre als Naturforscher und Ärzte. Als Vorläufer und Fahrtgenossen Alexander v.Humboldts. Gedenkschrift zur hundertsten Jährung der Reise Humboldts in die Äquinoctial-Gegenden des Neuen Continents, Wien 1902

Lechler, Paul, Die ärztliche Mission und ihre Bedeutung für die kulturelle Entwicklung unserer Schutzgebiete; Vortrag gehalten im Reichskanzlerpalais zu Berlin am 2. Dez.1910, Berlin o.J.

Lechler, Paul (Jr.), Die mit Basel verbundenen Vereine für ärztliche Mission in Deutschland, in: Die Tat der Barmherzigkeit, S.16-19

Lechler, Paul (Sohn), Die Entstehungsgeschichte des Deutschen Instituts für ärztliche Mission, in: Ruf und Dienst der ärztlichen Mission, S.8-15

Lechler, (R.), Zur Würdigung Gützlaffs, des ersten deutschen Chinesenmissionars, in: Allgemeine Missionszeitschrift, 30.Bd., Berlin 1903, S.301-309

Lectures on Medical Missions - Delivered at the Instance of the Edinburgh Medical Missionary Society, Edinburgh / London 1849

Lee, S. van der, Clerus en Medicijnen in de Geschiedenis van het Kerkelijk Recht, Utrecht / Nijmegen 1951

Legéne, P.M., Akoeba - Een noodkreet an medische help uit het donkere boschland van Suriname, Hoenderloo 1939

Lehmann, Arno (Hg.), Missionsärzte helfen!, Dresden / Leipzig 1938

Lehmann, A(rno), Hallesche Mediziner und Medizinen am Anfang deutsch-indischer Beziehungen, in: Wissenschaftliche Zeitschrift der Martin-Luther Universität Halle-Wittenberg, Mathematisch-Naturwissenschaftliche Abteilung, Jg.V Heft 2, Halle Dez. 1955, S.117-132

Lehmann, Arno, Es begann in Tranquebar - Die Geschichte der ersten evangelischen Kirche in Indien, Berlin 1956

Lempp, Emma, Die Arbeit der ärztlichen Missionsschwester und ihrer Gehilfinnen in Indien, in: Evangelisches Missions-Magazin, NF 60. Jg., 1916, S.31-37

Lennox, William G., The Health and Turnover of Missionaries, New York 1933

Lichtwardt, H.A., Does Iran need more Medical Missionaries?, in: The Muslim World, XXXV. Jg., Hartford 1945, S.337-341

Lilje, Hanns, Leib-seelische Ganzheit, Stuttgart 1961

Linckens, Hubert MSC, Die Missionstätigkeit und die ärztliche Fürsorge, in: Hiltruper Monatshefte, Hiltrup 1910, S.261-264

Linckens, H(ubert) MSC, Ärztliche Fürsorge der katholischen Missionen unter den Naturvölkern, in: Zeitschrift für Missionswissenschaft, 2.Jg., Münster 1912, S.282-293

Lindberg, Carl, The Lutheran Tradition [sc. of caring and curing], in: Caring and Curing, S.173-203

Lindeboom, G.A., Dutch Medical Biography - A biographical Dictionary of Dutch Physicians and Surgeons 1475-1975, Amsterdam 1984

Linn, Hough H., Diagnosis and Treatment of Common Diseases for Village Workers, Madras 1928

Linn, Minnie V., Dr.Hugh H.Linn, Medical Missionary, Mangalore o.J. (1950)

Lins, Bernhardin OFM, Geschichte der bayerischen Franziskanerprovinz zum hl. Antonius von Padua von ihrer Gründung bis zur Säkularisation 1620-1802, München 1926 [Bd.I]

Lipphard, William B., The Ministry of Healing - A Study of Medical Missionary Endeavor on Baptist Foreign Mission Fields, Philadelphia 1920

Livingstone, David, Missionary Travels and Researches in South Africa, London 1857

Livingstone, David, in: Dictionary of National Biography, S.Lee (Ed.), Vol. XXXIII, London 1893, S.384-396

Livingstone College, Calendar and Year Book, containing a record of a year's Progress in matters of Health, London 1901

(Ljungstedt, A.), A Brief Account Of An Ophthalmic Institution during the years 1827,1828,1829,1830,1831 and 1832 at Macao by a Philanthropist, Canton 1834

Lockhardt, William, The Medical Missionary in China - A Narrative of Twenty Years' Experience, London 1861 (deutsch: Der ärztliche Missionär in China, Würzburg 1863)

Lokies, H., Johannes Goßner - Werk und Botschaft, Gießen / Basel 1936

Long, Richard F., Nowhere a Stranger, New York/Washington/Hollywood 1968

Loomis, Earl A., Jr., Fundamental Relationships between Religion and Medicine for Medical Missionaries, in: The Journal of the Christian Medical Association of India, Burma and Ceylon, Vol.XXV, Calcutta 1950, S.270-275 (unter dem Titel ›The Relation of Religion and Medicine for Medical Missionaries‹ auch in: Pastoral Psychology, Vol.2 No.11, Feb. 1951, S.15-20)

Lord, Donald C., Mo Bradley and Thailand, Mission Studies Vol.I, R.Pierce Beaver (Ed.), Grand Rapids, Michigan 1969

Louis, P., Missionsärztliche Bestrebungen in früheren Jahrhunderten, in: Katholische missionsärztliche Fürsorge, Jahrbuch 1926, S.87-94

Lowe, John, Medical Missions, in: Quarterly Papers, Edinburgh, Vol.III, S.1-5, 25-28, 97-100, 121-124, 145-149, 171-174, 193-196, 241-247, 289-293, 313-315

Lowe, John, Medical Missions Their Place and Power, with an Introduction by Sir William Muir, London 1886

Lowe, John, Jubilee Memorial - Historical Sketch of the Edinburgh Medical Missionary Society and In Memoriam: Its Fathers and Founders, with Introduction by Mrs. Bishop, F.R.C.S.E., Edinburgh, o.J. (1891)

(Lowe, John), In Memoriam: Rev. John Lowe, F.R.C.S.E., Secretary and Superintendent, Edinburgh Medical Missionary Society, Edinburgh 1892

Luiz, Tony SVD, Christian Medical Service in India, in: Poona Athenaeum Studies PATH-MARGAH, Vol.2 No.1, Poona 1965, S.67-86

Lutheran Cyclopedia, Erwin L.Lueker, (Ed.), St.Louis 1975

Maandberigten voorgelezen op de Maandelijksche Bedestonden van het Nerdlandsch Zendeling-Genootschap, Rotterdam 1828ff

Maarschalkerweerd, Pancratius OFM, Uit de Geschiedenis van de Medische Missie - Medische handboeken van en voor Missionarissen 16ᵉ - 19ᵉ eeuw, in: Medische Missie Maandblad, 3.Jg., Feb. 1931, No.8, S.234-242, 4.Jg., Jan.1932, No.7, S.205-210, April 1932, No.10, S.303-309, 5.Jg., Nov.1932, No.5, S.135-141, Dez.1932, No.6, S.156-158, Jan.1933, No.7, S.170-172

Macgowan, Daniel J., Claims of the Missionary Enterprise on the Medical Profession: An Address delivered before the Temperance Society of the College of Physicians and Surgeons of the University of the State of New York, October 28, 1842; Reprinted from the American Edition, with Notes, Edinburgh 1842

Macgowan, J., The Romance of a Doctor in Far Cathey, London/Edinburgh/New York o.J. (1845?)

Macvicar, Neil, Side-Lights upon Superstition, o.O. 1939

Magazin für die neueste Geschichte der evangelischen Missions- und Bibelgesellschaften, Basel 1818ff

Majerus, (P.), Vom Sklaven zum Missionsarzt, in: Afrikabote - Illustrierte Monatsschrift über das Missionswerk der Weißen Väter, 39. Jg., Trier 1933, S.24-28, 52-56, 79-84, 108-112, 137-140, 165-168, 193-196, 221-224, 248-252, 276-280, 307f

Major, M(ary) L., The Central Archives of the Society of Catholic Medical Missionaries, in: Catholic Archives, The Journal of the Catholic Archives Societies, No.8, Nwecastle-upon-Tyne 1988, S.73-81

Manual for Missionary Candidates of the American Board of Commissioners for Foreign Missions, Boston 1845

Manson, Sir Patrick, Tropical Research in its Relation to the Missionary Enterprise, in: The China Medical Journal, Shanghai 1909, Vol. 23 No.1 (Jan.), S.24-30

March, Arthur W./Price, Frank W., Protestant Medical Missions Today, in: Occasional Bulletin of the Missionary Research Library New York, Vol.X No.2, April 14th, 1959, S.1-10

Martin, Hugh / Weir, H.H. (Ed.), Medical Practice in Africa and the East - Being a series of open letters on professional subjects from doctors practising abroad, addressed to their colleagues at home, London 1923

Mason, Caroline Alwater, Conscripts of Conscience, London / Edinburgh 1919

Mattsson, Elon, Missionsläkare i Belgiska Kongo, in: Svensk Missionstidskrift, 46. Bd., Uppsala 1958, S.94-98

Maxwell, J.L., God's Hand in Medical Missions, in: Medical Missions at Home and Abroad Vol. NS Vol.XV, S. 67-69 (deutsch: Gottes Leitung in der ärztlichen Mission, in: Die Ärztliche Mission, 9.Jg, 1914, S.54-56)

Maxwell, James L., A Century of Mission Hospitals, in: Occasional Leaflet, Council on Medical Missions Chinese Medical Association, Vol.4 No.16, Jan. 1936, S.3-9

Mayberry, John / Mann Richard (Ed.), God's Doctors Abroad, East Wittering 1989

Mayer, Ambros. OSB, Ärztliche Mission bei den Katholiken, speziell unter den Naturvölkern, in: Zeitschrift für Missionswissenschaft, 1.Jg., Münster 1911, S.293-314

Mayo, Katherine, Mother India, New York 1927 / 1955 / 1969

Mayrhofer, B., Kurzes Wörterbuch zur Geschichte der Medizin, Jena 1937

McAvoy, Thomas T., A History of the Catholic Church in the United States, Notre Dame / London 1969

McCord, James B. (with John Scott Douglas), My Patients were Zulu, New York / Toronto o.J.

McCracken, George E. (Ed.), McFarland of Siam - The Life of George Bradley McFarland, M.D., DDS, afterwards Phra Ach Vidyagama, by Bertha Blount McFarland, New York 1958

McDonald, Donald, Surgeons Twoe and a Barber, Being some account of the life and work of The Indian Medical Service (1600-1947), compiled and furnished with an Introductory Essay; with a Foreword by Liet. General Sir Bennett Hauce, London 1950

McFadden, Elizabeth Spalding, Some Rain Must Fall, Mountain View, California, 1965

McFarland, Bertha Blount, Our Garden was so fair - The Story of a mission in Thailand, Philadelphia 1943

McGilvray, James C. (Ed.), The Quest for Health - An Interim Report of a Study Process, o.O. (Tübingen) 1979

McGilvray, James, The Quest for Health and Wholeness, Tübingen 1981 (übersetzt: Die verlorene Gesundheit - Das verheißene Heil; mit einem Vorwort von J.Bierich und D.Rössler, Stuttgart 1982)

McKenna, Sr.Mary Lawrence SCMM, Women of the Church - Role and Renewal, Foreword by Jean Danielou SJ, New York 1967

McPheat, W.Scott, John Flynn - Apostle to the Inland, London 1963

McRae, J.T., Mission Doctor, Nashville, Tennessee 1955

Medicine and Missions - a survey of medical missions -; Edward R.Dayton (Ed.), Wheaton, Illinois, 1969

La Médecine dans les Missions - Conférences donnés a l'Institut Catholique de Paris 1928-1929, Paris 1929

Medhurst, W.H., China, seine Zustände und Aussichten in besonderer Rücksicht auf die Verbreitung des Evangeliums, mit kurzen Umrissen seines Alters, seiner Geschichte, Chronologie, Bevölkerung, Sprache, Literatur und Religion; Frei bearbeitet nach dem Werke des englischen Missionärs, Stuttgart 1840

The Medical Mission News, published by the Catholic Medical Mission Board, New York, seit 1931

The Medical Missionary, Battle Creek, Michigan, 1891-1914

The Medical Missionary, published by the Society of Catholic Medical Missionaries, Washington D.C. / Philadelphia, 1927ff

The Medical Missionary, A monthly record of Baptist Medical Missions, Organ of the Medical Missionary Auxiliary of the Baptist Missionary and Baptist Zenana Mission, London, Vol.1-4, 1908-1911

The Medical Missionary of Mary, published bimonthly by the Medical Missionaries of Mary, Drogheda, Ireland, seit 1940

Medical Missionary Journal, W.B.Thomson (Ed.), Edinburgh 1865-1876 (Vol.I-XI, No.12)

The Medical Missionary Journal, Official Organ of the American Medical Missionary Society, Chicago, Vol.1-2, 1887-1888

The Medical Missionary Record, George Dowkontt (Ed.), New York 1886-1894 (Vol.1-9), dann: The Double Cross and Medical Missionary Record (Jan.1895-Oct.1900, Vol.10-15)

The Medical Missionary Society in China - Address with Minutes of Proceedings, Canton 1838

Medical Missions, in: The British and Foreign Medico- Chirurgical Review, or Quarterly Journal of Practical Medicine and Surgery, Vol.LVI, London, July-Oct.1875, S.307-326

Medical Missions, Africa and the East Series, London 1928

Medical Missions as illustrated by some letters and notices of the late Dr.Elmslie, Edinburgh 1874

Medical Missions at Home and Abroad, hg.v. Medical Missionary Association, London, Vol.1-20, 1879-1924

Medicine in China, by the China Medical Commission of the Rockefeller Foundation, New York 1914

Medisch Missie Maandblad, Officel Organ van het Medisch Missie Comite, Breda, Vol.1-19, 1928-1953

Meffert, Franz, Caritas und Volksepidemien, Schriften zur Caritaswissenschaft 1, hg.v.H.Weber/ H.Auer/F.Keller, Freiburg i.Br. 1925

Meffert, Franz, Caritas und Krankenwesen bis zum Ausgang des Mittelalters, Schriften zur Caritaswissenschaft, Bd.2, Freiburg i.Br. 1927

Mendelsohn, Jack, The Forest Calls Back - The heroic story of Dr.Theodor Binder, ›Albert Schweitzer‹ of the Peruvian Jungle, London 1966

Menzel, Gustav, Aus 150 Jahren Missionsgeschichte - Die Rheinische Mission, Wuppertal 1978

Mercy and Truth - A Record of C.M.S. Medical Missions, Vol.1-15, London 1897-1921

Merensky, A., Die allgemeine Missionskonferenz in London vom 9.-19. Juni 1888, in: Allgemeine Missionszeitschrift, 15. Bd., 1888, S.478-496, 515-545

Merkel, Franz Rudolf, G.W. von Leibniz und die China Mission - Eine Untersuchung über die Anfänge der protestantischen Missionsbewegung, Missionswissenschaftliche Forschungen, hg.v. der Deutschen Gesellschaft für Missionswissenschaft, Bd.1, Leipzig 1920

Merriweather, Alfred M., Desert Doctor - Medicine and Evangelism in the Kalahari Desert, London 1969

Methods of Mission Work Among Moslems - Being those Papers read at the First

Missionary Conference on behalf of the Mohammedan World held at Cairo, April 4th - 9th, 1906, New York 1906

Mikulencak, Ruby, Science and magic collide in African medicine - Our cultural biases block total healing, in: Evangelical Missions Quarterly, Vol.23 No.4, South Pasadena, California, Oct.1987, S.358-363

Miller, George E(lmer), In the Land of Sweepers and Kings - Medical Missionary Work in India, Cincinnati, Ohio, 1922

Miller, James, Medical Missions, in: Lectures on Medical Missions, S.3-36

Miller, Walter, Yesterday and To-Morrow in Northern Nigeria, with a foreword by Sir Charles Orr, London 1938

The Ministry of Healing in India, Handbook of the Christian Medical Association of India, Mysore 1932

Der Missionar Gützlaff, in: Allgemeine Kirchen-Zeitung, ein Archiv für die neueste Geschichte und Statistik der christlichen Kirche, Darmstadt, 26. Aug.1832 (Nr.135), S.1097-1103

Missionary Herald, hg.v. American Board of Commissioners for Foreign Missions, Boston, 1821ff

The Missionary School of Medicine, founded 1903; Its Raison D'Etre, Its Work, and Its ›Coming of Age‹, London 1924

Missionsärztliche Caritas, Jahreshefte des schweizerischen katholischen Vereins für missionsärztliche Fürsorge, 1935, 1938-1968, Schüpfheim

Mitteilungen aus Lambarene, (Albert Schweitzer), Bern/Straßburg 1924-1927

Möllers, Bernhard, Robert Koch - Persönlichkeit und Lebenswerk 1843-1910, Hannover o.J. (1950?)

Monaha, James, Before I sleep ..., The last days of Dr. Tom Dooley, edited with a Foreword, New York 1961

Montgomery, Helen Barrett, Western Women in Eastern Lands - An Outline Study Of Fifty Years Of Woman's Work In Foreign Missions, New York 1910

Moore, Raymond S., China Doctor - The Life Story of Harry Willis Miller, New York 1961

Moorshead, R.Fletcher, The Appeal of Medical Missions, with an Introduction by Sir Andrew Fraser, Edinburgh / London 1913

Moorshead, R.Fletcher, The Way of the Doctor - A Study in Medical Missions, with a Foreword by Sir Leonard Rogers, London 1926

Moorshead, R.Fletcher, ›Heal the Sick‹ - The Story of the Medical Mission Auxiliary of the Baptist Missionary Society, London o.J. (1929?)

Moorshead, R.Fletcher, What is a Medical Mission?, in: Quarterly Papers, Vol.X, Edinburgh, S.339-341

Moorshead, R.Fletcher, Why are Medical Missionaries needed in the Missionary Enterprise?, in: Quarterly Papers, Vol.X, Edinburgh, S.369-372

Moorshead, R.Fletcher, Triumphant Results of Medical Missions, in: Quarterly Papers, Vol.X, Edinburgh, S.421-424 u. Vol.XI, S.16-19

Moorshead, R.Fletcher, How Medical Missions are carried on in the Mission Field, in: Quarterly Papers, Edinburgh, Vol.XI, S.36-38

Morrill, Madge Haines, Fighting Africa's Black Magic - The fight of E.G.Marcus, M.D., against disease and superstition in East Africa, Mountain View, California, 1938

Morrill, M(agde) H(aines), Puhuvan Rummun Massei, Helsinki 1954
Morris, J.M., A Nursing Sister in Baluchistan, London o.J.
Morrison, Eliza, Memoirs of the Life and Labours of Robert Morrison, D.D. compiled by his Widow (Eliza <Armstrong> Morrison) - Critical Notices of his Chinese Works by Samuel Kidd, and Appendix containing Original Documents, 2 Bde., London 1839
Morse, H.B., The International Relations of the Chinese Empire - The Period of Conflict 1834-1860, Shanghai 1910
Morse, Hosea Ballu, The International Relations of the Chinese Empire - The Period of Conflict 1834-1860, Shanghai / Hongkong 1910
Morse, Hosea Ballu, The Chronicles of the East India Company trading to China, 4 Bde., Oxford 1926
The Moslem World, a quarterly review of current events, literature and thought among Mohammedans, and the progress of Christian missions in Moslem lands, Hartford Seminary Foundation, New York 1911-1947
(Mosse, Robin), What it feels like - Letters from a doctor out east to a colleague at home by ›Doctor Robin‹, with an introduction by Sir Humphry Rolleston, London 1926
Mott, John R., Medical Missionary Enterprise - The Outlook To-day, in: Quarterly Papers, Edinburgh, 1930, Vol.XVII, S.564-570
Müller, R., Medizinische Mikrobiologie - Parasiten, Bakterien, Immunität, München 1950[4]
Müller, Samuel, In Afrika als deutscher Missionsarzt, Bethel 1932
Müller, S(amuel), Verzeichnis der im Tropengenesungsheim Tübingen erschienenen Dissertationen aus dem Gebiet der Tropenmedizin und Tropenhygiene, Auslandsmedizin und deren Grenzgebieten (1914-1948), Tübingen 1948
Müller, Samuel, Im Kampf um Leben und Tod, vom Samariterdienst in Afrika, Reiseeindrücke, Stuttgart 1960
Müller, Samuel, (Hg.), Ärzte helfen in aller Welt - Das Buch der Ärztlichen Mission, Wuppertal-Barmen 1960
Müller, Samuel, Geschichte des Deutschen Instituts für Ärztliche Mission in Tübingen von 1935-1960, Typoskript, 1963
Mühlenberg, Henry Melchior, Notebook of a Colonial Clergyman; translated and edited by Th.G.Tappert / John W.Doberstein, Philadelphia 1975
Murray, David, Divie Bethune McCartee, M.D., Pioneer Missionary in China and Japan, in: The New York Observer, July 17, 1902, S.72f
Murray, Jocelyn, Proclaiming the Good News - A Short History of the Church Missionary Society, London 1985
Muske, Irmgard, Nirgends krähen die Hähne so laut - Erzählungen aus Afrika, Stuttgart 1965
The Muslim World, a quarterly journal of Islamic study and of Christian interpretation among Muslims, pugl. by the Hartford Seminary Foundation, Hartford, Connecticut, seit 1848
Myers, Mary E., My hall of memory - Reminiscences of a missionary nurse, London 1956
Nachrichten aus der Ärztlichen Mission, Tübingen, seit 1950
Nachrichten aus der ärztlichen Mission in Tsingtau und Tsiningrhow, Berlin / Bern 1927-1972
Naunyn, B(ernhard), Die Entwickelung der Inneren Medizin mit Hygiene und Bakteriologie im 19. Jahrhundert, Jena 1900

Nebe, A., Die Missionsärzte der Dänisch Halleschen Mission, in: Die Ärztliche Mission, 22. Jg., 1932, S.98-101

Nebe, A., War Justus Heurnius Missionsarzt?, in: Die Ärztliche Mission, 23. Jg., 1933, S.98-101

Nebe, A., Wer hat den ersten Missionsarzt ausgesandt?, in: Die Ärztliche Mission, 23. Jg., 1933, S.101f

The Need of Medical Missionaries, in: Adventist Review and Herald, Vol.67, No.41, Battle Creek Oct. 1890, S.646

Neighbour, Ralf W., A Voice from Heaven, Grand Rapids 1958

Neue allgemeine Missionszeitschrift, Gütersloh 1924-1939

Neue Zeitschrift für Missionswissenschaft - Nouvelle Revue de Science Missionnaire, Beckenried, seit 1945

Neufeld, Don F. (Ed.) / *Neuffer, Julia* (Associate Ed.), Seventh-Day Adventist Encyclopedia, Revised Ed., Washington D.C. 1976

Neve, Arthur, Medical Missions, in: Medical Missions at Home and Abroad, NS Vol.III, 1889-1891, S.302-304

Neve, Ernest F., Beyond the Pir Panjal - Life among the mountains and valleys of Kashmir, London / Leipzig 1912

Neve, Ernest F., A Crusader in Kashmir - Being the life of Dr.Arthur Neve, with an account of the Medical Missionary Work of two Brothers and its later developments down to the present day, London 1928

Neve, E(rnest) F., The Tourist's Guide to Kashmir, Ladakh, Skardo etc., ed. by the late Major Arthur Neve - Surgeon to The Kashmir Medical Mission, revised by ... , Lahore 1942

Nevius, John L., Planting and Development of Missionary Churches, New York o.J. (1958?); 1885[1], 1899[3]

New, Esmont W., A Doctor in Korea - The Story of Charles McLaren, M.D., Foreword by Rev. George Anderson, Sydney 1958

The Newest Apostolate,in: Catholic Missions - The National Magazine of the Society for the Propagation of the Faith - USA, Washington (?), April/May 1942, S.3-6 u. 23

New York Observer, 1829-1912

Nielsen, Helge Kjær, Lægemissionens Theologiske Begrundelse, Kritisk belyst udfra nyere eksegese af de nytestamentlige helbredesesberetninger, Typoskript, o.O. (Aarhus), 1966

Nielsen, Helge Kjær, Heilung und Verkündigung - Das Verständnis der Heilung und ihres Verhältnisses zur Verkündigung bei Jesus und in der ältesten Kirche, Leiden 1987

Nørgaard, Anders, Mission und Obrigkeit - Die Dänisch-hallesche Mission in Tranquebar 1706-1845, Missionswissenschaftliche Forschungen, Bd.25, Gütersloh 1988

Norden, Heinrich [alias: Nikolaus Wöll], Als Urwald-Doktor in Kamerun - Ein Arzt-Missionar erlebt Afrika, Elmshorn o.J.[2], (1940?)

Nouvelles de nos Missions Médicales, Mission Suisse Dans L'Afrique du Sud, Lausanne, 1936(?)-1954(?)

Numbers, Ronald L., Prophetess of Health: A Study of Ellen G.White, New York 1976

Numbers, Ronald L. / Larson, D.R., The Adventist Tradition [sc. of caring and curing], in: Caring and Curing, S.447-467

Nutting, M.Adelaide / Dock, Lavinia L., A History of Nursing - The Evolution of Nursing

Systems from the Earliest Times to the Foundation of the first English and American Training School for Nurses, In two Volumes, Vol.II, London 1907

o'Brian, Brian, That Good Physician - The Life and Work of Albert and Katherine Cook of Uganda, London 1962

o'Brien, Susan, Terra Incognita: the Nun in nineteenth-century England, in: Past and Present, A Journal of Historical Studies, P.Slack, (Ed.), No.121, Oxford, Nov.1988, S.110-140

Oberndörffer, E., Ueber ärztliche Mission, in: Deutsche Medizinische Wochenschrift, 34. Jg., Leipzig 1908, S.1899f

Occasional Paper(s), Edinburgh Medical Missionary Society, Edinburgh, 1854-1861

o'Connell, Marvin R., The Roman Catholic Tradition [sc. of caring and curing], in: Caring and Curing, S.108-145

Öhler, Luise, Die Senanamission, in: Taten Jesu in unseren Tagen, hg.v. M.Hennig, Hamburg 1905, S.303-316

Ohm, Thomas, Südafrika und die Katholische Missionsärztliche Fürsorge, o.O. o.J. (teilweise identisch mit dem Beitrag in: Katholische Missionsärztliche Fürsorge, Jahrbuch 1934, S.99-107)

Ohm, Thomas, Die ärztliche Fürsorge der katholischen Missionen - Idee und Wirklichkeit, St.Ottilien 1935

Ohm, Thomas OSB, Missionsärzte, warum und wozu?, in: In Heiliger Sendung, Werkblätter für den Christen in der Welt, hg.v. K.Rudolf, Wien, 7./8. Heft, Juli/Aug. 1936, S.206-214, 248-250

Ohm, Thomas, Machet zu Jüngern alle Völker, Freiburg 1962

Olpp, Gottlieb, Die ärztliche Mission und ihr größtes Arbeitsfeld, I.Teil [und einziger], Die ärztliche Mission, ihre Begründung, Arbeitsmethode und Erfolge, Barmen 1909

Olpp, Gottlieb, Die Jahresversammlung des Livingstone College in London, in: Nürnberger Missionsblatt 1910 Nr.10, Okt., S.73-75

Olpp, G(ottlieb), Eine epochemachende Entdeckung der Malariaforschung, in: Allgemine Missionszeitschrift, 40. Bd., 1913, S.67-70

Olpp, G(ottlieb), Quellenstudien über deutsche Missionsärzte, in: Die Ärztliche Mission, 9. Jg., 1914, S.49-54, 73-79

Olpp, (Gottlieb), Tätigkeit und Aufgaben eines deutschen Missionsarztes, Sonderdruck aus: Medizinische Klinik, Wochenschrift für praktische Aerzte, Berlin Jg. 1914 Nr.16

Olpp, G(ottlieb), Aufgaben der Ärztlichen Mission in China, in: Ärztliche Mission, Lose Hefte Nr.45, Studentenbund für Mission, Berlin, Apr. 1930, S.15-21

Olpp, G(ottlieb), Aufgaben und Ausbildung der Missionsärztin, in: Brennende Fragen der Frauenmission, Heft 3, Leipzig 1930, S.9-13

Olpp, Gottlieb, Gegenwartsfragen der ärztlichen Mission, in: Neue Allgemeine Missionszeitschrift, 7.Jg., Gütersloh 1930, S.161-168, 193-201

Olpp, G(ottlieb), Ärztliche Tätigkeit in der Mission, in: Aus der Werkstatt des Missionars, Vorträge, Ansprachen und Predigt auf der 5. allgemeinen studentischen Missionskonferenz vom 18.-22. April in Halle a.S. gehalten, Berlin-Lichterfelde o.J. (1930), S. 155-172

(Olpp, Gottlieb), Festgruß zur 200-Jahrfeier der Herrnhuter Mission, in: Die Ärztliche Mission, 22. Jg., 1932, S.66ff

Olpp, (Gottlieb), Zum Kolonial-Gedenkjahr - Verdienste deutscher Kolonial-Aerzte, in: Müchener Medizinische Wochenschrift, 81. Jg., 1934, S.1818-1827

Olpp, Gottlieb, Der Beitrag der deutschen ärztlichen Mission zur Tropenmedizin, in: Die Tat der Barmherzigkeit, S.8-12

Olpp, G(ottlieb), 200 Jahre deutscher ärztlicher Mission, in: Ruf und Dienst der ärztlichen Mission, S. 55-83

Olpp, Gottlieb, Mission und Medizin, in: Zeitschrift für Missionskunde und Religionswissenschaft, Berlin 1935, S.97ff

Olpp, Gottlieb, Praxis deutscher Missionsärzte in den Tropen, in: Festschrift Bernhard Nocht zum 80. Geburtstag (4.Nov.1937) von seinen Freunden und Schülern, Hamburg 1937, S.425-432

Olsen, Viggo (with Jeanette Lockerbie), Doktor - Diplomat in Bangladesh, London 1973

o'Neill, F.W.S., Dr.Isabel Mitchel of Manchuria, with a preface by the Rt.Rev. John Irwin, London 1917 / 1918[2]

Ophthalmic Hospital at Canton, (Quarterly) Reports, in: Chinese Repository, Vol.IV, S.461ff; V, S.32ff; 185ff; 323ff; 456ff; VI, 34ff; 433ff; VII, 92ff; 569ff; XIII, 239ff; 301ff; XIV, 449ff; XVII, 133ff; XIX, 253ff

Orem, Se.M.Adelaide SCMM, Out of Nothing - The Great Genesis of a Great Initiative, New Delhi 1968

Osgood, Elliott I., Braking Down Chinese Walls - From a Dortor's Viewpoint, New York/ Chicago/Toronto 1908

Ostergaaed, E., Unto the Least, Minneapolis, Minnessota, o.J.

Ottmann, Nina, The Stolen God and other Experiences of Indian Palace Life, London 1914

Otto, Jos. Alb. SJ, Alexander von Rhodes SJ, in: Die Katholischen Missionen, Aachen 1928, S.6-13, 45-50, 69-77

Paas, Joh., Die Negerärzte des Kardinals Lavigerie, in: Akademische Missionsblätter, 19.Jg. Heft 1, Münster 1931, S.16-22

Pagel, A., Prof. Theodor Christlieb, Pastor Alfred Christlieb - Die Lebensgeschichte zweier Männer, die Christus und die Brüder liebten, Bad Liebenzell 1983

Pagerl, J., Grundriss eines Systems der Medizinischen Kulturgeschichte, Berlin 1905

Paget, Elma K., The Claim of Suffering - A Plea for Medical Missions, Westminster 1912

Park, E(dwards) A., Memoir of his [sc. Samuel Hopkins'] life and character, in: The Works of Samuel Hopkins, Vol.I, S.5-266

Park, Edwards A., New England Theology, in: Selected Essays of Edwards A.Park, ed. with an Introduction by Bruce Kuklick, New York / London 1987, S.170-220

Parker, Joseph I., (Ed.), Interpretative Statistical Survey of the World Mission of the Christian Church - Summary and Detailed Statistics of Churches and Missionary Societies, Interpretative Articles, and Indices; International Missionary Council, New York / London 1938

Parker, Peter, Statements respecting Hospitals in China, preceeded by a letter to John Abercrombie, Glasgow 1842

Paterson, E.H., What Price Happiness?, London 1963

Patrick, R., Living in the light - dispensaries, philanthropy and medical reform in late-eighteenth-century London, in: The medical enlightenment, A.Cunningham / R.French (Ed.), S.254-280

Paul, C., Die ärztliche Mission in den deutschen Kolonien, in: Evangelisches Missions Magazin, NF 52.Jg, 1908, S.97-104, 158-167

Pautin, Mabel, Flashlights on Chinese Life - Yellow Dragon Street and other Stories, London o.J.

Peacock, Mabel R., A Nurse's Indian Log-Book - Being Actual Incidents in the Life of a Missionary Nurse, Westminster 1925

Pearson, George H., Get up and Go - The Autobiography of a Medical Missionary, London 1968

Peill, J., The Beloved Physician of Tsang Chou, Life - Work and Letters of Dr.Arthur D.Peill, F.R.C.S.E., edited by his father, London o.J.

Pennell, Alice Maud (Sorabj), Mrs., Pennell of the Afghan frontier: the life of Theodore Leighton Pennell, with an introduction by Earl Roberts, 1st Ed. in Pakistan, 2 Vols. in one; (enthält auch: Pennell, T.L., Among the wild tribes of the Afghan frontier), Lahore 1978

Pennell, T(heodore) L(eighton), Among the wild tribes of the Afghan Frontier - A Record of sixteen years' close intercourse with the natives of the Indian Marches, with an introduction by Earl Roberts, London 1913[5]

Penrose, Valeria Fullerton, Opportunities in the Path of the Great Physician, Philadelphia 1902

Percy, Douglas C., Stirrett of the Sudan, Chicago 1948, 1948[3]

Perkins, Edward C., A Glimpse of the Heart of China, New York / Chicago / Toronto 1911

Peter, W.W., Broadcasting Health in China - The Field and Methods of Public Health Work in the Missionary Enterprise, Shanghai 1926

Peterkin, A. / Johnston, W., Commissioned Officers in the Medical Services of the British Army 1660-1960, Vol.I, London 1968

Petersen, Stella Parker, It came in Handy - The Story of Riley Russell, M.D., Physician Extraordinary to the People of Korea, Washington 1969

Petersen, William J., Another Hand on Mine - The Story of Dr.Carl K.Becker of the Africa Inland Mission, New York / Toronto / London 1967

Petty, Orville A., Laymen's Foreign Missions Inquiry, Regional Reports of the Commission of Appraisals, Supplemetary Series, Part One, Vol. I (India / Burma), Vol.II (China), New York 1933

Petty, Orville A., Laymen's Foreign Missions Inquiry, Fact-Finders' Report; Supplementary Series, Part Two, Vol.IV (India / Burma), Vol.V (China), New York / London 1933

Philanathropy, Art. in: Encyclopedia Americana, Vol.21, New York / Chicago / Washington 1958, S.735f

Philip, Horace R.H., God and the African in Kenya, London / Edinburgh o.J.

Phillips, Clifton Jackson, Protestant America and the Pagan World: The First Half Century of the American Board of Commissionaers For Foreign Missions, 1810-1860, Cambridge, Massachusetts, 1969

Piccinini, P., Storia della Medicina Missionaria, Sonderdruck aus: Acta Medica Italica, Anno VIII, Fasc.I, Giugno 1942-XX, Milano

Piechocki, Werner, Gesundheitsfürsorge und Krankenpflege in den Franckeschen Stiftungen in Halle / Saale, in: Acta Historica Leopoldina Nr.2, Leipzig 1965, S.29-66

Pirotte, Jean / Derroitte, Henri, Églises et santé dans le tiers monde hier et aujourd'hui; Chruches and Health Care in the Third World past and present, Leiden 1991

Pitt, Peter, Surgeon in Nepal, London 1970

The Place of Medical Missions in the Work of the Church, Statements adopted by the Council, in: Addresses and other Records, Report of the Jerusalem Meeting of the International Missionary Council March 24 th. - April 8 th., 1928, Vol.VIII, London 1928, S.197-200

Plechl, Pia Maria, Kreuz und Äskulap - Dr.med. Anna Dengel und die missionsärztlichen Schwestern, Wien / München 1967

Plechl, Pia Maria, Die Nonne mit dem Stethoskop, Dr.med. Anna Dengel 1892-1980 - Eine Tirolerin geht einen neuen Weg, Mögling / St.Augustin 1981

Pohl-Lovejoy, Esther, Women Doctors of the World, New York 1957

Polcino, Sr.M.Regis, The Medical Mission Sisters, in: Transactions and Studies of the College of Physicians of Philadelphia, 4th Series Vol.35 No.1, Philadelphia July 1967

Pollock, John C., A Foreign Devil in China - The Story of Dr.L.Nelson Bell - An American Surgeon in China, Minneapolis, Minnesota, 1971

Pollock, J., Dwight L.Moody - Vater der modernen Evangelisation, Konstanz 1973

Pollock, Seaton / Pritchard, Maween, Christ's Servant - India's Friend - A Memoir of Dr.Aileen Pollock of Ludhiana; with an Epilogue by her friend and successor, Dr. Eileen Barter Snow, London o.J.

Pomper, Werner, Lambert Louis Conrady, Prêtre-médecin, apôtre des lépreux, in: Pirotte, J. / Derroitte, H., Églises et santé, S.49-56

Popp, Richard L., American Missionaries and the Introduction of Western Science and Medicine in Thailand, 1830-1900, in: Missiology - An International Review from the American Society of Missiology, Vol.XIII, Scottdale 1985, S.147-167

Posner, Carl, Rudolf Virchow, Leipzig 1921

Poteat, Gordon, A Greatheart of the South - John T.Anderson, Medical Missionary, New York 1920

Powell, Charles A., Bound Feet, Boston 1938

Prakash, Om, St.Martha's Hospital - A Tribute, Bangalore 1986

Pratt, Chas. H., ›Re-Thinking Missions‹, Laisville 1933

The Premises of Medical Missions, Findings of a conference on medical missions held June 5-7, 1963, at Arden House, Harriman, New York, under the auspices of the Christian Medical Council for Overseas Work, in: Occasional Bulletin from the Missionary Research Library, Vol.XIV No.10, Oct. 1963, S.1-7

Prentice, Margaret May, Unwelcome at the Northeast Gate, o.O. 1966

Preston, Edgar A., The Healing Hand - The Story of the Medical Missions of the L.M.S., London o.J. (1916?)

Priester und Arzt, in: Katholische Missionsärztliche Fürsorge, Jahrbuch 1929, S.142-145

Pritzke, Herbert, Bedouin Doctor, New York 1957

Proceedings of the General Conference on Foreign Missions, held at The Conference Hall in Mildmay Park, London, in October, 1878; ed. by the Secretaries to the Conference, London 1879

Proceedings of the Second Annual Medical Missionary Conference (interdenomiational), Held at Battle Creek Sanitarium, February 15,16,17, 1910, Battle Creek 1910

Proclaiming Liberty - The Jubelee Book of Mengo Hospital, 1897-1947, o.O. o.J. (1947)

Propach, G. (Hg.), Predigt und heilt - Beiträge zum missionsdiakonischen Dienst - Berichte aus der Praxis, Giessen/Basel 1985

Proposal of the London Missionary Association to introduce Christianity into China by the Agency of English Surgeons, in: The Lancet, Th.Wakely (Ed.), London, 1836 Vol.II, S.520f

Pruijs, H.S., (Pruys, H.S.), De Medische Zending, Djojakarta (Java) 1911

Purcell, Mary, To Africa with Love - The Biography of Mother Mary Martin, Dublin 1987

Qualifications and Preparation of Medical Missionaries and Nurses - The Report of a Committee appointed by the Board of Missionary Preparation, Presented at the Third Annual Meeting in Kansas City, New Mexico, June 1914; reprinted March 19, 1918

Quarterly Paper, Edinburgh Medical Missionary Society, Edinburgh 1868ff

Quellmalz, A., D.Dr.Christoph Ulrich Hahn, in: Lebensbilder aus Schwaben und Franken, Bd.8, Stuttgart 1962, S.177-211

Rack, Henry D., Doctors, Demons and early Methodist Healing, in: The Church and Healing, S.137-152

Raiser, Konrad, (Hg.), Ökumenische Diakonie, eine Option für das Leben - Beiträge aus der Arbeit des ÖRK zur theologischen Begründung ökumenischer Diakonie, Beihefte zur Ökumenischen Rundschau, 57, Frankfurt 1988

Raley, Helen Thames, Doctor in an old World - The Story of Robert Earl Beddoe - Medical Missionary to China, Waco, Texas, /London 1969

Rambo, V.C., Mortality in the Disciples of Christ Mission, in: The Journal of the Christian Medical Association of India, Vol.8 No.4, July 1933, S.255-258

Ranger, Terence (O.), Medical Science and Pentecost: The Dilemma of Anglicanism in Africa, in: The Church and Healing, S.333-365

Ranger, Terence O., Godly Medicine: The Ambiguities of Medical Mission in Southeast Tanzania, 1900-1945, in: Social Science and Medicine, Life, Sciences and Medicine, P.McEwan, (Ed.), Vol.15 B, Oxford 1981, S.261-277

Rankin, Henry William, Divie Bethune McCartee M.D. - Pioneer Missionary - A Sketch of His Career, in: The New York Evangelist, May 22, 1909, S.604-607

Rapp, Urban OSB, Das missionsärztliche Apostolat - Zur Theologie des heilenden Handelns, in: ›Laeta Dies‹, Festgabe zum 50 jährigen Bestehen des Studienkollegs St.Benedikts in Würzburg, 1968, S.Amon (Hg.), S.195-205

Rapp, U(rban) OSB, Das Missionsärztliche Institut Würzburg 1922-1972, in: Zeitschrift für Missionswissenschaft und Religionswissenschaft, 56. Jg., 1972, S.241-252

(Rapp, Urban OSB, Hg.), Heilung und Heil - 50 Jahre Missionsärztliches Institut Würzburg 1922-1972, Münsterschwarzach 1972

Rasooli, Jay M. / Allen, Cady H., The Life Story of Dr. Sa'eed of Iran - Kurdish Physician to Princes and Peasants, Nobles and Nomades, Grand Rapids, Michigan, 1957; Pasadena 1983

Rauscher, Fridolin, Die Mitarbeit der einheimischen Laien am Apostolat in den Missionen der Weißen Väter, Missionswissenschaftliche Abhandlungen und Texte Bd.17, Münster 1953

Read, Katherine L. (with Robert O.Ballon), Bamboo Hospital - The Story of a Missionary Family in Burma; Foreword by Jesse R.Wilson, London 1961

Reason, Joyce, Safety Last - The Story of Albert Cook of Uganda, London 1954

Records of the General Conference of the Protestant Missionaries of China held at Shanghai, May 10-24, 1877, Shanghai 1877

Reedy, Janet Umble, A History of the Mennonite Medical Work in the Muria Mountain Area of Java, Indonesia 1894-1971, in: The Mennonite Quarterly Review, Vol.XLVII No.1, Goshen, Jan. 1973, S.31-53

Referaten Medische Zendingsconferentie 's Gravenhage, o.J. (1942)

Rehm, R., Philanthropie (allgemein / im Altertum / im Mittelalter), in: Historisches Wörterbuch der Philosophie, Bd.7, 1989, Sp.543-548

Reicke, S., Das deutsche Spital und sein Recht im Mittelalter, 2 Teile, Kirchenrechtliche Abhandlungen, Hefte 111-114, Stuttgart 1932

Reineck, Karl Eduard (Hg.), Verhandlungen der Versammlung evangelischer Christen Deutschlands und anderer Länder vom 9. bis 17. September 1857 in Berlin, Authentische Ausgabe - Im Auftrage des Comité's des evangelischen Bundes besorgt und mit einem Anhange herausgegeben von ..., Berlin 1857

Renault, François, Lavigerie l'Esclavage Africain Et l'Europe 1868-1892, Tome 1, Afrique Centrale, Paris 1971

Respondek, Th. RMM, Missionsärztliche Praxis des 16. und 17. Jahrhunderts (unter besonderer Berücksichtigung der spanisch-amerikanischen Kolonien), in: Katholische Missionsärztliche Fürsorge, Jahrbuch 1931, S.139-155

Re-Thinking Missions - A Laymen's Inquiry after one hundered Years by The Commission of Appraisal, William Ernest Hocking, Chairman, (Ed.), New York / London 1932

Re-Thinking Foreign Missions with the American Board, Boston o.J. (1933)

Report of a survey team commissioned by Wheat Ridge Foundation to observe and evaluate its medical mission interests overseas Asian Section, Chicago 1961

Report of a Consultation of the Christian Medical Board of Tanzania in Dar-es-Salaam 30th Sept. to 4th October 1974, ›I saw Satan fall like Lightning from Heaven‹, Dar-es Salaam 1975

Report of the Centenary Conference on the Protestant Missions of the World, held in Exeter Hall (June 9th - 19th), London 1888, J.Johnston (Ed.), 2 Bde.

Report of the Ecumenical Missionary Conference on Foreign Missions, held in Carnegie Hall and neighboring Churches, April 21 to May 1, In two Volumes, New York / London o.J. (1900)

Report of the Medical Committee appointed August 1825 by the General Committee of the Church Missionary Society to examine into the nature and extent of the mortality that has for many years prevailed amongst their residents at the western coast of Africa and to consider of the best means of diminishing its progress in future, London 1825

Report of the Medical Missionary Society containing an Abstract of its History and Prospects, Macao 1843

Rexroth, Georg, Dr.Robert Morrison, der Bahnbrecher der evangelischen Mission in China, Bremen o.J. (1930?)

Rey, Maria Del, Her Name is Mercy, New York 1957

Reyburn, William D., Out of the African Night, New York / Evanston / London 1968

Reynolds, Charles, Punjab Pioneer - The unique world of Edith Brown, pioneer surgeon of the women of India, founder of Ludhiana Christian Medical College, Waco, Texas / London 1968

Reynolds, Keld J., Outreach, Loma Linda University 1905-1967, Loma Linda 1968

Rhodes, Alexander von, Des Pater Alexander von Rhodes aus der Gesellschaft Jesu Missionsreisen in China, Tonkin, Cochinchina und anderen asiatischen Reichen. Aus dem Französischen von einem Priester derselben Gesellschaft, Freiburg i.Br. 1858

(Rhodes, Bernhard), Bernhard Rhodes, Medical Missionary, 1644-1715, in: The East and The West, A Quarterly Review for the Study of Missionary Problems, Vol. IX, 1911, Society for the Propagation of the Gospel in Foreign Parts, Westminster, S.75-81 (deutsch in: Die ärztliche Mission, 6.Jg., 1911, S.53-59)

Richards, Miriam M., It Began with Andrews - The Saga of a Medical Mission, with a foreword by Brigadier The Rt. Hon. Sir John Smyth, London 1971

Richter, Julius, Aus dem kirchlichen und Missionsleben Englands und Schottlands, Berlin 1898

Richter, Julius, Indische Missionsgeschichte, Gütersloh 1924²

Richter, Julius, Geschichte der weibliche Diakonie in der deutschen Mission, in: Brennende Fragen der Frauenmission, Heft 3, Leipzig 1930, S.6-8

Richter, J(ulius), Eine Generalkritik der evangelischen Mission, in: Allgemeine Missionszeitschrift, 1933, Heft 3, S.73-82

Richter, M., Der Missionsgedanke im evangelischen Deutschland des 18. Jahrhunderts, Leipzig 1928

Riedl, Günther, Tungkun - Das erste deutsche Missionshospital in China, Witten o.J. (1987?)

Riou, Roger, The Islands of My Life - From petty crime to priestly mission, New York 1975

Rivinius, Karl J., Das Missionswerk von Kardinal Lavigerie, in: Neue Zeitschrift für Missionswissenschaft, Immensee, Bd.39, 1983, S.1-15, 93-106

Robbins, Howard Chandler / MacNaught, George K., Dr. Rudolf Bolling Tensler - An Adventure in Christianity, with a preface by Joseph C.Grew, New York 1942

Robbins, Nancy E., Greater is He - The Power of God present to heal in a South Indian Hospital, London 1952

Robinson, D.E., The Story of our Health Message - The origin, character, and development of health education in the Seventh-day Adventist Church, 3rd Ed., revised and enlarged, Nashville 1965

Robinson, Marion, Only One Doctor, Westminster o.J.

Rodén, Nils, Personalartikel ›Fjellstedt, Peter‹, in: Svenskt Biografiskt Lexikon, Erik Grill (Ed.), Stockholm 1964-1966, Bd.16, S.85-91

Roggen, Die Gesandtschaft Date Masamune's - Ein Bild aus der japanischen Außlandspolitik des 17. Jahrhunderts, in: Katholische Missionsärztliche Fürsorge, Jahrbuch 1941, Würzburg, S.106-111

Röhr, (P.) OMI, Zur Frage der Ausbildung von Hebammen, in A.F.E.R. (Africanae Fraternae Ephemerides Romanae), Rom 1933, April, S.88-91

Roland, Charles G. / Key, Jack D., Was Peter Parker a Competent Clinician? in: Mayo Clinic - Proceedings, Vol.53, Rochester Feb. 1978, S.123-127

Romien, Claude, Agnès Mc Laren, première femme docteur en mèdecine de la Facultè de Montpellier, in: Monspeliensis Hippocrates No.31, Montpellier, Printemps 1966, S.21-28

Rosenkranz, Gerhard, Missionwissenschaft als Wissenschaft - Prolegomena zur wissenschaftstheoretischen Grundlegung der Missionswissenschaft, in: Zeitschrift für

Theologie und Kirche, 1950, S.103-127; wieder abgedruckt in: G.Rosenkranz, Aufsätze zur Evangelischen Religionskunde, München 1964, S.48-70

Rosner, Erhard, Medizingeschichte Japans, Handbuch der Orientalistik, Fünfte Abteilung - Japan -, Dritter Bd. - Geschichte - , fünfter Abschnitt, Leiden/New York 1989

Roseveare, Helen, Doctor among Congo Rebels, with a Foreword by Norman Grubb, London 1965; 1965[4]

Roseveare, Helen, Give me this Mountain - An Autobiography, London 1966

Roseveare, Helen, Doctor returns to Congo, London 1967

Roseveare, Helen, He gave us a valley, Leicester 1976

Roseveare, Helen, Living Sacrifice, London 1979

Roseveare, Helen, Living Faith, London 1980

Roseveare, Margaret P., High Spring - The Story of Iyi Enu Hospital, London 1946

Ross, Ronald, Missionaries and the Campaign against Malaria, London 1910

Roth, A., Johannes Goßner - ein Flüchtling und Bote des Evangeliums; Bannerträger des Evangeliums, Bd.1, Neumünster 1929

Rothschuh, M., Witchdoctor in Afrika und Missionsarzt, in: Arzt und Christ, Vierteljahrschrift für medizinisch-ethische Grundsatzfragen, Wien, 12. Jg., 1966, S.95-99

Rowland, John, The Mosquito Man - The Story of Sir Ronald Ross, London 1958

Rubenstein, I.H., Okinava Naval Mission, Chicago 1976

Ruf und Dienst der ärztlichen Mission, hg.v. Verband der Vereine für ärztliche Mission; erschienen beim Deutschen Institut für äztl. [!] Mission in Tübingen, Stuttgart 1935

Russell, Thomas, Can the Story Be Told Without Them? The Role of Women in the Student Volunteer Movement, in: Missiology - An International Review of the American Society of Missiology, Vol.XVII, Scottdale 1989, S.159-175

Ryan, Mary, Dr. Agnes McLaren (1837-1913), London 1915

Sabben-Clare, E.E./Bradley, D.J./Kirkwood, K., Health in Tropical Africa during the Colonial Period, Oxford 1980

Sacrae Congregationis de Propaganda Fidei Memoria Rerum, 1622-1972, J.Metzler (Hg.), Bd.I,1-III,2, Freiburg / Rom 1971/1973

Sägmüller, J.B., Lehrbuch des katholischen Kirchenrechts, Freiburg 1909[2]

Salsbury, Clarence G./Hughes, Paul, The Salsbury Story - A medical missionary's lifetime of public service, Tuscon, Arizona, 1969

Sampath, Hugh M., Livingstone College and the Medical Education of British Missionaries; for presentation at the Annual Meeting of the Canadian Society for the History of Medicine, University of Windsor, Windsor, Ontario, Canada, June 12, 1988 (Typoskript)

Saunders, Frank K., The Report of a Conference on the Preparation of Medical Missionaries, held by the Board of Missionary Preparation with the Representatives of the Foreign Mission Boards and of Medical Intrests in North America, New York City, April 5-6, 1916, New York 1916

Sanders, R.Keith M., Mission-in-Medicine, Christian Medical Fellowship Guidelines No.79, o.O. (London) o.J.

Saving Health, Medical Missionary Association, London, seit 1961

Schadewaldt, H(ans), Aus der Geschichte der medizinischen Desinfektion, in: H.Kuckci / J.Rödger (Hg.), Die medizinische Desinfektion, mit Beiträgen von ..., anläßlich des 75 jährigen Jubiläums des Hauses Lysoform Dr.Hans Rosemann, Frankfurt 1975, S.7-19

Schaefer, Richard A., Lagacy - The heritage of a unique international medical outreach, Mountain View, California, 1977; 1990 (mit variierenden Untertiteln)

Schapera, I. (Ed.), David Livingstone - Family Letters 1841-1856, Vol.I, 1841-1848, ed. with an introduction, London 1959

Scharlemann, Martin H., Healing and Redemption - Toward a Theology of Human Wholeness for Doctors, Nurses, Missionaries and Pastors, St.Louis 1965

Scheel, M(artin), Missionsärztlicher Dienst, eine Notwendigkeit, Bad Salzuflen 1961

Scheel, Martin, (Hg., mit achtzehn Mitarbeitern), Ärztlicher Dienst im Umbruch der Zeit, Stuttgart 1967

Scheel, Martin, Das Bild der ärztlichen Mission heute, in: Nachrichten aus der ärztlichen Mission, 20. Jg. No.2, April 1969, S.2-5

Scheel, Martin, Ärztliche Mission im Umbruch der Zeit, in: Gelbe Beilage zu den ›Nachrichten aus der ärztlichen Mission‹, 34. Jg. Nr.1, Jan. 1983, S.1-6

Scheel, Martin, Art.: Ärztliche Mission, in: Evangleisches Kirchenlexikon, Bd.1, Göttingen 1986³, Sp.276-278

Scheel, Martin, Partnerschaftliches Heilen - Die Sozialmedizin in ökumenisch-diakonischer Sicht, Stuttgart 1986, 1987²

Scherer, A., Justinian Welz: Essays by an Early Prophet of Mission, Grand Rapids, Michigan, 1969

Schiele, M., Missionsärztliche Arbeit in Südafrika, in: Ärztliche Mission, Lose Hefte Nr.45, Studentenbund für Mission, Berlin, April 1930, S.26-30

Schilling, Dorotheus OFM, Das Schulwesen der Jesuiten in Japan (1551-1614), Teildruck, Münster 1931

Schilling, Dorotheus OFM, Hospitäler der Franziskaner in Miyako (1594-1597), in: Neue Zeitschrift für Missionswissenschaft, V, 1949, S.1-18, 98-110, 189-202, 258-275; VI, 1950, S.35-47

Schimlek, Francis CMM, Medicine Versus Witchcraft, Mariannhill 1950

Schipperges, Heinrich, Entwicklung moderner Medizin, Probleme - Prognosen - Tendenzen, Schriftentreihe der Bezirksärztekammer Nordwürttemberg, Nr.10, Stuttgart 1968

Schipperges, Heinrich, Weltbild und Wissenschaft, Eröffnungsreden zu den Naturforscherversammlungen 1822 bis 1872, Hildesheim 1976

Schipperges, Heinrich, Homo patiens - Zur Geschichte des kranken Menschen, München / Zürich 1985

Schlaich, L., (Hg.), Dienst am hilflosen Volk - 100 Jahre Heil- und Pflegeanstalt für Schwachsinnige und Epileptische in Stetten i.R., Stuttgart 1949

Schlatter, Wilhelm, Geschichte der Basler Mission 1815-1915, mit besonderer Berücksichtigung der ungedruckten Quellen dargestellt, Bd.I, Die Heimatgeschichte der Basler Mission, Basel 1916; Bd. II, Die Geschichte der Basler Mission in Indien und China, Basel 1916

Schlunk, Martin, Die Weltmission des Christentums - Ein Gang durch neunzehn Jahrhunderte, dargestellt von ..., Hamburg 1925

Schlunk, M(artin), ›Ärztliche Mission‹, Vorlesungsmanuskript, Tübingen 1930, in: Universitätsarchiv Tübingen, in Bestand 552

Schlyter, Herman, Karl Gützlaff als Missionar in China, Lund /Kopenhagen 1946

Schlyter, Herman, Der China-Missionar Karl Gützlaff und seine Heimatbasis - Studien über das Interesse des Abendlandes an der Mission des China-Pioniers Karl Gützlaff und über seinen Einsatz als Missionserwecker, Lund 1976

Schmidlin, J(osef), Über die fernasiatische Missionscaritas, in: Zeitschrift für Missionswissenschaft und Religionswissenschaft, 21. Jg., 1931, S.290-295

Schmidlin, J(osef), Missionscaritas einst und jetzt, in: Zeitschrift für Missionswissenschaft und Religionswissenschaft, 26. Jg. 1936, S.193-199

Schmidt, Martin, Der junge Wesley als Heidenmissionar und Missionstheologe - Ein Beitrag zur Entstehungsgeschichte des Methodismus, Gütersloh 1973

Schönen, Das Wesen der Gelübdesolennität, in: Theologische Quartalschrift, 56. Jg., Tübingen 1874, S.195-236, 447-508

Schönfeld, Walther, Frauen in der abendländischen Heilkunde vom klassischen Altertum bis zum Ausgang des 19. Jahrhunderts, Stuttgart 1947

Schönleber, Anna, Zwischen Lotosblüte und Gobistaub - Erlebnisse deutscher Schwestern in China, Stuttgart 1956

Schoeps, Hans Joachim, Von der Imitatio Dei zur Nachfolge Christi, in: H.Schoeps, Aus frühchristlicher Zeit - Religionsgeschichtliche Untersuchungen, Tübingen 1950, S.286-301

Schofield, A.T., Memorials of R.Harold A.Schofield, M.A., M.B. - Late of the China Inland Mission, First medical missionary to Shan-Si, China, London 1898

Schofield, Robert E., John Wesley and Science in 18th Century England, in: ISIS - An international review devoted to the history of science and its cultural influences; official quarterly Journal of the History of Science Society, Cambridge, Massachusetts, Vol.44, 1953, S.331-340

Schomerus, H.W., Eine missionsärztliche Bitte aus aus dem Jahre 1719, in: Die Ärztliche Mission, 26. Jg., 1936, S.127

Schomerus, H.W., Missionsärztliche Urkunden, in: Die ärztliche Mission, 26. Jg., 1936, S.95f

Schram, R(alph), Britain's contribution to health and medicine in tropical countries through medical missions, in: Transactions of the Royal Society of Tropical Medicine and Hygiene, Vol. 75, Supplement, London 1981, S.56-58

Schram, R(alph), African Medical Missionaries, in: Medical Missionary News, April - June 1958, London, S.4-6

Schreiber, (August Wilhelm), Die kontinentale Missionskonferenz zu Bremen (4.-7.Mai 1880), in: Allgemeine Missionszeitschrift, 7. Bd., 1880, S.328-336

Schreiber A(ugust) W(ilhelm), Die Diakonissen auf dem Missionsfelde, in: Der Armen- und Krankenfreund, Kaiserswerther Zeitschrift für die weibliche Diakonie der evangelischen Kirche, 91. Jg. Heft 4/6 Düsseldorf-Kaiserswerth 1939, S.68-90

(Schreiber, Julius, Hg.), Fünf Jahre ärztlicher Missionsarbeit 1900-1905; Von den europäischen Arbeitern am Missionshospital in Pea Radja (Sumatra), Barmen o.J. (1906?)

(Schreiber, Julius), 10 Jahre ärztlicher Missionsarbeit - Missions-Hospital Pea Radja, Sumatra, Bataklande, 1900-1910, Laguboti 1911

Schulz, Anselm, Nachfogen und Nachahmen, Studien über das Verhältnis der neutestamentlichen Jüngerschaft zur urchristlichen Vorbildethik, München 1962

Schumacher, H(einrich), The Re-Discovery of the Original Christian Mission Method, in: The Medical Missionary, Washington D.C., Vol.XI, 1936, S.98ff

Schurhammer, Georg SJ, Die zeitgenössischen Quellen zur Geschichte Portugiesisch

Asiens und seiner Nachbarländer (Ostafrika / Abessinien / Arabien / Persien / Vorder- und Hinterindien / Malaischer Archipel / Philippinen / China und Japan) zur Zeit des Hl. Franz Xaver (1538-1552), Rom 1962

Schwartz, Frederick J., Thailand and the Seventh-Day Adventist Medical and Missionary Work, Berrien Springs 1972

Schwarz, Richard W(illiam), John Harvey Kellogg: American Health Reformer, masch.Diss, University of Michigan, 1964

Schwarz, Richard W(illiam), Dr.John Harvey Kellogg - A Social Gospel Practitioner, in: Journal of the Illinois State Historical Society, Vol.LVIII No.1, Springfield, Spring 1964, S.5-22

Schwarz, Richard W(illiam), The Kellogg Schism - the hidden issues, in: Spectrum, Quarterly Journal of the Association of Adventist Forums, Loma Linda, Autum 1972, S.23-45

Schwarz, Richard W(illiam), John Harvey Kellogg M.D. - The Father of the Health Food Industry, Nashville 1970; Berrien Springs, Michigan, 1981

Schweitzer, Albert, Zwischen Wasser und Urwald, Bern 1921

Schweitzer, Albert, Mitteilungen aus Lambarene 1924-1927, München 1928

Schweitzer, Albert, Aus meinem Leben und Denken, Leipzig 1931

Scovel, Myra, My Neighbour, the wounded - The Widening Scope of the Medical Mission of the Church, New York 1966

(Scudder, John), Appeal of Dr.Scudder to pious physicians in the United States, in: The Missionary Herald, Vol. XXIX, Boston 1833, S.269-271

Scudder, John, Letters from the East, Boston 1833

Seagrave, Gordon S., A Doctor among the Northern Shans, in: World Dominion Press, Vol.VII No.2, London April 1929, S.130-135

Seagrave, Gordon S., Tales of a Waste-Basket Surgeon, Philadelphia 1938; 1944[4]

Seagrave, Gordon S., Burma Surgeon, Chicago 1944

Seagrave, Gordon S., Burma Surgeon Returns, New York 1946

Seagrave, Gordon S., My Hospital in the Hills, New York 1955

Seagrave, Gordon S., The Life of a Burma Surgeon, New York 1961

Seaver, George, David Livingstone - His Life and Letters, New York 1959

Seel, David J., Challenge and Crisis in Missionary Medicine, Pasadena, California, 1979

Serrell, Jeanne M., Tales of modern missionaries - For young people; Foreword Ph.S.Bird, New York / London 1929

Seventh-Day Adventist Encyclopedia, Commentary Reference Series, Vol.10, revised Ed., Washington D.C. 1976

Seymer, Lucy Ridgely, A General History of Nursing, London 1956[4]

Sharpe, Eric J., Reflections on Missionary Histiography, in: International Bulletin of Missionary Research, Vol.13 No.2, New Haven April 1989, S.76-81

Shelton, Albert L., Pioneerring in Tibet, a personal record of life and experience in mission fields, New York / Chicago 1921

Shepherd, R.H.W., A South African Medical Pioneer - The Life of Neil Macvicar, M.D., o.O. 1952

Sherwood-Hall, Rosetta, The Life of Rev.William James Hall, M.D., Medical Missionary to the Slums of New York - Pioneer Missionary to Pyong Young, Korea; Introduction by Willard F.Mallice, New York o.J. (1897?)

Shryock, Richard H., The History of Nursing - An Interpretation of the Social and Medical Factors Involved, Philadelphia / London 1959

Sickinger, O., Aerztliche Mission in Niederländisch Indien; Bilder aus der Arbeit mit Vorwort von Prof. Dr.Olpp, Tübingen, Neuenkirchen 1925

Sievers-Peerzaada, Marzia, Ruth Pfau als Lepraärztin in Pakistan 1960-1973, 25. Rundbrief des ›Freundeskreis Karachi‹, Köln 1973

Simpkin, Alice, Nursing in Nyasaland; with a Preface by the Bishop of Chester, Westminster o.J. (1925?)

Simpson, Cora E., A Joy Ride Through China for the N[ational] A[ssociation of] N[ursing], Shanghai o.J. (1926?)

Singleton, M., Medicine Men and the Medical Missionary, in: Cultures et développement, Revue Internationale des Sciences du Développement, Tom. 7, Louvain 1975, S.33-52

Sinker, Margaret, Friend of the Frontier - The Story of Dr. Theodore Pennell, London o.J.

Skinsnes, Casper C., Scalpel and Cross in Honan, Minneapolis 1952

Sloan, T.Dwight, The Medical Advance Guard; World Reconstruction Papers, Second Series No.6, New York o.J.

Smith, Frederick Porter, Contributions toward the Materia Medica and natural history of China for the use of Medical Missionaries and native medical students, Shanghai / London 1871

Smith, James Frazer, Life's Wakening Part - being the autobiography of Reverend James Frazer Smith, Pioneer Medical Missionary to Honan, China, and Missionary to Central India, Toronto 1937

Smith, Sheila, Doctor Ida (Ida Scudder of India), New York 1953

Smith, W.E., A Canadian Doctor in West China - Fourty Years under Three Flags; Foreword by E.W.Wallace; Introduction by F.C.Stephenson, Toronto 1938

Smith, Wilvur M., Art.: Moody, Dwight Lyman (1837-1899), in: Collier's Encyclopedia, Vol.16, 1964, S.524

Smylie, James H., The Reformed Tradition [sc. of caring and curing], in: Caring and Curing, S.204-239

Soares, José Caetano, Macau e a Assistência (Panorama - médico-social), Lisboa 1950

Soeder, Hermann, Der Anteil der Deutschen ärztlichen Mission an der Entwicklung der Tropenheilkunde, med.Diss, Tübingen 1937

Soest, Aart H. van, Fragen an die Ärztliche Mission, in: Beilage zu den ›Nachrichten aus der ärztlichen Mission‹, 17. Jg.Nr.3, Juni 1966, o.S.

Soest, Aart (H.) van, Ärztliche Mission - Heute, in: Nachrichten aus der ärztlichen Mission, 19. Jg. Nr.4, Aug. 1968, S.2-5

Soest, Aart H. van, Der Fortschritt der Medizin und die Hoffnung der Christen, in: Nachrichten aus der ärztlichen Mission, 20. Jg. Nr.1, Feb. 1969, S.2-5

Soest, Aart H. van, Wandlungen in der ärztlichen Mission, in: Nachrichten aus der ärztlichen Mission, 20. Jg. Nr.3, Juni 1969, S.6-9

Soest, Aart H. van, Von der Theorie zur Praxis im Amt der Heilung der Kirche, in: Nachrichten aus der ärztlichen Mission, 21. Jg. Nr.2, April 1970, S.2-4

Somervell, T.Howard, Knife and Life in India - The Story of a Surgical Missionary at Neyyor, Travancore, London 1940; revised: 1955

Somervell, T.Howard, India Calling, London 1947

Sommervogel, Carlos SJ, Bibliothèque de la Compagnie de Jèsus, Nouvelle Édition, Bibliograhie, Tome I, Bruxelles / Paris 1890; Tom.VI, 1895

Southon, Arthur E., Ilesha - And Beyond! The Story of the Wesley Guild Medical Work in West Africa, London o.J. (1932?)

Sovik, Arne, Weltweite ärztliche Mission in den letzten Jahrzehnten, in: Gelbe Beilage zu den ›Nachrichten aus der ärztlichen Mission‹, 32.Jg. Nr.3, Juli/August 1981, S.3-6

Spear, T.G.Percival, India and European Expansion, c.1500-1858, in: The New Encyclopædia Britannica, Vol. 21, Macropædia, Chicago 1990, S.77-93

Spaich, W., Zur Erinnerung an Missionsarzt Dr.Eugen Liebendörfer, in: Evangelisches Missions-Magazin, 71. Jg. NF, Basel 1927, S. 310-316 (auch in: Die ärztliche Mission, 17. Jg., 1927, S.52-55)

Specker, J. SMB, Die missionsärztliche Praxis in der Praguaymission, in: Missionsärztliche Caritas, Jahresheft 1926, S.16-27

Specker, J. SMB, Die kirchlichen Vorschriften über die ärztliche Fürsorge in den alten spanisch-amerikanischen Missionen, in: Missionsärztliche Caritas, Jahresheft 1948, S.16-23

Specker, J. SMB, Ein medizinisches Handbuch aus dem Jahre 1592 für die Missionare in Mexiko, in: Missionsärztliche Caritas, Jahresheft 1949, S.3-12

Specker, J. SMB, Der Spitalorden der Bethlehemiten in Lateinamerika (1667-1820), in: J.Specker / W.Bühlmann (Hg.), Das Laienapostolat in den Missionen, S.181-199

Specker, J SMB / W.Bühlmann (Hg.), Das Laienapostolat in den Missionen, Festschrift Prof. Dr. Johannes Beckmann SMB zum 60. Geburtstag, Neue Zeitschrift für Missionswissenschaft, Supplementa X, Schöneck-Beckenried, 1961

Speer, Robert E., ›The Hakim Sahib‹ - The Foreign Doctor - A biography of Joseph Plumb Cochrane, M.D. of Persia, New York 1911

Spence, Jonathan, To Change China, Western Advisers in China 1620-1960, Boston / Toronto 1969

Spencer, Lavan / Williams, George H., The Unitarian and Universalist Traditions [sc. of caring and curing], in: Caring and Curing, S.354-375

Sreenivasan, K., Devadasi, Madras 1976

Staedler, E., Die ›donatio Alexandrina‹ und die ›divisio mundi‹ von 1493, in: Archiv für katholisches Kirchenrecht, Mainz u.a., Bd.117, 1937, S.363-402

Staedler, E., Die westindischen Lehnsedikte Alexander VI (1493), in: Archiv für katholisches Kirchenrecht, Mainz u.a., Bd.118, 1938, S.377-417

Statements by the Directors of the Edinburgh Medical Missionary Society of The Occurences which led to and followed the Resignation of Mr. W.Burns Thomson, the former Superintendent of their Dispensary and Training Institution, Edinburgh 1871

Statistical View of the Officers, Missions, and Missionaries of the American Board of Commissioners for Foreign Missions, o.O. (Boston) 1939

Stauffer, M.T., The Christian Occupation of China, Shanghai 1922

Steed, Ernest H.J., Impaled - The story of Brian Dun, a twentieth century medical missionary martyr of the South Pacific, Mountain View, California, 1970

Steffahn, H., Du aber folge mir nach - Albert Schweitzers Werk und Wirkung, Bern / Stuttgart 1974

Steinmans-Pollak, Angelika, Das als katholische Aktion organisierte Laienapostolat - Geschichte seiner Theorie und seiner kirchenrechtlichen Praxis in Deutschland, Würzburg 1988

Stevens, George B. / Fisher Markwick, W., The Life, Letters, And Journals of the Rev. and Hon. Peter Parker, M.D., Missionary, Physician, and Diplomatist - The Father of Medical Missions and Founder of the Ophtalmic Hospital in Canton, Boston / Chicago 1896; Reprint: Wilmington, Delaware, 1972

Steynitz, Jesko von, Mittelalterliche Hospitäler der Orden und Städte als Einrichtungen der sozialen Sicherung, Sozialpolitische Schriften, Heft 26, Berlin 1970

Stinetorf, Louise A., White Witch Doctor, Philadelphia o.J.

Stinnesbeck, Thecla M. OSB, 33 Jahre Missionsärztliche Tätigkeit im Ndandogebiet in Tanganyika, o.O. o.J. (1960)

Stirling, Betty, The Seventh-day Adventist Medical Mission Program as seen by mission doctors, Occasional Papers No.2, Department of Sociology and Anthropology, Loma Linda University, Loma Linda 1971

Stirling, Leader, Bush Doctor, being letters from Dr.Leader Stirling, Tanganyika Territory, Westminster 1947

Stirling, Leader, Tanzanian Doctor, London 1977 (deutsch: Missionsarzt in Afrika - Ein Lebensbericht. Mit einer Einleitung von Julius K.Nyerere, Berlin 1986)

Stirling, Leader, Africa, my Surgery, Worthing 1987

Stock, S., The History of the Church Missionary Society, 3 Bde., London 1899ff

Stölten, Hermann Otto, Der Arzt als Bahnbrecher christlicher Kultur, oder: Die Mission des Arztes in China, Jena 1890

Stokes, Anson Phleps, Peter Parker, founder of modern medical missions, o.O. o.J.

Stokes, W., Die mit Basel verbundenen Vereine für ärztliche Mission in der Schweiz, in: Die Tat der Barmherzigkeit, S.20-22

Storm, W.Harold, Wither Arabia? A Survey of Missionary Opportunity, London 1938

Straume, Jakob, Dag - Gry, Oslo o.J.

Stuart, E.Gertrude, An Austin Twelve on the Frontier - Medical Relief in and around Quetta, London o.J.

A Study of ›Re-Thinking Missions‹ within the Methodist Episcopal Church in Southern Asia, Byculla, Bomby, 1933

Sturton, Stephen Douglas, From Mission Hospital to Concentration Camp, London / Edinburgh o.J. (1946?)

Stutz, Ulrich, Der Geist des Codex iuris canonici, eine Einführung, Stuttgart 1918

Summers, H.J., They crossed the river - The founding of the Mater Misericordiae Hospital, Brisbane, by the Sisters of Mercy, o.O. (Brisbane) 1979

Sundermeier, Theo (Hg.), Die Begegnung mit dem Anderen, Plädoyers für eine interkulturelle Hermeneutik - Studien zum Verstehen fremder Religionen, Gütersloh 1991

Sundermeier, Theo, Erwägungen zu einer Hermeneutik interkulturellen Verstehens, in: Sundermeier, Theo (Hg.), Die Begegnung mit dem Anderen, S.13-28

Suzuki, Chusei / Feuerwerker, Albert, Art.: Late Ch'ing [sc. period of Chinese History], in: The New Encyclopædia Britannica, Vol.16, Macropædia, Chicago 1990, S.123-131

Swain, Clara, A Glimpse of India - Being a collection of Extracts from the Letters of Dr.Clara A.Swain, First Medical Missionary to India of the Woman's Foreign Missionary Society of the Methodist Episcopal Church in America, New York 1909

Swan, William, The Importance of Medical Missions, in: Lectures on Medical Missions, S.89-134

Tales from the Inns of Healing, Christian Medical Association of India, Burma and Ceylon, Nagpur 1942

Die Tat der Barmherzigkeit - Berichte aus der Arbeit der Basler Ärztlichen Mission, Basel / Stuttgart 1934

Tatchell, W.Arthur, Medical Missions in China - In Connexion with the Wesleyan Methodist Church; with an appreciation by the Hon.E.H.Fraser, London o.J. (1909?)

Taylor, Hudson, The relation of itinerant to settled Missionary work, Paper read at the Centenary Conference on the Protestant Missions of the World, London 1888, in: Report of the Centenary Conference, Vol.II, S.29-34

Taylor, Harry B., My Cup Runneth Over, Ambler 1968

Taylor, Howard, Dr. & Mrs., J.Hudson Taylor - God's man in China - A Biography, Chicago 1965 (1977 als: J.Hudson Taylor - A Biography, Chicago)

Taylor, H.F.Lechmere, A Century of Service 1841-1941 - A Sketch of the Contribution made by the Edinburgh Medical Missionary Society to the Extension of the Kingdom of God at Home and Abroad, Edinburgh 1941

Teichler, Günther, Brücke der Liebe - Krankenhaus im Dienste der Rassenversöhnung, Stuttgart / Basel 1958

Teng, Ssu-yu / Fairbank, John K., China's Response to the West - A documentary Survey 1839-1923, Cambridge, Massachusetts, 1961

Tenney, Helen J., Woman's Union Missionary Society of America, in: The Encycolpedia of Modern Christian Missions, S.693f

Teufel, W., Das Schloß der Barmherzigkeit - Geschichte und Auftrag der Anstalt Stetten, Stuttgart 1960

Thillies, L. / Loiselet, J., Bréviaire Médical a L'usage des Missionnaires et des Coloniaux, Paris 1930

Thompson, H.P., Medical Missions at Work, second revised Ed., London 1947

Thompson, Phyllis, No Bronze Statue - A Living Documentary of the Mildmay Mission Hospital, Eastbourne 1972

Thompson, Phyllis, Sent to Heal - The Story of the first hundered years of the Medical Missionary Association of London, founded March 2nd, 1878, London 1978

Thomson, J.C., Historical Landmarks of Macao, in: The Chinese Recorder and Missionary Journal, Shanghai, Vol.XVIII, 1887, S.175ff, 213ff, 264ff, 385ff, 423ff, 474ff; Vol. XIX, 1888, S.30ff, 74ff, 121ff, 168ff, 317ff, 371ff, 451ff, 522ff

Thomson, J.C., Semi-Centennial of the Medical Missionary Society, in: The China Medical Missionary Journal, Vol.II No.3 (Sept.) 1888, S.101-113

Thomson, J.C., Rev. Peter Parker, M.D., First Medical Missionary to China, and Dr. Kwan A-To, First Chinese Surgeon, in: The China Medical Missionary Journal, Vol.II, 1888, S.169-172

Thomson, W.Burns, A Memoir of William Jackson Elmslie, late medical missionary, C.S.M. - Kashmir, London 1891[4]; (1.A. 1875 unter dem Titel: ›Seedtime in Kashmir‹)

Thomson, W.Burns, Reminiscences of Medical Missionary Work; with Biographical Chapters by J.C.D. and Preface by James L.Maxwell, London 1895

Tinling, Christine J., India's Womenhood - Fourty Years' Work at Ludhiana, with a Foreword by Mildred Cable, London 1935

Tonge, E.M., Fanny Jane Butler, Pioneer Medical Missionary; with a foreword by Dame Mary Scharlieb, London o.J. (1932?)

Trevelyan, G.M., Kultur- und Sozialgeschichte Englands - Ein Rückblick auf sechs Jahrhunderte von Chancer bis Queen Victoria, Hamburg 1948

The Tsingtao Lutheran Hospital - How it happened, o.O. 1941

Turner, J.F., The Frontier in American History, New York 1962

Turpin, James W. / Hirshberg, Al., Vietnam Doctor - The Story of Project Concern, New York 1966

Ubah, C.N., Christian Missionary Penetration of the Nigerian Emirates, with special reference to the Medical Missions' Approach, in: The Muslim World, Vol.LXXVII, Hartford 1987, S.16-27

Underhill, Barbara, Doctor Joan of Australia and India, London o.J.

Unione Medico-Missionaria Italiana, Nr.7 von ›La Missione‹ (Dopperlnummer), Milano Jan. 1951

Ustorf, Werner, Die Missionsmehtode Franz Michael Zahns und der Aufbau kirchlicher Strukturen in Westafrika - Eine missionsgeschichtliche Untersuchung, Erlangen 1989

Väth, Anton, Die Frauenorden in den Missionen, Aachen 1920

Vanderpool, Harold Y., The Wesleyan-Methodist Tradition [sc. of caring and curing], in: Caring and Curing, S.317-353

Van Reken, David E., Mission and Ministry - Christian Medical Practice in Today's Changing World Cultures, Wheaton, Illinois, 1987

Vaughan, Berkeley, Doctor in Papua, Edinburgh 1974

Verdoorn, J.A., De Medische Zending en haar Probleem in dezen Tijd, in: Referaten Medische Zendingsconferentie, 's Gravenhage, o.J. (1942), S.1-27

Vermeer, N. [alias: J.Lodder], Tropendoktor - Skizzen aus einem Missionsspital auf Java, Basel 1940

Vierhub, Elisabeth, Gideon Mkon - Ein treuer schwarzer Krankenpfleger, Leipzig o.J. (1914?)

Vines, Charlotte S., A Woman Doctor on the Frontier, London 1925

Vines, Charlotte (S.), In and out of Hospital - Sketches of medical work in an Indian village Mission; with an Introduction by Sydney C.Griver, London o.J.

Vines, Charlotte S., Indian Medical Sketches, London o.J.

Vinton, J.A. (u.a.), Missionaries of the A.B.C.F.M., 1810-1885, Vol.I, o.O. o.J.

Virchow, Rudolf, Medizin und Naturwissenschaft - Zwei Reden 1845; mit einer Einführung von Werner Scheler, Berlin 1986

Virchow, Rudolf, Die Naturwissenschaften in ihrer Bedeutung für die sittliche Erziehung der Menschheit, Vortrag am 22.9.1873 auf der 46. Versammlung Deutscher Naturforscher und Aerzte - Wiesbaden, in: Tageblatt der 46. Versammlung Deutscher Naturforscher und Aerzte in Wiesbaden 1873, Nr.8, S.203-213

Visser, J.H., Genees- en Heelkunde door Priesters en Religieuzen volgens Kerkclijk Recht, in: Medisch Missie Maandblad, Breda 1928 (1.Jg.), S.104ff

Visser, Kz. J., Dr.Apricot van Hang Chow - Eenige bladzijden uit de geschiedenis der Medische Zending in China, in: Lichtstralen op den akker der Wereld 19.Jg., o.O. 1913

Völker, Arina, Das populärwissenschaftliche Schrifttum von Johann Juncker, in: Kaiser, W. / Hübner, H., (Hg.), Johann Juncker und seine Zeit, 2.Bd., S.41-54

Vortisch, Hermann, Hin und her auf der Goldküste - Tagebuchblätter eines Missionsarztes, Basel 1908

Vortisch, H(ermann), Geschichtliche Entwicklung der deutschen ärztlichen Mission, in: Die Ärztliche Mission, 19. Jg., 1929, S.137-144

Vortisch, H(ermann), Vom inneren und äußeren Ministerium der Ärztlichen Mission, in: Ärztliche Mission, Lose Hefte Nr. 45, Studentenbund für Mission, Berlin, April 1930, S.8-10

Vortisch-van Vloten, H(ermann), Der Missionsarzt in China, Basel 1917

Walker, Mary, The Archives of the American Board for Foreign Missions, in: Harvard Library Bulletin, Vol. VI, Cambridge, Massachusetts, 1952, S.52-68

Wallquist, Einar, Can the Doctor come?, London 1936

Wallroth, E., George Grenfell - Entdecker, Menschenfreund, Missionar, in: Allgemeine Missionszeitschrift, 36.Bd., 1909, S.305-314 u. 349-361.

Walls, A(ndrew) F., ›The Heavey Artillery of the Missionary Army‹: The Domestic Importance of the Nineteenth-Century Medical Missionary, in: The Church and Healing, S.287-297

Walls, Andrew F., The Legacy of David Livingstone, in: International Bulletin of Missionary Research, Vol. 11, Jul. 1987, S.125-129

Wangensteen, Owen H. / Wangensteen, Sarah D., The Rise of Surgery - From empiric Craft to scientific Discipline, Folkstone 1978

Wanless, Lillian Emery, Wanless of India - Lancet of the Lord, Boston 1944

Wanless, W.J., The Medical Mission - Its Place, Power and Appeal, Philadelphia 1898; 1906

Wanless, William, An American Doctor at Work in India; Introduction by Robert E.Speer, New York 1932

Ward, Gertrude, Letters from East Africa, London 1899; 1901

Ward, Patricia Spain, Art.: Swain, Clara A., in: Notable American Women 1607-1950 - A Biographical Dictionary, Edward T.James (Ed.), Vol.VIII, Cambridge, Massachusetts, 1971, S.411-413

W(arneck, Gustav), Ein deutscher Verein für ärztliche Mission, in: Allgemeine Missionszeitschrift, 26. Bd., 1899, S.220-222

Warneck, Gustav, Evangelische Missionslehre, 5 Bd.e, Gotha 1892-1900

Warneck, Gustav, Art.: Missionen, protestantische, in: Realencyclopedie für protestantische Theologie und Kirche, Bd.X, Leipzig 1882, S.33-102

Warneck, Gustav, Zur Erinnerung an Th.Christlieb, in: Allgemeine Missionszeitschrift, 16. Bd., 1889, S.445-448

Warren, Max, The Missionary Movement From Britain in Modern History, London 1965

Wasmann, Erich SJ, 100 Jahre deutscher Naturforscherversammlungen - Ein Stück deutscher Kulturgeschichte, in: Stimmen der Zeit, 53. Jg. 3.Heft, 104. Bd., Freiburg Dez.1922, S.183-192

Waterbury, J.B., Memoir of the Rev.John Scudder, M.D., Thirty Six Years Missionary in India, New York 1870

Watermann, Rembert, ›Das vortrefflichste Hospital der Welt‹ in Goa, in: Medizinische Monatsschrift, Zeitschrift für allgemeine Medizin und Therapie, 18.Jg. Heft 3, Stuttgart, März 1964, S.112-117

Watermann, Rembert, Der Mensch im ultramarinen Hospital (1494-1832), in: Die medizinische Welt, Ärztliche Wochenschrift, Stuttgart 1966, NF 17, S.1629-1634, 1674-1678

Watermann, Rembert, Goa und Salvador medizinhistorisch, in: Medizinische Monatsschrift, Zeitschrift für allgemeine Medizin und Therapie, 21. Jg. Heft 11, Stuttgart, Nov. 1967, S.500-507

Watson, Jonathan, The Duties of a Medical Missionary, in: Lectures on Medical Missions, S.189-218

Watson, Lila, Grace McBride - Missionary Nurse, Nashville, Tennessee, 1958

Watson, Percy Theodore, Recollections - Notes on Twenty-Five Years of Medical Work in Fouchow, China, o.O. o.J. (1963?)

Weber, H.L., Adventures in Medical Evangelism, in: Wolrd Dominion Press, Vol.VIII No.2, London 1930, S.132-136

Weber, Timothy P., The Baptist Tradition [sc. of caring and curing], in: Caring and Curing, S.288-316

Weishaupt, Martin, Krankendienst in Afrika - Aus Vergangenheit und Gegenwart der Leipziger Mission, Heft 10, Leipzig o.J. (1934?)

Weizsäcker, Carl von, Lehrer und Unterricht an der evangelisch-theologischen Facultät der Universität Tübingen von der Reformationszeit bis zur Gegenwart, beschrieben, in: Zur vierten Säcularfeier der Universität Tübingen im Sommer 1877, Festprogramm der evangelisch-theologischen Facultät, Tübingen 1877

Wells, Laura Preston, Stories from a Chinese Hospital, Shanghai 1930

Welz, Justinian von, Eine christliche und treuherzige Vermahnung an alle rechtgläubigen Christen der Augspurgischen Confession betreffend eine sonderbare Gesellschaft, durch welche nechst Göttlicher Hülffe unsere Evangelische Religion möchte ausgebreitet werden, 1644; Faber's Missionsbibliothek Nr. 1, Leipzig 1890

Wendlandt, Hans Carl, Die weiblichen Orden und Kongregationen der katholischen Kirche und ihre Wirksamkeit in Preußen von 1818 bis 1918, Paderborn 1924

Werner, K., Christian Gottlob Barth, Doktor der Theologie nach seinem Leben und Wirken, 3 Bde., Calw 1865-1869

Western, R.H., Some Women of Sindh in Home and Hospital, London o.J.

Wheeler, W.R. (u.a.), Modern Missions in Chile and Brazil, Philadelphia 1926

White, Ellen G., Counsels on Health and Instructions to Medical Missionary Workers; a compilation from the published writings of Mrs. White as found in her books, leaflets, and periodical articles covering a period of over fifty years, Mountain View, California, 1923

White, Ellen G., The Ministry of Healing, Mountain View, California, 1905; 1942

White, Hugh W., Demonism verified and analysed, Shanghai 1922

White, Paul, Doctor of Tanganyika, Sidney 1942[7] (deutsch: Hilfe für Matamam. Erzählung von der missionsärztlichen Arbeit in Tanganyika, Wuppertal 1962)

White, Paul, Jungle Doctor attacs witchcraft, London 1950

White, Paul, Jungle Doctor, Grand Rapids 1955

White, Paul, Jungle Doctor on Safari, Grand Rapids 1955

White, Paul, Jungle Doctor operates, Grand Rapids 1955

White, Paul, Jungle Doctor's Enemies, Grand Rapids 1955

White, Paul, Jungle Doctor meets a Lion, Grand Rapids 1955

White, Paul, Jungle Doctor to rescue, Grand Rapids 1955

White, Paul, Jungle Doctor's Case Book, Grand Rapids 1955

White, Paul, Jungle Doctor and the Whirlwind, Grand Rapids 1955

White, Paul, Jungle Doctor looks for Trouble, Grand Rapids 1955
White, Paul, Jungle Doctor goes West, Grand Rapids 1955
White, Paul, Eyes on Jungle Doctor, Grand Rapids 1955
White, Paul, Jungle Doctor stings a Scorpion, Grand Rapids 1956
White, Paul, Jungle Doctor hunts big Game, Grand Rapids 1956
White, Paul, Jungle Doctor Panorama, London 1960
White, Paul, Jungle doctor's Progress - A sequal to Doctor of Tanganyika, highlighting more than a Quarter of a Century of Progress in Missions, Medicine and Nationhood, London 1962
White, Paul, Alias Jungle Doctor - An Autobiography, Exeter 1977
Wicki, Josef SJ, Die ältere katholische Mission in der Begegnung mit Indien, in: Seaculum, Jahrbuch für Universalgeschichte, hg.v. G.Stadtmüller u.a., Bd.6, Freiburg / München 1955, S.345-367
Wicki, J(osef SJ), Die Bruderschaft der ›Misericordia‹ in Portugiesisch Indien, in: J.Specker / W.Bühlmann (Hg.), Das Laienapostolat in den Misionen, S.79-97
Wicki, J(osef SJ), Die gesundheitlichen Zustände in der indischen Provinz der Gesellschaft Jesu im 16. Jahrhundert, in: Neue Zeitschrift für Missionswissenschaft, 35. Jg., 1979, S.277-293
Widmer, Edgar, Zur Geschichte der schweizerischen ärztlichen Mission in Afrika unter besonderer Berücksichtigung des medizinischen Zentrums von Ifakara, Tanganyika, Basler Veröffentlichungen zur Geschichte der Medizin und Biologie, hg.v. H.Buess, Fasc. XVI, Basel / Stuttgart 1963
Wienand, Adam (Hg.; in Verbindung mit Carl Wolfgang Graf von Ballestrem und Christoph Freiherr von Imhoff), Der Johanniter-Orden, Der Malteser-Orden, Der ritterliche Orden des heiligen Johannes vom Spital zu Jerusalem - Seine Aufgaben - Seine Geschichte, Köln 1970
Wilde, M., Machet die Kranken gesund! (Mt.10,8) - Bilder aus der ärztlichen Missionsarbeit in Bochum - Blauberg, Südafrika, Berlin o.J.
Wilke, Leonhard OFM, Im Reiche des Negus vor 200 Jahren - Missionsreise der Franziskaner nach Abessinien von 1700 bis 1704, Nach dem Tagebuch des Missionars P.Theodor Krump O.F.M., dargestellt, Trier 1914
Wilkinson, A., A Brief History of Nursing in India and Pakistan, Madras 1958
Wilkinson, John, The Theological Basis of Medicine, in: Scottish Journal of Theology, Vol.8 No.2, Edinburgh June 1955, S.142-154
Wilkinson, John, The Mission Charge to the Twelve and Modern Medical Missions, in: Scottish Journal of Theology, Vol.27, Edinburgh 1974, S.313-328
Wilkinson, John, Making Men Whole - The Theology of Medical Missions, The Maxwell Memorial Lecture for 1989, published for the Medical Missionary Association, London 1990
Wilkinson, John, The Coogate Doctors - A History of the Edinburgh Medical Missionary Society 1841-1991, Edinburgh 1991
Wille, Johannes, Lys og Mørke - Et Danske Laegepars Indsats I Hollandsk Indien, Kopenhagen 1950
Willeke, Venâncio OFM, Franziskanermission in Brasilien 1500-1966, in: Neue Zeitschrift für Missionswissenschaft, Jg.23, 1967, S.81-95, 168-184; Jg. 24, 1968, S.122-132, 190-198; Jg.25, 1969, S.181-189, 254-261; Jg.27, 1971, S.21-34, 280-283

Williams, C.Peter, Healing and Evangelism: The Place of Medicine in Later Victorian Protestant Missionary Thinking, In: The Church and Healing, S.271-285

Williams, Walter R. and Myrtle M., Me and my house, Grand Rapids 1957

Williamson, John Rutter, The Healing of the Nations - A Treatise on Medical Missions Statement and Appeal, New York 1899 (englische Ausgabe unter gleichem Titel, aber mit anderer Seitenzählung!)

Willmann, Dorothy J., Medical Missions: a Social Problem, in: The Catholic Mind, Vol.XXVI No.16, New York, Aug. 22, 1928, S.301-314

Wilson, Dorothy Clarke, Take my hands - The remarkable Story of Dr.Mary Verghese, New York 1963 (deutsch: Um Füße bat ich, und er gab mir Fügel, Kassel 1965^3)

Wilson, Dorothy C(larke), Dr.Ida - the Story of Dr. Ida Scudder of Vellore, New York/ Toronto/London 1959 (deutsch: Doktor Ida - Fünfzig Jahre als Missionsärztin in Indien, Dr.Ida Scudder 1870-1961, Kassel 1962; 1963^3)

Wilson, Dorothy C(larke), The Second Dr.Scudder of Vellore, Vellore 1966

Wilson, Dorothy C(larke), Finger an Gottes Hand - Biographie des englischen Chirurgen und Leprologen Paul Brand, Kassel 1966

Wilson, Dorothy Clarke, Palace of Healing - The Story of Dr.Clara Swain, first Woman Missionary Doctor, and the Hospital she founded, London 1968

Wilson, Dorothy C(larke), Er brachte ihnen das Licht - Dr.Victor Rambo - Ein Leben für Blinde, Wuppertal / Kassel 1982

Wilson, Dorothy Clarke, The Legacy of Ida Scudder, in: International Bulletin of Missionary Research, Vol.11 Nr.1, 1987, S.26-30

Wilson, George, The Sacerdness of Medicine as a Profession, in: Lectures on Medical Missions, S.121-266

Winkler, J(ohannes), Die Aufgaben der Ärztlichen Mission auf Sumatra, in: Ärztliche Mission, Lose Hefte Nr.45, Studentenbund für Mission, Berlin, April 1930, S.21-26

Winkler, Joh(annes), Im Dienst der Liebe - Das Missionshospital in Pearadja 1900-1928, Barmen 1928

Winkler, Hans [sc:Johannes], Ärztliche Mission in England und Deutschland - Erlebnisse und Reflexionen, in: Allgemeine Missionszeitschrift, 27. Bd., 1900, S.294-304

Winkley, Edward, Healing Venture; with a Foreword by the Very Rev. Michael Gibbs, Ellicombe 1953

Winrich-Schulz, Joyce, Proud Testimony - A history of the Durban Indian Mission Hospital St.Aidan's 1883-1983, o.O (Durban) o.J. (1983)

Winter, Kurt, Rudolf Virchow, Biographien hervorragender Naturwissenschaftler, Techniker und Mediziner, Bd.24, Leipzig 1977

Winterfeld, B.v., Ein Missionsarzt, Erzählung, Bamberg 1930

Withrington, Kathleen, From Huts to Hospitals, Westminster 1951

Witt, Ernst, Ein Doktor für alles - Missionsärztliche Skizzen aus China, Liebenzell 1925

Witte, H., Hilfe für die Not der Kranken in China - Die Arbeit der ärztlichen Mission des Allg. Ev.-Prot. Missionsvereins, Berlin-Schöneberg 1911

Wittun, Johanna, Unterm Roten Kreuz in Kamerun und Togo, Heidelberg 1899

Witty, S(amuel) W.W., Converts through medical work, London 1915 (auch in: Mercy and Truth, Vol.XVII, 1913, S.9-13, 49f, 78-82, 110-113, 141-143, 174-177, 273-275, 303-306, 330-332, 369-371, 393-397)

Witty, Samuel W.W., Medical Missions in Africa and The East, London 1922

Wolf, Ernst, Schöpferische Nachfolge, in: Spannungsfelder der Evangelischen Soziallehre, Aufgaben und Fragen vom Dienst der Kirche an der heutigen Gesellschaft, F.Karrenberg/W.Schweitzer (Hg.), Hamburg 1960, S.26-38

Wolpert, Stanley A., Britsh Imperial Power, 1858-1920, in Art.: India in: The New Encyclopædia Britannica, Vol. 21, Macropædia, Chicago 1990, S.93-102

Wolter, H., Das abendländische Spital im Mittelalter, in: Handbuch der Kirchengeschichte, hg.v. H.Jedin, Bd.III, Die mittelalterliche Kirche, 2. Halbband: Vom kirchlichen Hochmittelalter bis zum Vorabend der Reformation, Freiburg 1968 /1985, S.168-236

Wong, Chimin K. / Lien-The, Wu, History of Chinese Medicine - Being a Chronicle of Medical Happenings in China from Ancient Times to the present Period, Tientsin 1932

Wong, Chimin K., Lancet and Cross - Biographical Sketches of fifty Pioneer Medical Missionaries in China, o.O. (Shanghai) 1950

Wood, Michael, Go an extra Mile - Adventures and Reflections of a Flying Doctor, with a Foreword by Lawens van der Post, London 1978

Wood, Michael, Different Drums - A Doctor's Fourty Years in Eastern Africa, New York 1987

Wood, M.M., The Touch of Healing - Stories of Medical Missionaries at Work, London 1929

Worland, Carr Elizabeth, American Medical Women and the Church to 1920, masch. Diss. St.Louis, 1982

World Dominion - An international Review of Christian Progress, London 1923-1939

World of all of us, C.S.M. Medical Missionaries at work, London 1948

Wu, Henry, The Memoirs of a British Medical Missionary in China - Rev.Dr.Stephen Douglas Sturton, Taipei 1971 (chinesisch)

Würz, F(riedrich), Der Missionsarzt, in: Evangelisches Missions-Magazin, NF 51. Jg., 1907, S.225-240

Wurster, Dr.Pennell, Missionsarzt und Missionspionier an der Nordwestgrenze Indiens, in: Evangelisches Missions-Magazin, NF 56. Jg., Basel 1912, S.465-461

Wyk, van, Die zweite Konferenz javanischer Missionare, in: Allgemeine Missionszeitschrift, 10. Bd., 1883, S.128-135

Wynne, Barry, Angels on Runway Zero 7 - The Story of the East African Flying Doctor Service, London 1968

Yates, D., The Serpent as a Symbol of Christ?, in: Christian Medical and Dental Society Journal, Richardsen, Tx., Vol.XX No.2, Summer 1989, S.10f

Year Book of the International Medical Missionary and Benevolent Association, Origin and Development of Medical Missionary and other Philanthropic Work among Seventh-Day Adventists, Battle Creek 1896

Young, John C., Medical Missions in Yemen, in: The Muslim World, XII. Jg., Hartford 1922, S. 62-65

Young, Nansi, Medical Missionary Pioneers, I. Dr.John Thomas, in: Journal of the Christian Medical Association of India, Burma and Ceylon, Vol.XIII No.1, Jan. 1938, S.1-6

Young, Nansi, Medical Missionary Pioneers, Dr.John Scudder 1793-1855, in: The Journal of the Christian Medical Association of India, Burma and Ceylon, Vol.XIII No.2, Mar. 1938, S.81-87

Young, N.B., Medical Missions, in: New Catholic Encyclopedia, Vol.IX, New York 1967, S. 575

Young, Theron Kue-Hing, A Conflict of Professions: The Medical Missionary in China, 1835-1890, In: Bulletin of the History of Medicine, Organ of the American Association for the History of Medicine and of The Johns Hopkins Institute of the History of Medicine, No. 47, Baltimore 1973, S.250-272

Youngson, A.J., The Scientific Revolution in Victorian Medicine, London 1979

Ysander, F., Läkarmissionens 4:de Period, in: Svenska Missionstidskrift, 46. Bd., Uppsala 1958, S.65-73

Yuet-wah Cheung, Missionary Medicine in China, A Study of Two Canadian Protestant Missions in China before 1937, Lanham / New York / London 1988

Yü, Tsune-Chi, Peter Parker: Minister of Good Will, in: Yale Journal of Biology and Medicine, Vol.8 No.3, New Haven Jan. 1936, S.249-252

Zahn-Harnack, Agnes von, Adolf v.Harnack, Berlin 1936

Zawisch, Carla, Werden des christlichen Arztes - Persönlichkeit und Gestaltung, Einsiedeln/ Köln 1937

Zehnder, Ludwig, Röntgen, Wilhelm Conrad, Professor der Physik 1845-1923, in: Lebensläufe aus Franken, Bd.IV, hg.v. A.Chrust, Würzburg 1930, S.319-340

Zehnder, Ludwig, W.C.Röntgen - Briefe an L.Zehnder - Mit den Beiträgen ›Geschichte seiner Entdeckung der Röntgenstrahlen‹ und ›Röntgens Einstellung zur Renaissance der klassischen Physik‹, Zürich 1935

Zeitschrift für Mission, hg.v. der Deutschen Gesellschaft für Missionswissenschaft, Basel / Korntal, seit 1975

Zeitschrift für Missionskunde und Religionswissenschaft, Organ des Allgemeinen Evangelisch-Protestantischen Missionsvereins, Berlin 1886-1939

Zeitschrift für Missionswissenschaft und Religionswissenschaft, Münster 1911-1937; 1950ff

The Zenana or Woman's Work in India. The monthly Magazine of the Zenana, Bible, and Medical Mission, London 1893/94-1935

Zerweck, N., Im Kampf mit der Todesnot in Süd-Mahratta, in: Aus der Werkstatt des Missionars, Vorträge, Ansprachen und Predigt auf der 5. allgemeinen studentischen Missionskonferenz vom 18.-22. April 1913 in Halle a.S. gehalten, Berlin-Lichterfelde, o.J., S.185-191

Zürcher, J(oseph) SMB, (Hg.), Die Gelübde im Ordensleben, Bd.III, Die Keuschheit, Einsiedeln 1960

Register

(Die mit einem Sternchen <*> versehenen Zahlen weisen darauf hin, daß der Beleg in den Fußnoten zu suchen ist.)

Orts- und Länderregister

Aburi 263
Adana 251*
Addis Abeba 68
Ägypten 115, 242, 263
Äquatorial-Afrika 65*, 224ff
Äthiopien 68, 282*, 305
Afrika (allgemein) 96, 248, 253, 262ff, 309
Agra 170, 250, 260, 309
Ajmere 277*
Alaska 68, 267
Alexandrien 241*, 243*
Algerien 241, 242
Algier 227, 242, 252
Allahabad 83*, 246
Amazonas 68*
Amherst 175*
Amoy 205, 237, 254, 256
Amritsar 252, 259
Amsterdam 114*
Andover 145*, 146*
Angola 98, 106, 263
Anking 58*
Antananarivo 265, 309
Asien (allgemein) 249, 253, 308
Assiut 263
Athen 294*
Augusta 175*
Australien 69, 198, 253
Azoren 96

Bad Hersfeld 208*
Bagdad 23*, 266
Baltimore 161*
Bangladesh 62
Bangkok 237, 252
Bannu 234, 251, 259

Barbados 110, 115*
Bareilly 246, 260
Barmen 179
Basel 129, 179, 207*, 208*, 299*
Batavia 108*
Battle Creek, Mich. 71, 91*, 215ff, 308
Beirut 238, 241*, 243*, 248, 266
Belgien 36
Belgisch Kongo s. Zaire
Benares 198, 260
Bengalen 115*, 258, 297*
Berlin 84, 180*, 294*
Bern 208*
Bhagalpur 247
Bieberach a.Rh. 208*
Bintang 130, 131
Birmingham 69, 175*
Blantyre 264
Bombay 246, 252
Bombay (Presidency) 61, 259
Bonin Islands s. Ogasawara Gunto Inseln
Bönnigheim 178*
Boston 161*, 173*, 175*, 190*, 191, 300
Brasilien 96*, 98, 238, 266*
Bremen 85, 299*
British East Afrika s.: Kenya
British Solomon Islands 55
Burma 62, 247, 249, 262

Calw 177
Cambridge 175*
Canton 13, 58, 80, 81, 118, 138ff, 43ff, 158ff, 169f, 172, 236, 250, 251*, 254, 255, 270*, 276, 277*, 306, 307
Ceylon s.: Sri Lanka
Chefoo 237
Chengtu 255

375

Che-Kiang 133*
Chicago/Chikago 71, 208, 209ff, 308

Chile 105*, 266*
Chilhi 247*, 256
China (allgemein) 27, 38, 56, 105, 106, 132, 137, 172, 181*, 183, 191, 231, 237, 239, 242, 248, 251, 253ff, 282*, 284, 291, 306, 309
Circle City 267*
Christiana 205
Cochin-China s.: Süd Vietnam

Dänemark 206
Damaskus 188*, 241*, 266
Daressalam 264
Delhi 292*
Dera 250*
Dera Ghazi Khan 259
Dera Ismail Khan 259
Deutsch Ost-Afrika s.: Tansania
Doorn 36
Drogheda 74
Dublin 244
Durban 263

Ecuador 68*
Edinburgh 81, 175*, 176, 180ff, 215
Elim 263
England 81, 156*, 160, 174, 183, 262, 268*

Fidji 267*
Foochow 254, 255*, 256
Formosa 57*, 195*, 254
Fort Jackson 170*
Fort Yukon 68
Frankfurt a.M. 208*
Frankreich 231*, 268*
Freiburg i.Br. 208*
Fukien 150*, 253, 255

Gabun 65
Gaza 252
Geneva, N.Y. 189*
Genf 294*

Georgien 104*
Ghana 64, 65*, 117*, 145*, 263, 300*
Gibraltar 117
Gießen 208*
Glasgow 161*, 175*
Goa 98*, 105
Goldküste s.: Ghana
Golfstaaten 248
Griechenland 145*, 171*
Groningen 108*
Grönland 267
Großbritannien (s.auch England) 177, 198*, 231*, 249
Guanajuata 266*
Gujarat 259

Haiti 68
Hakodati 247
Halle 77, 116, 292
Hallowell 175*
Hangchow/Hangkow 57, 133*, 238
Hanau 208*
Hankow 251*, 254
Harper 263
Hawaii 50, 68, 144*, 169, 251, 267
Heilbronn 208*
Herrnhut 116, 179
Hokkaido 247
Holland 198*
Honan 57, 256
Hongkong 59*, 251, 254, 270*
Honolulu 251

Ifakara 55*
Illinois 238
Indien (allgemein) 38, 59, 96, 98, 106, 118, 191, 235, 239, 240, 247, 248, 249, 253, 258ff, 258ff, 284, 285, 303, 308, 309
Indonesien 51, 63, 108, 262
Ingenbohl 242
Iran 64*, 115, 169, 266
Irak 266
Irland 74, 198, 268*
Italien 268*

Jabalpur 247
Jamaika 115*
Japan (allgemein) 27, 54*, 63, 98, 99, 237, 247, 249, 261, 293, 305
Java 51, 63, 262
Jhandiala 252
Jeypore 235, 246, 283
Jerusalem , 34, 117, 241*, 243, 279

Kabyle 242
Kairo 104*, 243*, 263
Kalahari Wüste 66*
Kalifornien 106
Kalikut 259
Kalkutta/Calcutta 116, 247, 258
Kamerun 64
Kampala 264
Kanada 71, 107, 198
Kansu 256
Kapstadt 263
Karibische Inseln 114*
Karlsruhe 208*
Kashmir 59*, 60*, 234, 259
Kathmandu 62f
Kayin-chow 257
Kenya/Kenia 67, 264
Kerala 259
Kikombo 205*
Kienningfu 256
Kiukiang 247*
Kobe 261
Kopenhagen 78*, 114*
Korea 63, 247, 260f
Kozhikode 259
Krishnagar 258
Kwangsi 255
Kwangtung 255, 257
Kweilin 59
Kyoto s.: Miyako

Labrador 68, 115*, 267
Lahore 234*, 240
Lambarene 75
Laodicäa 104*
Laos 302*
Lappland 69*

La Valetta 228
Leiden 108*
Libanon 266
Liberia 263
Lille 226
Lissabon 97
Liverpool 175*, 202, 209
Livingstonia 264
Loma Linda, Cal. 92*, 216*
London .23, 71, 83*, 89, 90, 156*161*, 175, 176, 181, 184*, 186*, 189*, 193, 199, 201, 202, 205, 243, 299*
Louvain-la-Neuve 45*
Ludhiana 61, 259, 309
Lucknow 198, 240, 260
Lovedale 263

Macao 81, 98, 133, 136*, 138ff, 306
Madagaskar 15*, 55, 205, 265, 285
Madeira 238
Madras 111*, 258, 259
Madurai 259
Magila 264
Malakka s.: Malaysia
Malawi 264
Malaysia 63, 98, 198*, 249, 262
Malta 224ff, 238, 308
Manchurai/Mandschurai 57, 59, 254
Manila 100
Marokko 64, 263, 277*, 302*
Mengnanapuram 252
Mengo 264, 277*
Mexiko 68, 100*, 102, 106, 248, 266, 297*, 309
Michoacán 101
Miraj 60*, 259
Miyako 54*, 100
Molokai 267
Molukken 98
Mombasa 264
Moradabad 246
Morocco s.: Marokko
Moukden 57*, 254
Moulmain 247
Mount Hermon 211
Mozambique 98

Mühlenberg 263
Mühlhausen 208*

Nagasaki 100
Nanking 58*, 254
Nasik 198
Nazareth 188
Nepal 63
Neufundland 68
Neuseeland 78, 145*, 170, 171*, 198
Newchwang 254
New Bradford 175*
New Haven, Ct. 143*, 144, 146, 175*
New South Wales, Australien 78*
New York 74, 91*, 149, 175*, 176, 189*, 210ff, 251
Neyyor 60, 259
Niederländisch Indien 50, 131*
Nigerien 55, 65, 200, 249, 263, 282*
Nikobaren 115*
Nikosia 198*
Ningpo 150, 242, 254
Nisky (St.Thomas) 115*
Nord-Afrika (allgemein) 64
Nord-Vietnam (auch.Tonking China) 252*
Northampton 145, 175*
North West Provinces 235
Nuzvind 61
Nyassaland s.: Malawi

Odumase 263
Ogasawara Gunto Inseln 162*
Ootacamund 43, 89*
Osaka 261
Ost-Afrika (allgemein) 30*, 67, 263
Otia 54*, 99, 303
Oxford 29
Ozeanien 248, 253, 267

Pakistan 234*, 258
Pakhoi 275*
Palästina 188, 252, 266
Palwal 259*
Papua Neuguinea 68, 262
Paraguay 106
Paris 175*, 179, 189*, 206, 225*

Patagonien 68
Patna 198, 260
Pazifische Inseln allgemein) 282*
Pea Radja 262
Peking 58*, 105*, 136*, 144*, 235, 246, 251*, 254, 255*, 256, 285, 305
Persien s.: Iran
Peshawar 259
Philadelphia 149, 161*, 173, 175*, 188ff, 209, 210
Philippinen 247, 248, 262
Point Barrow 267*
Poona 259
Port Said 242
Portugal 96ff, 262
Punjab 205*, 251, 258
Pyong Yong 63*, 261

Quebec 107
Quetta 259

Rabat 263*
Rabbai Empia 171*
Rajaput/Rajputana 235, 259, 277*
Raleigh, NC 223
Ranchi 60*, 258
Ranipet 259
Rhodesien (Zimbabwe) 66*
Rieth 179*
Rio de Janeiro 238
Rotterdam 205

Safed 251*
Saigon 242
Salt 252
Salvador (Bras.) 98*
St.Croix 114, 115*, 298
St.Gallen 208*
Sandwich Inseln s.: Hawaii
Sansibar 264
Santo Domingo 68
Saxöbing 206
Schaffhausen 208*
Schottland 183, 198, 239, 268*
Schweiz 198*
Senegal 241
Seoul 247, 261

Seramporc 115*, 116, 269, 297*, 306
Shanghai 57, 83*, 235, 236, 254, 255
Shan-Si/Shansi _57*, 236*, 255f
Shantung 257
Shensi 256
Siam s.: Thailand
Sidney 170*
Sierra Leone 171*
Silakot 259
Singapore 150, 151*, 153, 198*, 237, 262
Sitka 267*
Skaguay 267*
Smyrna 241*
Solomon Inseln (s.a. British Solomon Islands) 267*
Spanien 96f, 100ff, 262
Sri Lanka (auch: Ceylon) 115*, 118, 144*, 306, 145*, 248, 258, 260, 269
Srinagar 234, 247, 259
Stellenbosch 263*
Stetten i.R. 179*
Stuttgart 86, 206
Sudan 64
Suez 242
Süd Afrika (allge_mein) 50, 66, 75, 116, 117*, 240*, 248, 263
Süd-Amerika (allgemein) 68, 100, 253, 266ff, 309
Süd Indien 177*, 179*, 237, 240*
Süd-Vietnam (auch: Cochin China) 106, 241, 252
Sumatra 262
Suriname 115*
Syrien 181*, 182, 188*, 251*, 266, 285
Szechwan 253, 255, 256

Taiwan 59
Tambaram 29, 268
Tanga 264
Tanganyika s.: Tansania
Tangier 277*
Tank 251, 259
Tansania 55, 67, 205*, 229, 252, 264
Tarxien 228f
Tatung 59*
Thailand (auch: Siam) 46, 62, 130, 132, 137, 248, 261, 283, 302*
Thana 252
Tibet 62
Tientsin 57, 150, 251, 256, 285
Tlaxcala 101
Tokyo/Tokio 237, 261
Tonking-China s.: Nord Vietnam
Toronto 71
Tortuga 68*
Tungkun 257
Türkei 191, 249
Tranquebar 77, 110, 111*, 113, 115*, 268, 298
Travancore 60, 179*
Trinidad 238
Tsingtau 75, 257
Tübingen 27, 37, 129, 171*, 177ff, 307

Udaipur 260
Uganda 66, 264, 277*
Ulm 208*

Vellore 61, 259
Verein. Staaten von Amerika 71, 81, 156*, 160, 169, 174, 177, 198*, 208ff, 231*, 244, 249, 251, 268*
Vietnam (allgemein) 63
Vorderer Orient 63, 177*, 182, 241, 247, 253, 266ff, 266, 309

Washington (D.C.) 161*, 174*, 175*
West-Afrika (allgemein) 64
Wheaton, Ill. 36
Wien 294*
Wiesbaden 124
Würzburg 86*

Yang Chow 57*
Yasuku 34*, 65*
Yünnan 256

Zaire 34*, 65, 106, 223, 252, 264, 282*
Zentral-Afrika (allgemein) 55, 65
Zürich 117*, 208*
Zululand 66*, 67*, 205
Zypern 198*

Personenregister

Abdou, M. 229*
Abeel, D. 144*
Abercrombie, John 175*, 180*, 182*
Abraham, La. 252
Afa, Leang 144*, 270
Agang, Kehu 144*
a Kempis, Th. 302
Alexander VI 96
Alfonso, P. SJ 105
Alison, W.P. 22*
Allen, J.B. 39
Allen, N.H. 260
Allen, R. 34
Almeyda, Louis de SJ 99, 305
Almquist, L.A. 46
Ambrose, E. 61
Andersen, W. 48
Anderson, H.G. 16*, 29, 30, 52
Anderson, J.T. 57
Anderson, Rufus 88, 146, 149*, 167*, 270*, 293*, 307
Aperger, S. SJ 105f
Aquin, Thomas v. 96*
Armstrong-Hopkins, S. 38
Asin, Le 144*
Aschoff, Ludwig 44
Atiman, A. 67, 229, 252
Ato, Kwan 155*, 250
Augustinus, A. 96*

Bache, Fenger 43, 89*
Bakash, Q. 250*
Baldwin, D. 144*
Balfour, Margaret 46
Ball, D. 152*, 271*
Balme, Harold 16*, 29, 45, 143
Barclay, R.L. 200
Barth, Ch.G. 175, 176*, 177*
Barth, Karl 36*
Bauer, Hermann 23
Beaver, R.P. 20*, 39, 83*, 241
Bechler, Theodor 53
Becker, Chr.E. SDS 35
Becker, C.K. 65*

Beddoe, R.E. 57
Bell, B. 22*
Bell, L.N. 58
Bell, M. 59*
Bennett, H.H.W. 194*
Berg, Ludwig 29
Berry, J.C. 63
Bertini, U. 35
Besozzo, F. da, OCap 106
Betarry, J. SVD 40
Betancur, Pedro de S.J. 101*
Betschler, J.A. 115*
Bielby, E. 240
Bierich, J. 38*
Binder, Th. 302*
Blackwell, E. 189, 244
Blatchley, A. 144*
Bodelschwingh, F.v. 25, 187
Boerhaave, H. 112*
Borgrevink, (Dr. in Madagaskar) 265*
Boßlet, K.M. OP 28*, 73*
Boughton, G. 165*, 292*
Bradford, J.H. 141, 142*
Bradley, D.B. 62, 237, 302*
Bramsen, A. 41
Braun, R. und G. 64
Bridgman, E.C. 134*, 137*, 144*, 159
Brown, Edith 61, 259
Brown, W. 22*
Browne, Stanley G. 31, 37*, 43
Buchner 26*
Bürkle, H. 38, 287*
Burgwitz, M. 40, 242
Burkitt, R.W. 67*
Butavand, A. 39
Butler, A.R. 196f, 247
Butler, F.J. 61, 196*, 247

Calverly, E.T. 64
Canova, F. 43
Cantlie, J. 202f
Carlson, P. 65*
Carey, W. 116
Celsus, (Corn.) 285

Chalmers. Th. 181*, 182*
Charles, Pierre SJ 36, 290*
Chesterman, Clement 29, 34
Cheung, Yuet-Wah 45
Chinnery 138*
Chiozza, A. da, OCap. 106
Christie, D. 57
Christlieb, Theodor 23, 39, 129, 199*
Clark, H.M. 252
Clark (Dr. auf Gibraltar) 117
Cnoll, S.B. 113
Cochran(e), J.P. 64, 266*
Cochrane, Robert G. 36
Cochrane, Thomas 14*, 34, 58
Codrington (General) 110*
Cohn, F.J. 122
Coldstream, John 21*, 22, 84*, 180*
Colledge, T.R. 81*, 136*, 138ff, 154, 156*, 158*, 159ff, 169, 172, 182*, 188, 306
Columbus, Chr. 96
Comboni, (D.) 227*
Combs, L. 246f, 254
Conrady, L.L. 267*
Cook, A. (und Brüder) 66, 264
Cooksley, M.H. 252
Coro, J. 229*
Cort, E.C. 62*
Cousins, E. 15*
Crabbe, W.Th. 69
Cumming, W.H. 254
Cushons, (Arzt der L.M.S. in Bengalen) 297*
Cutting, C.G. 61

Dake, W.J.L. 50
Dalton (Dr.) 117
Davey, F. (und K.) 64, 249
David, S.I. 39
Davidson, (Dr. in Madagaskar) 265*
Davis, W. 66
de Boever, J. 109*
de Classis 109*
de Cobo, Barn. SJ 298*
de Jong, P. 44

de Veuster, D. CSSCC 267
De Vol (Familie) 58
Dengel, Anna 30, 46
Dennis, J.S. 16*, 24, 47
Dibble, J.B. 67
Diepgen, P. 288*
Dietrick, R.B. 75*, 95*
Dipper, (Ed.) 257
Dodd, Edward M. 30, 51, 250*
Dodd, W.S. 64
Dodge, A. 144*
Dodson, G.E. 64
Doell, E.W. 66
Dooley, Th.A. 302*
Dowkontt, G. 71, 91, 128*, 184*, 185*, 209ff, 218ff, 231*, 272, 294, 307
Dyer, S. 144*

Ebert, K. 122
Eckhardt, A. 129*, 263
Eddy, Mary P. 247, 266, 271*, 282*
Edwards, Johnathan 145*
Elmslie, J. 59, 234, 259, 282*, 284*
Evers, M. 243*
Ewert, Merrill 31*

Faraghi, A. 229*, 252
Fearn, A.W. 58
Feldmann, Hermann 24*, 25, 72
Feldner, D. 243*
Finlay, C.J. 122
Fisch, R. 65, 129*, 263, 300*
Fischer, W. 67*
Fjellstedt, P. 177*
Flachsmeier, R. 65
Flemming (Ehepaar) 62
Fliedner, Th. 243, 244
Flynn, John 69
Ford, S.H. 145*
Fortman, N.A.De G. 26
Francke, A.H. 292f
Francke, G.A. 113
Fun, Wong 250

Gachi, J. 252
Gaffky, G. 122

Gaidzagian, O.   251*
Gatersleben, v. (Dr.)   73
Garlick, Phyllis   29
Garret, E.   244
Gauld, W.   187*
Gelfand, M.   50, 66
Gensichen, H.W.   38, 287*
Giarollo, R. de V.S. OFM   104*, 290
Gobat   170*
Goodrich, Ch.A.   146*, 147*
Goßner, Joh.E.   242
Gräfe, Ch.H.G.   115*
Graham, Billy   58*
Graham, Henry   171*
Grant, A.   169
Gregory, S.   245
Grenfell, W.T.   68, 267*, 302*
Griffith, G.de G.   199
Grothaus, Th.W.   114f
Gründler, J.E.   86*, 110*
Gützlaff, K.   81*, 86*, 129, 130ff, 138, 142, 144*, 150, 153*, 154*, 156*, 163*, 177, 268, 282, 292, 307
Gulick, E.V.   56, 91*
Gundert, H.   129*
Gypper (Chirurg in Tranquebar)   115*

Hadrian VI   97*
Haeckel, Ernst   124*
Häring, B.   50
Häring, (Joh.Jak.)   175*
Hahn, Chr.U.   178f
Hahn, Ph. M.   178*
Hale, S.J.   189ff, 245
Halford, F.J.   50
Halford, H.   165*, 175*, 181*
Hall, S.   63
Hall, W.J.   63
Halliwell, L. und J.   68*
Hamilton, G. und P.E.   58*
Hamsifar, Fl.N.   247
Handyside, P.   182*, 184
Hansen, A.   122
Harding, H.G.   33
Harford, Ch.F.   33, 200, 204*
Harnack, A.v.   295

Harrison, P.W.   63
Harrison, (W.H.)   174*
Hartenstein, Karl   40
Harvey, W.   121*
Haseneder, M.   68
Heine, B.   115*
Heinze, C. Fr.   117, 145*
Hellberg, Håken   38
Hemenway, R.V.   59
Henderson, A. und C.   62*
Henderson, James   57, 236
Hepburn, J.G.   237, 254
Hesse, J.   83*
Heurnius, J.   107f
Hippokrates   285
Hirshboeck, E. MM   63
Hobson, B.   174, 235, 284*, 285
Hodgkin, Henry T.   32, 56*
Hoefsmit, Fidelis   35
Hoffmann, W.   84*, 175
Hohenacker, R.F.   117
Holland, H.   60
Holman, N.   58
Holman, T.   144*
Holsten, Walter   40
Hopkins, Samuel   145*, 147f, 167, 302*
Howard, John   166*
Howard, M.   247
How-Qua/Howqua   155*, 157f, 161
Hueck, O.   58
Hulme-Moir, I.   67
Humble, G.A.   68
Hume, E.   29, 42, 57
Hunter, J.   254
Huntly, W.   235

Idenburg, A.W.F.   63*
Ik, Min Yong   260
Irvine, C.   19*
Irwin, J.   59*

Jackson, A.   57, 283*
Jacobsen, S.   109*
Jardine, W.   157
Jenkins, David   38*
Jenner, E.   139*

Josenhans, J. 299*
Judd, G.P. 68, 144*, 169, 267
Jukes, Andrew 15*, 205*
Juncker, J. 78*, 112

Kahn, Ism. 250*
Kalley, R.R. 238f
Kalthoff, A. 125*
Kammerer, I. 206*, 207f
Kanghi (chin. Kaiser) 291
Karl V 97*
Kasbauer, Sixta SSpS 40
Keding, M. 42
Keeler, Floyd 35
Kellogg, J.H. 69, 71, 91, 209, 215ff, 293, 308
Kendall, Th. 170, 171*
Kerr, John G. 236, 250, 255, 276*
Kerr, R. 64, 263*, 302*
Keupper Valle, R. 46
Kidd, S. 144*
Killila, J. 62
Kin, Yam. 251
Kind, Λ. 84*
Kinnaird, M. 197*
Kirkegaard, S. 43
Kitasato, Sh. 122
Klein, J.G. 114, 119
Kmietsch, C.M. 272*
Knoche, E. 68
Koch, R. 122
Koeber, F. 67
Koenig, H. 44
Kønig (Dr.) 113
Korck (Dr.) 145*, 171*
Krapf, J.L. 171*
Kratzenstein (Prof.) 119*
Krehl, Ludolf 44
Kretschmer, G. 115*
Krohn, V. 206
Krückeberg, C. 135*
Krump, Th. OFM 104*, 290, 305
Kühne, J.E. 257
Künzler, J. 64
Kugler 170*
Kupfernagel, P. 42

Laetitia, M. 35
Lambuth, Walter 27
Lamont, Margaret 35
Lamqua (Maler) 156*, 251*, 270*
Landsborough, D. 57*
Lang, Fang En 251*
Lang, M.C. 51
Lankester, A. 39
Lankester, H. 233
Laveran, A. 122
Lavigerie, Ch.M.A. 224ff, 242*, 292, 308
Lay G.T. 161ff, 173
Lechler, Paul 207ff, 238*
Lee (Dr. in Canton) 140
Leibniz, G.W.v. 291f
Lempp, E. 42
Lennox, W.G. 47
Leo XIII 229*
Liaudet, Ph. 179*
Liebendörfer, E. 129*, 207*, 237, 259
Linckens, H. MSC 86*
Linn, H.H. 60
Lister, J. 121
Livingstone, David 66, 88, 117*, 131*, 136, 225*, 233, 262, 302
Livingstone, John 139f, 306
Ljungstedt, A. 135*
Lobscheid, W. 138*
Locher, Ch.W. 299
Lockhart, Wiliam 22, 83*, 188, 194, 235, 254, 284
Lodder, J. (alias: N.Vermeer) 43
Loeffler, F. 122
Loomis, E.A. 46
Louis Philippe (franz. König) 175*
Louis, P. 20*
Lowe, John 23, 83*, 184, 199*, 237

Maarschalkerweerd, P. OFM 20*
Mackenzie, J.K. 256*, 285
MacAlister, Donald 54*, 202*
MacBean, J. 58
MacGowan, D.J. 83*
MacVicar, N. 66
Mahidol (H.R.H.Princess of Siam) 261*
Maier, D. SJ 106

Main, Duncan 57, 254
Mansell, (Dr. in Indien) 284*
Manson, P. 46*, 202
Marsden, S. 78, 79*
Martin, Mother Mary 65*
Martini, D. 77*, 114
Marty, M.E. 193*
Martyn, H. 170*, 250
Masih, A. 170, 250
Mason, C.A. 39
Masumane, D. 100*
Mathews, J. 259*
Mathison, J. 194*
Maxwell, J.L. 64*, 83*, 195*, 254
Mayer, A. OSB 86*
Mayor, R. 145*
McBride, G. 59
McCartee, D.B. 237, 251, 254
McFarland, G.B. 62
McGilvray, James 38
Medhurst, W.H. 135*, 144*
Miller, G.E. 60
Miller, H.W. 57
Miller, J. 22*
Ming, So To 251*
Mitchel, I. 58f
Mitchell, E.F. 247
Møller, C.F. 61
Moudou, Ch. 252
Moody, D.L. 193*, 194*, 208f, 214
Moorshead, R.Fletcher 32, 52
Morrison, R. 139, 144*, 150, 270
Mott, John 34, 180
Mühlenberg, H.M. 111*
Müller, G.F. 84*, 171*, 177*, 179f
Müller, Samuel 30*
Muir, William 23*

Napoleon, Bon. 138*
Naunyn, B. 125*
Needham, G.C. 209
Neel-Dale, K. 68
Neve, A. 60*, 234
Neve, E.F. 60
Nielsen, H.K. 48
Nightingale, Fl. 243f

Noble, W.A. 60*
Norris, S.F. 246
Norton, A.J. 248

Oehler, Theodor 24*
Ohm, Thomas OSB 19, 27*, 28, 290*
Olpp, Gottlieb 20, 26, 40, 41, 44, 53, 72*, 76, 93, 187, 257
Olsen, V. 62
Olyphant, D.W.C. 148f, 153*, 155*, 157*
Oppermann (Ärztin) 241*
Ostwald, W. 125*

Paget, E.K. 33
Pal, Krishna 116*
Parker, H. 144*
Parker, Peter 56, 81, 82*, 88, 118, 137*, 143ff, 158*, 159ff, 165, 169, 172, 173, 188, 185*, 236, 250, 270, 274, 275*, 284, 293, 294*, 303*, 306f
Pasio, F. 100*
Pasteur, L. 122
Paterson, D.H. 184
Patrick, M.F. 33
Patrick, Mother 66
Paul, Sr.Mary 59
Pearson, A.T. 136*, 139ff, 154, 211
Peel, R. 175*
Peill, A.D. 58*
Pennell, T.L. 59, 234, 259, 282*
Penrose, V.P. 33
Pettenkofer, M.v. 121
Pettit 170*
Piccinini, P. 45
Pius IX 224
Pius XI 35
Pius XII 43
Planta, P.J. 115*
Pollock, A. 61*
Prestonjee, F. 161
Prucker, E. OSA 73*
Pruen, S.T. 205
Pruys/Pruijs H.S. 43

Raiser, K. 93*
Ranger, Ter. 33

Rapp, U. OSB 50, 73*
Reid, J. 78
Revell, F.H. 210
Reynier (Arzt in Suriname) 115*
Rhenius 170*
Rhodes, B. SJ 106
Richter, C.F. 111*
Richter, Julius 40, 187
Riou, R. 68
Roberts, F.C. 57
Röntgen, C.W. 122
Rössler, D. 38*
Rogers, L. 29, 32*
Rolland, Romain 60*
Romano, St. da OCap 106
Roseveare, H. 66
Ross, R. 46*, 123, 202
Russell, R. 63*

Sahyun, (Dr. in Safed) 251*
Sarasin, R. 129*
Saunders, G. 194*, 196
Scharlemann, M.H. 49
Scharlieb, M. 46, 61*, 240*
Scheel, Martin 19*, 38
Scheurer, J.G. 26*, 63, 262*
Schlegelmich, C./K.G. 77, 111ff
Schlunk, Martin 27, 87*, 288*
Schmid, B. 179*
Schmidlin, J. 40*
Schmidt, C.F. 115*
Schofield, R.H.A. 57, 236, 255, 283*
Schott, O. 85*
Schram, Ralph 45
Schütz, Paul 64*
Schumacher, H. 49
Schweitzer, Albert 27, 60*, 65, 75, 302
Scudder, Ida 61, 117*
Scudder, John 56, 60, 79*, 117ff, 144*, 211, 259, 260, 269, 306
Scudder, H. Martyn (Vater und Sohn) 71*, 211
Seagrave, G.S. 62
Seel, David S. 43
Semmelweis, I.P. 121
Seward, S.C. 246

Shapira (ärztlich tätiger Laie in Gaza) 252
Shelton, A.L. 62
Shoemake, H. 68
Siebeck, R. 294*
Siebert, J. SJ 106
Singha, Ram 235
Singleton, M. 44
Skinsnes, C.C. 57
Smith, Cul.E. 181
Smith, F.Porter 283
Smith, J.F. 58*
Soeder, H. 45
Sokore, P. 229*
Soltau, H. 204*
Somervell, T.H. 60
Sperschneider, Jos. 179*
Stahl, G.E. 112*
Stanley, H.M. 262
Stevens, E. 144*
Stirling, L. 67
Stirrett, A.P. 64, 271*
Stölten, H.O. 13*
Streckeisen, (C.) 299*
Streit, R. 20*
Strittmater, A. 247*
Sturton, S.D. 21*, 58*
Sutton, H.M. 23*
Swain, C. 61, 192*, 245f, 260, 283, 308
Swan, W. 22*
Syme, J. 180*

Taylor, Hudson 57*, 137, 196*, 233, 236*, 280, 292
Tensler, R.B. 62
Ter Haar, G. 43
Terrentius, J. SJ 105, 305
Thomans, M. SJ 106*
Thomas, J. 116, 306
Thomson, John 180*
Thomson, Jos. 143*
Thomson, W.B. 64, 70, 184, 186*, 237
Thomson, W.H. 211, 231
Thumhardt, G.H. 115*
Timnell, G.C. 145*, 171*
Tomlin, J. 132*, 134*, 144*, 177*
Tournier, Paul 294*

Tournier (Ärztin) 241*
Tracy (ABCFM Missionar in Singapore) 153*
Tyler, (J.) 174*

Ubah, C.N. 55

Valentine, C.S. 235, 246, 260, 283, 284
van der Kemp, J.Th. 116
van der Post, L. 67*
van Dyke, H. 68*
van Nes, H.M. 205*
Van Reken, E. 19*, 49, 89*
van Soest, Aart 38
Verdoorn, J.A. 36
Vertrecht, J. 109
Vesal, A. 121*
Virchow, R. 121ff
von Gent, P. OFM 102, 297*
von Welz, Just. 108f
von Winterfeld, B. 41
Vortisch, H. 64

Wallquist, E. 69
Wanless, W.J. 33, 60*
Ward, N. 144*
Warneck, Gustav 23*, 25*, 40*, 93*
Waterson, J. 240*, 248*
Watkins, R. 59
Watson, J. 22*
Webster, D. 175*
Wenting, H. 131*
Wernecke, S. 243*

Werner, David 32*
White, Ellen G. 92*, 217
White, Paul 67
Whittle, D.W. 211
Wilkinson, J. 49, 56*, 287*
Williams, John 251, 259
Williams, N. 252*
Williams, P. 49
Williams, S.W. 144*
Williams, W. 145*, 171*
Williamson, Rutter 24
Wilson, G. 22*
Winands, Dr. 73
Winter, A. (Missionarsfrau) 242*, 243*
Wisner, R. 149*, 151*, 152*
Wittenberg, H. 257
Wöll, Nikolaus (alias: Norden, Heinrich) 42*, 64
Wong, K.Chimin 56
Wood, A. 22*
Würz, F. 24*, 25*, 40
Wood, J. 114*, 115*

Yersin, A.J.E. 122
Yoshihisa, S. 100*
Yung-Dscheng (chin. Kaiser) 291*

Zahn, F.M. 299
Zawisch, Clara 41
Zenke, H. 243*
Ziegenbalg, B. 110*
Zourab, Ibr. 252

Sachregister

Aberglaube/superstition 8, 103
Adventisten s.: Seventh Day Adventists
Ärztin s.: Women Medićal Missionary
Ärztliche Mission s.: Medical Mission(s)
Ärztliche Mission, Die (Zeitschrift) 72, 208
Äskulapstab 93*
African Inland Mission 65*
Albert Schweitzer Clinic, Basutoland Socio-Medical Service LTD. 302*
Allgemeine Missionszeitschrift (AMZ) 25*, 26, 85
Allgemeiner Evangelisch protestantischer Missionsverein, Berlin 44, 53, 84*, 257
American Medical Missionary Society, Chicago 211ff
American Board of Commissioners for

Foreign Missions, Boston (ABCFM) 51, 79, 80*, 117f, 137, 144*, 167, 169, 245, 246, 259, 263, 67, 270, 300, 307
American Medical Missionary Board 221, 223
American Medical Missionary College, Battle Creek 217*, 219ff, 307
American Medical Missionary Society 71, 211ff
American University, Beirut 266
Amgaon, Hospital 54*
Anästhesie 121, 307
Anatomie/anatomy 22*, 155*
Anglikaner/ Anglikanismus 55, 293
Anthropologie 13, 310
Antisepsis 121, 127*
Apotheke des Waisenhauses in Halle 111*
Jesuiten 298*
Apotheker 76, 104*, 106*
Armen-Apotheke s. a. Dispensary 250, 252
Armenier 64*
Arzt (s.a. Missionsarzt) 13*, 125f
Arzt und Christ (AG) 294*
Arzt und Christ (Zeitschrift) 294*
Arzt und Seelsorger (AG) 294*
Asepsis 121, 127*
Asylum for the Insane, Canton 236
Autopsie (i. China) 104*, 236*
Aufklärung (geistesgesch.) 112, 291
Augenkrankheiten 141, 154*
Augustiner- Hospitaliterinnen von Dieppe 107
Augustinerorden 101

Bakteriologie 122
Baptist Missionary Herald London 32*
Baptist Zenana Mission 32
Baptisten
England 52, 116, 264*
(USA) 51, 247, 262
Southern 51, 68
Barmer Mission 179
Barmherzige Brüder 101*
Barmherziger Samariter 43, 304

Barmherzigkeit/compassion (s.a.: Caritas) 37, 39, 43, 143
Werke der Barmh. 97f, 224, 241, 296f, 305
Basisgesundheitsdienst s.: Primary Health Care (PHC)
Basler Mission 53, 64, 65*, 117, 145, 179, 257, 263, 299
Magazin 85, 177*
Battle Creek Sanitarium 215f, 220
Bethlehemiten 101*
Bibelfrauen (s.a. Evangelist) 310
Bibliographia Missionaria 20
Bibliotheca Missionum 20
Binden v. Frauenfüßen in China 284, 309
Binder Schweitzer Amazonian Hospital Foundation Inc., New York 302*
Blindenarbeit 16, 305
Board of Missionary Preparation, USA 41
Boxer-Aufstand 257
British Library 22*
British Medical Journal 90f, 199
British Seaman's Hospital Society in China 142, 161*
Buddhisten/Buddhismus 115*, 137*, 260, 290

Calwer Missionsblatt 177*
Canadian College Missionary-Canadian Colleges Missions 71*
Canonisches Recht 99f
Canton Hospital 54*, 306
Canton Medical Missionary Union 256*
Caritas/charity (auch: Diakonie) 29, 36, 101*, 142, 164, 186, 294ff
Catholic Students' Mission Crusade 35*
Catholic Medical Mission Board, New York 74
Centenary Conference on the Protestant Missions of the World, London 1888 83*, 89f
Central Morocco (Medical) Mission 263*, 302*
Children's Medical Missionary Society, London 196, 247
China Inland Mission 57, 137, 197, 236,

387

256f, 280, 292
China Medical Journal s.: Chinese Med. Journal
China Medical Missionary Association 256, 277*, 278*, 285
China Medical Missionary Society (s.a. Medical Missionary Society in China) 54*
Chinese Medical Journal 69f, 256, 258*
Chinese Medical Missionary Society New York 176
Chinese Repository 176
Chinin 112*, 298*
Chirurg 98, 105, 132*
Chirurgie 79, 121, 275, 307, 309
Cholera (Vibrio comma) 122
Cholera-Spital Saigon 242
Christian Medical Association of India (Burma/ and Ceylon) 34*, 43, 62, 285*
Christian Medical Council for Overseas Work of the Foreign Missions Conference of North America 42
Christian Medical Fellow ship of Great Britain 36
Church Missionary Society (CMS) 23*, 52, 66*, 170, 197, 198*, 234, 250, 252, 258, 263f, 266, 270*
  Medical Committee 33, 233, 298
  Auxiliary 74
Church of England Zenana Missionary Society 39, 53, 61*, 198, 247, 259
Church of Scotland Foreign Mission 264
Codrington College, Barbados 110*
Cohong System 254
College of Medical Evangelists, Loma Linda 92*
Collegium Clinicum Halense 112
Conference on Missions, Liverpool 1860 83*
Congrès Medico-Social Protestant 294*
Corynebacterium diphtheriae 122
creatio continua 289

Dänisch-Hallesche Mission 111ff, 298, 306

Day Library, Yale Divinity School 198*
Deutscher Kolonialkongress (1902) 84*
Deutscher Monistenbund 124
Deutscher Verein f. ä.M. 2*, 84, 206, 238*, 307
Deutsches Institut für ärztliche Mission (DifäM) Tübingen 25*, 26, 27, 30*, 72*, 86, 129, 207*
Diakonie s.: Caritas und Barmherzigkeit
Diakonissen 239, 242, 308
Dialektische Theologie 36
disinterested benevolence 147, 152, 157, 160, 164, 166, 177, 269, 297, 302, 306
Dispensary/Dispensarien 82, 186*, 206, 250, 52, 263, 279ff, 292, 308f
Disruption (1843 in Schottland) 181*, 182
divisio mundi 96f
Dominikanerinnen 66*
Dutch Reformed Church of America 205, 259

East African Flying Doctor Service 67, 282
East India Company (brit.) 139ff, 292*
Ecumenical Missionary Conference New York, 1900 83*
Edinburgh Association for Sending Medical Aid to Foreign Countries 81*, 173*, 176, 181
Edinburgh Medical Missionary Society (EMMS) 22, 23*, 54*, 81*, 83, 93*, 126, 176, 180ff, 235, 237 239, 306
  Children's Auxiliary 196
  Medical Missionary Journal 71
  Medicines for Overseas 188*
  Occ./Quarterly Papers 0, 183
  Third Wold Medical Attachment Center 188*
  Training Institution/ Livingstone Memorial 184f
Ehefrauen v. Missionaren 239, 242f
Elisabeth Krankenhaus, Berlin 242
Embleme der ä.M. 93*
Epidemiologie 121, 307

Erweckung/Revival (s.a. Second Awakening) 245, 301f, 306
Erweckungsbewegung 145*, 307
Eskimos 68
Evangelikalismus/evangelikal/evangelicalism 193*, 196, 197, 208f, 210
Evangelii Praecones 43
Evangelische Allianz 23
   Konferenz Berlin 84*, 180*
   Konferenz Basel 129
Evangelische Missionsgesellschaft für Deutsch Ost-Afrika 264
Evangelisch-luth. Mission zu Leipzig 53
Evangelisierung/evangelisieren 234f, 238, 246, 248, 281f, 292
Evangelist (auch: Bibelfrau) 26, 270, 310

Faber Hospital, Tsingtau 257
Faith-Healing 33
Female Medical Colleges s.: Women Medical Colleges
Fidei Donum 43
Filles de Marie/Amantes de la Croix 252
Franziskaner 54*, 76, 100ff, 290, 305
Frauen (allgemein) 38
Frauenemanzipation 14, 190
Frauen-Hospital 246ff, 260
Frauenmission 40
Frauenorden (siehe auch: Ordensfrauen) 107, 239

Ganzheit/wholeness 29, 38, 49
Geburtshilfe/Gynäkologie (s.a. Hebamme) 191, 275, 308
Geistigbehinderten-Arbeit 16, 236, 255
Gelbfieber 122
Gemein-Arzt 78, 115, 268, 306
General Conference on Foreign Missions, London 1878 83*
Gesellschaft Deutscher Naturforscher und Ärzte 123f
Gesundheitspflege 299
Gesundheitssorgen u.-nöte 105, 227*, 298ff
Gesundheitswesen, öffentl. 121, 246, 283f, 309

Glaubensheilung s.: Faith Healing
Godey's Lady's Book 189, 191
Gospel of Health 216, 223
Goßnersche Mission 258
Grenfell Mission 69*, 302*
Guild of the Misericordia 223f

Hallesche Medizinerschule 112*
Harem 38, 308
Health Missionary 217
Healing Ministry 29, 30, 37, 38*, 91, 279, 293, 297, 311
Hebammen/midwives 117*, 240, 259
Heidelberger (Mediziner) Schule 294*
Heiden/Heidentum 79*, 128, 300*
heilen/to heal 15*
Heilsarmee 53
Heilung(en) 289, 295, 303, 311
Heilungsauftrag (auch der Kirche) s.:Healing Ministry
Heilungswunder Jesu 303
Heimatleitungen (d. Miss. Gesellschaften) 272, 278, 282, 293, 300, 310
Herrnhuter Brüdergemeine 53, 109, 114ff, 179, 267*, 298
Hinduismus 38, 290
Home Medical Mission(s) 82*, 186, 193, 209, 219, 268
Honorar (ärztliches) 77, 113, 115, 297
Hopkinsianismus 149*, 151, 306
Hospital/Krankenhaus 82, 98f, 100f, 255, 269, 274ff, 296, 305, 308f
Hygiene 121, 280, 283, 307

Imitatio (auch: Christi) 33*, 88, 118, 126, 135, 164, 165, 167, 226, 290, 301ff
Impfkampagnen (siehe auch Pockenschutzimpfung) 280
Indian Female Evangelist, The (Zeitschrift) 199*
Indienrat (Consejo de las Indias) 100
Industrielle Revolution 192
Infantizid 284, 309
Innere Mission 187*
informed consent 156*
Institut Catholique de Paris 35*

389

Institut des Jeunes Nègres, Malta 224ff, 308
Interdenominationalismus 13
International Convention on Missionary Medicine, 1959, Wheaton, Ill. 36
International Medical Missionary and Benevolent Association 52, 219ff, 267*
International Medical Missionary Conferences, Battle Creek 222
International Medical Missionary Society, 213ff, 223
Irish College of Physicians, Dublin 244
Irregularität 104
Islam 38, 44, 59, 104, 182, 224, 234, 239, 258, 282, 290, 309
Itineration 234, 281ff, 292, 309

Jains 252
Jansenismus 225
Jesuiten 54*, 76, 99ff, 291, 298*, 305
Josephsschwestern von Cluny 241
Journal of the Christian Medical Association of India 70
Journal of Tropical Medicine 202
Juden 64*, 182, 187
Judenmission 117
Judenmissionsgesellschaft London 251*, 266

Kairo-Hospital/Old Cairo Hospital 263*
Kaiserschnitt 106
Kaiserswerther Diakonissen 243f, 264
Kaiserswerther Generalkonferenz 40
Kalmücken (Wolga-Orioten) 115
Kapuziner-Mission 104*
Katholiken allgemein 293
kath. miss.ärztl. Arbeit/ Catholic Medical Missions 15, 28, 30, 34ff, 63, 253, 305, 308
Katholische Missionsärztliche Fürsorge (Jahrbuchreihe) 73
Kaukasus-Mission 117*
Kinder (allgemein) 38
Körper/body (auch: Leib) 14*, 76, 271, 310
Kolonialismus/koloniale Interessen 46, 102, 296
Komiteen For Den Norske Laegemission På Madagascar 205
Kommerz 164f, 292f
Konflikte 271, 278, 282, 293, 300, 301, 307
Konfuzianismus 290
Kontinentale Missionskonferenz, Bremen 85
Konvertit(en) 103*
Konzile
  in Mexiko 102
  im Lateran 103, 104*
Kopenhagener med. Fakultät 119
Krankenhaus s.: Hospital
Krankenhausseelsorger 270
Krankenpflege 242, 295f
Krankenschwester s.: Missionskrankenschwester; Ausbildung 242ff
Krankheiten (allgem. und Tropen) 289, 298
Kristelig Lægeförening, Saxöbing 206

L'Aide Médicale aux Missions 75
Ladies' Chinese Association of Philadelphia 188
Ladies' Medical Missionary Society, Philadelphia 188ff
Lady Dufferin Fund 240*
Laien-Mitarbeit 224ff, 308
Lancet, The 80, 160, 174
Laymen's Missionary Movement 209*
Lebensstil 92, 217
Leib s.: Körper
Leiden/suffering 128
Leonhard Medical School 223
Lepraarbeit 16, 65*, 275, 305
Lepra-Bazillus 122
Liverpool Medical Mission 209
Livingstone College, London 46*, 54*, 90, 199ff, 214, 299*
  Climate (Zeitschrift) 201
  Livinstone Exhibitions 201
  Travellers' Health Bureau 201
London Medical Mission 194, 196
London Missionary Society (LMS) 22,

52, 57, 61*, 116, 175, 235f, 237f, 251, 254, 255, 256*, 259, 265, 285, 297
London School of Medicine for Women 247
Ludhiana Medical College (s.a. North Indian School of Medicine for Christian Women, Ludhiana) 54*, 61*
Lutheraner
allgemein 293
amerikanische:
Evan.Synod of North Amerika 51, 67*, 263
Missouri Synod 52
Med.Council 74
Lutherischer Weltbund,Kommiss. für Weltmission 37

Märtyrer von Nagasaki 100
Malabarischer Medicus 110
Malaria 46*, 112*, 114, 117*, 123, 132, 200
Malaria-Plasmodien 122
Medical College for Women Vellore, India 61*
Medical Evangelist 92*
Medical Mission(s) (auch: Ärztliche Mission) 19*, 21, 26, 31, 76ff, 193, 195, 210, 218, 305, 307
Medical Mission Auxiliary of the Britisch Baptist Missionary Society 32, 34*, 52, 74*
Medical Missionaries of Mary 65, 74
Medical Missionary (auch: Missionsarzt) 15*, 40, 56ff, 76ff, 103, 231ff, 239, 253, 269
einheimische 249ff, 308
Medical Missionary, The (Zeitschrift) 72, 218, 221, 223
Medical Missionary Academy, Antananarivo 265
Medical Missionary Association, London 54*, 71, 93*, 199ff, 203, 262*
Medical Missionary Journal, Chicago 71, 212
Medical Missionary Record 1, 93*, 223
Medical Missionary Society in China (auch: Medical Missionary Society in Canton) 80*, 88, 94, 120, 158ff, 170, 251*, 256, 269, 289, 292, 297*, 306
Medical Missionary Society in Shaw University 223
Medical Missionary Society of the University of Edinburgh 183*
Medical Missions at Home and Abroad 71, 93*, 195, 197
Medical Missions in India 0*
Medical Prayer Union 194, 196
Medical School University of Illinois, Chicago 222
of Loma Linda 216*
Medical Service Ministries 203*
Médecin de la Personne 294*
Medicinische Reform, Die (Zeitschrift) 125*
Medicinisches Missions Institut, Tübingen 54*, 84, 136, 177ff, 187, 306f
Medicus-Orphanotrophei 8*
Medisch Missie Maandblad 4
Medizin/medicine 21*, 22*, 38*, 43ff, 79
homöopathische 203
Medizin (als Medikament) 110*
Medizingeschichte 13, 120ff
medizinische Ethik 294*
Medizinmann/medicine man 44, 66*
medizinische Ratgeber und Handbücher 104, 298
Medizinkritik 309f
Medizinstudium / -ausbildung 14, 99, 200, 284f, 307, 309
Fachliteratur 235, 284f, 309
Mengo Medical School 264
Mennoniten 51
Board of Missions and Charities 51*
Mercy and Truth 74
Methodisten
amerikanische 27, 51
episkopal 51, 63*, 68*
Woman's Foreign Miss. Society 51, 245, 246f, 248, 260
englische 53
Mildmay Mission Hospital, London 186*
Ministry of Healing s.: Healing Ministry

391

Miraj Medical School 259
Misericórdia Vereinigung 97f, 305
Mission/mission(s) 83*, 96, 97*,
Missionar/Missionarin/ Missionär 26, 76
 ärztl.-med. Tätigkeit 42, 106
Missionarmedizin 86*
Missionary Herald, Boston 173
Missionary School of Medicine, London 203
Missionary Physician 79, 80*, 246
Missionary Research Libray 19
Missionsarzt s.: Medical Missionary
Missionsärztin s.: Women Medical Missionaries
Missionsärztliche Caritas (Jahrbuchreihe) 73, 87*
Missionsärztliche Schwestern s. Society of Catholic Medical Missionaries
Missionsärztliches Institut Würzburg 28*, 54*, 86*
Missionsbehörden s. Heimatleitungen
Missionsdiakon 92*
Missionsdiakonie 40, 92*
Missionsdiakonissen 242f
Missionsgeschichte 14
Missionskrankenschwester 40, 58f, 62, 240ff, 308
Missions- und Kirchenkritik 311
Missions-Medicus 77, 268, 305f
Missionsmethode 290ff
Missionsstrategie/missionsstrategisch 100, 102, 113, 196, 290ff, 301
Missionstheologie 38, 287*
Mission Suisse Dans l'Afrique du Sud 75
Mitteilungen aus der ärztlichen Mission 208
Mitteilungen aus Lamba rene 75
Monismus 124
Montfort-Priester 68*
Morrison Education Society, Canton 161*
Muslim s.: Islam
Mycobacterium tuberculosis 122

National Medical Association of China 256, 285*
Nederlandsch Medisch Missie Comité 42*
Nederlandsch-Zendeling Genootschap 131*, 132f
Neophyt(en) 103*
New England Theology 146*, 302, 306
Neu Hebriden Mission 267*
New York Medical Missionary Society 210
Norddeutsche Mission 299*
Norske Misjonsselskap 265
North Africa Mission 263*
North India School of Medicine for Christian Women, Ludhiana 259
Nurses Association of China 259, 285*
Nurses Association of India 285*

Oeuvre des Écoles d'Orient 225
OEuvre médicale missionnaire, Paris 206
Ökumenische Diakonie 93*
Ökumenischer Rat der Kirchen, Abtlg. Weltmission und Evangelisation (WME) 37
 Christian Medical Commission 94
Ophthalmic Hospital, Macao 141
Opium 112*
Opium-Asyle 257, 275
Opium-Krieg, 1.(1840-1842) 174, 254, 306
Opium-Rauchen/Genuß 284, 309
Ordensfrauen (siehe auch: Frauenorden) 239
Ostasienmission 75*
Oud-Hollandsche Zending 109
Oxford-Bewegung 58*

Patronatsmission(en) 96ff, 268, 296, 305
Päpstliche Akademie der Wissenschaften 105*
Pea-Radja/Pearadja Hospital 54*
Peking, kaiserliches Collegium 285
Pestbazillus (Pasteurella Pestis) 122
Petronella Hospital, Jokyarkarta 262*
Philadelphia Medical Mission 210
Philanthropie/Philanthrop
 philanthropisch 13, 16, 32, 85, 118, 136*, 158*, 164, 166, 218, 235, 269, 293*, 296, 306

christliche 279
Picpus-Gesellschaft 267*
Pietismus 302
Pionier-Mission 278, 292
Pockenimpfung 114*, 139, 261, 283, 309
Poliklinik/poliklinische Ambulanz 139, 269, 277ff, 309
Prävention 121, 307
Presbyterianer
  amerikanische 33, 51, 60, 236f, 46, 248, 259, 261, 263, 266
  englische 302*
  irische 59*, 254
  kanadische 259
  schottische 67*
Presbyterian Office of History, Philadelphia 62*
Preußische Akademie der Wissenschaften, Berlin 291*
Primary Health Care (PHC) 49, 280f
Propaganda Fidei (Propaganda Kongregation) 29, 35, 104*, 253
Psychiatrische Arbeit 275
Purdha 38, 39

Quäker 32, 58*, 265

Race Betterment Foundation, Battle Creek 223
Ranaghat Medical Mission 258
Reduktion(en) 101
Religious Tract Society 196
Re-Thinking Missions 48, 293
Rheinische Mission 138, 257, 262
Röntgenstrahlen 122
Royal Asiatic Society of Great Britain and Ireland 131*
Royal College of Surgeons
  Edinburgh 22*, 186
  London 176, 181*
Royal Free Hospital, London 247
Royal National Mission to Deep Sea Fisherman, London 267*, 302*

Samariterschule 204
Santal Mission 258
School of Tropical Medicine

Liverpool 202
London 202
Schwestern vom Guten Hirten, Ingenbohl 242
Second Awakening (s.a. Erweckung/Revival) 9*, 118, 145, 209, 306
Seele/soul 14*, 34, 76, 310
Seuchen- bzw Epidemienbekämpfung 283, 309
Seventh-Day Adventists (auch: Adventisten) 52, 60*, 61*, 68*, 71, 91, 215ff
  Medical Missionary and Benevolent Association 219
Sikhs 252, 258
Sino-japanischer Krieg (1937-1945) 58*
Sisters of Our Lady of China 59*
Sklavenhandel 227*
Smithsoian Institute, Washington D.C. 237
Société Angélique 253, 292
Société des Missions Evangeliques, Paris 64, 179
Society for Promoting Christian Knowledge (SPCK) 110*
Society for the Diffusion of Useful Knowledge, Canton 161*
Society for the Propagation of the Gospel (SPG) 33, 53, 260*
Society of Catholic Medical Missionaries (SCMM; auch: Missionsärztliche Schwestern) 30, 35, 74
Soeurs de St.Joseph de l'Apparition 241
Soeurs de St.Paul de Chartres 242
Southern Morocco Mission 263*
Statistik(en) 47f
St.Bartholomews Hospital, London 139*, 205
St.Bartholomews Hospital Medical Missionary Society 205
St.Luke's Hospital, Blantyre 264
St.Marcus Hospital, Harper 263
St.Thomas Hospital, London 205, 243
Student Volunteer Movement 41, 209, 211, 214, 233
Student Volunteer Missionary Union 24, 72

Studentenmissionsbund/ Studentenbund für Mission s.: Student Volunteer Missionary Union
Studentenmissionskonferenzen
  Mount Hermon 211
  Northfield 214
Sudan Interior Mission 64*
Svenska Missionsförbundet 264
Syrian Medical Aid Association, London 181
Syrian Protestant College Beirut 266

Taubstummen-Arbeit 16
Taufe/taufen 102, 106f, 290
Täufergilden/Täuferinnen 252f
theologia naturalis 293
Theologie miss.ärztl. Handelns 48, 287ff
Thomas A.W.Dooley Foundation 302*
Tientsin Government Medical School 256, 285, 309
Toleranzedikt von Kaiser Kanghi (1692) 291
Training School for Nurses, St.Thomas Hospital, London 243
Tranquebar-Mission s.: Dänisch-Hallesche Mission
Traktate/Traktatverteilung 152*, 269
Tropenhygiene 201
Tropenmedizin 28*, 45, 119, 199f, 204
Tropen-Ruhr 111*
Tübinger Konsultationen (1964/1967) 38*, 296
Tübinger Missionsfest 177*
Tungkun, Hospital 54
Typhus (Salmonella typhi) 122

Ultraganges-Mission 135*
United free Church of Scotland 252, 263f
Union Medical College, Peking 58*
Universität
  Halle 112
  Illinois, Chicago 222
  Kampala 264
  La Valetta 228
  Loma Linda 216*
  New York 211
  Princeton 237
  Shaw (Raleigh, NC) 223
  Tokyo 237
Universities' Mission to Central Africa 55, 67*, 264

Vereeniging Tot Oprichting En Instandhouding Van Hospitalen in China Ten Dienste Der Medische Zending 205
Verein für ä.M. Stuttgart 84, 86, 206ff
Vertrag von Nanking (1842) 254
Vertrag von Tordesilla (1494) 96*
Verträge von Tientsin (1858) 254
Vinzentinerinnen 241
vocatio generalis 298
vocatio specialis 298, 303

Wahrheit/truth 124, 160
Waziri 252
Weiße Schwestern / Soeurs Missionnaires de Notre Dame d'Afrique 242
Weiße Väter / Missionare von Afrika/ Missionare von Algier 224, 227*
Weltmissionskonferenzen:
  Edinburgh 46*, 203
  Jerusalem 34, 279, 292, 310
  Tambaram 29, 92*, 310
Western Health Reform Institute, Battle Creek (s.a. Battle Creek Sanitarium) 215
wholeness s.: Ganzheit
Woman's Union Missionary Society (USA) 192
Women Medical Colleges (auch: Female Medical Colleges.)
  Boston 189, 245
  New York 189, 251
  Philadelphia 189
Women Medical Missionaries (auch: Missionsärztin u. Ärztin allgem.) 22*, 26, 27*, 34, 40, 46, 56ff, 68, 189ff, 239ff, 275, 308

Yale College, New Haven 144

Yale Divinity School 146
Yale Medical Historical Library 143*
Young People's Missionary Movement 209*

Zellularpathologie 122
Zenana/Senana 38, 197, 246, 308
Zenana, Bible and Medical Mission 197f, 240, 260
Zenana Bible Mission or: The Indian Female Normal School and Instruction Society 197
Zenana Medical College, London 90, 199
Zivilisation 27, 42*, 79*

Missionswissenschaftliche Forschungen

Herausgegeben von der Deutschen Gesellschaft für Missionswissenschaft

Band 15: Hans Wissmann
Sind doch die Götter auch gestorben
Das Religionsgespräch der Franziskaner mit den Azteken von 1524. 155 Seiten. Kt. [3-579-00235-X]

Band 16: Klaus Fiedler
Christentum und afrikanische Kultur
Konservative deutsche Missionare in Tanzania 1900–1940. 2. Auflage. 218 Seiten mit Abbildungen. Kt. [3-579-00236-8]

Band 17: Mitsuo Miyata
Mündigkeit und Solidarität
Christliche Verantwortung in der heutigen japanischen Gesellschaft. 200 Seiten. Kt. [3-579-00237-6]

Band 18: Hans-Peter Müller
Die Ramakrishna-Bewegung
Studien zu ihrer Entstehung, Verbreitung und Gestalt. 286 Seiten. Kt. [3-579-00238-4]

Band 19: Friedrich Dierks
Evangelium im afrikanischen Kontext
Interkulturelle Kommunikation bei den Tswana. 206 Seiten. Kt. [3-579-00239-2]

Band 20: Klaus Nürnberger
Ethik des Nord-Süd-Konflikts
Das globale Machtgefälle als theologisches Problem. 333 Seiten mit zahlreichen Abbildungen. Kt. [3-579-00240-6]

Band 21: Johannes Triebel (Hrsg.)
Der Missionar als Forscher
Beiträge christlicher Missionare zur Erforschung fremder Kulturen und Religionen. 173 Seiten. Kt. [3-579-00241-4]

Band 22: Anders Nørgaard
Mission und Obrigkeit
Die Dänisch-hallische Mission in Tranquebar 1706–1845. 312 Seiten. Kt. [3-579-00242-2]

Band 23: Hermann Vierling
Hermeneutik – Stammesreligion – Evangelium
Interkulturelle Kommunikation bei den Kendayan. 469 Seiten. Kt. [3-579-00243-0]

Band 24: Andreas Hoffmann-Richter
Ahn Byung-Mu als Minjung-Theologe
176 Seiten. Kt. [3-579-00244-9]

Band 25: Frank Foerster
Mission im Heiligen Land
Der Jerusalems-Verein zu Berlin 1852–1945. 286 Seiten. Kt. [3-579-00245-7]